中国物流与供应链信息化优秀案例集

主　编　崔忠付　　副主编　晏庆华　韩东亚

中国财富出版社有限公司

图书在版编目（CIP）数据

中国物流与供应链信息化优秀案例集．2020 / 崔忠付主编．—北京：中国财富出版社有限公司，2020.10

ISBN 978－7－5047－7245－9

Ⅰ．①中…　Ⅱ．①崔…　Ⅲ．①物流—信息化—案例—汇编—中国—2020 ②供应链管理—信息化—案例—汇编—中国—2020　Ⅳ．①F259.22－39

中国版本图书馆 CIP 数据核字（2020）第 184784 号

策划编辑　赵雅馨　　**责任编辑**　邢有涛　张宁静　晏　青
责任印制　梁　凡　　**责任校对**　杨小静　　**责任发行**　敬　东

出版发行	中国财富出版社有限公司		
社　址	北京市丰台区南四环西路 188 号 5 区 20 楼	**邮政编码**	100070
电　话	010－52227588 转 2098（发行部）		010－52227588 转 321（总编室）
	010－52227588 转 100（读者服务部）		010－52227588 转 305（质检部）
网　址	http：//www.cfpress.com.cn	**排　版**	宝蕾元
经　销	新华书店	**印　刷**	天津市仁浩印刷有限公司
书　号	ISBN 978－7－5047－7245－9/F·3214		
开　本	787mm×1092mm　1/16	**版　次**	2020 年 10 月第 1 版
印　张	31	**印　次**	2020 年 10 月第 1 次印刷
字　数	754 千字	**定　价**	260.00 元

前　言

物流与供应链协同发展是数字经济时代行业发展的必然趋势，在此背景下，《中国物流与供应链信息化优秀案例集（2020）》正式和大家见面了。这是中国物流与采购联合会连续第十二年开展“优秀案例”评介工作，也是首次将供应链作为重点在题目中展现。

十二年里，物流行业从信息化向数字化时代稳步迈进。2019 年 3 月，国家发展改革委等多部门联合印发的《关于推动物流高质量发展促进形成强大国内市场的意见》中特别指出，要促进现代物流业与制造业深度融合、提升制造业供应链智慧化水平，提升数据服务能力，以数据创造供应链新价值。对此，本册案例集的制造型企业供应链创新应用案例（4 篇）和商贸型企业供应链创新应用案例（4 篇）分享了基于制造、商贸、运输全流程的智能供应链一体化、精细化解决方案，同时在此基础上进一步探索供应链信息化如何助力供应链金融的发展与应用。

2019 年 9 月，由交通运输部、国家税务总局联合印发的《网络平台道路货物运输经营管理暂行办法》正式出台。截至目前，全国已有 300 余家企业取得了网络货运经营资质。网络货运是物流行业数字化转型升级的新业态、新模式，本册案例集也专门打造网络货运平台应用案例专题，收录 16 篇企业经典案例，分享网络货运平台在煤炭、钢铁、快递快运、园区、商贸等各细分领域独特的经营模式及核心竞争力，为正在观望、期待转型的企业提供参考。

除此之外，本册案例集还收录了物流企业信息化应用案例 13 篇，物流服务平台应用案例 15 篇，共享共建创新应用案例 2 篇，智能商用车及车联网技术创新应用案例 3 篇，智能物流技术与装备创新应用案例 5 篇，大数据、云服务、区块链创新应用案例 8 篇。分别从物流企业内部信息化系统建设、社会化物流平台服务、车后市场及智能技术在物流行业的应用等方面分享企业发展经验，记录行业发展路径。

2020 年，新基建的发展得到中共中央、国务院高度重视，《推进综合交通运输大数据发展行动纲要（2020—2025 年）》《工业和信息化部关于推动 5G 加快发展的通知》《交通运输部关于推动交通运输领域新型基础设施建设的指导意见》等政策相继出台，标志着我国技术创新的速度和深度将迈入新的阶段。未来，中国物流与采购联合会在案例的征集、分类、选材方面也将紧跟技术发展趋势，积极探索 5G、智能驾驶车辆等新技术、新装备在物流与供应链领域的应用场景，引领行业高质量发展。

中国物流与采购联合会十二年来一直坚持通过案例征集和出版的方式为企业搭建交

流平台，总结物流与供应链信息化发展规律，引导企业的认知与思考。多年来，这项工作不仅成为我们探索行业信息化发展的有效手段，也成为企业创新思辨的重要参考。希望伴随新一册案例集的出版，能继续为企业在信息化探索中提供帮助，为行业的创新发展提供借鉴，同时也向整理编辑本册案例集的工作人员表示感谢。

中国物流与采购联合会副会长兼秘书长

2020 年 9 月

目 录

物流企业信息化应用案例

中国外运长江有限公司：智慧供应链平台打造企业数字化竞争力 …………………（3）
京铁物流有限公司：国有铁路物流企业数字化升级有效促进
　　绿色物流与供应链管理融合发展 ……………………………………………（9）
中国移动通信集团四川有限公司："电子化、无纸化、数字化"——四川移动
　　供应链信息化应用 ………………………………………………………………（21）
厦门荆艺软件有限公司：元初食品生鲜物流信息化项目 ……………………………（27）
北京中交兴路信息科技有限公司：UBI 保险助力平台型物流企业生态转型 ………（33）
上海天地汇供应链科技有限公司：天地汇公共承运平台智能化提升建设 …………（43）
河南省烟草公司驻马店市公司、中国烟草公司河南省公司：卷烟物流智能调度
　　实时配送系统 ……………………………………………………………………（49）
安徽中工物流有限公司：智慧物资管理信息系统 ……………………………………（54）
大连集发南岸国际物流有限公司：危险货物物流全程数字化监管 …………………（63）
上海钢蜂物流科技有限公司：钢蜂云链 ………………………………………………（70）
卡车司机（北京）科技有限公司：方向物流信息化建设案例 ………………………（74）
广州广日物流有限公司：物流移动办公平台 …………………………………………（83）
云南宝象物流集团有限公司：基于宝象智慧供应链云平台的仓配一体服务 ………（89）

制造型企业供应链创新应用案例

中国移动通信集团安徽有限公司：LIS 系统全流程贯通体系的构建 ………………（107）
锐特信息技术有限公司：锐特信息智能制造供应链一体化解决方案 ………………（118）
上海钡云网络科技有限公司：基于互通型 SaaS 的智慧钢厂物流 …………………（124）
杭州尚尚签网络科技有限公司：上上签助力供应链金融行业健康发展 ……………（130）

商贸型企业供应链创新应用案例

中国移动通信集团终端有限公司：S2B2C 模式下的物流信息系统应用 ……………（139）

北京同天科技有限公司：中建材信息技术股份有限公司分销供应链 TMS 系统 …… (147)
中国移动通信集团广东有限公司：大数据肖像刻画在通信物资精细化管理中的应用 …… (155)
南京长安民生住久物流有限公司：智能供应链系统 …… (164)

网络货运平台应用案例

天津长久智运科技有限公司：商品车物流网络货运平台 …… (169)
德邻陆港（鞍山）有限责任公司：德邻畅途平台 …… (173)
武汉物易云通网络科技有限公司：司机宝网络货运平台 …… (181)
中储南京智慧物流科技有限公司：物流运力交易共享平台 …… (190)
河南省脱颖实业有限公司："货运快车"服务平台 …… (196)
云南旺宸运输有限公司："旺宸智运"网络货运平台 …… (205)
天津粮运物流有限公司：天津粮运物流网络货运系统解决方案 …… (210)
中国外运股份有限公司：中国外运华北有限公司网络货运平台 …… (216)
南京福佑在线电子商务有限公司：福佑卡车网络货运平台 …… (224)
广西桂物智慧科技有限公司：广西物流公共信息服务平台 …… (229)
浙江众创鑫宇供应链管理有限公司：星卡互联助力企业货运降本增效、集约化发展 …… (235)
吉林省宝奇智慧物流产业中心有限公司：宝奇智慧物流平台 …… (238)
湖南天骄物流信息科技有限公司：网络货运管理系统平台 …… (244)
陕西陆运帮网络科技有限公司：陆运帮网络货运平台 …… (250)
阿帕数字 NTOCC 网络货运平台：打造数字物流发展引擎 …… (256)
河北安霖网络科技有限公司：安霖云智运网络货运平台 …… (260)

物流服务平台应用案例

上海文景信息科技有限公司：长江三峡枢纽港区多式联运创新服务平台 …… (267)
中远海运物流有限公司：港航通内贸港口数字化服务平台 …… (278)
安徽慧联运科技有限公司：慧联运智慧物流云平台 …… (288)
上海南软信息科技有限公司："物流源"物流信息化平台 …… (298)
广西五运科技有限公司：五运通智选物流服务平台 …… (307)
中国移动通信集团河北有限公司：基于精益物流管理理念的信息化管控体系 …… (314)
中国电信股份有限公司广东分公司、中捷通信有限公司：基于数据运营的智慧供应链运营平台 …… (321)
山东途步信息科技有限公司：汇仓配·智能仓配一体化管理平台 …… (329)
汇链科技有限公司："危品汇"危化品物流可视平台实施案例 …… (336)

陕西卡一车物流科技有限公司：卡一车物流智慧供应链服务平台 …………（344）
安徽港口物流有限公司：物流服务管理平台 …………（349）
上海欣雅供应链管理有限公司：欣物盟供应链综合服务平台 …………（355）
西安货达网络科技有限公司：大宗商品供应链物流云平台 …………（360）
湖北物资流通技术研究所：物流园区模块化信息平台 …………（366）
中铁铁龙集装箱物流股份有限公司：智铁运联物流平台 …………（371）

共享共建创新应用案例

国网上海市电力公司：电工装备智慧物联平台线缆品类管理中心 …………（377）
珠海采筑电子商务有限公司：采筑招标机器人 BumbleBee …………（383）

智能商用车及车联网技术创新应用案例

东风日产乘用车公司：车联网数据在整车物流管理提升方面的系统应用研究 ……（389）
中寰卫星导航通信有限公司：中寰卫星前装商用车车联网平台 …………（397）
广东省嗒上车物联科技有限公司：基于物联网 +5G 技术的物流车辆数字化综合服务平台 …………（401）

智能物流技术与装备创新应用案例

深圳逗号互联科技有限公司："物联网 + 运筹优化"助力航空维修仓配管理智慧化升级 …………（407）
青岛日日顺物流有限公司：行业首个"黑灯"大件智能无人仓 …………（414）
机科发展科技股份有限公司：中医药产品智能工厂智能制造解决方案及集成应用 …………（424）
德邦物流股份有限公司：德邦快递三级智能指挥调度系统 …………（435）
大连俱进汽贸运输有限公司：射频周转器具管理系统创新应用 …………（438）

大数据、云服务、区块链创新应用案例

中储京科供应链管理有限公司：货兑宝大宗商品服务平台 …………（445）
北京科捷智云技术服务有限公司：科捷金库供应链大数据应用平台 …………（454）
合肥维天运通信息科技股份有限公司：路歌"区块链 + 供应链金融"平台项目 …（457）
雪松金服科技（广州）有限公司：雪松"区块链 + 大宗商品供应链金融平台"项目 …………（465）
e 签宝：物流行业电子签名解决方案…………（470）

创新奇智科技有限公司：基于AI数据分析的全场景智慧供应链解决方案 …………（475）
重庆长安民生物流股份有限公司：基于物联大数据的汽车物流“快递式”在途可视化应用 ………………………………………………………………………………（478）
北京景天中禾科技有限公司旗下聚麟科技：基于供应链逻辑的物流融资解决方案 ………………………………………………………………………………………（483）

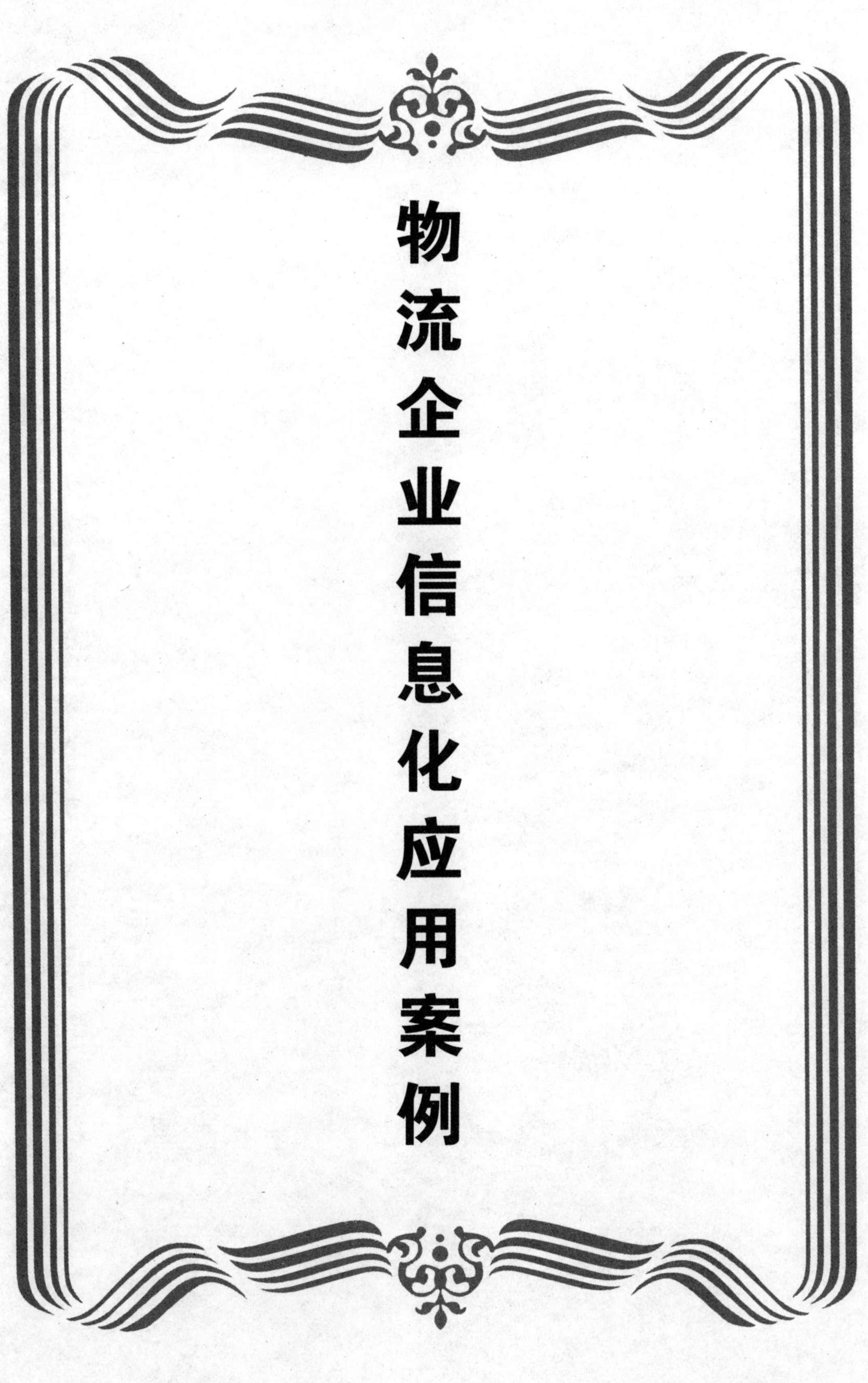

物流企业信息化应用案例

中国外运长江有限公司：智慧供应链平台打造企业数字化竞争力

一、企业简介

中国外运长江有限公司（以下简称“外运长江”）是中国具有领先地位的综合物流供应商——中国外运股份有限公司（以下简称“外运股份”）的核心。

公司注册资本为6.5亿元人民币，下设11家分公司、58家子公司，业务机构遍布江苏沿江主要港口和经济发达城市以及安徽、江西等长江沿线重要区域，是长江流域唯一集长江支线承运、船货代、仓储、租船、海外服务、国内陆运、液晶/半导体精密设备物流、供应链物流、工程项目物流、保税物流、速递服务等为一体的综合物流服务供应商。

公司拥有备受推崇的“中外运空运”“中国船务代理”“蔚蓝通道”“阳光速航”“阳光速递”“阳光好运”等服务品牌（见图1）。

图1　外运长江服务品牌

公司拥有40多年的行业发展历史，积累了丰富的运营经验，拥有一整套以客户为中心、设计合理的标准化操作程序，确保服务的准确性与高效率。2012年10月通过了DNV－GL的ISO 9001质量管理体系、ISO 14001环境管理体系、OHSAS 18001职业健康安全管理体系认证，标志着外运长江各项管理体系达到了国际标准。

凭借强大的系统资源和100多家海外战略合作伙伴，公司在长江流域主要经济发达城市与重点口岸构建了成熟的服务网络，面向国内和国际市场为客户提供全方位一体化的综合物流服务。

二、项目背景

随着产业革命的蓬勃兴起和现代科技的迅猛发展，经济面貌日新月异，商业模式推陈出新，跨界竞争如火如荼，在企业的共生竞合中，人们已进入资源整合至上、平台运营为王的共享经济时代。作为国内居于行业领先地位的综合物流企业，面对如何破解成长命题、拓展发展空间、在市场竞争中立于不败之地等问题，外运长江知势致远、因时而变，顺势而为、主动求变，作出了转型全程供应链管理、打造智慧物流、打造平台化企业、迈向世界一流的战略决策。

在此背景下，外运长江启动了智慧供应链平台（i-SCP）的开发建设工作。i-SCP 是外运长江坚决贯彻外运股份业务转型战略，顺应企业平台化发展趋势，以创新的管理理念和先进的信息技术整体规划、全新设计、度身定制、倾力打造的平台化业务运营管理系统。它着眼于长江流域的核心物流区域之一的苏皖赣，基于长三角地区物流资源分散、业务碎片化运营、商业模式复杂的特点，以平台化运营、精细化管理、数字化驱动、标准化操作为基本原则，由外运长江组织力量精心设计、自主研发。

三、建设内容

建设智慧供应链平台旨在打造物流信息化平台，深化与其他物流企业及物流平台的业务合作与业务整合，形成物流业务及物流信息的互联互通、物流要素的互动衔接，实现基础设施、产业需求、物流服务功能的平衡发展。

建设智慧供应链平台旨在引导外运长江提升服务档次，迅速调整共享经济盛行趋势下企业的发展方向，探索适合公司自身和行业趋势的全新发展之路，并帮助其他物流企业实现用最低的成本享有先进信息技术的成果。

（一）平台架构

智慧供应链平台由结算管理模块、操作管理模块、订单管理模块、基础管理模块和面向客户的公共服务五个功能模块组成，采用 Google Angular JS 产品实现业务逻辑与元素解耦，代码可维护性高，页面采用响应式布局，自适应多分辨率，前后端统一校验，数据权限控制精细化，系统安全性极高，数据表格化编辑，界面响应速度快。

（二）功能介绍

平台技术先进、功能强大，具有集成化、标准化、自动化、可视化、便捷化的特点。它以管理创新为核心、以流程优化为手段、以体系运营为主线、以技术突破为先导，聚焦变革创新，构建智慧物流。

1. 基础管理模块

标准化是数字化的基础。平台建设之初，首先梳理了基础数据标准和标准业务环节定义，将标准化管理流程在平台中进行功能落地和固化。制定规范、明确流程、组建团队三管齐下，实现了基础数据的集中管理、集中维护和各家引用。例如，对港口的规范优先采用国际规范标准，若无国际规范标准则采用国内规范标准，若无国内规范标准则采用行业规范标准，若无行业规范标准则进行企业级标准制定。

目前，平台集中定义了业务类型、客商数据、费用类目、状态定义等基础数据。集中管控模式提高了基础数据的管理效率，为业务操作、商务管理和数据分析夯实了基础。

2. 订单管理模块

平台设置订单管理模块，涵盖各种业务类型。规范合同管理模块，形成标准化的合同细节字段，据此校验对比订单；根据历史交易数据记录评定客户信用等级，形成客户信用报告，在业务环节（如放单、放货等）中进行引用；设置合同有效期限、操作要求、危险品控制等关键字段，订单进入平台即自动校验数据，有效提高了工作效率、控制了业务风险。

平台支持订单任务配置，根据规则自动生成任务并推送给对应操作人员，全程跟踪订单执行状态；同时接入外部港口、码头、海关、商检等第三方平台数据，对订单进行预警。

平台支持内部单位互相委托与订单结算，促进跨业务单元合作，提升了公司的整体运营能力，扩大了市场份额。

3. 操作管理模块

平台引入任务驱动、异常预警和动态跟踪机制，方便工作人员随时掌握业务进程和物流状况，关键指标一目了然；拥有具备技术独创性和强大解析能力的"智慧"式可配置规则引擎，简单操作即可完成船公司的复杂业务逻辑要求；集成订舱、拖车、报关报检等功能模块，可同时处理多业务环节操作，有效支撑了供应链的全程物流服务。

4. 结算管理模块

平台商务结算模块主要由费用管理、发票管理、账款管控和信用管理组成。费用管理支持自动计算、运费导入、手工录入、补收补付等多种来源；发票管理主要包含应收应付发票关联；账款管控包括银行水单管理、收款核销、付款计划、执行与核销功能；信用管理主要包括客商信用评级、信用记录、催收催付及扣单扣货等功能。

结算管理模块的成熟依赖于流程标准化，它的上线有力支持了商务结算管理工作，通过明确的商务数据节点管控，在系统中固化操作、动态计算、提醒催收以及 KPI 考核，提升了商务操作管理的效率，优化了统计模型，促进了业财数据匹配。

四、价值分析

i-SCP 建设从项目启动到全面部署，经历了一段不平凡的过程，其间不乏挑战。在外运股份发展战略的有力指引和外运长江决策层的正确领导下，平台研发人员及测试人员肩负破旧立新、创新发展的重任，勇于担当、敢于争先、不畏艰难、挑战自我、矢志创新、勠力前行。全体平台建设者齐心协力、锐意攻坚，仅用一年半就实现了平台在试点单位的成功上线。2017 年 9 月，项目一期建设工作圆满完成。2018 年 6 月，项目二期如期上线。2019 年下半年，随着项目三期的如期完成，i-SCP 已完成了覆盖外运长江全部下属分、子公司的部署目标，截至 2020 年 6 月，上线单位达 88 家。在项目推进过程中，i-SCP 项目组发扬开拓创新、不畏艰难的拼搏精神，不断追求卓越和自我超越，持续改进和优化 i-SCP。平台功能日益完善，整体效能不断提升。随着在下属分、子公司的全面上线，平台的综合管理效应逐步呈现。

管理价值一：彰显品牌价值，构建标准化服务体系。

标准化是服务创新的基础、管理进步的保障、平台赋能的基石。i-SCP秉持技术创新与管理进步相结合的理念，践行“概念产品场景化、成型产品标准化、标准产品全网化、全网产品常态化”的产品开发原则，强本固基、提质增效。通过制定统一标准、实施规范流程，提高运营质量、优化服务产品，构建面向客户的标准化服务体系。

统一的客商管理标准、精确的服务定义配置、规范的操作结算流程，为数字化运营奠定了坚实基础。平台以客户为中心，不断升级网上服务功能，发挥线上优势，改善服务体验，通过推出在线订舱、网上对账、消息订阅等一系列标准化、便利化、实时化的在线服务，满足客户的个性化需求，实现了线上线下服务的有机融合和优势互补，打造出客户满意的一站式服务产品，重塑了企业品牌价值。

管理价值二：推进流程再造，开发自动化规则引擎。

i-SCP致力于将精益管理运用于企业的变革创新，用技术手段实现流程再造，通过对服务环节、运营体系、平台架构的优化设计，不断改变碎片化的业务流程和操作模式，提升了物流业务全程作业效率和整体运营效能，增强了企业核心竞争力。

持续的流程优化和技术改造极大地提高了平台自动化水平。通过引入任务驱动、异常预警和动态跟踪机制，工作人员可随时掌控业务进程和物流动态。

i-SCP坚持创新制胜，为铸造平台的“智慧之心”，研发人员主动挑战、攻坚克难，经历了无数次失败，最终成功打造出具有技术独创性的“智慧”式可配置规则引擎，其强大的执行能力使得业务由繁化简，极大增强了系统的易用性、管理的便捷性和操作的高效性，平台智慧化水平大幅提升。

管理价值三：延伸管理半径，实现全方位风险防范。

i-SCP聚焦风险管控，注重过程管理，以精细化管理、规范化操作提升企业的全面风险防范能力。着重从客商管理、合同执行、信用评价三个维度，针对风控难点完善系统功能、强化过程执行、实现闭环管理。通过建立客商管理规则、健全数据质量保障机制，客户信用管理体系日益健全，数据质量稳步提升。

以合同的全生命周期管理为突破点，根治合同管理中评审与执行相脱节的顽疾，运营效果显著改善。i-SCP构筑了全方位的风控管理体系，通过客商管理规范化、信用评级数字化、商务结算精细化，延伸了管理半径，丰富了管理手段，实现了质效提升，有效控制业务经营的系统性风险，全面保障企业的健康发展。

管理价值四：促进资源整合，布局一体化平台运营。

在外运长江向全新商业模式发展转型的变革过程中，i-SCP以先进的信息技术建立起覆盖全域的计算机网络和快速灵活的电子数据交换系统，将外运长江下属企业、上下游业务伙伴及客户供应商连接起来，通过跨区域的整体协同，实现了物流要素的优化配置和快速重构，推进了扁平化管理和集约化经营，将分散于长江沿线的物流资源、服务能力全面整合，彻底改变了外运长江有点无网、缺乏协同的被动局面，为一体化运营打下了坚实基础。

i-SCP以“小前端、强后台”的组织形态，发挥区域管理中心的整体资源配置优势，聚力“后台”，赋能“前端”，激活业务单元的内在能动性和个体创造力，让企业既获益于统一营销、统一运营、统一品牌的平台效应，又增强了机动灵活的市场应变能力，以便始终在激烈的竞争中赢得主动、把握商机。

管理价值五：优化产品体验，加强可视化技术应用。

i-SCP 注重发挥信息技术的示范引领作用，通过数据挖掘、商业智能和状态跟踪技术的综合运用，把数据可视化技术成功融合到供应链管理的关键环节中，在业务动态监控、物流状态跟踪，桌面看板提醒和管理驾驶舱的数据呈现方面，可视化技术极大提升了 i-SCP的数据可用性、用户友善性、功能易用性和系统敏捷性，在提高工作效率的同时给用户带来了更好的使用体验。可视化技术的成功运用，使 i-SCP 的自动化、智能化、智慧化水平不断提升，深入挖掘大数据的商业价值，充分彰显了信息技术对管理创新的驱动作用。

管理价值六：迈向智慧物流，制胜数字化创新之巅。

在外运股份发展战略的有力指引下，i-SCP 以技术为先导，以变革为核心，坚持自主创新，矢志开拓进取，聚焦数字物流，通过自动化、可视化、大数据、云计算技术的广泛应用和平台体系的精心构建，有力推动了企业的快速发展和战略转型，使外运长江从传统的综合物流企业向技术驱动型的平台化智慧物流企业快速迈进、阔步向前。

五、经验总结

科技、社会及市场三位一体的快速发展，催生了不断增加的关联方。为了最大限度地满足服务需求，外运长江在建设“船货一体化”集运体系的过程中，精心构建有序、立体的 i-SCP，在物流信息标准化、智能化和可视化方面探索出一条成功道路，值得在行业内推广和分享。

用标准化的信息字典，进行“完美”的数据铺垫。统一客商管理，使用唯一的代码为客户和供应商备案；统一业务子类别，规范各分公司的业务定义；统一操作环节，用标准的业务环节规范货代操作流程和岗位配置；统一状态定义，在规范操作环节后，对每个环节产生的外部状态和内部状态进行定义；统一电子化审批流程，把 i-SCP 与办公自动化系统无缝集成，在办公自动化系统中接收合同审批、放单审批、放货审批等结果，并配置在对应的操作环节中，用标准数据为智能化进行“完美铺垫”。

用“火眼金睛”的任务驱动，进行精密的过程管控。标准化的操作形成规则引擎驱使平台主动在各业务环节分配订单任务（以下简称“任务驱动”），i-SCP 自主运行流程，操作人员只需解决“任务驱动”预警的异常情况。同时，规则引擎设定了与各业务环节匹配的合同条款及多维度信控要求，一旦信息出现不符，规则引擎即刻触发，“火眼金睛”的 i-SCP 立即根据风险的强弱程度禁止操作或报警提示，操作人员可据此发起与移动应用绑定的审批流程，极大提升了管控力度和时效性。此外，“任务驱动”还通过操作中心、申报平台与客户、船方、海关、商检等各关联方进行即时信息交换，同时接入外运股份“物流在线”状态池，并与手机应用集成，提供物流信息定制服务，i-SCP 的智能高效得到了各方的一致认可。

用物流节点可视化构建全程可视化。标准化的“任务驱动”让订单在各物流节点自动运行，它主动记录任务节点启动和结束的轨迹，通过状态池和数据看板直观呈现完整的时间链和业务商务数据。如果“任务驱动”智能预警，物流状态和任务就能得到即时修正。多节点和不同维度构成的整体物流过程因此被直接“看见”，电话问询的方式逐步成为历史。

用全程可视化助力业务体系建设。标准化的操作、精细化的业务管理和智能化的全程可视收获着便捷高效和关联方赞誉的同时，也为提升运营效率夯实了统计基础。外运长江研发出 i-SCP 的“管理驾驶舱”，在仪表盘上集成实时的业务和商务数据，支持各级管理者进行有效的数据分析、流程优化和决策制定，从而推进了集运体系的航线优化及转运中心和通道建设，大大提升了沿江口岸公司的控货能力与市场竞争力。在系统的支持下，增签了与船公司的订舱协议和 CCA 协议，拓展了口岸覆盖面；创新了服务产品，开辟了特色精品航线，科学地满足日益提高的船公司和客户的服务要求；加密了内外贸航线，2019 年外运长江的内外贸箱量超 89 万标准箱，同比增长 2.61%；深入推进了太仓、南京、武汉转运中心和苏昆太、锡澄张、合肥南京、昌九通道建设。经过不懈努力，外运长江的口岸订舱量稳步增长，连续六年稳居长江公共支线承运人第一。

六、未来展望

设计先进、功能完善、理念超前的 i-SCP 对外运长江的综合物流业务进行了全面的管理变革和持续的流程再造，将精细化的业务管控要求融入系统的流程设计和功能实现之中，优化了作业流程，提高了管理成效，为企业的创新发展注入活力。

央企是社会责任的承担者。外运长江未来将在致力于自身发展的同时，不忘社会责任的担当，在提升自身实力的同时积极对外共享物流服务，实践行业价值。

借助智慧供应链平台对内打造集运体系，提升自身实力。一方面依托 i-SCP，深入开展涵盖集中订舱、航线运营、转运中心、通道建设以及跨业务线商务结算的“船货一体化”集运体系建设，以创新模式持续吸引口岸公司加入集运体系，增强体系实力；另一方面不断积累平台资源，借助对沿江各口岸货量的汲取，通过事业部与口岸公司的协同共享，发挥资源聚合效应，推动了总体箱量、船队规模及运力控制的稳步增长，收获了航线升级和口岸利润增长的双赢。

借助智慧供应链平台对外共享物流服务，实践行业价值。在增强自身实力的基础上，外运长江积极响应政府“进一步开发长江黄金水道，加快推动长江经济带发展”“健全智能服务”“推进信息化与产业融合发展”的号召，聚集船、货两方面的服务功能和要素，用“互联网 + 物流”促使 i-SCP 向着连接船公司和客户、聚合外运长江内外部物流服务的社会公共资源的方向发展，助力政府构建现代综合交通运输体系。

京铁物流有限公司：国有铁路物流企业数字化升级有效促进绿色物流与供应链管理融合发展

近几年中国经济发展正在经历从过去的高速度粗放增长走向集约化高质量发展，企业的发展与竞争方式正发生着质的变化。与此同时在互联网、物联网、云技术、区块链等新技术推动下，制造、运输、贸易等业态都面临着转型和升级的考验，国有铁路物流企业在市场竞争环境中，受到了更加复杂化和多元化的挑战，企业数字化转型升级势在必行。通过信息技术平台打通行业间、企业间壁垒，有效促进多方资源整合协作，优化国有铁路物流企业市场地位，盘活铁路绿色物流资源，践行绿色发展理念，参与国家绿色物流体系建设，从而履行国有企业的社会责任和使命担当，促进绿色物流与供应链管理融合发展。

一、企业简介

京铁物流有限公司（以下简称“京铁物流”）系中国铁路北京局集团有限公司（以下简称“北京局集团公司”）独资法人企业，组建于 2005 年 5 月，注册资金 1.8 亿元，是北京局集团公司物流商贸事业群内唯一一家平台型物流企业，共拥有全资及参控股公司 24 家、分公司 7 家，经营区域覆盖京津冀地区。

秉承“为客户提供优质、高效的物流解决方案，为推动铁路物流发展和员工进步而努力”的使命，以“绿色物流、科技物流、智慧物流”为奋斗目标，践行“以创新吸引客户，以真诚贴近客户，以行动满足客户，务实诚信，实现共赢”的经营理念，开展资本化经营、物流基地建设、港口多式联运、钢材运输、煤炭运输、冷链运输、绿色城市配送、特快货物班列、中欧货物班列、专业化物流装备、物流综合服务、物流科技服务等业务。

二、转型思考

当前数字经济正带动中国整体经济升级和转型，传统行业的数字化转型势在必行。数字化转型的核心是对数据价值的充分挖掘和运用，从而创造新的生产力。

1. 国有企业内控管理数字化转型的必要性

内控管理是保证企业高效运转的核心基础，在投资管理、项目开发、预算管理、税务管理以及风险控制方面，在经营决策过程中都需要全面、真实、有效的数据信息作为依据，数字化信息系统是解决信息归集、数据验算、风险预测等运营管理问题最有效的工具。

2. 物流行业数字化运营发展的必要性

随着电商时代的到来，贸易供给关系发生了质的变化，从原来的“产能推动式销售”变化为“需求拉动式生产”，物流行业为满足市场的柔性化需求，纷纷部署数字化信息系统建设，充分利用信息技术连通上下游企业，将数据作为运营管理和降本增效的关键要素，同时在多式联运衔接和供应链管理方面取得了突破式的发展。

3. 把握供应链生态变革趋势的必要性

在消费模式影响、制造技术升级、信息通信技术升级、物流装备及基础设施升级和可持续发展诉求等方面的影响下，供应链生态正在发生变革。铁路物流企业需要紧跟市场变化，借助数字化技术工具，调整自身定位，减少中间环节、简化业务流程、优化关联组织、节约交易成本，推动产业链从规模性向功能性转变，把握供应链生态变革趋势。

三、建设方案

京铁物流依托自主研发的“京铁云平台”信息系统，打造“数字化治理 + 网络货运 + 供应链管理”的数字化转型方案，通过内控 ERP 系统和“京铁云平台”信息系统的组合运用，支撑北京局集团公司“天网 + 地网”绿色物流战略规划的运营体系，实现将铁路绿色物流资源向社会开放共享，吸引社会资源共建绿色物流生态的目标。

科学、合理、高效地运用大数据分析与人工智能技术对线上发布的货源、运力、仓储、设备等相关物流信息进行分析、整理、优化配置，实现铁路内外部资源的优化匹配，同时开展全程物流服务、城市绿色配送、供应链金融服务等延伸增值服务。打造跨行业、跨区域的铁路物流信息共享平台，通过全方位整合铁路与社会资源，逐步实现首都、京津冀区域、全国乃至国际范围内的全程供应链物流服务。

四、案例介绍

案例 1：数字化企业治理。

利用企业 ERP 系统（见图 1），通过标准化、体系化和流程化的方式，构建“业务、财务、法务”闭环式管理流程，提升企业内控管理效率和质量。

（1）统一信息平台。

打造统一的财务信息化平台，统一信息系统、统一基础规范、统一内控制度和业务流程，打破信息孤岛。

（2）提高业务效率。

加强业务内部协同以及财务与业务的一体化，实现业务由繁至简，大幅度减少手工工作量，提高业务和管理效率。

（3）加强内部管控。

加强京铁物流对子公司的财务规范化要求，转变管理角色，从被动变主动，借助信息工具实现对子公司的高度集中管控。

（4）规避经营风险。

配合内部控制体系的建设，借助信息化工具完善京铁物流内部授权机制，统一和规范公司业务流程，规避经营风险。

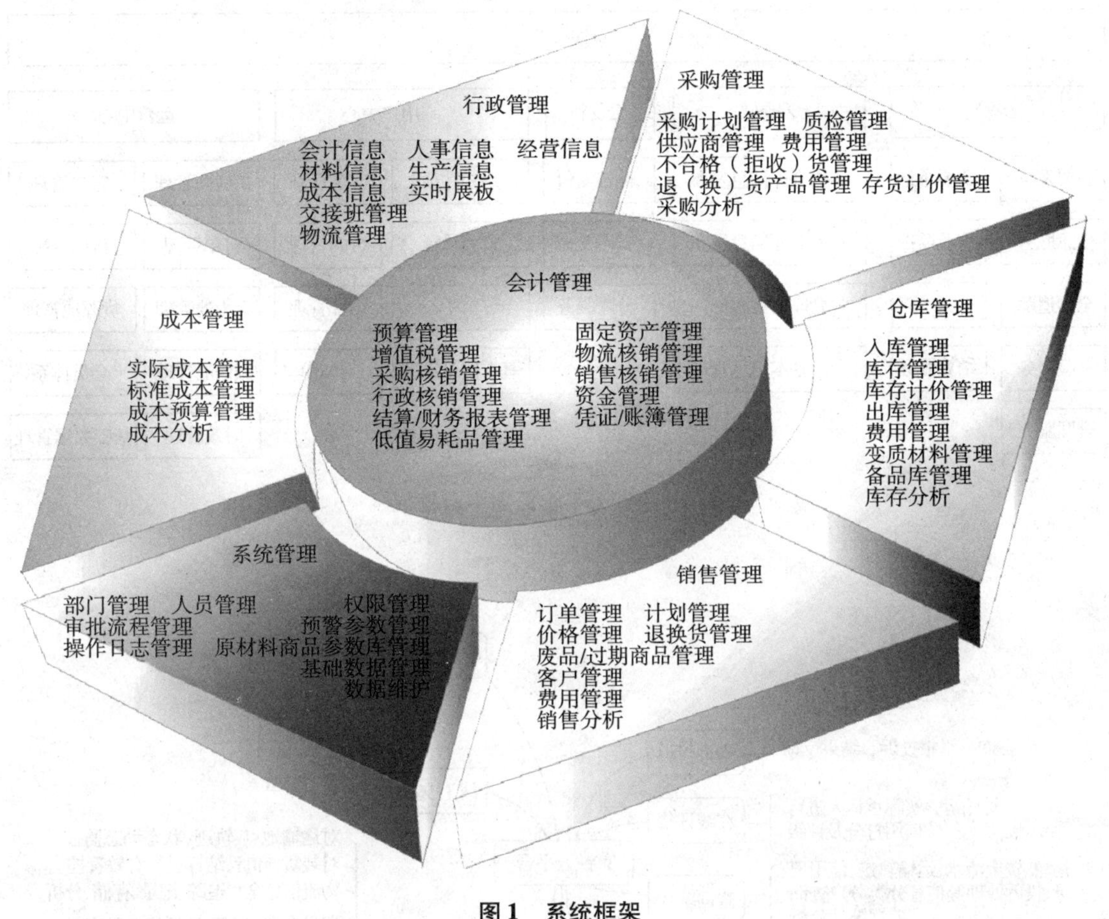

图1　系统框架

（5）辅助管理决策。

强化对信息的收集、存储和深度利用，建立智能信息综合分析平台，满足从决策层到管理层的实时、全面的信息获取和辅助分析，提供强有力的管理决策支持。

案例2：网络货运整合多式联运资源。

京铁云平台以物流、仓储、支付、用户、运营为业务单元，分类开发专业化子系统，利用数据中台技术和模块化框架组合，形成具有强大兼容性和扩充性的系统。京铁云平台数据中台框架如图2所示。

以网络货运模式为基础，设计和开发京铁云平台信息系统。设置信息发布、线上交易、全程监控、金融支付、数据调取、查询统计、在线评价、咨询投诉八大功能模块（见图3），满足线上线下物流业务同步开展的需求。

通过构建货源池、运力池、仓储池、资金池、诚信池、信息池的方式，积累数字资产，用于经营决策。京铁云平台六大资源池示意如图4所示。

案例3：多式联运运营方案。

利用京铁云平台系统功能，形成铁路运输、公路运输、海洋运输联运方案，并以绿色联运方式为合作企业提供供应链管理服务。

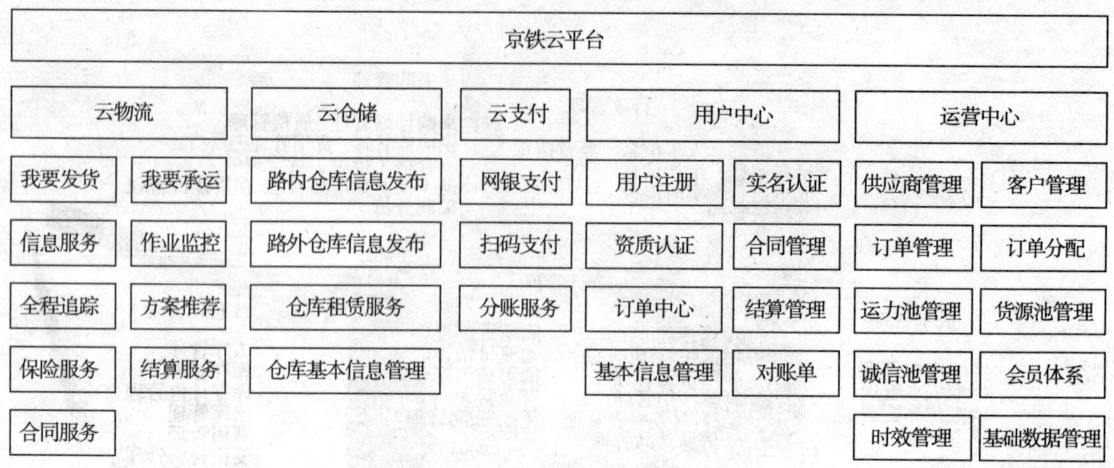

图 2　京铁云平台数据中台框架

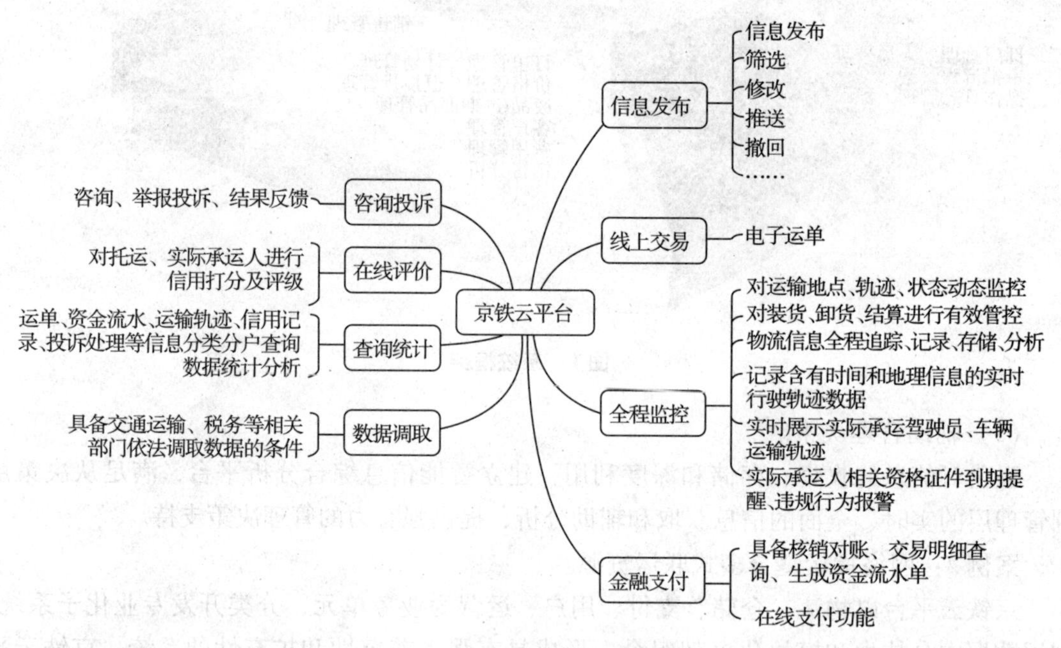

图 3　京铁云平台前端功能框架

1. 发送业务

铁路发运角色分工如图 5 所示。

应用场景 1 如下。

（1）客户在京铁云平台注册为货主角色，在平台统一发布货源信息。

（2）各货运中心在京铁云平台注册为承运商角色，在平台负责承接相关区域内客户发布的发货需求。

（3）通过京铁云平台发运的货物，由平台统一对货运中心进行付款，每月进行对账结算，各货运中心按月将发票寄送至京铁云平台，平台根据所开发票进行付款（付款方式可选择现结、月结、预付款等，现结能实现快速返回支付结果，预付款京铁物流需垫

图 4　京铁云平台六大资源池示意

图 5　铁路发运角色分工

付大量的资金，月结货主压力大）。

（4）客户需要发票的，与京铁云平台联系，由京铁云平台向客户开具发票。

（5）京铁云平台负责向 95306（中国铁路 95306 网站）提交需求计划和阶段需求。

（6）各货运中心负责货物发送等相关事宜的办理。

（7）货物在途情况节点信息可自动通过京铁云平台反馈给客户。

（8）货物到达后，由客户在京铁云平台进行货物到达确认签收。

应用场景 2 如下。

（1）全局客户提前与京铁物流有限公司签订货物运输合同，发挥京铁物流"大货代"职能，由京铁物流在京铁云平台注册为货主角色，统一发布货源信息。

（2）各货运中心在京铁云平台注册为承运商角色，在平台负责承接相关区域内客户发布的发货需求。

（3）京铁物流发运的货物，由京铁云平台统一对货运中心进行付款，每月对账结算，各货运中心按月将发票寄送至京铁云平台，京铁云平台根据所开发票付款。

（4）京铁物流需要开具增值税发票，与云平台联系，由云平台向京铁物流开具发票。

（5）京铁云平台负责向95306提交需求计划和阶段需求。

（6）各货运中心负责货物发送等相关事宜的办理。

（7）货物在途情况节点信息可自动通过京铁云平台反馈给客户。

（8）货物到达后，由客户在京铁云平台进行货物到达确认签收。

京铁云平台发运运作流程如图6所示。

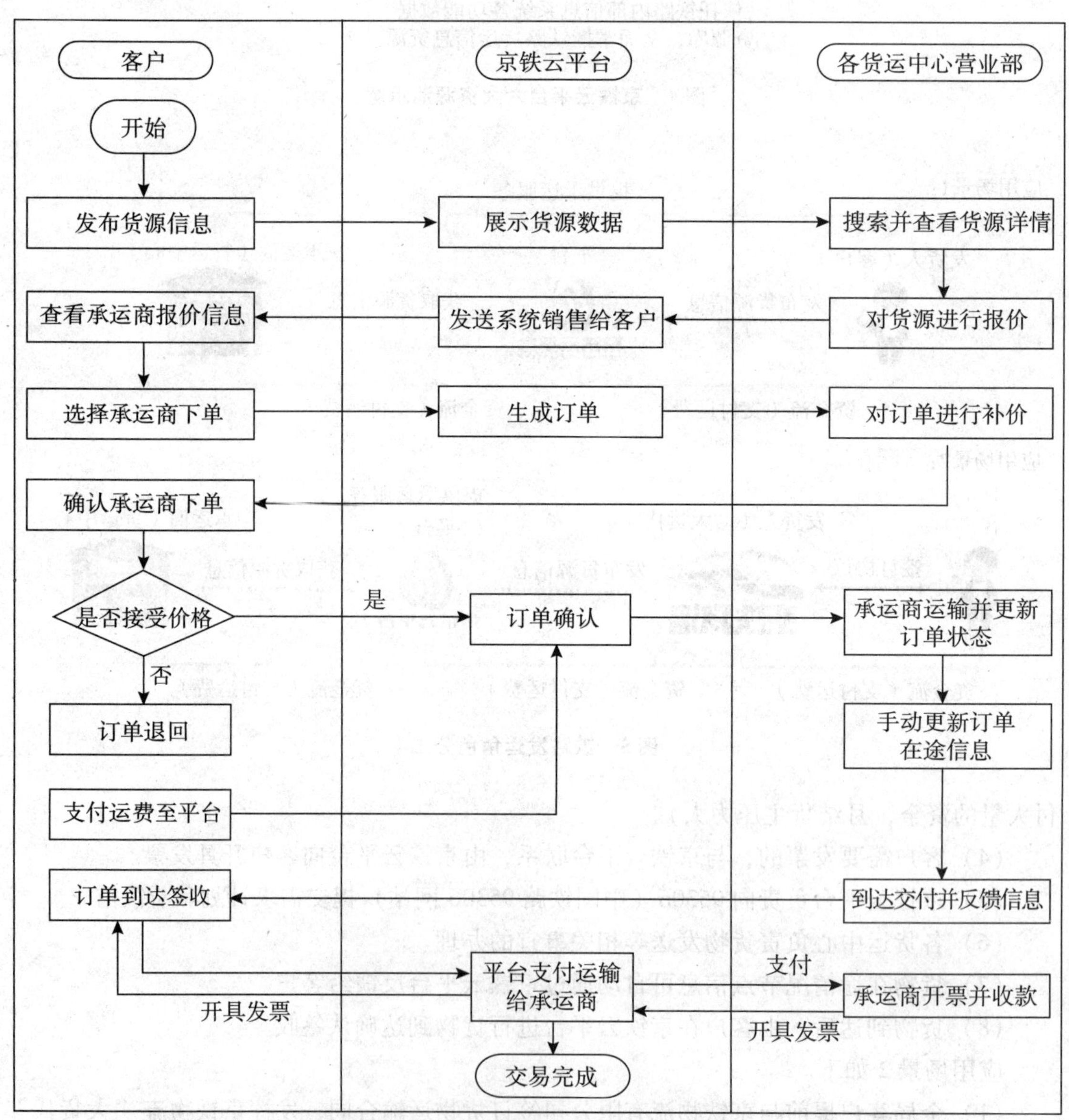

图6　京铁云平台发运运作流程

2. 到达业务

货源信息发布。

应用场景1：

客户在发货场站办理“站到站”或“门到站”业务，需要到达后进行配送的，可在云平台注册为货主角色，在京铁云平台统一发布配送信息。

应用场景2如下。

（1）客户在发货场站办理“门到门”或“站到门”业务的，由各货运中心营业部在京铁云平台注册为货主角色，在京铁云平台统一发布配送信息（相当于将此项业务引入系统，丰富系统数据）。

（2）社会车队在京铁云平台注册为承运商角色，在云平台负责承接相关区域内客户或各货运中心营业部发布的配送需求。

（3）通过京铁云平台配送的货物，由平台统一对社会车队付款，同时与各货运中心签订货物运输月结协议，每月对账结算，京铁云平台按月将发票寄送至各货运中心，各货运中心根据所开发票付款。

（4）社会车队负责货物配送等相关事宜的办理。

（5）社会车队负责在京铁云平台及时录入货物在途情况节点信息，或通过接口向平台推送在途信息。

（6）货物到达后，由各货运中心在京铁云平台进行货物到达确认签收。

3. 单纯公路运输

应用场景1如下。

（1）客户在京铁云平台注册为货主角色，在平台统一发布货源信息。

（2）社会车队在京铁云平台注册为承运商角色，在平台负责承接相关区域内客户发布的发货需求。

（3）通过京铁云平台发运的货物，由平台统一对社会车队进行付款，每月对账结算，各社会车队按月将发票寄送至京铁云平台，平台根据所开发票付款。

（4）客户需要发票的，与京铁云平台联系，由平台向客户开具发票。

（5）社会车队负责货物运送等相关事宜的办理。

（6）社会车队负责在京铁云平台及时录入货物在途情况节点信息，或通过接口向平台推送在途信息。

（7）货物到达后，由客户在京铁云平台进行货物到达确认签收。

应用场景2如下。

（1）客户提前与京铁物流签订货物运输合同，发挥京铁物流“大货代”职能，由京铁物流在京铁云平台注册为货主角色，在平台统一发布货源信息。

（2）社会车队在京铁云平台注册为承运商角色，在平台负责承接相关区域内客户发布的发货需求。

（3）通过京铁物流发运的货物，由京铁云平台统一对社会车队付款，每月对账结算，各社会车队按月将发票寄送至京铁云平台，平台根据所开发票付款。

（4）京铁物流需要开具增值税发票，与京铁云平台联系，由平台向京铁物流开具发票。

（5）社会车队负责货物运送等相关事宜的办理。

（6）社会车队负责在京铁云平台及时录入货物在途情况节点信息，或通过接口向平台推送在途信息。

（7）货物到达后，由客户在京铁云平台进行货物到达确认签收。

案例4：多式联运与供应链管理案例。

1. 建筑沙石发送业务

（1）建筑沙石发送企业与京铁物流签订货物运输合同，发挥京铁物流“大货代”职能，由京铁物流在京铁云平台注册为货主角色，在平台统一发布货源信息。

（2）各货运中心在京铁云平台注册为承运商角色，在平台负责承接相关区域内京铁物流发布的发货需求。

（3）京铁物流发运的货物，由京铁云平台统一对货运中心付款，每月对账结算，各货运中心按月将发票寄送至京铁云平台，平台根据所开发票付款。

（4）京铁物流需要开具增值税发票，与京铁云平台联系，由平台向京铁物流开具发票。

（5）京铁云平台负责向95306提交需求计划和阶段需求。

（6）各货运中心负责货物发送等相关事宜的办理。

（7）货物在途情况节点信息可自动通过京铁云平台反馈给京铁物流。

2. 建筑沙石到达业务

（1）各货运中心营业部在京铁云平台注册为货主角色，在平台统一发布配送信息。

（2）社会车队在京铁云平台注册为承运商角色，在平台负责承接相关区域内发布的沙石配送需求。

（3）社会车队负责货物配送等相关事宜的办理。

（4）社会车队负责在京铁云平台及时录入货物在途情况节点信息，或通过接口向平台推送在途信息。

（5）货物到达后，由各货运中心在京铁云平台进行货物到达确认签收。

五、经验分析

自京铁云平台上线运营以来，截至2020年6月10日，在京铁云平台用户新注册使用情况方面，京铁云平台累计注册用户469家，其中专用线企业110家、公路企业78家、仓储运营企业4家。线上运营128个物流项目。在数字化运营管理过程中总结出以下问题。

1. 订单交易模式单一

目前京铁云平台的订单交易模式均为抢单模式，系统的自动化智能派单功能并未成功实现，这一缺陷将严重影响公铁联运功能的实现，也无法满足用户线下实际的业务功能需求。后期，京铁云平台将优化业务流程的实现方式，着力打造以铁路为全程货运经营人主体的公铁联运大货代平台，为平台使用者提供更加便捷和完善的物流服务、信息服务以及金融服务等各项增值服务。

2. 运力池的运力资源增长乏力

从历史数据中看各季度的数据增长情况可以分析出，相比于货源池的货物资源，京铁云平台运力池的运力资源是比较稀缺的，若线下业务出现爆发式的增长，京铁云平台的运力池资源将难以支撑。后期，京铁云平台应推进与社会车联网资源平台的合作，持续扩充运力池中各类汽运车辆资源，为北京局集团公司绿色物流体系以及绿色配送基地建设提供运力数据支撑。

3. 平台线上操作模式与线下业务存在偏差

经过一段时间的试运行，用户反馈京铁云平台的系统操作过程略显复杂，存在同一环节反复操作的问题。并且，京铁云平台目前的交易模式无法体现出全程货运经营人的角色功能，没有发挥出网络货运经营人真正的价值。后期，京铁云平台应积极推进网络货运经营人的办理资质，按照国家交通运输部的政策要求，落实网络货运经营人的各项要求，以京铁云平台为智慧天网，为北京局集团公司全流程“大货代”的物流服务目标提供信息化支撑。

六、长期规划

（一）全流程“大货代”公铁联运经营模式（见图7）

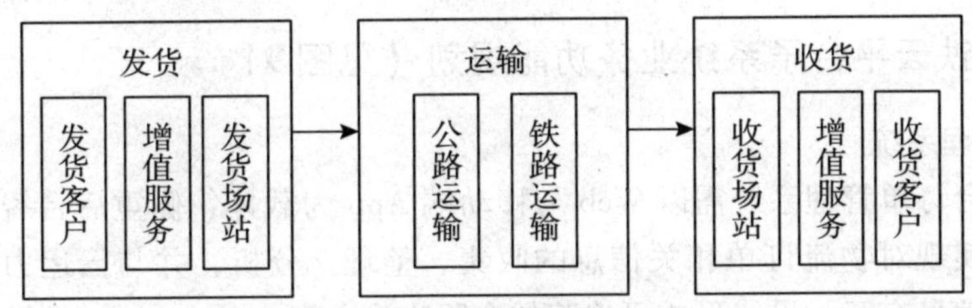

图7　全流程“大货代”公铁联运经营模式

增值服务包括装卸、仓储、包装、加工、配送等。可以由货主自行进行，也可以委托给货代公司，或者委托给铁路场站。

京铁云平台功能体系及具体业务目标（见图8）。

1. 一单制

京铁云平台作为全程运输经营人，与货代公司或者客户签订公铁联运合同。为客户提供便捷的专属服务，实现物流供应链多个环节的一单制管理。

2. 统一收费，分账结算

京铁云平台作为全程运输经营人，提供全程公铁联运的物流方案，进行一口报价。建立统一集中的资金账户，再与各方进行分账结算。

3. 智能配载配线

铁路长期积累的货物种类、集货以及配送线路数据，构建模型、设计算法，实现接取送达两端公路运输货物的智能配载和线路优化。

4. 智能仓储运营

通过对接供应商的货物管理系统，实现货物在铁路智慧货场的高效运营。合理设计

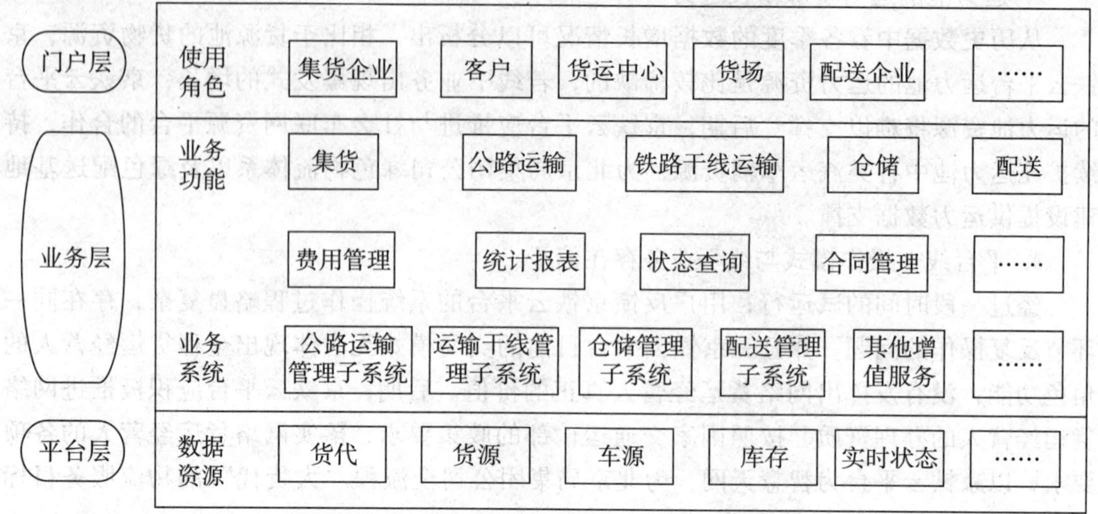

图8　京铁云平台功能体系及具体业务目标

货物出入库批次、分拣频率、库位预警及移动方式等具体业务流程，并配合使用智慧货场的硬件设备，实现仓库安防、消防管理和能耗监控，从而提高仓储运营效率，降低运营成本。

（二）京铁云平台子系统业务功能规划（见图9）

1. 订单管理系统

京铁云平台订单管理系统需以 Web 与移动端 App 为载体，侧重后台智能管理系统的开发与设计，实现对物流订单相关信息的收集、整理、分析，并与云运力、云仓储智能管理系统形成信息交互，最终形成可追踪的全程物流方案。

2. 运输管理系统

京铁云平台作为全程运输经营人，与货代公司或者客户签订公铁联运合同。为客户提供便捷的专属服务，实现物流供应链多个环节的一单制管理。京铁云平台作为全程运输经营人，提供全程公铁联运的物流方案，进行一口报价。建立统一集中的资金账户，再与各方进行分账结算。

3. 干线运输管理系统

所有铁路集装箱信息均需录入该系统，以实现集装箱位置、状态的查询。

4. 仓储管理系统

通过对接供应商的货物管理系统，实现货物在铁路智慧货场的高效运营。合理设计货物出入库批次、分拣频率、库位预警及移动方式等具体业务流程，并配合使用智慧货场的硬件设备，实现仓库安防、消防管理和能耗监控，从而提高仓储运营效率，降低运营成本。

5. 末端运输管理系统

京铁云平台系统通过一定时间，对区域内物流相关信息进行收集，逐步完成与公有云及政府社会信息的端口对接，完善京铁云平台系统运营模式所运用的智能算法与计算

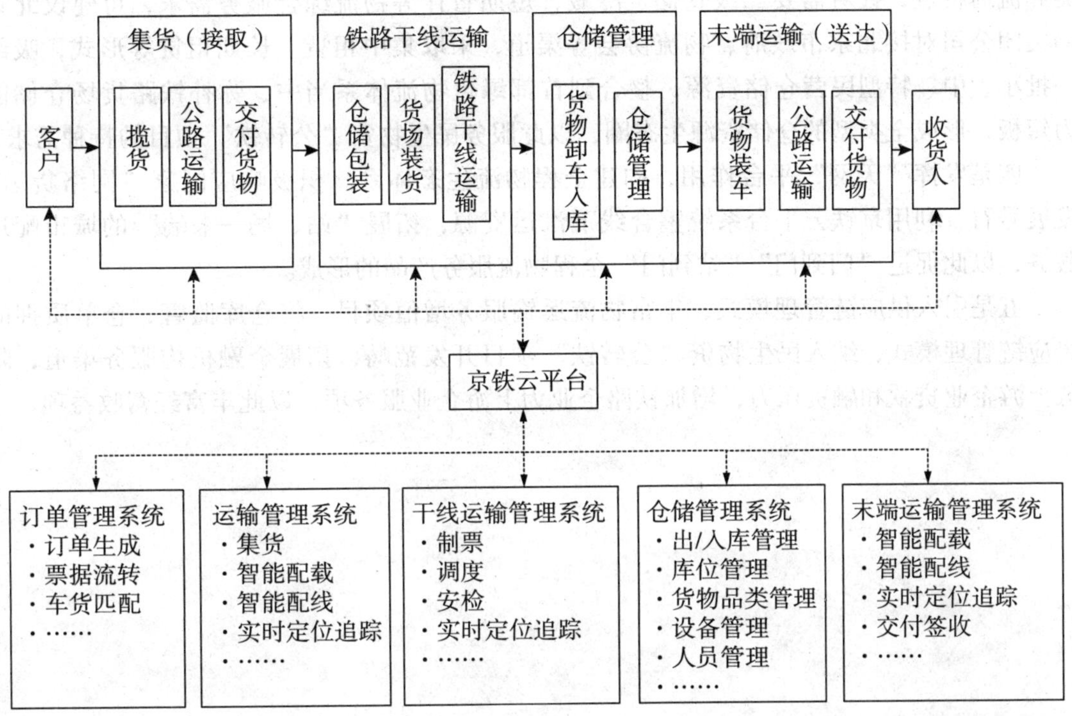

图9　京铁云平台子系统业务功能规划

逻辑，使京铁云平台系统初步具备智能业务流程再造与全程物流、多式联运规划设计能力。

6. 接口管理

以京铁云平台智能物流系统为基础构架，逐步开发、设计京铁云平台十大模块的功能，提升云物流平台、云商、云空间（办公）、云智慧货场、云社区等功能模块的用户体验。

（三）推动数字化赋能绿色物流体系建设

继续推进北京局集团公司“外集内配、绿色联运”的总体思路，以数字化信息系统赋能绿色物流体系建设和运营。

一是扩大铁路内部政策支持，吸引上游企业启动“公转铁”。现民生物资供应企业主要采用汽车运输，以“厂到库、厂到店”模式为主要运输模式，如采取干线“公转铁”，会直接导致企业物流成本增加，故此建议采取价格下浮、减免库租等措施，吸引民生物资上游企业关注和尝试性地入驻铁路货场，激发场站货运流量。

二是采取“共享共建”机制，吸引上游企业参与铁路资源建设。以“共享经济”为突破点，开发货场仓储空间“共享共建”运营模式，多家企业联合承租、错峰使用、共享装备的思路降低上游企业仓储成本。同时，吸纳上游企业资本，共建、改建、升级仓储设施设备，降低铁路企业投资改造成本。

三是整合社会仓储资源，吸引下游企业参与“公转铁”生态建设。结合民生物资品类和流通特点，针对需要二级仓储、冷藏、短期暂存等物流综合服务需求，可建议北京局集团公司对接北京市政府、物流协会等渠道，采取集中租赁、长期租赁等形式，吸纳一批小、中、特型民营仓储资源，整合到首都绿色物流体系当中，弥补铁路货场仓储能力短板，形成全类型的仓储资源生态圈，以此服务民生物资“公转铁”项目的特种需求。

四是发挥“天网”平台作用，构建全程物流生态体系。积极响应国家“网络货运”发展号召，利用京铁云平台系统整合线下汽运资源，拓展“站、场—末端”的城市配送服务，以此促进“门到门”“站到门”全程物流服务产品的形成。

五是引入供应链管理模式，丰富物流运输服务增值项目。将仓库监管、仓单质押的供应链管理模式，纳入民生物资“公转铁”项目开发范畴，拓展金融机构服务渠道，降低上游企业贷款和融资压力，增加铁路企业为上游企业服务项，以此丰富经营收益项。

中国移动通信集团四川有限公司：“电子化、无纸化、数字化”——四川移动供应链信息化应用

一、企业概况

中国移动通信集团四川有限公司（以下简称“四川移动”）于1999年7月28日正式组建，注册资本为人民币74.83亿元，是中国移动通信集团有限公司（以下简称“集团公司”）的全资子公司之一。

公司围绕“政府倡导、社会关注、群众需要”的理念，积极履行社会责任，服务社会民生，加快推动“互联网+”产业发展，成为中西部地区网络规模最大、服务客户最多的通信运营商，受到各级政府和社会的广泛好评。

二、案例背景

随着中国移动采购运营规范化的持续深入、招投标项目的日益增加，根据《中华人民共和国招标投标法》的具体要求，按照“公开、公平、公正”和“质量优先，价格优先”的原则，实行阳光采购。四川移动作为中西部地区最大的信息服务商，承载着大量的采购工作，然而在传统的招投标采购工作中，普遍存在以下问题。

（1）管理难度大。由于采购工作涉及的人员多、范围广，业务流程长，因而出现评审过程中的现场监管难、流程规范难、质量监督风险管控难、数据管理难的问题。

（2）评审效率低。主要表现为人工操作计算得分、制作评审报告、评判合法合规等工作效率低、易出错。

（3）采购成本高。例如异地专家参与评审产生差旅费及其他方面人工费用高。

因此，如何有效提高采购效率，降低采购成本，又满足“合法合规”的要求，成为四川移动亟须解决的问题。

为此，四川移动积极响应集团公司的号召，立足科学化、合理化的采购制度和监管制度，以省公司或集团子公司为单位，将各地市分公司、招标代理公司及临时招投标场所进行统一化、全局化、规范化的管理。通过“电子化、无纸化、数字化”的供应链信息化管理，在合法合规的基础上，提高采购效率、提升采购质量，实现降本增效。

三、解决方案概述

本案例在“采购文档模板化”的基础上，以“合法合规”为原则、以“降本增效”为指导，运用信息化技术，推动采购工作的标准化、结构化建设，“让投标更简单、让评标更严谨”，进一步实现“阳光采购”。

案例中的信息化应用贯穿采购工作的各个阶段，包含采购需求提交及审核阶段、采购方案形成及审批阶段、采购文件制作及发布阶段、项目评审阶段、采购结果形成及发布阶段。信息化应用方式多样，涉及目前采购工作的3大系统1个工具；涉及部门及人员较多，包括需求部门、采购部门、供应商、项目评审组、采购风险管控组。

四、解决方案的主要内容

（一）采购全流程的电子化

（1）采购流程所有阶段均实现了电子化作业。各角色人员通过不同的系统平台，进行采购相关工作，各系统自动实现数据在各流程中的流转、继承及固化，极大地减少了工作量，提升了文件内容的准确性。

（2）各系统数据对接实现了流程衔接，将采购标准流程固化，促进了采购工作的合法合规，采购流程如图1所示。

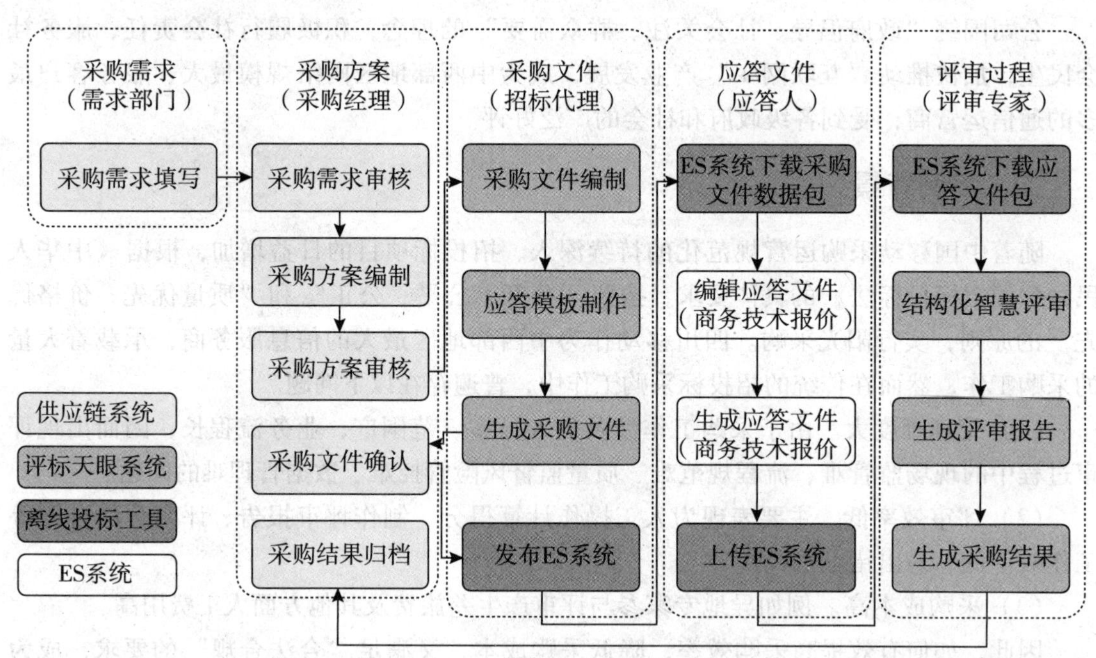

图1 采购流程

（3）应答文件的信息化应用，将应答文件模板固化。应答人通过“离线应答文件制作工具”按照自动生成的应答模板进行编辑，极大程度降低了人为错误率，提高了标书质量及制作效率。

（4）在电子化的评审过程中，无须再进行人工统计。专家考勤情况、打分情况等信息由系统自动记录并归档，提高了评审的工作效率。

（5）在异地评审过程中，电子化的评审流程、信息化的通信技术实现了评审专家在不同地点同时进行同一项目评审的目的，降低了差旅费用、缩短了项目采购时间。

（6）电子化评审中的“远程音视频沟通”“手机签名”等信息化工具的运用，为应答人提供了更为便捷的应答沟通方式。应答人可远程参与项目的评审及谈判，有利于打破地域界限，引入更为优质的供应商。

（二）采购数据及评审数据的电子化、信息化

（1）整个采购流程中生成的所有文档均经系统归档保存，实现了全面记录、便捷查询。其中包括需求文件、采购方案文件、正式采购文件、评审现场音视频信息、评审过程各环节评分信息、评审说明、评审报告等。相关人员可在账号权限范围内随时查询、提取对应信息。

（2）系统对采购过程中产生的各类数据进行信息化处理，按需求进行数据统计及计算，为项目管理、专家管理提供依据。如专家考勤情况记录、评审费用计算、项目流标或复评数据统计、一段时期的采购总金额汇算等。

（3）系统自动按照评审过程中产生的数据进行计算，并按要求形成评审报告。

（三）采购全流程的无纸化

通过电子化及信息化的应用，实现从采购需求发起到采购结果全流程的无纸化。

（1）采购需求提交、采购方案制作、采购文件制作等环节的纸质文件被信息化的文档所替代。文档中的主要信息，经过信息化处理后，以标准化的形式在各环节流转、继承，极大地提升了工作效率、降低了办公成本。

（2）电子化评审使专家无须查看纸质文件，应答人也不用再提交大量的纸质应答文件，降低了采购双方的办公成本。

（3）电子签名功能实现后，专家可通过手写板对评审报告进行签名确认。异地应答人也无须赶往评审现场，通过手机即可进行签名确认，如图 2 所示。

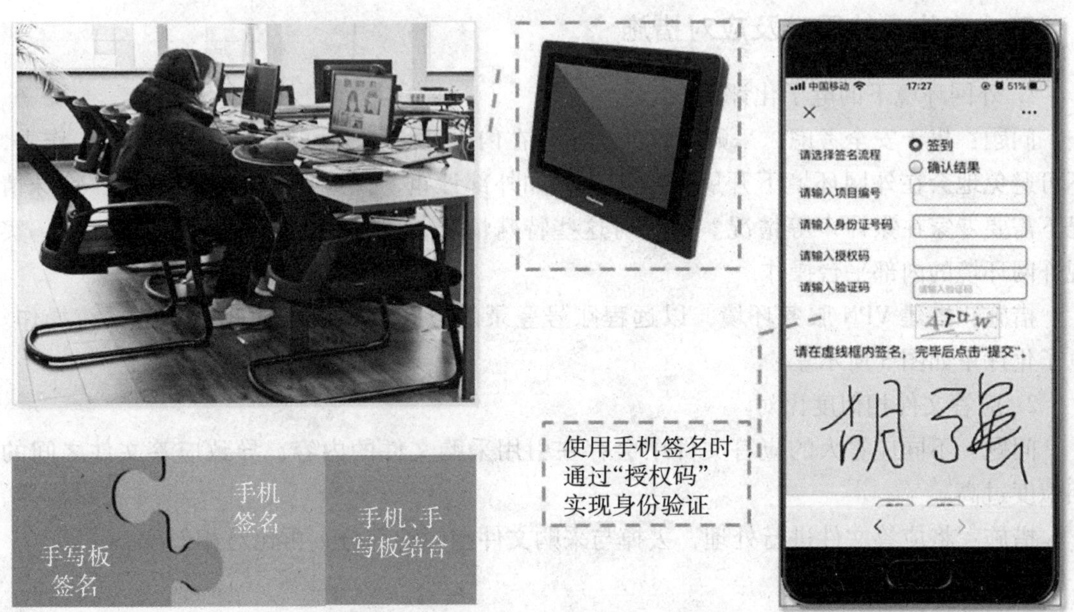

图 2　无纸化电子签名

（四）采购全流程的数字化

1. 文档比对

评审过程中，系统自动对不同应答人的应答文档进行比对。比对内容包括：项目人员的基本信息、技术应答部分的相似度（百分比）等。比对结果将作为专家对“围标串标”作出判断的参考。

2. 企业信息查询比对

对应答人的企业信息进行查询 ，并对不同应答人的信息进行比对，比对结果中的企业法人信息、股权信息、高管信息等内容，将作为专家的评审参考。

3. 偏离值计算及提示

系统按公式对专家主观评分进行计算，并对主观分偏离值超标的专家进行提醒，要求再次核实评审情况，并进行相应处理。

4. 专家客观评审差异值计算及导出

根据管理需求，对专家在客观评分项的打分情况进行统计并呈现结果，此结果作为管理专家的评审依据，有利于提升专家评审质量。

5. 评审过程中，应答内容的点对点呈现

在评审过程中，系统自动按照评审项目呈现与之对应的应答内容，无须专家在海量的应答文件中寻找应答内容，能极大提高专家评审效率。

6. 应答人资质核查

实现对应答人资质及业绩的自动验证，验证结果将作为专家的评审依据，可解决评审过程中资质验证难的问题，能有效提高评审效率，缩短评审时间，达到降本增效的目的。

五、实施中的困难及应对措施

1. 外网环境下的电子化评审

问题：出于安全考虑，采购流程的电子化在内网环境下方可使用。但在实际工作中，不可避免地会在外网环境下开展采购工作，如外部评审、供应商参与项目谈判、特殊情况下需要专家在家评审等情况。为应对这些特殊情况，要求在保证安全性的前提下，实现外网环境的内部平台操作。

措施：搭建 VPN 服务环境，以远程账号登录的方式，完成内网环境下的系统操作。电子化评审如图 3 所示。

2. 应答文件相似度比对

问题：不同应答人的应答文件中会存在引用采购文件的内容，导致应答文件之间的相似度过高。

措施：将应答文件进行处理，去掉与采购文件相同的部分，再比对相似度。

3. 海量数据存储

问题：集团公司要求对评审现场的音视频信息进行存储，存储期限为 1 年。在信息化建设之前，这部分信息为评标室 24 小时的音视频信息，数据量大、占用存储空间巨大。

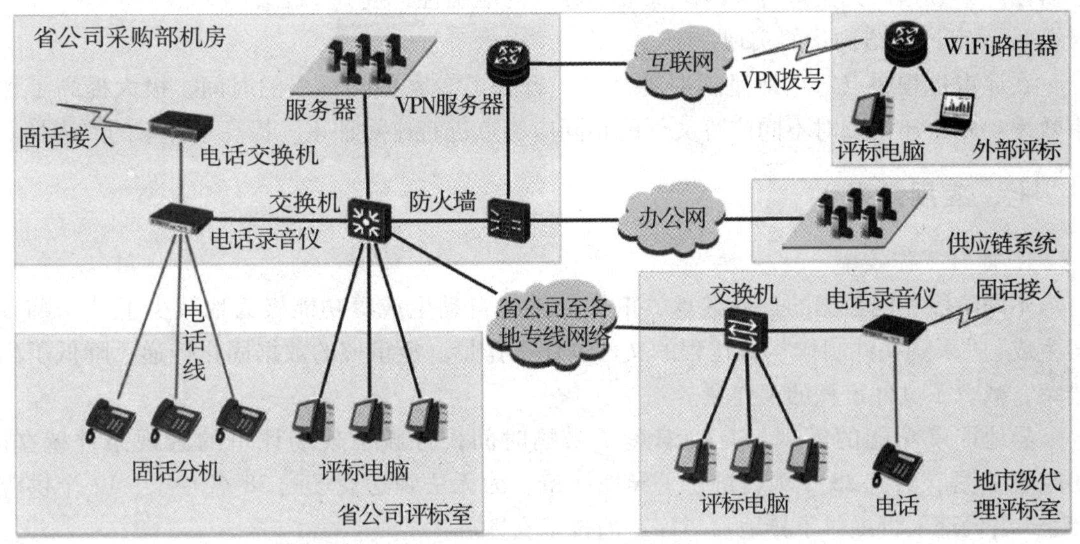

图3　电子化评审

措施：将数据分为全量数据（24小时数据）及有效数据（项目），对全量信息进行总时长为2个月的循环存储，对其中的有效数据另行归档存储，有效节约了存储空间。若有需要，可实现数据的永久存储。

4. 新冠肺炎疫情期间的采购工作保障

问题：异地评审最初的设定是在不同地域的评标室内同时开展项目评审，但新冠肺炎疫情期间，部分评审专家无法抵达评标室，部分供应商也无法正常参与谈判。

措施：紧急研发了供应商子系统，为供应商远程参与谈判创造了条件。增加了“手机签名”功能，为不能到达评审现场的评审专家及供应商提供了远程签字确认的选择，保障了新冠肺炎疫情期间采购工作的正常开展。

六、主要创新点

供应链信息化工作将电子信息技术与管理手段有机结合，达到阳光采购、降本增效的目的。

1. 人脸识别技术的应用

将人脸识别技术及红外感知技术相结合，无须专家刻意配合，即可完成身份的验证、考勤数据及外出数据的统计，为专家管理提供了依据。

2. 余弦相似度算法的应用

应用余弦相似度算法实现了技术应答文件的相似度比对。余弦相似度算法，是通过计算两个向量的夹角余弦值来评估它们的相似度。在具体实施中，还根据评标场景，剔出了采购文件中所提供的模板文件内容，从而使得文件相似度的比对更加准确。

3. 数据流转过程中的继承及固化

在采购过程中，将数据进行结构化处理。将上一流程的关键数据“继承”到下一流程中，减少相关人员的工作量；又将流程中经审核的数据进行“固化”，当数据流转到下一阶段时，数据已无法进行更改，保证了数据的准确性，提升了工作效率。

4. 评审过程结构化的实现

在评审过程中点对点地呈现应答文件，省去了专家翻阅标书的时间，极大提高了评审效率。专家还可以对不同应答文件的相同应答点进行比对评审，提高了评审的严谨性。

七、应用效果

1. 提升工作效率

不同阶段相同数据的自动继承、审批文件的自动生成等功能极大地减少了“采购方案生成”“采购文件制作”等过程的文件制作工作量。经审核的数据固化传递，降低了出错率，减少了文件审核的工作量。

异地评审功能的实现，有效缩短了采购时间，打破了现场评审的客观条件壁垒。2020 年 2 月，共有 23 个项目进行了异地评审，为无法到达现场的 38 名专家、12 个供应商、3 名代理人员提供了异地参与评审的技术支撑。

本案例中的自动计算、统计、自动生成评审报告等功能的实现，减少了评审过程中人为处理的工作量。评审中的应答内容精准定位功能，极大地缩减了评审时间。实施以来，评审效率提高了 30%。

2. 经济效益

采购全流程的无纸化应用，有效节约了办公成本。异地评审功能节约了近 38% 的专家差旅费用及其他方面人工费用。评审效率的提升缩短了评审时间，有效减少了评审费用的支出。

3. 社会效益

案例中的“合法合规”建设，通过专家身份验证、评审音视频监管、评审风险管控、应答文件对比评审等方式，有效管控了评审现场，确保了评审工作的严谨性，进一步实现“阳光采购”。

案例实现了采购全流程的无纸化，在环保方面体现了企业的社会责任心。

供应商远程参与项目功能的实现，使异地供应商无须到达现场，即可参与评审及谈判工作，有效地节约了社会资源。

离线应答文件制作工具的投入使用，极大地降低了应答文件编辑时的人为错误，减少了漏答、错答等问题的发生，使应答更轻松、竞争更公平。

八、推广价值

案例项目在中国移动的云南、贵州、山东等各子公司进行了顺利试点。除各公司的个性化需求外，该项目能基本满足各公司的采购工作需求，有较强的适配性。

项目从国家对供应链工作的要求出发，从实际工作中析出问题并予以解决，有较强的实际运用价值。案例中的处理思路、功能要点，同样适用于其他行业。如“异地评审功能”，在新冠肺炎疫情期间，为专家及供应商提供了远程参与项目的条件，保障了采购工作的正常开展。

厦门荆艺软件有限公司：元初食品生鲜物流信息化项目

一、元初食品简介

元初食品源于2001年11月22日创立的厦门天酬进出口有限公司（以下简称“天酬企业”）。自成立以来，天酬企业与众多中国优质的食品生产厂商及海内外知名食品厂家合作，将上千种自有品牌商品出口到美洲、欧洲等地。元初食品拥有“元初/Sungiven”“元童/Onetang”“元和/Yuho”“元实/Ontrue”等以“元”字为前缀的自有品牌商标。元初食品在国际上畅销，通过了严格的国际认证或专业的食品安全检测，不少产品在国外大型超市同步上架。

2011年7月13日，为了与更多国内同胞分享符合欧洲、美洲等发达地区食品安全标准的食品，厦门元初食品股份有限公司成立，经营零售超市，推广健康食品；元初食品早在成立之初，就把食品安全和企业的自身命运捆绑在一起。元初食品的商品定位是“坚持最大限度原生态、少处理、少添加”。

2016年5月19日，厦门元初食品股份有限公司在全国中小企业股份转让系统正式挂牌（证券简称：元初食品，证券代码：837428）；2016年6月28日，元初食品在北京举行隆重的敲钟仪式。根据全国中小企业股份转让系统的公开数据，按照零售超市的行业分类，元初食品是福建零售超市行业首家挂牌企业。2017年5月30日，在新三板挂牌一周年之际，元初食品成功进入“2017年新三板创新层”；2018年7月31日，元初食品主动向全国中小企业股份转让系统申请终止挂牌，并通过了各项审核程序，获得全国中小企业股份转让系统正式终止挂牌批准。

截至2020年5月12日，元初食品已在厦门、深圳、大连、泉州及加拿大温哥华开设了117家社区生鲜超市（含3个餐饮集成区及多个餐饮档口）、18家便利店、3家电商前置仓、1家餐饮独立店，各种业态门店数累计达139家。

二、元初食品信息化项目当前存在的问题

元初食品近年来业务快速增长，现有信息系统已不能满足高速增长的业务管理需求。生鲜食品对配送的时效性要求，配送中心对供应商送货的响应时间与处理速度要求，都随着业务范围扩大、门店增多，有了很大的变化。新系统需要具备仓储作业、运输可视化，运输在途全程跟踪、财务计费结算等业务一体化信息管理功能，以满足元初食品自身业务的个性化需求增长，同时兼顾多项目共管、可集成多种现有业务的物流信息管理平台。在没有应用新系统之前的突出问题如下。

（1）旧 ERP 系统无法适应新业务的不断扩张与新的流程要求，基础数据管理在 ERP 系统中已经无法跟上业务的更新速度，造成大量基础数据更新只能用 Excel 方式手工操作。

（2）公司管理层无法直接得到配送中心准确的商品进出库报表，无法第一时间对整个公司的经营状况进行分析决策。

（3）各职能部门之间业务交接、配合也存在较多的问题，导致数据延迟甚至不准确。

（4）对于供应商送货到配送中心过程中产生的不良品只能直接退货，没有对产生的原因和后续的处理进行管理，不能提供供应链优化所需要掌握的原始数据。

三、元初食品生鲜物流配送业务流程

（一）元初食品元舜供应链生鲜业务流程（见图 1）

（二）业务流程说明

1. 流程综述

本流程描述元舜供应链蔬菜生鲜业务，从供应商报送生鲜商品送货单开始，到司机带回门店交接明细单结束，涉及生鲜商品收货入库、装车复核、越库发货、门店签收确认等业务操作。

2. 创建送货单

系统提供 Web 录入界面，开放权限给供应商自助录入每日送货明细清单，取代以往邮件发送 Excel 送货清单的操作。

送货单录入界面分为两种，一种是蔬菜生鲜送货单，另一种是猪肉送货单。

3. 审核送货单

数据员登入系统，确认每家供应商的送货清单信息是否完整正确。如果信息有问题，数据员可将送货单在系统内退回供应商修改的功能。确认无误后，审核送货单。

4. 汇总入库表

数据员将所有供应商提交的送货单全部导入系统中，自动生成蔬菜供应商入库表和猪肉供应商入库表。

5. 收货入库

供应商每天 17：00 送货到元舜配送中心后，仓库管理人员按送货单和送货司机办理收货入库。

6. 入库复核

仓管人员根据送货单上的筐数和实际收货数量，填写生鲜包装复核表和猪肉复核清点表。如果数量不一致，可以在系统中直接录入实际收货数量，让送货司机和供应商自行处理差异问题。

复核后的入库数据，通过系统接口程序，自动导出到海鼎 ERP 系统中，同步库存数据。

7. 打印出库单证

数据员根据不同门店对蔬菜生鲜商品的需求情况，通过系统生成并打印蔬菜分拨总

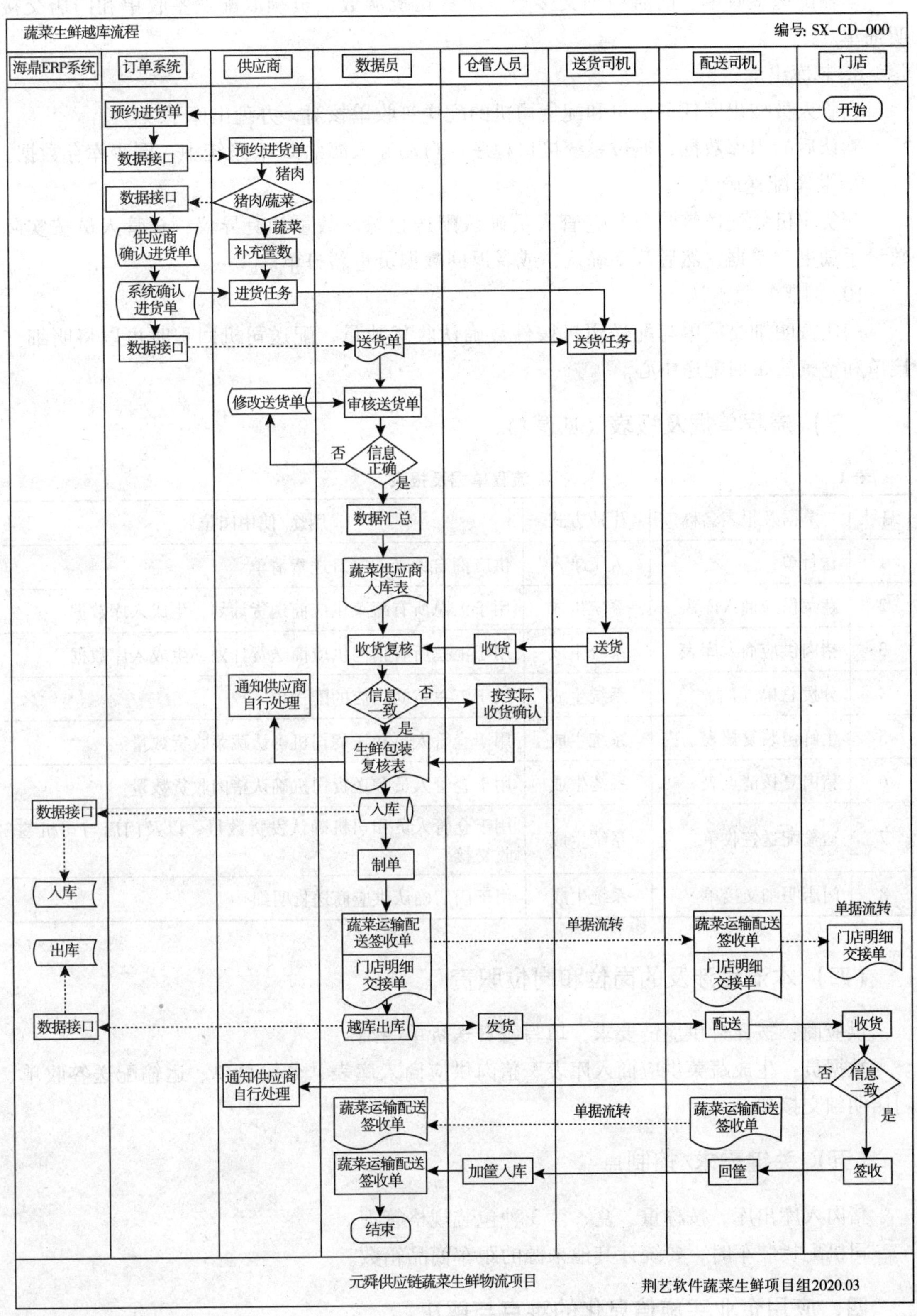
蔬菜生鲜越库流程
编号: SX-CD-000
海鼎ERP系统
订单系统
供应商
数据员
仓管人员
送货司机
配送司机
门店
开始
预约进货单
数据接口
预约进货单
猪肉
数据接口
猪肉/蔬菜
蔬菜
供应商确认进货单
补充筐数
系统确认进货单
进货任务
数据接口
送货单
送货任务
修改送货单
审核送货单
否
信息正确
是
数据汇总
蔬菜供应商入库表
收货复核
收货
送货
通知供应商自行处理
信息一致
否
按实际收货确认
是
生鲜包装复核表
数据接口
入库
制单
入库
单据流转
单据流转
蔬菜运输配送签收单
蔬菜运输配送签收单
门店明细交接单
出库
门店明细交接单
门店明细交接单
数据接口
越库出库
发货
配送
收货
否
信息一致
通知供应商自行处理
是
蔬菜运输配送签收单
单据流转
蔬菜运输配送签收单
蔬菜运输配送签收单
加筐入库
回筐
签收
结束
元舜供应链蔬菜生鲜物流项目
荆艺软件蔬菜生鲜项目组2020.03

图1 业务流程

单、运输配送签收单、门店明细交接单。配货司机从数据员领取配送签收单和门店交接明细单。

8. 越库出库

仓管人员按出库任务清单和配货司机的配送签收单核对，办理出库手续。

确认后的出库数据，通过系统接口程序，自动导入海鼎 ERP 系统中，同步库存数据。

9. 装车配送确认

配货司机凭配送签收单与仓管人员确认配送数量。数量如有异议，仓管人员按实际数量手动更改单据，然后签字确认，或者返回数据员重新打单。

10. 门店签收确认

门店按明细交接单与配送司机按件数确认收货数量，配送司机回程时可以将明细交接单和空菜筐带回配送中心。

（三）流程单据及报表（见表 1）

表 1　流程单据及报表

编号	单据及报表名称	生成方式	用途/使用岗位
1	送货单	人工录入	供应商自助录入每日送货清单
2	蔬菜供应商入库表	系统生成	用于汇总所有蔬菜供应商送货计划，生成入库数据
3	猪肉供应商入库表	系统生成	用于汇总所有猪肉供应商送货计划，生成入库数据
4	分拨总单	系统生成	用于汇总不同门店的配送单
5	生鲜包装复核表	系统生成	用于仓管人员和送货司机确认蔬菜收货数量
6	猪肉复核清点表	系统生成	用于仓管人员和送货司机确认猪肉收货数量
7	运输配送签收单	系统生成	用于仓管人员和司机确认发货数量，以及门店与司机签收交接
8	门店明细交接单	系统生成	用于门店确认供应商送货明细

（四）本流程涉及的岗位和岗位职责

供应商：按元舜供应链要求，填写每日送货单明细。

数据员：生成蔬菜供应商入库表、猪肉供应商入库表、分拨总单、运输配送签收单、门店明细交接单。

（五）关键需求/控制点

猪肉入库出库，按称重、盒、筐 3 种包装规格管理。

司机配货装车时，要统计其他来源的跟车商品箱数。

四、应用企业实施信息化的难点与解决

在厦门荆艺软件有限公司（以下简称“荆艺软件”）实施元初食品信息化项目过程

中，元初食品的业务板块多样化、业务服务要求精细化、业务数据传递复杂化、业务控制准确化等要求成为系统建设的难点。荆艺软件建议自行研发的供应链管理系统，结合元初食品现行业务板块，定制各板块独立互联、业务板块间的数据可互相传递的信息架构，为元初食品实施信息化作业起到关键作用。

物流信息化整合分为三个层次，第一个层次是企业内部信息资源的整合，提高物流运作的自动化程度和物流决策的水平，企业通过内部信息整合，实现业务的优化管理和业务财务一体化管理；第二个层次是将信息化系统拓展到供应链上下游，为上下游厂商、客户、供应商开发信息化跟踪查询、信息反馈的物流管理模块；第三个层次是伴随物流行业面向供应链管理的系统快速发展，资源、市场和信息的整合推动了物流信息化平台。

根据元初食品物流配送信息化建设的需求，结合荆艺软件物流供应链信息系统的成功实施经验，确立元初食品信息化项目的定位如下。

1. 建立集成的企业供应链一体化信息平台

在现有的经济体制下，企业的客户对象种类繁多，合作伙伴的业务也会涉及各方面，合作伙伴中，上游有客户，下游有货运公司，因此其信息化建设绝不能孤立存在于企业中，元初食品信息系统建设应立足于供应链的思维，贯彻以客户为中心、以市场为主导的企业理念，通过技术信息平台整合行业资源，深入开发各种相关的信息资源，并在相关领域做到信息资源共享。

2. 以客户为中心建设信息系统

在进行信息化的全过程中，应注意“人”在整个信息系统中的作用和态度。货主、客户对物流的“及时性”要求越来越高，特别是随着作为客户的企业大力引入信息技术，建立信息系统，这要求物流企业的信息技术水平也要不断提高，与不断进步的客户同步成长。

3. 信息化与物流再造结合

物流的信息化首先是一个流程再造的过程，物流的成功必然伴随着业务和管理流程的再造，不能局限在一个纯技术范围来研究，要解决产业的整个系统优化、流程改造、经营管理理念等问题，信息系统需要集成。

五、信息化主要效益分析与评估

在宏观方面，元初食品信息化建设项目成功上线后，通过元初食品物流配送系统，能够从订单录入开始进行全流程的业务数据控制管理、业务运作监控管理、业务结果分析改进等业务层面的信息管理，通过管理过程中对数据的传递、对业务的控制、对财务的分析实现元初食品业务流、财务流、信息流等多层面互动，为元初食品达到现代物流所需要具备的信息管理能力提供了全面支持。

信息化系统管理能力的提升带动业务能力的提升，信息化帮助元初食品在整体企业核心竞争力方面提高了一个层次，为元初食品逐步在供应链一体化过程中体现出具有现代物流特性的物流管理能力奠定了基础，同时为元初食品在未来市场竞争中应具备的先进的物流管理理念与管理能力、先进的供应链管理基础等提供核心支持。

在微观方面，元初食品物流配送系统的上线很好地解决了以往公司内部物流管理混乱、物流节点繁杂、物流控制薄弱、物流资金浪费等多种问题，以统一的物流管理思路满足业务板块庞大、客户管理统一、物流运输方式优化、物流环节缩减、物流费用节省等物流需求，为元初食品满足构建整体物流、整体信息平台的要求作出了贡献。通过信息平台管理进行企业业务流程优化后，为元初食品市场竞争模式、物流运营模式改变提供了基础。

六、信息化实施过程中的主要经验与推广意义

经过元初食品与荆艺软件双方成员的共同努力，项目实施进展顺利，于2020年5月20日宣布正式上线，为客户提供订单管理、仓储管理、越库管理、运输管理、客服管理、在途可视化管理、微信在线TMS（物流运输管理系统）、财务管理等。

为保障TMS成功上线，双方领导高度重视，各部门员工积极配合系统的培训、测试、反馈等工作，荆艺软件相关技术支持工作准备充分，及时解决现场问题，为系统顺利上线提供了保证。

系统的上线，标志着荆艺软件与元初食品的合作初步成功，是一个里程碑。该系统的成功上线，对元初食品决策和管理水平、业务发展具有重大意义。

七、下一步的改进方案、设想与物流信息化的建议

（1）提供更全面的信息化建设服务，为上下游客户、承运商提供增值服务，实现与元初食品之间进行互动、信息共享等。

（2）建设移动端操作平台，可以随时随地查询订单信息并进行反馈。

（3）进行物流运输全程可视化信息建设，使客户、承运商能实时监控订单当前状态。

北京中交兴路信息科技有限公司：UBI保险助力平台型物流企业生态转型

一、项目详述

（一）行业分析

1. 行业现状及发展趋势

近年来随着“互联网+”产业的高度发展，各省市网络货运平台开始兴起。“互联网+”货运的实施方式为通过智能化实现了车辆、货主以及司机的信息共享的同时进行合理匹配来提高物流行业运输效率，从而满足了用户更加多元化和个性化的货运新需求，解决传统物流行业的供需不匹配的行业困境。

2020年1月1日，交通运输部、国家税务总局发布的《网络平台道路货物运输经营管理暂行办法》（以下简称《办法》）正式实施，标志着网络物流行业开始步入了一个全新的发展时代，为平台型物流企业实现健康、有序的发展奠定了坚实的基础。同时，《办法》也为传统货运行业开辟了转型升级的通道。

在这种趋势下，基于平台型物流企业搭建完善的货运生态体系，深度融合AI、大数据、云计算、卫星定位等先进技术，为货运企业带来完善的服务和效益是未来发展的核心方向。

2. 网络货运行业痛点

（1）运输安全管理漏洞较大。

从业资质缺乏监管手段：据权威部门调查，部分平台运营企业无法做到有效管理源头，导致运输安全风险居高不下。

运输过程缺乏安全性监控：由于运输计划复杂，货主没有渠道进行车辆的监管，导致运输过程的安全性无法有效跟踪。

（2）运输效率和成本管控手段缺乏。

时效性监控缺乏：车辆运输过程不透明，车辆是否晚发晚到通常不可获知，而这类风险的发生将降低运输效率，影响资源的高效利用。

车辆等货时间长，空置率高、运价难以下降：根据数据统计，目前中国汽车物流企业公路运输车辆空驶率高达39%，导致货运行业成本居高不下，也会造成能耗的浪费。

运输计划复杂，结算规则烦琐：货物运输整体流程较为复杂，在运输过程中，涉及等货拼车、整车串点运输、多点卸货等各种运输场景，这就造成监管困难，难以跟踪整体运输进程，且结算过程无节点跟踪，未形成统一结算流程。

（3）平台用户黏性不高。

生态圈不完善：尽管平台型物流企业兴起，但整体生态圈不完善，除了解决车货匹配等影响运输效率的问题外，网络物流还包括货车风控监管、金融服务、油卡、ETC 等，面向货主、车主、司机的增值服务有待开发和解决。

保障缺失：由于目前货运行业的经营主体普遍以个人为单位，难以承担安全监管责任，更无力承担货运行业的高风险，故货运保险尤为重要。

3. 货运大数据成功应用于货运车辆保险风控业务

2014 年，交通运输部、公安部、国家安全生产监督管理总局（现应急管理部）联合发布《道路运输车辆动态监督管理办法》（以下简称“5 号部令”），在 5 号部令中要求全部重型载货汽车和半挂牵引车在 2015 年 12 月 31 日前安装卫星定位装置并接入全国道路货运车辆公共监管与服务平台。

中交兴路作为全国道路货运车辆公共监管与服务平台（以下简称“全国货运平台”）的建设和运营方，截至目前已接入货运车辆 600 余万辆，基本实现了全国重型载货汽车与半挂牵引车的全覆盖，动态数据接入 3 万亿条。平台结合大数据技术、智能分析、实时计算技术，对车辆行驶状态、驾驶员行为进行分析，并实时提醒，可有效纠正驾驶者的不良驾驶习惯，提高驾驶安全系数。

基于全国货运平台的海量数据，中交兴路在法律法规框架内展开了一系列运输过程管控和驾驶行为数据挖掘的市场应用，并在车险定价方面进行了大量创新研究。

（二）技术方案

1. 系统业务架构

本项目以中交兴路货运大数据和数据中台服务为底层支撑，结合风控 AI 云平台以及 UBI 保险产品，围绕平台型物流企业提供软件产品服务、UBI 保险服务和保中风控服务，助力平台型物流企业打造自己的生态圈。本项目系统业务架构如图 1 所示。

2. 系统技术架构

本项目系统技术架构主要分为三层：数据层、计算层和业务支撑层，系统技术架构如图 2 所示。

（1）数据层：从车载终端、App、第三方渠道采集的车辆位置及状态数据、天气数据、GIS 数据、UGC 数据、征信数据等。

（2）计算层：基于海量数据和分析模型进行实时计算和 T+1 运算，为业务支撑层提供分析结果，包括 UBI 模型、保前风控模型、反欺诈模型、事故发现引擎等。

（3）业务支撑层：主要由 UBI 保险业务支撑系统和风控 AI 云平台系统构成，其中 UBI 保险业务支撑系统提供投保、试算、支付和保单管理等应用功能和 API 接口服务，风控 AI 云平台系统提供在途车辆监控、在途货物跟踪、预警消息提醒、驾驶行为分析等应用功能和 API 接口服务。

对保险业务的实时分析业务流程进行抽象后，保险业务实时分析整体架构如图 3 所示。其中实时计算引擎考虑到业务特点，采用的是业务比较流行的 Spark Streaming 和 Flink Streaming 两套计算引擎，对于准实时业务用 Spark Streaming 引擎，对于实施要求高

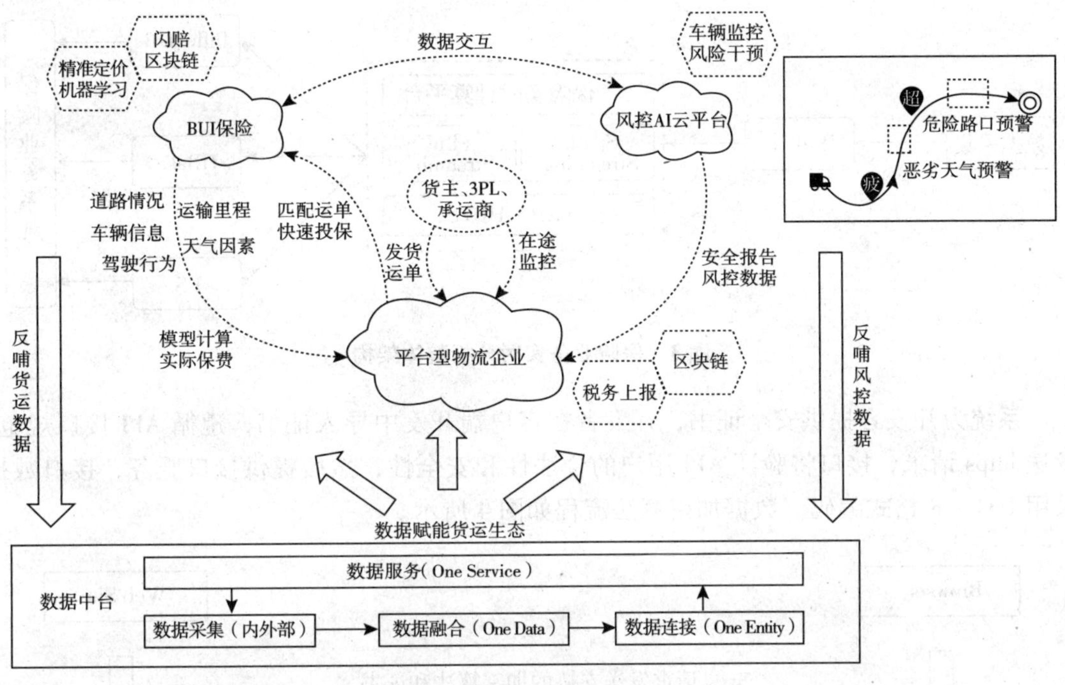

图1　项目系统业务架构

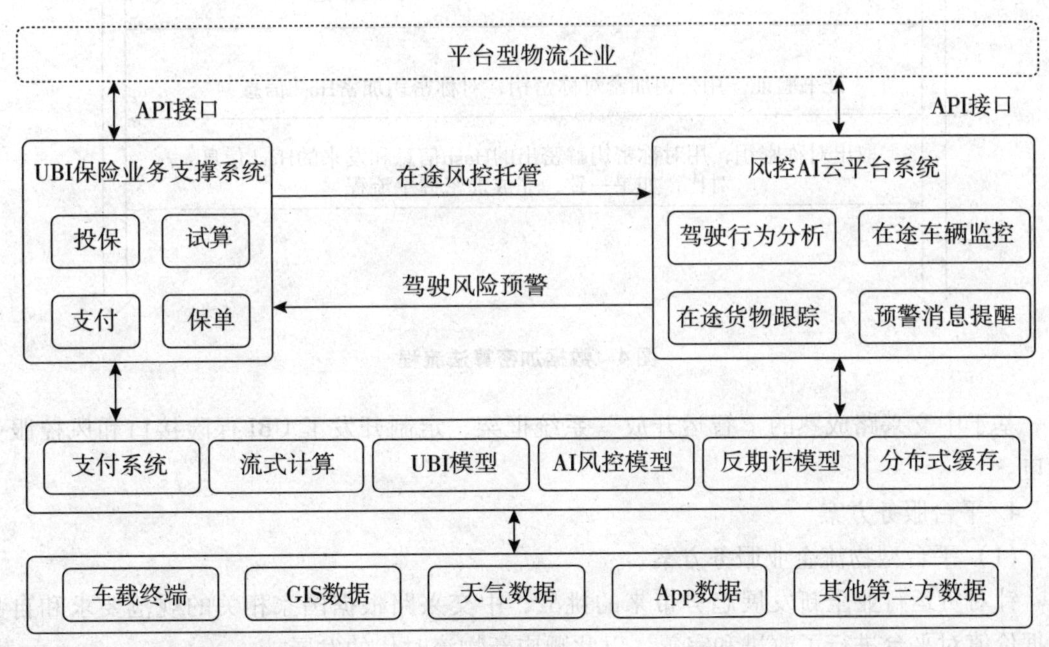

图2　项目系统技术架构

的业务用 Flink Streaming 引擎计算，计算结果根据不同业务特点进入相应的存储系统。

3. 接口服务方案

本项目面向国内平台型物流企业的信息系统提供开放服务接口，采用 https API 方式对外提供接口服务。

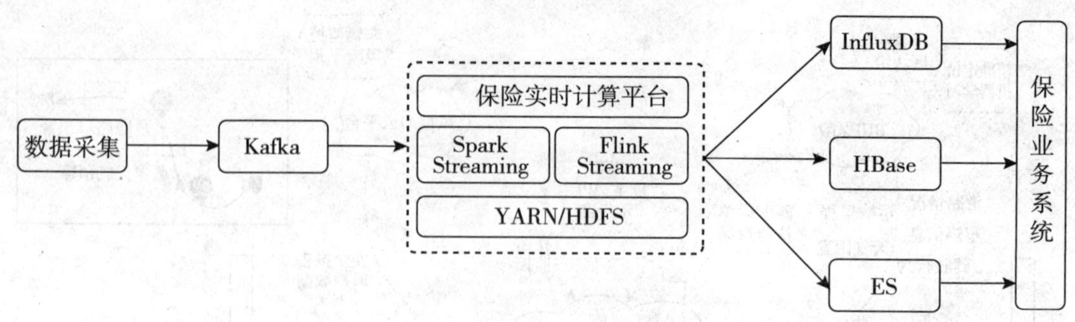

图3　保险业务实时分析整体架构

系统为开发者提供安全证书，开发者在客户端开发中导入证书，遵循 API 接口规范，发送 https 请求，接口将验证 API 用户的合法性和安全性，然后提供接口服务，接口数据采用 UTF－8 格式编码。数据加密算法流程如图 4 所示。

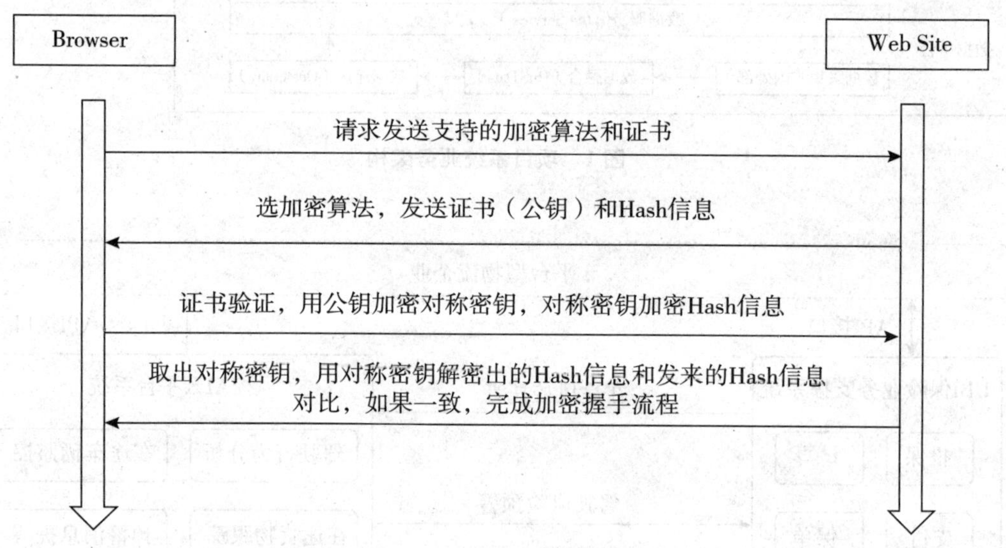

图4　数据加密算法流程

基于中交兴路成熟的“智运开放”系统框架，定制开发了 UBI 保险接口和风控服务接口。

4. 平台服务方案

（1）平台型物流企业服务方案。

针对货运行业全新发展趋势带来的挑战，中交兴路根据国家相关的规范要求和自身数据价值对平台进行了改进和完善，以此顺应新物流时代的发展。

基于智运 AI 技术，平台从时效、结算、安全三方面打造“互联网＋物流”的服务方案（见图5）。针对大宗货物运输、批发零售交易运输、干支线运输、生产制造运输四大行业场景，打造业务流、信息流、资金流、票据流、货物轨迹流“五流合一”的科技物流平台。

（2）运单、保单全程可视化（见图6）。

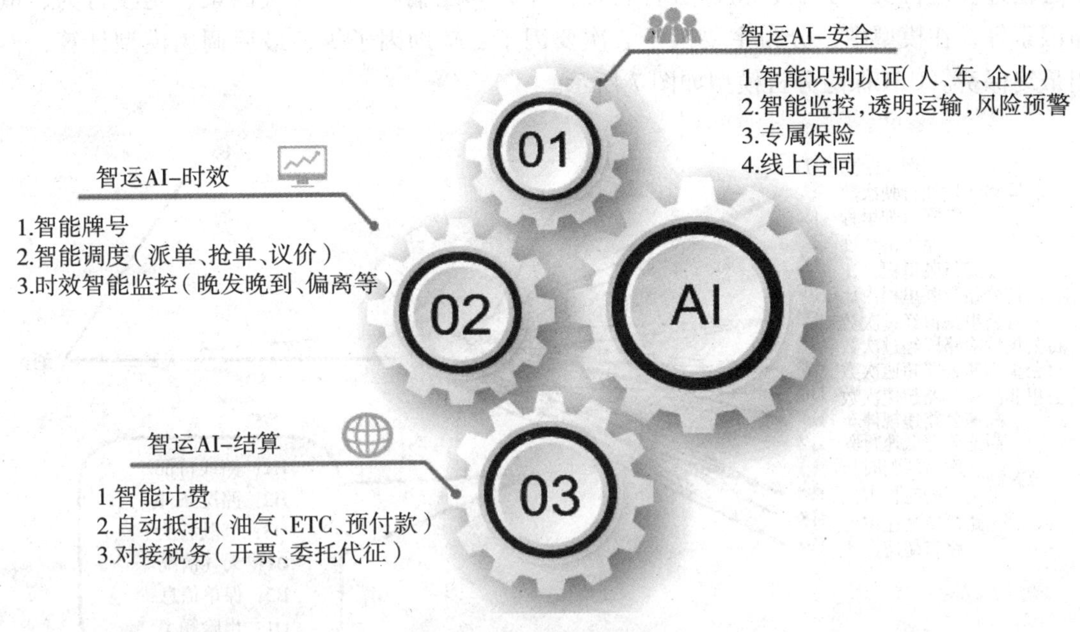

图5　平台型物流企业解决方案

车辆调度生成运单，同步生成保单，全程透明高效，运输过程可以实时查看。

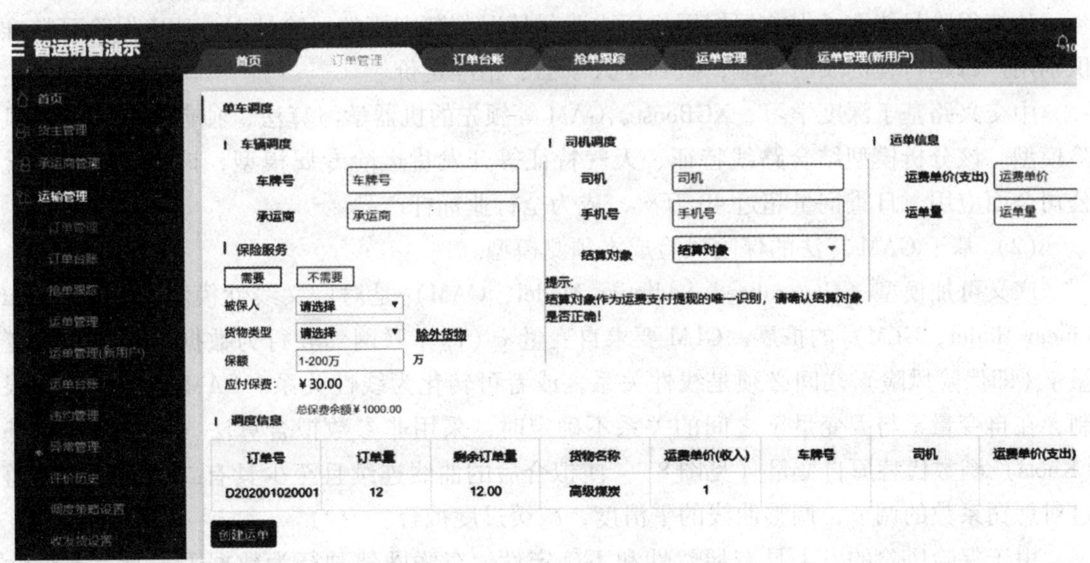

图6　运单、保单全程可视化

5. 关键技术

（1）基于货运大数据的UBI保险分析模型。

作为一款面向市场的、真正意义上的根据用户实时行驶情况来定价的保险产品，UBI保险基于多种风险因子的计算模型，对货车每趟行驶过程，从多个维度实时分析，计算相应分数，依据模型权重，最终得出实际应付保费。在整个模型中，实时计算模块对整个运输过程进行实时分析，得出各种特征因子，如运输距离、天气因素、驾驶行为、道路因素等，在模型中，分为主要因子、次要因子、辅助因子等，最后调用模型计算，得出最终保费。UBI 保险分析模型如图 7 所示。

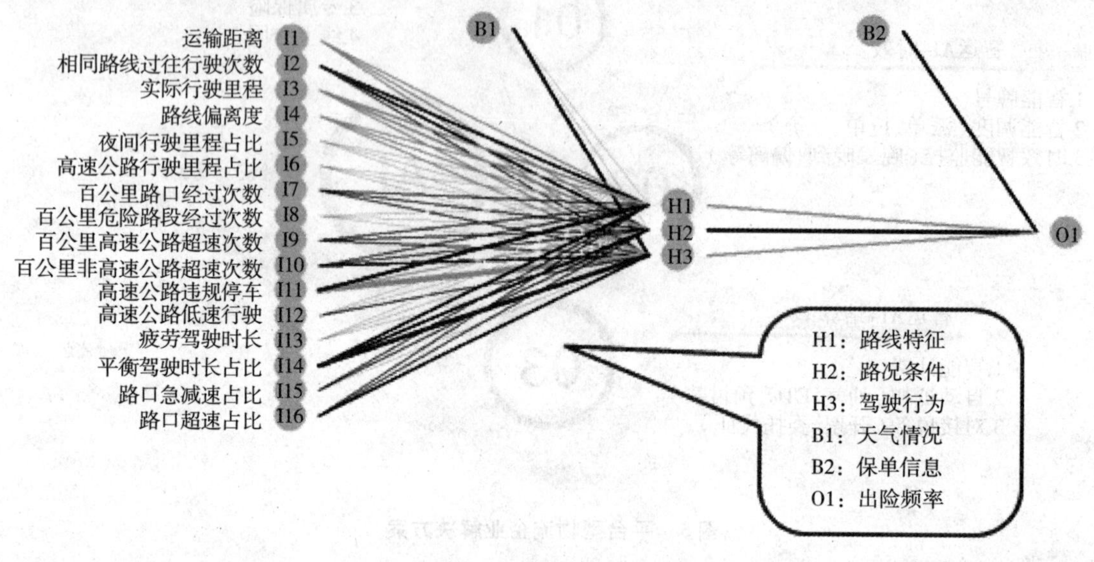

图 7　UBI 保险分析模型

传统保险只能在承保前根据用户历史赔付情况判断大概的风险情况，UBI 保险可精准识别用户每趟行程的实时风险，做到千人千面、精准定价。

中交兴路基于深度学习、XGBoost、GAM 等领先的机器学习算法，独创车联网货运风险模型。该分析模型结合路线特征、天气特征等开发货运险专属模型，该模型已经保险公司全面应用，日查询量超过 40 万次，成为全行业标杆产品。

（2）基于 GAM 算法的保险风险成本预测模型。

广义可加模型（Generalized Addictive Model，GAM）是对广义线性模型（Generalized Linear Model，GLM）的扩展。GLM 要求自变量 x（即车联网驾驶行为数据因子）与因变量 y（即保险风险）之间必须是线性关系，或者可转化为线性关系。GAM 突破了这一限制，在自变量 x 与因变量 y 之间的关系不确定时，采用非参数拟合算法，用一组样条基（Knots）函数代替原自变量（见图 8），使拟合后的曲线连续且至少具有二阶导数，并通过对惩罚系数的调节，调整曲线的平滑度，减缓过度拟合。

由于保险风险的发生具有偶然性和不确定性，车联网驾驶行为数据因子具有连续性和动态性，二者之间的关系是低信噪比（Signal - Noise Ratio）的复杂非线性关系，因此，GAM 算法比深度学习、支持向量回归等其他高级统计学习算法更适用于保险风险预测场景。使用该算法可以很好地拟合出驾驶行为数据因子与保险风险之间复杂的非线性关系，并且使拟合结果具有可解释性。

（3）基于隐马尔科夫模型的车辆位置点道路匹配算法。

道路匹配算法核心技术采用隐马尔科夫模型（HMM）将 GPS 点采样数据作为观察值，认为该点所属道路为隐藏值，核心问题即转换为在一系列观察值前提下，找到可联

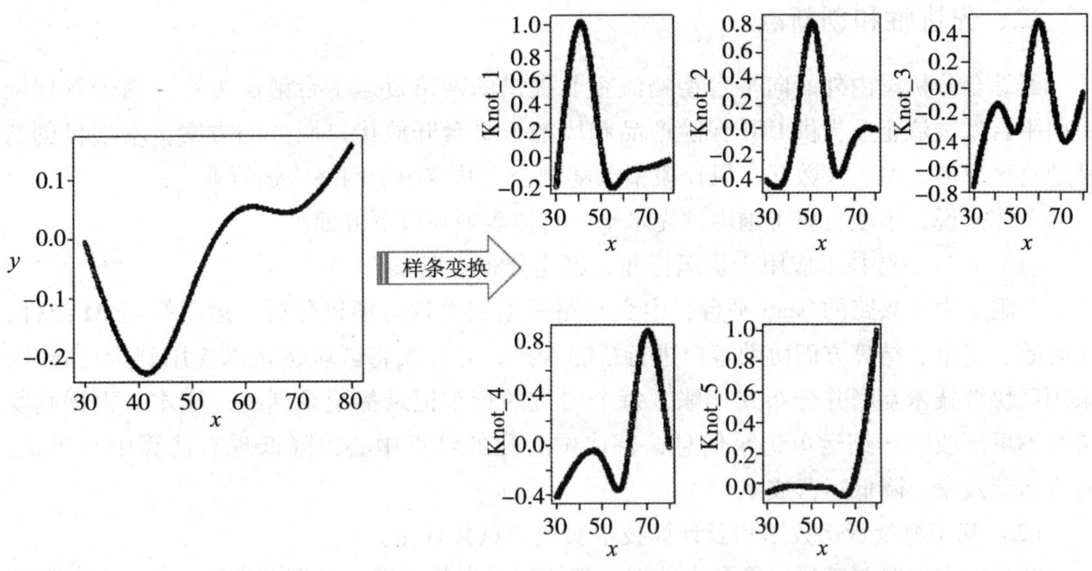

图 8　广义可加模型

通的隐藏值序列，满足该隐藏值（即匹配的道路集合）代价和最小。每个 GPS 点对应的可能隐藏值（即可选匹配道路）有多个，自概率和点到道路距离的对数相关，转移概率为前一个 GPS 点某个可匹配道路到当前 GPS 点某个可匹配道路的距离和的 cost 值，该 cost 值与途经道路距离和的对数相关，这样建立起整张状态转移图之后，采用 Viterbi 动态规划算法，计算从第一个 GPS 点到最后一个 GPS 点的可选道路集合中 cost 值最小的解，即为该 GPS 点集所对应的道路匹配解。隐马尔科夫模型建模如图 9 所示。

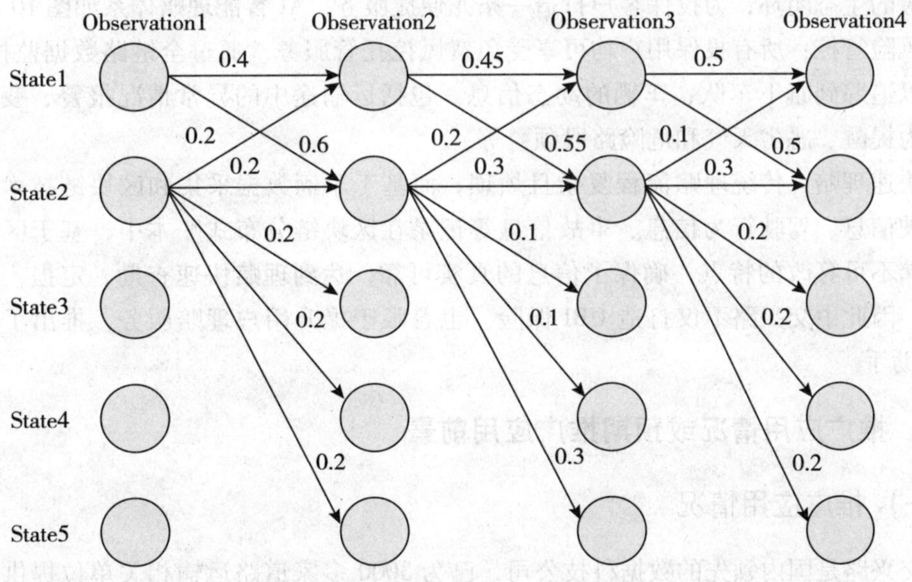

图 9　隐马尔科夫模型建模

二、先进性和创新点

经综合分析国内外面向平台型物流企业提供的网络货运平台解决方案，尚未发现同时向平台型物流企业提供UBI保险产品和风控云平台开放接口服务的方案，本项目创新性地将区块链、AI、大数据、风控模型深度融合，并应用于网络货运行业。

总体来说，本项目属于国内领先水平，具体表现在以下方面。

（1）将区块链技术应用于货运行业，创建分布式记账。

着眼于中交兴路的SaaS平台，中交兴路根据四大货运场景分析，运用智运AI组件，在时效、安全、结算方面协助客户进行智能管控，并首次将区块链技术应用到货运行业，采用区块链技术互联并分布式记账，每个司机的行车记录都记录到统一账本。根据真实可靠不可篡改的详细运单记录信息，替代中心化的结算中心，降低现有清算中心负担，提升运营效率，降低运营成本。

（2）基于海量货运数据和云计算技术实现信息共享化。

此外中交兴路基于货运平台大数据、智能卫星定位系统，已拥有超过640万名车辆用户，货车覆盖率在行业内首屈一指，可对车辆24小时进行数据采集。

（3）首创基于UBI保险的互联网货运生态体系。

鉴于货运行业的高风险、高赔付特征，大货车承保逐渐边缘化。中交兴路基于货运大数据以及风控服务，打造了UBI保险体系，并与中国平安财产保险股份有限公司合作，推出了基于用户行为的货运险产品：优驾保·UBI网络货运物责险。

（4）开辟创新保险体系，引入风险监控与AI闪赔技术。

对于UBI保险，中交兴路也打造了车辆风险管控和快速理赔的增值服务，创建智能科技保险的生态闭环，为投保客户打造一条龙便捷服务。AI智能理赔体系如图10所示。

①风险管控：所有投保用户均可享受免费风控托管服务，通过全链路数据监控网络，客户可以追踪到旗下车队、车辆的动态信息。包括运输途中的异常情况报警、疲劳超速危险行为提醒、恶劣天气和危险路段预警等。

②快速理赔：传统理赔流程复杂且烦琐，而基于车辆数据采集和区块链技术，可将车辆行驶信息、驾驶行为信息、事故信息等记录在区块链分布式账本中，基于区块链分布式存储不可篡改的特点，确保了信息的真实可靠，达到理赔快速查勘、定损，提高理赔效率。因此中交兴路不仅打造UBI保险，也着眼于提升用户理赔服务，推出了智能化AI理赔助手。

三、推广应用情况或预期推广应用前景

（一）推广应用情况

中交兴路是国内领先的数据科技公司，已为3000多家道路运输相关单位提供各类信息服务，并与300多家平台型物流企业建立深度合作关系，除了提供网络货运平台产品和数据服务外，还提供UBI保险服务与风险管控服务，通过智能化AI理赔助手实现快速赔付，针对货损事故，通过反欺诈模型计算以及AI技术分析，可协助中国平安财产保险股

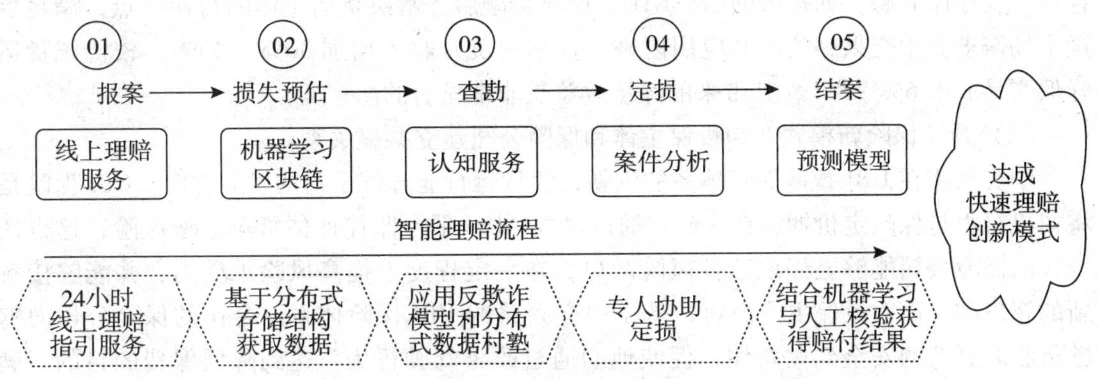

图 10　AI 智能理赔体系

份有限公司在 1 个工作日内完成事故定性，从而助力中小企业搭建网络物流生态闭环。

截至 2020 年 6 月，已交付并投入使用的网络货运平台数量接近 200 家。2019 年平台为近 10000 家货主企业提供运力服务，风控 AI 云平台累计收入 8500 万元，UBI 保险投保数突破 100 万单，保费规模逾 5000 万元。

（二）预期应用前景

中交兴路打造的物流生态圈未来应用场景非常巨大。随着《办法》的正式实施，中交兴路网络货运平台用户数和其承接运单数快速增长，UBI 保险产品和风控服务规模也将快速增长，预计 2020—2022 年每年可带来 3 亿 ~5 亿元直接保费收入，并带来5 亿 ~10 亿元风控服务收入，其中 UBI 保险占货运险市场的 20% 左右。中交兴路价值预期如图 11 所示。

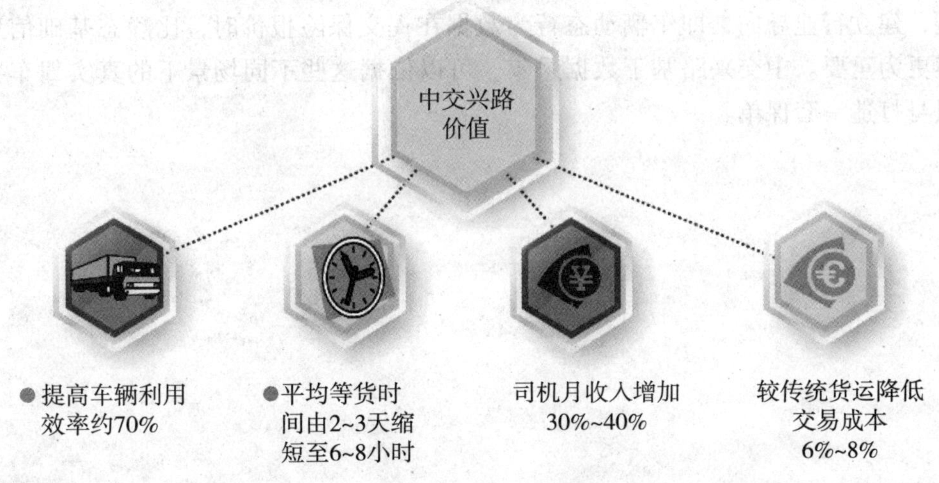

图 11　中交兴路价值预期

1. 经济效益

（1）建立货运生态圈，多举措赋能实体经济，降本增效。

融合 UBI 保险与风控 AI 云平台，无疑给平台型物流企业附加了更高的经济价值。建立完善的物流生态闭环，不仅为客户提供车货匹配和资源智能分配服务，同时通过提升各环节服务体验感，如提供油卡、ETC、保险金融服务解决货运主体的行业痛点，满足货运市场需求。中交兴路的产品应用以来，货车司机月收入增加30%～40%，较传统货运降低交易成本6%～8%，其带来的经济效益是非常显著的。

（2）开辟保险新模式，为投保主体和保险公司建立共赢关系。

中交兴路在UBI智能保险体系的创新，为货运行业开辟了新的发展方向。UBI保险是将司机行为与保险定价捆绑在一起，通过风控AI云平台监控评估货车运输风险，这也使合作的保险公司能够更好地监控风险敞口，在一定程度上提高风险承受力，并能够接触新的客户群。而对投保主体而言，基于中交兴路的UBI保险体系，合作的保险公司向驾驶员收取更低的安全驾驶费用，促使他们通过改善驾驶行为，达到降低保费的目的，满足消费者获取低价的消费心理。

2. 社会效益

（1）结合风控科技手段，实现车货资源高效利用。

中交兴路打造的平台型物流企业生态闭环，以货运群体的需求点出发，响应国家政策，创建了结合风控大数据、人工智能、云计算、科技保险为一体的物流生态网络。中交兴路创建货运生态圈以来，已提高车辆利用率效率约70%；平均等货时间由2～3天缩短至6～8小时，极大提高了货运行业运输效率。

（2）应用AI安全技术实现物流行业健康、有序发展。

通过应用AI安全技术，建立“人、车、企”认证流程，以交通运输部发布的《网络平台道路货物运输经营管理暂行办法》为核心，保证互联网货运的健康与有序发展。

（3）打破传统保险模式，重塑货运行业保险新秩序。

中交兴路借助自身的货运大数据，充分地利用了个体用户的驾驶数据来创建保险定价模型，建立行业导向，即车辆动态行为数据在提交保险报价时，比静态基础信息和保障方案更为重要。中交兴路基于数据采集，可以依据这些不同场景下的真实驾车数据为用户量身打造一套保单。

上海天地汇供应链科技有限公司：天地汇公共承运平台智能化提升建设

一、应用企业简况

天地汇成立于2013年7月，是一家基于互联网技术和实体物流园区打造的线上线下联动的中国第四方公路物流平台。天地汇是中国领先的公路货运公共承运平台，是服务公路物流的综合型、平台型、创新型、生态型企业。

天地汇依托线下物流园区整合运力及货源两端资源打造流量入口，凭借丰富的场景和功能控制货源与运力不断发展，以强大的线上平台“优卡”业务整合大数据，建成“天地卡航”甩挂网络，并配以金融、保险、油品、ETC、车挂集采、融资租赁等配套服务为生态运输中的参与者赋能，从而打造出独特的“大平台、小车队，高效智能”的最佳体验、最优品质、最高效率和最优成本的公共承运平台。

作为全国第一个整合物流园区的产业互联网平台企业，目前天地汇园区网络已覆盖50多个城市，连接31个省（自治区、直辖市），建成卡航甩挂干线400余条，整合超过20000亩土地，拥有价值300多亿元人民币的资产，是中国最大的物流园区网络；同时，天地汇拥有物流企业会员超过2.5万家，注册会员司机超过50万名，平均为上游工商制造业、商贸流通业等货主企业降低23%以上的物流成本，缩短司机配货时间8小时以上，使车辆平均月行驶里程从1.2万公里提升至3.5万公里。

天地汇成立至今，自营收入每年增长一个数量级，以火箭一般的速度创造了物流和产业互联网的“天地汇奇迹”。通过不断创新，天地汇秉承“每做一单生意必须交到一个朋友，否则宁可不做这笔生意”的“天下赢”理念服务各界合作伙伴，也收获了行业内外人工的认可，接下来将继续为中国物流行业降本增效贡献力量！

1. 商业模式

天地汇的商业本质是“天网共享、地网互联、车网互通、生态共赢”，核心在于打造“天网、地网、车网”三张网。

天地汇以供应链协同为基础，以线下园区为基础管理单元，通过互联网、移动互联网、物联网、云计算等信息技术手段进行线上线下的联动，实现园区与园区之间互联互通，进而构建全国园区之间的高效车网与运输服务体系，最终实现三网联动的自我增长体系与物流生态体系。

2. 天网

天地汇完全自主研发的互联网云服务平台，是基于地网及车网业务的综合化、智能化、协同化的信息化中心。

“天网”平台主要包括以“园区通”为主的公路港信息管理系统，以“天地卡航”智能调度订单管理为主的甩挂业务管理系统，以“优卡”为主的无车承运系统，以只能小贷及结算支付为主的金融管理系统，以 BI（商业智能）为主的智能分析决策系统。

3. 地网

遍布全国公路港连接形成的天地汇“地网”，打破了传统孤岛园区的弊端，实现物流资源在地网平台上的高效流转和共享，使得所有会员在整个地网中享受各类产品和服务。

地网的形成将可有效解决两端货源不对等的情况，使真正意义的网络型甩挂运输方式成为可能。

4. 车网

“车网”是基于地网形成的车辆运输网络。一方面通过“天地卡航”产品以甩挂运输方式，提升车辆整体效率且降低成本，从而为会员提供更高效优质的运输服务；另一方面通过“优卡”产品以无车承运方式向会员提供经济快捷的整车运输服务，交易量与服务品质均保持行业领先。

二、企业通过信息化技术要解决的突出问题

天地汇公用承运平台主要通过现有的基础运营服务网络路由，引入专线运输车辆，迅速提升公司现有业务的服务品质，通过开线—设站—快速收配，迅速搭建起全国干线运输体系。但调度运输系统中所涉及的信息还是孤立的，对于车辆资源、司机的状态、是否可用、何时可用均需要使用其他系统查询，例如用 GPS 查车辆位置，用资产系统查询资产占用情况，各部门虽建立了信息化系统，但信息过于孤立，需要将各个部门和终端收集到的数据打通，以更直观的方式进行展示。

三、信息化进程实施

天地汇公用承运平台核心结构由以下几部分组成（见图 1）。

开发框架：为各个应用系统的快速开发提供支持，主要包括一些技术框架与平台核心服务。

基础服务：为各业务系统提供基础服务，包括会员服务、账户服务、消息推送等。

核心支撑：进行基础数据整合，并支撑不同的业务系统，主要有 AI 引擎、GPS 和视频监控等。

应用层：使用下层提供的服务，结合自身定位开发出的子系统。子系统都是特定的功能模块，可以整合进平台表现层。

表现层：由移动 App、用户门户网站、运营管理后台等系统组成，是用户访问数据、用户体验的直接入口。

信息安全体系：为物流应用系统的安全运行提供技术支撑。

相关技术标准与规范：主要遵循 J2EE 相关的标准和规范进行开发，应用敏捷的开发流程。

本次信息化改造主要是核心支撑层的建设，主要包括以下 4 个措施。

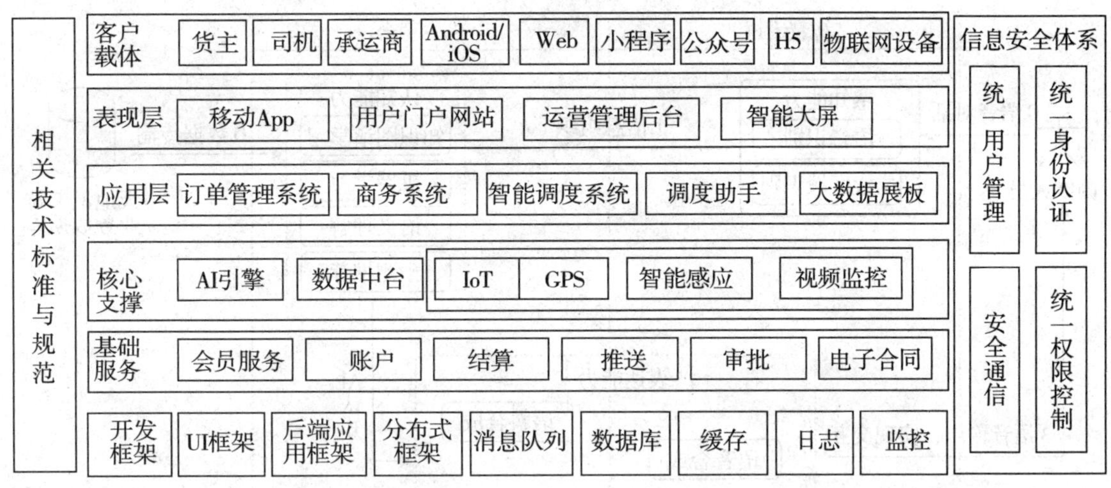

图1　天地汇公用承运平台核心结构

1. AI引擎

在“互联网+”人工智能、自然语言处理（NLP）等新技术的催化下，物流行业中有越来越多的场景出现了新的规则和市场。特别是自然语言处理技术在行业中的应用已经非常广泛，包括电商、翻译、金融、智能硬件、医疗、旅行、住宿等各个行业。应用场景涵盖语音分析、文本分析、情感分析、意图分析、图形和图像识别、互动语音回复等。

在这些领域和场景中，自然语言处理技术比较成熟的商业化包括搜索引擎、个性化推荐、广告、细分领域的知识问答/智能问答等。然而在物流行业内，暂时没有成熟的深度应用“NLP+AI”的产品。在此大背景下，出于对未来的展望，在高新技术的落地应用的这个方向上，天地汇也要早点进行尝试，通过应用“NLP+AI”技术，研发一款应用于物流行业的“智能调度助手系统”。

在这一良好的外部技术环境的基础上，基于“NLP+AI”，可以为用户提供以下特色功能。

（1）解放用户双手，仅通过语音即可进行交互操作。

（2）支持用户与系统的连续对话，根据上下文的不同对话内容，作出不同的交流回复。

（3）不管对话者用何种语言组织形式表达其意图，只要意图本身相同，系统都能精确识别，而不仅仅是文本的简单匹配。

（4）系统可以主动播报不同情况下的运力资源、订单信息、运输状况预警。

（5）系统以看板轮播的形式展示当前业务区域内的相关业务实时数据统计与汇总结果，以及根据订单、车辆、路线等展示状态异常的订单列表。

整个系统的基本架构如图2所示。

2. 基于位置服务（LBS）

在货物运输过程中，应用LBS技术，将货物、司机以及车辆驾驶情况等信息高效地结合起来，提高运输效率、降低运输成本，降低货物损耗，清楚地了解运输过程中的一

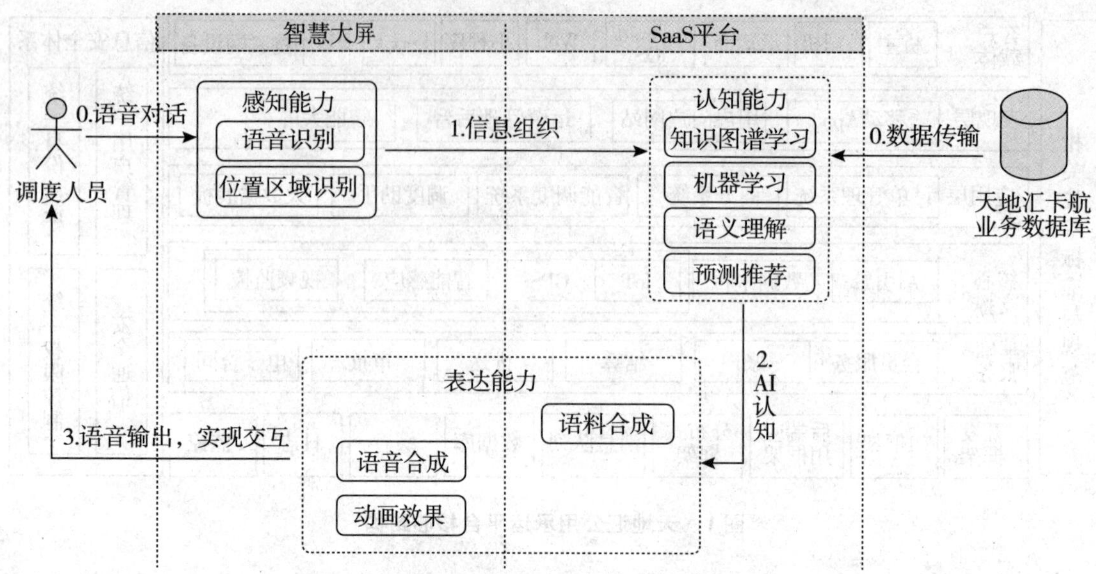

图2 整个系统的基本架构

切情况。

GPS系统是地理位置信息收集系统。从收集数据的角度来看，GPS现在接入的数据源有北斗卫星导航系统、GPS、手机LBS、手机GPS等。接入的方式可以是定时查询，或数据源推送等。

数据的基本功能有：定位点的实际位置的转换，转换成所在城市、各种地理坐标等。并在此数据的基础上对各种轨迹点进行汇总和研判，增加了围栏、轨迹的功能。

具体来说有：某车一段时间的所有数据点获取并汇总成轨迹、某车最新的位置定位、某个定位点是否在一个围栏图形的判断等。

（1）货车路线规划：结合货车限行数据和道路路况进行货车行驶路线的预测规划。

（2）电子围栏管控：深入结合业务，对装卸货地址周围自动形成电子围栏监控。可以精准提供车辆出入信息，从而有效判断运输任务的执行情况。

（3）货车导航功能：结合手机第三方应用，提供货车导航功能，指引司机高效抵达目的地，并提供行车轨迹偏移报警能力。

（4）货运地址服务：提供街道、门牌号级别的地理编码服务，可用于将地址描述转换成经纬度坐标，同时提供逆地理编码服务，用于将经纬度转换成地址描述。

3. 智能开关厢检测设备

在甩挂车运输调度中，挂厢通常会运送到客户处进行装货，有时候客户无法及时进行处理，会造成资源闲置浪费。为了提高资源的利用率和挂厢的流转效率，需要对挂厢的装卸货进行一定的监控。通过在挂厢上安装智能设备，获取定位数据、开关厢数据，甚至是温湿度监测，可以要求客户在一定的时间内完成装卸货，如果超出标准时间，也可以要求客户支付一定的费用，这样的话可以在一定程度上提升资源的利用率，减少闲置时间。此种设备较普通的挂厢锁具有很大的优势，一个挂厢只需要安装一个设备即可，十分简便。一般挂厢可能有多个门，如果是普通的挂厢锁的话，就需要安装多个，成本比较高。

4. 实时视频监控

通过应用人脸识别、4G网络传输、智能视频分析等先进技术，形成具备前撞预警、车道偏离预警等功能的主动安全信息系统，能够帮助驾驶员规避行车风险，保障行车安全。

人脸识别技术，是基于人的脸部特征信息进行身份识别的一种生物识别技术。用摄像头采集含有人脸的图像或视频，并自动在图像或视频中检测和跟踪人脸，进而对检测到的人脸进行脸部的一系列相关识别，通常也叫做人像识别、面部识别。

人脸识别主要是通过人脸图像特征的提取与对比来进行的。人脸识别系统将提取的人脸图像的特征数据与数据库中存储的特征模板进行搜索匹配，通过与设定的阈值对比，当相似度超过这一阈值时，则输出匹配得到的结果。

智能视频分析系统特点如下。

（1）给传统视频监控安装一个“会思考的大脑”。

（2）基于计算机视觉技术对监控场景的视频图像内容进行分析，从纷繁的视频图像中分辨、识别出关键目标物体。

（3）自动分析，抽取视频中的关键有用信息，形成相应时间和告警的监控方式，从而使传统监控系统中的摄像机不但成为“人的眼睛”，也成为“人的大脑”。

四、信息化主要效益分析与评估

1. 信息化实施前后的效益指标对比、分析

本平台将传统运输中甩挂运输的优势发挥到极致，其服务对象主要是物流园区及制造工厂，通过提升装载率、取消中转、提升运营品质等方式达到降本增效的目的。通过本次信息化，提升了业务系统的智能化水平，将平台的共性需求进行抽象，并打造为平台化、组件化的系统能力，以接口、组件等形式共享给各业务单元使用，使公司可以针对特定问题，快速灵活地调用资源制订解决方案，为业务的创新和迭代赋能。

以大屏、展板的形式对调度任务、资源进行监控，动态、实时地展示资源的状态和任务进展的情况，并支持调度员通过语音方式与大屏进行交互，提高了调度效率。

基于GPS、货车的路径规划对运输费用进行精准计价，统一结算标准。针对按里程计费的任务系统支持更精准的事前费用预算、事后费用结算。解决了短驳、临调任务往往存在定价不标准、结算时双方“扯不清”的问题，提高了结算效率。

利用IoT（物联网）做好资产管理，提升挂厢的利用率。例如空厢拉往客户处后，如果客户没有及时处理，就可能将资产遗忘，会造成资源浪费、效率降低、成本上升。除了需要监控挂厢的位置外，还要对挂厢的使用情况进行监控，如装卸是否完成。一方面收集的状态可以反馈到任务上，供调度人员查看和跟进；另一方面可以通过技术手段对客户进行约束，如空厢使用超时可以收取一定的费用。

对业务系统进行升级重构，将数据报表模块重新设计，基于现有业务特性提供更加准确、可读性更高的报表。

2. 信息化实施对企业业务流程改造与创新模式的影响

平台业务流程包括三条主线，即客户的交易订单流程、运输过程的操作流程及业务

监管分析流程。订单流程包括下单、接单、运费计算、信息跟踪、运费支付等操作，实现与客户端的信息交互。运输过程的操作流程包括车辆资源准备、车辆调派、任务发送、任务执行、任务计费结算等，实现对操作过程的管理。业务监管分析是对客户交易及运输过程中关键节点的监控，包括指标设计、数据清洗、指标计算、结果展示。

新流程在三条主线的核心环节进行了升级优化，强化了对于数据资产的利用，让管控更细致科学，增加了客户身份认证、运单费用的综合计算、对运力按运输里程结算运费等，是面向用户的一次重要升级，是运用“互联网＋物流”思维重新定义的产品。全面推行信息化，实现智慧物流。“互联网＋物流”形式下的信息化，不是单纯地建网站、搭平台、开发 App，更多的是利用移动互联网优势，在管理监控、运营作业、金融支付等方面实现信息共享，用互联网思维、信息化技术来改造物流产业，在新的领域创造一种新的物流生态。

3. 信息化实施对提高企业竞争力的作用

通过此次信息化的实施提高了系统的智能化水平和公司的精细化管理水平。通过运用企业的各种资源，强化协作，提高组织的执行力，从而降低成本，提高效益。

五、推广意义

LBS、智能开关厢检测、实时视频监控的应用可以高效整合供应链各环节货物信息、车辆信息、司机信息、司机安全驾驶信息、运力信息、通信信息等资源，面向社会用户提供信息服务、管理服务、技术服务。通过 AI 引擎，有助于提升业务系统的智能化水平，利用大数据智能分析、数据可视化等技术，实现数据共享、日常报表自动生成、快速和智能分析，满足天地汇总部和各分、子公司各级数据分析应用需求。

六、本系统下一步的改进方案、设想

整个信息化建设过程需要根据企业业务目标逐级建设，从而实现企业数字能力逐级进化、价值持续叠加。同时在建设过程中还需要培养客户的运维管理团队，甚至重构整个 IT 团队，以提高企业数字化运营能力等。下一步天地汇将进行数据中台的建设，提升数据的应用能力，将海量数据转化为高质量数据资产，为企业创造更深层的客户洞察能力，从而为客户提供更具个性化和智能化的产品和服务，创造新的利益增长点。

河南省烟草公司驻马店市公司、中国烟草公司河南省公司：卷烟物流智能调度实时配送系统

随着“数字烟草”成为企业不断向前发展的一项战略性目标，卷烟生产的各个环节依靠信息化的建设，极大地提升了工作效率和工作能力，给现代烟草商业企业带来了革命性的变化。大数据、云计算、“互联网 +”、人工智能等先进技术的发展应用，使物流信息化已成为物流业发展的新趋势。与传统物流相比，信息化物流在自动化运作、高效化管理、优质化服务以及降低成本费用和减少资源消耗等方面具有明显的优势，为物流业的发展注入新动能。

驻马店烟草物流公司信息化改革深入推进，合同实时化、订单碎片化、响应及时化、到货准时化的发展态势，对物流服务的支撑保障作用提出了更高要求。驻马店烟草物流公司运用新兴技术与实际业务需求相结合，研发一套卷烟物流智能调度实时配送系统，推进卷烟物流信息化建设，进一步降低成本提升物流运行效率与管理水平，实现物流服务的提档升级。

一、企业概况

驻马店卷烟物流配送中心占地 100 亩，联合工房占地 10318 平方米，集卷烟入库、出库、分拣、打码、仓储、装卸等功能于一体。现有正式员工 139 名，自有配送车辆 56 辆，配送线路 56 条，业务范围覆盖全市商户 2 万多户，全市零售商户覆盖率达到 100%。从城区闹市到偏远乡村，从大型超市到普通小贩，做到送货到户，能够有效根治困扰经销商“最后一公里”配送的顽疾。按照国家关于“一号工程”的工作要求，根据“以送定访”的配送模式，进行“今访明送”生产分拣和“一打三扫”工作。卷烟从入库到分拣，到货后首先进行扫码堆垛，同时通过 RFID 感应识别整托盘入库；每日访销工作结束后，线路优化系统对访销订单进行配送优化与统计，同时组织卷烟出库，完成卷烟出库扫码上报工作。分拣设备按照优化结果的顺序完成分拣到户及打码到条工作。第二日配送人员通过移动应用查询领货及配送任务，实行送货上门、扫码拍照签收确认。

驻马店卷烟物流配送中心遵循《烟草行业计算机网络和信息安全技术与管理规范》，按照国家“全面覆盖、全面感知、全程控制、全面提升”的物流信息化建设要求，通过先进的物流技术支撑，实现信息化与智能化的物流体系。在已有配送信息系统的基础上进行集成、延伸和拓展，建成先进实用、统一完整、安全可靠的调度平台，实现物流的“全面覆盖、全面感知、全程控制、全面提升”。

二、卷烟物流智能调度实时配送系统应用背景及简介

1. 系统应用背景

烟草行业经过多年快速发展，随着城市建设的不断完善，零售网点变化大且快，加大了配送难度，现有的配送管理系统已经较难满足当前业务的需要，目前较大程度上是基于人工经验，短板明显。一是配送车辆管理方式落后，没有先进的监管手段，车辆数据很难准确采集，车辆离开园区后，定位、行驶安全、交接状况无法监管，调度指挥工作开展困难。二是配送线路固化而缺乏弹性，编排人员难以根据卷烟配送量、配送户数、里程数、配送人员、配送车辆的变化及时进行调整。三是信息化水平较低，数据处理量大，线路编排难以面面俱到，优化效率和水平不高。四是无法适应淡旺季需求差异，线路配送负荷与配送效率缺乏考量标准，配送资源与配送规模难以合理匹配。五是线路的不均衡，配送车组之间容易产生工作量的差异矛盾。

2. 系统简介

卷烟物流智能调度实时配送系统是一套结合 GIS（地理信息系统）电子地图、线路优化算法及智能配送 App 的综合智能化卷烟物流信息监控系统。系统通过 GIS 与商户坐标信息结合对配送区域进行可视化展示、规划、分析，对配送区域进行整体规划、全面管理；运用线路优化算法对配送订单数据及商户坐标信息进行实时优化生成最优配送任务；智能配送 App 则供配送员下载每日配送任务进行配送，配送中可实时查看任务及烟包信息，通过位置坐标进行智能导航及多种模式的烟包签收。

智能配送 App 在配送过程中的烟包签收环节，精准采集商户门头图像信息及坐标信息、签收位置信息，通过后台计算精准锁定商户坐标。精准坐标采集功能，采用了 GPS、WiFi、基站多重定位，结合坐标校验算法，通过比对商户坐标与签收位置信息精准锁定商户位置坐标。配送人员也可通过精准的坐标，使用配送智能导航，完成目标范围内签收和配送工作。

线路优化算法以精准的坐标信息为运算基础，建立一套完整的 GIS 电子地理信息配送网络。以线路优化算法为核心，通过对订单处理优化，加载配送策略，结合不同的场景规则、优化规则对每日营销订单数据进行多重优化。同步计算当日订单内商户坐标信息，以最优路线或最优时长、最优任务均衡等方式进行计算，生成本次配送线路优化结果。本地运算与云计算结合，高效的运算有效提高了每日配送调度工作的效率。

该系统已实现数据管控的实时性。通过监控中心图形化显示，实时查看各个配送车辆的配送情况，包括配送进度、当前位置、签收状态、签收图像，以及总体配送任务汇总。

三、卷烟物流智能调度实时配送系统推进进程

卷烟物流智能调度实时配送系统的推进分为以下四个阶段。

第一阶段，开展商户门头拍照定位工作，为线路优化提供数据基础保障。

配送人员每天通过现有订单配送顺序对商户门头图像信息、坐标信息进行采集整理，坐标信息的采集为线路优化工作提供基础的坐标信息数据。第一阶段期间，通过采取跟

车跑线路、每天对各分部定位描点情况进行统计通报等一系列措施，描点工作按预期圆满完成，为线路优化工作的开展提供了基础保障。

第二阶段，以大数据分析为决策服务，规划配送区域实行集中区域配送。

以历史订单数据为依据，通过数据分析统计提供区域规划所需的关键数据。以准确数据为依据，以平台线路规划工具为辅助，两者结合对配送区域进行规划调整，明确区域、线路订单量、配送能力及装载情况。改变以往小片区分散配送模式，采取单个配送日集中区域配送。选取城区配送分部进行试点，率先开展集中区域配送。拟定将城区的零售客户划分为若干配送区域，根据当天的访销量以及地图显示的商户分布情况对线路进行归并，灵活机动地调派车辆，有效降低了出车次数和行驶里程。

第三阶段，“首尾相连”，实现按订单弹性配送。

针对城区零售客户网状分布特点，结合实际运行中遇到了一些亟待解决的问题，如定位不准、导航偏差以及主干道逆行等，制订优化模式。通过建立商户组、调整大周期商户排序、改变系统优化算法（把当日卷烟销量以及订单户数与客户地理位置、道路状况等信息结合在一起）等措施，最终计算出最优行驶路径和车辆装载率，尽量减少规定线路，实现车辆弹性调度。

第四阶段，合车并线，实现弹性配送的最终目的。

线路的实时优化，并非按照单一模式“一刀切”。在系统上线初期，为确保线路优化的准确性、合理性、科学性，对线路进行耐心打磨，在管理方式上，先调整工作量、工作时间，均衡后再考虑减少车辆，给配送员提升系统操作能力和适应线路的时间，系统运行顺畅后，根据送货线路的实际情况，在严格按照车辆装载量安排配送任务的基础上，通过调整部分销量小且同向的送货线路，实施合并配送，最终实现配送线路的优化整合。

四、卷烟物流智能调度实时配送系统运用成果分析

卷烟物流智能调度实时配送系统正式上线运行两年来，通过对需求的落实、业务的改进探索，现阶段物流配送的规范化信息监管取得很大的进步，通过对配送环节的精细化管理实现了过程可视、可控、可溯，为配送的绩效考核和成本核算系统提供了更加准确细致的数据信息。

精准：以精准商户坐标为基础，通过线路优化模拟线路，指定配送路线。现阶段已精准采集96%的商户坐标，通过精准坐标，配送人员使用线路导航准确配送到户。

高效：通过线路优化算法模型不断适配调整，能在最短时间、最短路程的前提下，指定最合理的配送路线，让司机少走冤枉路，以最高效率配送到商户手中。

实时：实时优化配送线路，采取最少的人工干预，不需要大规模、长时间的数据调整。实时优化、实时分拣，为即访、即分拣、即配送奠定基础，为布局即时配送提供战略规划。

高效的库存周转：高效的配送带来的是高效的库存周转，增长的销售业绩，最低的库存持有，提高企业资产回报。

良好的商户服务：快速配送、精准到户，卷烟快速送达商户手中是商户服务的核心，只有快速送达、提供优质服务才能使商户体验效果达到最好。

五、卷烟物流智能调度实时配送系统应用体会

地市级烟草商业企业目前大多实施“以销定送”的卷烟配送方式，即以走访服务为主导、卷烟配送为跟进的运行模式。由于配送线路受客户经理走访线路限制，存在同一线路零售客户区域跨度大、部分临近零售客户因配送周期不一致需多次配送等情况，造成了一定的资源浪费。由于配送线路长、不固定等，导致了责任划分不清晰、服务质量不稳定等问题。为解决这些问题，应充分发挥卷烟物流配送中心集中配送管理的优势，改善物流经营指标，提升服务水平和效率，探索实施“以送定访、跨区域配送”的物流配送新模式。

驻马店卷烟物流配送中心以卷烟物流智能调度实时配送系统为契机，积极探索“以送定访、跨区域配送”新模式，通过精准坐标采集，完善配送网络，为优化配送业务奠定基础。以历史订单数据作为支撑，通过大数据分析手段验证跨区域配送方案。

运用线路优化算法，深入整合资源，实现弹性配送，进一步提高配送装载率和配送效率。突破“以销定送”传统工作模式，实现“以送定访”新模式。依托线路优化结果，积极转变工作理念和方法，紧跟物流配送信息化改革新趋势，变“以销定送”为“以送定访”，调整部分零售客户的订货时间和访销安排，以更合理的方式划分区域客户，最大限度地减少可能存在的销售盲点，同时节约物流成本，更高效地服务零售户，有效提升服务品质。

通过系统的建设和实施，完成从配送网络的完善到跨区域配送模式的构建，以及线路优化算法的应用，建设成效如下。

1. 实现了经济效益和生态效益的“双丰收”

一是减少了配送车数量和出车次数，提高了车辆装载率，增加了单车配送户数，实现了人员的柔性调配，有效降低了运行成本，提高了运行效率。二是减少了车辆尾气排放，减少了环境污染，节约了资源消耗。该系统上线以来，共减少出车次数150余次，减少配送车3辆，在降低配送成本的同时节能减排，实现经济效益与生态效益双丰收。

2. 提升了客户服务质量

智能配送模式的推行，有效解决了配送量不均衡和人员相对不足的问题。运用物联网技术与通信技术，提高配送无纸化、信息化、高效化、规范化操作。主动提高客户感知力，从而提高服务质量，提升客户黏性。

原有配送线路不稳定，配送员服务责任意识弱，一定程度上影响了客户服务质量。在卷烟物流智能调度实时配送系统上线后，线路稳定责任落实到线路管理员，问题落实到配送员个人，同时，为推进规范化作业制定了《送货服务规范手册》《卷烟换货管理规定》《客户投诉处理制度》等规章制度，通过一系列措施，有效增强了一线人员的责任意识、大局意识，进一步提高了配送队伍的凝聚力和服务质量。

3. 促进降本增效

借助已上线运行的智能配送系统，对送货线路进行一次“大摸底”“大排查”“大优化”，真正做到整体线路最短、单车线路最优、工作量合理均衡，进一步实现效率最大化、成本最小化。该系统上线以来，城区配送分部首尾相连区域每日车辆装载率均保持

在80%以上，线路服务商户数量达到55户。配送线路的合理制定，是促进物流环节降本增效的重要手段，也是实现卷烟物流高质量发展的必然要求。

六、卷烟物流智能调度实时配送系统下一步改进方向

现阶段驻马店卷烟物流配送中心卷烟物流智能调度实时配送系统已稳定运行初见成效。以此为基础下一步平台建设与改进目标如下。

（1）深入研究路径优化算法数据模型，将单一的路径优化提升为全方位、多维度优化。结合配送顺序、服务商户数量、均衡配送任务等配送因素，实现多维度全方位的配送优化。进一步提升配送效率，降低配送成本、提高服务质量。

（2）以卷烟物流智能调度实时配送系统为依托，结合互联网技术在配送服务、客户感知方面进行进一步的升级改造。通过微信公众号对接卷烟物流智能调度实时配送系统数据接口，结合配送实时数据，商户能第一时间查询订单配送状态，如当前配送车辆位置，预计送达时间等友好的服务信息，进一步提升卷烟配送服务质量。

（3）精准车辆管理，通过OBD（车载自诊断系统）设备实时有效采集配送车辆的使用数据，通过与配送任务管理联动，精准计算配送车辆的成本与绩效。

（4）探索物联网技术，通过自组网、末端感知设备等信息技术手段加强对生产现场的设备管理，加强对物流仓储、分拣等环节的精细化管理。依托卷烟物流智能调度实时配送系统，以数据为驱动优化作业流程、精准指标考核推进企业信息化。

安徽中工物流有限公司：智慧物资管理信息系统

一、企业简介

安徽中工物流有限公司（以下简称“中工物流”）成立于2013年，是具有自主知识产权的现代物流平台型企业、国家级高新技术企业、规上服务业企业、安徽省科技厅入库科技型中小企业、国家级AAA信用企业、安徽省诚信物流企业、中国物流技术协会理事单位、安徽省物协常务理事单位、安徽省智慧物流服务标准化试点单位、安徽省物流行业抗击新冠肺炎疫情先进单位、省股交中心科创板挂牌企业。

中工物流拥有150人的专业技术团队和强大的研发队伍，同时聘有清华大学、中国科学技术大学、北京科技大学等高校的学者作为顾问团队为公司提供长期技术支持。目前已拥有三十多项发明、实用新型专利及软件著作权，通过了ISO 9001、ISO 14001、OHSAS 18001认证。

中工物流是一家执行智慧物流标准化试点的平台型企业集团。

中工物流的愿景：为客户提供线上线下一站式供应链平台解决方案。

中工物流的使命：集结三方优质资源，成就客户最大价值。

中工物流的价值观：让客户满意，让股东满意，让员工满意。

二、中工物流信息化建设背景

2015年5月，对应德国“工业4.0”计划和美国的“工业互联网”概念，国务院印发《中国制造2025》。2019年3月，国家发展改革委、交通运输部等24部委联合推出《关于推动物流高质量发展促进形成强大国内市场的意见》，鼓励物流和供应链企业在依法合规的前提下开发面向加工制造企业的物流大数据、云计算产品，提供数据服务能力。协助制造企业及时感知市场变化，增强制造企业对市场需求的捕捉能力、响应能力和敏捷调整能力。伴随5G（第五代移动通信技术）、大数据、云计算、物联网、区块链和人工智能等技术的快速发展，促成了供应链创新，智慧供应链应运而生。“智慧供应链”“智慧企业”已深刻改变各行业的发展格局，灵活易变、高资源效率的第四次科技革命已悄然到来。中工物流的智慧系列产品，目前正与第四次科技革命同频共振，并在大型国企中得到良好的应用。在这期间，也出现了诸如“智能电厂”“智能化电厂”“智慧电厂”和“数字化电厂”的诸多称呼，反映出新概念的内涵、外延在其发展初期需要通过讨论、实践而具体化。中工物流结合国际上成熟的精益思想和精益供应链的成功经验，同时依托当前新兴技术的研究成果，以可持续发展为原则，用专业的精益供应链管理，赋能智慧电厂建设及相关企业，未来企业与企业之间的竞争一定是供应链与供应链之间的竞争。

1. 行业供应链管理发展现状

目前我国发电行业供应链正面临着非常大的挑战，总体呈现粗放式发展，即便是龙头企业也极少具备供应链管理思维，缺少符合企业发展要求的供应链系统能力，导致供应链总体成本居高不下、交付周期长且问题频出、质量过程管控问题多，工程管理、生产管理粗放等问题长期存在。

（1）供应链思维缺失。

发电企业普遍缺少对供应链的系统认知，没有厘清供应链管理对于发电企业发展的战略意义和重要性，没有合理的供应链管理组织，缺少全局协同和管理思维。由于发电行业的产品品类复杂、渠道多样、需求个性化、按单生产和交付等特征，发电行业整体供应链复杂度非常高。供应链复杂度与供应链思维缺失的矛盾，将成为发电行业发展的主要矛盾之一。

（2）对人工依赖大。

发电企业在基建期属于劳动密集型企业。由于产品品类复杂、标准化水平低、物资体积大小混杂、流通环节多等因素，企业施工和物流作业过程需要大量的工人，且工作环境艰苦、重复性劳动多，导致供应链成本高、效率低、过程品质不受控、信息滞后严重、工人劳动强度大等问题普遍存在。

（3）供应链复杂度高。

"线上 + 线下""供应链服务 + 服务供应链"运营良莠不齐，"设计单位 + 建设单位 + 建安单位 + 监理单位 + 物流单位 + 供应商"等单位管理和认知水平多样，各企业内部管理复杂多样，使得供应链的产品策略、需求策略、交付策略、生产策略与物流策略等呈现多样化，以适应不同客户的差异化需求。如果没有系统的供应链规划与能力打造，供应链将成为制约企业发展的关键因素。

（4）个性化需求导致供应链推拉结合点向供应端后移。

发电行业需求越来越呈现个性化趋势，越来越多的发电企业需要提供定制服务，或者设备材料多样性选择和选配服务，供应商企业往往采用按单生产模式，使得供应商企业供应链无法通过库存来缓冲变数和缩短交货期，而同时市场对于发电企业所需的设备材料缩短交货期、提高性价比的诉求又越来越多，这就要求以发电企业作为核心客户的供应链体系具有非常强的管控能力和柔性能力，但作为核心客户的发电企业缺少供应链组织，传统供应链推拉结合点不断地向供应端后移，核心客户的聚核效应丧失殆尽。

（5）供应链基础能力不足，导致终端服务效率低、企业体验差。

供应链基础能力不足普遍表现为产品包装规格不标准、部件随意组包、包装物保护效果差、产品 BOM（物料清单）缺失、部件无编码、定量不准确、产品齐套难、设备安装流程图或工程安装图缺失、不完善，施工安装过程更多依靠个人能力和经验、工程施工不达标、补件周期长、沟通成本高、物流和仓储管理水平低、物流环节装运规范差、货损货差高、无法识别包装产品内容、工程安装和设计影响问题多等，这些问题在各电力供应链运营过程中层出不穷，极大地阻碍了电力供应链的发展。核心企业需求端能力不足带来了供应端服务效率低、服务质量差、客户满意度低、成本高等问题。同时，不同的产品具有不同的供应特性，如何打造智能供应链体系以满足各种差异化的需求，是发电企业持续发展并获得竞争力的巨大挑战。

2. 信息化推进过程中存在的主要问题及应对措施

（1）对信息化理解有偏差。

对信息化认识过于简单化，对信息化项目的实施抱有过高的期望，把信息化等同于技术改造，没有意识到行业性限制，对实施信息化存在不切合实际的想法，比如认为信息化可以解决一切问题。

（2）组织人员的阻碍。

企业员工对于新技术有所抵触，不积极配合，认为这会加重他们的工作量。因此，在管理过程中存在大量的协调问题，影响了信息化项目的实施效果。

（3）解决措施。

根据管理中存在的问题和企业发展战略，提出本阶段的改进目标（长远目标），并进行目标理念的培训，包括信息化相关的管理理念培训和项目管理培训，分别对高层管理人员和参与的业务人员采取不同的培训方案。了解总体需求，进行业务流程分析。

按照企业的实际情况与外部环境的变化进行适当调整，在信息化推进过程中对实施过程进行控制，建立绩效监控系统。对涉及的员工加以培训，以便使他们掌握不同程度的技术知识与业务知识，深入理解信息化对企业发展的重要性和必要性，以实现系统的完美交接。

三、系统建设内容——智慧物资管理信息系统

智慧物资管理信息系统以物资信息实时掌控为目标，集成度较高，信息交换实时，可根据最终用户需求实现定制化应用配置服务；同时，系统通过 RFID（射频识别）、蓝牙、AGV、智能穿戴、物联网、数据叠加、信息化网络等技术建设集成化的 OA 供应链协同、智能看板、移动办公、WMS、TMS。智慧物资管理信息系统从施工网络图、计划、生产（监造、催交催运）、运输、入库、盘存、验收、出库、归档等环节，用直接或间接的手段，实时采集数据，实现业务流程自动运转。智慧物资管理信息系统以可视化仓库方式，展示仓储动态物资状态，为管理层提供准确及时的物资信息；再融入先进物流管理和全生命周期的资产管理理念，集成智能技术、智能设备，实现业务量化、集成集中、智慧协同，共享物流管理平台，达到运行的安全、高效、经济、智能、可持续。另外，系统留有接口，为后续与其他系统对接提供标准化接口功能（见图 1）。

智慧物资管理信息系统对物资计划、采购、库存、合同和预算等进行线性集成化管理，从而达到规范物资管理流程、保证物资供应、降低采购费用、减少库存积压和加快资金周转目的，并实现物资的有效管理与控制。

智慧物资管理信息系统以物资为管理对象，围绕物资台账，以物资编码为标识，对物资的基础数据、备品备件、设备检修和维护成本等进行综合管理，覆盖物资从安装调试到发电运行、检修维护，建立可持续改进的设备数据库，确保设备安全可靠运行和资产全生命周期的管理。

智慧物资管理信息系统主要业务功能模块如图 2 所示。

图1　可控物资管理功能

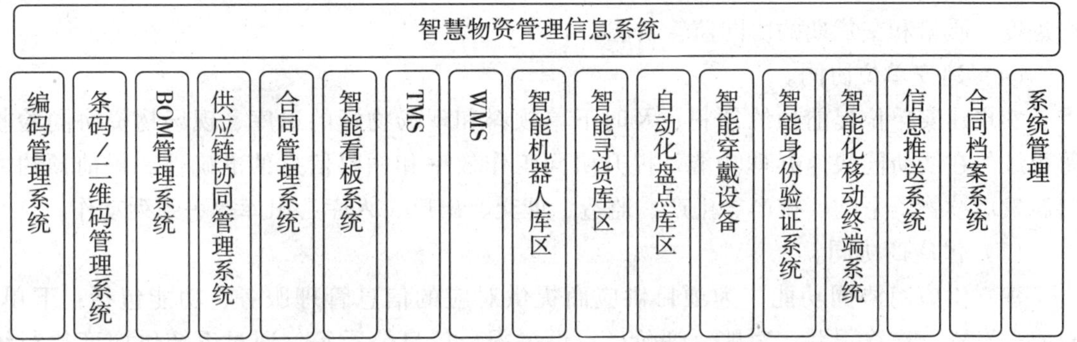

图2　智慧物资管理信息系统主要业务功能模块

具体建设需求和功能需求包括但不限于如下内容。

1. 编码管理系统

编码作为智慧物资管理信息系统的基础，贯穿智慧物资管理的各个环节，包括 KKS（电厂标识系统）编码、设备码、物资码、资产码、物流码、库区码、库位码等。规范的编码体系方便各种信息的传递与共享及相关文档资料的关联使用。因此，要编制统一的标识、进行统一管理，建立设备台账，记录和提供设备信息，反映设备的基本参数以及维护的历史记录，为设计提资、设备采购、排产出厂、运输、入库、盘存、出库、现场安装、日常维护和管理提供翔实的一整套关联信息，从基建期到生产期实现物流仓储的无缝对接。

2. 合同管理系统

合同管理系统是对资产管理的高效辅助。合同管理系统主要是对供应商的合同和物料清单的管理，包含项目 BOM、供应商、供货时间、结算方式等信息的管理。

3. BOM 管理系统

BOM 管理系统是对物料清单的结构管理，可以对物料清单进行录入和批量导入，变更物料清单，具有对物料清单的查询、调用功能。

4. 供应链协同管理系统

供应链协同管理系统的应用，使得建设单位、设计单位、监理单位、建安单位、供应商等相关方实现协同办公，减少过程流转、降低沟通成本。

（1）建设单位协同。

建立建设单位协同功能，为建设单位方提供统一业务协同门户，建设单位可以通过协同功能对物资合同进行维护、对合同中物料的进度情况进行监管、对物资验收和领用等业务进行审批，以及跟踪合同的执行情况。

（2）设计单位协同。

建立设计单位协同功能，可以方便设计单位直接与施工现场建立连接关系，方便设计单位将图纸、物料清单、设计变更结果等信息快速传递给施工现场。

（3）监理单位协同。

为监理单位提供的终端操作端口，以实现监理单位在物资验收协同、设备供应商生产进度、质量和交货期的协同监管功能。

（4）建安单位协同。

实现建安单位提前预约领料、及时下单领料和现场物资的退库、现场物资协同验收等手续的在线协同快速办理功能，提升协同工作效率和领料信息的准确性。提前预约领料触发后续物资采购、排产、生产、监造、催交、出厂、入库、出库等一系列动作。

（5）供应商协同。

建立供应商协同功能，为项目供应商提供对应的信息管理服务，功能包括：下单、打码、发货、在途跟踪、对账、评价、投诉举报、信息公示等。通过系统供应商执行统一物资管理相关标准、统一物料信息和送货单据标准，从而实现对供应商物资的快速收货，方便供应商物料的送货状态跟踪、供应商对账管理等。同时，此模块支持资金池管理功能，系统具备供应商业务清单对账和资金账户余额管理和统计功能，现场物资入库、领料并安装到施工现场后（或者设置某个前置条件），供应商方可在系统中实现提现操作，物资保管单位确认后，建设单位/采购方执行支付。

5. 智能看板系统

以工程现场物料需求为主线，采用拉式看板，结合供应商供货周期及库容，实现从供应商排产加工、生产下线、发运在途、库存周期、领用安装全过程智能规划，最终实现降低物资库容，提升供货及时性和准确性，保证工程建设物资供应可视、及时、准确。

智能看板一方面方便仓库作业者实时掌握仓库动态信息，提升作业准确率；另一方面提升物资管理的精细化程度，方便管理者直观了解物资情况，快速作出决策。另外，系统可按用户要求进行定制各类报表的单模块或综合查询。

6. TMS

TMS 能有效实现物流过程的可视化在途跟踪管理，共享物流数据；实现仓储、运输、溯源的全程供应链的安全管理，提高各管理层级对项目物资动态的管控力度。

7. WMS

WMS 结合 RFID、蓝牙、指示灯、AGV 等智能设备及功能，打造现代化智慧仓储信息平台，从设备合同采购、运输（在途跟踪）、到货、验收、入库（策略）、盘存（自动盘点）、出库等环节直接或间接实时采集业务数据（支持波次管理，科学规范作业流程），以三维数字化仓库方式展示仓储物资状态，仓库管理人员、发电运行人员、设备检修人员等能够及时掌握设备物资的动态存储情况，为管理层提供准确及时的仓储信息。系统同时支持普通物资、专用工具（借用、归还）、备品备件的出库、入库流程自定义功能。后续可扩展到安装、维修保护、报废等全物流供应链、全生命周期管控。

（1）智能上下架策略。

系统预设多种上下架策略，并以快捷打印条码功能辅助，能够全面提升仓库作业效率。

（2）完整智能的自动化配货方案。

可根据“效率优先”“清理货位优先”或者“先进先出”原则给出完整的自动配货方案；同时具有手动配货的功能。拥有完整的出库、入库流程和库内移库、盘库方案。

8. 智能化移动终端系统

该系统支持移动PDA的作业方式，对于库区物资进行精细化管理，对于仓库的管理精确定位到仓库的库位、区位等细分区域。仓库管理人员运用移动PDA进行日常的入仓、出仓、退仓、盘点等工作，可以大大提高工作效率（见图3）。

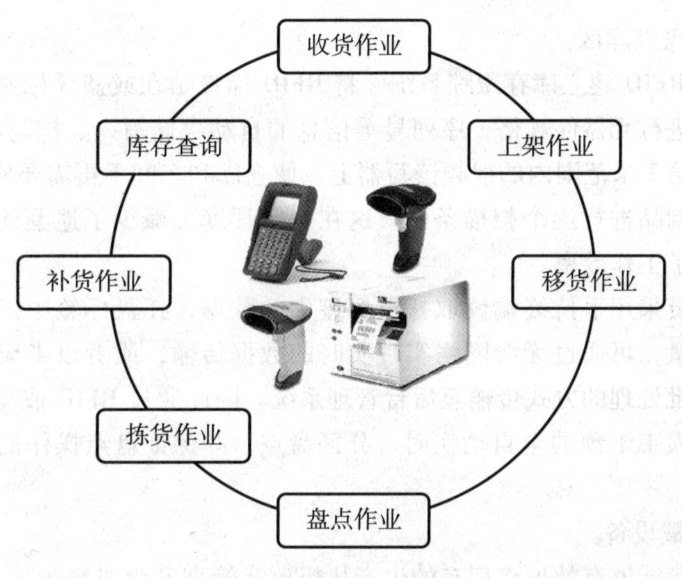

图3　移动PDA作业

同时，也针对手机用户开发专门的App，方便用户随时随地查看系统数据。

9. 智慧软、硬件应用

（1）智能机器人库区。

物流是现代生产的重要组成部分，而自动化立体仓库又是现代物流系统的重要组成部分。AGV通过WMS指令可以自动、精确、快速地实现对货物的无人搬运、储存和拣取，加快物流的周转，提高生产效率。AGV作为自动化立体仓库输送部分中重要的输送装置，对于自动化立体仓库的高效正常运转起着重要作用。

AGV在自动化立体仓库中的应用优势包括：改善物流管理、防止货物损伤、可以长距离运输、节约成本、实现无人搬运等（见图4）。

（2）智能寻货库区。

智能寻货库区便于产品物料统一整合、统一入库、精确出库，能够提高拣货速度，

图4　AGV

降低分拣错误率。

（3）自动化盘点库区。

利用蓝牙和RFID建立库存跟踪系统，将RFID标签贴在或蓝牙标签扣在托盘、包装箱或元器件上，进行元器件规格、序列号等信息的自动存储写入、擦写和传递。RFID标签能将信息传递给3米范围内的射频读写器上，使仓库和车间不再需要使用手持条码读卡器对元器件和在制品进行逐个扫描条码，这在一定程度上减少了遗漏的发生，减少了工作量并大幅提高了工作效率。

仓库管理人员采用手持终端读取托盘标签中的数据，托盘标签中记录了该托盘承载的商品的实际数量，可通过无线网络实现实时的数据传输，或者以半天为时间单位采集数据后将数据以批处理的方式传输至后台管理系统。因此通过RFID或蓝牙的自动采集方式，可以实现无人工干预的全自动实时、分区盘点，并保证盘点操作的快速进行和盘点数据的准确。

（4）智能穿戴设备。

智能穿戴设备能够有效地将现有的生产从粗放式管理升级成精细化管理、闭环管理。系统利用物联网、空间定位、移动通信、云计算、大数据等技术提供具有定位、感知、预警和音视频通信功能的一体化功能。

当工作人员在佩戴智能穿戴设备执行任务时，管理人员可以使用系统管理平台进行远程指挥决策。

（5）智能身份验证、CA认证、电子签名签章功能。

系统支持人脸识别，提供包括人脸检测与分析、五官定位、人脸搜索、人脸比对、人脸验证、活体检测等多种功能，认证作业人员身份时可以采用人脸识别，必要环节亦可以对接CA做电子身份认证，系统还可应用于系统登录、身份认证，后续入库验收、在库盘点、出库等环节；另外，物资办理开箱验收可以使用电子签章实现线上签字功能。

10. 系统管理

系统拥有完整的组织架构，可以划分不同用户的系统功能权限。

同时，系统也支持消息的推送，可以对接短信平台、邮件服务器进行消息推送，部分任务在移动端也可推送消息。

四、系统技术路线

智慧物资管理信息系统采用面向服务的架构设计，具有较高的扩展性，能够支持数据的对接，数据的管理以及后续的第三方服务；系统所有的内部审批流程和并联审批流程设定全部通过工作流技术进行实现，可实现定制型和自由型两种工作流的灵活设计。工作流引擎具备图形化工作流定义工具、工作流监督和管理工具、工作列表等模块，支持子工作流、多版本的流程定义、自定义表、自定义流程节点表单、应用集成、超时处理、工作委托、业务日历、工作流变量等基本功能，具备清晰的 API 接口，既能够用于支持办公流程的开发，也能够支持业务流程的开发和集成，形成各应用的流程支撑平台。

五、信息化实施

从信息化实施后的成果看，公司通过信息化应用，提升了服务水平和工作效率，并成功地把经营管理理念通过信息化平台传导给所有客户，在行业内逐步建立起良好的经营口碑。与此同时，企业收入也实现了跨越式增长，从 2017 年的 2021 万元增至 2018 年的 4424 万元，同比增长率达到 119%。

全流程的在线化和数据化，打破了信息不对称的局面，有效消除了信息孤岛，实现了信息共享和作业协同，提升了快速响应的服务能力。

信息化实施将供应链所有环节与相关活动作为一个整体，使相关资源得到了有效匹配，运输成本也不断降低。

六、智慧物资管理信息系统的价值体现

智慧物资管理信息系统可实现从货品需求计划、入库到出库这一闭环过程中所有环节的信息畅通，并指导工人作业，降低了对作业人员的经验要求，从而实现仓库降本增效的目标。

1. 计划拉动，降库存，升周转率

中工物流将 JIT 物流管理思想融合到智慧物资管理信息系统中，建立了拉动计划看板管理系统，根据工程施工网络图平衡工程安装进度和物资采购进度，实现按需采购，从而减少库存不必要的占用，提升物资周转效率，减少物资的呆滞和积压情况。

中工物流在拉动计划看板管理系统的基础上还建立了催交催运的智能预警系统，对拉动计划执行情况、设备监造情况进行全过程监控和预警，提升了对突发事件时计划调整以及处理的反应能力，提高了作业效率，也减少了不必要的成本支出和损失。

2. 供应链协同，高效协作

建立了建安单位协同平台，建安单位可以及时发布工程安装物资的需求计划，系统能够智能平衡库存，将供货需求发给供应商。建安单位还可以通过协同平台实时监控到现有仓库物资库存情况、物资到货情况、领料的配送情况，为施工安装物资准备工作做好预先安排。

建立了供应商协同平台，供应商可及时获悉收到的物资供货需求，及时备料、排产

和发货，提高采购供应链的敏捷度，实现供、求、采、送的联动体系。

建立了建设单位、监理单位、设计单位和EPC总包单位的协同平台，系统提供的移动化协同审批解决方案，突破时间和空间的限制，在手机上就能完成相关协同工作，大大提升协同审批的效率。

3. 智能设备集成，自动高效

AGV的应用是智能化现代仓储管理的方式之一。AGV通过智慧物资管理平台指令自动、精确、快速地实现对货物的无人搬运、存储和拣取，实现加快物流的周转，提高生产效率。

移动PDA设备的集成，可以实现库区物资精细化管理，能够提高仓储人员作业效率，对业务流程进行过程控制，使用移动终端自动匹配业务单据，对不符合业务流程的操作进行控制；还可以提高库存准确率。

利用蓝牙和RFID建立物资跟踪报警系统。通过实时对RFID信号的监控和识别，减少作业人员的误操作；实时了解物资的定位和物资库存数量信息，实现自动化盘点，确保物资库存信息的及时准确。

建立了物资智能拣选指示系统，用货架上的电子显示装置（电子标签）取代拣货单，指示应拣取商品及数量，拣货员无须靠记忆拣货，根据灯光提示就可以准确无误地对货品进行拣选，还可以多人同时拣货无须等待，方便应用于物资种类繁多配送频次频繁的业务场景。DPS通过与WMS相结合，减少拣货人员目视寻找的时间，更大幅度提高拣货效率。

数字化和现代化仓储的显著特征之一，是人与仓储技术的互联。这种技术使仓储人员能够实时获得各种信息，而不论其位置、环境和物理限制如何。智能穿戴设备目前主要是指智能头盔和智能眼镜，作为实现与WMS有效交互的手段，正日益受到人们的关注。

4. 编码管理，全程可追溯

编码作为智慧物资管理的基础，贯穿整个智慧管理的各个环节，通过规范的KKS编码、设备码、物资码、资产码、物流码、库区码、库位码等多码合一体系，方便各种信息的传递与共享及相关文档资料的关联使用。

5. 数字化、可视化、智能化

智慧物资管理信息系统将构建从边缘到数据中心的物联网端到端集成的IoT平台。通过MQTT（消息队列遥测传输）通信协议接收来自设备或传感器的数据，经由智慧物资管理信息系统中的流计算引擎将数据转换，最后可以存储到各种关系型数据库、时序数据库或大数据中，并且也能为第三方应用提供集成接口。最终使仓储和供应链变得更加透明、更加智能。

大连集发南岸国际物流有限公司：危险货物物流全程数字化监管

一、企业简介

大连集发南岸国际物流有限公司是辽宁港口集团有限公司的全资子公司，场地定位为大连口岸危险货物进出口的后方堆场，承担整个地区的危险品货物、集装箱物流职能。

二、项目背景

危险货物是具有易燃、易爆特性或具有强烈腐蚀性的物品，其生产、使用和存储的过程均涉及安全问题。在实现口岸危险货物物流职能，为客户提供高效便捷服务的同时，必须保证危险货物的仓储、运输、监管过程绝对安全。

危险货物场站的核心生产要素是危险货物，一切生产活动和安全管理活动都要从货物特性出发。与普通货物不同，在危险货物的操作和管理过程中，必须根据具体的货物特性，采取不同的安全管理措施，采用不同的运输、管理和操作方式。依据专业的危险货物核心数据和技术文档，包括理化特性、性状、操作须知、包装、运输、仓储、作业工艺、主要危险性、应急处置办法和历史作业数据，作为整个管理体系的数据基础。借助信息化手段和物联网硬件，在生产、安全管理、客户服务方面，建立信息化管控体系，在保证安全的大前提下，打造以客户和货物为核心的全链条服务平台。危险货物信息化管理拓扑图如图 1 所示。

三、项目内容

1. 在途管理

危险货物运输过程中，必须保证危险货物的仓储、运输、监管过程绝对安全。按照口岸要求，危险货物集装箱在码头和危险货物场站运输过程中，必须进行全程监管。通过利用 GPS 技术、车载摄像头、图像感知技术，实现危险货物车辆跟踪和在途监管，同时向海关、海事、港口局等监管部门提供实时的车辆位置、货物状态数据。

（1）码头—场站车辆监管。

通过利用场站系统和码头操作系统接口，建立危险货物集装箱车辆在途监管系统，连接码头和场站危险货物集装箱数据，打通船边、堆场、大门业务数据，借助互联网技术，实时记录车辆装载危险货物集装箱进出码头和堆场的在途时刻、时长。实时调取卡口、车辆数据，进行相关时间比对，超出阈值，自动进行报警，进行进一步跟踪处理。海关查询界面如图 2 所示。

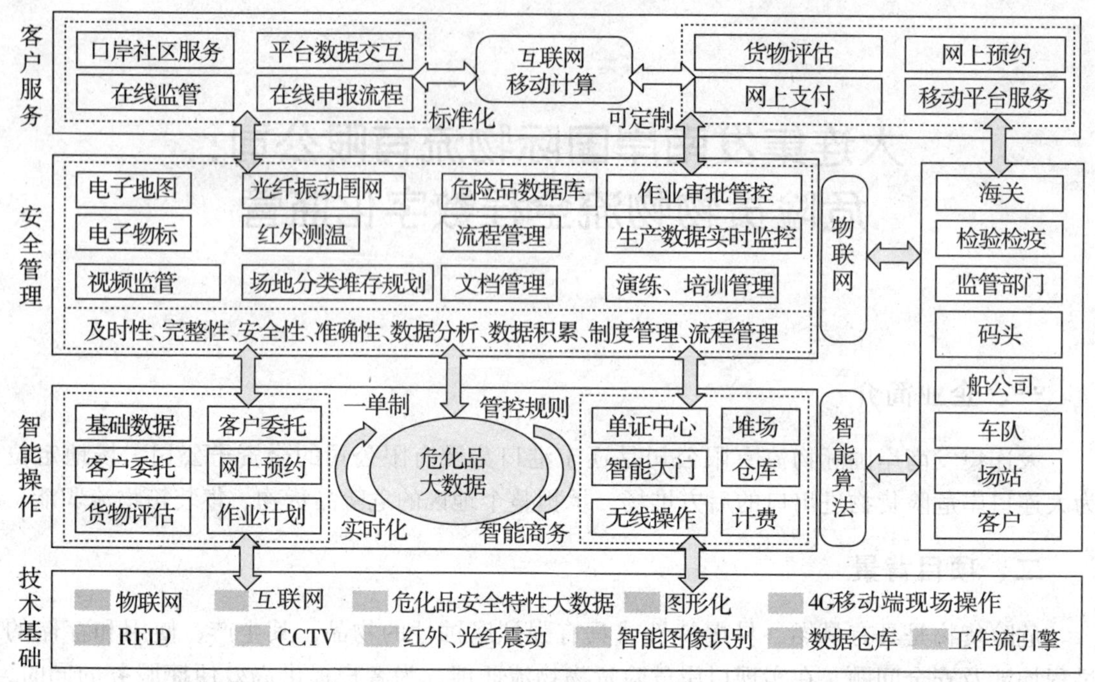

图1　危险货物信息化管理拓扑图

大连港

工作台　海关查询

海关查询　码头 所有　出港日期 2020-04-12 - 2020-04-14　查询　高级搜索+

航次	箱号	尺码	箱型	地点	车号	出卡时间	进门时间	
010EI	HASU	20	GP	DPCM	辽	2020/4/15 1:58	2020/4/15 3:04	66
010EI	SUDU	20	GP	DPCM	辽	2020/4/15 1:58	2020/4/15 3:04	66
010EI	MRKU	40	HC	DPCM	辽	2020/4/15 1:54	2020/4/15 3:02	68
2007W	SKLU	20	GP	DCT	辽	2020/4/14 11:50	2020/4/14 12:46	56

图2　海关查询界面

（2）全程车辆跟踪。

利用全球定位技术和车联网技术，对区域中每一台运输车辆进行编码管理，安装GPS模块、车联网模块，实时获得车辆位置、行驶状态数据。车辆外部、驾驶室内安装摄像头，对车辆进行全方位视频跟踪。利用智能图像识别技术对驾驶员进行监控，智能识别疲劳驾驶、吸烟等违章动作，通过车内系统直接进行提醒。若提醒无效，则通过移动网络通知安全管理员，直接对司机进行呼叫。通过以上手段，实现对危险货物车辆的主动驾驶行为管控、运输过程管控、车辆技术状况监控等功能。

将车辆物联网设备相关数据接入场站管理平台，平台采用大数据管理的手段，采用自动化与人工管理结合的方式进行全方位监控，一方面，能释放运输企业对车辆管理的压力，降低人工、管理成本；另一方面，通过对运行数据的全面掌握和系统分析，对企业管理和流程优化有指导意义。

（3）危险货物场站卡口管理。

在危险货物集装箱车辆进入场站卡口时，需要对车辆和集装箱进行首次检查。检查的项目包括车辆状况、危险品标识、防火帽、静电链等安全设施，以及司机、押运员的资质。集装箱的箱况、货物标识、封志状况也要同时进行检查。

在传统智能大门实现的基础上，针对危险品场站业务特点，在入门时进行相关的安全检查环节，启用工作人员手持无线终端，把所有检查工作集中到无线终端进行，上传相关的检查结果和数据与系统进行比对校验并存档。同时无线终端与云端数据库联网，实现对司机、押运员的资质审核。卡口操作流程如图3所示。

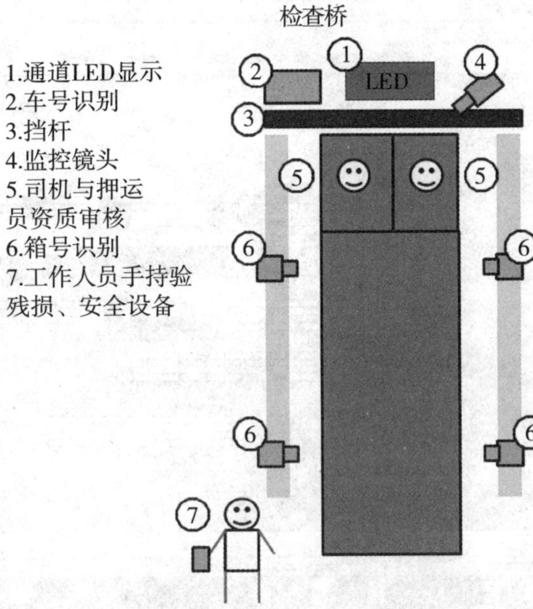

图3　卡口操作流程

2. 堆场监管

（1）危险货物堆场管理。

建立以危险货物为核心的生产操作系统，全面涵盖所有业务点，实时跟踪操作数据，实现“所有业务数据化，所有数据业务化”，任何一种业务都有数据进行支撑，任何时候都可以从系统获取所需要的信息。连接业务委托模块与计划模块、智能大门模块、场地无线操作模块，形成安全管理和业务操作系统闭环。

通过建立危险货物储存系统，结合场区内无线终端操作，实现场地仓库及堆存区货物图形化显示（见图4），达到快速查询数据的目的。在图形界面，可以实时获得场内集装箱的箱号、货物名称、位置、货物类别、集装箱来源、应急联络人及电话等信息。

（2）系统管控危险货物分类堆存。

根据危险货物管控要求，针对不同性状的危险货物，堆存时必须考虑相互的依存关系，遵循分类堆存原则。将该原则编制为智能算法，由信息系统统一进行管控，指导和控制计划、操作环节。

分类显示可通过集装箱层数进行实时显示，也可通过危险货物类别进行实时显示。用户可根据自己的需求调整所需显示的类别，同时自定义所需显示的颜色标识。系统全面接入海关、检验检疫局、海事局、港口局、码头、船公司等的数据接口，所有进出口操作在系统级别以电子监管指令进行校验。

危险品操作数据和场站实时操作数据通过系统接口与政府监管部门实时共享，系统对所有历史数据进行分类归档，通过智能算法进行分析，根据不同需要自动生成业务报表。

（3）危险货物安全管理。

①MSDS 管理。

MSDS（Material Safety Data Sheet）即化学品安全技术说明书，亦可译为化学品安全说

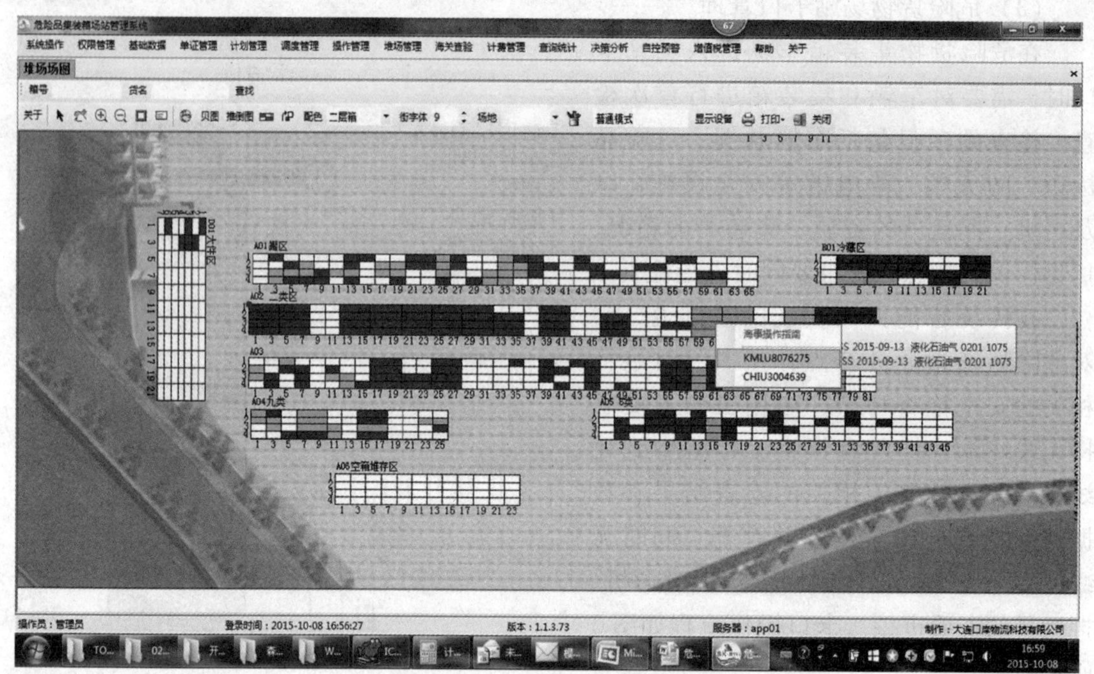

图4　图形化危险货物管理系统

明书或化学品安全数据说明书，是化学品生产商和进口商用来阐明化学品的理化特性（如pH、闪点、易燃度、反应活性等）以及对使用者的健康可能产生的危害（如致癌、致畸等）的一份文件。

世界各国无论是国内贸易还是国际贸易，卖方都必须提供产品说明性的法律文件。由于各个国家（美国甚至是各个州）的化学品管理及贸易的法律文件不一样，有的每个月都有变动，所以如果提供的MSDS不正确或者信息不完全，将面临法律责任追究。MSDS是危险货物管理、维护、运输、应急过程中的重要科学文件依据，在整个危险货物操作过程中具有重要的指导意义。

传统的操作方式是打印客户提供的MSDS文件，在集装箱箱体上进行粘贴。这种方式操作效率低，且纸面文件存在损坏和丢失的风险。在危险货物场站操作系统中，对货物的MSDS进行了电子化处理，在现场操作环节配备4G手持终端，操作人员对箱号进行拍照，系统通过图像识别技术对箱号进行识别，在系统内调取对应的MSDS信息，直接在屏幕显示，实现了自动MSDS信息提取，如图5、图6所示。

所有操作过程均通过手持终端实时跟踪、记录，实时更新控制中心的数据。

②操作管理。

对于高危货种，在系统内部进行了定义，限定每一种特定货种的最大堆存量，限定每一种特定货种的在场堆存时间。在货物入场环节系统自动进行校验，若场地内堆存量超限，则系统限制无法入场。若超过堆存时间要求，同样无法入场。

③场地操作。

将计划、调度、仓库作业、现场操作、车辆、检查桥工作完全打通，涵盖所有日常

图 5 箱号自动识别

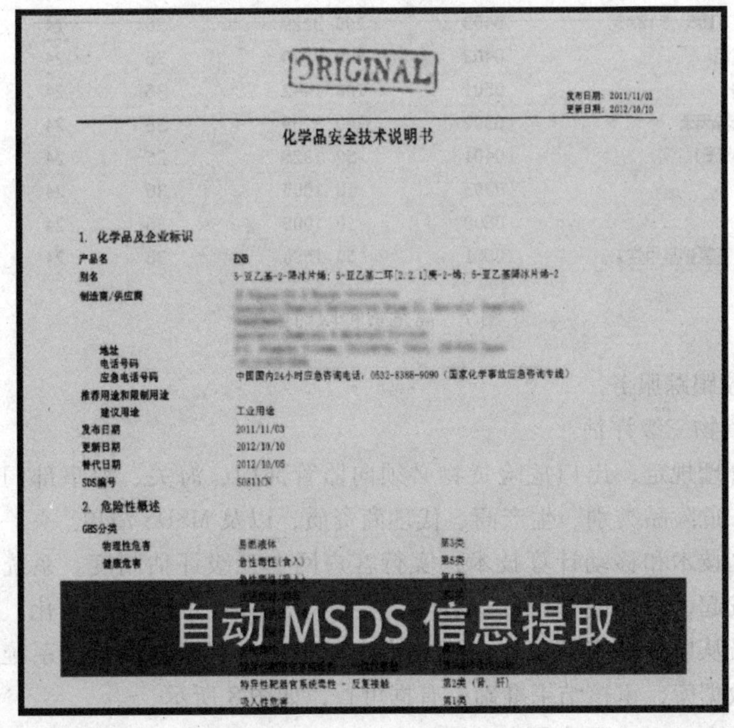

ORIGINAL

发布日期: 2011/11/03
更新日期: 2012/10/10

化学品安全技术说明书

1. 化学品及企业标识

产品名	ENB
别名	5-亚乙基-2-降冰片烯; 5-亚乙基二环[2.2.1]庚-2-烯; 5-亚乙基降冰片烯-2
制造商/供应商	
地址	
电话号码	
应急电话号码	中国国内24小时应急咨询电话: 0532-8388-9090（国家化学事故应急咨询专线）
推荐用途和限制用途	
建议用途	工业用途
发布日期	2011/11/03
更新日期	2012/10/10
替代日期	2012/10/05
SDS编号	S0811CN

2. 危险性概述

GHS分类

物理性危害	易燃液体	第3类
健康危害	急性毒性(食入)	第5类
	特异性靶器官系统毒性 - 反复接触	第2类（肾、肝）
	吸入性危害	第1类

图 6 系统自动 MSDS 信息提取示意

业务操作。计划部门的作业指令直接发送到现场作业模块，现场根据电子化作业指令清单进行实际操作，形成系统规则，规范作业。

④高危货种限时限量。

对于高危货种，要求危险货物场站对货物进行限时、限量操作管理。系统内置行业管理规则，不同货种采取不同的堆存策略，如图7所示。

提醒类型	货名	类别	临界点(吨)	UN代码	空罐小时	重罐小时	干货小时	是否有效
H	偏氟乙烯	0201	10	1959	36	24	4	✓
H	二氧化硫	0203	20	1079	36	24	4	✓
H	乙硫醇	0300	50	2363	36	24	4	✓
H	2-甲基-1，3-丁二烯（异戊二烯）	0300	50	1218	36	24	4	✓
H	戊烷	0300	50	1265	36	24	4	✓
H	偶氮二酰胺	0401	200	3226	36	24	4	✓
H	2，4，6-三硝基苯酚	0401	200	1344	36	24	4	✓
H	苦氨酸钠	0401	200	1349	36	24	4	✓
H	金属催化剂	0402	250	2881	36	24	4	✓
H	二氧化硫脲	0402	200	3341	36	24	4	✓
H	三乙基铝（烷基铝）	0402	1	3394	36	24	4	✓
H	三乙基铝（烷基铝）	0403	1	3394	36	24	4	✓
H	三乙基铝（烷基铝）	0402	1	3051	36	24	4	✓
H	三乙基铝（烷基铝）	0403	1	3051	36	24	4	✓
H	磷化铝	0403	200	1397	36	24	4	✓
H	镁粉	0403	200	1418	36	24	4	✓
H	氢化钠	0403	200	1427	36	24	4	✓
H	BTBAS（BTBS、BTBAS）	0403	200	3129	36	24	4	✓
H	二氯乙基铝	0403	200	3399	36	24	4	✓
H	高氯酸铵	0501	100	1442	36	24	4	✓
H	过氧化氢异丙苯	0502	200	3109	36	24	4	✓
H	PRH-10A（E）	0401	50	1325	36	24	4	✓
H	高纯氨	0203	10	1005	36	24	4	✓
H	高纯氨	0800	10	1005	36	24	4	✓
H	氯化苦（三氯硝基甲烷）	0601	50	1580	36	24	4	✓

图7　高危货种限时限量

3. 客户物流跟踪服务

（1）出口货物三级评估。

根据安全管理规定，出口危险货物必须向监管部门、海关、海事部门进行申报，报告货物的品名、危险品类别、生产商、代理商资质，以及MSDS清单。

依托互联网技术和移动计算技术，实行客户网上三级评估制度。系统以货物评估为线索，由客户发起，各职能部门顺次参与，将整个三级评估流程电子化。将客户和场站各部门审核人员从繁重的审核工作中解放出来，整个流程清晰简洁，系统内置了客户资质、危险货物数据库，审核结果准确，有据可查，如图8所示。

（2）网上支付、移动平台服务。

在此基础上，开通网上计费服务、微信信息服务，为客户提供全程可跟踪的货物跟

图 8　在线三级评估体系

踪服务。

4. 结语

危险货物场站这一类特殊的物流场站，对于货物安全管理有着特殊的需求。结合危险货物管理法律法规，根据不同种类危险货物的理化性质，有针对性地在库场建设物联网络，数据汇聚到统一平台，通过智能算法进行管控。将传统的安全管理流程，转换为数字化的全程动态管理。根据危险货物特殊性，以危险货物基础性质为底层数据，结合GPS技术、图像识别技术、互联网技术，完成危险货物全程动态数字化物流平台的搭建。积累危险货物产品、操作、走向、客户、口岸吞吐量等第一手数据，深层次挖掘危险货物大数据，对口岸危险货物操作，对本地区安全保障工作提供强有力的数据支持。

（1）经济效益分析。

通过信息化方式大大节省操作成本，同时可推动危险货物堆存行业整体效益向安全可控、降低成本损耗方向发展，对企业核心竞争力的提升发挥了重要的作用。实现了全程的物流跟踪，为客户提供一站式的危险品物流服务。

（2）社会效益分析。

①通过整合安全设施设备，降低危险货物运输车辆在公用道路、通道等待而形成的道路拥堵，促进了道路畅通，减少了危险货物车辆在道路上可能造成的危险。

②通过（数据）图形化系统，降低了人工协调成本，减少了场地操作的繁复工艺。操作现场的危险品货物堆码可视化，实现对危险货物操作的实时掌控。

③依托动态数据，向客户开放查询货物的性状、位置，客户可以通过移动端对交运的货物进行全程跟踪，在保证安全的同时，提供高效便捷的服务，履行集发南岸的危险货物物流职能。同时，对相关安全监管部门提供实时可视化监控数据，保障安全监管的实时有效。

上海钢蜂物流科技有限公司：钢蜂云链

一、应用企业简况

上海钢蜂物流科技有限公司（以下简称“钢蜂科技”）成立于2019年4月。同年5月，钢蜂科技获得找钢网的战略投资。2020年年初，钢蜂科技获得顺为资本风险投资。钢蜂科技的创始团队由来自找钢网、德邦物流、唯智等企业的高管和专家组成。钢蜂科技的核心使命是用科技实现大宗商品供应链的数字化，降低大宗商品物流成本，提高物流服务效能。

钢蜂科技的核心产品“钢蜂云链”为大宗商品物流的中小物流企业提供从订单到现金的全流程管理，支持自派车和外调车业务、司机费用报销、完整的销售和承运结算，以及车辆等多角度的毛利分析功能。

二、应用场景

钢蜂云链是面向钢铁等大宗商品领域的中物流企业和车队的运输管理系统（TMS），该产品可帮助中小物流企业和车队管理者实现数字化和精益化的运营管理，降低其运营成本和提升对客户的服务能力。自2019年11月起，钢蜂科技通过与找钢网等大宗商品B2B平台企业合作，已成功帮助近百家中小物流企业实现了数字化转型，为每家企业节约了10万~30万元的成本。未来，钢蜂科技将通过与行业内的B2B平台合作，帮助我国大宗商品市场中十余万家中小物流企业实现数字化转型升级。

三、需求分析与解决方案

大宗商品物流的主要服务提供者为中小物流企业。大宗商品物流市场的供给侧正在发生巨大变化。变化的推动力量是政策和法律环境的改变以及客户需求的升级，而变化的重点是供给侧结构性改革，企业提升服务能力和降低成本。

我国钢铁物流市场中有25万家左右的钢铁流通和物流企业以及8万多个钢材市场。由于钢铁物流市场规模庞大，地区分散且缺乏行业标准，物流科技创新在市场中的应用明显不足，鲜有能够满足钢铁物流车队管理和在线协作需求的运输管理系统。

中小物流企业有三个主要需求。

一是随着车队规模扩大，通过科技手段实现精益化管理的需求变得日趋急迫。在没有可用运输管理系统的情况下，平均每10台车需要3~4名内勤人员负责订单流转和其他管理工作。由此带来较高的管理费用加重了企业的财务负担。

二是在日趋激烈的竞争下，中小物流企业希望实现轻资产运营，规范外调车交易模式和管控服务质量的诉求变得日趋急迫。在业务无法实现数字化的情况下，中小物流企业无法从个体司机处合法获取增值税发票，中小物流企业要么需要重复缴纳增值税，要么铤而走险违规购买增值税发票，从而面临严重的法律风险。同时，个体司机的服务管理难度大，运输异常多，这也给中小物流企业的经营带来更高的成本和风险。

三是在激烈竞争的市场中，中小物流企业提升服务能力，避免陷入价格战恶性循环变得日趋急迫。由于钢铁等大宗商品具有较强的金融属性，货主企业通常需要使用供应链金融产品来扩大经营规模，而金融机构出于风控的需要，对运输信息实时透明提出了较高的要求。中小物流企业由于数字化水平低，缺乏可用的运输管理系统，无法满足货主企业和金融机构对于运输信息数字化的要求。

钢蜂云链由钢蜂科技研发并拥有全部知识产权。钢蜂云链产品的应用场景有三个方面。

一是为了降低中小物流企业的管理比，节约管理费用，钢蜂云链可支持数字化运营管理。用户（中小物流企业，下同）可通过在线录入订单、在线配载和在线派车来实现全数字化业务管理。用户不再需要与个体司机反复电话沟通，不再需要重复记录和誊写业务台账，不再需要通过电话或线下的方式跟踪运输过程。

二是为了帮助中小物流企业从个体司机处合法获取增值税发票，钢蜂云链提供网络货运平台服务。用户可以通过网络货运平台调用外部个体司机，实现在线支付司机运费、开具发票和跟踪服务过程，其过程合法合规并接受交通运输部等政府单位的在线实时监管。

三是为了帮助中小物流企业实现运输过程在线可视，钢蜂云链提供了数字化订单信息共享功能。用户可以通过钢蜂云链的订单分享功能与货主进行在线实时互动，分享运输过程实时数据，实时处理运输异常。

四、效益评估

钢蜂云链是一款服务于大宗商品物流的中小物流企业的 SaaS（软件即服务）产品。通过 SaaS 产品，解决物流企业车辆、司机、订单管理和外部协作等方面的痛点，提高企业客户内外部协作效率和降低运营成本，提升客户物流运营标准化和数字化水平，增强其盈利能力。钢蜂云链 1.0 操作界面示意如图 1 所示。

在使用了钢蜂云链产品后，中小物流企业和车队将实现以下三个方面的改善。

首先是企业管理比大幅度降低，管理效率将显著提升，企业主的工作强度显著降低，工作时间和人工成本可以大幅度节约。例如，企业主或调度人员在订单录入和管理上投入的时间可以缩短 50% 以上，在结算和对账方面的时间可节约 70% 以上，在订单电话跟踪和履约确认方面投入的工作时间几乎可以全部节约。平均每 10 台车辆所需的管理人员可以从 3 ~4 人降低为 1 人，每年为车队节约管理费用 20 万元左右。

其次是物流企业主不再需要违规购买增值税发票或重复纳税。一家第三方物流企业或车队往往有 50% 左右的业务需要委托给外部个体司机承运，由于后者无法按时开具增值税专用发票，前者往往要承担增值税无法抵扣带来的高额税负损失（增值税率为 9%），

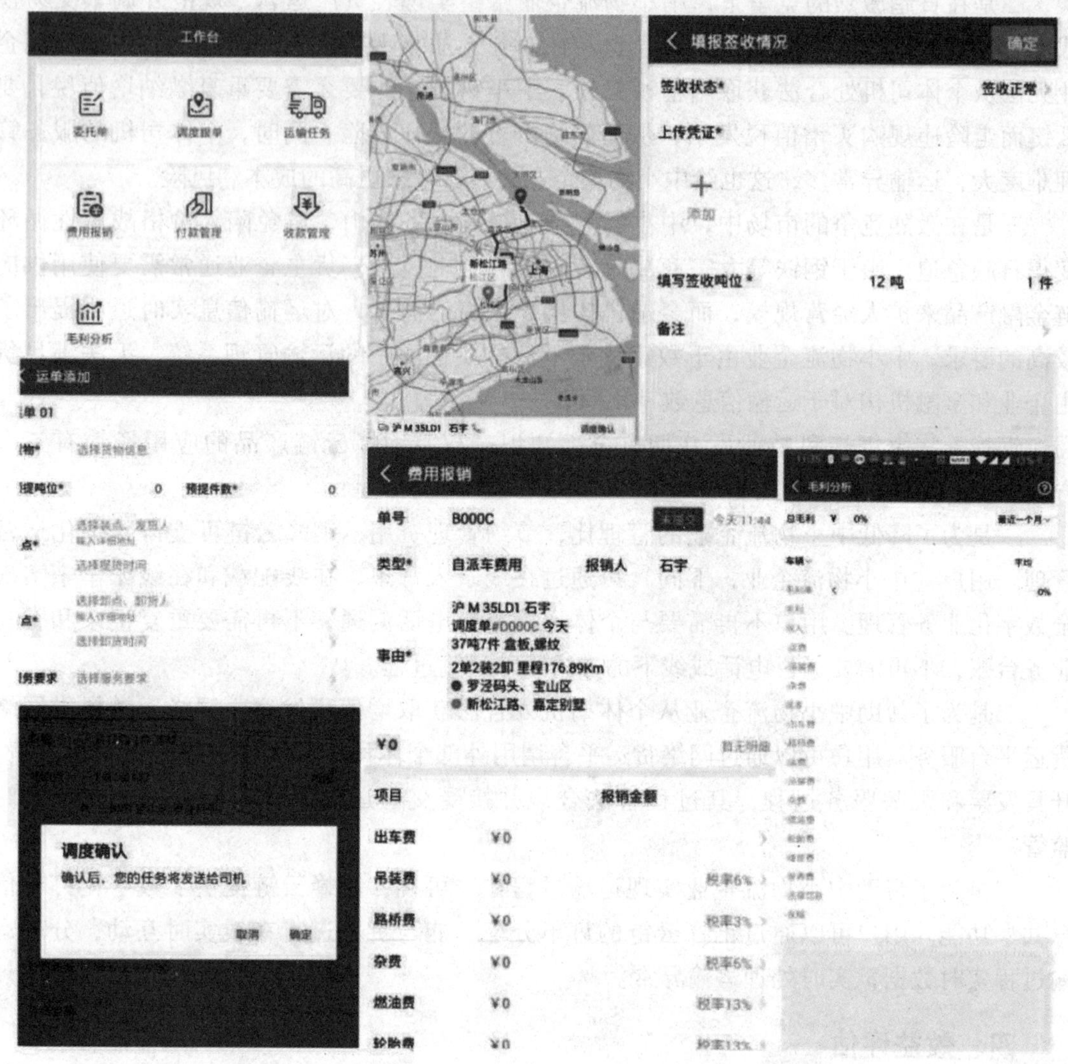

图 1　钢蜂云链 1.0 操作界面示意

或需要违法购买增值税发票进行税务抵扣，由此面临巨大的法律风险。在使用了钢蜂云链后，客户的外调车业务将通过钢蜂科技自有或有合作关系的网络货运平台（无车承运人）进行规范。客户通过网络货运平台调用外部个体司机，由网络货运平台开具增值税专用发票，客户可以用于合法税务抵扣。为了确保合法合规，客户使用上述服务需要同时具备两个前提，一是所有订单必须通过钢蜂云链录入并同步给网络货运平台，以确保交易订单、车辆轨迹和资金往来的真实性。二是提供服务的网络货运平台必须依法接受来自交通运输部数字化监管平台的实时监管。目前，钢蜂科技已完成了一家网络货运平台企业的注册，并与交通运输部数字化监管平台完成对接，各项条件和资质已通过政府审批和验收，已获发道路运输经营许可证（无车承运人）。

最后是第三方物流企业和车队可以实现运输全过程可视化，并可选择将运输动态信息实时分享给客户和其他相关方。在使用钢蜂云链后，中小物流企业的运输订单进程可以实时同步给货主，这将使得钢铁行业货主在发运和接收钢铁时获得与收发快递相同的客户体验，这可以大幅度节约物流服务方和货物委托方在运输过程查询和沟通上浪费的时间和成本。

五、推广意义

钢蜂云链在钢铁等大宗商品物流市场中的成功实践有以下三个方面的推广意义。

首先是科技创新方向需要与中小物流企业的真实需求相匹配。钢蜂云链在研发初期就邀请了行业内多家中小物流企业参与，产品贴合用户使用的真实场景，符合用户的使用习惯。产品功能能够较好满足用户的刚性需求。

其次是大宗商品物流行业的数字化水平较低，催生了极大的科技创新空间。我国的钢铁物流市场中有25 万家左右的钢铁流通和物流企业以及8 万多个钢材市场，其中大部分是中小物流企业。这个规模巨大的市场在供给侧结构、物流企业运营方式和运输需求方面与我国物流市场的其他门类（如快递、快运专线、城市配送等）相比差异巨大。由于服务和产业缺乏标准，因此其数字化进程十分缓慢。随着治超等政策变化和市场竞争日益激烈，钢铁等大宗商品物流市场的数字化、合规化的趋势已经形成。物流车队的规模化趋势已经开始形成。

最后是机器学习、人工智能和车联网技术将在大宗商品物流行业更加深入应用。由于大宗商品物流行业需求复杂且多样，供应链金融等新型业务对物流数字化提出了更高的要求。中小物流企业的数字化水平低，创新能力差，需要借助一些科技或平台公司的能力实现转型升级，满足客户日益提高的服务需求，这为最新的互联网和物联网技术的应用提供了良好的场景。

卡车司机（北京）科技有限公司：方向物流信息化建设案例

一、公司简介

1. 企业介绍

卡车司机（北京）科技有限公司（以下称“方向物流”）成立于2015年，为山西晋能集团有限公司全资子公司，总部位于北京。2017年申请成为国家首批“无车承运人”试点企业，于2020年4月被评为全国AAA级信用企业。

方向物流通过云计算、边缘智能、物联网、人工智能、区块链等技术赋能物流行业，已成为中国为数不多的拥有自主知识产权和行业领先技术的公司，2017年，方向物流获得全国“互联网+”创新创业大赛银奖。

目前已有注册司机38万名，服务企业客户近5000家，月交易额超过3亿元。

2. 主要特点

（1）管理模式：方向物流智慧物流平台秉持“技术做强、产品做轻、运营做重”的战略导向，坚持技术是第一驱动力，坚持产品是长期价值取向，坚持运营以客户成功为重。

技术上，方向物流打造了颇具竞争力的技术团队，广泛吸收了来自谷歌、阿里巴巴、字节跳动等多个知名互联网公司的专家，同时和清华大学、北京邮电大学共同成立了研究团队，深入大宗商品物流行业，研究智慧物流相关课题，全面提升平台技术水平，增强技术壁垒和核心竞争力。

运营上，方向物流通过着力打造北京研发、区域运营的“星系”战略，努力为客户提供行业领先的运营方案和服务，聚焦满足客户需求，助力达成客户成功。目前，方向物流的星系战略已经形成了“一超（山西）多强（内蒙古、山东、新疆等）”的运营局面，正在向着全国布局的方向全力前进。

业务方面，平台客户囊括山西晋能集团有限公司，神华集团有限责任公司等多个重要大型国有企业，以及山西凯嘉能源集团有限公司等多个全国知名民营企业。

金融方面，平台目前已经和平安银行、中信银行、中国人保等知名公司达成深度合作，有效服务了数百家企业和数万名实名认证司机。

物联网方面，平台和中国电信、中信银行就5G商用达成实质性合作，并在忻州市河曲县建立了国内第一个基于矿山管理的5G行业协议。

科研方面，和清华大学、北京邮电大学、太原理工大学等多所院校达成科研及人才等多项合作，共同探索智慧物流的未来发展方向。

(2) 营销模式：方向物流智慧物流平台经过4年多的运营，逐步探索出了一条独特而有效的商业模式。通过人工智能、云计算、物联网、大数据等技术打造出来的一体化物流平台，能够有效提升企业客户的数字化运营能力，提高生产效益，并减少其运营成本，从而实现了在生产上降本增效的目的。另外，在网络货运等业务场景中，平台也可以为企业减少交易成本。

通过为企业主不断创造价值，方向物流智慧物流平台也从物流中获得了相应收益，这些收益主要包括以下四项。

①硬件、软件等产品销售及服务收入。

②平台交易服务费等相关收入。

③汽车后市场服务相关收入。

④金融业务相关收入。

二、信息化背景

平台的信息化建设过程，充分结合大宗商品物流行业的特点和发展中存在的问题，考虑大宗商品的产地特点，以解决大宗商品物流行业发展的难点和问题为主要目标，推动企业转型发展，助力物流高效发展。

大宗商品物流行业长期存在着物流成本高、行业信息化水平低、行业监管缺失、增值服务不全面等问题，制约着大宗商品物流行业朝着集约化、规模化的方向发展。方向物流针对行业在发展过程中遇到的这些问题，不断探索，以期通过信息化技术来变革大宗商品物流行业的发展模式，推动大宗商品物流行业朝着智慧物流方向发展。

当今社会物流需求急剧膨胀，经济的快速发展与滞后的物流行业转型矛盾越来越尖锐，表现为以下几点。

1. 物流基础设施建设滞后

物流基础设施存在项目布局散、乱现象，土地集约利用效率不高，基础设施配套性、兼容性不强，交通设施衔接不畅，区域一体化运作能力较弱。物流信息标准格式不统一，编码规范体系不健全，存在网络运营商的兼容性问题以及缺乏有效的安全保护体系等一系列问题，各物流要素之间难以做到有效衔接和兼容，妨碍了整个物流网络中各个元素的互通。并且由于缺乏合理的指标体系，信息的采集、分析、管理的智能化程度也较低，严重限制了货运物流服务整条产业链的服务质量。

2. 物流行业服务水平偏低、资源分散

现阶段大量物流服务主体存在“小、散、弱”的特点，大多从事运输、仓储、装卸等单一业务，综合服务能力弱，与优势产业结合不足，对市场和资源的掌控能力不足，企业一体化、专业化、规模化、品牌化的物流服务水平低。部分服务主体缺乏现代物流理念，供应链管理和社会化服务能力不强。物流资源配置不合理，设施利用率低。物流企业竞争力较弱。多数物流企业规模偏小，市场竞争性不强，物流服务功能单一。

3. 物流成本较高

交通运输基础设施的规划、建设，运输装备、运输组织的管理涉及多个部门，跨区域、跨部门的政策协调性、统一性较差，管理协调与政策落实成本高。物流行业各环节税率不统一，不合理收费多，税费重复征收，企业负担重。物流通道不完善，部分物流环节衔接不畅，流通效率低。大宗商品（如煤炭）从产地到主要消费地，流通环节费用较高。

4. 物流人才匮乏

物流人才培养机制不健全，人才数量少，专业结构不合理，复合型人才紧缺，难以适应大宗商品物流快速发展的需要。

业内人士表示，我国经济正在从高速发展向高质量发展转变，物流是影响经济成本效率的重要因素。在转变发展方式、经济动能转换的关键时期，如何降低社会化物流成本，提高综合运输效率，培育新的经济增长点，是现代供应链信息化建设的重要着力点。

三、信息化进程

当前，国家积极倡导互联网与各行业的深度融合，“互联网 +”货运新业态也在不断推进，以期借助互联网、大数据、云计算等技术手段，推进物流行业向信息化、智能化、数字化方向转型，实现物流行业的高效发展。

方向物流深知大宗商品物流行业发展的痛点和难点，大宗商品物流行业必须变革传统的运输组织管理模式，将互联网与物流行业深度融合，实现行业的转型升级发展。改变原来物流行业的碎片化经营状态，让物流行业朝着高质量、高效率方向发展的主要途径有两方面，一要依靠日新月异的互联网和物联网技术；二要在物流业中推行集约化发展。2020 年实施的网络货运政策正是这种思想的高度提炼和表达。在国家政策的倡导支持下，方向物流率先申请并成功成为国家首批“无车承运人”试点企业，采用先进的运输组织方式，促进行业的转型发展。通过智慧物流平台打通中小企业的信息孤岛，大幅降低了行业运行成本，提升了运行效率。

通过信息平台整合碎片化资源，实现大宗商品物流行业信息化、标准化、集约化发展，降低社会物流成本，自主研发智能设备，结合区块链、大数据、云计算、人工智能及 5G 技术，推动资源高效利用、车辆轨迹时间精准预测和企业成本精细控制，形成物流生态圈，赋能网络货运平台，构建物流命运共同体。方向物流在信息化进程方面的解决方案取得了很多可圈可点的“阶段性”成绩，解决了诸多实际问题，如自主研发的多个软件产品，取消中间信息部环节，为山西晋能集团有限公司等一年至少节省五千余万元；方向物流云智慧物流管理系统，可为企业降本增效“堵漏洞”，已经在山西晋神能源有限公司旗下的磁窑沟煤矿及其附属洗煤厂落地运营，提供了全流程的派车、过磅、现场管理、物流、存储的数字科技解决方案，并通过应用大量专利技术、包括筒仓自动控制放煤技术、车辆多式联网识别技术、人脸识别等技术，实现了全自动化无人值守的愿景，成功降低了煤矿的管理成本，大大提高了物流效率。全流程标准化体系（流程标准化、客户标准化、运力标准化、场景标准化）如图 1 所示。

平台一体化：从业务到财务，从管理到决策，从单一到融合，全面覆盖司机、货主、物流从业者，深入用户服务终端，融合物流产业链全需求。

平台标准化：交易模式、操作模式、运转模式、接入模式、经营模式、宣传模式、

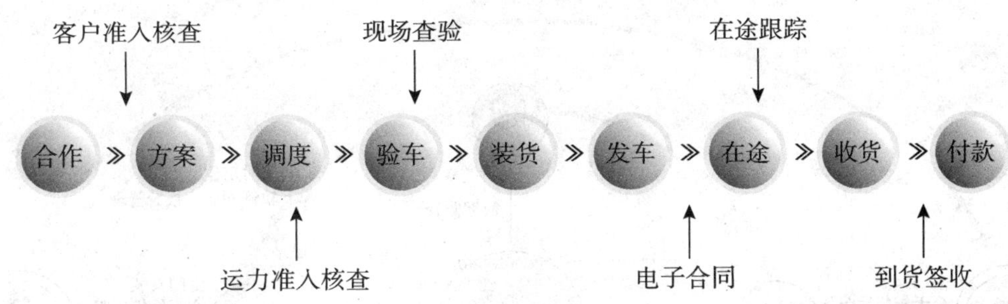

图1　全流程标准化体系

财务模式全面覆盖物流全流程，准确、高效。

平台开放化：对可公开性内容进行公开标准化 API，实现跨平台、多平台兼容模式，减少再研发、再收集、再验证、多人力、多沟通等不足的形式。

平台智能化：减少人工参与，降低平台出错概率，加强平台数据感知程度，优化平台算法，统一平台数据架构，实施大数据监控，提供一站式服务。

在降本方面，把磅室、门房、财务相关人员解放出来，统计人员减少 80%。在增效方面，物流运转效率提升 120% ~130%，车辆进出厂的时间由过去 30 分钟缩短至 10 分钟，效率大幅度提升。在“堵漏洞”方面，实现司机全程不下车，避免企业人员为难司机，保障了司机的人身安全，提升了司机的体验。

方向物流依托于网络货运平台，始终坚持技术创新，聘请高精尖的研发专家，组建专业的研发团队，研发出多款物流软件产品，包括方向物流 App、方向找货 App、方向盒子、方向云等，精准实现了车货匹配，降低了物流成本，同时为大宗商品相关企业提供信息化管理服务以及多项增值服务，实现了企业的转型升级发展，同时助力行业降本增效，推动行业的高质量、高效发展。方向物流网络货运构架体系如图 2 所示。

方向物流主要产品如下。

“方向物流” App——为货主端量身打造的移动互联网软件产品，帮助上游企业进行货源发布、运单管理、运费结算。

“方向找货” App——一款专为货物承运端量身打造的移动互联网软件产品，帮助司机免费寻找最优货单，为司机提供订单查询、运费核算、违章查询、车辆维护、加油加气等多样化服务。

“方向云”——合同管理、磅房管理、仓储管理、化验管理、财务管理等集成化企业信息管理系统，为企业提供物流信息化解决方案。

“方向盒子”——主要包括车辆管理、人员监控、无人高效过磅、运费自动结算等若干功能。

“方向导航”——与北斗卫星导航系统相结合，可实现货物跟踪，呼叫对讲、订单实时查询等功能。

此外，方向物流积极布局汽车后市场、企业智慧物流管理、金融等各项业务和服务，发展完善大宗商品智慧物流 · 供应链管理平台，形成了完整的物流生态链闭环系统。

（1）汽车后市场业务包括加油加气、ETC 卡、撬装式加油站、车辆融资租赁等在内

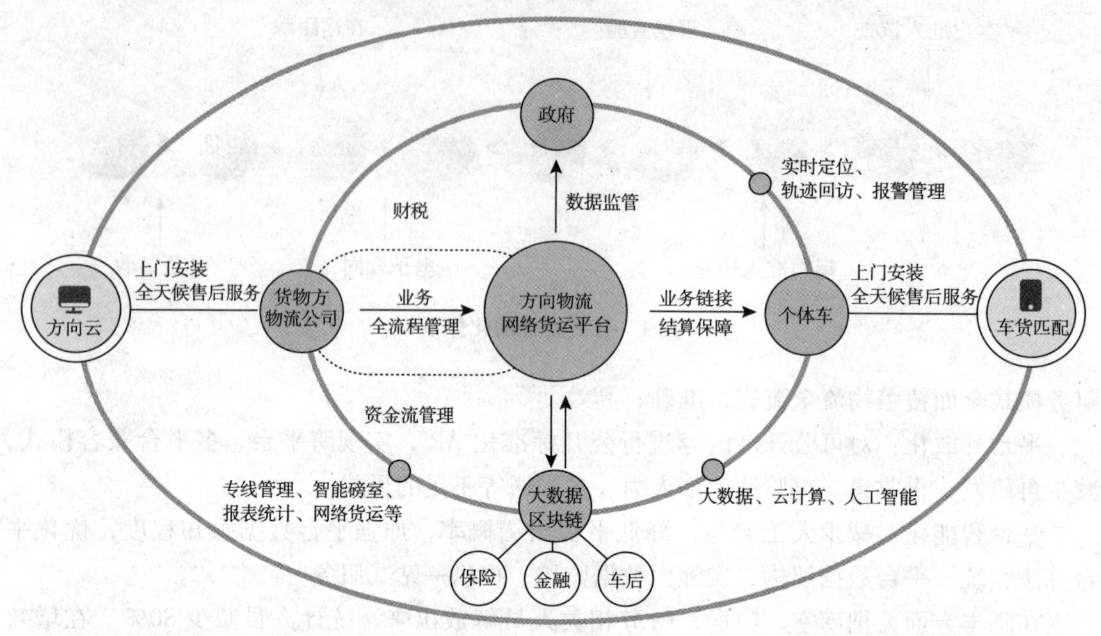

图 2　方向物流网络货运构架体系

的业务全面开启。

（2）方向物流针对大宗商品企业特点，推出“方向云”企业智慧物流管理系统，为企业量身定制智慧化、信息化的智慧物流信息管理平台，推动大宗商品物流行业转型发展。

（3）在金融方面，方向物流则与中国平安合作推出保险业务，并与中信银行等金融机构取得了合作，共同为用户提供融资租赁、运费保理、消费贷款等金融服务。

四、信息化效益评估

1. 效益指标

（1）经济效益指标：在方向物流智慧物流平台开始运行以来，平台总撮合交易已达到 15 亿宗以上，并在这个过程中为社会创造了可观有效的实际价值。

在企业方面，经计算，使用“方向盒子”后，客户的厂内物流周转效率平均可以提升 60% 以上，物流相关运营成本可以降低 6% 以上，有效优化了生产流程，增加了生产效益。

在司机方面，通过加强信息流通，减少交易环节和交易成本，智慧物流平台为数万名司机带来了稳定的收益；同时，通过减少空车行驶，智慧物流平台实现了主要污染物减排 1500 余吨的可观效果。

在监管方面，通过先进的治超产品，智慧物流平台有效制止超载 700 余起；同时，智慧物流平台还为 24 万名认证司机建立了初步的运输信用，有效推动了物流行业的信用体系建设。

（2）社会效益指标：方向物流独立设计、研发、搭建的智慧物流平台全程数据化订单运营，订单生成与结算时间效率已提升10倍以上。全面电子化、数据化的订单结算流程，大大减少了纸质订单的对账操作，在提升数据正确性的同时，降低了社会生态成本，近半年时间节约的纸张数量，可以少砍伐200棵成年树木以及节省近1万吨水。

方向物流联合山西省国新能源发展集团有限公司积极推进LNG等汽车清洁能源的销售和推广工作，重视节能减排，着力提升物流行业对环境保护的正向影响。

2. 创新模式影响

智慧物流平台为大宗商品物流企业所打造的智慧物流管理系统解决方案，采用创新管理模式，通过关联移动端和企业物流管理系统，将厂外任务分配、车辆运输监控、货物监控以及运费结算的管理，与厂内七大管理模块相互协同，形成商流、物流、数据流、资金流、票据流的五重闭环管理，帮助大宗商品企业管理实现数据化、信息化、智能化、电子化，为企业提供了完整的智慧物流信息化解决方案。

3. 竞争力

方向物流独立设计、研发、搭建的智慧物流平台智能化硬件设备已经成功应用在介休晋能智慧物流园、山东华信物流园、和顺华耀物流园、晋中介休发煤站、和顺发煤站及当地洗煤厂。全程电子化订单运营，运单生成与结算时间效率提升10倍以上。通过对物流园区、洗煤厂、发煤站等地的智能化硬件改造升级，为跨区域协作、公铁多式联运、产品源头监管、可追溯等功能打下了坚实的基础。而全面电子化的订单结算流程，大大减少了纸质订单的对账操作，提升企业对物流环节数据把控的正确性。

积极引进清华大学全球创新学院（GIX）、北京邮电大学移动互联网与信息化实验室的科技研发中坚力量，和中国电信、中信银行共同建立5G实验室，致力于打造智慧物流园服务平台体系标准，并不断优化体系当中的各个软、硬件系统模块，实现物流运输、库存管理的物流全数据链的全流程可视化监控，从而降低物流成本，提高物流效率，提升客户体验和满意度。

由方向物流技术团队同GIX技术团队共同提出的“一种智能磅室自动化作业系统、方法及智能磅室互联方法”解决方案，已获得国家知识产权局的发明专利。

五、信息化的意义

在供应链管理平台信息化实施过程中，方向物流在推动传统产业发展、带动偏远地区脱贫及整个经济效益提升等方面成效显著。近两年，方向物流通过开放引入更多合作伙伴共享这套体系，通过规模优势让供应链效率更高、成本更低，实现货主、司机以及其他合作伙伴的共赢。方向物流在网络货运、企业信息化管理和智慧物流等方面积累了丰富的经验，对企业信息化实施具有重要意义。

1. 经验教训

信息化是现代物流的灵魂，是现代物流发展的必然要求和基石，作为物流企业应坚持技术创新、理念创新，紧跟国家政策，深入挖掘物流数据资源，共同打造智慧物流、智慧供应链，突破边界感，积极推进和拓展智慧物流与智慧供应链的应用领域。

（1）科学技术是实现信息化的前提。

企业的信息化离不开先进技术的支持，实现信息化必须保证技术的先进性。方向物流密切关注物流行业的技术革新，将互联网与物流行业相结合，采用物联网、大数据、云计算等技术，倾力打造的智慧物流平台目前已经集成了供应链上下游企业物流的全景大数据，从货主的发单计划，到货物装车，再到在途监控以及最后的收货结算实现了业务流、信息流、资金流、票据流、货物轨迹流的“五流合一”，这不仅仅是物流效率的提升，更是物流信息效率的巨大提升。

（2）坚持人才引进是实现信息化的保障。

方向物流坚持技术创新，通过高薪聘请研发工程师，组建了上百人的研发团队，自主研发多款物流软件产品，包括方向物流 App、方向找货 App、方向盒子、方向云等产品，技术上的创新发展保证了方向物流在物流业务信息化的实施，使包括货源发布、车货匹配、订单管理、轨迹跟踪等在内的业务全面智能化管理，大幅提升了公司的运营效率和管理水平。

（3）构建物流大数据是信息化深入发展的关键。

利用物流大数据，依靠大规模的云计算处理能力、标准的作业流程、灵活的业务覆盖、精确的环节控制、智能的决策支持及深入的信息共享来完成物流行业的各环节所需要的信息化要求，为货主、承运商、专线公司、司机、仓储服务商以及收货人提供成本低、成熟度高的智慧物流管理平台，从基于数据的运营模式、基于流程的全透明管理、基于交易的风险识别、基于业务的全自动合规操作和基于运单的全新服务，方向物流已完成整个交易体系的完整布局，用数据为用户创造价值。

2. 重要意义

方向物流依托先进的供应链网络、技术和资源优势，为客户提供物流运输、采购寻源、订单执行、采购协同等整体供应链数字化服务，从而帮助客户协同创新建立自己的供应链体系，更快速地融入市场，实现从原材料到生产加工，从发运计划到运力调度全场景数字化智能运营。方向物流正以“用科技让物流更高效”的理念，积极推进以共享托盘为标志的新供应链战略，为上下游企业提供智能托盘、网络货运、供应链金融及数据服务，开始全面布局供应链信息化建设业务。

六、信息化的改进方案、设想、建议

1. 信息化的方案设想

未来一段时期是我国加快转变经济发展方式的攻坚时期，也是建立现代物流服务体系的关键时期，物流发展机遇和挑战并存。经济全球化深入发展，国际分工发生深刻变化，要求加快发展现代物流业，优化资源配置，提高市场响应速度和产品供给时效，降低物流成本，增强产业竞争力。

（1）重视科技创新，加快智慧物流平台生态体系建立步伐。

加快智慧物流平台中“1+5”模式的推广，加强物流先进信息技术的应用，加强北斗卫星导航系统、物联网、云计算、大数据、移动互联等先进信息技术在物流领域的应用。利用信息化提升企业物流的作业和管理水平，提高企业物流的及时响应能力，促进精益生产和服务，并带动产业链上下游协同联动，提升供应链物流信息化发展水平，增强整个供应链的管理和运作能力。通过数据分析，帮助各企业负责人实时管理其实际业务与财务；提供物流合理化调度策略，提升企业的物流总量；智能化办公减少人员消耗，包括降低人工成本与人工错误率。

（2）更加注重商业模式创新，推动智慧物流稳健发展。

智慧物流平台融合综合服务型智慧物流园、物流大数据分析与展示平台、物流后市场增值服务平台、物流金融平台，打造新型物流行业商业模式。

以综合服务型智慧物流园为载体、物流产业为依托，司机、车辆、互联网、仓储、物流园区、加盟店（加油站、酒店、餐饮等）为元素，以点带面、以网促链，形成一个完整的产业价值链条，打造物流产业的运营商，实现建立"多业联动、多式联运、多网融合"的智慧互联、降本增效的目标。

（3）打造高效完善的人才培养体系。

智慧物流平台以创新发展打造物流人才培养体系，依托 GIX 和北京邮电大学移动互联网与信息化实验室，探索校企联合培养人才的新模式，尽快制订有关培养实施办法，对高校企业融合项目的科研管理机制、科技创新人才培养平台建设等制订可行方案，大幅提升跨领域、跨高校、跨专业的协同创新能力。

2. 信息化的建议

搭建面向智慧物流行业的物联网基础网络，加强并完善物联网、互联网以及下一代通信网络为基础的智慧物流物联网网络建设，将信息技术与传统生产制造业深度融合，通过对传统物流硬件（智能磅室系统、车辆追踪系统）改造升级，结合物联网、车联网等信息科技手段实现行业信息智能感知，优化大宗煤炭贸易物流网络，提升物流行业服务质量，达到降本增效的优化目标。强化对行业的把控与布局能力；优化生产企业的调度效率，降低运输、人员成本，辅助行业物流转型升级。

智慧物流物联网信息化服务平台包括以下内容。

智能感知层：逐步实现并完善物流各节点的智能感知功能，实现物流信息的自动采集、感知、标识、识别与追踪。重点建设内容包括以下三个方面。

（1）依托于物联网、移动互联等先进信息技术，研发车辆自动识别技术、称重自动化作业等技术实现物流行业货物节点的智能磅室系统。

（2）搭建依托于北斗卫星导航系统、图像人工智能、传感器融合等技术的车辆互联终端，实现车辆行驶信息、司机驾驶状态等信息的高效感知。

（3）依托于移动互联技术，搭建以智能手机承载的物流智能感知、展示终端，与其他智能感知技术相辅相成共同组建智能感知层。

网络互联层：依托于云计算与云存储技术，智能感知层构建的包括智能磅室终端以及车辆互联终端为代表的物流各感知节点，建设并完善物流信息化基础网络。在特定地域内实现智能货源信息联网、车辆信息联网、物流信息关联等，智能卡车端点、智能磅室端点与其他智能端点共同提供网络互联层数据。

数据分析层：依托于人工智能与大数据分析技术，综合智能磅室端点、智能卡车端点的联网数据，智能生成生产经营、财务管理和物流管理等数据报表等，数据分析层提供智能算法对云端大数据进行分析，支撑上层智能服务。

开放服务层：支持电子标识、自动识别、信息交换、智能交通、物流经营管理、移动信息服务、可视化服务和位置服务。以对进货、出货车辆进行自动重量追踪，实现每一个企业对于大宗商品生产相关行业的交易行为实时感知与管理；通过数据分析，帮助生产企业负责人实时管理其实际业务与财务；提供物流合理调度策略，提升生产企业物流总量，增加生产企业产出；智能化办公减少人员消耗，包括降低人工成本与人工错误率。

广州广日物流有限公司：物流移动办公平台

一、企业简介

广州广日物流有限公司（以下简称“广日物流”）是广州广日股份有限公司属下国有控股的企业。公司注册资金 1256.7874 万美元，总资产达到 4 亿元人民币。公司前身是成立于 1998 年的广州电梯集团运输有限公司，因业务不断拓展及产业规模不断壮大，2003 年 6 月转型为现代物流企业。业务从传统的物流业务发展为以信息管理为依托，提供运输、仓储、包装、配送、流通加工、商贸物流、物流解决方案设计、供应链优化、信息咨询等综合物流服务。

目前，广日物流拥有广州、上海、天津和成都四大物流基地，管理总面积超过 26 万平方米，可调配货运车辆超过 300 辆，年货运量超过 200 万吨。经过十多年的努力打拼，广日物流已跻身为国内重型机械装备业供应链物流服务提供商的引领者之一。

广日物流总部设立在珠江三角洲的交通枢纽——广州市番禺区大石镇石北工业园，另一物流基地番禺区石楼工业园占地超过 6 万平方米，并于上海、天津、成都三大中心城市设立分公司，在广州、昆山设立子公司。物流业务辐射全国，在北京、天津、沈阳、上海、南京、合肥、郑州、西安、济南、重庆、武汉等大、中型城市均设立办事处及服务网点。

广日物流作为第三方物流企业，重视质量、环境保护及职业健康安全管理。2001 年 11 月首次通过 ISO 9001:2000 国际质量管理体系认证，2009 年 11 月通过国际职业健康管理体系 OHSAS 18000 及国际环境管理体系 ISO 14000 认证。

多年来，广日物流致力于打造成为管理先进、服务领先的全国 AAAA 级大型现代化综合物流企业，曾荣获“2018 年制造业与物流业联动发展优秀物流服务商”“2018 年制造业与物流业联动发展优秀服务平台”“广东省诚信物流企业”“2018 年全国先进物流企业”“2018 年全国物流百强企业”“2018 年度广东省自主创新示范企业”等多项荣誉，受到同行企业与客户的肯定和认可。

二、项目建设背景及需要解决的突出问题

随着工业 4.0 时代的到来，社会对制造业、服务业要求越来越高，精细化管理是广日物流未来提高竞争力的主要方向之一。随着移动互联网的高速发展，移动端的市场占有率远超 PC 端，这也预示着移动时代开始“火”起来，移动端的便捷性跟普遍性形成了不

可替代的优势，抓住信息技术的主流，使用移动端替代 PC 作业，优化公司流程，进行精细化管理，提升服务水平，对广日物流而言具有重大意义。同时，随着业务量不断增加，现存的 WMS（仓储管理系统）与 TMS（运输管理系统）已经无法满足业务部门的需求，在系统数据的连贯性、任务通知的即时性、剩余仓位管理的准确性、作业人员工作的高效性等方面，业务部门均提出了迫切需求，希望通过更现代化的 IT 系统来辅助业务流程及管理流程的升级。基于此目的，广日物流开始进行物流移动办公平台的建设，主要解决数据采集、工作任务清晰、工作任务及时分配和工作任务看板可视化方面的问题。

该项目将针对解决以下突出问题。

（1）成品运输和仓储所有的信息数据采集均是靠数据员通过电脑或者手持 PDA 输入。电脑输入数据延迟性非常大，会导致信息数据失真；手持 PDA 价格昂贵，而且携带不方便，功能也较少，每一个工作人员配备一台手持 PDA 进行工作也不现实，无法满足工作的需求，数据采集不能够做到精确实时。而公司手机移动端程序功能非常薄弱，对业务的支持比较少，针对苹果手机则没有支持。

（2）成品运输和仓储的现场工作人员的工作内容基本没有信息系统支持，需要通过人工方式进行任务分配和跟踪，工作任务执行情况无法及时获取，资源的利用有优化的空间。

（3）成品运输和仓储的管理人员无法通过信息系统实时了解现场工作人员的任务状态及现场各项计划的执行情况，工作模式还较为落后。

（4）广日物流对自有车辆使用 GPS 进行跟踪，但是外协车辆是由各外协公司自行跟踪后在外协作业平台上进行人工导入的方式进行跟踪，方式落后且不可控，无法满足日益提升的客户需求。

三、项目建设过程及系统介绍

（一）建设过程

物流移动办公平台将系统延伸至一线终端操作者，提倡精细化管理，采用任务推送机制，工作人员在工位上即可查看现在与未来的任务清单，以便及时做好时间调整，提高各个岗位的工作协同性。同时，实现工作数据大批量采集，为广日物流进行生产效率提升、客户服务水平提升提供帮助，深度提升核心竞争力。该项目是通过定制方式进行平台的建设，建设过程主要分为以下几步。

第一步，挖掘自身管理痛点，设定精细化管控节点及流程，最终形成初步的项目需求。

第二步，进行可行性分析，与现场操作人员沟通并确定项目的可操作性，厘清精细化管理需要的能力和资源，最终确定项目可行。

第三步，进行方案设计，通过第二步中清晰的资源和现场操作人员的能力，结合实际生产经营情况，确定平台分阶段上线的方式。

第四步，确定方案后，开始进行平台第一期软件研发工作，组成项目需求组、项目研发组、项目接口组、项目测试组进行定制研发，研发过程中不断与各方进行交流，保障平台研发按既定目标进行。第一期主要进行的是任务体系的建设，重点进行成品发货流程的任务分发及执行管控。

第五步，在第一期软件实施的过程中，开始进行平台第二期软件研发工作，研发的内容是将任务执行的内容充实，操作者开始可以通过任务的详细内容完成工作，提高工作效率。第二期的软件实施待第一期完成实施后再开展。

第六步，在第二期软件实施的过程中，开始进行平台第三期（最后一期）软件研发工作，研发内容包括周边辅助工作内容充实，计划看板及报表等。待第二期完成实施后再开展本期实施工作。

第七步，系统进行验收，但保留项目需求组、项目研发组、项目接口组、项目测试组直到平台运行平稳。

第八步，总结平台经验，确定项目效果，讨论后续扩展空间。

（二）系统介绍

1. 总体架构

物流移动办公平台采用与原有系统进行对接的方式，建设计划管控体系，利用不同的终端完成任务协同作业，总体架构如图1所示。

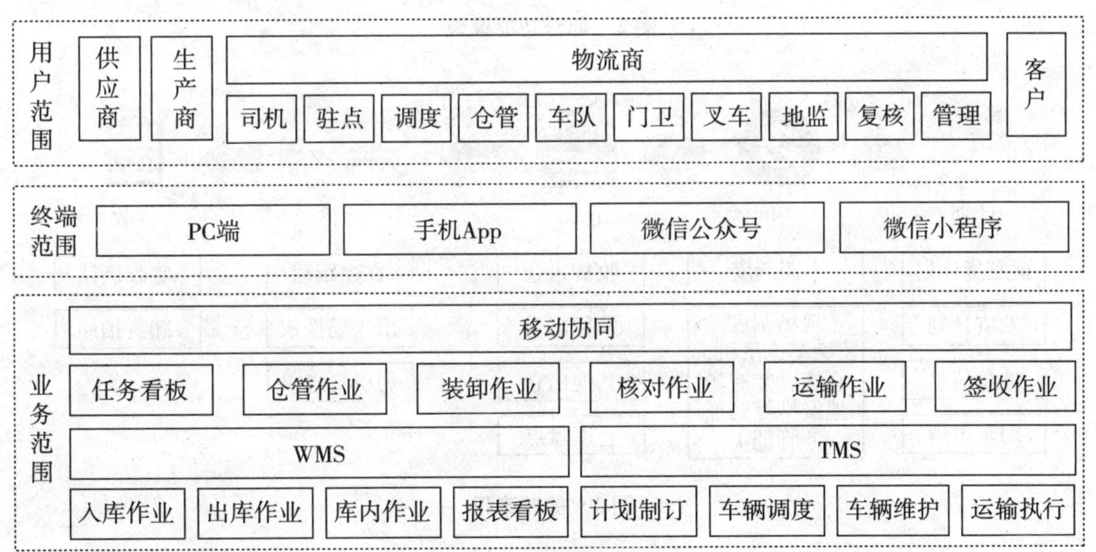

图1　总体架构

2. 系统介绍

（1）功能介绍。

物流移动办公平台以仓储和运输的任务操作为重要组成部分，部分功能模块如图2所示。

（2）关键流程。

物流移动办公平台从计划开始，经过调度、仓储、运输到最后的签收，均纳入精细化管控范畴，将任务细化至每个终端操作者，达到精细化管理的目的，如图3所示。

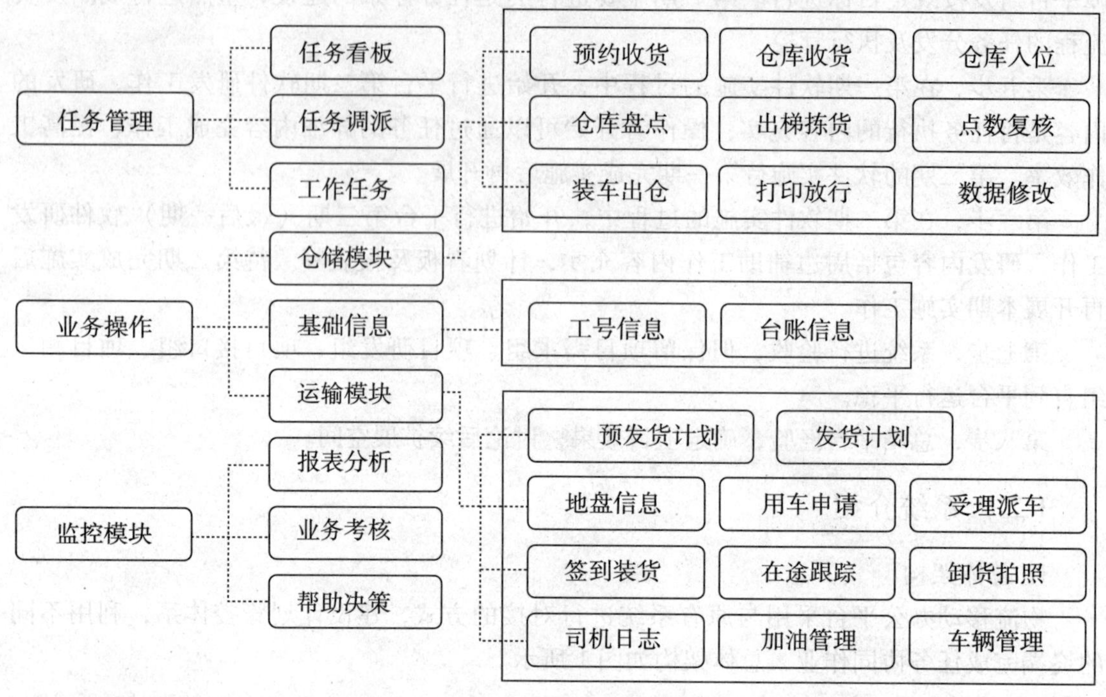

图 2　部分功能模块

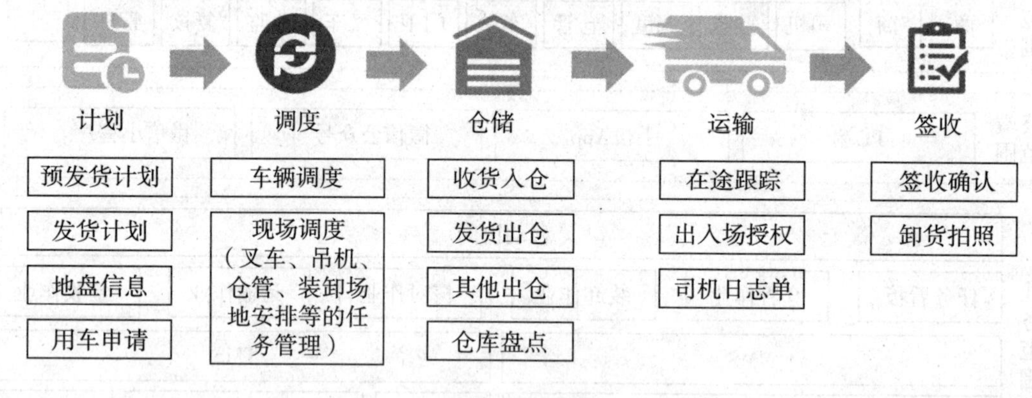

图 3　关键流程

（3）岗位功能说明。

物流移动办公平台以岗位作为角色任务节点，任务分发至每一个具体员工，形成每一个员工特有的任务界面和工作台。岗位功能说明如图 4 所示。

四、效益分析

1. 经济效益

（1）物流移动办公平台将使用者从传统的电脑端解放出来，使用者得到了生产力的解放，人员工作效率得到明显提升，相关岗位产出增加 10% 以上。

（2）物流移动办公平台可以在安卓系统和苹果系统使用，代替了传统的旧式手持

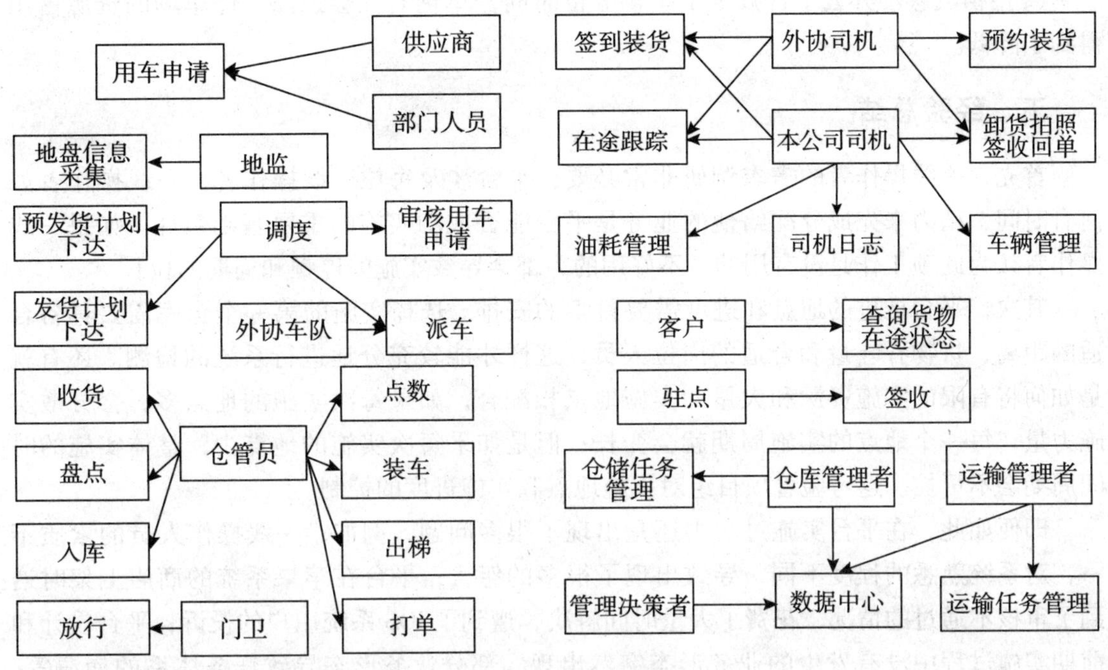

图4 岗位功能说明

PDA 设备，甚至部分岗位可以使用手机进行办公，无须采购手持 PDA，相关设备成本支出减少近百万元。

（3）由于任务的流转可以逐步替代纸质单据的流转，预计无纸化办公的推行可以减少相关成本。

（4）物流移动办公平台提供了完善的在途跟踪方案，减少了货物在途跟踪的相关成本。

2. 管理效益

（1）物流移动办公平台改变了旧的业务操作方式，从旧的粗放式管控向精细化管控转变，业务管控水平达到了全新的高度，为广日物流进行流程监控、流程优化提供有效的数据支持。

（2）建立了相关的 KPI 考核标准，对重要业务节点进行有效的数据统计，为广日物流进行 KPI 考核提供重要帮助。

（3）物流移动办公平台向客户提供物流环节透明化查询服务，客户随时随地可以查询货物的物流状态，客户服务水平得到明显提升。

（4）物流移动办公平台将物流环节的各方资源统一，将资源一目了然地呈现在用户的面前，让广日物流整体物流效率得到了极大的提升。

3. 社会效益

（1）物流移动办公平台提供了无纸化办公的实际落地案例，为推进绿色环保作出了贡献。

（2）物流移动办公平台建立了通用、标准的物流仓库人、车、物管控方案，具有极大的社会推广价值。

（3）物流移动办公平台减少了车辆等待时间，车辆对社会道路、停车场的资源占用得到了降低。

五、经验总结

首先，一线操作者的需求调研非常必要，平台涉及每位一线操作者，一线操作者如何有时间、精力来完成分配给他的业务是平台能否成功实施的重要基础条件。如果一线操作者认为此项工作是没有用的、不好用的，都会导致实施的停顿和周期的拉长。

其次，平台推进的地点和进度需要科学的安排。选择实施的第一个仓库需要具备合适的距离、货物吞吐量和合适的岗位人员，这样才能较充分地进行系统的检测。还有就是如何将有限的实施资源和大量的实施地点相配合，如果每次实施的地点多，会分散实施力量，每一个地点的实施周期就会变长；但是如果每次实施的地点少，整体实施的时间周期会不可控。这考验着项目组对实施地点和实施进度的控制。

即便如此，在平台实施过程中还是出现了很多问题，例如，一线操作人员的素质不一，对系统熟悉的程度不同，导致出现了很多的怨言；平台在苹果系统的商店上架时遇到了审核不通过的情况，花费了大量时间解决，遭到了 iOS 系统用户的投诉；平台设计和前期实施过程中没有发生的业务形态突然出现，部分业务形态导致任务体系的崩溃等。这个时候就需要快速进行系统升级、耐心做用户心理疏导和预案的支持，项目组通过快速迭代和特殊预案的方式来保障平台的推进进度。

最后，在平台实施过程中，有效的沟通非常重要。由于用户分布在全国各地，无法统一在一个地点进行实施，为了实现有效的沟通，实施小组建立了多个微信群，通过微信解决多个地点实施的服务问题。实施小组除了通过微信来提高实施效果外，还通过视频会议、现场沟通、客服留言等方式进行问题解答。

一个平台的建立并不是简单的软件开发的过程，是包括从前期的需求收集、分析到可行性论证，到真正的项目研发、测试、上线及最后的验收和效果验证等。而且，平台建立完成并不是结束，而是新的开始，需要不停地变化和扩展来适应不断的业务发展和变化，是一个不断进步的过程。

六、后续计划

首先，物流移动办公平台从现阶段来看还不够完善，现在仅仅建立了任务管控体系和成品物流的精细化管控，在资源分配上也只是显示出来，没有实现资源分配的有效管理，需要在后续计划中完善。

其次，部分任务的开始和结束还需要用户主动点击，体验性较差，需要和实际任务内容或者自动设备关联，提高系统智能性。

最后，对采集的数据进行智能分析，提供优化的流程方案、报表等功能还需要进行后续研发。

相信经过上述改进后，物流移动办公平台能够为广日物流的发展提供坚实的支持及保障。

云南宝象物流集团有限公司：基于宝象智慧供应链云平台的仓配一体服务

一、云南宝象物流集团简介

（一）企业简介

云南宝象物流集团有限公司（以下简称“宝象物流”）成立于2009年，是昆明钢铁控股有限公司（以下简称“昆钢”）旗下云南省物流投资集团下属全资子公司。公司注册资本7.7亿元，总资产55亿元，年销售额100亿元以上，2019年企业收入实现136亿元。宝象物流是全国综合型5A级物流企业，国家第二批多式联运示范工程、全国供应链创新与应用试点企业，云南省大型综合性国有现代物流企业。

宝象物流业务涵盖第三方物流、园区投资管理、供应链管理、大宗商品贸易、电子商务、物流科技信息等领域，依托昆钢产业优势，确定了物流带动商贸流通、科技信息、金融保险等协同发展的供应链服务模式。

（二）业务情况

宝象物流作为昆钢下属面向社会运营的现代物流服务企业，独有每年超3000万吨的大宗工业品物流运输资源，业务规模行业领先。宝象物流深耕大宗工业品物流领域多年，以供应链“四流合一”为指引，形成了运输、仓储、贸易、供应链金融四大业务板块，具备专业的端到端一体化物流服务能力，依托昆钢物流资源和资金优势，创造了物流带动电子商务、信息技术、金融产品、成品油贸易、大宗物资贸易等协同发展的产业供应链模式。

1. 运输业务

宝象物流目前物流运输网络覆盖云南16个州（市）、西南地区及中老泰通道，管控运输车辆30000余辆，运输规模达3000万吨/年以上（其中多式联运达600万元/年），物流运输线路900余条。

2. 仓储业务

仓储业务是物流业务发展的保障，宝象物流围绕云南省综合交通体系，积极进行以“宝象物流”为品牌的综合物流网络体系构建，先后在云南省内昆明、安宁、大理、玉溪、蒙自、磨憨投资规划具备区域枢纽作用的综合物流园区。目前仓储资源覆盖全省，为顾客提供钢材、橡胶、快消品等多类型的仓储服务。

3. 贸易业务

贸易业务是物流业务发展的支撑，二者相辅相成。宝象物流贸易业务主要从事大宗物资（钢材、水泥、矿石、煤焦）国内外贸易业务。同时，宝象物流具备成品油经营资质，协同运输开展成品油贸易业务及加油站零售业务。2015 年，按照“互联网 +”思路，宝象物流打造“云道大宗”现货交易平台，为贸易企业提供第三方贸易合作平台，平台年网络成交额达百亿元。

二、仓配一体服务发展现状及问题

（一）仓配一体服务发展现状

物流是国家经济发展的重要基础设施，目前我国社会物流总需求呈平稳上升的发展态势，在 2019 年社会物流总额达到 298 万亿元。仓配一体服务能够通过销量预测提前将商品进行下沉布局，使物流更具有时效性和可预测性，而其在配送端的较大投入使其服务质量往往更高，价值主张较强。同时，由于流程上的人员培训与管理和精细化运营的经验对仓配一体服务至关重要，行业进入壁垒高。然而，仓配一体行业的总体规模化能力较弱，仓库的建设或租赁、仓内操作、配送等环节都需要随着业务扩张而持续投入。

目前仓配一体市场规模中等，增长潜力大。在电商继续快速发展的背景下，随着消费者物流时效、可预测性及服务质量的要求越来越高，仓配一体服务的渗透率将逐渐提高。另外，随着仓储利用率以及仓内操作和配送效率的提高，单票价格将逐渐回落。2016—2023 年仓配一体市场规模及预测情况如图 1 所示。

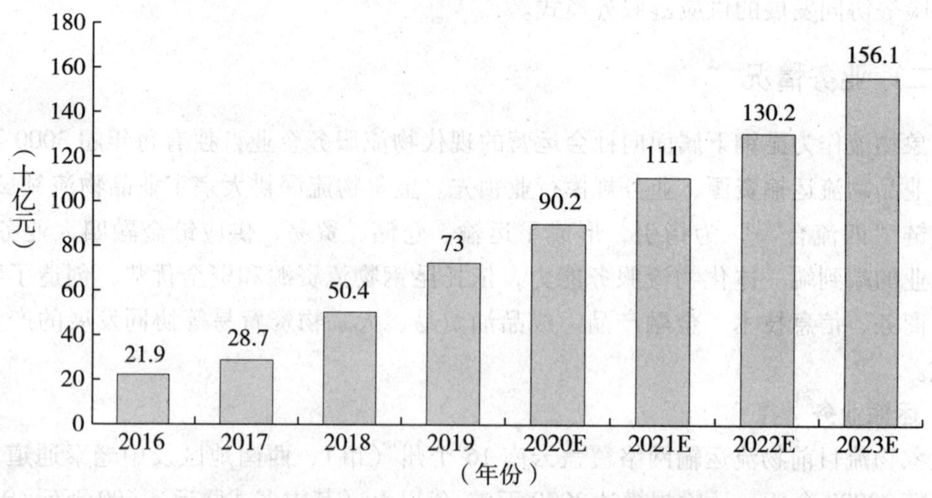

图 1　2016—2023 年仓配一体市场规模及预测情况

（二）仓配一体服务发展问题

随着仓配一体服务模式的价值被逐渐发现，各类型物流企业以及看好这一市场的新进入者纷纷发力进军仓配一体服务领域，形成了多方争霸、交叉竞争的新物流行业局面，同时也面临着许多的困难和挑战。

1. 仓库布局及服务局限

仓配一体服务发展过程中，企业首先面临仓库布局和服务局限，大多数企业无法实现完全覆盖到地市级，更别提县市级了。其次，市场缺乏优质高效的仓库资源，由于仓库规划定位的不同，设施的新建和改造水平以及自动化物流技术的研发和方案制订能力参差不齐，存在自动化程度低、信息化管理水平不足等问题，无法满足客户对仓库运营管理的综合要求，无法达到仓配一体平台化服务要求，导致仓储服务整体水平较低。

2. 配送服务能力不足

随着仓配一体服务规模的增长以及客户需求的多样化，众多企业将面临配送服务能力的考验。许多企业配送覆盖范围有限，自有车辆少，社会运输资源整合能力不足，极大地限制配送时效性，影响仓配一体服务能力。

3. 综合信息平台水平低

物流仓储信息化水平决定仓配一体服务水平，一个完整的仓配体系是由多家承担不同业务角色的企业共同完成物流的过程，依靠物流信息系统互联互通，提供高质量的仓配一体服务信息系统建设尤为重要。但是目前存在仓储系统和运输系统割裂的现象，无法打通全流程信息系统。仓配一体化要求两套系统能够无缝连接，实现全流程的可视化，当任何一个物流节点出现问题时，都需要快速地在系统中得到反馈。因此，打通物流各环节的信息系统是实现仓配一体化的重点及难点所在。

4. 供应链延伸服务欠缺

仓配一体化对服务延展性、整体物流能力要求更高，主要包括对不同行业客户供应链的掌控与设计能力，客户大数据服务能力，销售预测模型精准程度，以及配套的供应链金融服务等。当前，大多数物流企业的这一部分能力及服务都处于初期构建阶段，未来需要不断完善，以满足客户的多样化需求，提供高质量服务。

三、宝象物流仓配一体服务优势

宝象物流作为全国综合型5A级物流企业、云南省大型综合性国有现代物流龙头企业，多年来致力于物流供应链发展，在物流行业拥有极大的资源优势。其中主要优势如下。

（一）仓储优势

宝象物流积极完善综合物流网络体系构建，先后在云南省内昆明、安宁、大理、玉溪、蒙自、磨憨投资规划具备区域枢纽作用的综合物流园区。目前仓储资源覆盖全省，拥有仓储面积100万平方米，为顾客提供钢材、橡胶、快消品等多类型的仓储服务。

（二）运输优势

宝象物流作为昆钢下属面向社会运营的现代物流服务企业，每年享有3000万吨以上的大宗工业品物流运输资源，同时，承接京东、益海嘉里等企业快递及快消品配送业务，物流运输网络覆盖云南省16个州（市）、西南地区及中老泰通道，合作运输车辆超三万辆，物流运输线路900余条。

（三）平台优势

宝象物流结合线下物流网络资源，立足现有运输、仓储、园区、贸易等业务，利用互联网、大数据、云计算等技术，建立一个满足用户需求多样化、交易便捷化的第四方物流公共信息服务平台——宝象智慧供应链云平台。平台致力于整合各方资源和一批服务供应商，将物流核心业务及配套增值服务实现一体化集成，形成一个融合全业务、全流程、全信息的大集成互联网云平台，提升整个供应链用户价值，打造完整、高效的“交易+物流+金融”供应链共享经济生态圈。

宝象智慧供应链云平台包含宝象大宗、宝象运网、宝象云仓、宝象园区、宝象金融、宝象大数据、宝象商城等板块，能够提供交易、仓储、运输、供应链金融等全流程服务，实现全流程信息交互，提供标准化、透明化服务。

（四）延伸服务优势

宝象物流致力于为用户提供供应链延伸服务，积极开发大数据平台，将物流环节中涉及的数据及信息进行采集，从大量的低价值数据中进行快速复杂处理与分析，使其提炼为高价值高可用数据，并通过“加工”实现数据的“增值”，实现物流互联网金融、需求供应链预测以及公路货运与交通的宏观预测分析，同时基于宝象金融平台和配套商城平台，为用户开展金融商城等供应链延伸配套服务。

四、基于智慧供应链云平台的仓配一体

在渠道升级及消费升级的双重驱动下，能够使物流各个环节无缝对接的仓配一体服务的需求越来越大。宝象物流以智慧物流为发展方向，不断完善线下物流网点布局，不断提升基于宝象智慧供应链云平台的数据处理能力，并应用智能物流设备，满足客户全渠道、全网络、全链条、高效率的物流服务需要。

（一）物流网络节点布局

宝象物流围绕云南省重要出省、出境通道，积极进行综合物流网络体系构建，目前运营园区管理包括昆明王家营宝象物流中心、安宁昆钢物流园、大理滇西物流商贸城、红山红物流园，提供仓库、中心库仓储服务。运输线路方面，围绕昆钢、玉溪、蒙自三大生产基地，运输方式分为基地直发或区域中转配送。宝象物流园区网点分散、运输线路繁多，并形成高效统一的物流网络体系。

（二）宝象智慧供应链云平台

宝象物流打造宝象智慧供应链云平台，致力于解决物流行业问题，提升仓储管理以及资源的利用率，提高运输服务质量，推动物流信息化水平建设，提升物流资源配置率，加速物流行业高速发展。平台立足为生产、贸易和流通供应链上下游企业提供代理采购、代理销售、全供应链融资、仓储质押、运费保理等供应链金融服务，线上线下有机结合，实现集交易、仓储、运输、结算支付、融资等全流程一体化服务，将物流核心业

务及配套增值服务实现一体化集成，形成一个融合全业务、全流程、全信息的大集成互联网云平台，提升整个供应链用户价值。宝象智慧供应链云平台系统架构如图2所示。

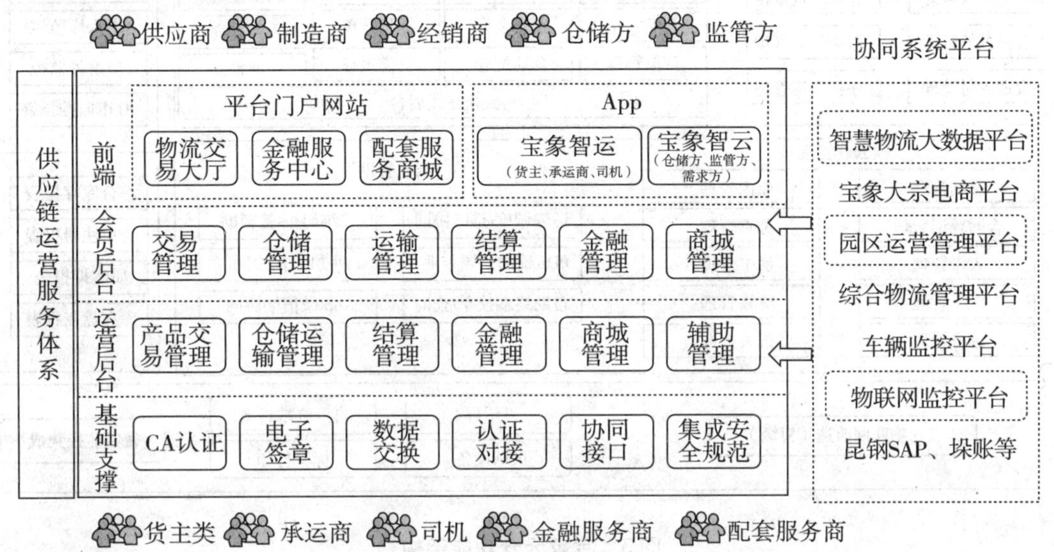

图2　宝象智慧供应链云平台系统架构

宝象仓配一体服务主要基于宝象智慧供应链云平台的宝象云仓和宝象运网两大板块提供仓配协同服务，通过宝象物流大数据、宝象金融、宝象商城等板块提供供应链相关配套及延伸服务。

1. 宝象云仓

为保障仓配一体服务仓储资源配置，宝象物流打造宝象智慧云仓（以下简称“宝象云仓”），宝象云仓是一个基于物联网、云计算等技术应用的平台体系，主要包含云仓在线、云仓管理、云仓监管、云仓智助等方面内容。为用户提供仓储资源搜索配置、库存数字化管理、库内业务管理、物联网监管、智能辅助应用等智慧化、体系化仓储管理全面应用。宝象云仓功能架构如图3所示，宝象云仓作业流程如图4所示。

（1）云仓在线。

云仓在线实现仓储资源高效配置，汇聚了海量仓库租赁、代管、仓配和运配等需求，通过云仓在线网站精准、高效地展示优质仓储需求，为仓储需求方提供便捷优质的仓储资源，实现仓库网点的快速覆盖布局。宝象云仓提供仓储资源在线交易、仓储出入库管理、查询及后续供应链金融服务等服务，实现仓储供应商、物流运输商、金融服务商、其他配套资源服务商精准高效地实现资源、服务的匹配。宝象云仓的云仓在线服务如图5所示。

①需求方。重服务体验，让客户感觉用仓像网购一样简单，降本增效。需求方不必费劲翻找各大租仓渠道，仅需登录宝象云仓，通过多维度条件筛选自己需要的仓库然后下单即可，并根据自身业务变化调整用仓时间、面积和位置。从实际操作来说，用仓极为方便简单：需求方仅需参与在线订仓、送货入库、在线发货三个步骤，后端运营均由

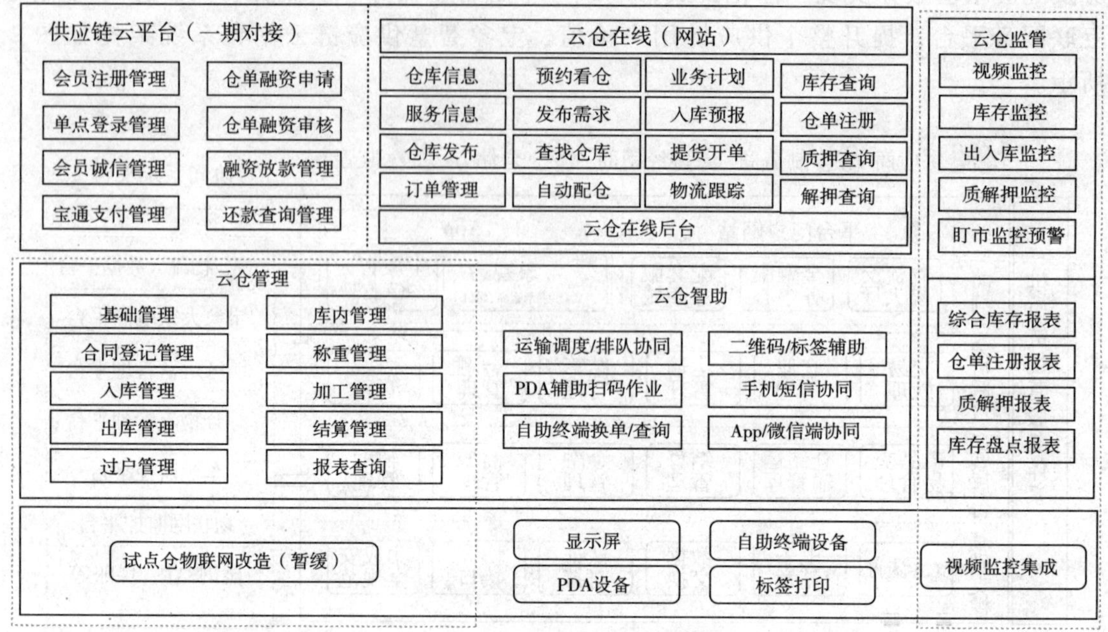

图 3　宝象云仓功能架构

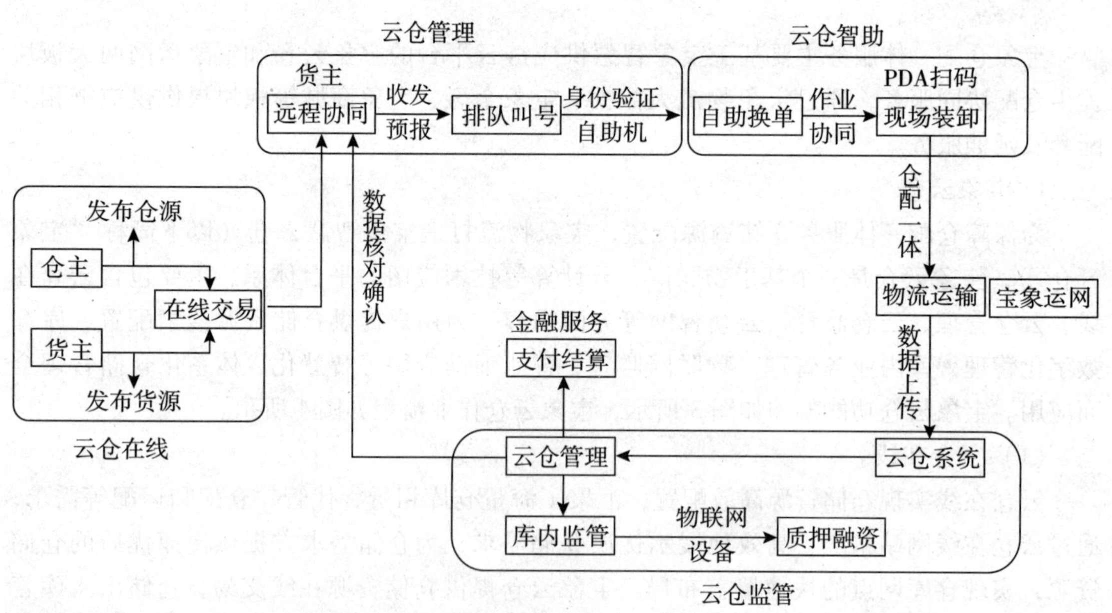

图 4　宝象云仓作业流程

宝象云仓一站式服务完成。

需求方按月、按单元支付仓储费，按实际发生业务支付发货服务费即可。弹性计费方式能有效为需求方降低租仓费用，成本高度可控。同时，需求方可实时查看用仓容量、库存情况，监管订单交付流程。宝象云仓的仓储需求方服务如图 6 所示。

②供给方。盘活闲置资源，提升服务质量。反观仓库出租方，加盟宝象云仓项目，

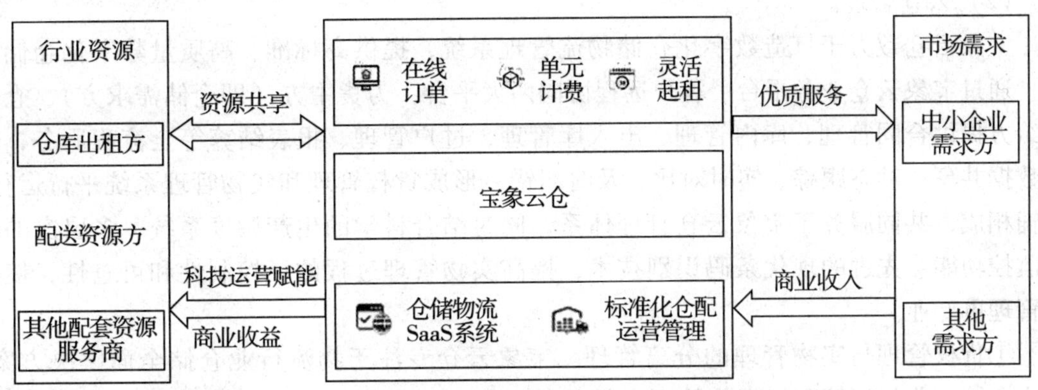

图5 宝象云仓的云仓在线服务

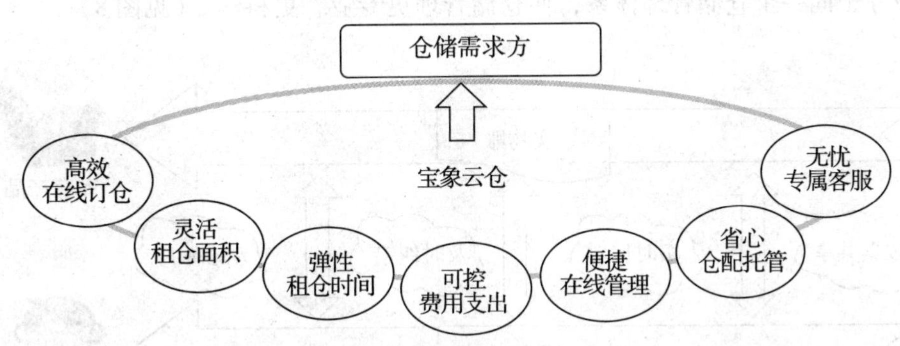

图6 宝象云仓的仓储需求方服务

可快速导入宝象物流的海量客户资源及配套服务，进而盘活闲置资源，降低仓储闲置率，提高盈利水平。另外，需求方直接与宝象云仓交易，不与仓库出租方直接接触，由此减轻了仓库出租方（即仓储供给方）的客户服务负担。而从另一个维度来说，仓库出租方通过全方面引入宝象云仓系统与仓配运营标准，仓储运营效率得以提高，进而可以提高议价能力和市场竞争力。宝象云仓的仓储供给方服务如图7所示。

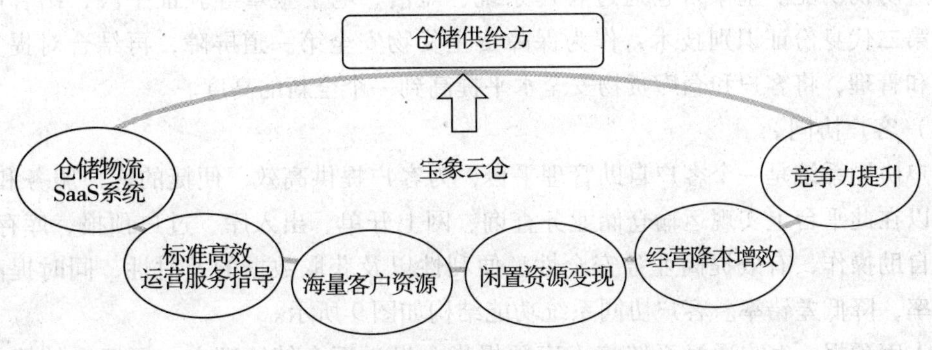

图7 宝象云仓的仓储供给方服务

（2）云仓管理。

宝象云仓致力于打造数字化仓储物流管理系统，提供高标准、高质量数字化仓储服务。通过宝象云仓业务平台、客户远程协同两大平台，为货主方（即仓储需求方）、仓储供给方提供合同管理、库内管理、出入库管理、过户管理、报表结算等全流程服务，实现数据共享，动态跟踪、实时对比、及时纠错，形成货权管理和实物管理系统平行运行，相辅相成，共同服务于宝象云仓管理体系，同时结合科学的生产调度系统、多层次的物资监控功能、先进的现代条码识别技术，提高实物管理过程的可控制性和可查性，使仓储管理更专业。

①货权管理与实物管理的分离管理。宝象云仓专注于物流行业仓储全面解决方案，关注仓储企业货权管理与实物管理之间的关联与差异，将仓储管理工作进一步专业化细分，实现货权与实物分离管理模式，形成货权管理系统和实物管理系统平行运行，相辅相成，服务于同一个仓储管理体系，使仓储管理更专业、更科学。（见图8）

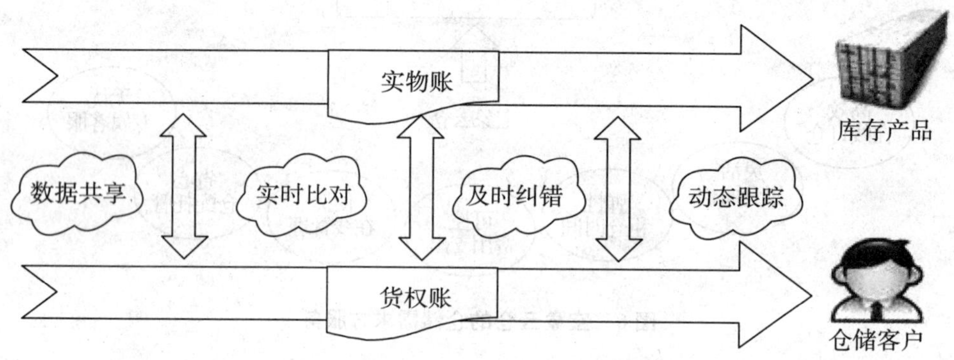

图8　货权管理与实物管理的分离管理

②全面的信息采集与统计分析。宝象云仓将生产过程中产生的各类信息进行了全面采集、分类、汇总，能为企业管理决策积累大量真实的、细节化、全面化的企业生产活动的第一手数据。

③严防伪功能。宝象云仓通过客户系统、短信、电子签章等验证手段，结合电子提单以及第二代身份证识别技术，作为保障货主货物安全第一道屏障，再结合对提货车辆的跟踪和管理，将客户和仓库货物安全水平提高到一个全新的高度。

（3）客户协同。

客户协同系统是一个客户自助管理平台，为客户提供高效、便捷的客户服务和体验，客户可以在此平台上实现运输仓储业务查询、网上开单、出入库、过户预报、库存报表、对账等自助操作，有效提高业务安全性、便利性以及获取数据的及时性，同时提高企业作业效率，降低差错率。客户协同系统功能结构如图9所示。

①入库预报。客户通过系统将入库预报指令发送至仓储管理方，便于仓储管理方提前知晓并进行准备，提高入库效率和准确性。

②出库预报。客户通过系统将出库预报指令发送至仓储管理方，实现准确、高效的出入库操作。

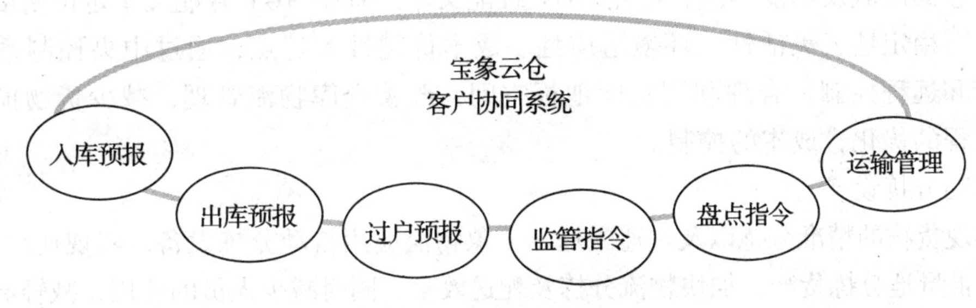

图9　客户协同系统功能结构

③过户预报。客户通过系统将过户预报指令发送至仓储管理方，通过线上核对确认，实现货物安全、便捷的过户操作。

④监管指令。客户通过系统将监管指令发送至仓储管理方，实现库存的及时锁定、实时监管。

⑤盘点指令。客户通过系统将盘点指令发送至仓储管理方，实现实时库存核对、对质押货物情况实时掌控。

⑥运输管理。客户通过系统实现货物出入库、库存情况管理，同时对出入库等运输业务的在途运输情况实时追踪管理。

（4）云仓监管。

宝象云仓致力于为客户高标准、高质量服务，基于云仓管理系统，结合视频监控、盯市监控预警等手段，实现仓储物资动态、静态全流程可视化监管。

①可视化监管。通过摄像头、智能锁等物联网设备实现货物实时的可视化监管。

②库存监控。通过物联网设备对物资实现实时影像信息采集，同时自动匹配宝象云仓的库存数据，实现数据与影像的双重管理，实现库存安全、精准监控。

③BI（商业智能）展示。实现对宝象智慧供应链云平台运营情况的实时统计和分析。灵活实用的查询过滤条件、简洁的数据表单等为决策分析提供支持。

（5）智助设备。

物流设施与设备是物流系统的物质技术基础，宝象物流根据自身业务形态，积极开发、引进物流设施设备，实现数字化仓储现代化、科学化、自动化。同时实现物流各个环节之间的相互衔接及设备之间的通用性，促进相关产业高效、协调发展，提高经济运行质量。

①自动化立体仓库。

宝象物流自动化立体仓库，出入库区分离，后端与入库区连接，前端与出库区相连接，库区主要存放快消品，出入库采用联机自动。按照入库—存储—配送要求，经方案模拟仿真优化，最终确定库区划分为入库区、存储区、托盘（外调）回流区、出库区、维修区和计算机管理控制室。入库区由输送机、双工位高速穿梭车组成。

②AGV 智能叉车。

AGV 智能叉车是一种自动导航车，结合了条码技术、无线局域网技术和数据采集技术，并使用电磁感应作为导航方法来协助路径复杂的多个站点可循迹的 RFID。宝象物流根据自身仓储区域及功能不同，应用AGV智能叉车。基于AGV智能叉车定位精度高，具有可靠性、稳定性、灵活性、环境适应性、成本优越性等特点，通过中央控制系统进行数据分析和远程控制，合理利用仓库地板空间，改善仓库物流管理，减少货物损坏，最终实现流程的优化，成本的控制。

③自动分拣设备。

为实现货物的精准分拣以及快速配送，宝象物流应用自动分拣设备，实现连续、高效、精准、大批量地分拣货物，加快物流分拣及配送效率，同时减少人员的使用，减轻员工的劳动强度，提高人员的使用效率，实现成本和安全的控制，最后分拣作业基本实现无人化。

④智助终端设备。

宝象云仓智助设备以云仓管理系统为基础，进行应用延伸或集成，以实现仓储管理智能化、便捷化的多个应用子系统。

PDA理货。提供仓库货场人员现场入库作业、出库作业，移库作业（翻堆），库存盘点功能；主要实现现场快速找货、快速物资采集数据，避免发货错误，辅助业务主系统账务处理，实现账物相符。

App、微信应用。提供客户移动化查询服务，包括库存情况、今日收发、未完业务情况等；关键业务节点业务实时通知，包括发货换单、物资出库，定时推送每日物资出入库情况。

自助换单。客户可提前预录提单，当司机到达结算大厅后，直接在终端打印机上自动打印提单，只需刷相应证件就可以查询当前的提单。这不仅缓解了业务繁忙期间开单人员的压力，也提高了开单效率，规避单证员和司机之间的矛盾冲突。

二维码应用。当提货人到仓库换单时，系统打印出来的发货通知单或者收货通知单上会印有二维码，此二维码与单据号对应，方便理货员手持移动终端快速扫描定位通知单的信息。

排队叫号。客户提前预录提单后可通过电子大屏显示，提货司机到达业务换单大厅领取业务号，换单大厅工作人员根据业务号对提货司机排队换单。

智能道闸。提供高清摄像头拍摄车辆车牌，利用OCR、图像识别技术智能识别车牌号，结合门禁系统和车辆作业情况自动放行。

电子秤对接。移动工作平台的PC与电子秤等计量仪器互联。移动工作平台PC直接自动、同步、精确地获取计量仪器的计量数据，从而免去了人工转录数据的差错风险，确保了数据的准确性。

⑤数字化监管仓。

宝象物流通过物联网、大数据、人工智能和信用画像技术等科技手段，打造“数字化+可视化+合规化+智能化”特点的数字化仓储监管体系，解决传统货押监管风险难题，加强货物监管与管理规范，提升对大宗商品的货押监管风险管控能力，为监管方、资金方及货主方等提供安全有效的监管服务。

宝象云仓于2019年9月正式上线运营，会员注册217家，服务于昆明、安宁、大理等地的25个仓库，服务京东、沃尔玛、益海嘉里等企业，包含750多种产品，实现货物吞吐量168.85吨。

2. 宝象运网

宝象运网集在线交易、运输、支付结算、诚信服务评价、在线融资及配套服务于一体，提供多种运力交易模式实现运力高效配置、运输资源充分共享，满足仓配一体全流程运输可视化管理，凭借第四方物流服务平台的信息整合能力优化供应链各环节的资源分配，促进货源、车源和物流服务等信息的高效匹配，有效降低车辆空载率，为供应链上下游企业和客户提供智能、高效的一体化物流服务，使物流、信息流和资金流在整条供应链上高效流转，有效降低物流成本，为优化社会物流资源配置提供支撑。宝象运网平台流程如图10所示。

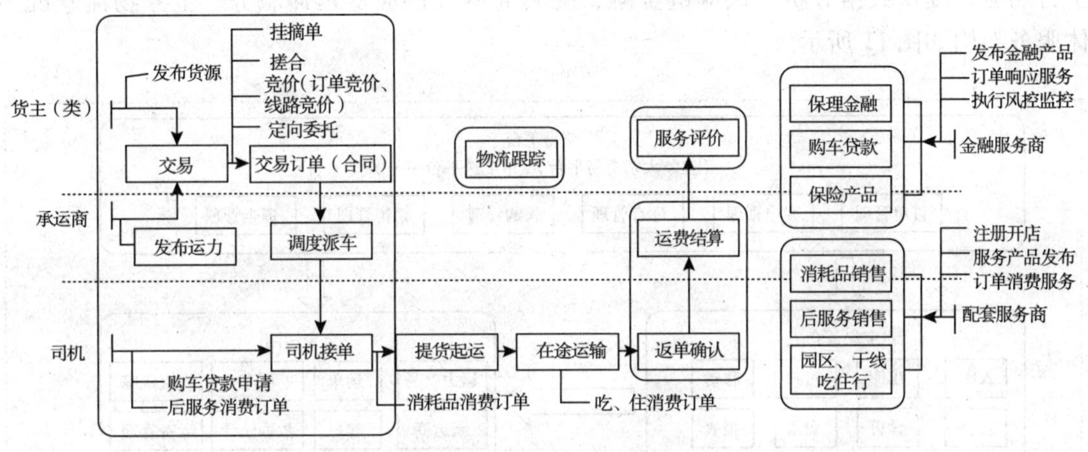

图10 宝象运网平台流程

（1）多模式运力交易。

提供竞价、抢单个性服务，实现运力高效配置、运输资源共享，促进货源、车源和物流服务等信息的高效匹配，有效降低运输车辆空驶率，优化社会物流资源配置，对降低整合行业物流成本起到积极推动作用。

（2）运输全流程可视化管理。

满足客户全程物流动态跟踪的需求，实现运输全流程可视化管理，提供了覆盖物流全过程的跟踪服务，可向用户展示车辆的实时定位和运输历史轨迹跟踪，通过可视化管理实现路径优化，为物流企业提升物流效率、降低物流成本，对动态货物实时监管、风险控制。

（3）统一结算支付。

在结算服务中，平台通过与中信银行合作建立主子账号，主要通过2B（对企业）、2C（对消费者）的支付方式进行结算，提供结算支付相关的功能，如资金账户查询、出入金审核、业务单据查询、费用单据管理、账单对账管理、账单支付管理、结算相关查询、结算基础管理等。其中结算基础管理可对结算周期、结算规则、账单生成模式、支付方式、服务费率等相关方案参数进行定制化设置。

（4）BI报表。

BI（商业智能）报表是对物流电商平台的运营情况进行报表统计和分析，如会员注册情况、车辆注册情况、运力交易情况、运费结算情况、出入金统计情况、运费保理金融统计、保险业务统计、商城销售统计等的相关统计。

宝象运网自2018年7月正式上线，截至目前，平台注册会员97家，车辆注册3.67万辆，平台总运量已达2827.35万吨，在线交易额达到117632.47万元。

（三）仓配一体服务应用

宝象物流通过线下物流网络节点的布局及优化，线上推进宝象智慧供应链云平台建设，实现线下和线上全链路无缝连接，实现全流程可视化。仓配一体服务全流程任何环节出现问题时，都能够快速地在系统中得到反馈，同时通过宝象智慧供应链云平台相应平台功能，提供数据分析、供应链金融、配套商城等供应链延伸服务。宝象物流仓配一体服务架构如图11所示。

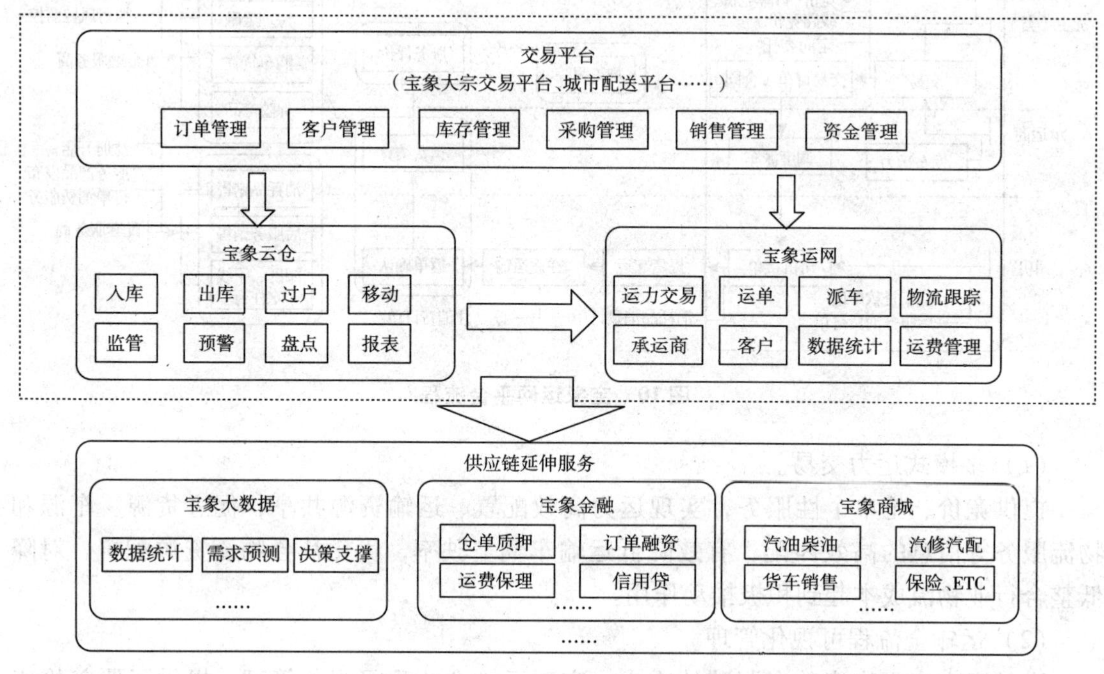

图11 宝象物流仓配一体服务架构

1. 交易服务

（1）大宗物资交易信息。宝象大宗交易平台通过整合供应链上下游资源，为生产商、贸易商、采购商等提供大宗物资线上交易、仓储物流、供应链融资、信息咨询等多项服务；根据订单完成情况，提供对应的仓配一体服务。

（2）城配业务交易信息。宝象物流城配包含快消品配送、快递等业务形态。通过获取京东、沃尔玛、益海嘉里等上游企业仓配服务指令，提供对应的仓配一体服务。

2. 仓储服务

货主通过客户协同向仓储方下达出库、入库、移库、盘点等指令，宝象云仓接收相应指令，并按照分工将指令信息匹配到对应的工作人员，通过自动分拣机、AGV智能叉车、PDA等物流设备完成仓储全流程。

3. 运输管理

（1）电子单据。宝象运网接收宝象云仓运输任务信息，生成对应的电子单据，取缔传统纸质单据，不仅加快信息传递效率，而且单据流转全流程可视可控。

（2）运输管控。宝象运网通过多种运力交易模式完成宝象云仓运力订单的配置，并且自运输任务开始，宝象运网通过依靠云计算、大数据、GIS（地理信息系统）、GPS（全球定位系统）、北斗卫星导航系统等技术的应用，对运输全流程进行透明化监控、管理，确保货物的安全到达并反馈至平台。目前宝象运网综合定位成功率达到100%。

（四）供应链延伸服务

随着仓配一体化对服务延展性、整体物流能力的要求更高，单纯地做好运输与配送服务已无法满足客户多样化的需求。宝象物流为客户提供个性化和多样化的供应链延伸服务。

1. 大数据分析预测

宝象大数据中心将交易环节、物流环节中涉及数据及信息进行采集、分析处理与优化，通过“加工”实现数据的“增值”，将物流数据业务化，深入挖掘物流价值，优化资源配置，在路径优化、智能调度与配载、企业画像、运力分层、大数据征信、需求供应链预测，以及公路货运与交通的宏观分析等方面发挥巨大作用，进而推动宝象仓配一体服务由粗放式服务到个性化服务的转变，给客户提供更加优质个性化的服务。

2. 供应链金融服务

宝象金融基于宝象智慧供应链云平台各板块发生的真实业务，通过与中信银行合作搭建稳定、可靠的支付结算体系；基于核心企业的应收应付账款推出应收应付账款管理的产品“宝通”，打造以“宝通”为结算中心的融资体系；通过引入银行等金融机构，为供应链全链条上的中小企业或客户提供更为便捷、安全、高效的融资服务，解决融资难、成本高等问题。

3. 配套商城服务

宝象商城依托宝象智慧供应链云平台，以客户需求为服务核心，采用线上线下O2O融合模式，针对整个平台用户提供包括保险、轮胎、汽柴油、汽车修理、货车销售等汽车后市场服务，为客户提供个性化、全方位服务。宝象商城自2019年1月正式上线运行，截至目前宝象商城已累计实现消费38242.01万元。

五、宝象物流仓配一体服务成效

（一）经济效益

1. 直接经济效益

基于宝象智慧供应链云平台的仓配一体服务，前期以宝象运网为突破点，打通线上交易、结算、融资全流程，后期宝象云仓上线运行，实现仓储资源的整合利用。通过仓储运输的实际业务开展，基于核心企业的应收应付账款，推出应收应付账款管理的产品“宝通”，解决了长久以来物流运输行业运费支付的问题，极大调动仓储供需方、承运商和驾驶员积极性，同时通过“宝通”账期的设定，延长资金的时间和空间价值，增加资金的使用效益。

目前，“宝通”账期为120天，生成“宝通”117632.47万元，按年化收益率8%计算，产生直接经济效益3093.9万元。

除此之外，宝象物流在资金充足的情况下，作为平台的资金方为用户提供“宝通”融资服务。目前，平台使用宝象物流作为资金方提供融资12795.13万元。

2. 间接经济效益

根据平台仓配一体总体运营模式和盈利模式考虑，“宝通”不仅吸引外部资金方实现宝通的融资和兑现，平台与资金方根据融资成本差进行分润，同时也服务于成品油销售，利润体现在批零差价。

目前，资金宝通共发出117632.47万元，按4%成本差额计算，资金宝通产生的间接经济效益为1078.94万元。

配售宝通15176.93万元，共配售柴油2193.19万升，按油品配售毛利率0.69元/升计算，宝通产生的间接经济效益为3660.55万元。

（二）社会效益

1. 提供一站式仓配服务

宝象物流仓配一体服务与各环节分离式物流配送对比如图12所示。

各环节分离式物流配送

仓储 装卸搬运 配送 信息 包装 分拣

业务模块分散、协调性差
业务单一、周期长
环节多、二次作业多
信息延迟、差错率高

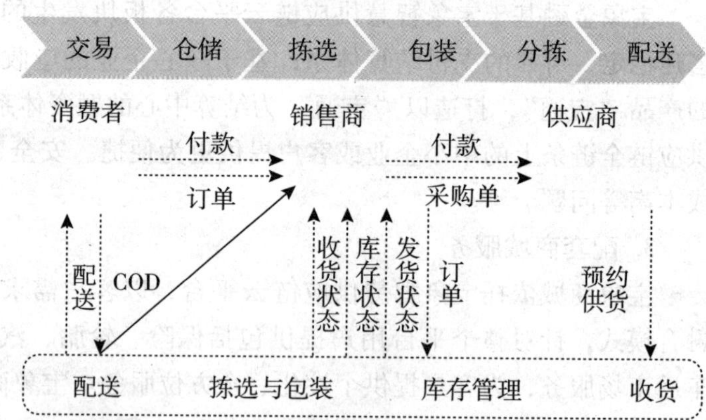

图12　宝象物流仓配一体服务与各环节分离式物流配送对比

宝象物流仓配一体服务模式实现交易、仓储、配送全流程的作业整合，实现全流程信息的高效统一，提高了全流程的作业效率和准确率，为客户提供一体化、一站式的仓配一体服务。

2. 实现企业合作模式升级

宝象物流基于宝象智慧供应链云平台，使宝象运网、宝象云仓两大板块无缝对接，实现宝象物流与企业合作模式的升级。宝象物流仓配一体服务逐渐转向为中高端客户提供服务，实现服务场景多元化、服务能力高端化发展，同时从传统出租模式转变为自主运营的整体供应链服务模式，从简单的出租收取租金模式演变为全环节托管服务模式，从仓储延伸到客户生产、干线、城配、终端客户，增强客户的黏性。最后，根据客户的定位，锁定客户的仓储需求，并与客户进行同业资源整合，实现“1 +1 >2”的效果。

3. 构建综合商业生态圈

宝象物流围绕互联网和物流网两网并行，以宝象智慧供应链云平台为土壤，依托宝象物流强大的仓配网络覆盖能力，上延制造业前端，下至商贸流通终端，双向打通，构建一个综合商业生态圈。

六、结语

随着电商的快速发展，仓配一体化模式优势愈加明显，市场需求强烈。宝象物流作为全国5A级物流企业、云南省大型综合性国有现代物流龙头企业，基于宝象智慧供应链云平台开展仓配一体服务不仅是转型发展的迫切需要，也是提升核心竞争力的必要途径。

未来，宝象物流将不断加强提升物流网络和服务能力、供应链设计能力、物流设施和技术应用能力、综合IT（信息技术）能力，从顶层设计便开始一体化设计的系统，提升仓配一体服务的响应速度和服务质量，从而为客户提供全链条透明可视的一体化解决方案。基于宝象智慧供应链云平台的仓配一体服务将为企业带来巨大的经济效益和广泛的社会效益，实现全产业链企业的协同、共享、共赢。

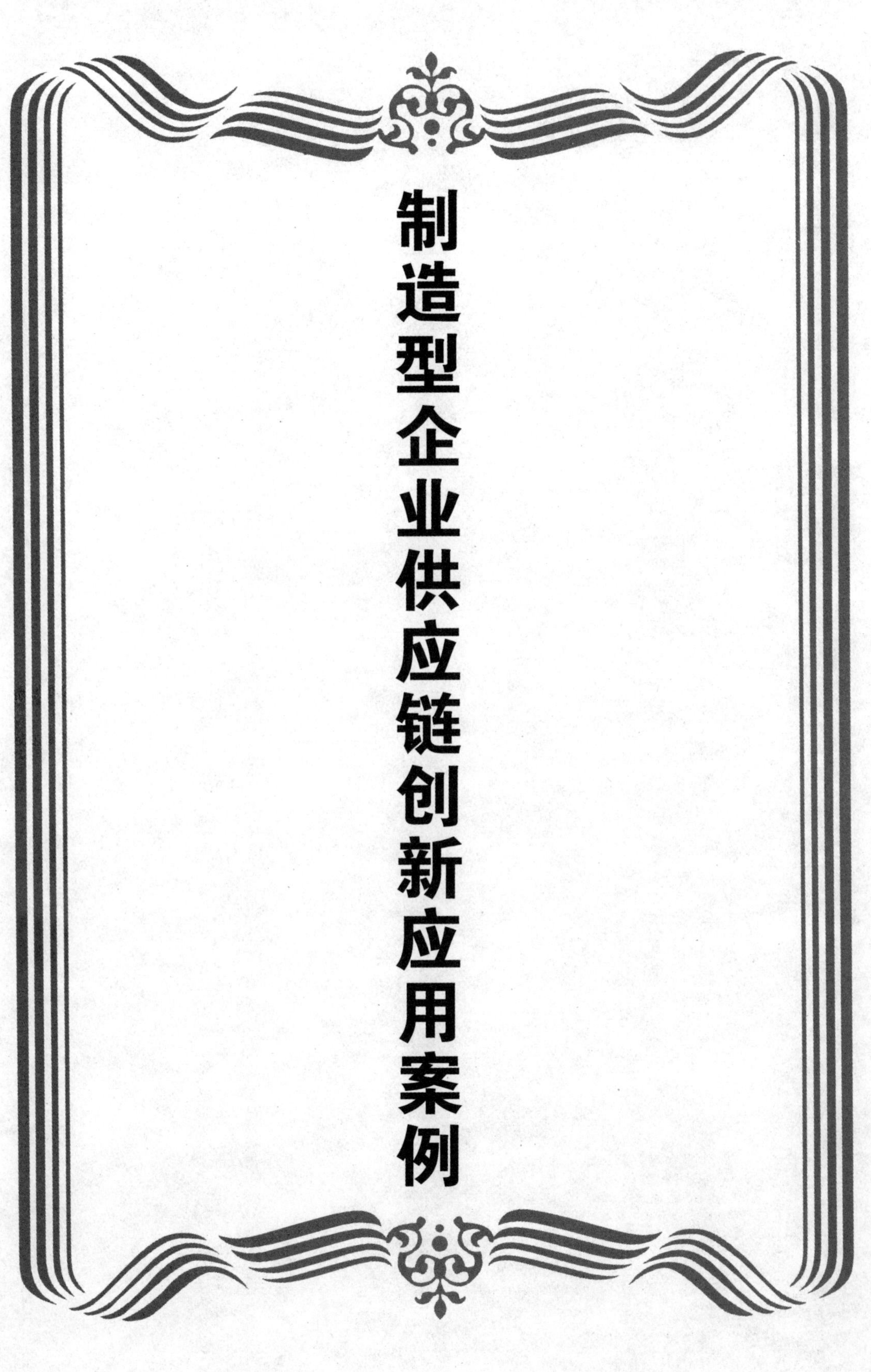

制造型企业供应链创新应用案例

中国移动通信集团安徽有限公司：LIS 系统全流程贯通体系的构建

一、企业简介

中国移动通信集团安徽有限公司（以下简称“安徽移动”）隶属于中国移动通信集团有限公司（以下简称“集团公司”），是中国移动在安徽设立的全资子公司，于 1999 年 9 月 8 日挂牌成立。安徽移动下辖 16 个市分公司、64 个县（市）分公司及 1 个全资子公司，拥有各岗位员工 16000 余人。

自安徽移动成立以来，运营收入年平均增速达 20%，成为区域主导通信运营企业。自 2002 年上市以来，累计上缴中央和地方税收达 119 亿元。移动通信网络已全面覆盖安徽省各市、县、乡、村。

安徽移动大力推进行业应用，助推政府和企业信息化建设。安徽移动一直致力于以移动信息化助推当地经济社会发展，“十二五”期间，计划投入约 290 亿元用于通信基础设施建设。安徽移动发展不忘回报，积极开展教育扶贫、捐资助学，支持农村教育、科技和文化事业发展。

二、项目建设背景

当前社会发展的大环境下，经济发展迅速，客户需求多变且服务偏于个性化，对供应链的反应速度、敏捷性和服务质量及服务多元化有更高的要求。要打造敏捷、高效的智慧供应链，物流信息系统在整个链条中起着至关重要的作用。安徽移动于 2008 年搭建了物流信息系统（Logistics Information System，LIS），以智能、敏捷、高效、柔性为物流管理核心要求。自 LIS 系统上线以来，功能日趋完善，目前已经具备收货、发货、物资申领、退库、调拨、接收直发、库存盘点、库存组织管理等功能，已形成“省中心仓库（服务全省）+市公司仓库（服务全区）”的“1+16”仓储服务网络，基本实现了库存业务的集中、在线管理，库存管理水平位于集团公司前列。

但是，随着国家“提速降费”政策的持续推进，移动用户资费持续下降，在为社会释放大量红利的同时，也为通信行业带来了前所未有的挑战。在行业利润急剧下降的形势下，如何在培养新兴业务、寻找新利润点的同时，降低企业运营成本、提升管理效能，成为通信行业面临的难点问题。

安徽移动采购物流部通过对供应链全流程的认真分析，发现在仓储物流环节仍存在一些薄弱环节，可以通过信息化手段进一步提升。

（一）物资管理精细化水平较低

随着家庭宽带及互联网电视业务的迅猛发展，采购物资种类增多，规模扩大，由于省、市物资管理模式不统一（省、市部门间终端管理职责分工不统一，各地市处理流程差异大，存在多头管理问题）、管理不精细（设备领用和调拨凭证为纸质材料，不易存档，管理粗放，铺货不精准，终端周转利用率低）、手段不健全（仅针对出入总体数量进行管理，无法跟踪具体设备所处的位置和使用状态）、风险不可控等问题（设备领用、出库不规范，人工稽核难度大，不能有效控制"跑冒滴漏"风险），导致安徽移动电视机顶盒出库数量与激活用户数差异较大，存在"跑冒滴漏"的风险，迫切需要通过技术手段实现家客终端的精细化管理水平。

（二）物资管理全流程贯通存在薄弱环节

安徽移动库存组织分为"工程物资""市场物资""维护物资""杂品"，主要完成货物类物资的库存管理，包括物资出入库、物资领用、物资退库、物资调拨、直发现场等操作，但是在全流程贯通方面仍存在薄弱环节。

（1）家客终端、光缆等战略物资市场需求量大、供货周期长，分散采购模式无法保证物资的及时供应。

（2）部分物资出库后不能及时使用，需要放置在暂存点，但是工程建设部门缺乏有效的手段对暂存点进行管理，存在管理方面的空白。

（3）费用类订单未纳入 LIS 系统进行统一管理，导致业务用户需要在多个系统进行订单接收操作，效率较低。

（4）对于物资报废缺乏相应的流程，导致部分长期滞库物资无法进行有效清理。

（三）与供应商协同能力较弱

安徽移动作为安徽省内最大的通信运营商，近年来陆续启动并完成了 4G、5G 等大型项目的建设，这些项目要求工期管理较为精细化，对 WBS 节点的配送和管理有着极高的要求。传统的 ERP 和供应商交互主要是线下对接，缺乏排单、交货单、预约单、VOI（供应商拥有的库存）等概念，供应商的交货期无法保证，影响项目进度，因此在物资供应方面需要进一步加强与供应商的协同。

三、LIS 系统全流程贯通体系建设方案

LIS 系统是供应链系统中的核心环节，只有推行物流业务流程规范和标准化管理，建立完整的物流信息全流程贯通体系，才能真正实现入库业务、出库业务、库存管理、供应商协同等环节的全面管控，提高库存周转率、有效盘活长期滞库物资、降低全省呆滞库存占比，实现库存实时可见、运营指标可查、流程可追溯的目标。

安徽移动根据公司精细化管理要求，通过交流学习、全面分析、流程梳理、系统重构等手段，对 LIS 系统进行了完善，在原有的出入库、库存管理的核心功能基础上，实现了家客终端单品管理、暂存点管理、费用类订单接收、物资报废管理、到货预约、VOI 管

理等功能的全面完善和优化，有效控制并跟踪仓库业务的物流和成本管理全过程，提升企业仓储物流信息化管理水平。

（一）系统功能模块重构整体思路

为实现 LIS 系统全流程贯通，安徽移动完成了系统功能重构工作。LIS 系统新的功能架构如图 1 所示。

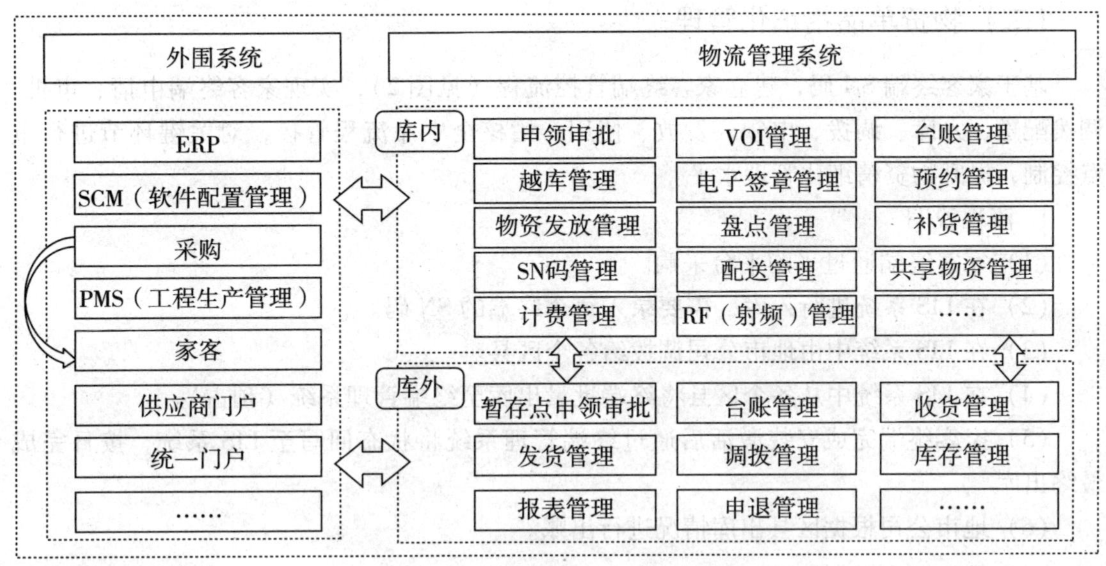

图 1　LIS 系统新的功能架构

系统功能模块重构的思路包括以下几点。

1. 以新技术的引入支撑物资精细化管理

随着机顶盒业务的迅猛发展，将机顶盒物资纳入物流体系管理的需求日趋强烈。基于机顶盒物资的特殊属性，每个机顶盒都有唯一的 ID 号码，在物流仓储管理中存在很大复杂度，同常规的业务模式也有很大的区别，需要系统功能的重构，以适应兼容机顶盒的业务模式。

通过打通与家客系统连接的接口，实现了基于 SN 码的家客终端单品精细化管理以及机顶盒库存的全流程透明化管理，解决机顶盒管理中存在的“跑冒滴漏”问题。

2. 全新业务模式的功能搭建

市场需求对物流的标准化、信息化水平有着更高的要求，在当前激烈的市场竞争环境下，传统的物流服务无法支撑安徽移动的物流管理需求，业务模式向多频率、小批次、敏捷、高效的转变成为必然趋势。在 LIS 系统功能迭代中始终坚持以市场需求为导向的核心思想，始终坚持系统的柔性化和可塑性的理念，切实为系统用户提供定制化的物流服务。

打通 LIS 系统的业务全流程断点，增加了 RDC（区域配送中心）物资管理模块，实现了物资从省到县的快速配送；新增暂存点管理模块，实现了账外物资管理；增加了费用订单接收退库功能；增加了物资报废功能。

3. 创新思维下的供应商深度协同

传统的供应商管理是以压缩采购成本、获取短期经济利益为首要目标，因此企业与供应商之间表现出的是基于价格的竞争关系，这种无共同利益驱动的合作注定是不稳固的短期合作。当今，在激烈的市场竞争中，企业面临内外部多重压力，为实现降低成本和保障供应的目标必须要有效利用供应商关系，与其结成长期、稳固的战略伙伴，实现与供应商的深度合作和协同。

安徽移动基于上述思路，在LIS系统增加了与供应商系统连接的接口，实现了VOI、到货预约等功能，实现与供应商的合作共赢。

（二）物资单品精细化管理

基于家客终端SN码，建立家客终端管控流程（见图2），实现家客终端申请、审批、调拨配送、入库、调拨、申领、发放、使用、稽核全生命流程管控，对关键环节进行重点控制，提升物资精细化管理水平。

1. 流程说明

（1）家客终端通过采购平台采购。

（2）在LIS系统进行入库，需要录入每个终端的SN码。

（3）在LIS系统中由地市公司调拨给各个区县。

（4）在LIS系统中从各个区县将终端批量出库至终端管理系统（预占）。

（5）家客终端完成安装激活后通过终端管理系统将状态回写至LIS系统，按日完成最终出库。

（6）地市公司根据区县出库情况进行出账。

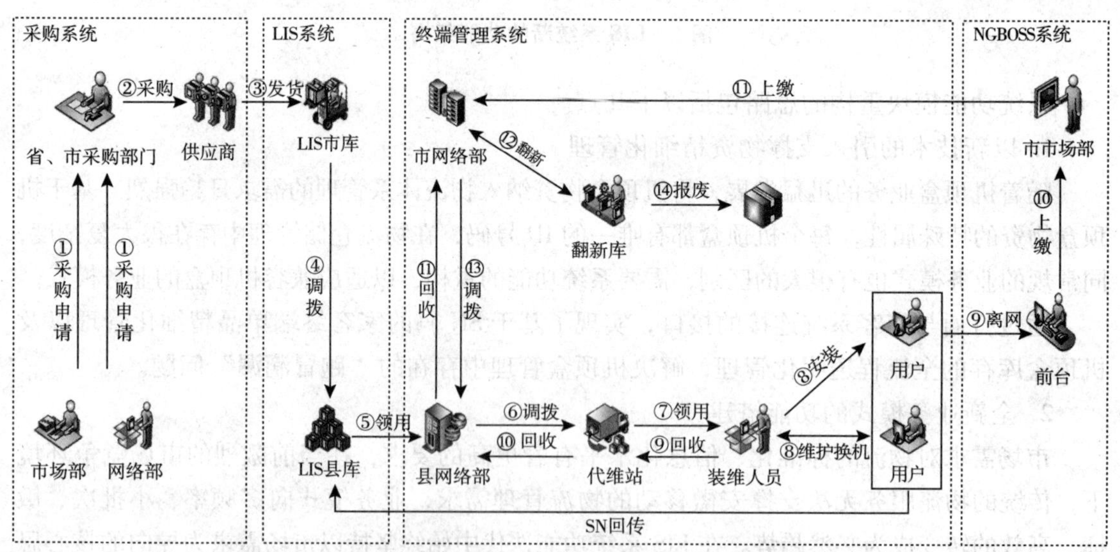

图2 家客终端管控流程

2. 扫码出入库

（1）扫码入库。

扫码入库时先选择扫码方式、单箱容量、厂家及型号，每个字段提供默认值，系统能够根据选择的配置信息对扫码得到的数据进行校验，若出错给出具体的出错信息。

（2）扫码出库。

扫码出库时先选择扫码方式、单箱容量、厂家及型号，每个字段提供默认值，系统能够根据选择的配置信息对扫码得到的数据进行校验，若出错给出具体的出错信息。

3. 到货验收

先入库再检验，支持分步验货（按箱和按个数）。如果货物质量有问题，进行退库处理。

4. 汇总出账

终端管理系统每天将数据同步至 LIS 系统，对预占的数据进行出库操作。地市公司定期对已出库数据进行 ERP 出账操作。

（三）LIS 系统全流程贯通

1. 新增物资 RDC 管理

RDC 供应模式是指省公司基于预测的需求实施产品化采购，物资进入 RDC 集中仓储，全省共享，按需领用，实现战略物资集中高效供应。

在 LIS 系统建立 RDC 仓库省—县直发流程，提升配送效率，降低物流成本，减轻分公司工作量。RDC 供应模式流程如图 3 所示。

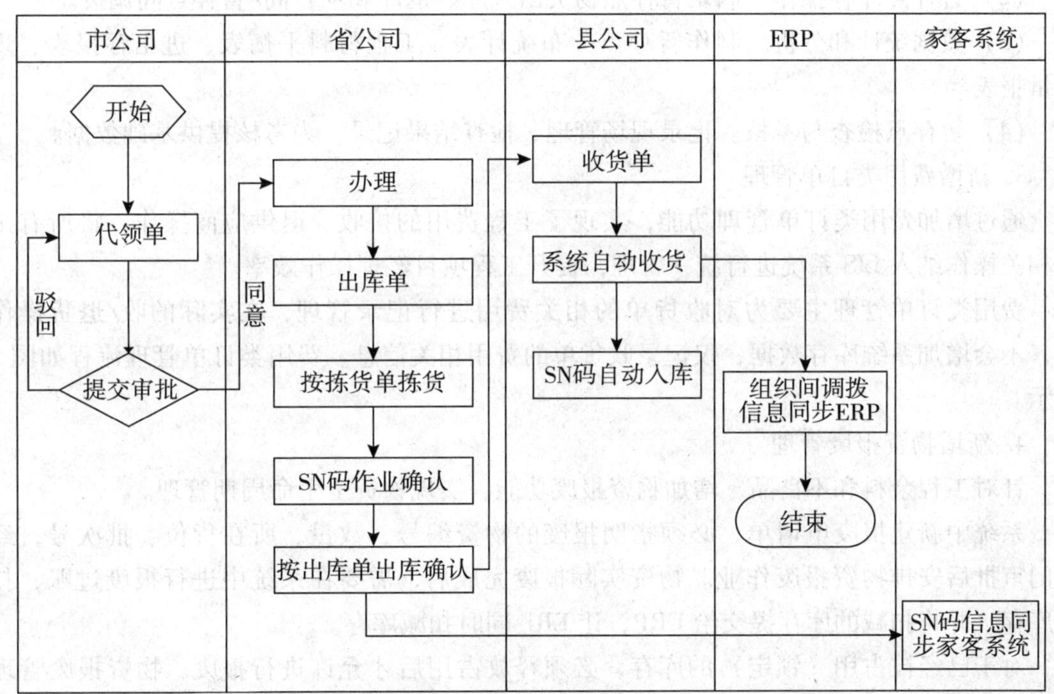

图 3 RDC 供应模式流程

通过 RDC 供应模式，建立通用物资的一级配送方式，基于车型、规模、线路等模型，借助大数据实现配送线路智能推荐，实现全省集中下单、集中供货、集中配送的一体化运营机制。

2. 新增暂存点管理

针对已出库但是未及时使用的物资，建立暂存点管理功能，延伸可视化管理末梢点，为项目经理提供暂存点线下管理系统模块，实现工程物资出库后直至施工队暂存点申领，暂存点物资分配、退库、项目调拨等过程信息化管理，提高项目经理对暂存物资的管控力和效率。暂存点管理流程如图 4 所示。

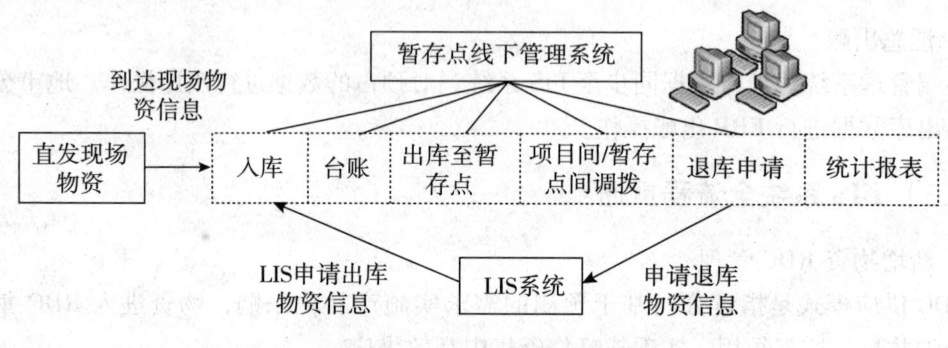

图 4　暂存点管理流程

（1）暂存点基础信息管理。暂存点基础信息统一归口物流用户创建和管理。

（2）暂存点库存操作。满足暂存点物资出入库、退库和项目间/暂存点间调拨。

（3）数据统计和分析。制作暂存点分布统计表、工程材料平衡表、进出存报表、现有量报表等。

（4）暂存点检查与考核。记录现场管理、检查结果记录，为考核提供基础数据。

3. 新增费用类订单管理

通过增加费用类订单管理功能，实现了工程费用的接收、退供应商操作，将所有工程相关操作纳入 LIS 系统进行统一管理，提升工程项目经理操作效率。

费用类订单管理主要为对收货单的相关费用进行记录管理，在实际的收/退货操作时，不会增加系统库存数据，仅记录收货单的费用相关信息。费用类订单管理流程如图 5 所示。

4. 新增物资报废管理

针对工程余料和不良品，增加物资报废功能，实现物资全生命周期管理。

系统中新建报废申请单，必须指明报废的物资编号、数量、所在货位、批次号，经部门审批后安排物资报废作业。物资实际报废完成后，需要在系统中进行报废过账，扣减库存，并将扣减的库存提交给 ERP，让 ERP 同时扣减库存。

对于已经被占用（锁定）的库存，必须释放占用后才允许进行报废。物资报废管理流程如图 6 所示。

（四）供应商协同管理

1. 建立 VOI 采购模式

创新开展了基于产品化采购物资的 VOI 管理模式的探索和实践，实现以接近“零库存”的方式提前锁定智能家庭网关和机顶盒等战略物资，快速响应市场发展需求，推进

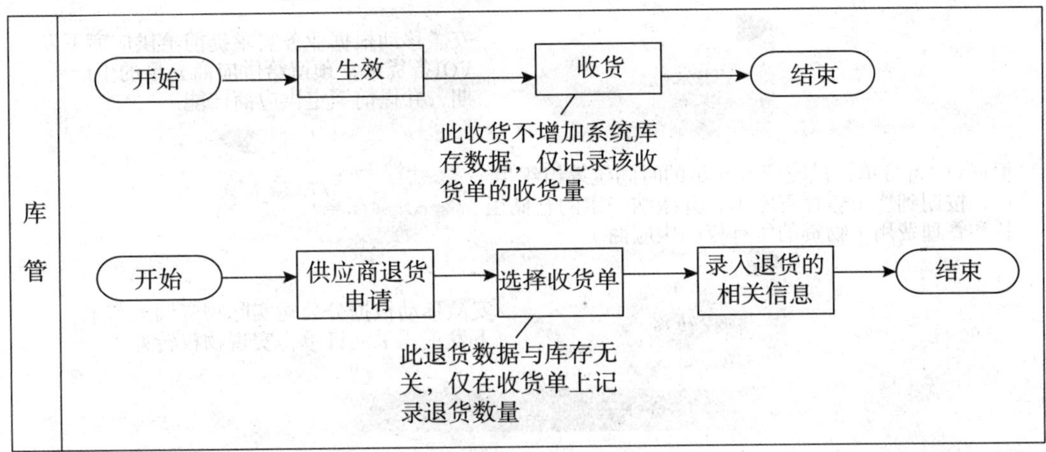

图5　费用类订单管理流程

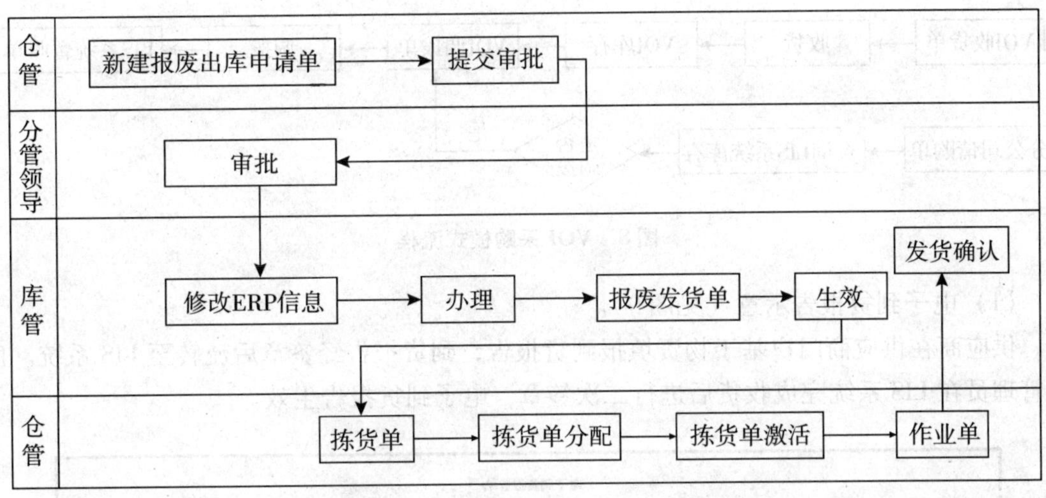

图6　物资报废管理流程

降本增效工作。

LIS系统支持VOI库存管理，按供应商视图进行库存管理，VOI入库后，相应供应商的库存增加。能够按供应商维度进行库存查询、库存统计、入库接收、拣货、出库等操作，并通过供应商门户实现供应商在线查询接口，即供应商可以实时查看当前仓库内属于本供应商的库存分布情况以及一段时间内的出入库情况（见图7和图8）。

2. 基于电子签章的到货通知单

为提升供应商协同质量和效能，安徽移动基于数字证书（Certificate Authority，CA）实现供应链单据的加密、签名，从而实现到货报告和退货报告合规化、无纸化、高效率、高质量流转。通过电子签章助力打造高效绿色供应链，加强采购、物流流程中与供应商的在线协同，做到采购订单流转、到货及退货操作全流程信息化、无纸化，节约成本。

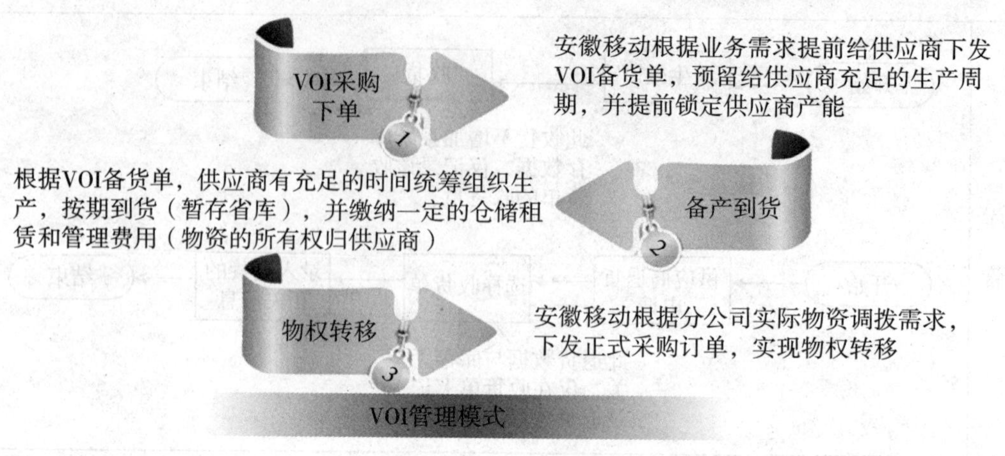

图 7　VOI 管理模式

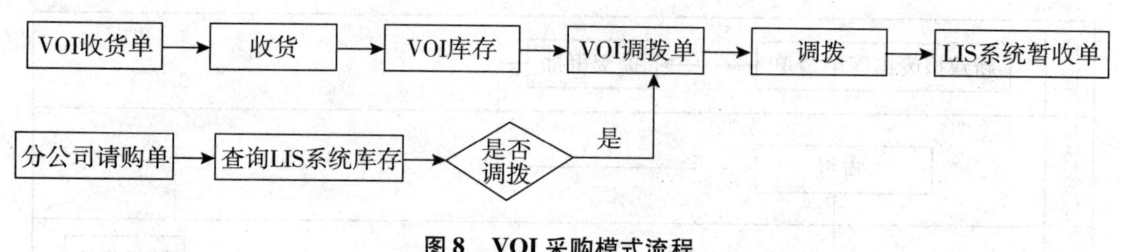

图 8　VOI 采购模式流程

（1）电子到货报告示意（见图 9）。

供应商在供应商门户基于物资填报到货报告，到货报告经签章后流转至 LIS 系统。库存管理员在 LIS 系统完成收货后进行二次签章，电子到货报告生效。

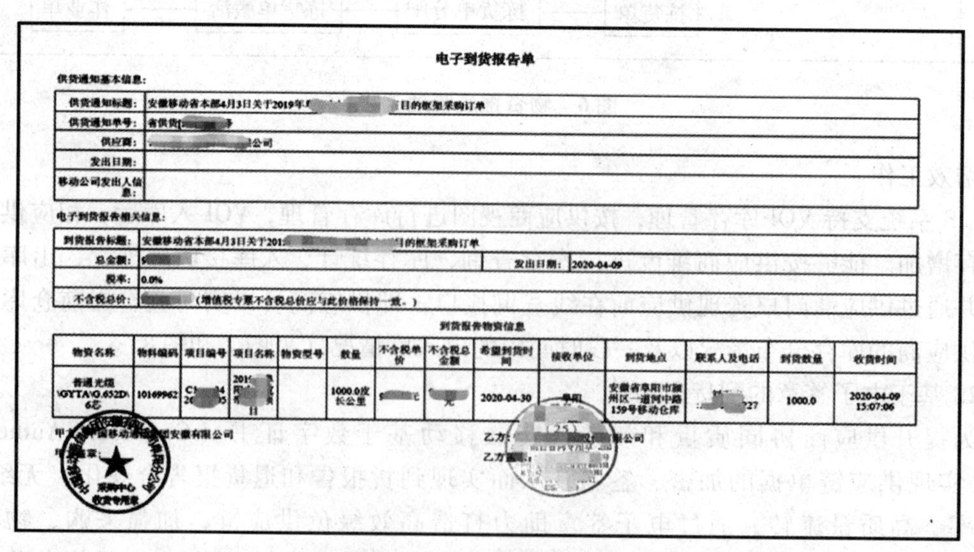

电子到货报告单

供货通知基本信息：

供货通知标题：	安徽移动省本部4月3日关于2019年[illegible]目的框架采购订单
供货通知单号：	省供货[illegible]
供应商：	[illegible]公司
发出日期：	
移动公司发出人信息：	

电子到货报告相关信息：

到货报告标题：	安徽移动省本部4月3日关于201[illegible]目的框架采购订单		
总金额：	[illegible]	发出日期：	2020-04-09
税率：	0.0%		
不含税总价：	[illegible]（增值税专票不含税总价应与此价格保持一致。）		

到货报告物资信息

物资名称	物料编码	项目编号	项目名称	物资型号	数量	不含税单价	不含税总金额	希望到货时间	接收单位	到货地点	联系人及电话	到货数量	收货时间
普通光缆\GYTA\G.652D\6芯	10169962	C[illegible]	201[illegible]		1000.0皮长公里	[illegible]	[illegible]	2020-04-30	[illegible]	安徽省阜阳市颍州区一道河中路159号移动仓库	[illegible]27	1000.0	2020-04-09 15:07:06

甲方：中国移动通信集团安徽有限公司

甲方签章：

乙方：[illegible]公司

乙方签章：

图 9　电子到货报告示意

（2）电子退货报告。

库存管理员在 LIS 系统发起退货报告流程，退货报告经签章后流转至供应商门户。供应商在供应商门户接收到退货报告后进行二次签章，电子退货报告生效。

3. 建立物资到货预约规则

采购订单发送至供应商后，由供应商发出到货预约申请，库存管理员根据库位剩余情况，分配到货计划，并要求送货车辆准时到达，延期不予接收。

（1）供应商根据供货通知单进行生产，发货前通过系统提出预约到货申请，包含供货通知单号、产品型号及名称、规模、预计到货时间等。

（2）仓库管理员审核预约申请，根据库位剩余情况、当日其他到货预约情况，核定具体到货日期。

（3）要求送货司机必须在约定时间内到达指定仓库，否则不予接收。

四、效益分析与评估

（一）建立了物流管理全流程贯通体系

LIS 系统投入使用十几年来，功能逐步完善，目前已经实现了物资出入库、物资配送、物流业务的全流程贯通，对于提升物流管理水平起到了巨大的推动作用。流程贯通的本质是数据贯通，在全流程贯通的基础上对数据进行分解，将“大分子”拆分成“小分子”，使之可以从主血管流转至毛细血管，也可以从毛细血管汇总至主血管，从而实现全流程贯通的深化升级。

（1）物资管理的维度更加细化：通过对全省所有在库工程物资、备品备件、维护材料、促销品等各项物资的集中管理，使得安徽移动的管理重心由 ERP 延伸至 LIS 系统，物资管理范畴的细化成为仓储物流精细化管理的基础。

（2）物资管理的责任划分更加明确：LIS 系统全面覆盖省、市、县三级并直达营业厅和代办点等管理末梢，实现各层级库存物资的可见、可管、可操作，通过更加明确的责任划分，使仓储与配送的服务质量大幅提升，物资流转更加高效。

（3）不断加强与外围系统的协同：通过对 LIS 系统上下游的十几个系统同步优化升级，信息流动更加畅通无阻，信息聚合更加完整准确，供应链业务运行更加柔性敏捷，为各类决策提供全方位信息化支撑。

（二）物资精益管理水平大幅提升

1. 通过信息化实现物资精细化管理

创新家客终端全生命周期管理模式，采取类物联网技术，以 SN 码为唯一 ID（支持使用扫码枪、手机 App、电脑端等多种方式扫码），通过采购物流系统、业务受理系统和装维调度系统三大系统联动，推动“六智”，即智能管控、智能追溯、智能预警、智能稽核、智能评估和智能预测，实现对家客终端从需求、采购、入库、调拨、领取、使用、回收、翻新、维修等全生命周期管理。

2. 通过信息化实现物资快速供应

采用RDC供应模式，全年产品化采购智能网关、机顶盒、物联网卡680.3万件，满足地市范围内需求所需平均时长为3个工作日，快速响应市场发展需求，同时节省63.6万元仓储租赁费用。

（1）提高供应效率：省库直达需求点，供应周期降至3个工作日，快速响应。

（2）降低市库工作量：降低了市库出入库及扫码工作量，解放人力，释放市库库容。

（3）降低物流成本：由省—市—县配送模式调整为省—县配送模式后，物流及搬运费用预计可节约40%。

3. 通过信息化实现资源共享与统筹管理

在LIS系统内部定制开发了暂存点管理模块，实现了同质功能的集成；如RDC配送至项目施工暂存点的物资可以实现无缝对接，暂存点会直接生成联动库存数据，通过对在途库存和出入库库存的平衡限制，实现了对暂存点库存的精细化管理，省公司物资管理员可以提取全省的仓储运营数据；分析RDC、暂存点的各项指标数据，为暂存点的微型仓储提供了数据化运营支持。

4. 通过信息化有效防范物资管理风险

梳理各环节风险点，固化内控要求和库存管理标准化操作，实现全省一套管理流程、一套业务工单、一套报表、一套考核指标体系，有效防范物资管理风险。

（三）供应商协同水平提升

利用信息化手段，实现与供应商在物资供应方面的深度协同。优化供货策略，创新开展VOI管理模式，实现了以接近“零库存”的方式提前锁定战略物资，快速响应市场发展需求。

2019年实施VOI管理模式以来，累计完成245万台终端的VOI管理，通过省库集中储备和按需调拨，有效保障全省日常需求和业务开展，同时节省171万元仓储租赁费用。

电子签章在确保电子退货报告、电子到货报告等文件法律效力的同时替代了原有纸质单据，电子单据交互效率由平均7天降至5分钟，解决了供应商与安徽移动人员之间大量的人工打印、签字、盖章工作及单据的往返交互，大幅节约了安徽移动及供应商的人工、办公及差旅成本。

五、主要体会、经验与教训

（一）信息化主导的物流创新

通常所说的创新既包括管理创新，也包括技术创新，安徽移动作为通信行业的领军企业，在这两方面均取得了不错的成绩。本项目就是安徽移动结合集团公司及省公司相关管理要求，运用信息化手段，对物流全流程管理的创新实践。一方面是重塑业务流程开展管理创新，包括单品管理、RDC、VOI等方面；另一方面是积极引入新技术开展技术创新，包括扫码出入库、需求预测等。后续安徽移动仍会坚定不移地走信息化主导的创新之路，助力“5G”新基建的全面实施。

（二）数据模型与精益物流

提升物流管理水平离不开专业的系统和模型的支撑，安徽移动在本项目中采用了物资需求量预测、安全库存、滞库物资等数据分析模型来提升数据分析的准确性，并取得了不错的效果。但是数据模型不是孤立、不变的，需要与物流管理相匹配，并随着物流管理要求的变化而不断优化。LIS 系统中还要不断建立新的数据模型（如 EIQ 分析、偏离度分析、配送路线规划等模型），为物流管理人员提供数据化的信息支持，使物流管理和决策趋于自动化和精准化，提升精益物流管理水平。

（三）资源整合与深度协同

资源整合能力体现了一个企业的实力和管理水平，只有全面整合企业资源才能推动深度内外部协同。安徽移动充分运用信息化手段构建了物流全流程贯通管理体系，实现了跨企业、跨组织、跨系统的物流信息资源整合，实现了供应链管理各环节的深度协同。LIS 系统正是在不断迭代的过程中，持续优化系统本身的资源配置，与其他系统深度协同交互，最终使供应链系统成为一个高效简洁的有机整体。

（四）数字化、可视化运营与突破

数据分析是流程贯通闭环管理中关键的反馈环节。强大的数据管理、分析能力是供应链运营和信息化提升的动力源泉。LIS 系统通过全流程贯通已经获取了供应链全流程的业务数据，但是尚未对这座“数字金矿”进行深入挖掘。物流的数字化运营最终方向是智慧、精准的物流活动，面对海量的物流数据，系统需要进行大量的统计分析，并通过可视化的方式进行展现。对数据的精准提取和加工是数据可视化的基础，也是难点，安徽移动将以此为突破口，实践数字化、可视化的运营管理新模式。

六、下一步的改进方案

借助仓储物流系统建立大数据分析模型，并通过引入区块链、物联网和云计算等新技术，探索配送全程可视化和路径最优化、自动补货和到货预约机制以及闲置物资共享调拨，以智能化、自动化驱动供应链运营交付。

锐特信息技术有限公司：锐特信息智能制造供应链一体化解决方案

一、智能制造行业简况

近年来随着“工业 4.0”加速与“两化融合”不断深化，促使“智慧工厂”不断创新供应链管理，互联网数字化已经赋能传统工业向离散协同、柔性定制转型，5G 及物联网技术将开创制造业的服务新模式。其中家居行业已经进入 O2O、C2B、个性化、送装一体、柔性生产的时代，全渠道环境中，家居企业面临定制营销、柔性生产及数字化供应链的转型问题；家电行业进入物联网升级时代，家电行业面临经销网络的整合及升级问题，结束渠道库存野草式生成模式，家电企业需要联动经销商体系实现全局库存一体化管理与协同运营；随着汽车产业不断转型升级，汽车供应链也将面临重大变革。庞大纷乱的信息数据、人工成本的不断增加、低效复杂的实际操作、物流装备技术的创新迭代等问题将会给汽车制造和经销供应链带来巨大的冲击。

自 2005 年成立以来，锐特信息技术有限公司（SinoServices，以下简称“锐特信息”）始终致力于“让供应链更智慧”，并逐步成长为业内领先的信息技术服务企业。在智能制造、产业互联网、新零售不断升级的现今，智慧供应链越来越成为时代发展的基石，锐特信息借助云计算、大数据及人工智能等先进技术，为各个行业的企业打造一体化、精细化、集约化、移动化的供应链混合云解决方案。锐特信息拥有完善的产品链，为客户提供具有自主知识产权的产品和服务，包括 CHAINLINK 供应链管理套件（SRM、DMS、SCC、SCM）、CHAINWORK 供应链物流套件（WMS、TMS、OMS、BMS、VMS、CHAINPARK）、CHAINFIN 供应链金融套件、56n 智慧供应链协同云平台以及 CHAINTECH 技术中台，为客户提供量身定制的智慧供应链解决方案。

二、智能制造行业所面临的问题及信息化困难

近几年，在“工业 4.0”以及“中国制造 2025”浪潮的推动下，智能制造成为制造业创新升级的突破口和主攻方向。随着生产、物流、信息等要素不断趋于智能化，整个制造业供应链也朝着更加智慧的方向迈进，这也成为制造企业实现智能制造的重要引擎，支撑企业打造核心竞争力。

1. 业务挑战

（1）随着客户越来越个性化的需求及越来越短的周期要求，需要更高的业务支撑能力来配合。但传统的营销支持，缺乏大数据分析、预测算法等技术。

（2）生产制造企业各个环节涉及的部门过多，链条较长，对时效性要有更高的要求。

但传统制造企业在这些方面相对薄弱，如沟通成本高、沟通周期长等。

（3）供应链上下游有多重外部角色，其间的协同传达都是依靠电话、邮件等方式，已经无法满足当前越来越快速、越来越精确的生产模式的需要。

（4）传统单仓收发配模式存在过度依赖人工、时效慢、成本高的问题，以及传统业务模式下存在的库存孤岛问题，都是正在面临的挑战。

2. 信息化挑战

（1）随着智能制造的提出，生产制造企业支撑的信息化系统分工越来越精细化、专业化，导致系统间功能重复、接口繁多，系统维护工作量大。

（2）业务发展多元化，但是企业的信息系统普遍存在版本老旧、定制化难问题，也就是企业所谓的“遗留系统”重灾区，跟不上业务发展的需要。

（3）企业系统间的功能重复性，加大了信息化的维护量与投入成本。从而需要对企业信息系统进行更平台化的规划构建。

（4）大数据的运用、智能分析调度的业务需求、预测管理的业务发展，都对企业信息化的系统架构先进性、扩展性有更高要求。

三、智能制造供应链一体化解决方案

锐特信息通过智能制造供应链一体化解决方案帮助企业用户树立以用户为中心，以企业业务发展为方向的理念，通过信息化实现对企业业务的快速响应，从而提升用户满意度以及内部的效率，并控制成本。锐特信息同时通过中台建设帮助用户实现供应链数字化、智能化、服务化、协同化的建设目标。

聚焦制造业信息化与自动化集成技术，锐特信息智能制造供应链一体化解决方案将“智慧供应链”延伸至“智慧工厂”与“柔性生产”，在家居、家电、汽车、通信电子行业，通过与 ERP、MES（制造企业生产过程执行管理系统）、APS（高级计划与排程系统）、物联网、自动化技术的连接与整合，实现供应链服务的精确计划、高效协同与智能执行，联动整个制造产业价值链，提高管理的透明度及作业效能，帮助制造企业提升运营效益，推动生产力跃升，降低供应链成本攀升的压力。锐特信息智能制造供应链一体化平台如图 1 所示。

1. 供应链数字化

建设数字化的平台系统，完成从数据模型构建、数据采集、数据传输、数据存储与加工、数据分析以及数据展示等全面业务数字化过程，能够给经营者提供丰富的经营管理工具，不断优化完善企业的信息流。

2. 供应链智能化

建设智能化的平台系统，结合大数据、物联网和人工智能等技术，打通采购、生产、销售、仓配、分销等供应链环节信息流，降低各环节供应链成本，提高供应链效率，持续创造价值。

3. 供应链服务化

建设服务化的平台系统，通过先进技术的运用，结合企业后台系统的业务能力，整合后台的数据与能力；通过平台的快速开发、分析、服务共享等能力，提供前台更多的

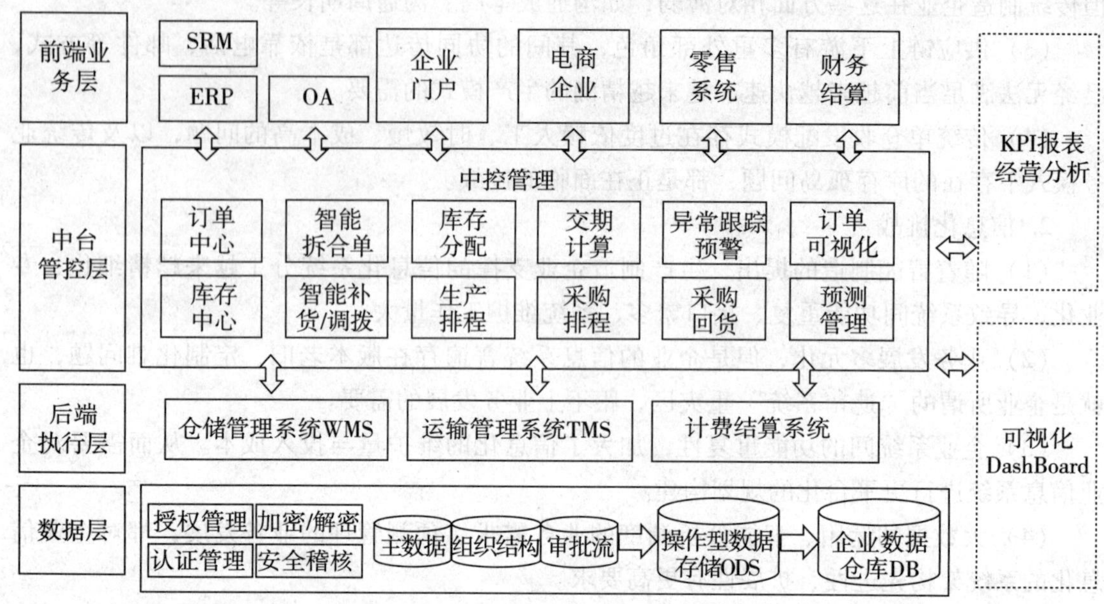

图1　锐特信息智能制造供应链一体化平台

创新能力以及后台的服务支撑。

4. 供应链协同化

建设协同化的平台系统，打通供应链中各节点帮助企业实现协同运作，进行面向客户和协同运作的业务流程再造。从而建立企业价值链优势，构造竞争优势群和保持核心的竞争力，能够有效地利用和管理供应链资源。

5. 智能完善的信息服务

锐特信息智能制造供应链一体化平台，借助云计算、大数据及人工智能等先进技术，结合自主研发的产品和服务——CHAINLINK 供应链管理套件（SRM、DMS、SCC、SCM）、CHAINWORK 供应链物流套件（WMS、TMS、OMS、BMS、VMS、CHAINPARK）、CHAINFIN 供应链金融套件、56n 智慧供应链协同云平台以及 CHAINTECH 技术中台，为客户提供量身定制的智慧供应链解决方案。

6. 长远持续的 IT 战略部署

坚持以技术创新能力，为用户提供从业务咨询、IT 战略部署、流程规划到产品实施、技术支持、售后运维等全方位的服务，将供应链管理、信息化建设和技术服务领域积累的丰富经验融入 IT 咨询和项目服务的全过程，帮助客户建立快速、高效、协同的智慧供应链，实现卓越运营，并持续为企业创造新的价值。

四、信息化主要效益分析与评估

通过智能制造供应链一体化解决平台建设，为制造企业打造一体化、精细化、集约化、移动化的供应链混合云解决方案。实现企业供应链信息化过程的全生命周期管理，帮助企业实现供应链信息从订单需求到生产排程，采购管理以及物流仓配结算一体化的全过程，通过建立全局库存中心、订单分享中心，结合相关预测管理、排程管理，帮助用户完成供应链端到端连通，提升供应链效率，提升企业供应链持续运营能力，降低库存，降本增效。

（1）订单管理层，产销衔接（见图2）：市场需求智能预测，采购计划智能安排；统一计划、统一调配，采购、生产、销售高效衔接，缩短供应链条时间。

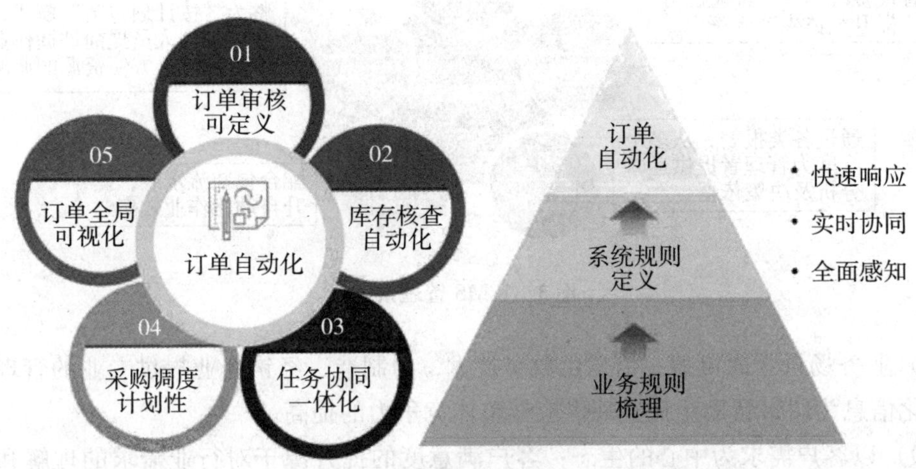

图2　订单管理层功能

（2）高效一体化服务：商品物流及安维服务一体化管理；及时完善服务响应机制；可视化透明化服务保障。

（3）保障生产交付快速准确：准确库存订单分配，精确预估交付周期及时间；建立了面向全国的计划体系和CDC/RDC物流体系，缩短物流配送周期。

（4）渠道库存下沉：企业目标市场细化；渠道下沉可以使企业更清楚地了解消费者需求；降低了管理成本，物流成本也会随之降低；根据订单的来源和属性，平台迅速匹配距离较近的最优仓库和高效的运输资源，客户可以很快使用到商品，仓库资源和运输资源也可以被高效利用。

（5）物流资源优化：仓库利用率提升，物流作业人员人效提升，运输车辆配载率提高，运输费用整体下降。

（6）物流成本降低：降低物流成本，使企业针对终端市场现状，提供多元化的产品来满足区域消费者的需要；终端服务水平提升；移动办公应用的数字化；售后服务整体透明化；锐特信息为家电行业提供的终端解决方案能深度打通用户，实现实时与用户进行交互，售后产品化方案助力提升用户黏性，融合多种服务方式和渠道，进而保证"保姆式"服务的标准化，价格的标准化。

（7）降低库存占用资金：减轻库容压力，保证物料完整，协助减少生产浪费，降低库存成本；有效防止因物料超收造成库存积压，甚至产生呆滞料；提高企业盘点处理效率，确保仓库账料一致。WMS管理系统如图3所示。

（8）全渠道多层级精细化管控：多业务角色应用协同，订单、全局库存、多层分销渠道统一管理，打通与业务伙伴的数据链路，及时掌握供应商、经销商的业务数据。以信息化驱动业务流程变革，减少人工成本，优化操作。

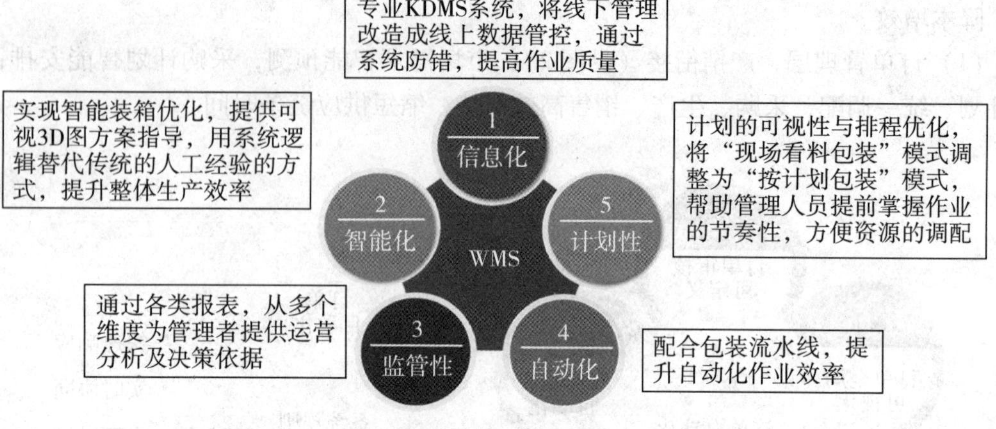
专业KDMS系统，将线下管理改造成线上数据管控，通过系统防错，提高作业质量
实现智能装箱优化，提供可视3D图方案指导，用系统逻辑替代传统的人工经验的方式，提升整体生产效率
计划的可视性与排程优化，将“现场看料包装”模式调整为“按计划包装”模式，帮助管理人员提前掌握作业的节奏性，方便资源的调配
1 信息化
2 智能化
WMS
5 计划性
通过各类报表，从多个维度为管理者提供运营分析及决策依据
3 监管性
4 自动化
配合包装流水线，提升自动化作业效率

图3　WMS 管理系统

（9）业务场景全面覆盖：信息化数字技术，为制造、经销企业提供专业的管理服务，以数字化信息为纽带帮助企业实现供应链整体竞争力的提高。

（10）以客户需求为中心的生态：客户满意度的提升源于对行业需求的理解和实现。通过了解客户痛点、深挖客户的需求，对客户需求进行大数据分析，建立和完善实现客户需求的价值生态，升华业务内涵，创新业务模式。

（11）对供应链的深刻洞察：先进的顶层设计理念，赋能个体，成就企业的智慧供应链管理。

（12）采销平衡：减少采购环节可能出现的暗箱操作，提高采购效率、压缩采购成本，保证原材料质量，减少资金支付风险；价格透明，从源头上控制采购成本，保证企业利润目标的实现。

（13）增强客户黏性：有效帮助挖掘客户潜力、加强客户的价值管理；帮助企业实现服务过程的全面管理和控制，提升服务质量及客户满意度。

五、信息化实施体会、经验及推广意义

随着制造业的转型升级，智慧供应链已显得尤为重要，建立快速、高效、协同的智慧供应链，实现卓越运营，提升行业竞争力，树立行业标杆已成为信息化竞争的关键。聚焦制造业信息化与自动化集成技术，锐特信息将“智慧供应链”延伸至“智慧工厂”与“柔性生产”，在家居、家电、汽车、通信电子行业，通过与 ERP、MES、APS、物联网、自动化技术的连接与整合，实现供应链服务的精确计划、高效协同与智能执行，联动整个制造产业价值链，提高管理的透明度及作业效能，帮助制造企业提升运营效益，推动生产力跃升，降低供应链成本攀升的压力。

项目的成功实施是多方力量的有效汇聚，供应链一体化服务平台涉及多个业务部门，与其他系统有不同程度的交互，领导层的支持极为重要。关键用户需求和期望的管理以及项目范围控制，是项目风险控制和项目成功的关键之一。同时要做好项目沟通与制度执行，确保项目高效进行。

六、系统下一步的改进方案、设想，以及对物流信息化的建议

锐特信息坚持以持续的技术创新能力，为用户提供从业务咨询、IT 战略部署、流程规划到产品实施、技术支持、售后运维等全方位的服务，将供应链管理、信息化建设和技术服务领域积累的丰富经验融入 IT 咨询和项目服务的全过程，帮助客户建立快速、高效、协同的智慧供应链，实现卓越运营，并持续为企业创造新的价值。

未来，锐特信息将继续致力于引领智慧供应链及智能物流的变革创新，立足于社会和行业的长远发展，持续推进“智慧供应链数字化计划”，积极推动与上下游合作伙伴及友商的合作创新，扩大产业价值，与广大伙伴共同建设健康良性的供应链产业生态系统。

上海钡云网络科技有限公司：基于互通型 SaaS 的智慧钢厂物流

一、应用企业简况

1. 应用企业介绍

内蒙古包钢钢联物流有限公司（以下简称“钢联物流”）于2018年成立，由包钢集团和上海钢联物流股份有限公司合资组建，公司注册资本2.5亿元，主要经营公路运输、仓储服务、车辆修理、停车场服务、物流咨询等业务，专注于为钢铁生产、贸易和加工制造企业提供钢铁原材料、半成品、产成品的供应链物流服务。

钢联物流现为包钢集团旗下唯一的公路物流业务运营平台，承揽了包钢集团的厂内、厂外采购和销售环节的所有公路运输业务。

2. 业务管理模式

本案例主要涉及钢厂产成品的销售物流优化，因此这里重点描述产成品管理模式。

（1）产成品物流业务分为短途业务和中长途业务，在运输过程中，都需要经过办证进厂、库区提货、办证出厂的过程。

（2）短途业务一般由自有运力和外协运力承运，外协运力主要通过长期合作协议来完成运力组织，运输车辆相对固定。

（3）中长途业务一般由社会化个体司机承运，这些车辆一般由钢联物流的找车平台以及社会化的信息部来完成运力组织。

二、信息化项目背景

下面分别介绍产成品物流流程和本项目拟解决的问题。

1. 产成品物流流程

系统上线前，车辆进包钢集团厂区提货的整个流程如下。

（1）钢联物流的物流室（以下简称“物流室”）领取包钢销售公司（以下简称“销售公司”）的纸质发货通知单，在TMS系统上创建客户物流订单。

（2）物流室将车辆及司机信息在进厂证上登记完成后，在运输系统上为司机派单，自此创建运单。

（3）司机到包钢集团保卫部（以下简称“保卫部”），凭进厂证和纸质发货通知单办理进厂IC卡，凭卡空车进厂。

（4）进厂后，司机凭纸质发货通知单到对应的库区/厂房提货。

（5）库区备货、装车，打印纸质装车作业单。

（6）司机凭纸质装车作业单，重车（已经装上钢材）驶往出门证室，排队凭纸质装车作业单及纸质发货通知单办理纸质出门证。

（7）司机凭纸质出门证到钢厂门岗接受门卫查车核验，主要检查纸质出门证、纸质装车作业单与实际车辆装载的货物是否一致。

（8）司机通过门卫核验，运输货物至收货地。待卸货完成及收货人签收后，司机通过将回单拍照上传至 TMS 系统。

2. 本项目拟解决的问题

通过调研和分析产成品物流流程不难发现：产成品物流的“一头一尾一中间”非常耗时间。所谓“一头”即车辆进厂环节，这里需要纸质发货通知单、纸质进厂证等单证的传递，还需要排队办理进场 IC 卡；所谓“一尾”即车辆的出厂环节，车辆出厂需要带上纸质装车作业单，办理纸质出门证（该岗位一般上班时间为早 9 点至晚 6 点，无人为夜间作业车辆及时办理证件，导致清晨厂内车辆排长队），接受查车等；所谓“一中间”即车辆在库区提货时，需要临时找货、备货、装车等。

与此同时，钢铁物流行业内普遍存在的钢成品的“串货”现象，这里的“串货”主要指货主按照钢厂对某区域的价格政策订货，而实际上将货物运输到其他区域，以此赚取“不合理”利润。

因此本项目拟解决以下问题。

（1）优化车辆进厂效率。

①连接 TMS 系统与钢厂 ERP 系统，取消纸质发货通知单传递环节，改为系统传递电子发货通知单。

②取消办理纸质进厂证。

③取消办理进厂 IC 卡，建设电子门禁（自动抬杆）预约系统，在 TMS 运单创建时自动同步预约该系统。

（2）优化车辆出厂效率。

①打通 TMS 系统与钢厂 ERP 系统，取消纸质装车作业单，改为电子装车作业单。

②由司机在手机端完成装车销账申请。

③打通 TMS 系统与钢厂保卫系统，取消纸质出门证，由司机在手机端使用电子出门证。

④改纸质出门证查车为电子出门证与运输实物核对查车。

（3）优化提货效率。

①将 TMS 系统改造升级为互通型 SaaS 系统，使货主、钢联物流、发货人（仓库）、司机、收货人（仓库）均能在线，从而实现业务协同（见图 1）。

②在 SaaS 系统上设计智能配载模块（采用多目标组合优化模型 + 模拟退火算法），该模块主要根据待发的电子发货通知单的货物状态等信息，进行预配载，待车辆派单创建运单时，同时将运单信息传递至库区，库区可通过发货人手机端查看，以便提前备货。

优化效果如图 2 所示。

（4）升级技术手段，监控运输过程，防止“串货”。

①将 TMS 系统改造升级为互通型 SaaS 系统，收货人可以在线协同。

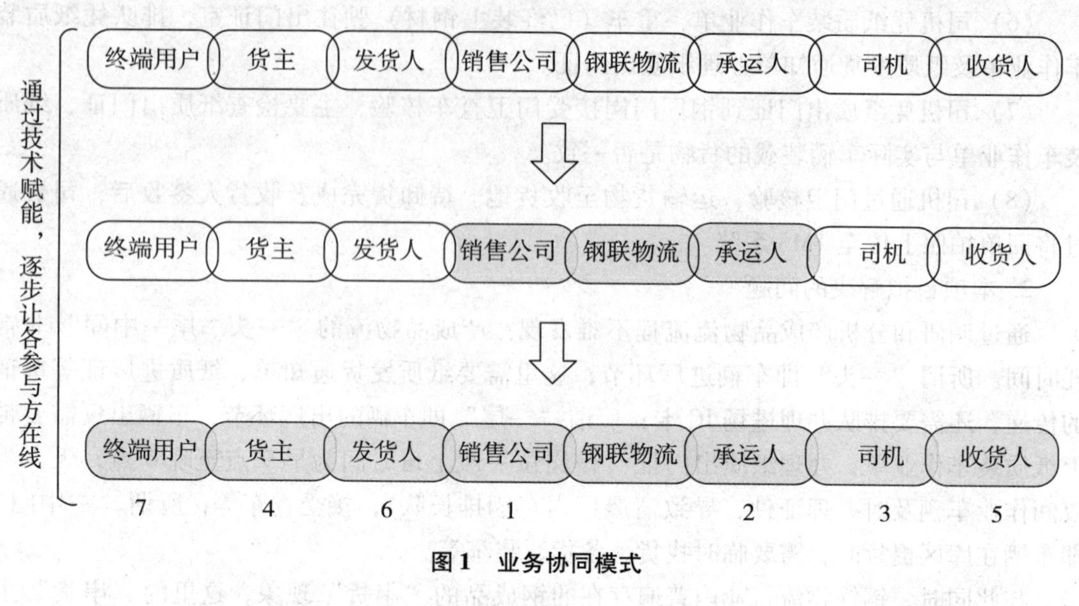

通过技术赋能，逐步让各参与方在线
终端用户
货主
发货人
销售公司
钢联物流
承运人
司机
收货人
7
4
6
1
2
3
5

图1　业务协同模式

4.车辆装车
发货仓库
5-1.办理出门证
库区发货处配货
生成装车作业单
提货完毕，
打印发货通知单
某生产厂
出门证室：
销账、办理
出门证
5-2.电子出门证
3-1.车辆配货
>> 库区ERP配载
3-2.钢联物流预配载
厂边界
门岗
厂边界
2.车辆进厂放行
6.车辆出厂、在途跟踪、握手交接
1-1.传递纸质发货通知单
1-2.传递电子发货通知单
销售公司：
办理发货通知单
物流室：
预配载；
打印提货清单；
预约进厂

图2　优化效果

②对卸货点进行经纬度和电子围栏的设置，并支持多边形围栏。

③对运输车辆进行定位设备的安装（长期稳定合作车辆）及调用第三方位置信息服

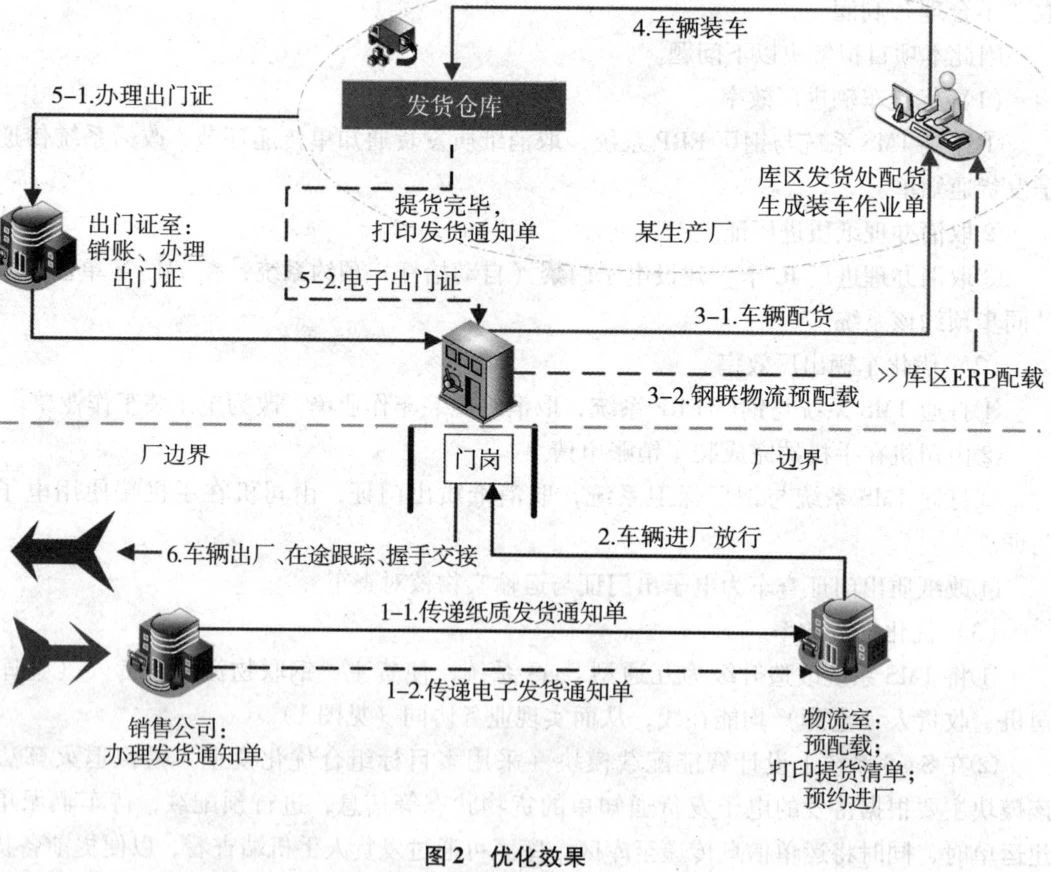

务商（中交兴路等），对车辆的运输过程进行监控和预警。

运输过程监控示意如图 3 所示。

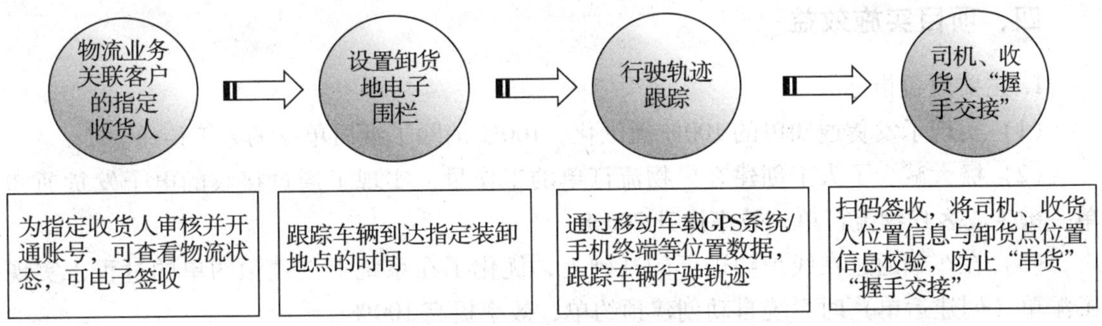

图 3　运输过程监控示意

④司机卸货时检验地理位置信息，且进行生物"活体检测"后，生成动态加密运单二维码，由收货人在手机端扫描收货，完成货物交接。

三、信息化项目推进

1. 成立项目组

项目立项后，钢联物流立即成立项目组。由钢联物流信息化负责人作为项目组长，物流室的负责人作为项目经理。

2. 会议与干系人

项目的调研和推广阶段涉及以下部门及人员。

（1）技术公司：钡云网络。

（2）应用公司：物流室。

（3）项目主要协调单位：包钢生产部。

（4）项目主要参与单位：销售公司、出门证室。

（5）项目主要参与单位：包钢集团保卫部。

（6）项目主要参与单位：各成品库区。

（7）项目主要参与单位：货主、收货人。

（8）项目主要使用群体：司机。

3. 系统开发

主要开发内容如下。

（1）TMS 系统改造升级为互通型 SaaS 系统，涉及货主、发货人、司机、收货人等。

（2）增加智能配载模块（采用多目标组合优化模型 + 模拟退火算法）。

（3）建设电子门禁（自动抬杆系统）预约系统。

（4）对接钢厂 ERP 系统。

（5）对接钢厂保卫系统。

4. 项目上线

第一阶段：将之前的 TMS 系统业务迁移至 SaaS 系统。第二阶段：试点信息化改进后的某单一品种的全业务流程。第三阶段：推广至所有品种。第四阶段：增加智能配载模块，并向各个品种推广。

四、项目实施效益

1. 主要效益指标

（1）实现了发货通知单的100%无纸化，100%消除了纸质单据的人工传递。

（2）极大减少了人工创建客户物流订单的工作量，实现了通过接收的电子发货通知单一键生成客户物流订单，效率提升200%。

（3）在车辆通过在线预约进厂的基础上，优化了在系统上创建预约单的过程，实现了派单（创建运单）时系统自动创建预约单，效率提高100%。

（4）通过多目标智能优化的数学模型及基于模拟退火算法的系统智能配载，与钢成品库区进行发货协同作业，车辆提货时间缩短50%。

（5）取消纸质出门证，通过对接ERP系统及钢厂保卫系统，生成电子出门证，有效提升出厂办证效率50%～60%。

（6）基于SaaS系统，实现货主、发货人、收货人、司机等在线协同。

（7）对出厂中长途业务进行了在途监控（通过围栏校验、运单加密校验、司机/收货人“活体检测”等），极大地防止了行业内普遍存在的钢成品“串货”现象。

2. 流程改造与模式创新

本项目将线下纸质低效的信息流转为线上高效的信息流，将复杂的流程交给SaaS系统后台，简化用户（特别是司机群体）的运输作业及手机操作流程。打造了钢铁成品物流全程在线的管理模式。

3. 企业竞争力与口碑

目前系统得到了司机、货主等用户群体的一致好评。SaaS系统的手机微信小程序端获得了微信随机抽查的4.8分评价（满分5.0），提升了企业的口碑和形象。

五、项目实施总结

1. 经验教训

（1）项目研发过程中，前后更换了三个项目经理；一方面项目需要协调的部门较多，且推广的压力大；另一方面项目经理还需要抽出精力做与本项目无关的管理工作；因此建议类似项目一定要找全职的甲方项目经理。

（2）重要的信息化项目一定是一把手工程，本项目实施中遇到很多的困难，都是在项目经理的坚定支持下克服的。

（3）与用户进行思想和理念上的沟通是信息化实施成功的必要条件，本项目在刚刚上线时因业务复杂度高导致使用不顺畅，有不少司机抗拒使用。在此过程中，工作人员不断地与司机沟通，倾听他们的看法，与他们一起迭代系统。

2. 推广经验

在制造业物流行业，尤其是以钢厂为代表的制造业物流企业，在作业流程上具备高度的相似性，如进厂、在厂提货、销账出厂等，因此本项目具有广泛的行业代表性。

六、下一步计划

（1）优化库区备货系统，使其可视化（见图4）。

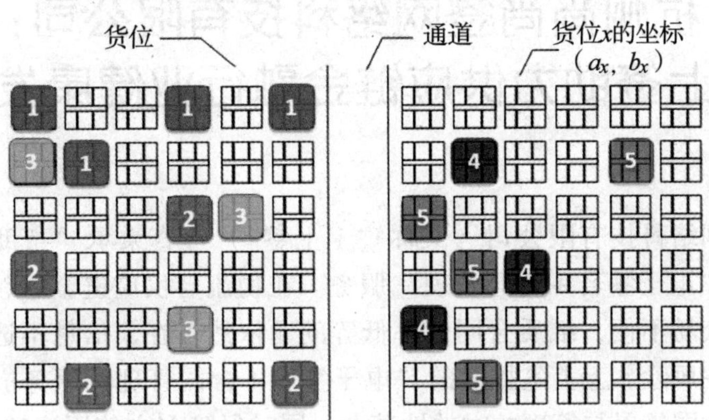

图4　库区备货系统优化示意

（2）实现系统自动化对司机进行派单，减少人为干预。

（3）对于拥堵时段和车辆提货高峰期，优化进厂预约排队模块，减少车辆平均在厂等待时间。

杭州尚尚签网络科技有限公司：上上签助力供应链金融行业健康发展

杭州尚尚签网络科技有限公司（又称“上上签”）一直秉承“帮助客户成功”的理念，为企业提供“电子签名+合同管理”服务。在物流与供应链金融领域中，业务牵涉多方，B2B异地交易不便，纸质合同效率低等问题依然存在，信息不透明、信用不可控都给企业带来潜在风险。上上签提供的“电子签名+合同管理”服务嵌入供应链金融线上化平台，完成合同签署与管理的时效性革命，同时保障多方信用流转，促进行业规范、创新发展。

一、企业简介

杭州尚尚签网络科技有限公司是我国电子签约行业领跑者，为企业提供合同起草、实名认证、在线审批、签约管理、合同管理、履约提醒、法律支持、证据链保存等合同全生命周期的智能管理服务。企业可借助电脑、手机、平板等设备，随时随地与企业及个人用户完成线上电子合同的实时签署，并确保其安全合规、不可篡改。

2014年成立以来，上上签先后获得了经纬中国、DCM（一家专注早期投资的风险投资公司）、顺为、WPS（北京金山办公软件股份有限公司）、晨兴资本、老虎环球基金等品牌基金的投资。2017年，上上签收购“快签”，开启了中国电子签约行业的首次收购。2018年8月，上上签完成3.58亿元的C轮融资，再次领跑中国电子签约行业。

上上签打造了基于SaaS模式的多类型产品，针对金融、地产、租赁等不同行业客户，上上签提供更加配适的“专属场景包”，为更多垂直细分领域的企业提供线上签约服务。2018年4月，上上签自主研发、业内率先应用了区块链电子存证技术，在数据安全加密、防篡改等技术上取得质的突破，在取证有效性方面给用户带来了全新体验。

2018年11月，上上签成为第五届世界互联网大会高级合作伙伴，并担任大会现场签约独家技术服务商，代表行业在世界顶级舞台亮相发声。同月，上上签与全球知名软件服务商甲骨文（Oracle）达成SDN（软件定义网络）战略合作，共同助力中国企业智慧升级。

截至2020年3月31日，上上签合同付费签署总量达88.4亿次，单日合同签署量达到2177万次，服务超过558万家企业客户。上上签为菜鸟网络、满帮集团、路歌、唯捷城配、联想、奥克斯、南孚电池、欧普照明、顾家家居、光明乳业、永辉超市、鸿星尔克、爱玛电动车、富金通、找钢网、奇化网、比亚迪、美的金融、TCL金融等知名企业提供“电子签名+合同管理”服务，助力企业高效对接供应链上下游，优化业务效率，加快信息化、智能化建设进程，同时保障各方信用流转，以健全的合同服务减少法律纠纷。

二、案例内容

1. 背景介绍：比亚迪供应链金融业务状况

比亚迪是中国知名的汽车制造品牌，经过20多年的高速发展，已由成立之初的20人壮大到如今的24万人，并在全球设立30多个工业园。比亚迪业务布局涵盖电子、汽车、新能源和轨道交通等领域，并在这些领域发挥着举足轻重的作用，从能源的获取、存储，再到应用，全方位构建零排放的新能源整体解决方案。

随着企业的飞速发展，不同类别的海量纸质合同文件管理繁杂，签署环节易出错，尤其供应商异地签署更是缺乏相应信用监管措施。制造企业供应链涉及金额很高，一旦出现他人冒签等情况，易给企业带来潜在法律风险和经济损失。最终，比亚迪选择引入上上签的“电子签名+合同管理”服务，所有合同在上上签的电子签约平台上完成电子化签署，更加安全合规。同时，上上签帮助比亚迪高效对接供应链上下游，降本增效优化业务效率，加快信息化、智能化建设进程。

2. 产品介绍：上上签电子签约平台

上上签电子签约平台（见图1）打通所有环节，通过SaaS、API（应用程序接口）等为企业提供签约前、中、后等十二项合同全生命周期的智能管理服务。

（1）上上签产品优势特点。

①安全优势。上上签在业内率先获得ISO 27001国际安全认证、公安部信息安全“等保三级”认证、工业和信息化部“可信云服务”认证、ISO 27018云隐保护认证，同时是业内少有的将服务器环境部署于等级保护四级机房的电子签约平台。

②性能优势。具有高并发性，支持每秒处理4000个签章；高稳定性，金融云环境部署，拥有异地容灾、同城双活等多种灾备机制，有超过1280天的无宕机时长记录；高隐私性，自主研发KMC秘钥管理系统，实现秘钥分离管理。业内率先采用云端数据“一文一密”的加密方式，敏感字段单独加密，保证用户数据安全和隐私。

③功能优势。针对不同行业，上上签在普适产品的基础上为客户提供“专属场景包”，覆盖十大行业、上百种产品功能，满足企业合同管理过程中的不同需求；从人事到经销商合同，合同模板支持1000多种业务类型；拥有分层管理功能，可助力集团企业管理超过2500家子公司的印章、人员和模板；一键发送上千份合同到签署人手里，实现即时签署。

④新技术应用优势。上上签入选中国信息通信研究院“可信区块链联盟”理事单位，自主研发和落地完整的区块链电子合同存管解决方案，将公证处、司法鉴定中心、仲裁委等权威机构纳入区块链节点生态，确保客户电子合同证据链的数据真实、私密、无法篡改。可支持单日3亿笔签单的存储量。2018年11月，上上签与蚂蚁区块链达成战略合作，共同推出电子签约平台，广泛应用于金融、供应链、租房租赁、人力资源等应用场景，实现电子合同全证据链溯源，全面赋能企业智慧升级。

AI人工智能：上上签组建了自己的AI技术团队，为客户提供合同智能归档、智能检索、智能监测与提醒等功能。

签约前	
实名认证	公安局、工商局、银联多系统交叉验证，三大权威CA机构颁发数字证书
合同起草	多人在线编辑，合同智能比对，合同起草过程清晰可控
智能审批	建立合同智能化审批流程，可添加多个审批人，审批完成后自动发起签署
签约中	
模板智能匹配	根据签约人信息智能匹配相应合同模板
模板批量上传发送	模板只需填写关键词，可一键生成上千份合同
意愿验证	用“活体识别”、人脸比对、签约密码、短信验证码等方式进行校验
在线实时签署	与国家授时中心同步的可信时间戳，区块链技术存证，合同内容无法篡改
签约后	
合同管理	合同类别、时间等规则自动归档，多标签检索下载，线上查验合同真伪
履约提醒	合同履约智能跟进，经营明细预警
签约全程	
法律服务	合同风险点智能审核，证据链保全、出证，提供诉讼支援
印章管控	设立多级账号，印章权限严格管控
纸质合同AI识别	授权后，可将存量纸质合同AI识别为电子合同，统一管理

图1　上上签电子签约平台

⑤法律合规优势。上上签的电子合同符合法律法规要求，具有完备法律效力，已多次得到法院等司法机构的实判支持。上上签联合公证处、仲裁委，为客户提供第三方签约证明、全程实时公证并出具公证书、线上仲裁等法律增值服务。同时，上上签还联合第三方保险机构，为客户投保高额的电子合同有效险、数据安全险。

（2）实施过程。

上上签为比亚迪的在线供应链金融平台提供“电子签名＋合同管理”服务，满足核心企业、供应商、供应商的供应商在线完成应收账款确权、债权转让、债权融资等相关业务，各企业需要在平台完成注册和实名认证，同时需要对企业授权人进行个人实名认证。

各企业实名注册之后，应收账款确权、债权转让、债权融资等业务的相关协议都可以在线完成签署，并保证其法律效力。相关协议包括《迪链开具协议》《迪链转让协议》《迪链融资协议》等。

场景一：应收账款确权。

在比亚迪的供应链金融平台，比亚迪向供应商采购货物并与之签署《迪链开具协议》。应收账款确权主要是由比亚迪进行确认，故流程中比亚迪进行手动签署，供应商完成实名认证后自动签署即可（见图2）。

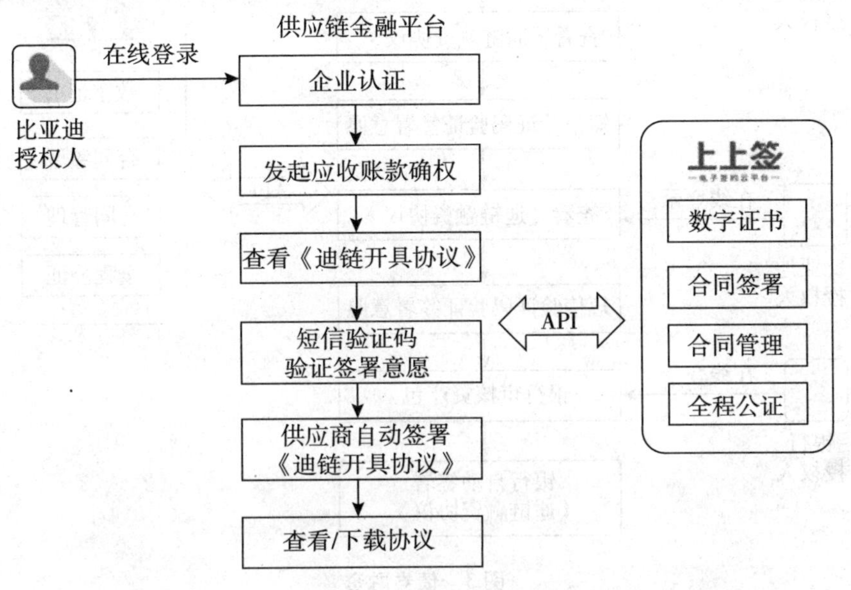

图2　应收账款确权

场景二：债权融资。

供应商可通过平台发起债权融资，供应商（债权人）发起迪链融资申请后，在线手动签署《迪链融资协议》；比亚迪（债务人）收到融资需求后，在线手动签署《迪链融资协议》；平台将《迪链开具协议》《迪链转让协议》《迪链融资协议》等作为一个资产包发给银行进行审核；银行审核资产包通过后，银行自动签署《迪链融资协议》并完成打款（见图3）。

场景三：债权转让。

供应商可发起债权转让。在债权转让过程中，需要转让人、受让人以及平台三方进行签署；转让人和受让人需要验证签署意愿，使用手动签署；平台作中间方自动签署即可（见图4）。

3. 绩效分析

比亚迪引进上上签的“电子签名＋合同管理”服务后，上上签帮助比亚迪大大优化了供应链业务流程，业务效率提升了60%以上，合同签署周期从原本的5～10天缩短至几分钟。严格的实名认证、实时公证等环节保障了比亚迪以及上下游多方供应商的合法权益，显著降低供应链融资风险，减少法律纠纷也避免了经济损失。同时，上上签帮助比亚迪节省了大量纸质合同的打印、快递、存放成本。供应链业务的运营全部数据化、可视化，让管理更加方便。

比亚迪表示会继续深化电子签约技术的运用，后续会与上上签继续合作，将电子签约接入OA系统，用于人事、劳务合同的签署。

除比亚迪外，菜鸟网络、满帮集团、路歌、唯捷城配、联想、奥克斯、南孚电池、

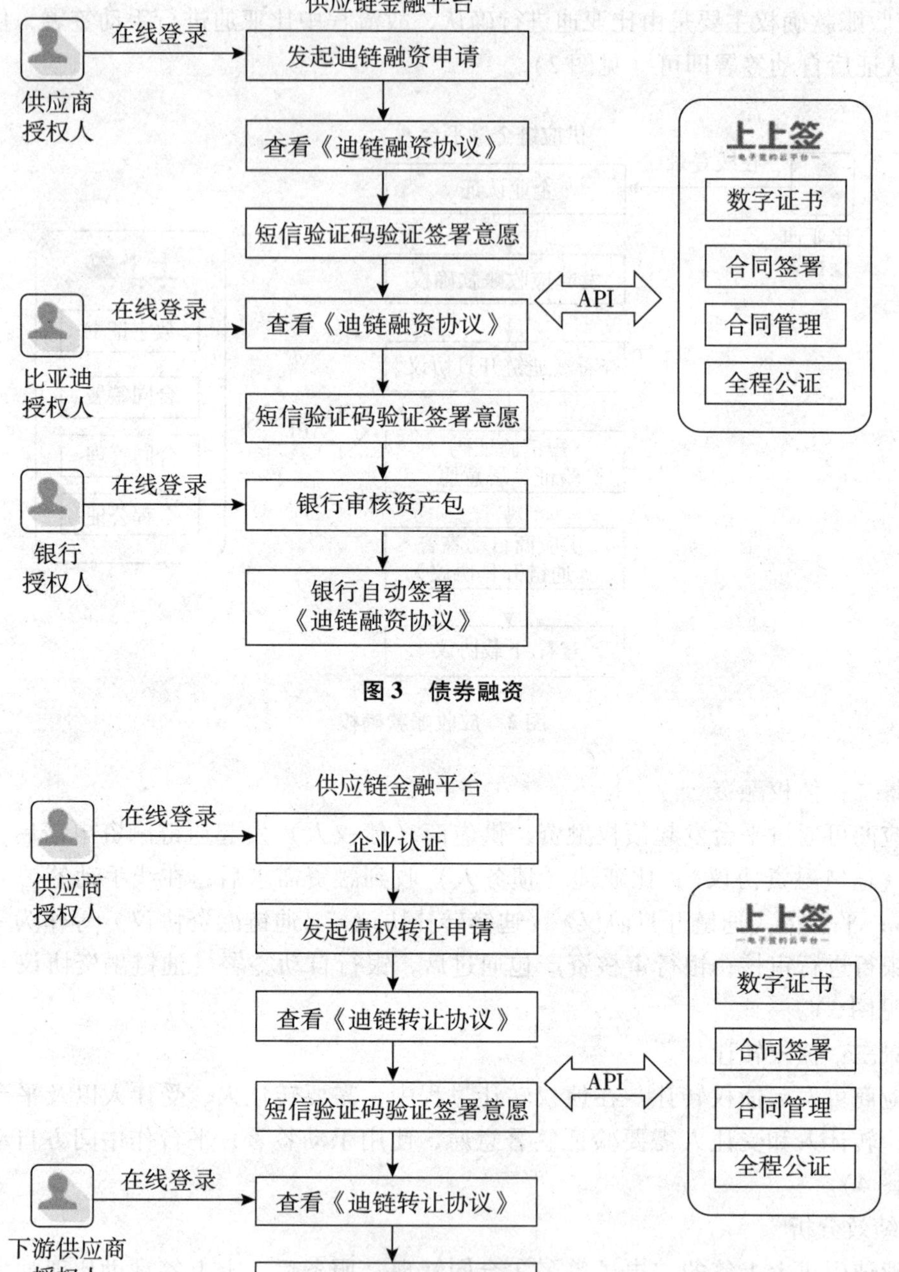

图3　债券融资

图4　债权转让

欧普照明、顾家家居、光明乳业、永辉超市、鸿星尔克、爱玛电动车、富金通、找钢网、奇化网、美的金融、TCL 金融等企业都已与上上签达成合作，在物流与供应链金融业务中引入电子签约技术，以电子合同取代复杂的纸质合同签署，实现降本增效和数字化转型升级。上上签以完整的电子签约生态系统为供应链金融行业提供强有力的法律保障，助力行业更加稳健发展。

三、未来展望

电子签约不仅更加便捷高效，也通过技术手段规避了他人代签、伪造公章等风险，使之具有更加完备的法律效力，必将成为未来互联网商业形态中最主流的签约方式。尤其在智慧物流、供应链金融领域，不仅交易环节多，合同类别复杂，且涉及资金巨大，行业内缺乏良好的信用监管方式，采用电子签约更有助于行业合规安全、高效有序发展。上上签的案例具有行业推广价值。

未来，上上签会加大 AI 技术的应用，为企业开发 AI 智能法务、大数据 AI 报表等更多功能，放大电子签约技术的应用价值，构建智能时代的契约规则。

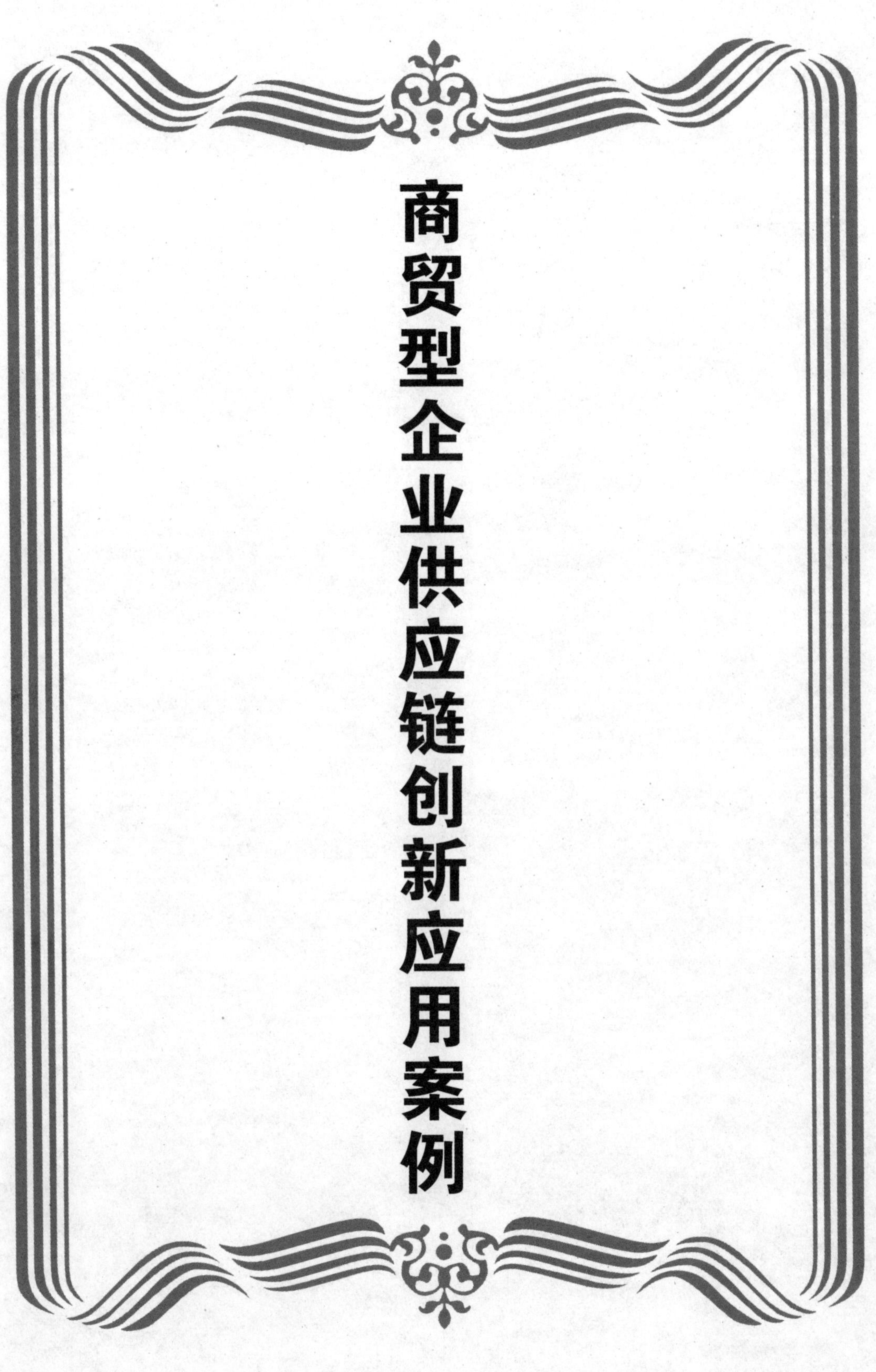

商贸型企业供应链创新应用案例

中国移动通信集团终端有限公司：S2B2C 模式下的物流信息系统应用

一、企业介绍

（一）企业简况

中国移动通信集团公司（以下简称“中国移动集团”）作为全球网络规模大、客户数量多、市场价值领先的电信运营企业，资产规模近 1.7 万亿元人民币，在 2019 年 7 月的《财富》世界 500 强排行榜列第 56 位，在中国 500 强排名第 8 位。2020 年 4 月，入选国务院国资委“科改示范企业”名单。连续 15 年在国资委的考核中获 A 级，2019 年营运收入达 7459 亿元人民币，EBITDA（税息折旧及摊销前利润）达 2960 亿元人民币。

中国移动通信集团终端有限公司（以下简称“中国移动终端公司”）成立于 2011 年 10 月，是中国移动集团第一批成立的专业化子公司，致力于为客户提供高性价比的中国移动自有品牌、联合品牌终端产品及配件。中国移动终端公司注册资本 62 亿元，总部设在北京，在全国 31 个省（自治区、直辖市）设有分公司，业务覆盖研发、测试、分销、零售及售后服务等终端产业链各环节，渠道覆盖全国 31 个省（自治区、直辖市）的中国移动自有营业厅、大型连锁卖场、手机专卖店、网上商城，是国内销售规模较大的终端代理商之一。

（二）业务模式

（1）中国移动终端公司物流服务分为干线物流、省内物流两部分。其中省内物流可划分为 B2B（企业对企业）物流和 B2C（企业对消费者）物流两个主要类型。终端公司供应链涉及三条链条——厂商供货链、总部分销链以及分公司销售链（见图 1）。供应链质量的提升不仅在于单位部门、单个链条的提升，更在于三条链条的协同互联。

在竞争激烈的大市场环境下，中国移动终端公司通过专业化、市场化、协同化的运营，实现了传统分销供应链的革新，达到了分销物流的电商化效果，促进了公司业务的健康发展。

（2）中国移动终端公司目前在用的物流管理系统为 LIS 系统（见图 2），该系统对内对接前端销售数据，对外实现用户交互展示，可实现在生产操作层、数据分析层和交互展示层的智能化信息交换。一线生产操作系统与中间数据分析系统以及最终的客户交互展示平台无缝连接，有力保障物流、信息流、资金流以及商流的“四流合一”。

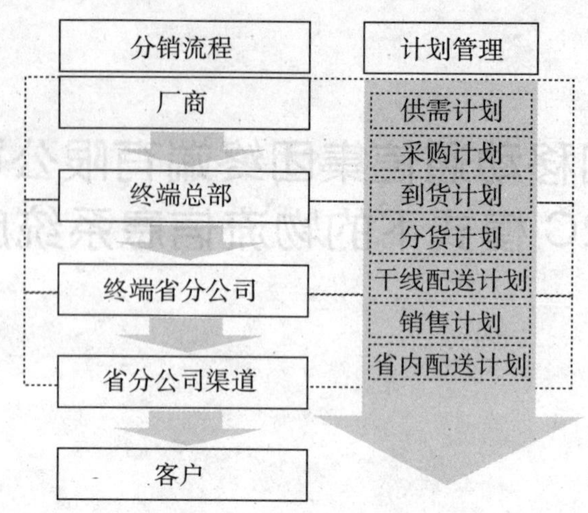

图1 终端公司供销链

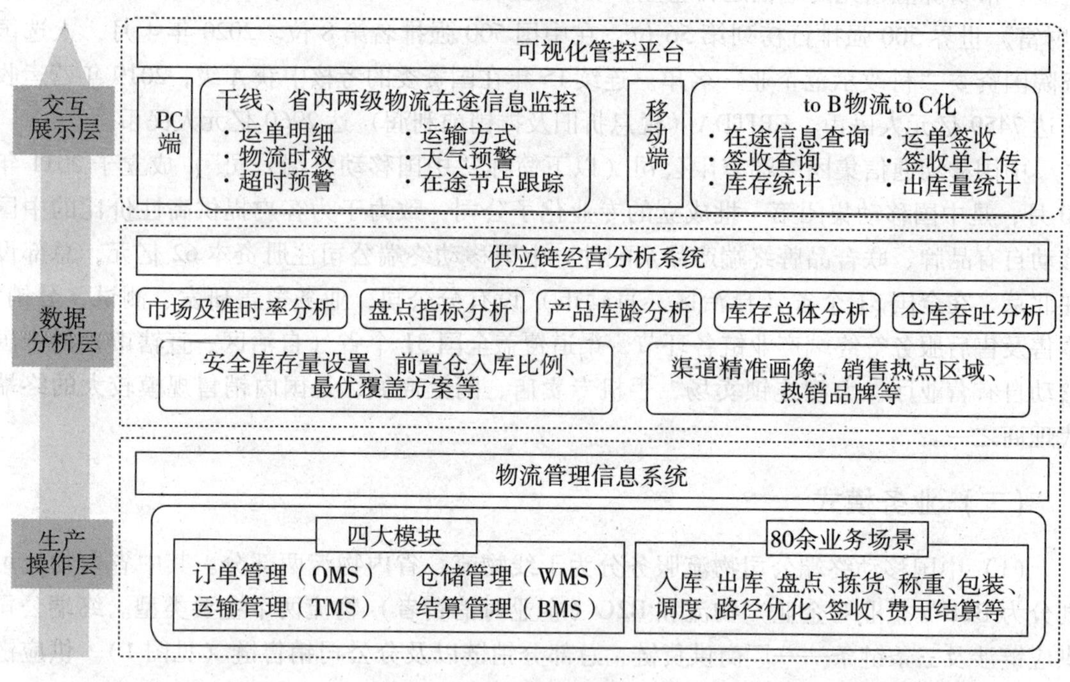

图2 LIS系统

二、项目背景

1. 国家降本增效政策要求国有企业深化改革

当前，我国经济已由高速增长阶段转向高质量发展阶段，国资委也对央企提出精益管理控成本、效益为先配资源、盘活存量提效能等要求。面对国资委要求及新的市场形势和变化，中国移动集团深入实施“大连接”和“四轮驱动”战略，深耕结构升级，强化精细化管理，大力促进降本增效，全面深化改革，进一步增强体制机制活力。在供应链管理方面，中国移动集团推动集团各公司开展仓储环节信息化、自动化升级，提升物流供应链智慧化水平。

2. 行业发展趋势促进传统分销企业战略转型

对于商贸流通行业而言，传统分销受电子商务、新零售等业态冲击，供应链日趋扁平化、多样化，碎单率逐步提升，一件代发需求逐步显现，客户对于商品的即得性要求越来越高，供应链全流程面临多样性、全方面的升级考验。

3. 高质量发展要求促使中国移动寻找新的业务增长点

在高质量发展的背景下，随着携号转网全面开放时间的日益临近，运营商对存量客户保有提出了较高的要求，预测在未来的5G万物互联时代中，智慧家庭生态将成为三大运营商角逐的重要战场。基于大屏可视化，客厅电视将是未来整体家庭生态的中心，与此同时，产品本身可帮助运管商有效落实家庭合约、提升客户保有，因此电视内容变现将是竞争的核心。为此，浙江移动拟以智能电视机为切入口，打造家庭合约类产品。

但作为中国移动电视机的唯一供货商，中国移动终端公司无相关大屏家电运营经验。尤其在仓储物流方面，和传统手机终端相比，电视机体积大，屏幕易碎，且为轻抛货，若沿用传统的B2B模式和B2C模式来运营，存在诸多问题。

（1）仓内作业效率低。电视机体积大，且为轻抛货，仓内原有的流水线、夹包机等操作设备都不适用电视机的仓内操作，这导致电视机仓内操作自动化程度低，严重影响作业效率。

（2）电视机碎屏率高。若按照传统的B2B模式，中国移动终端公司将电视机配送至各个渠道门店，待消费者到渠道门店购买电视机后，由渠道门店自行将电视机运送到消费者手中。这中间物流环节多，至少需要通过5次出入库操作（2次入库和3次发货）才可配送至消费者。但电视机具有体积较大、屏幕易碎且末端配送不规范等特点，导致电视机碎屏率居高不下。

（3）物流运输成本高。基于电视机的特性，按照快递计费规则，物流成本较高。若按照传统手机模式，供应链较长，会产生多项物流费用，影响渠道提货积极性，对电视机销量产生较大影响。

三、项目实施

基于降本增效及高质量发展对中国移动集团供应链管理提出的要求，同时结合中国移动终端公司仓储物流现状，急需一个适用于电视机运营的仓储物流模式。对此，经过多番探讨，中国移动终端公司提出代收代发模式，为电视机量身打造物流服务体系，从而构建商贸企业的S2B2C模式（集合供货商赋能于渠道商并共同服务于顾客的全新电子商务营销模式），来解决电视机这种大屏家电的运营难点。

但对于中国移动终端公司来说，目前暂没有系统可以支撑起S2B2C的业务模式。

（一）主要困难

1. S2B2C操作模式不同于传统的to B（对企业）模式和to C（对消费者）模式，单系统支撑难度大

（1）为了在S2B2C模式中更好地管理各渠道商库存，需为每个渠道商都建立货主暂

存仓且各货主库存单独存放，根据 B 端销售情况为 C 端消费者发货。多渠道货主暂存仓不仅占用大量的存库面积，且分散的仓储管理也造成拣货效率低下。

（2）中国移动终端公司目前在用的 LIS 系统是集 WMS 及 TMS 为一体的后台操作管理系统，无法对渠道商直接开放。因此，渠道商无法对自身暂存仓的库存数据进行实时查询，只能采用线下台账的方式来管理库存信息，库存信息差异大，多次出现需求大于库存的情况。

（3）中国移动终端公司无可对渠道商直接开放的 OMS，渠道商的 C 端发货需求，均通过公司一线渠道专员线下收集发货地址，由商务人员在 LIS 系统后台统一制单。手工操作订单一方面存在较大业务差错风险，另一方面，订单上传较为集中，仓内出库作业高低峰差异大，支撑难度大，且消耗大量人员精力，作业时效低。

2. 区别于传统的家电市场，运营商模式下的电视机销售管理颗粒度高

一方面，串码对于终端产品而言，是全网独一无二的产品标识。不同于快消品的仓储管理需求，终端产品的仓储管理信息系统需要做到记录每一台终端的全生命周期，对系统的要求极高。

另一方面，运营商模式下的电视机销售，需要和其他终端产品一样，拥有全网独一无二的身份标识。但电视机机身无串码、仅有机身 CMEI 码，且各个厂家之间位数不同，甚至有出现重复的可能。同时电视机不支持 SIM 卡，无法像手机和其他插卡的多形态产品获取激活、联网等信息，导致运营商无法有效监控合约销售的真实性、合规性。这对系统的设计精度和全面性有较高要求。

3. 各平台、各渠道对于物流配送的要求标准不统一

（1）每个品牌厂家对于电视机售后申请均通过验收情况来判断，但每个厂家的验收标准却存在差异，是否需厂家开箱、是否通电、外包装是否完好等评判标准未能统一，由于消费者往往未能按照产品相应的验收标准来操作，导致拆箱后质量问题无法处理，造成了消费者负面购物体验。

（2）电视机厂家在送货时，电视机为单台摆放，需人工一台台卸货码放后方能入库，入库效率极低。对于市场销路通畅、销售紧俏的产品来说严重制约了销售市场的扩张。

（二）解决方案

中移物流深度契合电视机市场销售特点，通过创新优化操作流程、精细化运营管理标准，打造一套面向渠道的进销存管理系统来满足管理需求。

1. 上下求索，业内首创代收代发系统（见图 3）

为避免大量的线下操作、减少沟通成本、提升业务效率，中移物流积极探索系统支撑方式，确定通过建立一套面向渠道的进销存管理系统（也称代收代发系统）来实现管理需求。

一是建立销售环节和物流环节的桥梁。通过进销存管理系统，实现客户自助下单，并将 C 端地址录入系统中，随后通过系统自动流转，将发货信息流转至 LIS 系统，仓内根据订单信息进行分拣、包装、出库。二是实现 S2B2C 订单可视化显示。客户可通过进销存管理系统查看库存，并在该系统上制单，待仓内操作完成后，相关物流信息可回转至

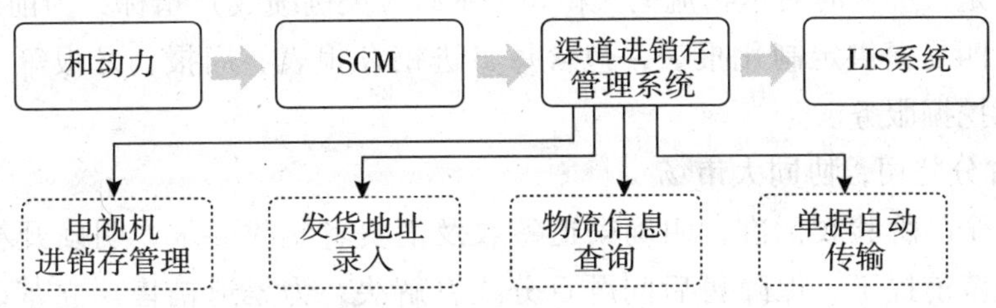

图3　代收代发系统

进销存管理系统，便于客户随时掌握货物信息，提升客户感知。三是实现暂存仓进销存统一管理。通过进销存管理系统，实现电视机先按非串码管理，进而将所有渠道的暂存仓合并成一个仓，大大提高了仓库空间的利用，提高了拣货效率。

2. 持续创新优化仓储业务服务标准

一是联动厂家优化到货入库规范，将电视机化零为整，按照一托 24 台进行码放，并在外包装上张贴集单台电视机串码为一体的二维码，到货入库时直接扫码，提高生产效率。二是推出虚拟串码方案，破解先签合约再发货的难题。通过系统实现渠道向公司采购后，自动生成虚拟串码，待实物发货后，记录实物串码，同时将虚拟串码和实物串码进行一一对应，一方面可实现电视机串码级管理，另一方面又可在代收代发系统中实时查看每台合约机的实物串码及物流信息。三是热敏面单前置打印，通过对接运单系统获取快递号段，提前在接单环节进行三单匹配，降低错误率。四是利用仓内材料零成本升级设备，通过改进生产工具提升生产效率。五是通过引入多家物流承运商，实现区域物流最优配置，物流配送时效明显提升。

3. 引入 DM 监控系统，实现串码精细化管理

一是借助 DM 预装的契机，实现基于 15 位 CMEI 码的电视机串码统一管理，有效统一了各个厂商的串码规则与印刷方式。二是联动省分公司制定编码规则，实现产品串码级精细化统一管理。由省分公司给每个品牌厂家进行统一编码，如海信 102 等，再基于机身 CMEI 码的后 12 位字符（CMEI 码入库时即入 LIS 系统），组成每台产品的临时串码即 10＊＋CMEI 码后 12 位，该 15 位临时串码由中国移动终端公司商务进行编译，并录入省分公司终端管理系统。三是引入 DM 监控系统，实现串码管理及数据监控，强化合约管控，降低返利套取风险。四是利用系统规则，实现日异动盘点、月度盘点、季度盘点、半年度盘点、不定期抽盘，确保账实一致，精细化管理。串码精细化管理流程如图 4 所示。

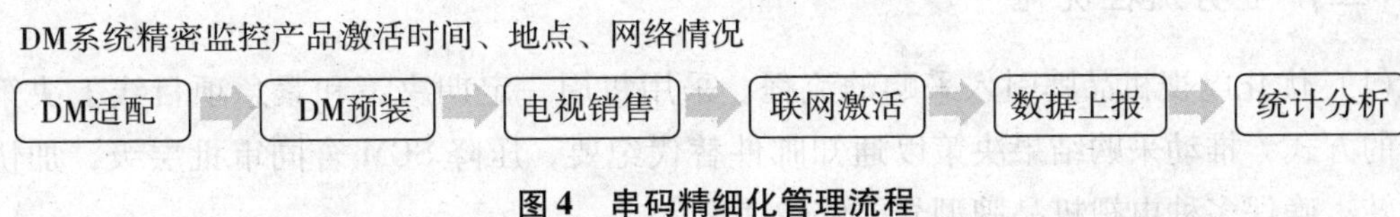

图4　串码精细化管理流程

4. 建立开放、透明、共享的数据服务平台

一是提供运单路由跟踪、配送异常信息报告等。二是利用系统回单监控、时效监控、

质量监控。三是大屏实时展示物流七大模块的 KPI（关键绩效）指标，为前端决策提供实时信息护航。四是提供定制化报表，包含每日进销存报表、周报、月报等，以及其他数据分析、数据挖掘服务。

5. 服务省分公司，协同大市场

一是统一全品牌验收标准，明确渠道签收及消费者签收要求，明确开箱视频拍摄要求，在签收规范前提下，保障售后问题百分之百解决，为渠道销售建立基础。二是建立 7×24 小时专项保障团队，大客户专席对接，百分百解决渠道账务、物流、订单等疑义，提供显性化优质服务。三是编写了产品运输、仓库存储等操作手册，帮助渠道减少碎屏情况，降低费用成本。四是实现精细化分级策略，差别化服务应对市场诉求。通过系统标签进行分级区分，仓储环节优先作业，配送环节预配资源重点跟踪，严格落实差异化考核标准，创新建立公司各部门协同跟踪机制，利用微信等工具紧跟时代，逐步刷新时效、信息服务感知。

四、项目效益分析与评估

（一）效益指标提升

（1）项目效益大幅提升：仅试点省份，代收代发模式为浙江分公司新增电视机销量超 30 万台，产品收入 6 亿元，物流收入 1500 万元。该模式在全国推广后，带动全国电视机销量超 200 万台，产品收入 40 亿元，物流收入 1 亿元。

（2）项目成本大幅降低：一是通过代收代发模式，将物流费用从 3 项变 2 项，全年节省物流成本 900 万元。二是通过系统实现业务流程自动化，节省需求收集、数据导入、单据稽核等操作，人员精减 8 名，合计节省人力成本约 120 万元/年。

（3）刷新配送服务体验：一是细化客户产品分类，精准投放物流资源，电视机配送准时率达到 99.05%。二是通过代收代发系统的实现，不断提升电视机仓配处理能力。经统计，在代收代发模式下，收货效率提升 50%，订单配送效率提升 50%，仓内日订单峰值处理能力提升 350%，物流接单作业时长增加 166%。三是通过物流服务体系升级，物流配送产生的碎屏率下降 900%。

（4）带动周边其他项目升级：仅在试点省份浙江省，已为近 1000 家渠道商提供代收代发服务。因电视机代收代发的创新模式，新增 3 个使用代收代发模式服务的物流项目，物流发运量超 65 万台。

（二）业务流程优化

（1）优化电视机品牌引入采购的流程。采用每周一定期决策和紧急项目线上决策相结合的方式，推动采购结果决策以通知邮件替代纪要，压降 SCM 合同审批层级，加快流程流转，确保多种电视机品牌型号能够快速引入。

（2）创新 S2B2C 的全流程作业机制。客户向中国移动终端公司采购电视机后，在代收代发系统中自主下单，录入 C 端客户信息。订单信息通过系统自动流转至物流，从而实现对渠道进销存的管控。通过系统完成固化流程，库内拣配效率提升 20%，复核效率提升15%，操作出错率降低40%，单仓日峰值处理能力提升500%。

(3) 优化系统流程。联动系统支撑、财务部、法务部门、市场部提出简化订单流转系统方案，归集订单受理系统，与动力系统统一管理，取消辅助系统资金管理模块，推广动力平台统一提货，系统从原来的4套减少至2套，变为B2B－SCM，流转时效提升50%。

(三) 竞争力提高

面对起初项目的困难重重，中国移动终端公司通过五“变”——变测试、变串码、变物流、变模式、变售后，合力打造电视机精品项目，不仅达成促产目的，同时，物流升级效益显著。通过快速建立合适的代收代发物流服务体系，满足客户需求，有效降低渠道物流成本，减少一项物流配送费用。通过不断升级物流体系，提升运作效率，为多家企业提供电视机代收代发业务。

五、项目推广意义

(一) 项目创新

1. 服务模式创新，构建运营商的首个S2B2C物流服务模式

通过电视机的S2B2C物流服务模式，实现中国移动终端公司从B2B、B2C的主营业务模式向S2B2C物流服务模式的创新发展转变。

2. 服务能力开放创新，建立中国移动集团体系内首个代收代发系统

代收代发系统在中国移动终端公司浙江、山东、江苏、安徽、福建等多个省分公司推广，为省、地市分公司提供S2B2C模式下的“系统＋物流服务”的集成解决方案，为中移在线、杭研等专业化子公司提供代收代发解决方案，实现了中国移动集团体系内的降本促效、协同共赢。

3. 协同机制有效创新，协同省分公司建立电视机类终端稽核管理体系，有效管控电视机质量与销售规范

通过引入DM监控系统，实现对电视机激活、联网的监控，协同省分公司建立电视机合约稽核机制。累计处理8万多条数据，合约有效性达成90%以上。

4. 中国移动集团专业化子公司发展模式创新，构建终端行业内首个物流集成服务平台

中移物流依托中国移动终端公司销售体量完成“企业物流”向“物流企业”的转变，以“轻资产，重运营”的理念，重视系统建设和资源深度整合，将终端物流打造成中国移动集团体系内、终端行业内专业的第四方物流服务商，打破产业信息不对称，线上线下并进提升终端行业物流效率。

(二) 推广意义

1. 建立终端物流行业服务标杆

中国移动终端公司通过物流一体化运营带动整个终端物流行业的发展，利用物流集

中运营优势进一步提升终端物流行业市场集中度，不断进行技术创新，尝试 S2B2C 业务融合操作，在保障 B2B 服务水平的基础上提升代收代发服务标准，在降低成本的同时整体提升物流服务水平和系统管理水平，为整个市场的良性发展注入新的活力。提升市场供给效率与频次，强化物流信息化服务水平，并不断地提升用户的物流体验，为国内终端物流服务商树立了服务标杆。

2. “轻资产、重运营”的物流管理

中国移动终端公司物流管理信息系统深入物流供应商的仓储、配送、商务的各个环节，从完全的结果管理向过程管理进行过渡，即不仅制定业务操作标准，还要全程监督执行质量；不仅监督供应商服务质量，还要深入探究供应商管理的方法，提供指导意见跟踪改进效果。将物流轻资产与深化运营管控相结合，实现真正的“外包不外行”。

六、项目下一步工作计划

（1）“代收代发”系统优化：加强报表统计功能，提升用户使用体验，提高客户对系统黏性。

（2）DM 产品固化：协同省分公司，对电视机 DM 数据进行深入分析，建立监控模型，并争取固化成 DM 数据产品。

（3）外部物流业务拓展：依托代收代发的物流服务模式和系统支撑能力，加强外部物流业务的拓展。

（4）业务体系完善：针对新型业务的操作、管理与稽核等方面不断总结，将经验形成 SOP（标准操作程序）。

（5）业务模式全国推广：将电视机物流服务项目积累的 S2B2C 项目实际经验在全国范围内进行推广，进一步积累全国 S2B2C 项目服务经验，提高中移物流整体服务能力。

北京同天科技有限公司：
中建材信息技术股份有限公司分销供应链 TMS 系统

一、TMS 系统用户背景

中国建材集团是全球最大的综合性建材产业集团、世界领先的新材料开发商和综合服务商，连续 9 年荣登《财富》世界 500 强企业榜单。中国建材集团是一家科技型企业，拥有 3.8 万名科技研发和工程技术人员，26 家国家级科研设计院所。中建材信息技术股份有限公司（以下简称“中建信息”）创立于 2005 年 4 月，注册资本为 14935 万元，是中国建材集团成员企业，客户涉及政府、金融、互联网、教育、制造、能源、交通等多个领域。2019 年，中建信息营业收入超过 166 亿元。中建信息以北京为中心，在国内外共建立近 60 个分公司及办事处。作为华为首家下单规模超过百亿元的总经销商、华为企业业务全球最大合作伙伴，中建信息连续多年被评为“中国 IT 十大卓越分销商”，并连续四届被评为“中国 IT 增值分销商十强”，业务规模及业务能力有目共睹。

中建信息自成立以来非常重视战略规划和企业信息化建设，随着业务规模的扩大，不断改善优化管理模式，在信息化建设方面发展迅速。中建信息自 2010 年就陆续自建 ERP（企业资源计划）、OA 等信息化系统，后期引进应用全球最先进的 SAP 的 ERP 系统，使企业的内部流程管理成为同业中的翘楚。但由于分销业务的供应链采用 3PL（第三方物流）方式完成货物的交付，需要众多外包运输服务商协同，因此不同公司间的货物信息流传递缓慢，运输管控一直沿用 Excel 与外包单位进行人工协同管理。伴随华为的业务成长，中建信息的供应链单量暴涨，每年仅华为的分销运输单量就已超过 30000 个，且客户对在途管控的要求不断提升，因此，一个跨组织协同的 TMS 成为中建信息的迫切需求。

二、TMS 系统概述

（一）分销业务的主要需求

中建信息分销业务的物流流程和大多数公司的物流流程一致。由中建信息销售人员在 ERP 系统中建立销售订单，销售订单信息进入 OA 系统等待审批，审批通过后下发到仓库备货，同时下发物流部门建立运输订单（以下简称“运单”），运单建立后按区域和路线分派给指定物流操作人员，物流操作人员选择合适的承运商，按运输时效确定提货时间、到货时间及相应的 KPI 要求。运单信息填写完整后发给承运商开始操作，业务流程如图 1 所示。

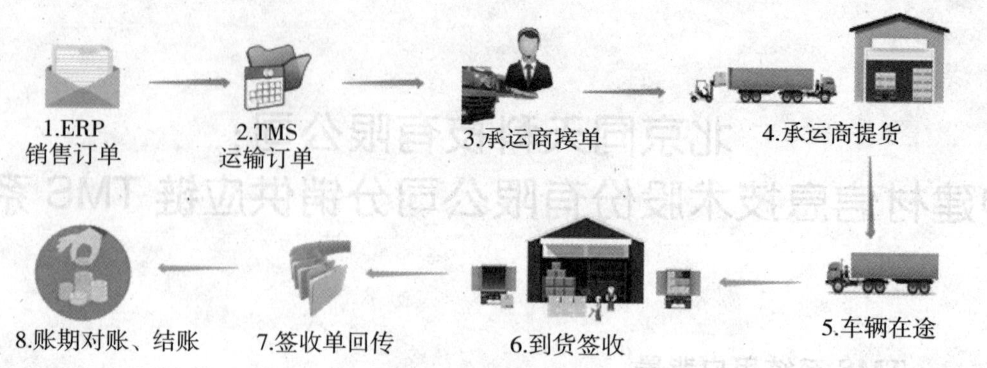

图1　业务流程

货物开始运输后，物流操作人员负责货物在途状态的跟踪和反馈、签收单的回传和归档、费用的记账和对账。

物流部门除了日常的业务操作外还负责运价的谈判、供应商效绩评价、物流整体运行情况监控等工作。

（二）中建信息 TMS 系统的特质化需求

1. 业务复杂度高

中建信息的分销产品生产厂家多、种类多，因此业务复杂，物流管理多样化。不同的分销产品归属不同部门，不同部门对运输的要求不一样，导致物流部门需要按不同运输方式操作。产地不同会导致产品出货地点不同，不同部门、不同类型的产品出货地点也会不一样。同时，物流部门为分散运输风险，提高物流服务采购竞争力，分别委托不同承运商提供运输服务。对特殊的运输订单，中建信息还会临时采用招投标的方式另行选择合适的承运商。以上种种需求，大幅提高了业务复杂度。

2. 分销运输方式要求调整灵活

对紧急程度要求较高的货物，物流部门需要及时调整运输方式，放弃陆运改为时效性更高的空运完成。系统会跟踪记录这些变化，在成本报表上体现，以供后期分析。

3. 物流费用结算方式不同

由于运送货品有重抛的差异，承运商结算时既有按重量结算的，也有按体积结算的，还有按一定重抛比折算后的计费重量结算的情况。

4. 软件产品导致货物形态不同

运输订单有时还包含一些无形资产，这些是不需要实际运输服务的。在实际操作中，需要把这些订单排除在可操作的订单范围外，按照单独流程处理。

5. 合单要求

为最大化降低物流成本，所有同一到货地点、同一到货时间、同一接收公司、同一接收人员的订单会被合单为一票运单发送给承运商。

6. 异常记录困难

由于运输活动的多级转包，系统对实际随机发生的费用和异常情况都需要准确记录，以备成本核算。

（三）销售供应链痛点分析

1. 人工调度效率低

中建信息物流部门每日面对几十张销售订单，还能勉强使用 Excel 记录和管控物流业务，随着单量的快速增长，越来越多的矛盾体现出来。Excel 记录效率低下：物流所有订单的在途更新和计费都还沿用 Excel 人工管理。信息更新滞后且效率低，极易出错。

2. 运输异常的预警滞后

货物运输异常首先是由客户发现的，投诉到销售部门后，销售部门又投诉到物流部门。作为执行者的物流部门，异常消息总是最后才知道，物流部门压力巨大。

3. 物流信息缺乏协同

销售部门下达运输订单需经过层层审批，审批结束才流转至实际执行的物流部门，物流部门又经常由于销售订单的物流专用信息缺失而无法安排运输；安排好的运输车辆到仓库提货，却被告知仓库备货还未完成；种种情况都需要物流部门与内部销售及外包服务商之间有可以信息沟通的工具。

4. 在途监控困难

客户及销售人员查询货物状态依赖人工追踪，物流部门客服人员接到查询电话后会查询货物发给了哪家承运商，再向承运商的客服人员要在途信息。承运商在途信息反馈给物流部门，物流部门客服人员再反馈给销售人员，信息传递低效滞后。

5. 财务合规困难

作为上市公司，日常运作的合规性会面临风控部门的内、外部审核。由于单量大、信息记录方式原始、审批依据和流程涉及的部门和公司都比较多。这造成审核中对抽检出的纸质凭证进行查找核对会费时费力，甚至因为遗失单据，无法提供必要的支持文件。

6. 财务对账困难

每票货物都有可能涉及额外费用的记录和审批，如何保证录入的费用合规且无误，付款周期的审核工作成为物流经理的"噩梦"。

7. 回单管理困难

回单是货物签收的法律依据，货物是否被正常签收影响公司资金的运转效率。在没有电子回单的情况下，很难提升收款效率。

8. 状态跟踪效率低

客服人员的大量时间都用在手工记录单据、更新地点信息、更新状态、更新异常信息、查找货物状态和位置、记账等操作上。由于每人负责的单量巨大，无法避免数据记录错误。实时跟踪货物状态要求无法满足。

9. KPI 绩效统计分析粗放

每月、每季度对海量的运单运输情况的统计和汇总是对承运商的必要管理活动。由于前期使用 Excel 管理，使得 KPI 绩效统计困难，无法实现对供应商的有效管理。

三、TMS 系统实施过程

（一）TMS 系统建设关注点

考虑到 TMS 系统需要在功能上协同多方，如销售、仓库、财务、承运商、终端客户等，同时满足和已有的 ERP、WMS 等系统的对接，中建信息在实施 TMS 前对系统的要求进行充分讨论。通过内部讨论，对 TMS 系统关注在几个方面。

（1）系统成熟稳定：中建信息分销业务的规模巨大，需要稳定连续的物流管理，因此所选 TMS 系统必须有应用案例，且能保证后续的服务。

（2）满足定制需求：中建信息的运输业务虽然符合通用运输业务流程，但也有其自身的业务特点和逻辑，标准的 TMS 系统无法满足企业的要求。因此需要在 TMS 系统基础上实现可以定制开发的需求。

（3）信息安全：运输订单信息包含了终端客户的信息，需要有严格的信息安全把控措施，确保信息不被非法外泄。

（二）TMS 系统建设步骤

第一步，实现从 Excel 管理转换为线上管理。

第二步，实现中建信息内系统的互通互联。

（三）TMS 系统选择及部署

中建信息通过招标多家 SaaS TMS 服务供应商，经过物流部门对比试用，驿畅 TMS 系统因其灵活的状态管控、高效的操作、丰富的协同理念及高适用度成为首选。

驿畅 TMS 系统以 SaaS 独立化部署方式为公司提供高质量服务，独立部署形式在满足公司对信息安全的合规要求情况下，不仅满足个性化迭代开发需求，同时还可通过每年付费获得有效服务，降低总体使用成本。

（四）TMS 系统实施效果

初期上线的驿畅 TMS 系统是全 SaaS 功能。虽然未进行定制化改造，但系统基本满足了物流部门日常的工作要求。特别是协同方式的使用，显著提高了操作效率和管理水平。

2019 年，二期迭代完成了中建信息 SAP 的 ERP 系统与驿畅 TMS 数据对接，解决了单据从 ERP 下发到 TMS 系统的对接工作，实现了 TMS 运单的自动数据交换。二期迭代完成上线后，极大地提升了物流操作和管理的效率，减少了人工，物流管理实现了全部线上化，达到甚至超越了预期目标。

四、TMS 系统实施后的应用亮点

系统框架如图 2 所示。

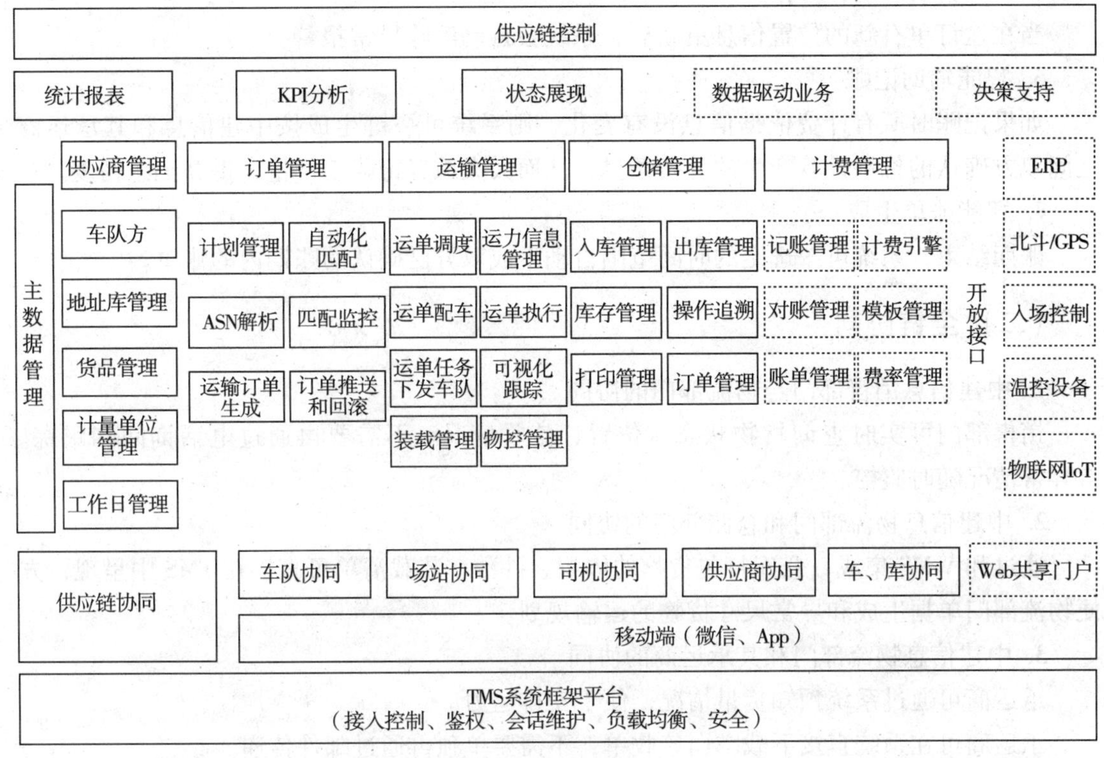

图 2 系统框架

（一）操作智能化

1. 智能接单处理

TMS 系统收到中建信息 ERP 系统的运输订单后会自动按规则进行单据合规检查；合规的运输订单会依据系统设定的规则进行客服人员的自动匹配，从而完成单据操作的自动分配。

2. 智能路线匹配

TMS 系统收到 ERP 系统信息后生成的运输订单会依据设定的规则，通过判断单据的信息，匹配对应规则的单据自动设定相应的路线、运输方式、承运商及报价。这会减少人工选择造成的差错。

3. 智能合单

TMS 系统在生成运单前会对订单池内的订单进行扫描，符合设定规则的订单会自动合并生成相应的运单。系统合单、生成运单、发送承运商可一键自动完成。

4. 智能状态更新

TMS 系统会依据下发承运商的运单和与运单相匹配的订单进行智能关联。当运单的状态变更后，系统会智能更新对应订单的状态，且可跨多层转包实现状态的无缝传递。

5. 智能化的主动异常发现

系统会按设定时间间隔检查在途订单的位置更新情况，如果超出时间间隔没有地点的更新，则自动产生异常报警。

当在途订单有新的位置信息更新后，系统会自动解除异常报警。

6. 智能辅助记账

如果记账时所有计费依据信息没有变化，则系统可一键生成按中建信息和其承运商之间双方确认的价格计算产生的计费条目，从而大大减轻记账工作量，提高记账精度。

7. 智能账单生成

账期结束，系统可按选定的时间范围自动生成双方已确认的账期内的账单。

（二）全链协同

1. 中建信息销售部门与物流部门的协同

销售部门可实时查询货物状态、位置、签收情况。不需要再通过电话询问和跟踪。有异常情况随时监控。

2. 中建信息物流部门和仓储部门的协同

通过和 WMS 集成，仓库打包货物的体积、件数、装载清单可直接在 TMS 中呈现，方便物流部门单据生成和异常尺寸货物的运输规划。

3. 中建信息物流部门和其承运商的协同

承运商可通过系统预知货量情况，便于安排运力。

承运商可在系统直接下载空白签收单，不需要单独再通过邮件传递。

承运商可在系统直接了解运输订单是否为自己的承运任务。

物流部门可对未开始的运单执行下发和撤回命令。

承运商对物流状态、位置的反馈可直接反映到中建信息的运输订单上。

承运商对在途中的异常信息可及时通过系统反馈到中建信息物流部门。

物流部门可通过系统对承运商上传的签收单电子件进行确认/驳回。

物流部门可通过系统实时记录和反馈承运商签收单原件的返回情况。

物流部门和承运商通过系统实时记录和确认发生的随机费用。

账期结束后生成的账单可在物流部门和承运商间实时查看和核对。

4. 承运商和中建信息仓储部门的协同

物流部门的中心库房备货状态、装载单可通过系统实时传输给对应承运商。

（三）数据驱动业务自动流转

针对每一运输订单设定的 KPI 监控，TMS 系统可以提示哪些运输订单已接近预期抵达时间。物流部门可依据紧急程度优先监控和处理异常订单，从而通过 KPI 数据驱动订单监控实现优先级的管理。

五、TMS 系统管理效益

通过两期系统的上线，实现业务操作和管理效率的大幅提升。在物流操作人员没有减少的情况下及时、高效地实现了 2019 年年底冲量 300% 的业务增量。TMS 系统上线后带来的成果如下。

对比 2019 年的运营数据可以看到：物流部门每人年节省成本 5.4 万元；下单速度提高 40%；承运商当日发货率提高 20%；签收单统计、提供效率可以提高 50%；每月账单核对时间降低近 80%；账单准确率提升至 100%。

此外，物流部门支持业务的能力提升 300%，可在不增加人员的情况，具备支持年发货 27191109.57kg/97872.66 m^3 货品的能力。

（一）订单操作自动化提升效率

1. 运输订单的自动生成

通过对接 ERP 系统，驿畅 TMS 系统可自动生成对应业务单号的运输订单。在完全取消了手工的录入方式，提升录入效率的同时，减少了手工录入带来的差错。

所有销售的业务单号在驿畅 TMS 系统中可实现在途监控的“一单到底”，查询结果清晰明确。

2. 自动承运商和路线匹配

通过自主的规则设定，驿畅 TMS 系统收到的运输订单会依据区域、销售项目、产品线等一系列条件自动匹配合适的承运商和运输方式、服务水平。自动匹配后的结果通过最终审核后即可下发、操作。

3. 物流部门自动合单下发

对于销售部门传来的运输订单，在满足发货人、收货人、送货时间、承运商均相同的条件下，系统会自动将符合条件的销售订单合并生成一票运输运单发送给相应承运商操作。通过合单操作，可以有效节省物流成本。未上系统前，由于收到的运输订单时间有先后，客服人员通过 Excel 来合并和标记合单操作，工作负荷高、效率低、准确度差。驿畅 TMS 系统提供的一键合单下发功能，可以跨任务分配实现所有待操作订单的智能自动合单，消除了对承运商的依赖，提升了操作效率和公司管理水平。

4. 订单异常自动发现及管理

驿畅 TMS 系统提供了承运商更新货物位置的自动跟踪功能，如果一票货物没有按时完成位置的记录，系统会在异常报表里直接体现。对于已发生异常的订单，如果承运商及时更新了位置，则异常记录会消失。

通过异常的主动发现功能，物流操作人员的注意力聚焦在可能被遗漏的货物上，避免货物失去控制和送达延迟等情况的发生，同时也能够确保货物在监控下一直按照正常的运输状态运作。

驿畅 TMS 系统提供的异常处理机制，协同了承运商、物流部门和销售部门，使得货物的在途情况在系统上清晰透明地展示出来，出现的任何货物的在途异常也可以在第一时间得到反馈和回复。

对于提货和收货未按预期完成的运单，系统自动登记延迟记录，为下一步分析延迟原因提供依据。

5. 承运商 KPI 自动统计

KPI 指标要求附加在每一票运单上，随着运输活动的执行，实时反馈 KPI 指标的结果。对于需要排除在 KPI 考核范围的单据，可以单独设定。

6. 订单自动记账并生成账单

驿畅 TMS 系统提供保存运输甲乙双方的合同报价功能，并通过系统保证报价在双方之间的不可随意更改性。甲乙双方对同一票运单都可以记录发生的费用。通过系统自动计算并确认基础运费和保险费等固定费用，减轻了人工录入的负担，提高了计费的精准度，减少了人为更改费用的风险。

对随机发生的临时费用，采用一方提报，另一方确认的方式保证费用的双方认可。把原有到结算周期才操作的对账工作落实到费用发生时的随时确认。

通过提报方上传支持文件，为临时产生的费用确认过程提供了审批依据，同时也为后期合规审核提供了有力的支持。

以自动记账为依据和基础，系统提供了账单的自动生成和确认功能，使得原来需要3～4 周的运费结算审核周期缩减到几个工作日。这大大减轻了费用审核的工作量，提高了对承运商的付款速度。

（二）实现上下游环节协同

1. 增加承运商确认环节

通过增加承运商确认环节，被确认的单据可被相应承运商直接看到，同时使物流部门可自动或人工调整供应商。

2. 实现和承运商的运力协同

承运商可提前预知将要下发的运输任务详情，提前做好运力准备。

在运输订单确认承运商后，承运商即可下载空白签收单，为提货做好准备。

3. 电子回单管理

承运商直接通过系统回传客户签收好的签收单。中建信息的客服人员通过系统审批电子回单的有效性。签收的货物状态直接关联费用结算，保证了电子回单的有效性。

系统还对签收单原件的返回提供了管理支持，既满足中建信息财务和风控的要求，也把这个要求以 KPI 形式传递给承运商的执行端。

4. 外部系统状态通知

通过对接中建信息 ERP 及 OA 系统，在驿畅 TMS 系统中的运输订单状态发生改变后，驿畅 TMS 系统可自动推送到 ERP 和 OA 系统，实现了系统的集成。

5. 多部门/单位的高效协同

实现了销售部门与物流部门协同、物流部门与仓储部门协同、物流部门与承运商协同、承运商和仓储部门协同。

通过信息流、货物流、凭证流协同管理，实现了整体供应链的高效运转。

六、未来物流信息化展望

中建信息所使用的驿畅 TMS 系统作为紧密贴合业务的有机系统，会随着业务的发展不断迭代，形成符合自身发展的一套灵活强大的业务支持系统。系统未来将以海量历史数据为基础，以大数据分析推动运营管理优化，通过 AI 数据分析实现更高层次的数据推动业务的发展模式，为中建信息的蓬勃发展持续助力、赋能。

中国移动通信集团广东有限公司：大数据肖像刻画在通信物资精细化管理中的应用

一、企业概况

中国移动通信集团有限公司（以下简称“中国移动”）作为国内三大通信运营商之一，成立于2000年4月20日，注册资本为3000亿元人民币，资产规模超1.8万亿元人民币，基站总数近400万个，总连接数超过18.9亿个，是全球网络规模大、用户数量多、盈利能力和品牌价值领先、市值排名前列的通信运营企业。中国移动在2019年度世界500强企业的最新排名是第56位，位列全球电信业第三名；连续十年入选道琼斯可持续发展系列指数。在近20年的发展中，中国移动作为我国通信产业链的龙头企业，助力我国信息通信产业实现了“1G空白、2G跟随、3G突破、4G并跑、5G引领”的跨越式发展。

中国移动通信集团广东有限公司（以下简称“广东移动”）于1998年1月正式注册成立，是中国移动（香港）有限公司在广东设立的全资子公司，是我国通信行业中规模最大的省级公司，下设21个地级市分公司，同时辖管中国移动五个大区库中的华南大区库。广东移动自成立以来长期关注自身物流管理水平的提升，深入探索和实践物流作为“第三利润源泉”理论，目前广东移动已成为中国移动内部供应链管理水平较高的子公司之一，多次荣获中国移动供应链规划一等奖及供应链管理标杆称号，同时也被中国物流与采购联合会授予中国供应链管理最佳创新企业、中国物流信息化杰出应用企业等称号。

二、案例介绍

（一）项目建设背景

随着通信市场人口红利消失、运营商同质化竞争加剧，通信行业企业间的竞争压力不断加大，运营商企业管理水平已成为企业保持市场领先和稳定利润水平的核心竞争力。其中，物流作为企业运营管理中重要一环，在降低成本、提高效益、提高企业市场竞争力等方面起着极其重要的作用。中国移动通过近几年在物流管理领域不断摸索和前进，逐步建立起了集设、需、采、存、出入库、用、收尾等环节为一体的物流管理体系，物流管理逐步由粗放式管理向精细化方向转变。

在2019年集团工作会上，中国移动明确提出创世界一流“力量大厦”战略，围绕“三融三力”，打造世界一流供应链体系，支撑中国移动转型发展的供应链目标。为支撑中国移动转型需要和加速融合当前供应链新技术、新理念，广东移动积极开展省内物流信息化管理工作，基于物资运营管理全流程客户工程项目肖像，实时监控项目运行健康程度，推进工程项目物资实施精细化、信息化管理。

运营商物流管理有别于其他行业，通信运营商工程项目建设过程中具有物资种类多而杂、物资属性多、项目建设周期长等特点，这些特点也导致以库存为核心的物流管理工作成为运营管理问题的爆发区，目前运营商库存管理存在的问题主要有：①物流管理信息与项目建设信息融合度低，导致项目物资的需求、采购、库存、配送等环节与工程建设脱节；②因物资具有项目属性，很难准确评判单个项目建设过程中的物流管理水平，因而不能对特定项目的物资管理情况制定差异化管控策略；③库存管理预警不足，不能对库存或呆滞物资发起呆滞预警，导致库存和呆滞物资盘活效率较低。

广东移动为贯通工程项目物资管理全生命周期“设、需、采、存、出入库、用、收尾”7大环节，规范物资管理制度、创新物资管理举措，融合大数据肖像刻画、系统自动预警等技术，实现工程项目物资全流程精细化、信息化管理。在融合物资运营管理数据和工程建设数据的基础上，促进各流程阶段的物资运营管理和工程建设业务融合，落实常态化业务协同管理机制，提高数据可视化管理效果，同时重点聚焦库存管理，加强库存管理的统计分析与监控，提高工程项目物资供需协同。

（二）主要做法

工程项目物资物流精细化、信息化管理的核心是加强物资运营与工程项目建设的融合，一方面从单体工程项目和群体项目的角度出发，构建涵盖设计、需求、采购、库存、出入库、使用、项目收尾7个流程阶段物资运营管理指标体系，基于大数据几乎是刻画项目肖像，实时显示项目物资运营管理的健康程度，实现物资全流程的在线监控；另一方面，为加强库存和呆滞物资的管理，对闲置物资借助信息化手段，根据物资呆滞情况设置预警等级，推动呆滞物资在需求、采购、领用环节的使用。

1. 主要做法：基于大数据分析刻画工程项目肖像

广东移动基于管理现状，构建了涵盖设、需、采、存、出入库、用、收尾的物资管理全流程的物资运营管理指标体系，根据分析对象的颗粒度大小不同分为单体项目和群体项目两类，其中单体项目画像构建主要是指针对重点项目为分析对象进行分析，颗粒度聚焦到单一项目；群体项目画像构建主要是指以同类型或同区域的项目进行整体分析，用来展示同类型项目或同区域项目的整体管控情况，颗粒度聚焦到同一区域或同一类型的项目集合。

（1）构建工程项目肖像刻画指标体系。

工程项目肖像刻画指标体系（见图1），涵盖了项目全生命周期内的7大流程阶段，共有13个细化指标和1个项目整体健康程度指标。

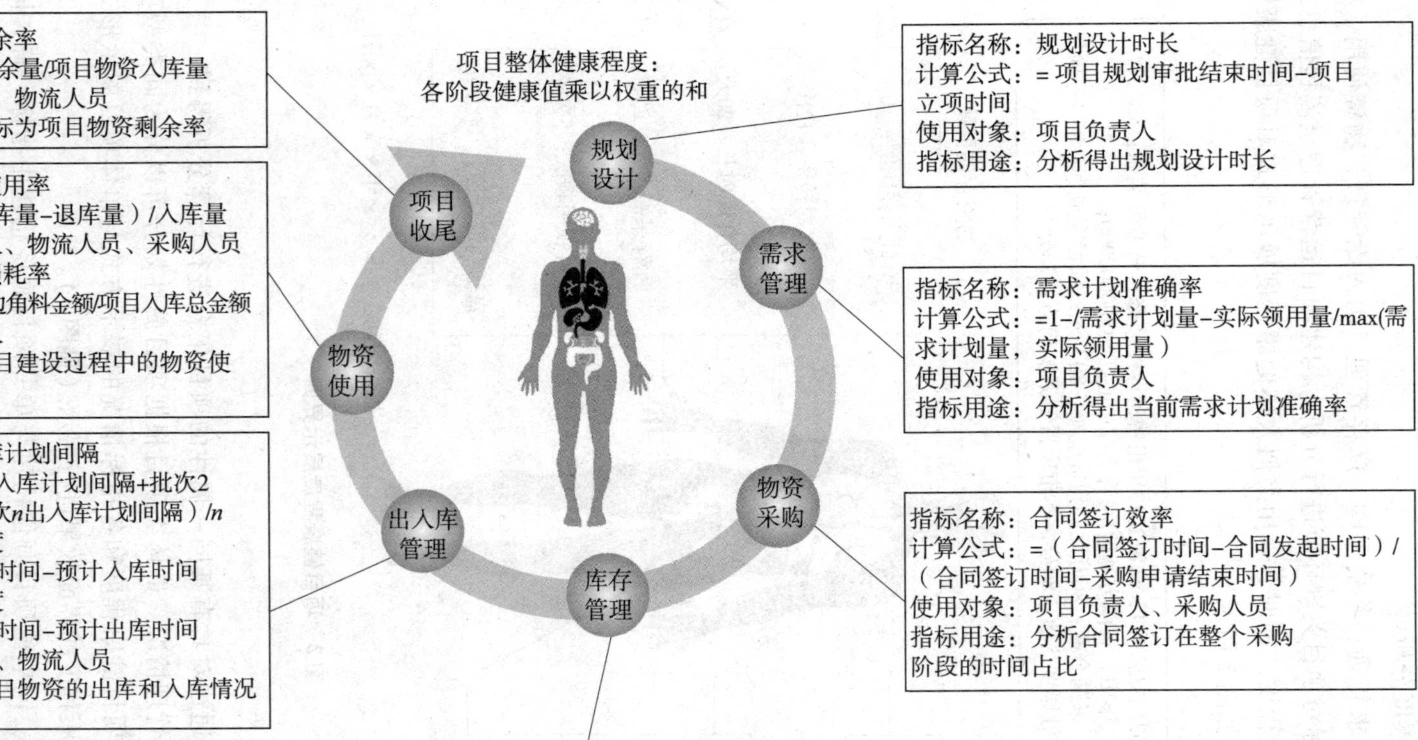
项目整体健康程度：
各阶段健康值乘以权重的和
规划设计
需求管理
物资采购
库存管理
出入库管理
物资使用
项目收尾
指标名称：规划设计时长
计算公式：= 项目规划审批结束时间–项目立项时间
使用对象：项目负责人
指标用途：分析得出规划设计时长
指标名称：需求计划准确率
计算公式：=1–/需求计划量–实际领用量/max(需求计划量，实际领用量）
使用对象：项目负责人
指标用途：分析得出当前需求计划准确率
指标名称：合同签订效率
计算公式：=（合同签订时间–合同发起时间）/（合同签订时间–采购申请结束时间）
使用对象：项目负责人、采购人员
指标用途：分析合同签订在整个采购阶段的时间占比
指标名称：项目物资剩余率
计算公式：=项目物资剩余量/项目物资入库量
使用对象：项目负责人、物流人员
指标用途：主要评价指标为项目物资剩余率
指标名称1：项目物资使用率
计算公式1：=（物资出库量–退库量）/入库量
使用对象1：项目负责人、物流人员、采购人员
指标名称2：项目物资损耗率
计算公式2：=项目产生边角料金额/项目入库总金额
使用对象2：项目负责人
指标用途：用于显示项目建设过程中的物资使用进度和损耗情况
指标名称1：项目出入库计划间隔
计算公式1：（批次1出入库计划间隔+批次2出入库计划间隔+…+批次n出入库计划间隔）/n
指标名称2：入库偏离度
计算公式2：=实际入库时间–预计入库时间
指标名称3：出库偏离度
计算公式3：=实际出库时间–预计出库时间
使用对象：项目负责人、物流人员
指标用途：用于显示项目物资的出库和入库情况
指标名称：项目库存比例
计算公式：=项目库存金额/项目总投入金额
使用对象：项目负责人、物流人员
指标用途：全面评价项目物资库存管理现状
指标名称：项目库存周转率
计算公式：=累计出库总金额/[（项目开始时间的总金额+当前操作时间的总金额）/2]
使用对象：项目负责人、物流人员
指标用途：全面评价项目物资库存管理现状
指标名称：平均在库时长
计算公式：=（物资1在库天数×物资1到货金额+…+物资n在库天数×物资n到货金额）/项目总到货金额
使用对象：项目负责人、物流人员
指标用途：评价项目物资库存管理现状
指标名称：库存呆滞比
计算公式：库龄大于180天的库存金额/库存总金额
使用对象：项目负责人、物流人员
指标用途：全面评价项目物资库存管理现状

图1 工程项目肖像刻画指标体系

（2）单体工程项目健康度分析。

通过利用规划设计、需求管理、物资采购、库存管理、出入库管理、物资使用、项目收尾 7 大模块的 14 项指标对项目关键环节进行分析，构建项目运营管理全流程信息画像，全面展示项目整体健康程度。同时，采用类似人体健康程度展示形式对项目健康展示进行直观展示，展示界面如图 2 所示。

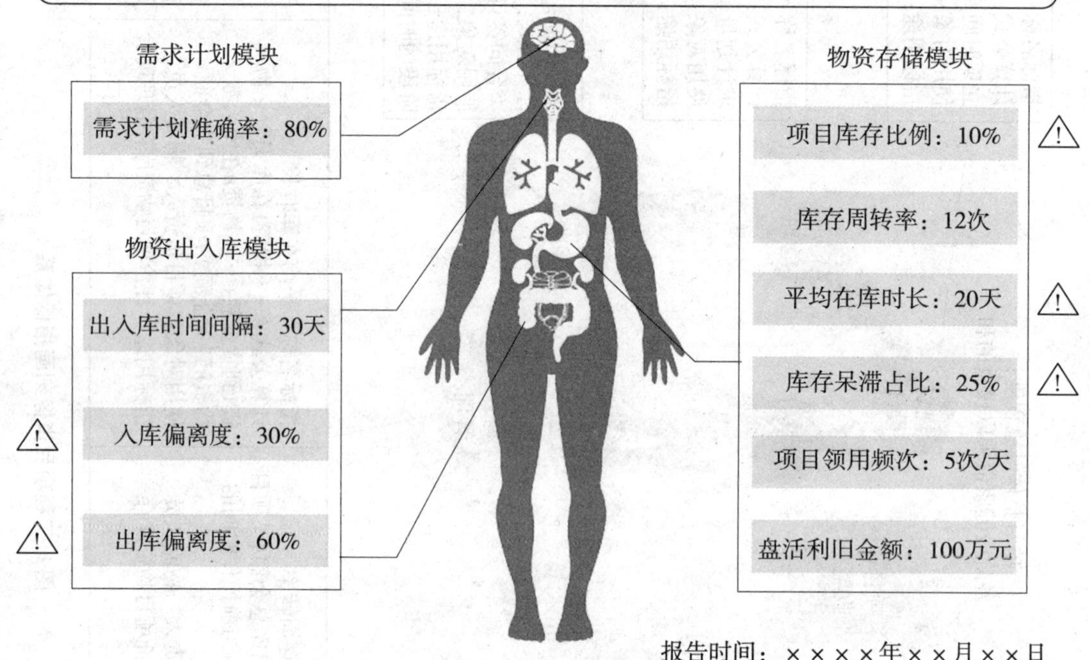

图 2　项目健康程度展示界面

（3）群体项目画像构建。

群体项目画像构建是指通过对具有某同一属性的项目集合进行计算分析得到，用于显示某类项目的物资全流程管理情况。群体类项目根据项目属性划分可以分为同类型项目和同单位项目两类。群体项目健康程度和各指标情况的展示方式与单体项目展示形式一致，也是采用类似人体健康程度的界面效果进行展示（见图 3）。

①同单位项目画像构建。同单位项目画像构建与单一项目画像构建中指标一样，同样分为 7 个阶段、14 项指标，只是指标计算过程中不再以单一项目为计算对象，而是以具有同一单位属性的项目集合为分析对象，其他内容相似，在此不再赘述，其中指标使用对象主要面向管理人员和物流人员。

②同类型项目画像构建。同类型项目画像构建与同单位项目画像构建同理，其中指标使用对象主要面向管理人员。

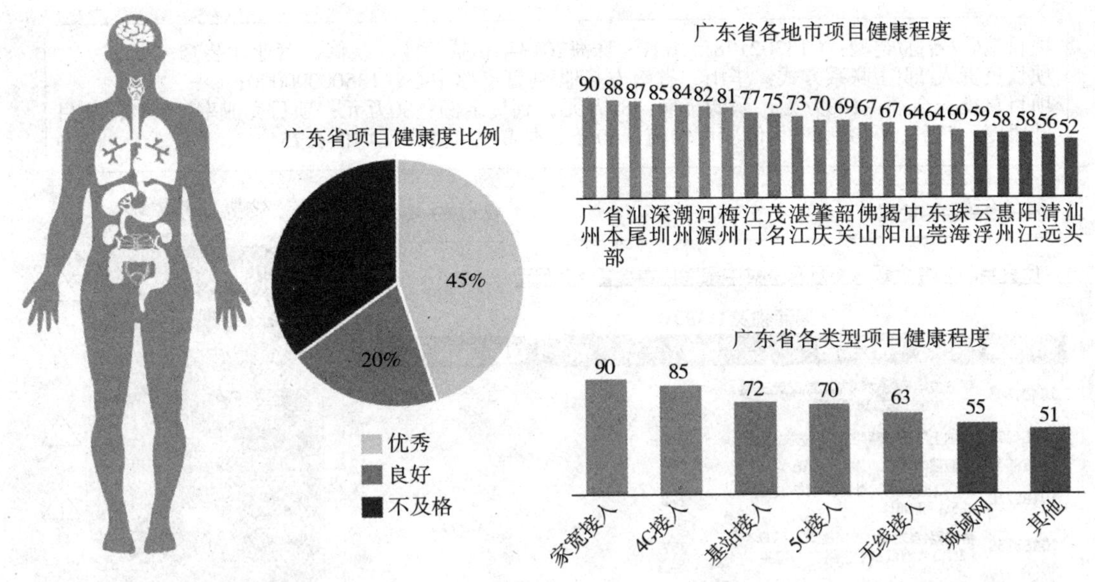

图3　某群体项目健康度展示界面

（4）项目肖像指标预警。

项目运营监管体系中的14个指标根据反映项目健康程度的不同可以划分为绿色、黄色、红色3个等级，其中绿色代表指标值良好，项目运行状况良好；黄色和红色则代表指标值异常，其中黄色代表指标值负偏离情况较轻，红色代表指标值负偏离情况较重，系统对出现黄色和红色的指标会自动预警，并推动预警信息提醒相关人员进行及时处理。此外，系统管理人员可以根据项目特点对各项指标的标准值和评定标准进行差异性设定。对项目健康度指示表中的异常指标进行点击，则会弹出相应窗口，显示指标细项（见图4）。

2. 主要做法：基于信息化智能预警系统防控物资呆滞

为提高项目闲置物资的消耗和盘活速度，广东移动开发闲置物资预警系统。物资闲置预警系统主要面向广东移动管辖范围内的所有库存物资，系统会每天扫描库存物资，对于达到预警天数的闲置物资，系统会自动生成一张闲置预警工单，直接推送项目物资需求责任人办理，如果系统未设置指定需求责任人，则会生成一张闲置物资的工单推送到地市系统管理员，地市系统管理员指定物资需求责任人后，系统自动根据物资需求责任人拆单，自动推送给物资需求责任人待办。物资预警系统信息化工作环境示意如图5所示。

地市系统管理员和物资需求责任人可以根据品类特点、品类属性、工程建设特点、需求特点等闲置预警设置不同的等级，对周转速率较快、通用性的物资，在同等闲置时间可以设置较高的预警等级；对周转速率慢、专用性较强的物资，在同等闲置时间下设置较低的预警等级，如图6、图7所示。

（三）主要创新点

1. 构建工程项目全流程健康程度画像

广东移动以工程项目建设流程为主线，聚焦各流程管理关键节点，针对各节点管理

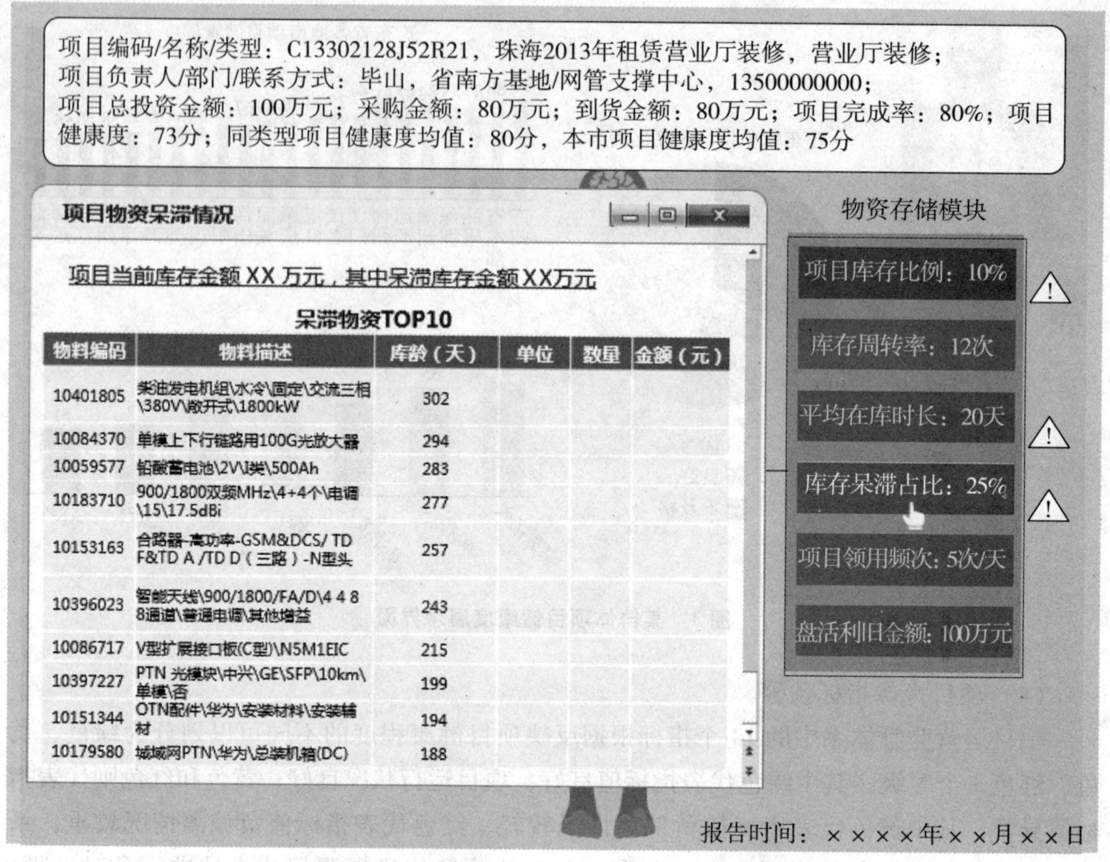

物料编码	物料描述	库龄（天）	单位	数量	金额（元）
10401805	柴油发电机组\水冷\固定\交流三相\380V\敞开式\1800kW	302			
10084370	单模上下行链路用100G光放大器	294			
10059577	铅酸蓄电池\2V\I类\500Ah	283			
10183710	900/1800双频MHz\4+4个\电调\15\17.5dBi	277			
10153163	合路器-高功率-GSM&DCS/ TD F&TD A /TD D（三路）-N型头	257			
10396023	智能天线\900/1800/FA/D\4 4 8 8通道\普通电调\其他增益	243			
10086717	V型扩展接口板(C型)\N5M1EIC	215			
10397227	PTN 光模块\中兴\GE\SFP\10km\单模\否	199			
10151344	OTN配件\华为\安装材料\安装辅材	194			
10179580	城域网PTN\华为\总装机箱(DC)	188			

图4　工程项目物资指标预警详细信息展示界面

内容建立相应健康指标，直观反映各流程节点的运营状况，同时采用类似人体健康程度的展示形式对指标体系进行统一展示和管理，实现对工程项目全流程健康程度画像构建，全面监管项目建设过程中各流程运营管理情况。

2. 实现工程项目物资全生命周期精细化管理

传统物资管理模式下，工作重心主要聚焦到以库存管理为代表的关键环节，忽略了物资全生命周期内的规划、需求、采购、使用、退库等其他环节，而物资运营管理又是一项系统性很强的工作，前后各环节具有较强的关联性，无论哪个环节管理不善，都有可能导致整个链条管理工作的效率降低。广东移动通过构建项目画像，打通了物资运营管理之间的壁垒，将工程项目物资运营管理范围以库存管理为核心向前、后进行扩展，向前扩展到规划设计、需求管理和物资采购环节，向后扩展到物资出入库管理、物资使用和项目收尾阶段环节，真正实现工程项目物资全生命周期精细化管理。

3. 物资管理由被动响应向主动管理转变

传统的物资管理流程是发生问题、分析问题、解决问题，这种方式管理效率低、问题解决不彻底。广东移动通过构建项目用户指标体系，实时显示项目健康程度，可以针对出现黄色预警和红色预警的指标主动深入分析，结合分析结果制定差异化管理策略，提高问题解决的效率；同时通过制定闲置物资预警机制，对物资呆滞建立一道预警屏障，

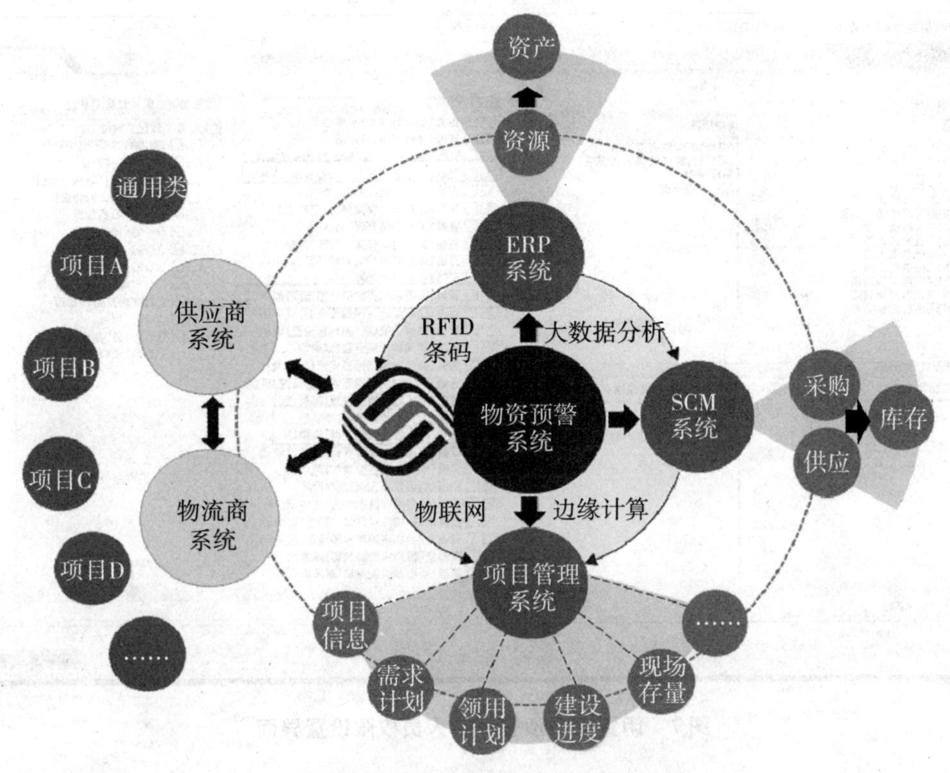

图5　物资预警系统信息化工作环境示意

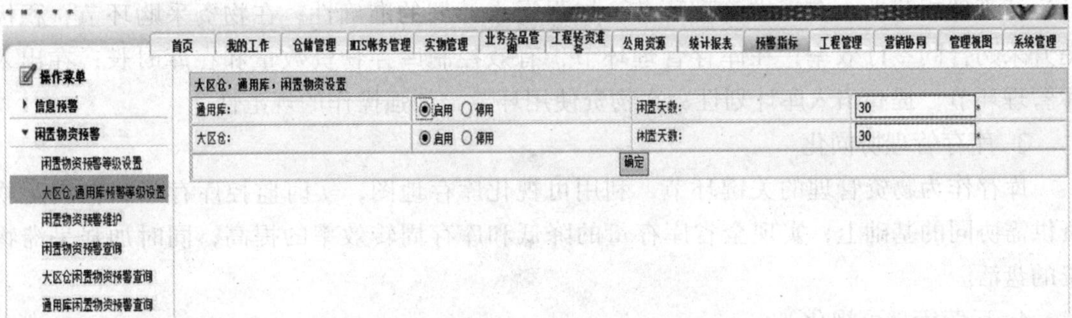

首页 我的工作 仓储管理 MIS帐务管理 实物管理 业务全品管理 工程物资速装 公用资源 统计报表 预警指标 工程管理 营销协同 管理视图 系统管理

操作菜单
信息预警
闲置物资预警
闲置物资预警等级设置
大区仓,通用库预警等级设置
闲置物资预警维护
闲置物资预警查询
大区仓闲置物资预警查询
通用库闲置物资预警查询

大区仓，通用库，闲置物资设置
通用库: 启用 停用 闲置天数: 30
大区仓: 启用 停用 闲置天数: 30
确定

图6　闲置物资预警等级设置界面

对闲置物资实现早发现、早处理。另外，借助信息系统信息推动、自动提醒功能，提高问题解决的及时性。

三、案例价值分析

1. 业务管理融合化

通过项目画像构建，一方面，强化以工程建设需求为导向，强调物资管理逆向拉动，合理把控物资采、存、供节奏；另一方面，根据工程项目建设进度，正向推动物资管控可靠度，全面保证工程建设物资需求，实现对物资的统筹和规划的闭环管理。

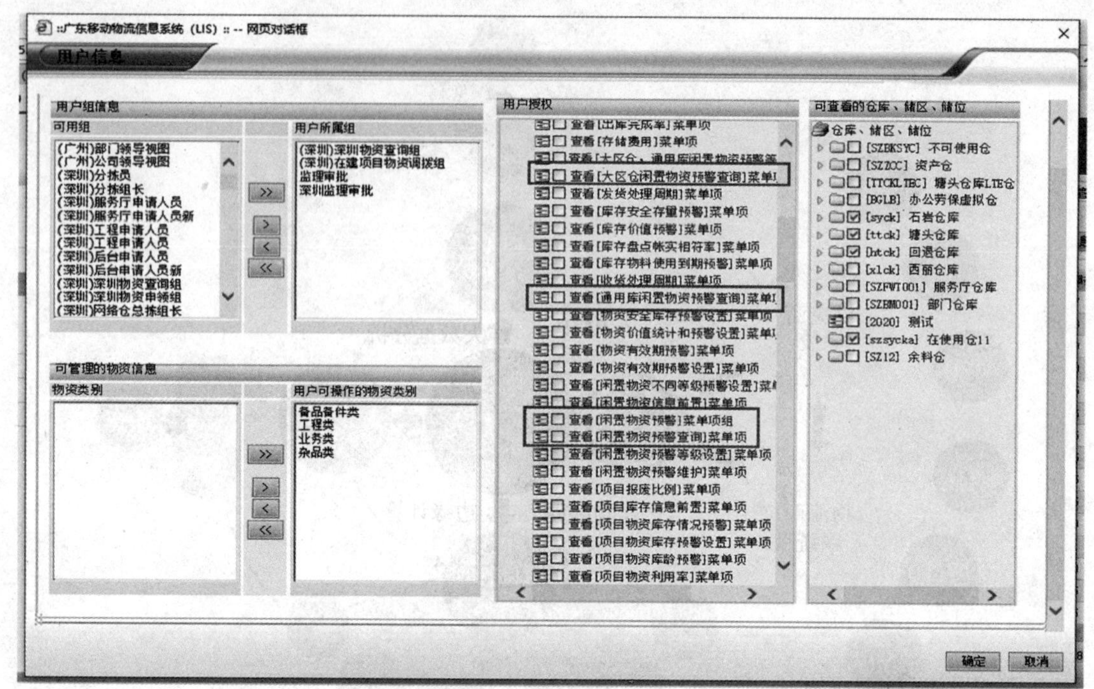

图 7　闲置物资预警系统人员权限设置界面

2. 操作管理规范化

借助项目画像指标管理体系，实时显示物资在各环节的运营状况，推动管理人员提升运营管理规范性，在需求管理环节，加强需求计划的准确性；在物资采购环节，积极提升采购合同签订效率；在库存管理环节，有效控制库存物资数量和在库时长；在出入库管理环节，提高出入库计划性；在物资使用环节，加强操作的规范性。

3. 库存管理协同化

库存作为物资管理的关键环节，利用可视化库存地图，实时监控库存量，在满足物资供需协同的基础上，实现全省库存量的降低和库存周转效率的提高，同时加强呆滞物资的盘活。

4. 运营管理可视化

从数据指标特点和业务管理特点出发，充分发挥信息系统技术优势，全面直观显示项目健康程度，实现运营管理指标的可视化管理，为相关人员的运营管理提供技术支撑，降低相关工作人员简单、重复性工作压力。

四、实施中的体会及经验

目前基于工程建设和物资运营管理数据融通和闲置物资预警机制的工作方案已初步得到落实，取得了一定的经济和管理效益。同时，在实施过程中也发现后续仍需进一步加强管理和应用，主要从以下几个方面展开。

1. 打通系统壁垒，促进数据互融互通

打通系统壁垒，实现项目物资运营管理系统、闲置物资预警系统与供应链系统、工程项目管理系统、ERP 库存管理系统等系统模块的互融互通，实现数据无缝自动流转，在规范化和精确化的基础上实现物资运营管理的高效化。

2. 借助大数据技术，充分发挥数据价值

广东移动近年在物资运营管理领域积累了大量的管理数据，为实现物资运营管理智慧化，应充分发挥大数据等先进技术的技术优势，充分挖掘海量数据资源价值，将大数据分析技术与物资运营指标相融合，逐步开拓指标的预警功能，实现“治已病”向“治未病”转变。

3. 借鉴前期实践经验，扩展应用范围

目前，广东移动针对工程建设与物资运营管理融合的分析对象还只是具有项目属性的重点物资，对不具项目属性的物资暂未进行精细分析。为全面实现物资运营管理精细化，广东移动后续将积极借鉴和分析前期项目应用实践经验，将物资精细化管理范围逐步扩大至非项目属性物资和通用性物资，实现物资运营管理效益最大化。

南京长安民生住久物流有限公司：智能供应链系统

一、企业简况及企业管理模式的主要特点

南京长安民生住久物流有限公司（以下简称“公司”）是一家新型的现代化第三方物流企业，公司由重庆长安民生物流股份有限公司、住友商事株式会社和北京长久物流有限公司（2012 年退出）投资成立，注册资本为 10000 万元人民币。

公司以“2025 愿景”为指引，以快速有效的响应客户需求为中心，以“四个 +”的技术创新为引领，提出科技引领、技术创新、打造企业核心竞争力的技术创新的战略目标，依托“1 整套技术标准体系”，着力打造“3 大工作平台”（技术管理、技术研发、技术应用），形成“3 大产品力”（技术标准、技术方案、研发成果）；支撑和引领“4 大业务板块”（整车物流、零部件物流、调达物流、国际货运）快速有效发展，有力支撑公司战略目标的全面实现。

目前公司获得了 22 项软件著作权，4 项实用新型专利，行业内十余项科技奖项。

二、供应链环节的系统现状及背景

公司的供应链环节目前是由工厂通过订单系统向供应商发布订单、标签、交付单相关信息。公司有部分可视化管理系统，如物流在途可视化系统、调度系统、地理信息系统、仓库管理系统、容器周转管理系统。系统可追踪循环取货零部件的在途信息，但追踪的信息比较局限，不能追踪到具体的在途数量信息。智能供应链系统实现对入库后零部件的在库管理以及入主机厂的调度管理，但无法管控自送零部件相关在途及入厂信息。各系统独立运行，数据无法整合，信息获取效率低，且数据未与供应商、主机厂实现共享。

三、供应链环节目前系统缺失状况及问题点

（1）供应商备货出货核对环节缺少系统管理，无法实现信息共享及追溯、及时识别风险，对供应商库存无监控，存在库存呆滞的风险；人工核对效率低下，存在较大的人力成本浪费，同时准确率较低，易出现未严格按照订单要求进行备货，订单错发、漏发的情况。

（2）自送零部件在途追踪及入厂管控系统缺失，无法实现订单在途及交付状态的跟踪，取货供应商系统在途追踪信息不精确，且信息未能与供应商、主机厂共享，无法及时发现零部件交付风险，无法全程追溯交付状态。

(3) 入厂纳入环节外协件收货缺少系统管理，人工收货存在较大的人力成本浪费，同时操作准确率低，影响到零部件的财务结算问题。

(4) 零部件入厂纳入上架系统管理缺失，存在零部件上架错误及由此带来的质量风险。库存不足时也没有系统预警，无法及时识别缺件风险。

(5) 收货故障缺少系统管理，存在较大的人力成本浪费，且处理效率低下、周期长。

(6) 缺件管理缺少系统支持，人工分析效率低、周期长，易引起不必要的额外费用。

(7) 容器周转台账由人工管理，容器周转状态跟踪效率低，交接责任不清晰，容器损耗率高。

四、信息化进程中遇到的主要困难、问题与解决措施以及推进步骤

现有供应商、物流商、主机厂整个供应链业务过程相关环节系统管理缺失，未实现整体过程的信息化、可视化，无法实现物流状态的全程追溯。影响异常风险的及时识别及应对，造成库存及物流成本浪费，运营效率、准确性低，直接影响供应链的精益管理。公司启动的项目是站在整条供应链的层面上，通过可视化平台，将供应链的前端、中端、末端各环节，以及各环节参与的各个主体之间连接起来，实现整条供应链的高度协同，信息高度共享，图1是整条供应链上的业务过程。

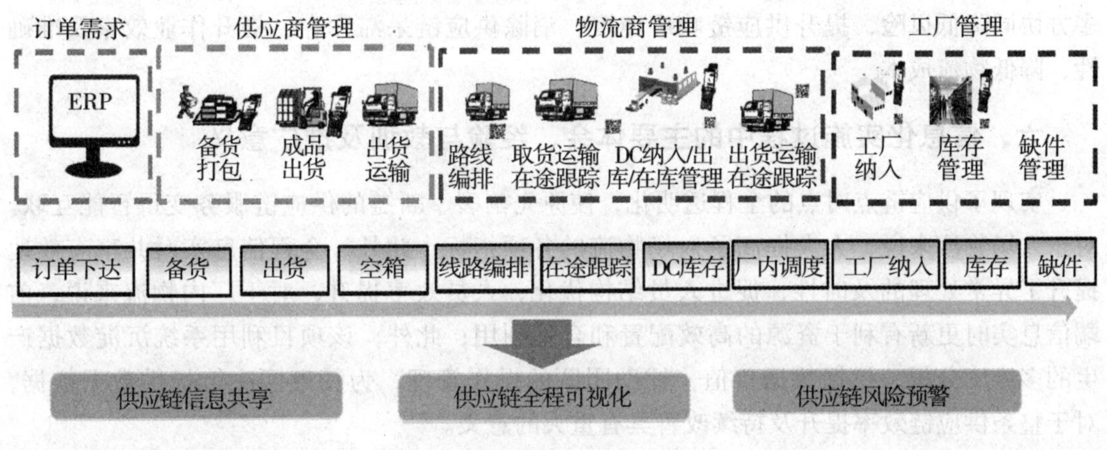

图1　整条供应链上的业务过程

供应链管理过程中一个极大的痛点就是由于信息闭塞导致供应链上下游之间协同不足，从而产生极大的人力、物力等资源浪费。因此，公司通过订单管理系统、TMS（运输管理系统）、WMS（仓储管理系统）、在途监控系统、预约交付系统、收货系统、MES进行管理，开发标准API（应用程序接口）将供应链的上下游连接起来，系统可实时查看供应商备发货情况、车辆及零部件在途情况、入厂物流交付情况，完成厂内库存及缺件计算，掌握各仓库库存情况。

五、信息化主要效益分析与评估

1. 信息化实施前后的效益指标对比、分析

(1) 信息可视化。通过多方协同提高生产保障，提升供应链响应速度，有效降低停

线风险。

（2）业务操作信息化。提升供应链整体效率及作业准确性，节约人力。

（3）提高供应链整体运营效率及作业准确性，快速精准地应对来自各环节的生产、供应、库存、物流等领域的风险及变化，消除各环节浪费，如包装损耗率降低 20%，零部件账实相符率提升，盘点精度提升，库存盘亏率约降低 50%。

2. 信息化实施对企业业务流程改造与创新模式的影响

基于智能供应链平台的运用，对各节点异常状态进行大数据分析，实现预警可视化。图 2 是信息化业务流程。各环节操作节点及时统计数据并预警，提升供应链响应速度，推进风险预防及持续改善。

图 2　信息化业务流程

3. 信息化实施对提高企业竞争力的作用

通过智能供应链平台打通整条供应链，实现供应链的物流状态可视化及全程追溯，多方协同降低风险，提升供应链响应速度，消除供应链呆滞库存，提升作业效率及准确性，降低物流成本。

六、信息化实施过程中的主要体会、经验与教训及推广意义

实现了供应链点对点的全程透明化，使原先割裂、断链的供应链服务变得智能互联。对于入场物流来说，大大提高了入场物流的各项指标；此外，全程信息实时共享有效地提升了异常处理的及时性，促进人员结构优化，人员效率提升；对于厂内物流来说，前端信息实时更新有利于资源的高效配置和合理利用；此外，该项目利用系统沉淀数据产生的多维度分析，挖掘数据价值，辅助团队的操作管理，为管理层决策提供数据依据，对于整条供应链效率提升及持续改善具有重大的意义。

七、智能供应链的改进方案、设想以及对物流信息化的建议

围绕精益生产模式，依托信息化平台赋能，打造连接供应链各方的智能供应链平台，在提升供应链高效协同响应程度的同时，以“数据共享，计划协同，进度可视”为目标，促进了供应链精益化程度的提升，推进了供应链管理方式的变革，实现应链管理全程可视、可追溯，推动了供应链“一单到底”。

（1）供应商通过智能供应链平台实现库存数据管理，各方库存等信息互通共享。

（2）供应商、物流商在备货环节应用二维码技术，对交货单、装箱单、托盘、外箱、成品入库贴标签并扫描二维码，降低备货、出货等各环节的系统出错概率。

（3）二维码扫描作业覆盖整条供应链，实现纳入环节系统防错、收货故障处理的可视化管理等一系列操作模式的创新。

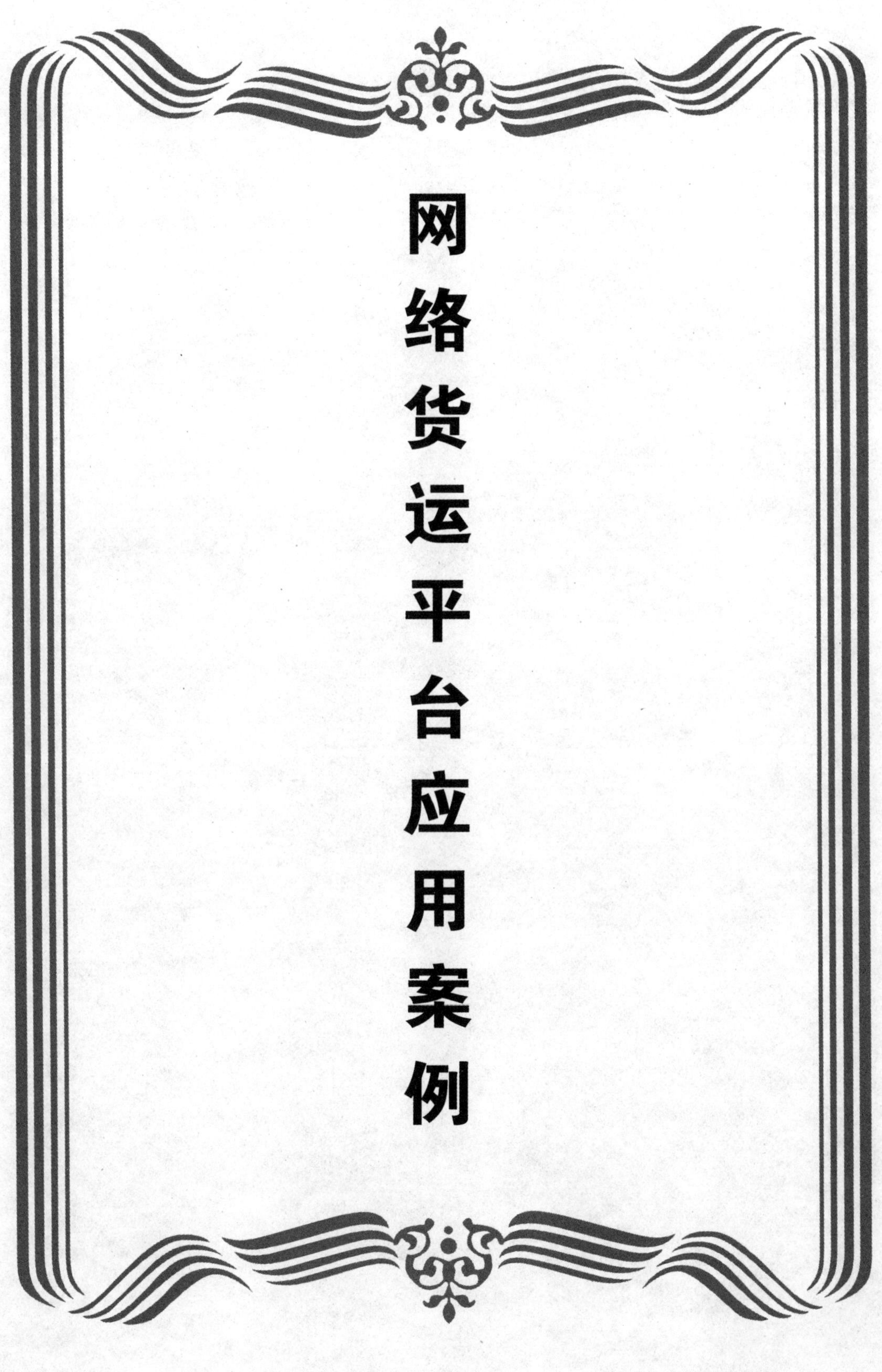

网络货运平台应用案例

天津长久智运科技有限公司：商品车物流网络货运平台

天津长久智运网络货运平台通过整合车辆运输轨迹实时位置、流向数据、司机认证数据、车辆认证数据、车辆空满载状态实时数据、运输业务实时数据等大数据资源，向汽车物流承运企业提供开放式运力资源调度系统 PaaS（平台即服务）服务，个体及挂靠运输经营的实时调度，燃油费、路桥费、运费预支及结算，回单管理、业务品控等网络货运业务服务；解决行业普遍存在的在途数据采集难、在途车辆监管难、司机结算运费难、货主企业取票难、返程车辆配货难、车辆空驶率高、信贷难等行业痛点问题，实现企业财税合规以及行业降本增效。

一、企业简介

天津长久智运科技有限公司（以下简称“长久智运”），成立于 2019 年 10 月 25 日，是北京长久物流股份有限公司的全资子公司，其前身是吉林省掌控物流科技有限公司，是全国 229 家无车承运人试点考核合格企业之一，有多年无车承运人平台业务开发、运营经验。

长久智运是一家致力于实现物流行业数字化、智能化、集约化的互联网科技公司，专注于打造“商品车物流网络货运平台”。

二、当前汽车物流行业的难点

在汽车物流承运企业的生产经营中，一些环节存在传统管理方法很难解决的问题。

1. 运输过程取票难

在汽车物流行业中，普遍存在个体运输经营者因时间不足、专业性不足、车籍挂靠、车辆联营、经营合伙等原因，无法向汽车物流承运企业提供小规模运输发票，行业普遍存在取票难的问题。

2. 运输过程信息收集难

因物流企业车辆的信息管理和调度缺乏合适的技术手段，汽车物流行业针对实际承运人在途情况，尤其是对于准确的装卸货时间及地点等数据无法做到有效采集。

3. 运输途中监管难

因缺乏合适的技术手段，对于实际承运车辆擅自更改行驶路线、驾驶异常等行为无法做到实时监管，造成汽车物流承运企业需承担额外的运输风险。

4. 运输空驶率高

中小型汽车物流承运企业由于不能形成对流效应，空驶率居高不下，返程车辆的配载问题一直是中小型汽车物流承运企业的痛点。

5. 汽车物流信贷难

中小型汽车物流承运企业注重资产运营，在资产采购过程中已普遍使用金融信贷，无法再次取得信贷业务；同时，金融机构普遍缺乏对中小型汽车物流承运企业的运力、业务、运输轨迹、资金等数据的信息真实性认证，导致信贷业务难以开展。

三、网络货运平台建设介绍

天津长久智运网络货运平台（以下简称“平台”）的原型吉林省掌控物流科技有限公司连连运系统建设于 2015 年 1 月，是致力于“整车物流降本增效”的互联网化产品。2016 年年底，被交通运输部批准为吉林省首批无车承运人试点项目。2017 年 10 月，取得长春市地方道路运输管理局颁发的国内道路普通货物运输（无车承运）的资质证书。2018 年 3 月底阶段性通过了交通运输部无车承运人试点定性、定量考核。2018 年 6 月被北京长久物流股份有限公司并购，致力于打造汽车物流领域网络货运平台。2020 年年初，在国家将无车承运人牌照升级为网络货运牌照的大背景下，天津长久智运网络货运平台对系统进行了全方位升级改造，增加了智能车辆载货状态感知、智能车货匹配等功能，为了提高车辆的主动安全性，接入了驾驶安全预警系统。

1. 认证流、轨迹流、现金流等方面基础功能的实现

认证流、轨迹流、现金流是网络货运平台的基本价值，也是网络货运平台建设逐步夯实的核心能力。目前平台已经与多个政府部门、银行、企业进行了对接，获取了支持核心业务的关键数据。

在认证流方面，注册企业通过“天眼查”系统进行验证，司机身份的合法性校验与公安部相关系统对接，运输车辆合规性校验与交通运输部相关系统对接。司机身份、运输合同、包车合同通过人脸识别技术与电子合同技术进行校验及存证。无法与第三方系统进行数字验证的证照，也要进行人工查验，符合资质的货主、司机才能在平台上运营。

在轨迹流方面，平台通过对国家位置服务相关文件学习及理解，实现了交通运输部 808/809 标准协议的支持，运输车辆的轨迹服务商只要符合标准协议即可接入。除此之外，平台还研发了基于 Web 协议的 JSON 数据格式的轨迹接入，先后接入了 G7 平台轨迹系统、CPS 平台轨迹系统、EXLIVE 平台轨迹系统。完善了轨迹接入的同时，平台还研发了 App 轨迹获取功能。通过司机的 App 终端与车辆的轨迹拟合，确认运输业务的真实性，符合管理部门的要求。

在现金流方面，平台完成了与银行之间的银企直联。通过银行的银企直联功能进行油品采购、路桥费用支付、司途费支付，用现金流向来佐证业务的真实性。

2. 载货状态感知、智能车货匹配

随着平台的发展，对业务智能化的要求越来越高。车辆在途状态的信息收集变得尤为重要。因此开发了载货状态感知器，通过在商品运输车的载货区域安装探头，以“物联网＋云计算＋大数据”的技术手段，为网络货运平台实现司机自动结算运费、自动报税、车辆智能调度、车货智能匹配建立了业务数据感知基础。在商品运输车上安装传感器，实时感知装卸状态发生变化的时间、地点（由 GPS 提供），通过车载 GPS 设备上传

到平台，对商品运输车发运的地点、交付的时间、往返运输空载率等形成了在途大数据监管模型。

以此为基础，平台创建了空载运力池，同时根据货主企业派发的运单创建了运单池。根据运单、车辆的起运地和目的地，将车辆与运单进行智能匹配。货主企业在零散发运时，可通过“返程车小程序”选择运单同流向的有富余运力的车辆进行发运，货主企业可以降低发运成本，而司机可以降低空载率（见图1）。

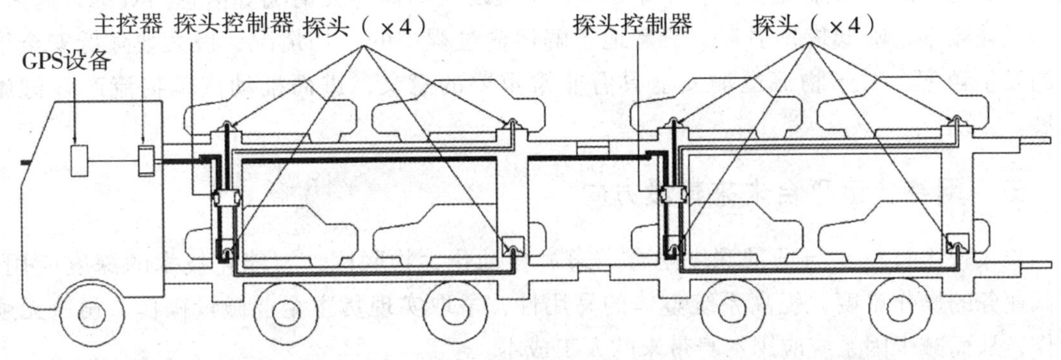

图1 车辆在途状态监测

3. 驾驶安全预警系统的接入

采用智能视频分析技术对驾驶员进行人脸检测和人眼检测分析，判定被检测驾驶员的疲劳程度，并根据设定的规则进行疲劳报警和警示。车辆行驶过程中，通过内外两个摄像头分别监控司机和前方道路，全天候监测驾驶员的疲劳状态、驾驶行为等。

驾驶安全预警系统，主要由疲劳状态检测专用摄像机、外部摄像机和疲劳状态检测终端主机组成，通过安装在驾驶仪表台上的摄像机直接拍摄驾驶员的脸部，并准确定位驾驶员的眼睛，系统将自动判定和分析人眼闭合的状态和频率、驾驶员的脸部朝向。同时结合当前车辆行驶的速度，根据事先设定好的检测逻辑规则，以多种参数为分析依据来判断驾驶员的疲劳状态。例如，当处于某个车速时刻、眼睛闭合时长达到报警值；或是超过一定时间驾驶员脸部没有朝向正前方（如低头3秒），系统将自动发出警报，提示驾驶员误操作和疲劳驾驶；当情况严重时，系统还将通过网络将报警信息通知后台监控中心，由人工干预的方式实现对驾驶员的监督工作。

四、效益分析

1. 经济效益分析

在项目投入运行后，注册货主企业通过网络货运平台政策，获取税率为9%的增值税专用发票，降低了2%～4%的税费成本。利用智能车货匹配功能，为货主企业的零散发运业务降低了5%的运输成本。接入驾驶安全预警系统后，安全事故发生率将减少40%。而司机方面，运输公里数增加了，降低了空驶率，增加了5%的额外收入。未来随着平台运行稳定以及系统进一步优化完善，长久智运的销售收入会逐年递增，进而利润也将大幅增长。

平台利用先进的 AI + IoT 技术获取在途多维度数据，通过对数据进行分析，帮助货主企业优化管理，保证运输安全和效率提升。

2. 社会效益分析

平台通过 ADAS（高级驾驶辅助系统）智能硬件识别前向碰撞、车道偏离、车距过近、行人碰撞等不安全因素并对司机进行提醒，利用 DSM 智能硬件及 AI 模式判断，能够及时发现司机的不安全驾驶行为，并及时提醒管理人员进行干预和处理，保障了货运运输安全，有效降低物流成本。平台将货物、司机以及车辆驾驶情况等信息高效结合起来，提高运输效率、降低货物损耗、清楚地了解运输过程中的一切情况，极大地降低安全事故的发生频率，对于物流运输安全具有非常重要的意义，进而推动汽车物流产业健康发展。

五、网络货运平台未来建设方向

长久智运将技术与场景深度融合，通过自动化、物联网、智能化技术的深度应用，降低业务的操作难度，提高系统整体的易用性，争取实现货主企业微量操作、司机无须操作，从而减少因系统应用本身带来的人工成本。

通过全面的数据采集及分析，完善车货匹配智能模型，使更多的返程车、空载车能够取得货源，进一步提高车辆的利用率。持续降低空驶率，为货主企业降本增效，为司机增加收入。

未来随着区域链技术的落地，长久智运将与业务相关的银行、油品企业、路桥企业、GPS 轨迹提供企业、交通管理部门、税务部门建立联盟；对企业认证信息、司机认证信息、油品采购信息、路桥采购信息、轨迹信息、支付信息等数据实时共享；充分佐证业务过程，实现司机无等待结算、企业无等待取票等。

德邻陆港（鞍山）有限责任公司：德邻畅途平台

一、应用企业简况

德邻陆港（鞍山）有限责任公司（以下简称“德邻陆港”）是由鞍山钢铁集团控股的一家现代物流企业。

德邻陆港在鞍山市经济开发区达道湾工业园拥有3个现代化物流园区，占地面积约为36万平方米，在全国重要节点枢纽城市布局了27个协议库，有各种大型工程机械50余台，现为中国物流与采购联合会评选的5A级物流企业。其平台现已整合黑龙江、浙江、广东、湖南、四川、新疆、甘肃等省份的社会物流公司，开辟运输专线，年钢材配送量达1200万吨。其运输路线以沈阳、鞍山、营口、朝阳、天津、青岛、郑州、上海、重庆等地为主，基本覆盖了国内主要大中型城市；发运货物主要以钢材为主，还有成品油、机动车备件等。

德邻陆港体现了鞍山钢铁集团在做精、做强钢铁产品网上销售的同时，以延伸产业链、提升价值链为发展主线，构建新的战略支撑和效益增长点。德邻陆港秉承“智慧物流，绿色物流”的发展理念，通过整合鞍钢原有的钢铁电子交易类相关资源，依托互联网、物联网、大数据等技术手段，致力于打造线上线下深度融合的集钢材、非钢销售、物流运输、仓储配送、钢材加工及贸易、金融服务、物流方案策划、汽车商贸、油品经销、车辆维修、餐饮住宿等技术与产业特色服务为一体的互利共赢的生态型“钢铁行业服务生态圈”。

二、项目概述

德邻畅途平台于2017年7月1日正式上线，经过3年的整合运营，共计发车超73000次，累计运量400多万吨，运输区域遍及东北地区、华北地区、华东地区、中南地区，共计开辟运输专线183条。平台发运货物主要以钢材为主，包括冷轧、热轧、盒板、线材等18个品种，实现运费结算达1.4亿元；整合社会车辆8600余辆、司机7300余名，吸引340多家承运商加盟，口碑良好，在国家无车承运人监管平台中名列前茅，在辽宁省排名第一。

2019年下发了《交通运输部 国家税务总局关于印发〈网络平台道路货物运输经营管理暂行办法〉的通知》，要求原有的无车承运人平台转为网络货运平台，为响应国家政策，同时也为了企业及平台的自身发展，德邻畅途平台积极改造，开发了包括上游电子合同、下游电子合同、投诉建议等在内的新功能，办理了ICP（网络内容服务商）经营许可证并通过了三级等保测评，在2020年5月申报网络货运平台并通过了辽宁省行管部门的审核。

德邻畅途平台下设“德邻管家”“德邻之家”“德邻伴旅”，为货主、承运商、司机提供全方位移动端定制服务，货主和承运商可以追溯整个订单的运行轨迹，第一时间接收订单发货量、成交量等信息，实时监控货物在途运输情况，通过从交易到合同，再到调度单、执行单、异常单的全面管控，进行业务的实时跟踪。司机通过App实现在线接单，然后将货物出库信息及货主签收信息回传平台，实时跟踪车辆运行轨迹等全流程业务线上服务，为货主与承运商及司机之间打通高效沟通的渠道，实现移动化办公；同时移动端也在积极探索人工智能领域，语音识别、人脸识别、指纹识别等更多应用将逐步在移动端部署，为用户带来更加优质的服务、更加良好的体验。

德邻畅途平台采用在线结算运费，结合德邻陆港旗下的“德邻e宝”平台，实现运费的在线结算、支付、提现等功能，提高资金结算效率，为承运商、司机提供可靠的保障。2020年5月，“德邻卡”正式上线，德邻畅途平台第一时间与“德邻卡”实现了数据互通，为承运商、司机提供了新的运费结算工具，货主可以通过“德邻e宝”实现运费的现金支付，也可以通过向承运商的“德邻卡”在线充值的方式实现运费的结算，当然也可以按比例自由分配运费。有了“德邻e宝”“德邻卡”之后，德邻畅途平台运费结算的高效性、便捷性、安全性又上升到了新的层次。

德邻畅途平台以供应链为框架实践“互联网+物流”的理念，彻底改变传统物流模式中的不足，实现物流全链路的信息化、可视化、数字化、智能化。德邻畅途平台提供精细化物流增值服务，促进“互联网+物流”产业的良性互动，从供应链视角以智能物流开创智慧物流增值服务运营新格局，实现了为企业及其供应链伙伴创造经济效益的同时，取得了良好的社会效益。

三、项目设计方案

德邻畅途平台以网络货运为主营业务，积极推进当地专线加盟与线下管理，可充分发挥互联网在客户体验、服务管理、资源整合方面的优势，是打造“共创、共赢、共享生态圈”的前沿阵地。

德邻畅途平台层级分布如图1所示；德邻畅途平台云服务优势特色如图2所示；德邻畅途平台线上业务流程如图3所示；德邻畅途平台业务框架如图4所示；德邻畅途平台功能模块如图5所示。

德邻畅途平台PC端用户架构分为平台端、社会货主端、集团货主端、承运商端，具体内容如下。

（1）平台端：主要包含平台客户管理、平台业务管理、平台资源管理、消息管理、系统管理5大模块，具有货主信息运维、承运商信息运维、司机及车辆信息运维、投诉建议管理、电子合同在线管理、委托业务查询、调度执行查询、合同协议查询、平台消息管理、预警信息管理等150余项功能，主要起到平台运维和管理的作用，拥有完善的预警机制，时刻关注车辆运输的各个环节，保证运输的安全性、运输过程的透明化；同时，德邻畅途平台有完整的承运商准入、奖惩考核机制，进一步确保在平台发布委托的可靠

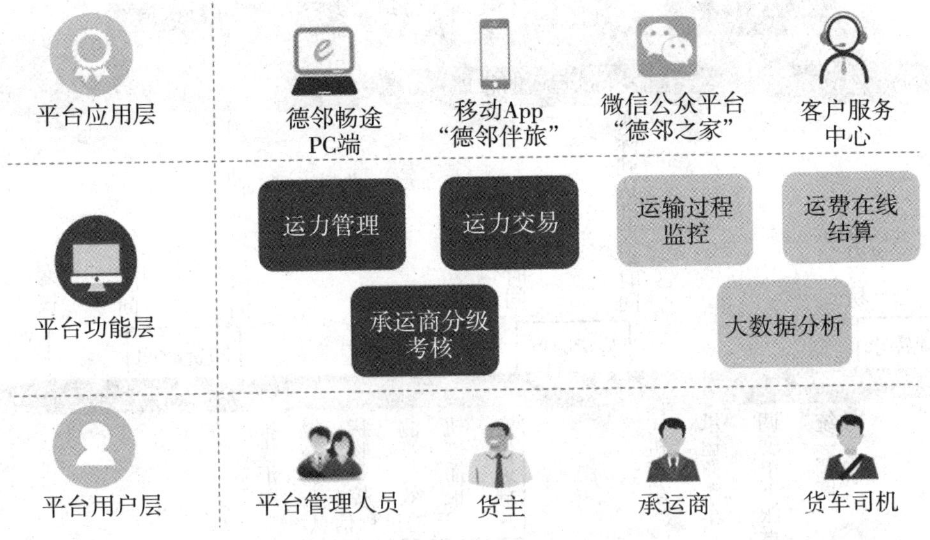

图1　德邻畅途平台层级分布

图2　德邻畅途平台云服务优势特色

性，运输的安全性，追偿的便捷性。

（2）社会货主端：主要包含询价中心、订单委托中心、撮合委托中心、合同中心、投诉中心、用户中心6大模块，具有询价委托、撮合委托、订单委托、合同管理、电子合同管理、投诉建议、收货地址维护、发票信息维护等30余项功能，社会货主可在德邻畅途平台实现快速询价、发布运输委托实现运输交易。

（3）集团货主端：主要包含询价订单管理、委托管理、协议合同、调度执行、运力资源管理、业务消息、财务结算、数据统计、系统管理9大模块，具有询价委托、运输委托交易、路线委托交易、协议合同维护、电子合同管理、调度发布、运输轨迹跟踪、在线结算、数据统计分析等140余项功能，集团货主可在德邻畅途平台承接社会货主发布的

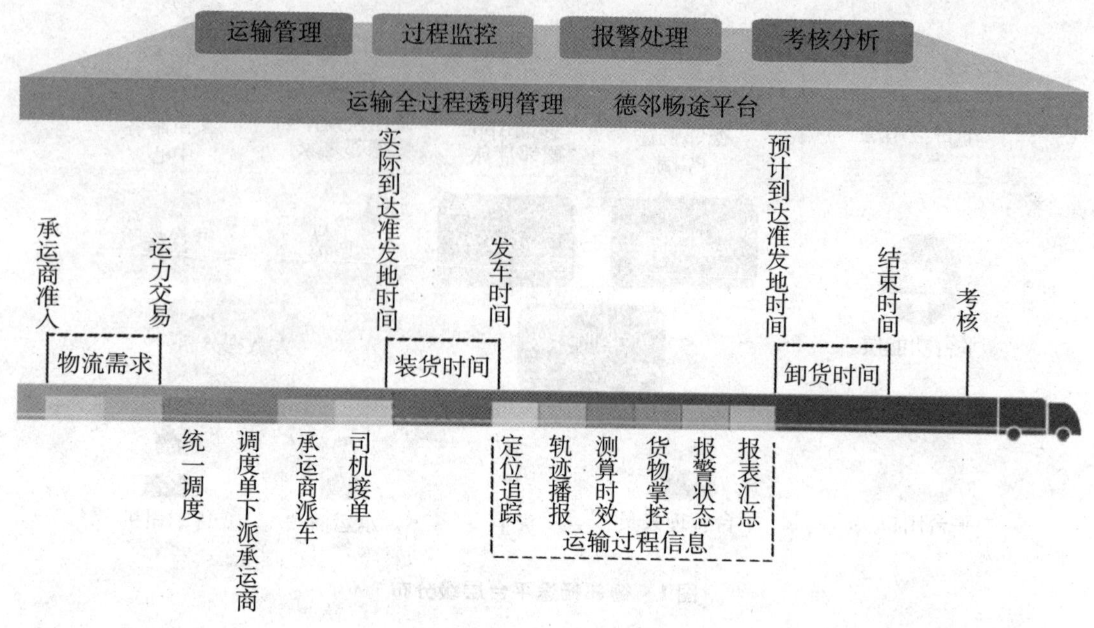

图3　德邻畅途平台线上业务流程

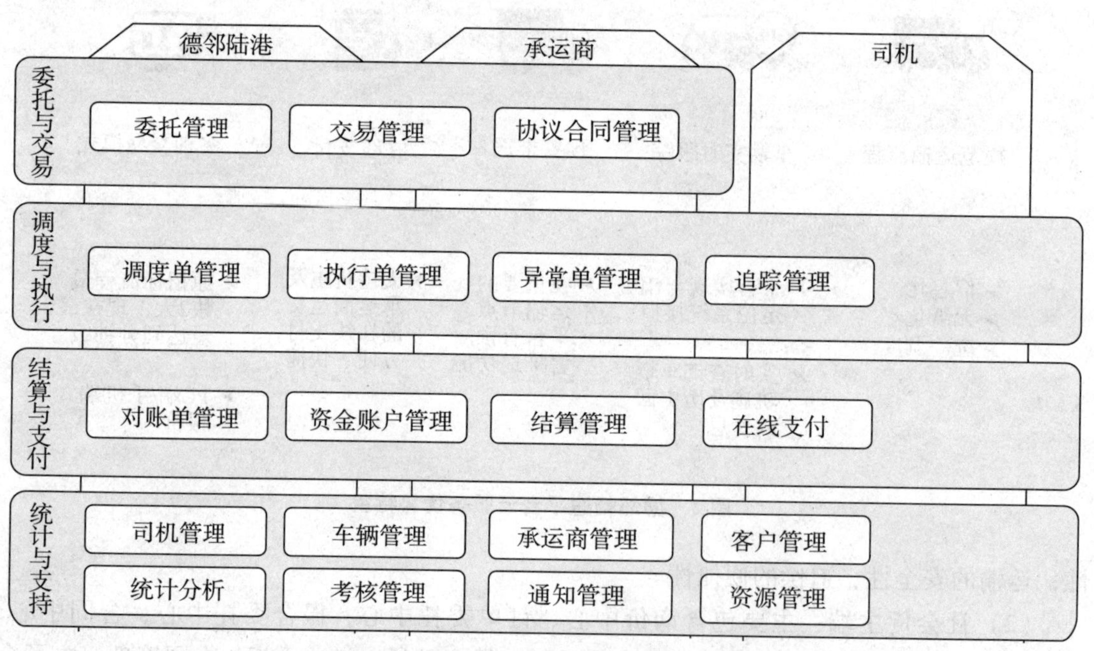

图4　德邻畅途平台业务框架

订单委托、询价委托，也可以自行发布运输委托、路线委托，完成线上的运输交易。德邻畅途平台支持抢单、竞价、定向、协议等多种交易模式，集团货主可根据实际情况选择相应的交易模式；德邻畅途平台积极推陈出新，进一步拓展委托模式的多样性，结合近3年的数据，优化承运商的评价体系，并借此推出综合委托模式，即从价格、承运商资质、运单执行效果等方面综合评标，为货主选出最优的承运商。同时定期公布承运商的

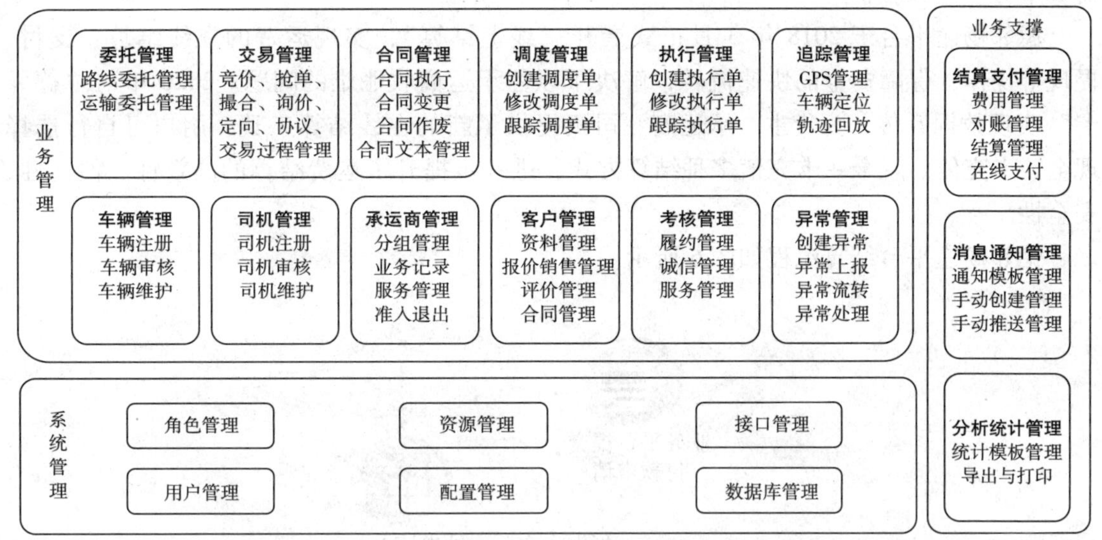

图5　德邻畅途平台功能模块

近期评价结果，对承运商提高自身的服务水平起到了激励的作用。

通过运力资源管理，集团货主可对其长期合作的承运商进行分组管理；完善的消息管理、预警机制、车辆定位、轨迹跟踪等，时刻关注车辆运输的各个环节，保证运输的安全性、运输过程的透明化，优化货主的体验。结合“德邻 e 宝”“德邻卡”，德邻畅途平台实现了运费的在线结算和支付，为集团货主的战略决策提供精准可靠的依据。

（4）承运商端：主要包含交易管理、撮合委托管理、业务调度、异常管理、车队管理、路线协议管理、合同管理、消息中心、财务结算、系统管理10大模块，具有参与运输交易、路线交易、调度执行、运输跟踪、车辆信息维护、司机信息维护、协议合同信息维护、运费结算等80余项功能。承运商可在德邻畅途平台参与各类委托交易，并管理中标后形成的路线协议或运输合同，根据货主下发的调度单创建运单，并负责跟踪司机的执行情况，可代替司机完成接单、提货、上传回单等操作。通过与德邻云仓互通，承运商可在德邻畅途平台进行车辆入园预约；同样承运商可维护旗下的车辆和司机信息，及时更换车辆和司机的相关证件；结合“德邻 e 宝”，德邻畅途平台实现运费的在线结算和支付，方便承运商的运费及时收取。

另外，德邻陆港旗下的“德邻管家”“德邻之家”“德邻伴旅”为货主、承运商、司机提供全方位移动端定制服务，货主和承运商可以追溯整个订单的运行轨迹，第一时间接收订单发货量、成交量等信息，实时监控货物在途运输情况，通过从交易到合同，再到调度单、执行单、异常单的全面管控，进行业务的实时跟踪。司机可以在移动端实时接单、提货、上传回单。德邻畅途平台为货主与承运商及司机之间打通高效沟通的渠道，实现移动化办公；同时积极探索人工智能领域，语音识别、人脸识别、指纹识别等将逐步应用。

德邻畅途平台通过提高车辆实载率、降低货物破损率、减少货损货差等实现降本增效。如结合系统资源，德邻畅途平台构建了远超两点之间运输的物流服务网络，形成货运物流的“实网”，在一定程度上减少车辆返空的现象，达到“重去重回”，降低单位运输成本。

德邻畅途平台于 2018 年 3 月正式展开“线上结算”，实现运费的在线结算、支付、提现等操作，保障资金的快速流转，解决了以往承运商收账难的问题。2020 年与“德邻卡”实现数据互传，为货主、承运商、司机提供了新的在线结算工具，用户可自行选择现金、卡充值、现金 + 卡充值多种结算方式，进一步提升了运费结算的高效性、便捷性、安全性。

德邻畅途平台结算流程如图 6 所示。

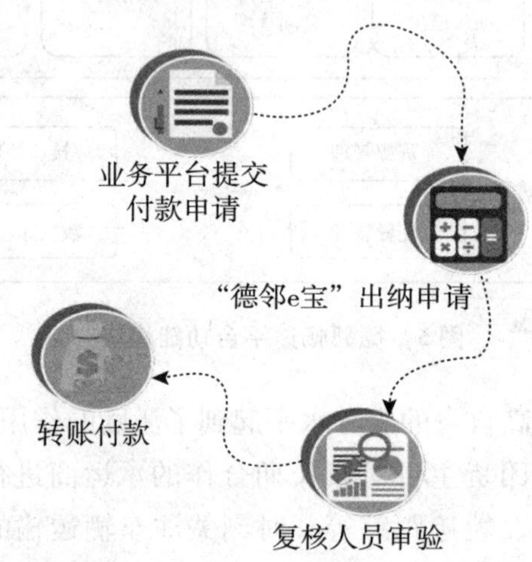

图 6　德邻畅途平台结算流程

四、项目的效益分析

1. 项目经济效益（见表 1）

表 1　项目经济效益

年份	营业收入	新增利润	新增税收
2017	7.76 亿元	1148.3 万元	247.88 万元
2018	22.6 亿元	1957.87 万元	1371.11 万元
2019	31.91 亿元	1517.11 万元	2049.16 万元
2020（预计）	35 亿元	5000 万元	—

2. 社会效益情况

（1）德邻畅途平台开辟陆海、公铁等多式联运方式，为客户提供物流整体解决方案设计及实施服务。配送区域覆盖华北、山东、东北等地，较好地满足了全国各地钢贸客户的需求，目前已具备以鞍山为中心的半径 300 公里内 24 小时“门对门”送达能力。同时通过拓展此项业务，增强了整合社会资源能力，为钢铁企业的销售物流提效降本发挥重要作用。

（2）家用轿车已经走进千家万户，汽车后市场发展潜力巨大。德邻陆港通过对市场的研判，果断采取行动，利用厂区闲置资源，建设了鞍钢广达汽车服务产业园，并与壳牌、米其林、龙膜、博世、中国人保等国际知名企业合作，全力打造鞍山专业、优质、高效的一站式汽车后市场服务基地。

德邻畅途平台通过与“德邻卡”对接，将运费转化为“德邻卡”系统的余额，用户可持卡在德邻玛特、鞍钢广达汽车服务产业园进行多元化消费。

(3) 德邻陆港在信息化实施方面，以“互联网 +”模式探索一种全新的增值服务商业模式，依托互联网、物联网、大数据等技术手段，打造了集无车承运业务、仓储、加工配送、金融服务、大数据、资讯、技术、钢材销售等功能为一体的、共赢互利的、生态型钢铁服务生态圈。经过前期的快速发展，现已成为辽宁省无车承运人的领军企业。其智能信息系统有效提升了管理的精度，保证了货物在每一个环节都能实时透明，有效提升了供应链信息共享度。

(4) 积极提供 SaaS 服务，为包括鞍钢国贸在内的相关企业开发包括海运进出口委托、空运进出口委托相关配套功能，为需求单位实现快速招标（相对于传统的线下招标，大幅缩短了招标流程、提升了业务实施效率）。

五、项目实施的创新性

1. 先进的研发架构

平台采用Spring 框架为核心架构，具备强大的功能性与安全性，使用Spring 当前最新的 Spring boot 构建应用，通过 Spring 注解方式进行调用和控制事务，内部跨系统服务之间通过 HTTP/HTTPS 协议进行通信，与外部第三方系统之间采用 SOAP 协议进行通信。

德邻陆港积极构建安全、自主的多租户物流 SaaS 云服务系统，包括云应用服务池和云应用引擎。云系统实现并聚合丰富的物流云应用，如 TMS、OMS、CRM、财务管理等，形成公开共享的云应用服务池，每个企业可以根据自身业务需求订阅、开通不同的业务应用，满足不同物流企业的业务管理需求。此技术方案实施后，既可以满足不同用户的个性化业务管理需求，又可以让每个用户拥有独立的云应用空间和安全隔离的数据存储空间，确保用户业务和数据的安全性。

2. 轻资产运营模式

轻资产运营是指在资源有限的条件下以杠杆原理充分利用各种外界资源，减少自身投入，集中自身资源实现价值最大化的战略管理。从德邻陆港的实践看，其运营模式恰恰是轻资产运营的最好体现，首先它本身不拥有车辆却能从事货物运输；其次它通过对外部资源的有效整合以及多样化业务形式开展创新运作，以达到多方利益共赢的目的。相比有车承运人，网络货运平台无须购买运输车辆，使其具有轻资产运营的特点，一方面降低了企业规模扩张的成本，另一方面企业可以将有限的资金用于信息资源的获取环节，扩大网络货运业务的辐射范围，增强企业的核心竞争力。所以网络货物平台的资产规模会较小，资产投入会更少。

3. 敏捷快速的市场反应能力

德邻畅途平台的技术支撑拥有了敏捷快速的市场反应能力，可以根据市场供需变化实时调整发展策略。一方面德邻陆港主要利用互联网掌握庞大的货源信息，通过对实体资源的有机整合，减少中间环节，降低了货主的发货成本，极大地提高卡车与货物的匹配效率；另一方面由于轻资产运营，德邻陆港对设备的投入资金大量减少，能够集中精力发展核心竞争力，对市场进行快速反应以提高道路运输效率。

4. 运用结构完善的信息化网络平台可有效整合社会物流资源

现今社会物流成本居高不下，德邻畅途平台的运营模式可以通过降低资本投入，扩大业务的承运范围，增强企业核心竞争力。同时在“互联网+”的基础上，运用结构完善的信息化网络平台，建立线上线下虚实网络，实时掌握货物信息，通过对实体资源的有效整合，来提高道路运输的整体效率。

六、项目的可推广性

千帆竞发、百舸争流。随着现代信息技术和互联网的科技触角深入各行各业，企业与企业之间的竞争逐步转向供应链资源整合能力高低的竞争。物流作为现代供应链的一个核心支点，将面临深刻的历史变革。现代物流企业如何迅速拥抱互联网，利用现代信息技术融通供应链上游端，打通供应链下游端，成为时代改革的关键。

德邻陆港以提供全链路物流服务透明化、数字化、智能化为己任，积极助力鞍钢的钢材和循环物资销售，贴心服务社会用户，打造了可满足多方个性化需求的网络货运平台，有效解决了信息孤岛等问题，成为钢铁产业链方面的有力帮手。

德邻畅途平台与普通货运平台的差别在于其可以高效地组织全链路物流活动，组织好后，交由上下游供应链环节操作。这些都要依靠企业高水准的供应链专家队伍、成熟的业务流程和稳健完备的IT平台。德邻陆港构建智慧供应链服务平台，以线上线下增值服务为其核心竞争力（即为客户提供物流整体解决方案和精细化运营组织）的提升奠定了坚实的基础。

德邻畅途平台的增值服务满足了社会物流系统的要求，一是整合社会资源，减少货物的物流时间，提高社会物流运输设施的整体利用率，进而提高物流整体的运输效率；二是促进社会信息化的发展。强大的信息技术支持和广泛的服务网络覆盖能力是德邻畅途平台开拓市场的利剑，有助于提升自身和供应链上下游企业的信息化水平，改善信息的共享程度，整合信息设备、技术和资源，促进物流业务的发展。

七、项目下一步计划改进方案

（1）积极推进德邻畅途平台与德邻玛特、德邻云仓、德邻e宝等德邻系平台之间的集成和数据交互。

（2）通过深化移动互联网应用，与云平台业务流程深度交互，实现德邻陆港旗下各物流园区全流程透明化的信息协同、业务协同、人员协同，乃至供应链上的协同。

（3）通过引入大数据技术，对业务活动数据进行采集、过滤、分析、共享，建立全流程透明可视化服务，并为优化业务流程提供量化依据。

（4）通过对微服务架构和容器云技术的深入应用，以及对业务的高度抽象化设计，使各平台更具柔性，能够通过简单定制实现快速复制，达到PaaS产品化的目标，提供更加安全可靠的SaaS服务。

武汉物易云通网络科技有限公司：司机宝网络货运平台

一、企业简介

武汉物易云通网络科技有限公司（以下简称“武汉物易云通”）成立于2015年6月，是一家深耕产业互联网，提供大宗商品供应链与物流综合服务的平台型企业，目前专注于煤炭、建筑、再生资源等大宗商品领域。公司总部设在武汉市东湖高新区，是国家高新技术企业、湖北省软件企业、武汉市大数据企业、东湖高新区瞪羚企业；荣获2019年中国互联网成长型企业20强、2019武汉市软件百强企业、2018武汉市大数据企业20强、2018中国物流金融50佳企业、2018年度中国十佳成长型物流平台、东湖高新首批互联网“新物种奖”等，并成为“阿里云MVP城市合作伙伴”。

武汉物易云通作为全国首批无车承运试点企业，在行业内经过五年的深耕，积极探索“供应链技术+物流服务+金融场景”的商业模式，通过整合5G通信、大数据、云计算、区块链、物联网、人工智能等技术，以平台化方式为供应链各环节提供通道服务。

武汉物易云通旗下的司机宝网络货运平台（以下简称“司机宝平台”）现已实现月均交易额15亿元以上，可支撑日均10万单的海量交易，线上整合超过130万名货运司机，每月有全国10%的运煤司机通过司机宝平台接单、承运、支付、结算、开票。司机宝平台促进了应用企业的信息化，深刻改变了物流资源配置的方式，有利于物流企业降低运营成本，提高经济效益。

二、行业现状分析

传统物流行业，特别是面向第一、第二产业供应链的大宗原料、贸易商品的物流运输长期处于管理信息化水平低、运营效率低下、运营成本高企的状态。2019年上半年，国内社会物流总费用为6.6万亿元，占同期GDP总额的14.63%（2014年数据为18%），这一数据虽然在近5年呈持续下降的趋势，但与世界领先水平（日本社会物流总费用占GPD约5%）仍有较大差距。中国的货物运输多为自雇方式经营，缺乏有效的组织，运力资源浪费情况严重。交通运输部发布的《2019年道路货物运输量专项调查公报》数据，2019年9月，每辆货车日均行驶里程为190公里，这一效率值还处于较低水平。

在2016年之前，“有车承运许可”制度长期束缚了我国物流企业的经营发展。重资产运营模式使得绝大多数物流企业的主营业务局限在基础的运输流通服务环节，只能自给自足的小规模发展；即使是运营状况良好的物流企业，仍然存在着粗放、封闭、各自为政的问题，普遍难以借助互联网技术的优势，提供信息化、平台化、规模化的to B物流服务。

1. 信息化水平低，难以利用技术手段实现集约化运营

目前司机宝平台中活跃的数千家托运方企业，在与司机宝平台合作前，内部管理应用TMS、GIS车辆管理设备的企业占不到3成，而在物流、仓储业务中运用IoT、RFID等现代物流信息技术的不到5%。信息化水平较低，大部分物流企业难以对运输过程进行全流程的管控与监督，物流与信息流未实现统一。在这种情况下，企业难以对物流运输质量进行管控，高货值的运输业务风险较高，极大地影响了企业的经济效益。

2. 运力调配低效，运费结算复杂

在调配运力时一般采用线下方式，货物的托运方或物流企业通过线下联系信息部或车队，向实际承运人分配任务。这种运力调配方式响应速度慢，信息的传播链条长，效率低且成本高。

而在结算运费时，通常采用人工对账的方式。数据、业务单据凭证的核对工作繁重，人力处理效率低。运输业务繁忙时，需要多人进行账目核对与清算。加之目前行业中费用结算普遍存在账期，导致运费的结算更加低效。并且，由于人工对账的局限性，易导致账目不清晰、结算不准确，很难及时地通过财务数据分析来优化业务运营，直接影响企业的运营效率与经济利益。

3. 税务筹划难，进项错配难以管理

除购置营运车辆外，物流企业用于抵扣增值税的进项还可以有燃油费、高速通行费等支出，实际上企业在运营过程中较难及时取得有关的合规专用增值税发票，无法合规获得进项抵扣，实际承担增值税成本高。此外，物流企业由于信息化程度较低，管理上存在着业务与进项错配的问题，在现行税收政策背景下，存在着一定的法律风险。

三、项目进程

（一）项目实施方案

1. 项目流程

武汉物易云通为了推动“互联网＋流通”在物流行业的应用，将建设一个大宗商品供应链与物流综合服务平台，把现代化的信息技术应用到道路货运领域。力求依托于互联网技术的物流平台发展模式的探索和创新，能够推动行业转型升级、促进物流行业降本增效。

武汉物易云通将为网络货运业务模式中的托运方提供可靠、高效、安全合规的承运服务。利用互联网化的运营手段，形成平台的规模化和集约化运营优势，合理调整和配置运输资源，为业务中的实际承运人提供更好的从业体验，改善实际承运人在自雇方式运营中存在的低效问题，提高收入。同时，我们也需要在创新的基础上，坚守规范化运营的理念，坚守安全生产和依法纳税的底线，打造一个透明、公开、平等的平台。具体运作流程如下。

（1）高效的线上数字化合同管理。

在“大数据”的时代背景下，物流运输过程中市场参与主体较多，公司首先梳理了

各方关系，以明确其需求与权利，从而构建合规高效的业务流程。托运方与网络货运承运公司通过线上电子签章的数字合同签订合作协议，约定双方的责任和义务，而此后发生运单作为该合同的附件。

而承运公司与司机基于运单业务采取“一运单一合同”的方式，司机宝平台与经中国人民银行认证具有电子合同CA认证资质的公司后台对接，线上签署、实时上传存储。

同时，承运公司还发展了一大批物流经纪人，通过《经纪服务合同》等电子合同，约定了物流经纪人为承运公司提供经纪服务时双方的服务内容及权责条款。

基本合同关系如图1所示。

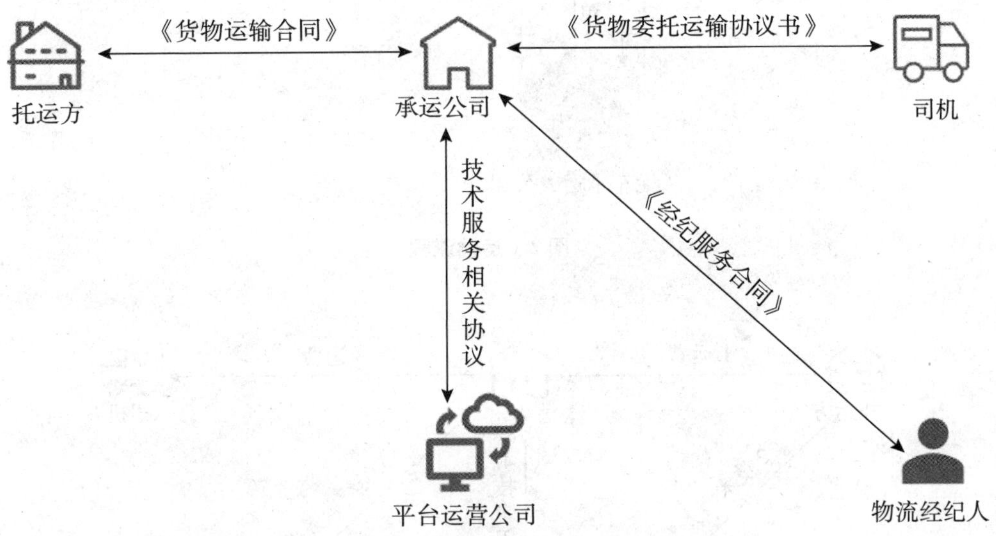

图1　基本合同关系

（2）线上管控，规范运输流程，保障物流真实性。

依托司机宝平台，将物流运输数据从线下迁至线上，物流公司可以全流程监控运输流程，随时获取运输信息（见图2）。

（3）成熟的银行托管体系，秒级的费用实时结算通道。

司机宝平台通过与华夏银行、中国建设银行、网商银行等战略合作伙伴共同打造的电子账户托管体系，托运方与承运公司，以及承运公司与实际承运人、物流经纪人进行运费、服务费用结算时，能够通过如图3所示的流程，实现各项费用的日清日结，并提供物流企业所需的财务报表。

（4）提供合法税务筹划服务，降低税务成本。

在营业税改增值税的政策背景下，武汉物易云通作为无车承运试点单位。在为物流企业提供服务后，可以依据企业需求，提供合法的税务筹划服务，提供合法税务进项票据，实现真实业务与票据的匹配。司机宝平台已经实现向各地税务部门开放完整的数据，主动接受税务部门的监管，确保税务合规性（见图4）。

2. 司机宝平台关键技术

武汉物易云通基于网络货运这一全新的“互联网+物流模式”，利用云计算、大数

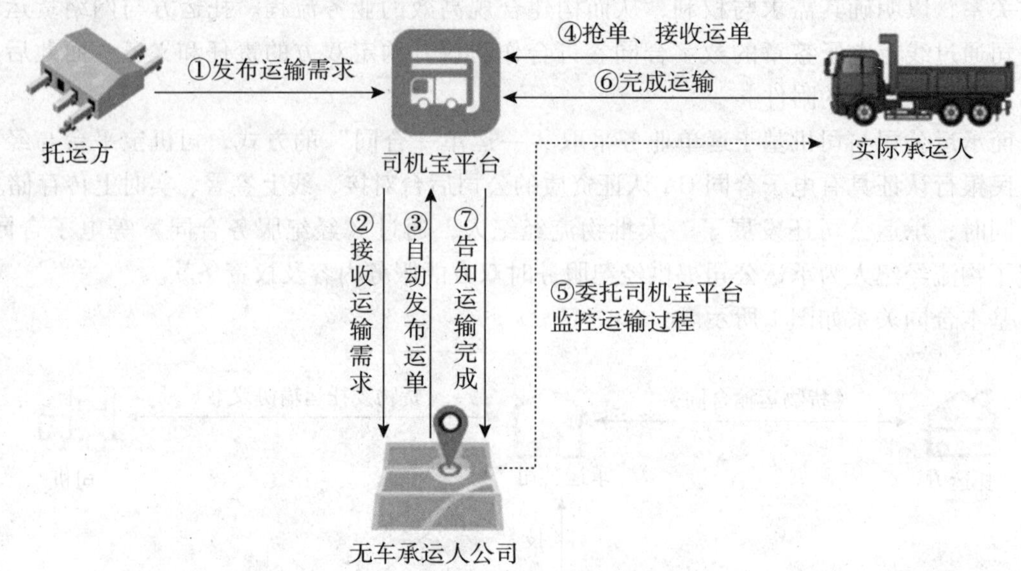

图 2　运输流程

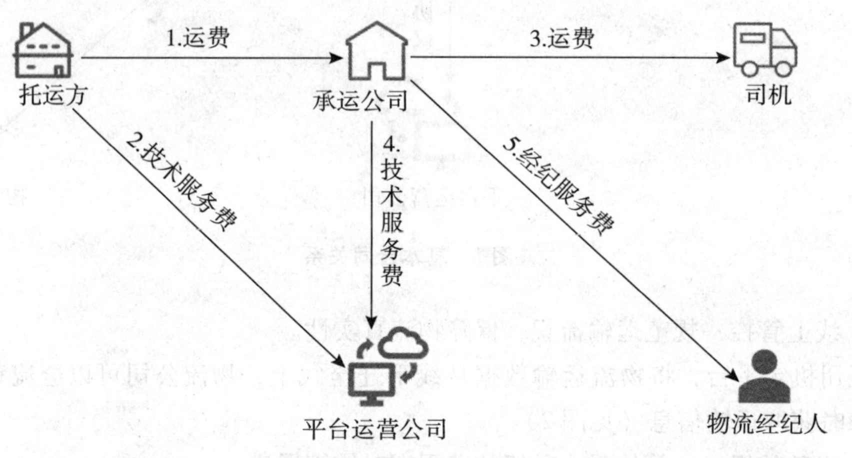

图 3　基本资金流关系

据分析、数据挖掘、算法匹配、北斗卫星导航系统、手机 App 定位等技术开发了司机宝平台。该平台能实时监控运输过程中的发布货源、司机接单、调度确认、装货、在途、卸货、签收、回单、运费支付等关键节点，并通过风险控制模型对运输过程的关键节点（运单数据、装货、卸货、运费支付）进行控制。

（1）用户准入管理。

司机宝平台将用户分为个人用户（司机）和企业用户（托运方、承运公司）。针对两类不同的用户，司机宝平台搭建个人用户实名认证管理系统、制订企业用户实名认证的管理办法，分别与公安部实名系统和工商信息查询系统对接，为个人用户建立完善的客户档案，对司机和车辆进行规范化管理；对企业用户审核企业资质信息。

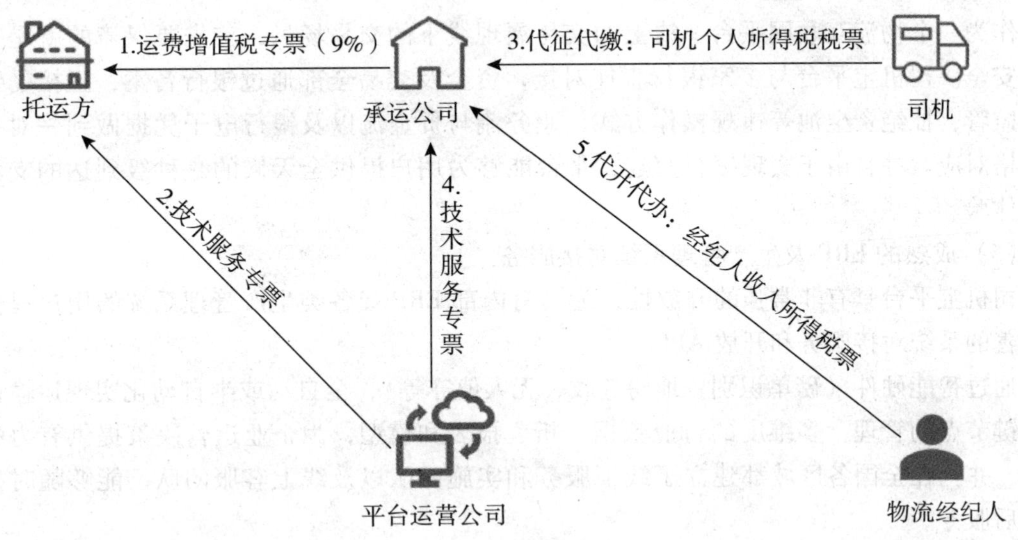

图4　基本票据流

（2）电子合同管理。

司机宝平台有较为完善的运输合同管理办法，通过对接经中国人民银行认证具有电子合同CA认证资质的服务商，实现了业务相关合同全部线上化签署、实时上传并存储证据链备查。

（3）物流过程管控。

远程监控管理系统包括运前、运中、运后监控。在运输过程开始前，物流企业接受托运人委托，匹配实际承运人，审核实际承运人的经营资质、车辆行驶证和道路运输证等，并设定最优行驶路线。当司机偏离路线时，系统会自动警示。监控中心可以远程启动车辆的电子围栏功能并设置电子围栏范围，该范围可以根据车辆行驶区域具体情况进行设置，还能设置是进入区域报警还是出区域报警。当功能开启后，车载终端将会实时检测车辆目前所处的位置，是否进出被设置的区域范围，一旦越界，则车载终端将向监控中心发送一次越界报警信息；当检测到车辆从界外返回到区域时，车载终端也向监控中心发送一次GPS位置数据和车辆状态数据。

运输过程中的监控主要表现在时间监控和路线监控两方面。汽车运输时，由定位系统自动传输定位信息到信息平台，通过查看信息平台，可以清晰展现汽车的行驶路线，确保其没有偏离预定的轨道。同时，还可以通过第三方移动基站提供的距离数据进行测算，判定汽车是否行驶在正确的路线上。如果偏离正常路线，则可以提出警示，并由监控人员询问原因；或者是在路线上某点停留时间过长，也可以提出警示并查明原因。系统记录每个运单详情，可查看运单进度和车辆轨迹。

运输过程结束后，收货人签收货物，并在运单上签字。实际承运人拍照上传运单照片至司机宝平台，物流企业即时收到物流运输已完成的信息。

（4）银行直连的用户账户托管体系。

业内首创账户支付体系银行全托管模式，为企业用户和个人用户提供可信的支付和结算通道，保证客户资金安全。

作为一个物流互联网平台，线上的交易展现线下的交易场景，首先要保障的就是支付的安全。司机宝平台与多家银行直连对接，资金及交易全部通过银行备案，且接受银行的监管，杜绝资金池等违规操作方式，业务流与资金流以及银行电子凭据做到一对一的严格对应。并且由于实现银行直连，平台能够为用户提供全天候的毫秒级到达的支付服务体验。

（5）成熟的ERP及生产管理系统对接服务。

司机宝平台具有非常强的开放性，为具有内部ERP或各类生产管理系统的用户提供了完善的系统对接服务和开放API。

通过智能硬件（磅单识别、地磅签收、无人值守等），全自动或半自动化实现运输过程关键节点的管理，多维度的行业数据分析、报表和模型，为企业运营决策提供有力的参考，并且在全国各区域都建立了线下服务和实施团队以及线上客服团队，能够随时提供售后服务。

3. 增值服务

（1）油气服务。

司机宝平台与中石油集团、中石化集团合作，开设统一的账户用于购买油/天然气等燃料，并为实际承运人设立子账户。通过开发后台应用工具，实现油品的实时划拨。物流公司在与实际承运人签订运输协议时，可以选择使用油/气费用加现金的方式支付运费。实际承运人收到运费后，前往司机宝平台的合作加油站消费，司机宝平台即可获得相关的进项。

（2）供应链金融服务。

司机宝平台与第三方平台合作，以平台中的仓储、订单等真实交易数据为基础依据，通过对贸易运输环节的全流程把控，利用互联网大数据的手段由传统授信的“三表”审查向“三流”审查转变。

严格把控交易信息、资金信息、物流信息等各类数据的标准化，并且将业务数据上传到区块链平台，便于资金方和各个业务方监管业务。

向物流企业提供信用授信、运费担保等服务，解决中小型物流企业融资难的问题，缓解资金周转压力。

（二）项目难点与问题解决方案

1. 业务参与方多，项目实施困难

物流运输是一个多方参与的过程，如何打通线下物流运输中的各个环节，实现信息的流畅传递，是网络货运经营者必须面对的问题。平台信息化实现效益最佳，还需要托运人与实际承运人的配合。从事公路运输的实际承运人普遍年纪稍大，文化水平参差不齐，对互联网产品接触较少。而托运方初次接触网络货运业务，必然对业务流程与实施难度存有疑虑，两者对物流企业的信息化均会产生一定的阻碍。

针对上述问题，武汉物易云通提供了全流程的线下特色培训服务。派遣专业的项目实施团队驻扎运输过程中的关键节点，对托运方、司机提供现场操作指引。物流企业无须为培养用户习惯支出额外的成本，线下与线上能够形成良性互动。

2. 业务流量大，合规性面临着挑战

司机宝平台发展迅速，承载了百亿级的流量，“网络货运”模式下涉税金额高。在现行税务政策背景下，如何处理发票合规事宜是开发企业的重点工作。一方面，武汉物易云通深入学习税务相关法律法规与政策条例，积极与当地主管税务部门沟通，制订了合规的税务筹划方案。另一方面，为避免伪造交易活动，虚开增值税发票，司机宝平台设计并开发了企业税务管理信息系统，记录并存储每次的承运业务以及资金往来，实现了信息流、物流、资金流、发票流的四流合一，保证了业务的真实有效，能有效防范税务风险。

四、信息化效益分析与评估

（一）信息化实施前后的效益指标对比分析

1. 财务人力成本

以与司机宝平台合作的客户为例，200 万元月交易额需要 1 名账务人员，而月均交易额在 2000 万元以上的客户，则普遍需要 8 名以上的财务人员。以每名财务人员人力成本 4500 元计算，每年需支出：$4500 \times 8 \times 12 = 432000$（元）。在司机宝平台为其提供电子对账服务后，每月可节省至少 6 ~ 7 名员工的人力开支，约 32 万元。此外，电子对账的效率与准确度远远高于人工对账，为企业节约了时间成本，能够提高其经济效益。

2. 税务成本

司机宝平台为物流企业开具税率 9% 的运输费发票以及税率 6% 的服务费发票，解决其增值税进项抵扣难的问题。并且通过与油品服务商等合作，共享新的利润增长点，进一步优化税务结构，让物流企业的每一笔成本均以业务基础为依据，完整获取进项抵扣，综合节约成本 1.2% ~1.8%。

（二）对企业业务流程改造与竞争模式的影响

除了为物流企业节约经营成本外，司机宝平台给应用企业提供信息化的运营支持服务后，优化了物流企业的运营流程，提高了企业的核心竞争力，具体表现在以下几个方面。

1. 优化运力资源配置方式

系统可以根据货物派送单产生地点，自动查询可供调用车辆，向货主推荐与目的地较近的车辆。同时 GIS 的地理分析功能可以快速地为司机选择合理的物流路线，从而达到合理配置运力资源的目的。

2. 物流管理信息化

物流运输相比一般的货物流通而言，流程更加复杂。尤其是在我国，从事物流运输的个体户较多的环境下，物流企业难以对运输过程实施标准化的统一管理。而司机宝平台能够帮助物流企业从发布运输指令开始，直至完成运输任务及在线运费支付，实现全程业务流程透明化、可视化。每一步业务轨迹都将记录在系统中，企业可随时查看，及时发现问题并解决，能够有效避免或者化解风险，提高经济效益。

3. 交易平台化

司机宝平台将物流运输过程中所有线下资金交易迁至线上完成，每一笔运费均与运单信息相匹配，做到实时结算、即时到账，极大地提高了物流企业的运营效率。

五、信息化实施过程中的经验与项目意义

（一）发展经验

随着司机宝平台不断积累经验，在网络货运模式上取得了一定成果。回顾构建网络货运这一全新的“互联网 + 物流模式”，主要有以下经验。

1. 重视满足客户多元化、差异化需求

国内公路货运市场中，物流企业规模较小，通常以“熟人模式”来实现运力调配。司机宝平台根据客户的需求，进一步完善了互联网物流信息平台的服务功能。在托运方的运输需求发出后，引入大数据算法，为托运方的需求匹配稳定可靠的车源，提高业务运转效率。除了优化线上服务功能，司机宝平台派遣专业项目管理人士进行现场调研，制订了不同的线下项目实施方案，并提供全天候的客服值班，帮助客户解决在使用过程中出现的各种问题。

2. 以数据作为资源，提供深度服务

区别于其他仅提供信息撮合服务的业务模式，司机宝平台致力于为物流企业“降本增效”实现集约化发展，提供全链条的解决方案。区块链技术的应用，将沉淀数据与金融机构、会计师事务所、律师事务所、证券机构等其他机构联通，形成不可篡改的数据凭证，用于创新型金融业务的发展，促进物流行业和金融行业产业升级。

（二）项目意义

截至 2019 年，我国国内社会物流总费用为 6. 6 万亿元，占同期 GDP 总额的 14. 63%，市场中有 230 万个左右的小型运输公司，3000 万名货车司机和 1300 万辆货运车辆。随着社会经济的不断发展，商品流通环节增加，货物周转量上升，货物运输产值仍有极大增长空间。与运输数据较好形成鲜明对比的是物流行业集中度低，信息化水平低，行业前十的企业市场份额占比不足 5%。在大数据时代背景下，信息化水平才是影响企业效益的关键。信息化高度发达下的共享经济，能够实现企业间的广泛合作与协同发展，真正做到降本增效集约化发展。

网络货运模式具有较强的低成本扩张能力，能够快速扩大物流企业在货运市场的辐射范围。通过互联网平台聚集碎片化运输资源，可以提高物流效率，有效降低物流成本，从而提高物流企业经济效益。

从社会效益的角度来说，由于缺乏信息整合和共享，我国货车空驶率高，对城市交通与环境保护均产生了一定压力。通过打造物流行业信息化平台，为物流企业、司机与货主搭建平台，能够减少因信息不对称所导致的资源浪费，加快物流行业升级转型，促进社会经济发展。

六、本系统下一步改进方案

司机宝平台以提供全链条的解决方案为目标，将从以下方面不断优化平台服务功能。

（1）推进物流大数据的开发与应用，通过整合物流资源类数据，根据货物流量与特性，配置适量动力，建立专线运输、对流运输、循环运输，实现闭环运输，为客户提供精准的车辆配载服务；利用物流大数据实现“一对一”精准营销服务；利用物流大数据开展物流互联网金融服务。

（2）开展多式联运服务模式，公司业务范围主要以公路干线运输方式为主，未来将其他运输方式（铁路运输、航空运输、水路运输等）进行有效融合，大力开展公转铁、公转水业务，并向业务的上下游延伸，提供现代化的电子仓储管理云服务，扩大企业自身业务范围。

（3）发展场景化、有深度的物流及供应链金融服务，不断发掘用户需求，提供个性化的供应链优化服务，提高产业链的效率和效益。同时将产业互联网与金融服务深度结合，让链上的每个企业和业务方为整个供应链赋能。

中储南京智慧物流科技有限公司：物流运力交易共享平台

一、企业简况

中储南京智慧物流科技有限公司（以下简称“中储智运”）是国资委下属中国诚通控股集团有限公司二级子公司中储发展股份有限公司于2014年7月成立的物流互联网科技公司，注册资本10328.57万元。公司利用移动互联网、云计算、大数据、人工智能等技术，搭建了中储智运物流运力交易共享平台（以下简称“平台”)。致力于为物流行业提供高效公共服务，推动物流运输与管理标准化、智能化，助推降低全产业运营成本，提升产业运行效率，打造互利共赢的新物流生态圈。

平台创新地将“运费议价功能”与“无车承运人模式”结合，集近百万专业司机运力、全运途可视化监控、全流程规范化财务、全时段专业化客服于一体，为货主、司机用户提供运力自由议价交易服务。平台承担上下游用户的运输安全和服务保障，通过智能配对、精准推送技术最大限度地使返程时间、返程线路最契合的货和车实现自由议价交易，降低企业物流成本，提升企业物流管理效率，增加司机运输频次，提高司机总收入；通过分析累积的真实物流大数据，为物流行业资源配置和实现合理运输提供决策依据，助推降低全产业运营成本，提升产业运行效率。

中储智运作为国家战略性新兴产业的企业，十分重视公司知识产权体系的建立与完善，目前已持有17项知识产权，包括5项发明专利和11项软件著作权。自成立以来，公司也荣获了诸多殊荣，包括科技进步奖一等奖、中国智慧物流十大创新引领企业、改革开放40年智慧物流企业特别贡献奖等。

二、管理运营模式

平台集电子商务交易系统、OA系统、BI系统、云计算等多个系统于一身，拥有包括前台首页、手机安卓版、手机iOS版、微信服务号、后台管理操作系统、物流大数据分析及预测系统等多个产品。平台产品如图1所示。

平台通过实名认证（证照、资格、人脸识别等)、过程控制（可视化在途跟踪、节点控制、智运罗盘等)、保证金、运输保险等多项机制确保每笔业务的真实性与安全性，同时所有业务通过平台进行竞价交易和结算，实现“信息流”“业务流”“票据流”“资金流”的统一运作与管理。

货主将货源及运输要求、议价模式（抢单价格、投标议价模式）发布在平台上，平台通过智能配对将这些信息推送给适配车辆，车货双方竞价成交后，生成平台与货主、

承运方版

加盟运力版

货主版

船运版
中储智运官方App

货主通过平台发货

司机通过App摘单
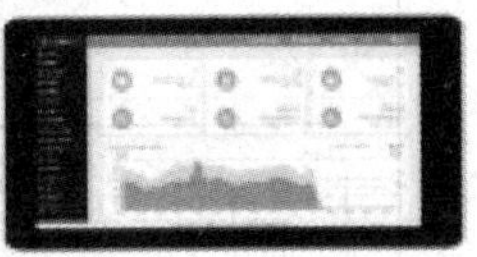
平台进行运单管理

图1　平台产品

平台与承运人会员的两份电子合同，收取双方保证金（保证交易的真实性和成功率）。平台通过自身研发的智运罗盘、智运千里眼系统对发货及装货、在途、卸货及收货进行全程可视化跟踪、控制，平台确保并承担运输过程的责任、货物安全、服务、结算（收货主运费、上传收条即付车辆运费）、开票（平台开票给货主、凭完整资料在税务平台为车辆代开票），形成闭环。

同时，基于平台拥有的大量会员增值服务需求，中储智运精准研发物流金融产品，目前已完成货车融资租赁、场景化物流保险、运费贷、司机贷、车金融、智运一卡通、ETC、油卡等一系列的业务开发，部分产品已上线。中储智运还将开展网上商城业务，为会员提供与物流相关的各类产品。平台议价交易模式如图 2 所示，平台业务模式如图 3 所示。

三、平台特色功能

（一）实现管理流程及运输过程的全程可视化

平台通过自身研发的智运罗盘、智运千里眼系统对发货及装货、在途、卸货及收货进行全程可视化跟踪、控制，平台保障并承担运输过程的责任、货物安全、服务、结算、开票等。

智运罗盘将平台运输业务分为八个关键节点（见图 4）。各关键节点还包括若干子节点，运营人员可通过“罗盘”的关键节点的触发状态清楚业务所在环节，并针对各环节所需要的内容提供服务，便于平台不同业务人员的工作交接，确保客户服务水平的一致。另外，智运罗盘还可查看信息推送、语音服务记录、智能配对结果和异常备注等重要信息。

（二）提供物流大数据的智慧分析、预测与决策

公司独立开发的支撑平台业务的智慧物流大数据系统——智运棱镜系统，是全国首家企业应用级物流大数据分析平台，可以对货主、承运方、线路、库存积累与产生的会员数据、线路情况、业务数据等进行分析与预测，提供迅速精准的战略物流决策。平台在实时监控平台业务及运力情况的同时，分析热门线路的运力需求，提前做好运力储备。

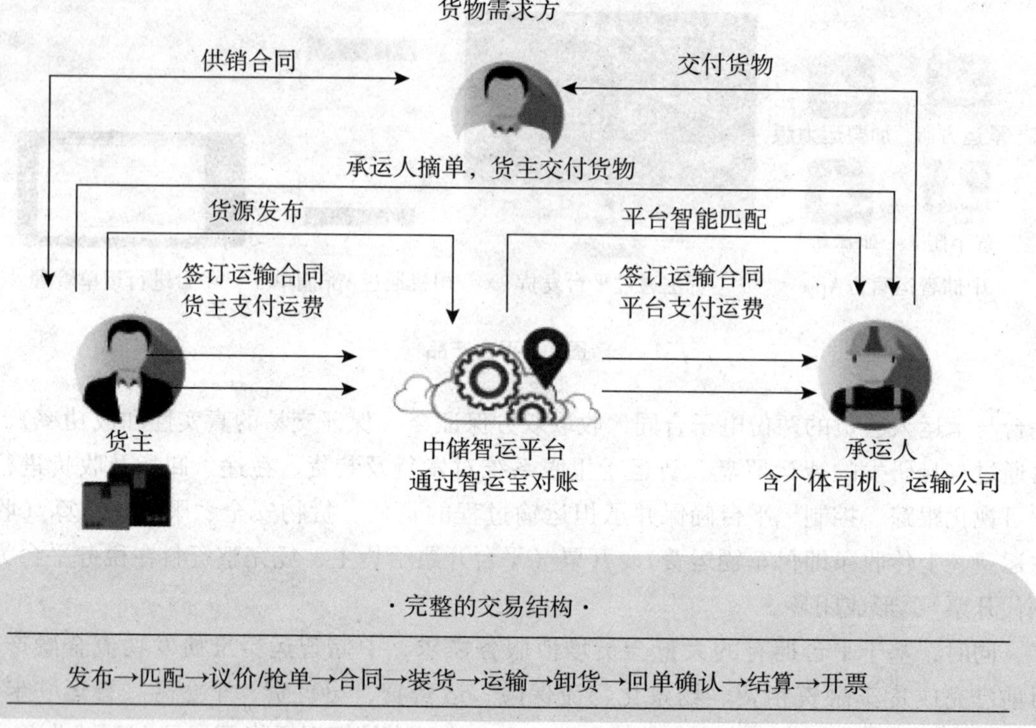

图2　平台议价交易模式

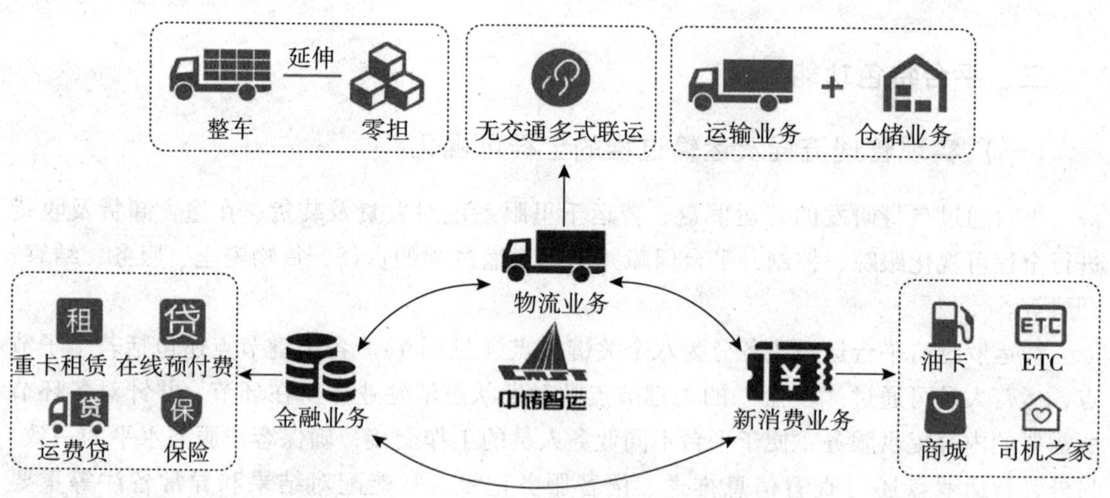

图3　平台业务模式

今后平台将取代实体配送站的功能，减少司机在配送站的时间与成本支出，降低社会资源的浪费与消耗。同时，该板块作为中国物流的运力实时动态监测窗口，定期发布行业物流指数，实时反映中国物流的运行水平，一旦发生紧急突发情况，还可配合国家相关部门与机构，启动应急物流，第一时间调拨车辆，搭建中国物流运输生命线。

图4 智运罗盘

(三) 后台综合运营管理系统功能强大

平台后台的综合运营管理系统功能集 TMS 运输管理系统、FMS 财务管理系统、OA 综合办公系统、CRM 客户关系管理系统、BI 数据统计分析及报表可视化等多个系统于一身，并充分考虑人体工学方面的使用体验，使得业务人员能轻松、简洁地管理平台业务。

四、平台自身优势

(一) 背景优势

中储智运作为央企转型升级的重要企业，拥有各项资源共享优势，具备资源整合的能力，将成为共享经济发展的一股重要力量；同时，央企的品牌优势也在社会上具备一定的公信力，长期以来中储智运高度的社会责任感深受社会认可，已具备相当大的凝聚力，对于助推产业转型升级、提升资源共享率、降低社会成本有着不可估量的作用。

(二) 技术优势

平台、系统均为自有技术团队研发，拥有完备的产品体系，包括面向用户的 App、PC 产品，后端管理的产品等。相较部分企业仅拥有前台 App 而言，中储智运后端系统非常强大，是一个集信息处理、管理、交易、结算的综合管理系统。

(三) 品牌优势

中储智运发展至今，已在业内确立无车承运人第一品牌的行业领导地位。中储智运在 2017 年交通运输部无车承运人试点工作中表现突出。2017 年年底，“中国无车承运人理论研究与实践发展论坛”的成功举办，更是极大提升了中储智运品牌知名度及影响力。

(四) 客户资源优势

中储智运在物流网络及客户资源上具备先天优势，依托上级公司央企中储发展股份有限公司覆盖全国的物流网络及客户资源发展业务。无须像运满满等公司，在地推及网点建设上投入大量的资金及人力。

（五）模式优势

中储智运自成立初，即坚持交易平台模式，发展至今已在行业确立标杆地位。运满满、货车帮等自2019年起，认识到信息平台的局限性，考虑由信息平台向交易平台转换。从这层意义上说，中储智运发展交易平台模式的方向是正确的，具备前瞻性。

中储智运需巩固自身交易平台模式的先发优势，通过开展供应链业务、客户平台互联互通等，加强与客户间的黏性，持续对模式进行升级，确保模式领先性。

五、主要经营业绩

中储智运平台于2015年4月上线试运营，2015年下半年正式运营，同年交易总额达2000万元；2016年平台快速发展，交易总额达21.01亿元，实现100倍以上的增长；2017年，平台单月交易额突破8亿元，运输收入突破66亿元，累计完成货物运输超过1亿吨，运输里程超过9亿公里，累计纳税超6亿元；2018年，平台年运输收入达114亿元，单月运输收入突破11亿元，全年运输244万余单货物。截至2018年年底，平台累计运输里程超过14亿公里，相当于绕赤道行驶3.5万圈。2019年平台全年运输收入超170亿元。截至2020年6月，平台日均运输量超51万吨，单月成交量超1590万吨，单月最高运输收入超18亿元。

中储智运平台运输货物品类涉及钢材制品、煤炭、纸浆原料、矿石、家电、塑料、粮油食品等多个行业。中储智运业务目前已经覆盖全国，涵盖运输线路超过20200条，平均不到7秒成功完成一单交易，平均为货主降低成本10%，司机找货时间减少55%。据测算，平台上线以来，已累计为货主客户降低物流成本超30亿元，在推动经济高质量发展、深化供给侧结构性改革中作出突出贡献。

六、中储智运平台产生的效益

（一）平台的经济效益

中储智运平台为国家集中大量税收，2017年全年运输收入超过60亿元，纳税总额达到6.65亿元。2018年运输收入突破110亿元，纳税总额达到11.14亿元。2019年运输收入突破170亿元，纳税总额达到15.8亿元。预计公司到2021年，运输收入超过250亿元，纳税总额达到16亿元。

（二）平台的社会效益

中储智运通过搭建物流运力交易共享平台，可以为广大货主、承运人等带来诸多实惠，为社会就业、环保等方面带来诸多贡献。

1. 绿色物流促进节能减排

在业务开展中，中储智运大力鼓励和倡导平台司机使用绿色化交通工具，打造绿色物流体系，积极助推打赢蓝天保卫战。截至2020年6月，中储智运平台已经整合LNG、

CNG 天然气车辆超 16 万辆。同时，中储智运平台已经与全国 639 座加气站达成合作，网络覆盖全国。据统计，中储智运平台天然气车已累计行驶 13.3 亿公里，共减少了 38 万吨二氧化碳的排放。此外，在大力推进绿色交通工具使用的同时，中储智运平台的智能匹配技术也为绿色物流的发展提供了技术支撑和保障。中储智运基于平台海量交易数据研发的智能匹配算法，可以动态地对货源和车源进行精准匹配，使返程车辆与回程货源高效匹配，减少司机空驶等待时间，提升了能源的使用效率，减少了货车的尾气排放，是一种绿色可持续的物流循环经济。

2. 物流互联网促进劳动就业

中储智运成立以来，人员规模已突破 1450 人，对地方的就业有极大带动作用，将为我国培养和输出大量的智慧物流、供应链人才。同时，平台及开展的供应链业务，将间接带动上万名司机就业。

3. 关爱卡车司机，承担社会责任

中储智运充分发挥央企责任，关爱卡车司机，利用自身网络优势，在全国范围建设司机之家，分布在南京、杭州、郑州、沈阳、大连、青岛等多个城市，为司机提供找货、休息、交流的场所，改善司机从业人员的工作休息环境，提升货车司机的获得感和幸福感。

4. 为国家提供应急物流保障

中储智运作为央企旗下互联网科技公司的代表企业，考虑到应急物流系统对国家应急物流保障体系的重大作用与积极意义，成立不久后即开始应急物流系统的规划与设计，耗时三年打造中储智援应急物流系统，希望通过互联网模式为国家应急物流保障体系提供创新解决思路。该系统依托公司中储智运平台超过 170 万辆的全国优质货车运力资源，可以实现应急物流需求的快速响应与安全服务。

中储智援应急物流系统在 2020 年年初的新冠肺炎疫情防控中发挥了重要作用。疫情初始，中储智运第一时间启动中储智援应急物流系统，在全国范围内开通向湖北地区运输救援物资“绿色通道”。中储智运利用应急物流系统迅速调集供应链各方加入战疫体系，时刻关注平台湖北区域运单的最新数据动态，通过大数据系统精准统计出符合运力需求的车源信息，确保应急物资运送及时。除了应急支援湖北抗疫物资运输外，在重点企业复工复产以及农业春耕过程中，应急调度系统保障全国尤其是湖北地区春耕正常进行，对于近期复工的制造企业，也在最大范围内确保平台货主的物资运输需求得到及时保障，保证生产物资运输供应畅通，为企业复工复产提供后援。

河南省脱颖实业有限公司：“货运快车”服务平台

一、应用企业概况

河南省脱颖实业有限公司（以下简称“脱颖公司”）成立于1997年6月，主要从事网络货运、互联网信息服务及北斗卫星定位产品的生产和销售，业务范围覆盖干线运输、城市配送、无船承运等，应用多式联运、甩挂运输和共同配送等运输组织模式，实现规模化、集约化运输生产。

脱颖公司总部位于郑州市郑东新区龙子湖，目前运输业务线路有181条，辐射全国19个省、4个直辖市的110个市（州），并在巩义、三门峡、安阳、濮阳、漯河、济源、兰考、孟津等地设立15家分公司，其中10家分公司已取得网络货运道路运输经营许可证，现与205家大中型企业达成合作协议。脱颖公司与河南省肉类协会、河南省造纸工业协会、河南省家纺协会、河南省农机协会签署了战略合作协议，达成行业合作，获得稳定的货源基础。

脱颖公司旗下的“货运快车”服务平台（以下简称“平台”）利用互联网和物联网等信息化手段，打破了物流运输市场的信息壁垒，通过去中间化和扁平化，降低了市场交易成本，促进了物流运输资源要素的集约整合和协同对接，为客户提供创造性的物流服务体验。

二、需要解决的问题

（一）司机装卸货排队时间长，效率低下

传统物流运输业务中，普遍存在实际承运人不确定装卸货时间，而长时间排队等待装卸车的情况，浪费了大量的时间，直接增加了时间成本，降低了收入。如何打造适应企业时代发展需求的数字化产品，形成互联网发展背景下的竞争新优势，成为当前公司关注的重点及网络平台发展的方向。

（二）企业降本增效需求突出，注重过程化管理

随着企业业务及网点的快速增多，物流过程中各环节的透明性和协同性关系着作业成本和效率的平衡，尤其是客户需求逐渐趋向个性化，传统人工作业响应客户需求时存在的劣势逐渐显现。

利用互联网平台为货主提供专业化运输方案，专注于对承运方以及托运方的价值创

造；通过网络货运的精细化管理，实现资源优化配置及精准协作，进而在有效满足客户需求的同时，实现降本增效的目的。

（三）司机运费垫资量大，金融助力难

因货主结算周期长而扣押货车司机运费的问题长期困扰着企业发展，企业在融资过程中伴随着四大难题：融资难、融资慢、融资贵、融不到。

脱颖公司与光大银行郑州分行合作，推出了道路运输行业信用贷款，通过网络货运平台的三网合一、卫星双定位的先进技术对货主提供以真实运单为背景的金融保理业务，减轻了货主的资金压力，降低了资金成本。同时实现了给司机秒结运费，解决了因货主结算周期长而扣押货车司机运费的问题，增加了平台与货主、司机的黏性，保障货车司机的利益。

三、信息化进程

（一）信息化实施的推进

信息化建设中，遵循“科学论证、敏捷实施、快速迭代”的总体要求，按照需求调研、需求分析、系统设计、系统开发、综合测试、业务测试、实施推广、上线跟踪八个步骤稳步推进。

（1）需求调研及需求分析。根据货运行业的业务现状和实际需求情况，开发一套新的应用系统，需要同时符合司机和企业的需求，还要编写需求规格说明书。

（2）系统设计与系统开发。根据需求规格说明书，进行系统的概要设计、详细设计、功能设计，开发出适用于货主、司机、平台等需求的系统。

（3）综合测试与业务测试。根据货源企业的实际业务，配置系统参数和环境，维护基础数据，进行综合测试及业务测试。

（4）实施推广及上线跟踪。系统测试通过后，对全国各区域的关键用户进行培训并正式实施推广，进行线上跟踪和运行保障。

（二）平台简介

脱颖公司自主研发的平台运行安全稳定、功能完备，具备信息发布、线上交易、全程监控、金融支付、咨询投诉、在线评价、查询统计、数据调取 8 项服务功能模块，具体功能符合《网络平台道路货物运输经营服务指南》的要求。平台是充分借助互联网、物联网、云计算技术，针对货运行业“货车找货难、上游企业找车成本高、运输公司挂靠车辆管理难”的痛点，推出的“互联网＋货运”服务平台。通过平台的应用推广，可以有效减少货车空跑的情况，整体提升货运行业的运输能力和效率，提高货运行业的社会效益，借助 4G、GIS、GPS 和北斗卫星导航系统、物联网、在线支付等技术，实现接单、装货、运输、送达、费用支付、税务同步、发票开具等货运全流程的网上闭环管理。平台功能模块如图 1 所示。

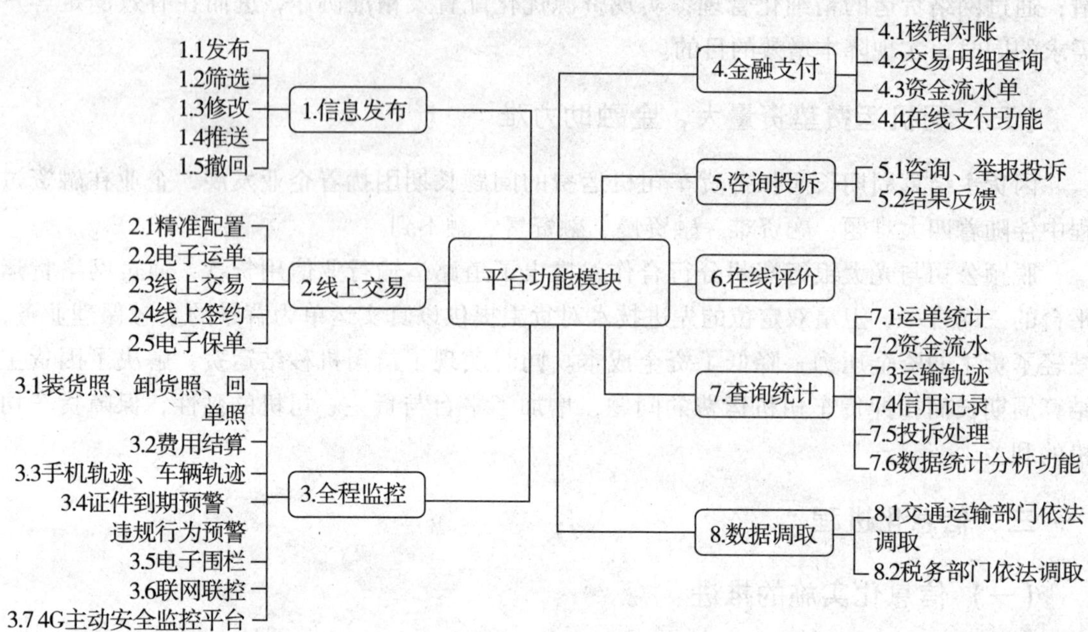

图1　平台功能模块

1. 货主 PC 终端

主要为发货量较大的企业提供多人协同、快速运送货物的管理终端，提供员工管理、货源发布、运费支付、运单管理、在线投诉、车辆管理、货物派送等功能。

2. 货车司机 App 终端

主要为货车司机提供货源，降低货车空载率，提升货车司机收益，还提供身份认证、系统定位、路线定制、派单提醒、货运签单、保证金支付、运单管理、在线投诉等功能。

3. 运营管理平台

主要提供对货源、车辆、货物运输过程中信息的组织管理，为货运行业各方提供支撑和服务，系统提供认证管理、车辆调度、轨迹回放、运单管理、保单管理、诚信评估、投诉管理、账户管理等功能。

4. 平台的功能

（1）社会运力资源整合。

平台通过整合大中型企业的货源信息，发布货源计划，利用一手货源吸引承运人，将散乱的车辆信息汇集于平台，形成平台运力池；货源信息直达司机，没有层层转包，增加了司机收入，货与车得以高效匹配；利用第三方支付通道，货主确认送达后自动给司机支付运费，将实际运输业务产生的信息流、资金流、物流归集平台，实现三流合一，保证运输业务的全程透明。

（2）重视运输安全，制定全过程严格监控服务标准。

严格把控平台注册准入制度。想要申请成为平台会员的实际承运人必须提供驾驶员的身份证、机动车驾驶证、从业资格证，以及实际承运车辆的行车证、道路运输经营许可证、机动车登记证书等相关信息，通过第三方征信平台校验后，方可在平台上注册会员，确保驾驶员和实际承运车辆合规合法。平台会对注册的实际承运人和实际承运车辆的证件信息进行到期预警。

严格运输过程动态管控。运输环节中，在司机的App端植入插件，提取带有时间戳和地理戳的定位信息，并通过卫星和基站双定位等技术实现车辆的动态管控。

对重点货物更应采取货物实时追踪技术，向客户提供动态信息的展示查询服务；在装卸环节，所有的装、卸货地应安装视频监控摄像头，能够明确掌握司机动态，防止夹带危险品等不规范行为发生。

实时监测司机的疲劳驾驶情况包括分神、超速、压线等违规行为，通过图片识别和大数据分析技术推送给司机随车携带的警告设备，进行司机异常行为警告。

增强平台抗风险能力。在保险方面，采取一单一保的形式承担运输全程中的货物保险责任；在资金监管方面，公司账户结算体系与银行代付系统实现联动，在银行的有效监管下对运费资金及押金实行专款专用、及时拨付；在合同签订方面，采用具有法律效力的电子签约方式，保障平台业务的可靠性，防范法律风险；在平台功能方面，系统为24小时自动值守，运行环境、传输手段、存储方式等都采用先进设备和成熟技术，确保系统安全可靠性，增强平台抗风险能力。

（3）物流运作平台化，提高资源配置效率。

脱颖公司针对道路货运行业长期以来存在的信息孤岛现象，利用互联网、物联网、云计算等技术，自主研发“货运快车”服务平台，将线下的信息交易转移至线上，通过海量数据汇集和大数据运算分析，向驾驶员推送合适的货源信息，向货运企业推送合适的车辆信息，实现车货精准配置和物流的高效组织。平台极大地整合了碎片化资源，司机等货时间大幅缩短，车辆实载率达68%，车辆月行驶里程达2万公里。

（4）有效防控税务风险。

为杜绝税务风险，防止外包运输服务、发票虚开虚抵，平台与河南省税务局货运业务网络服务平台对接。在司机的App端植入插件，提取带有时间戳和地理戳的定位信息，通过卫星和基站双定位等技术实现业务真实性校验。业务真实性校验后，完成司机税务登记，实现开票自助一体化，在河南省税务局大厅代开税率为3%的司机单车增值税专用发票。

（5）车辆调度。

以大数据应用为基础，将散乱无序的数据进行有机关联，经过融合、裂变，以此演化出颠覆式的分析逻辑；在当前位置下，可把方圆5~100公里内可供调配的车辆统计出来，快速跟货源进行匹配。

（三）实施中遇到的主要困难与解决措施

1. 时间成本高

传统物流行业中，普遍存在长时间排队等待装卸车的情况，浪费了实际承运人大量的时间，时间成本大大增加，间接地增加了物流成本，降低了实际承运人的收入。

解决措施：物流运作平台化，提高资源配置效率。脱颖公司针对道路货运行业长期以来存在的信息孤岛现象，利用移动互联网、物联网、云计算等技术，自主研发“货运快车”服务平台，将线下的信息交易转移至线上，通过海量数据汇集和大数据运算分析，向实际承运人推送合适的货源信息、向货运企业推送合适的车辆信息，实现车货精准配置和物流的高效组织。平台极大地整合了碎片化资源，等货时间大幅缩短。

2. 司机使用App存在问题

该项目主要利用移动互联网技术，开发App系统，实现司机注册、接单、运输、送达等运输全过程数据采集。受熟悉程度及习惯的影响，司机完全适应新系统需要一个过程。

解决措施：从软件研发上下功夫，减少操作步骤，做到软件简洁易懂易操作；加强运营人员和司机的沟通，前期辅助司机注册，加强培训；通过诸多努力，司机已逐步适应新系统。

3. 具体实施方案

平台基于4G物联设备、北斗卫星导航系统和GPS技术，实现货车、货源的精准定位；借助App实现货源求车、车辆寻货等信息的快速发布及信息查询；通过位置的自动匹配及基因地图的调度算法以及人工干预的方式，实现货车及货源的高效匹配；借助GIS（地理信息系统）和移动即时通信技术，可有效实现平台车辆可视化监管及科学调度，减少司机等待时间；平台与货源方采用无人值守称重过磅系统，实现自动化订单分发；平台与网上银行、微信、支付宝等金融支付平台通过专线、安全通道进行连通，实现费用网上支付；通过技术体系为货运过程提供担保交易，并融入在线投保方式，更好地保障货运双方的合法权益（见图2）。

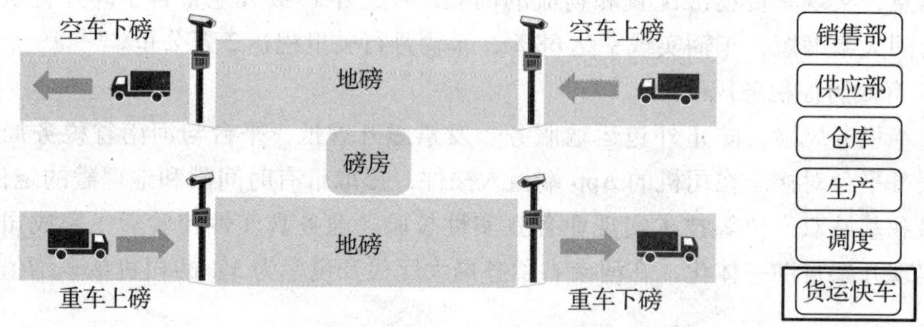

图2　无人值守称重过磅系统

平台采用Java语言开发，持续迭代升级；架构模式采用微服务架构，可以有效规避系统升级过程中“牵一发而动全身”的情况。目前平台已经完成了对司机、车辆、用户、运单、支付等模块的微服务化。

平台采用了基于HDFS（分布式文件系统）的非结构化数据存储数据库HBase，用来存储和分析历史运单、轨迹、司机画像等数据；采用ZooKeeper作为分布式协调系统，用来实现分布式锁、分布式队列、应用的负载均衡等；采用MongoDB使平台的轨迹信息持久化；对于平台运行的业务日志、系统日志、错误日志等，采用ELK来进行数据抽取、清洗和存储，实时掌控平台运营情况。采用 GPS 技术结合手机定位技术进行数据差异分析，确保货物运输轨迹的准确性。按照交通运输部、国家税务总局要求，平台支持各种厂家、各种型号、各种分辨率的移动接入客户端。

平台各个微服务模块采用分布式架构，通过 ZooKeeper 进行服务注册。作为微服务的注册中心，微服务的网关实现了集群和高可用性，确保平台应用具备全天候的运营能力。数据库采用互联网主流的 MySQL，通过 MyCat 实现读写分离和分库分表，分别在安阳、郑州进行数据异地容灾。

四、信息化主要效益分析与评估

（一）经济效益

上游货源企业在物流降本增效方面效果明显，列举实例如下。

1. 洛阳市××耐火材料股份有限公司（以下简称“企业”）

企业原正常发货成本为 220 元/吨，每车运价 6820 元，年发货量为 1440 车，年运费达到 982.08 万元。企业通过货运部门找车，不提供货物保险，没有办法开具增值税专用发票，如需开票企业要缴纳相应的税费，还存在车辆到厂不及时等情况，运输成本高、效率低。

现企业通过平台发货成本为 215 元/吨，每车运价 6665 元，年运费 959.76 万元，直接节省运费 22.32 万元，且这笔费用包含货物保险费、运输业增值税专用发票（9% 税率），给企业节省运输成本将近百万元，降低物流成本 10% 左右。

2. 河南××化工集团（以下简称“集团”）

集团实际拥有承运车辆四千多辆，多为 13.5 米高栏货车/平板货车，原有五人负责发货，每天需拨打电话上百个。现通过应用无车承运平台和无人值守称重过磅系统，实现自动化订单分发，人工处理电话数量大幅减少。客户在平台直接下单发货，信息自动发送给司机，然后装货运输，综合税负约降低 1.2%。

（二）社会效益

平台通过组织货源、整合车辆，建立高效的车货匹配信息，通过缩短简化交易链条来实现降本增效，提高了约 50% 利用效率，等货时间由 2~3 天缩短至 8~10 小时；通过资源相互整合，达到成本最低、收益最大化，并建立起合作共赢的机制。

平台的司机货源增多，降低了提送货的成本，同时能通过平台直接结算运费，使车辆空驶率降低、实载率提高，司机综合收入提高 8%~15%。平台的有效监管及技术手段，使运输途中的事故发生率降低。对于司机而言，提高的不仅是收入，更多是使其变得更加规范化、专业化。另外，平台需要大量的专业人才，已与河南省多家高校建立校企合作，有针对性地为企业培养人才，注重人才的实用性，为学生提供更多、更好的就业机会，增加就业率，提供就业岗位，取得了经济效益和社会效益的双丰收。

（三）信息化实施对提高企业核心竞争力的作用

企业信息化的成功应用，大大提高了企业的核心竞争力，解决了企业运费垫付问题。

光大银行为脱颖公司发放信用贷款，该笔贷款通过历史财税数据挖掘、多渠道信息共享，由第三方通过“三网合一”及卫星和基站双定位等一系列先进技术提供的业务真实性校验数据，锁定企业真实业务场景，无须任何担保抵押，有效解决了道路运输行业的企业融资难问题。

五、平台的优势

（一）拓展物流金融业务，提高货车司机收入

公司与光大银行郑州分行合作，推出了信用贷款，降低了货源方的资金压力和资金成本。实现了运费秒付，解决了因货主结算周期长而扣押货车司机运费的问题，增加了平台与货主、司机的黏性，改善货车司机经营条件。据统计，在平台上服务的司机平均月收入 1. 2 万元，高于全国平均水平。同时，公司还把金融服务延伸至汽车后市场、保险理赔等领域，根据不同客户需求定制研发有针对性的物流金融产品，包括融资租赁、运单数据贷业务，为货运经营者提供“货源直供、车辆租赁、运输组织、车后服务”一站式服务，打造物流供应链生态圈。供应链金融如图 3 所示。

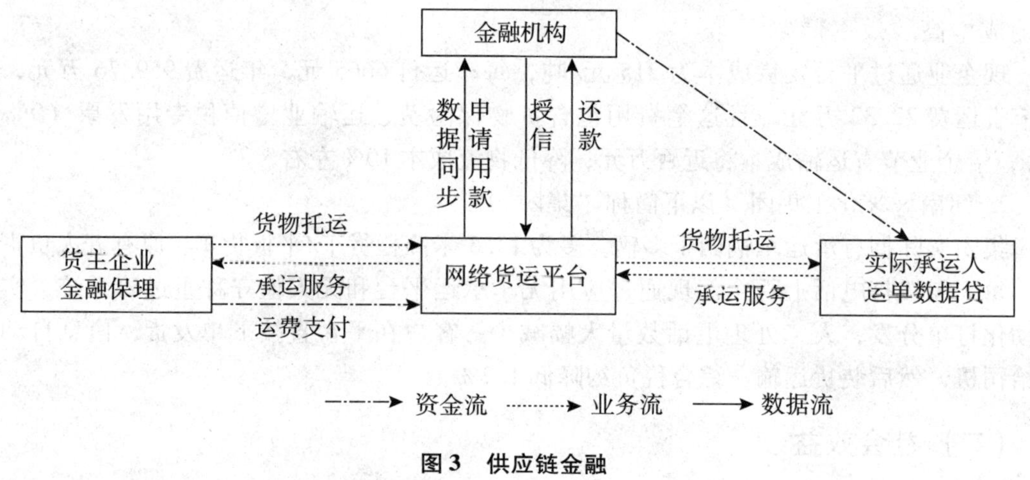

图 3　供应链金融

（二）创新服务产品，为平台用户提供多元化服务

充分发挥平台海量数据汇集和大数据分析的优势，向货主提供定制化、个性化的全程运输服务。在货主方建立信息服务站，根据运输实际要求定制不同系统管理模块。如搭建司机网络安全教育学习平台，打造网上司机之家，对接轮胎、机油、车辆制造、汽车维修等厂家以及加油站等关联企业，通过集中采购的优惠便利政策，减少司机经营成本。

（三）精细化管理

1. 业务运单的精细化管理

平台对每一笔运单进行全过程管控，包括线上电子签约、投保、轨迹、油卡分配、

装货照、卸货照、回单照等全业务场景。

2. 进销项发票的精细化管理

通过 OCR 图片文字识别和文件存储技术，对每一笔运单数据的销项和进项实现线上精细化管理，其中进项包含司机单车票、ETC 费用、油票。

六、项目实施过程中的主要经验体会

随着无车承运人试点工作结束，国家对网络货运行政许可的批复，脱颖公司在网络货运平台领域的建设和发展得到大中型企业、承运人及相关主管部门的高度认可。回顾整个网络货运信息化建设过程，主要的经验体会有以下几方面。

（一）税收把控

网络货运经营者应按照《中华人民共和国电子商务法》《中华人民共和国税收征收管理法》的要求，记录实际承运人、托运人的用户注册信息、身份认证信息、服务信息、交易信息，并保存相关涉税资料，确保信息的真实性、完整性、可用性。信息的保存时间自交易完成之日起不少于三年，相关涉税资料（包括属于涉税资料的相关信息）应当保存十年；法律、行政法规另有规定的，依照其规定。（前款所指交易信息包括订单日志、网上交易日志、款项结算、含有时间和地理位置信息的实时行驶轨迹数据等），网络货运行业属于全程涉税行业，税务合规是一切业务的基础，网络货运经营者和实际承运人均应当依法履行纳税或扣缴税款义务，切实做好平台与税务系统的对接工作。

（二）数据实时上传省级监测平台

网络货运企业必须与省级监测实时对接，平台要将运单、运输轨迹、带有时间戳和地理戳的定位信息和资金流水数据实时上传省部两级信息监测系统。建立健全网络货运经营者信用评价体制，深化行业诚信建设，加强行业规范自律和数据共享，实现数据互认和联合监管，建立公开透明和协同治理的跨部门监管方式。

（三）运营操作

网络货运项目整体运营是企业业务部、运营部、技术部、财务部、客服部等多部门协同化运作的创新模式。项目实施和运营过程中，部门与部门之间、个人与个人之间的协调与配合非常重要。部门协作应该是多方面的、广泛的，只要是一个部门或一个岗位实现承担的目标必须得到的外界支援和配合，都应该成为协作的内容。一般包括业务、技术、财务、运营等方面的协作。不论是否存在部门分工，项目人员都必须通过协作把个人和部门的力量联结成整个公司集体的力量，以实现网络货源项目正常运转的预期目标。

七、平台的下一步改进方案和设想

下一步，脱颖公司将扩大平台的发展模式，运用平台大数据社会化、多元化发展，城市配送、网上商城等将会陆续上线。

构建网络货运管理大数据平台，将物流、信息流、资金流全部线上透明化管理，积极探索前沿的物流创新模式；通过运用智能技术等手段，对线上服务、线下体验进行积极探索，在实现降本增效的同时，能吸引和影响客户，抓住市场，获得长足发展。

云南旺宸运输有限公司：
“旺宸智运”网络货运平台

一、企业基本情况

云南旺宸运输有限公司（以下简称“旺宸公司”）是云南能投物流有限责任公司（以下简称“能投物流”）的二级全资子公司，是一家集普货运输、货运信息、货运配载、国内贸易、物资供销、货物及技术进出口、集装箱运输、货运代理（代办）、国际道路运输业务为一体的综合性运输企业。主要从事钢材、水泥、盐、铁矿石、PVC、煤炭、磷矿石等大宗物流的公路及铁路运输，年运输量达到百万吨以上。

能投物流是西南地区首批无车承运人的试点企业之一，旺宸公司是其平台运营的主体单位。平台建设之初，就将其定位为一个开放性的平台，通过吸引供应链上各个节点的供应商，尤其是分散的个体货运司机，形成一个具备智能配载、全过程追踪、信用评价、大数据分析等功能的网络平台。随着2019年《网络平台道路货物运输经营管理暂行办法》的颁布，旺宸公司为符合新形势下国家管理机关对网络货运平台的要求，结合市场特点，投资重新开发“旺宸智运”网络货运平台，并与能投物流内外部供应链系统打通，实现供应链业务与网络货运业务的无缝对接，进一步扩展网络货运平台的业务外延。

二、“旺宸智运”网络货运平台

（一）“旺宸智运”平台业务逻辑

旺宸公司在2020年重新开发上线“旺宸智运”网络货运平台，根据管理办法要求，具备增值电信业务许可证，平台通过三级信息系统安全等级保护认证，并接入网络货运信息监测系统，具备信息发布、线上交易、全程监控、金融支付、咨询投诉、在线评价、查询统计、数据调取等功能。平台以满足网络货运平台政策法规要求为基础，建立了一个连接货物、人员、车辆、园区，服务货主、物流车队、驾驶员、后市场服务商、金融机构等各方的服务体系，如图1所示。

在以往供应链业务中，各环节中信息传递均通过手工或QQ、微信、短信等方式传递，消息传递效率及准确性均无法得到保证。“旺宸智运”平台通过对能投物流业务的整合，实现供应链业务与运输业务的无缝协同，供应链平台及电子交易平台所产生的订单需求，直接向网络货运平台进行传递；通过网络货运平台形成的运输车辆、司机等信息，实时地向供应链平台和园区作业平台进行传递；运输完成后的运单信息，通过司机手机端程序及时回传到平台，平台确认后即会将信息推送到供应链平台、电子交易平台和园

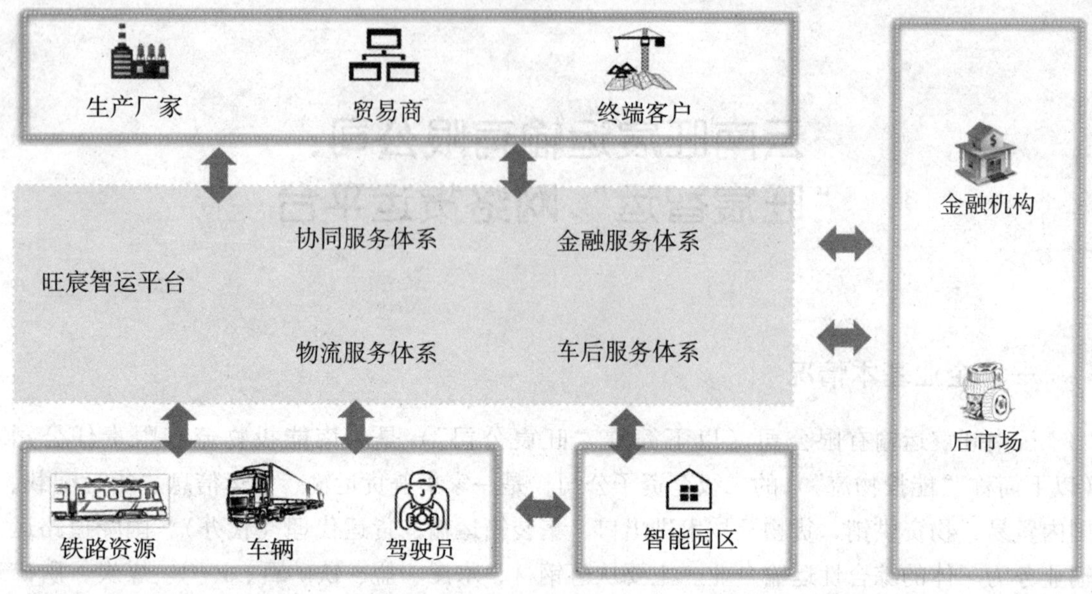

图 1　平台服务体系

区管理平台，实现各业务相关方的信息同步，大幅提升了信息传递的时效性和准确性。系统协同关系如图 2 所示。

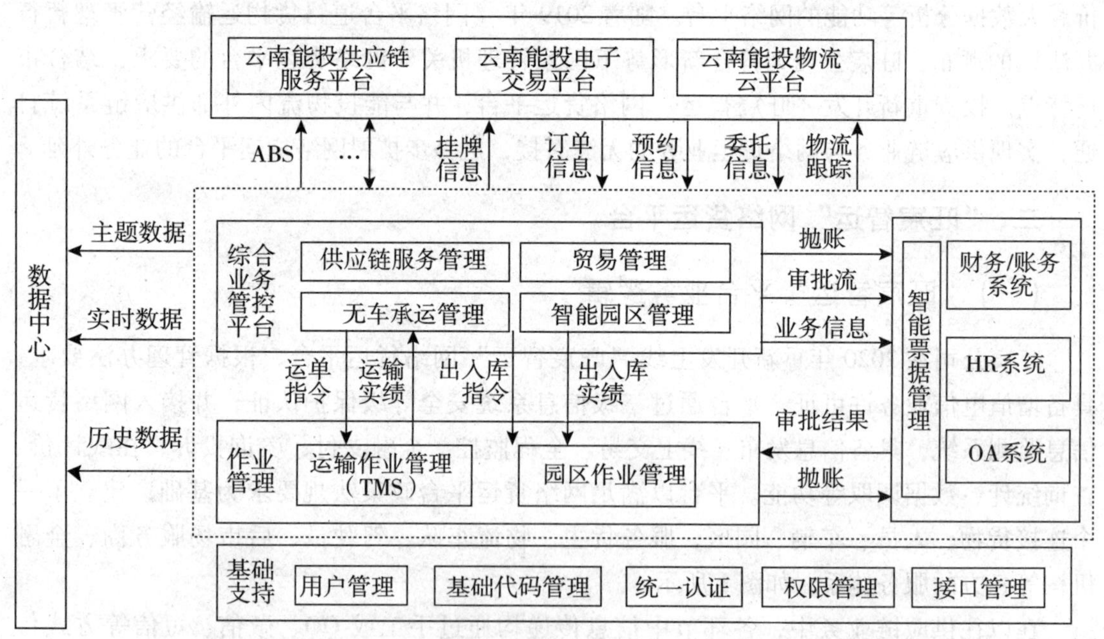

图 2　系统协同关系

（二）“旺宸智运”平台的技术应用

“旺宸智运”平台作为能投物流总体信息系统的一个重要部分，在平台架构设计方面按照能投物流统一的技术架构规范设计。平台遵循微服务理念，根据公司业务线上化、一体化的总体要求，统一基础数据、用户体系、账户体系，围绕业务系统，将可用资源进行通用化、平台化、模块化整合，打破传统架构下各个系统烟囱般的孤岛状态，为业务系统提供一个横向的、通用的、扩展性高的、可用性高的、透明化的新一代系统架构。

平台具备可靠性、易维护性、易扩展性、高安全性四个特点。

1. 可靠性

一是平台具有良好的机房物理环境，有安全监控和管理能力，出现异常情况能自动触发警报。二是具备良好的网络边界安全防范和传输安全验证能力；拥有完备的虚拟化安全配置能力，能自动更新补丁，拥有欺骗识别和防护能力。三是具有高度的应用安全性，提供安全的登录和访问界面，防止系统被攻击；具有确保数据安全的能力，拥有完备的数据控制策略和备份机制。

2. 易维护性

一是平台具备权限管理、日志管理、故障管理功能，并能够实现故障自动报警。二是平台与第三方管理平台集成，提供定制化的管理维护手段。三是当系统功能扩充需要升级时，支持不中断业务升级。四是实现了持续集成、持续部署，从代码管理到应用发布部署升级，全流程实现自动化。

3. 易扩展性

一是系统易于扩充，可平滑扩展实现异地容灾。二是系统选择标准化的部件，利于灵活替换和容量扩展。三是系统使用微服务架构，通过分解巨大单体式应用为多个服务方解决了复杂性问题。在功能不变的情况下，应用被分解为多个可管理的分支或服务，单个服务容易开发、理解和维护。微服务架构模式使得每个服务独立扩展，可以根据每个服务的规模来部署满足需求的规模。

4. 高安全性

一是平台具有高度的应用安全性，提供安全的登录和访问界面，防止系统被攻击。二是系统使用 HTTPS 通过传输加密和身份认证保证了传输过程的安全性。

平台采用“Spring Cloud”微服务框架，支持 Chrome、IE、微信公众号、小程序等多终端接入，通过调用中交兴路 API 和百度地图数据结合，实现车辆定位、轨迹追踪等监管功能。平台技术架构如图 3 所示。

（三）运营中台的应用

信息平台建设成功的关键点，主要以信息平台能否有效提高协作效率，提升人效水平为标准，这就要求平台的用户能够充分参与到平台的建设和改进中来。但因一线业务人员往往更关注市场和业务的发展，而忽视对系统的使用和改进，造成系统使用率不高，便利性不佳等问题。为解决类似问题，“旺宸智运”平台不仅从技术上进行平台建设，从运营层面也改变以往业务人员直接使用平台的模式，将平台的运营业务剥离出来，形成独立的运营中台，向前台业务人员提供调度、结算、客服等方面业务支持，大幅提高中台业务处理的效率，同时也解放前台业务人员，让业务人员能把更多精力投入市场开拓上。

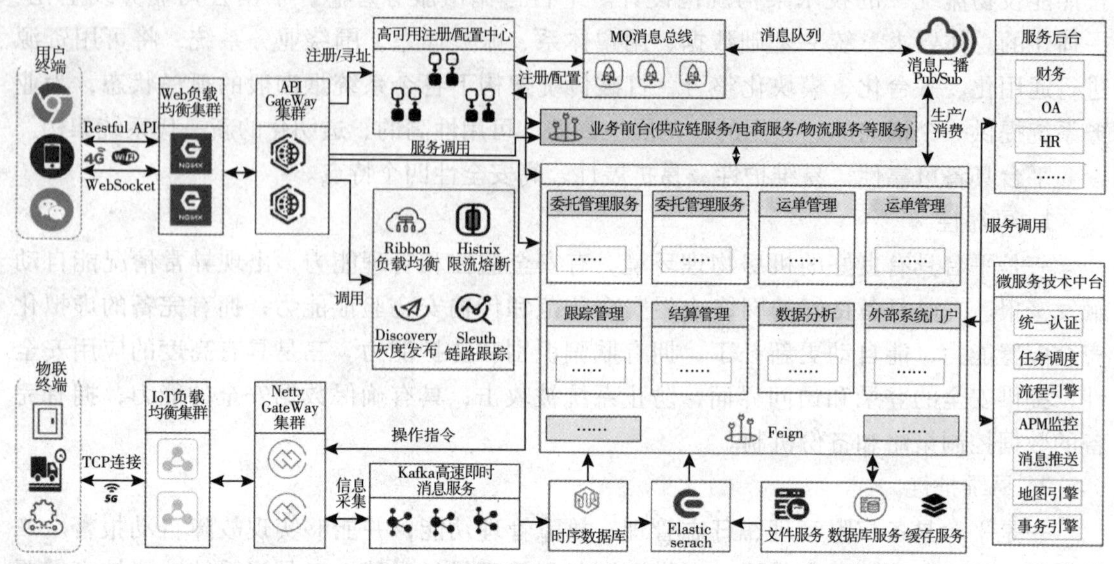

图3　平台技术架构

中台模式推行的关键因素，是改变传统的业务职责划分。通过职责的重新梳理和KPI的重新制定，明确前台和中台的业务边界，对不同角色不同职能的岗位职责进行重新划分，将重复性的、可规范性的工作放到运营中台统一处理，建立规范统一的SOP（标准作业程序），极大地提升了平台运营的效率，同时在一定程度上也实现风险的防范。另外通过运营中台数据的归集，实现管理的精细化、数字化和及时化。

三、平台运营及收益情况

（一）平台总体运营情况

平台自2020年1月上线运营以来，已新增注册车辆一万多辆，年累计调度达到十万车次，截至2020年5月底，累计运量近400万吨。物流运营区域以云南省为中心，辐射四川、贵州、新疆、西藏、广东、山东、湖北、湖南、江西、福建等地，逐步实现了单区域到跨区域运营的业务拓展。

（二）平台上线以来取得了良好的经济效益和社会效益

1. 经济效益方面

一是平台的实施推动了无纸化办公的进程，每年节约用纸约50%，运营中台建成后，大大提高了风控、经营管理、业务运营等部门的管理水平与生产能力，综合人效提高约30%，同时网络货运平台和智慧园区管理平台能够实现货源信息与运力信息的高效收集与匹配，提高车辆调度效率20%以上，园区装卸货等待时间降低至少10%，并实现行业的节能减排。二是运输司机方面，因为线上平台的应用，降低了司机寻找客户的时间成本，同时减少装卸时间，司机利用手机上传运输回单后，经审核确认后平台即会向司机支付运费，大大提升了司机使用平台的积极性，粗略估算平台注册司机的单车收益较以往提升了20%以上。

2. 社会效益方面

一是以互联网为基础的网络协同平台，方便了与客户的业务协同，取得了客户的认可及好评，在区域内树立了标杆，起到良好的示范作用。二是以移动互联网为基础的移动设备及终端在物流运输及园区管理的应用，提升了公司的对外形象，有效地推动了区域内的信息化水平。三是通过网络货运平台的落地，得以让公司在全国范围内整合资源，规范行业并打造行业新生态，提高物流效率，吸引大量的人才涌入，促进物流行业繁荣发展。

四、平台实施经验和未来展望

旺宸公司通过“旺宸智运”网络货运平台的实施和运营，大大改善了网络货运业务的运行效率，降低了物流成本。同时，通过对业务结构的梳理，建立运营中台，明确细化岗位职责，各岗位之间分工协作更加有序高效，运营效率得到了大幅的提升。更为重要的是，通过信息平台的实施和运营，让旺宸公司各层级的领导和员工进一步提升了对信息化建设的认识，看到了通过信息系统实现协同一体化业务所带来的便利和收益，大大提高了用户建设系统、使用系统、主动参与改进系统的意愿。

在平台推进过程中，有以下经验教训值得分享。

一是树立全员对信息平台的坚定信心。平台上线初期，难免会存在一些缺陷、不完善甚至是业务逻辑不正确的部分，但只有坚持使用信息平台，及时发现问题解决问题，才能促使平台更好。“旺宸智运”平台上线至今，修改或改善的功能点已达上百个，正是因为公司各层级领导及员工都坚持在平台上开展业务，及时发现并解决问题，才使平台更加完善。

二是信息化平台建设不能简单照搬业务，将线下业务线上化。信息平台的价值，在于能够从全局层面梳理和规划业务流程，如果仅仅是简单地将原来线下的业务搬到线上，信息化的价值就大打折扣。通过信息平台的建设，同时也是对业务流程的重新梳理和重新设计，让流程更合理，运营更高效，成本才能得到降低，效益才能提升。

三是信息平台建设应基于一个统一的技术标准平台开展。传统信息化建设，针对某一具体业务领域，开发所有涉及的业务模块，最终形成一个“烟囱式”系统，与其他系统数据孤立，大大影响了系统之间的协调功能。而从建设初期，各系统就遵循公司统一的技术架构标准进行建设，对未来系统的扩展、维护、重构都提供了良好的技术基础。在业务发生改变时，良好的架构能够让IT人员快速响应市场的变化，及时修改或新建对应的系统和功能，实现系统的快速迭代。

未来，能投物流及旺宸公司还将持续推进信息化建设，对系统进行持续不断的升级演进，应用5G、物联网、区块链、新基建等新技术，通过搭建信息化平台，推进业务平台的智能化转型，实现公司全面智能化的战略目标。

天津粮运物流有限公司：天津粮运物流网络货运系统解决方案

一、企业介绍

天津粮运物流有限公司（以下简称“天津粮运物流”）成立于2019年12月，是上海源耀农业股份有限公司全资子公司。天津粮运物流以建立农牧行业数字供应链物流平台为愿景，聚焦于农牧行业物流运输服务，以提高农牧行业物流运输效率为己任。其母公司上海源耀农业股份有限公司深耕我国畜牧饲料行业，是一家以研发、贸易、销售、进出口为一体的高新技术上市企业，与全球知名的粮油企业——嘉吉、路易达孚、益海嘉里、中粮、中储粮、九三等建立战略合作关系；与全国知名的饲料行业企业——温氏、新希望、海大、通威、大北农、双胞胎等长期保持深度合作关系。

天津粮运物流以自有客户的物流运输业务为起点，聚焦于农牧行业大宗农产品运输服务，目前已与国内部分大型饲料原料贸易商、饲料厂和养殖集团达成业务合作，业务覆盖华东、华北及东北地区。

二、项目建设背景

农牧行业物流运输服务存在信息化程度不高、供需匹配效率低下、服务质量差等问题，由于货源区域供需差异、货物价值波动等原因，物流运费相比其他品类货物低廉，业内物流服务与其他行业相比落后较多，业内物流供应商仍处于“小、散、乱、差”状态。近年来信息化、数字化对于农牧行业来说仍相去甚远，如何在提高安全与效率的同时提升运输服务质量，建立一套完整可靠的物流运输服务标准，是行业亟待解决的问题之一。

2019年9月27日，交通运输部办公厅发布的《网络平台道路货物运输经营服务指南》《省级网络货运信息监测系统建设指南》和《部网络货运信息交互系统接入指南》，对农牧行业运输资源利用率低、无运力资源信用体系、运输过程不可控、货损货差无管理等问题提供指导方案与国家政策支持，其与天津粮运物流运力资源构成、运输服务管理方式、业务运营方式相契合，故粮运运网络货运平台应运而生。粮运运网络货运平台聚焦于农牧行业物流运输服务，为上游货主提供定制化物流运输服务支持，以满足多样化的农产品物流需求，旨在成为农牧行业全产业链的专业物流平台。

三、农牧行业现状

1. 农牧行业信息化程度低

农牧行业物流运输服务属于大宗商品物流，业内物流企业长期采用传统运输管理方式，以线下熟人资源经营为主，运力线路局限性较低，区域覆盖及复制难度较大。农牧行业信息化水平较低，业务经营基本依靠线下人工操作，以大量重复机械劳动为主，数据准确性较低、过程监控缺失、纸质凭证数据分析及统计难度大。农牧行业物流主要存在以下问题。①人员效率低下：人为管控异常率高、用工成本较高。②纸质凭证：磅单、回单等纸质文件储存困难、管理成本高。③运输环境监管缺失：人工后置监控的管理风险较高。④结算周期：运费结算周期较长，大量资源被消耗。

2. 农牧行业存在痛点

数字化供应链的理论模型逐渐成熟，已经基本能够模拟设计出制造业运营实务，在信息流贯通全局的情况下，围绕市场供需的各项步骤都能从顺序串联转变为有机并联。该模型对于农牧行业也存在不同程度的影响，数字化技术实现了与农业原料生长、气候影响、市场供需等变量的协同处理，预测安排生产制造，提前防范过剩或供应不及时等负面情形产生，但作为农牧行业数字化供应链的基础之一——物流运输服务，仍存在标准欠缺，供应端不赚钱和采购端成本高的问题。

（1）玉米物流痛点分析（见图1）。

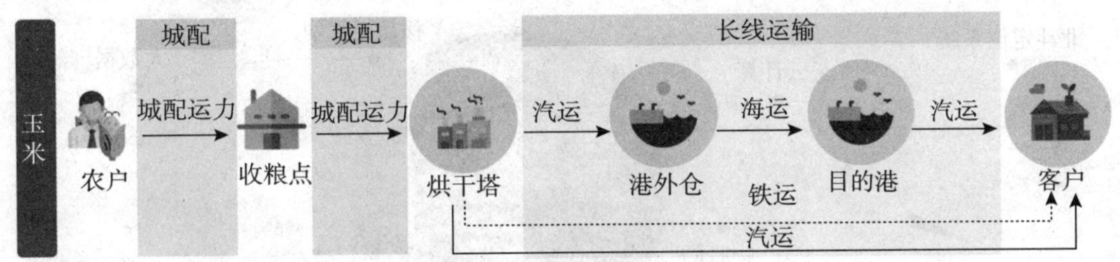

图1　玉米物流痛点分析

①物流交易环节多，涉及企业多，整体运输链缺乏有效监控，监装、接货缺乏管控，最后交付的产品质量无法得到保障。

②烘干塔、港外仓都由贸易商或者港口掌握，易增加物流成本。

③受玉米行情波动影响严重，订单需求及流向都存在较大的可变性，随之带来运价波动也很大。

④行业内缺乏运输方面的信用机制，价格为运输的单一考虑要素。

（2）豆粕物流痛点分析（见图2）。

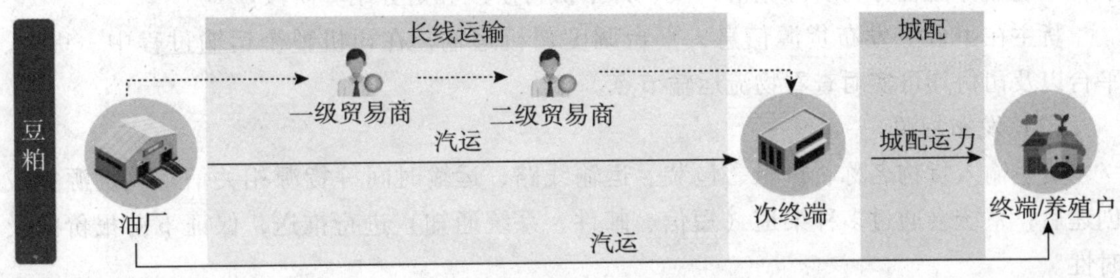

图2　豆粕物流痛点分析

①贸易商系统、油厂系统等信息化系统之间割裂，导致开单、装货等流程冗余，司机将大量时间花在等待开单和装货上，物流效率极低。

②全国油厂和下游终端数量繁多，运输线路千余条，没有整体的物流运输服务体系。

③油厂、贸易商实体库房有限，由于提货时间的限制和销售情况的不确定性，无第三方仓储作为缓冲。

④物流主体基本都是个体司机和小型物流公司，缺乏统一规划，运输全程无监管。

⑤缺乏稳定物流平台，大型集团饲料厂的合同物流也无法有效开展，从而造成物流成本高。

四、平台技术建设

天津粮运物流基于多年的农牧行业经验积累，以及对行业的深刻理解与使命感，积极运用移动互联网、云计算、大数据、区块链、物联网等信息技术和智能化设施来搭建农牧行业的数字化供应链物流服务平台，以此来保证农牧行业与物流活动的深度融合。平台技术建设如图3所示。

图3 平台技术建设

1. 平台架构（见图4）

2. 功能介绍

（1）营运系统。

营运系统服务于当前业务的开展，改变原先线下交流作业的方式，转为线上操作同步跟踪，记录业务的各个发生事件和节点时间，保证数据的线上化和可溯源，如图5所示，系统业务流程分为货源竞价阶段、订单执行阶段和财务结算阶段。

货主在平台上发布货源信息，平台调度司机运输，在司机整个运输过程中，货主、平台以及司机均可实时查看物流运输节点。

（2）发布货源。

货主输入货物名称、重量、包装、运输线路、运输时间等货源相关信息。货源完成创建后，系统会通过多种渠道（短信、邮件、系统通知）进行推送，保证下游报价的及时性。

（3）货源报价。

物流商或司机在平台中查看货源，判断常跑的区域是否覆盖货源线路且价格合适，

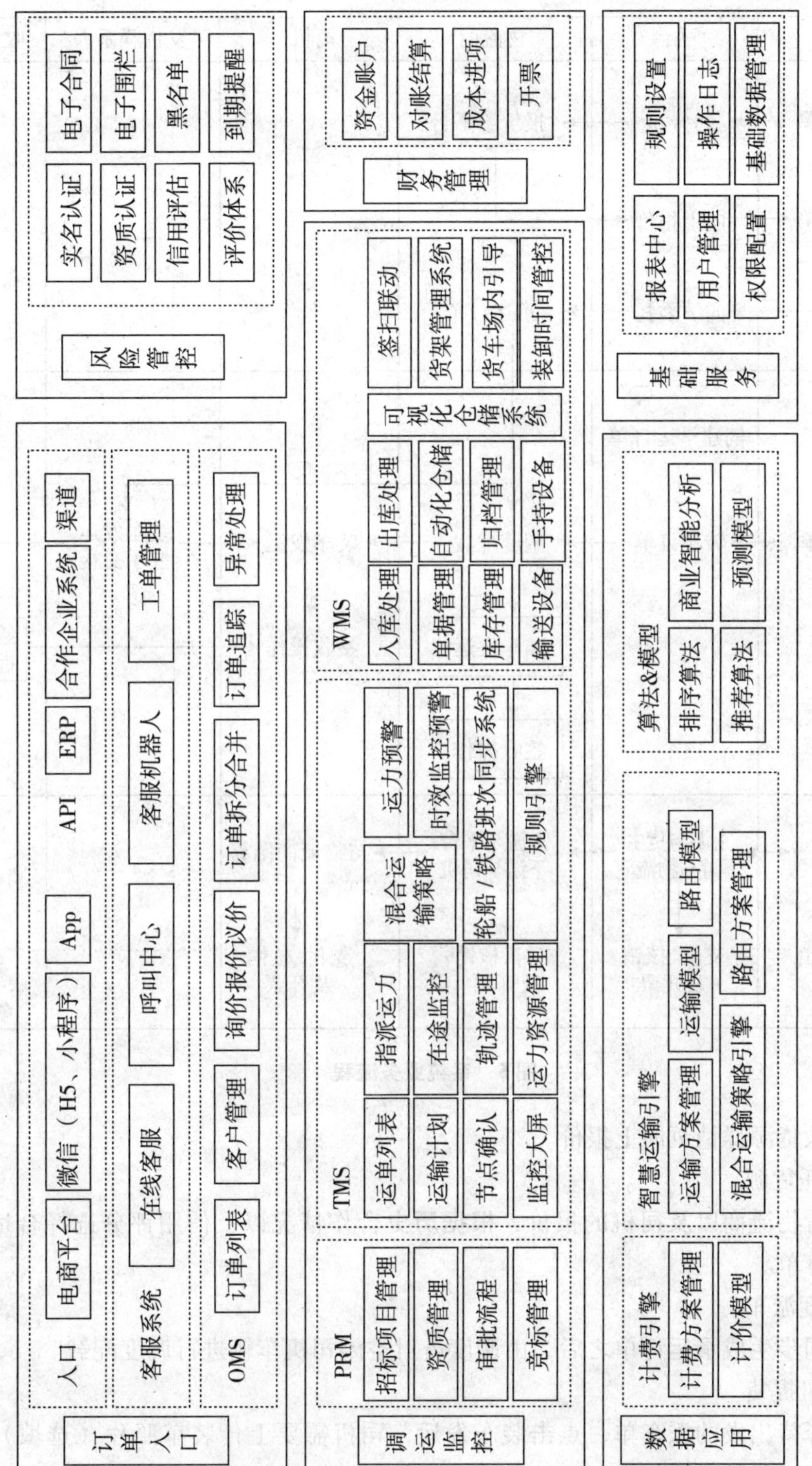
订单入口
入口
电商平台
微信（H5、小程序）
App
API
ERP
合作企业系统
渠道
客服系统
在线客服
呼叫中心
客服机器人
工单管理
OMS
订单列表
客户管理
询价报价议价
订单拆分合并
订单追踪
异常处理
风险管控
实名认证
电子合同
资质认证
电子围栏
信用评估
黑名单
评价体系
到期提醒
调运监控
PRM
招标项目管理
资质管理
审批流程
竞标管理
TMS
运单列表
指派运力
混合运输策略
运力预警
运输计划
在途监控
时效监控预警
节点确认
轨迹管理
轮船/铁路班次同步系统
监控大屏
运力资源管理
规则引擎
WMS
入库处理
出库处理
单据管理
自动化仓储
库存管理
归档管理
输送设备
手持设备
可视化仓储系统
签扫联动
货架管理系统
货车场内引导
装卸时间管控
财务管理
资金账户
对账结算
成本进项
开票
数据应用
计费引擎
计费方案管理
计价模型
智慧运输引擎
运输方案管理
运输模型
路由模型
混合运输策略引擎
路由方案管理
算法&模型
排序算法
商业智能分析
推荐算法
预测模型
基础服务
报表中心
规则设置
用户管理
操作日志
权限配置
基础数据管理

图4 平台架构

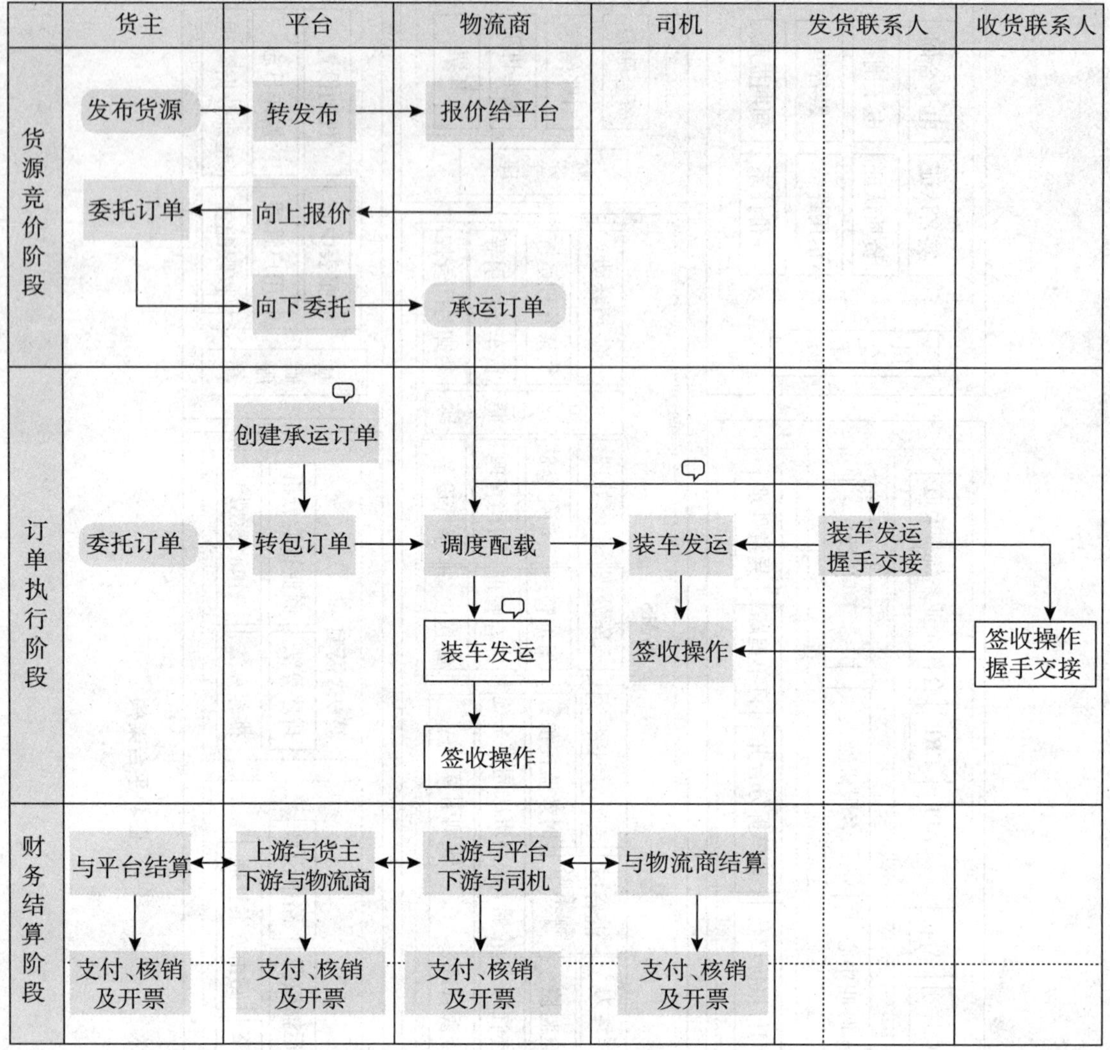

图5　系统业务流程

若合适则进入货源详情页向上报价。

（4）委托货源。

货主查看物流商以及司机的报价，根据历史合作情况以及信用评分选择合适承运方并委托生成订单。

（5）调度派车。

承运方同步生成承运订单之后，由调度员对空闲司机车辆进行调度配载。

（6）司机提货。

司机选择待出发的派车单，点击装车发运，司机需要上传装车照片（选填）以及出厂的磅单照片，并核对提货量。

（7）物流跟踪。

订单相关的货主和承运方可查看订单状态，浏览装车照片。

（8）财务审核。

运输任务完成后，需业务人员和财务人员进行货物重量、价格和结算金额的审核，审核完成后生成应收应付明细。

（9）财务核销。

可通过银行渠道选择线上支付，分批次支付核销，产生记账凭证，并将单据状态更新为已核销。

3. 运输监控系统

借助平台汇总整合线下业务车辆定位信息，辅助营运系统，监控和分析车辆实际运行情况。现在分为三大模块：实时监控、历史轨迹查询、报警大屏。实时监控对象分为执行运输任务的车辆以及长期合作的车辆，前者关注司机的驾驶行为和货物安全，后者可在平台调度使用司机时就近推荐合适司机，以及对空闲司机根据距离远近及常跑线路进行货源推荐。历史轨迹查询用于分析车辆实际营运情况和任务线路的行驶情况。报警大屏，通过对GPS数据的分析并结合业务关键点进行预警，超过正常设定的阈值时，列入报警大屏内，提醒运营人员及时介入干预，保证业务的正常开展。

五、经济效益分析

粮运运网络货运平台建设后，大幅提高了运输服务整体运行效率，平台试运行期间订单转化率提升为99%，需求响应时长由原来的8～10小时缩短至45分钟，平台服务支持后司机运输效率提升50%左右，通过运输监控服务提升工作效率80%以上。累计服务货主企业1300家、司机超过11000个，除此之外，试运行期间货损货差率、货物交付及时率、客户投诉率均控制在较低水平。粮运运网络货运平台通过历史运价监控及基础运价核算，提升报价合理性、提高成交率。

以农牧行业饲料原料运输为例，由于在装卸货环节、运输环节操作不当，或由于天气等因素导致货损货差等人为、非人为差异，在物流运输服务过程中货主与司机对损耗问题存在争议。粮运运网络货运平台通过装卸照片、监装服务等手段帮助货主与司机建立安全标准，对超标准外损耗通过平台判别机制公平进行处理，保障司机及货主权益。

聚焦农牧领域物流运输服务的粮运运网络货运平台，以提高农牧行业物流运输服务安全与效率为己任，提升车辆里程利用率、降低司机等待时长、提高配货效率、提高司机收入，且增加当地税收。

六、未来发展前景

对于供需不平衡，资金周转需求较大等行业现状，天津粮运物流通过信息化手段加强产业链上下游沟通，解决“信息孤岛”问题。建立规模化效应、降低交易环节成本是农牧行业发展的必然结果。

粮运运网络货运平台在不断提高技术能力的基础上，还应当完善平台供应链服务能力，深耕农牧行业，以行业信息化为着力点，建设物流服务供应链生态圈；连接农牧行业产业链，提高农牧行业安全与效率；以物流为切入点，为产业链赋能贡献力量，建立健全基础服务，成为农牧行业物流供应链的风向标。

中国外运股份有限公司：中国外运华北有限公司网络货运平台

一、应用企业介绍

中国外运股份有限公司（以下简称“中国外运”）是招商局集团物流业务统一运营平台和统一品牌。2003 年 2 月 13 日在香港联交所上市，2019 年 1 月在上交所上市，是“A + H”股（00598. HK，601598. SH）两地上市公司。截至 2019 年年底，中国外运拥有总资产约 618. 9 亿元人民币。2019 年度实现营业收入约 776. 5 亿元人民币。中国外运是以打造世界一流智慧物流平台企业为愿景，聚焦客户需求和深层次的商业压力与挑战，以最佳的解决方案和服务持续创造商业价值和社会价值，形成以专业物流、代理及相关业务、电子商务为主的三大业务板块。

中国外运华北有限公司前身是中国外运天津有限公司，始建于 1951 年，2017 年 12 月华北区域启动资源整合，中国外运天津有限公司于 2018 年 5 月 15 日更名为中国外运华北有限公司，管辖范围包括天津、北京、河北、内蒙古、山西和满洲里等省市自治区，是中国外运股份有限公司五大区域公司之一。经过多年的发展，公司已成为华北地区具有影响力的综合物流提供商，为客户提供端到端的全程供应链解决方案和一站式服务。

二、网络货运平台建设背景

1. 项目背景

“无车承运人”是由美国 track broker（货车经纪人）这一词汇演变而来，是无船承运人在陆地的延伸。“无车承运人”指的是不拥有车辆而从事货物运输的个人或单位。“无车承运人”具有双重身份，对于真正的托运人来说，其是承运人；但是对于实际承运人而言，其又是托运人。中国外运河北有限公司自 2016 年年底申报成为交通运输部第一批无车承运人试点企业。

基于中国外运河北有限公司国家级无车承运平台牌照，自 2019 年开始构建华北区域层级的无车承运业务服务平台，经过近一年的建设，已经实现由主系统、移动端、EDI 接口中心构成的整体服务平台；通过运力管理、运单管理、定位服务、保险服务、在线支付、资金管理、税务管理、油费服务等功能，实现司机、货主的一站式服务，平台的运营管理功能在满足监管要求（线上合同、运输合同、运单、轨迹、资金流水单、评价、诚信）的基础上，为业务运营发展提供有力支撑，初步形成了区域性的运输管理网络；整合社会运力，逐步实现物流行业的高效、集约、标准化发展，将传统道路货运推进向“互联网 +”物流新业态发展。

2. 项目目标

平台的长期目标是“建成网络货运平台+金融供应链管理服务平台”，通过整合各个区域公司的运输资源，物流园区、场站的仓储资源，结合公司的金融服务，向货主提供物流供应链的管理、金融供应链和物流供应链协同的服务；通过运输规划和资源调度，充分为货主降低运输成本，提高物流管理水平。整个项目分为三个阶段。

（1）支持业务开展和整合各类 API 接口，满足监管部门的要求，建立运力池，进行运力整合调度，建设公路运输平台；平台整合司机运力，开展自营大宗和接取送达业务，并建设初步的运营工具，实现运输管理、线上支付结算、线上发票管理、线上油费支付、线上车辆投保、线上 ETC 开票和车辆调度等初步功能。

（2）完善运营功能，实现更多业务模式管理，同步对接中国外运平台，实现数据共享；打通税务和运输管理，赋能其他企业，向网络货运平台转型发展，开展平台营销。实现更多业务模式，完善司机服务功能；进行运输规划，形成运输闭环，充分运用平台对司机做数据分析和业务分析，完善平台的运输定价权；完善平台的网点和仓储管理功能；完善销售工具和推广工具；完善大数据分析；和货主企业进行对接，深度融入企业的供应链。

（3）全面建成“网络货运平台”。以平台为基点带动整个华北区域，形成完整的营销、运营、金融、规划、调度和系统对接功能，完成华北区域一体化的多式联运和运输协同，能在平台上进行完整的物流规划、运输资源调度、运输过程协同。

三、网络货运平台搭建过程

1. 系统技术架构搭建

网络货运平台技术架构采用前后端分离技术，支持多种前端架构，后端服务主要包括网关服务层、前端服务层、中台服务层、服务运行支撑层，并通过第三方服务提供基础服务支持。其中后端服务采用 MVC 架构模式，作为常用的敏捷开发架构之一，具备高可用性、高可维护性、高伸缩性等特点。系统架构如图 1 所示。

2. 系统概况

网络货运平台用户角色分为平台管理员、客户供应商、司机三个角色，现已搭建了运单管理、客商管理、运输监控、结算管理、资金管理、权限管理等功能服务，并利用中国外运中台服务实现证件的 OCR 识别、司机身份认证、司机信用评定、车辆定位跟踪、自动开票等服务。实现了货物运输的交易透明化，运输过程的可视化，费用结算的系统化。系统功能一览如图 2 所示。

3. 系统特点

（1）金融保险服务。

平安保险，在线投保，保障货物安全。

（2）银企互联。

与招商银行联手打造支付快捷通道。

（3）在线结算。

运单完结，在线结算，实时到账。

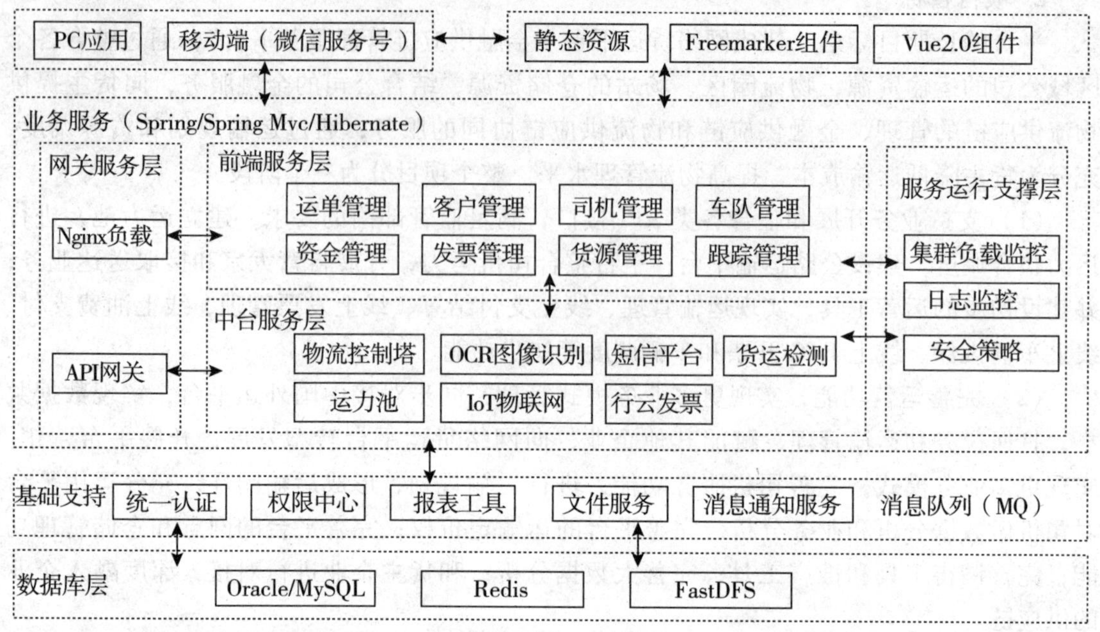

图1　系统架构

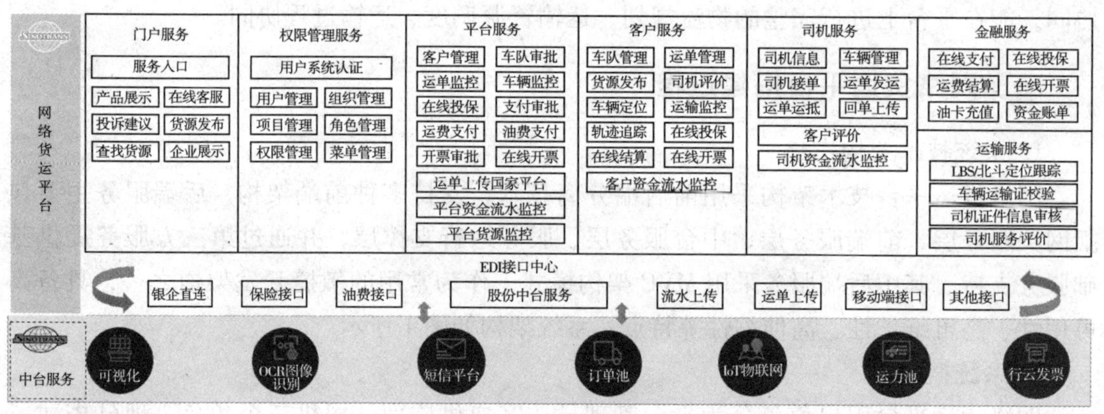

图2　系统功能一览

（4）在线开票。

对接行云发票，在线快速开票。

（5）信用保障。

平台审核司机、车辆信息，建立司机评价机制，提供信用保障。

（6）运输保障。

实时定位，实时监控。

4. 系统全业务流程节点建立

根据业务规划，网络货运平台将以中国外运河北有限公司网络货运资质为支点，以区域业务线整合为导向，构建华北区域层级的无车承运业务服务平台。利用网络货运平台和外运仓储资源，开展仓配一体化业务，整合社会运力，搭建区域性的运输网络，精确满足货主需求、匹配运力、优化路线，打造从货主端到运力端的一站式服务，实现物流行业的高效、集约、标准化发展，解决物流企业承运人接单配送过程中，对权限、授权、审核、运输交易、运输执行、财务管理、统计分析等内容的管理。业务节点说明如图3所示，系统流程如图4所示。

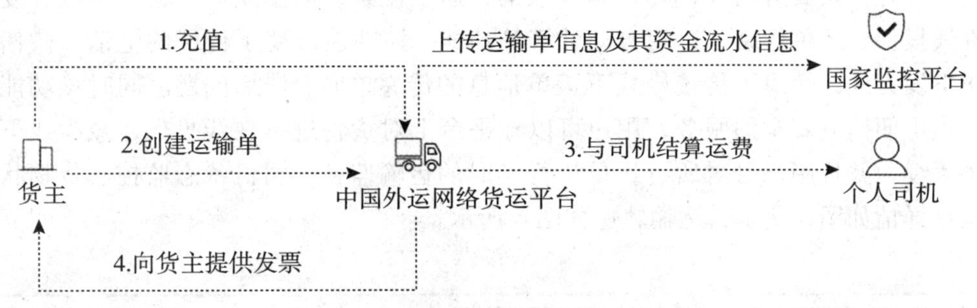

图3　业务节点说明

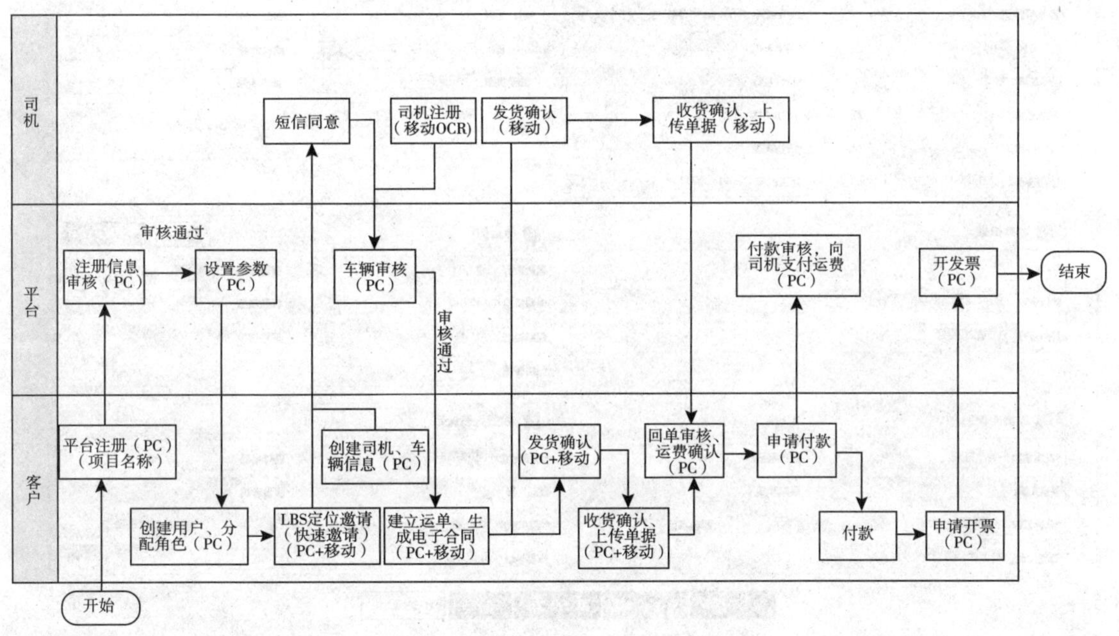

图4　系统流程

5. 客户管理

主要包括客户管理、司机管理。其中客户管理包括客户的新增、编辑、删除、审核、发票信息维护功能，司机管理包括司机的新增、证件维护、编辑、删除、道路运输证校验、司机银行卡信息维护、车辆定位等功能。

通过客户管理模块，线上提交营业执照、组织机构代码、税务登记证、企业法人信息、税务信息、银行开户信息，平台对提交资料进行严格审核，审核通过后，系统会为该客户提供相应的账号以及相应的服务模块。

司机管理重点对司机提供的车辆信息、车辆登记证、车辆行驶证、车辆道路运输许可证、司机驾驶证进行审核，通过审核的司机和车辆才可以在平台进行接单、运输等操作。运输过程中还会通过对司机手机、车辆的双重定位来获取司机的实时位置以及运输轨迹，保障货物运输安全。

6. 运单管理

运单管理模块具有运单创建、运单取消、运单搜索、运单发运、运单签收、复制运单、在线投保、运单作废、运费自动计算等功能。该功能改变了传统的电话、微信等运单需求下发方式，解决了传统模式下运单信息的传递单向、滞后问题。同时该功能还为用户提供了便捷、安全的服务，用户可以在平台上对货物进行在线投保，减少线下投保的烦琐手续，并且用户可对所有运单进行实时的运输监控、司机状态监控、货物状态监控。运单详情如图 5 所示，运输轨迹如图 6 所示。

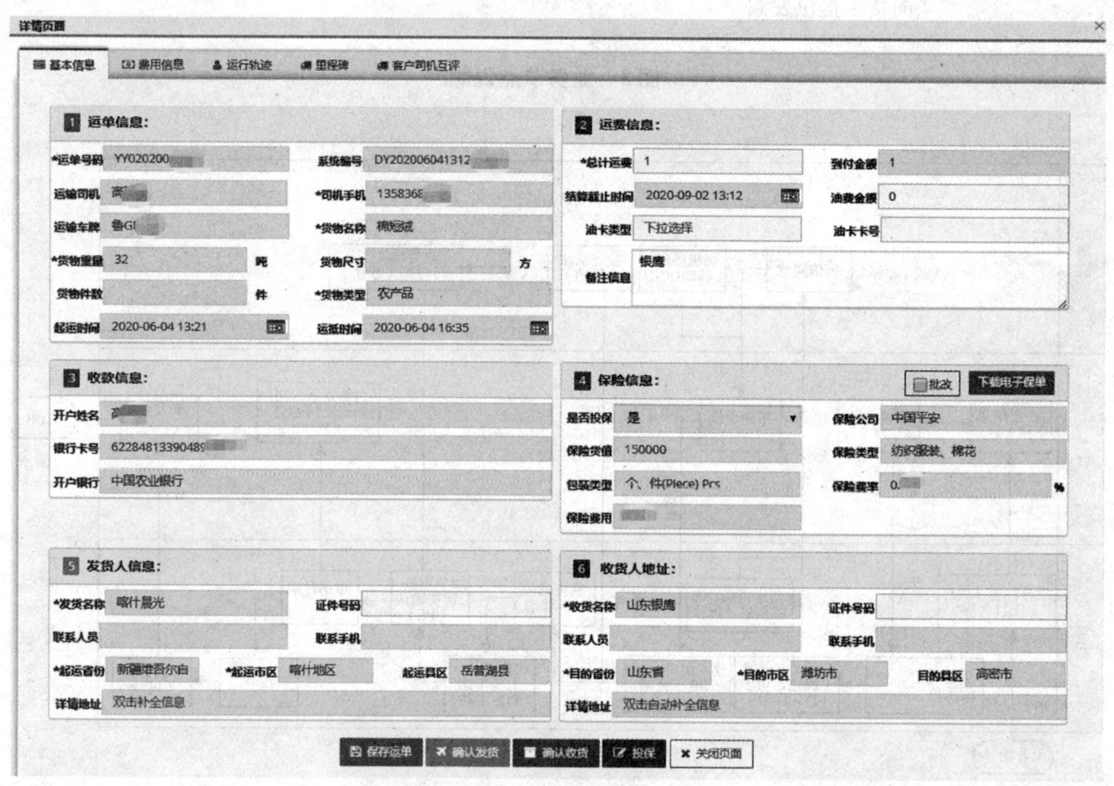

图 5　运单详情

7. 结算管理

结算管理主要包括运费付款申请、开票申请、我的发票、开票记录等功能。

运单发布时平台会自动计算运输费用，运输完结后，客户可以通过平台发起付款申请。客户发起申请后，平台管理员会人工审核该付款申请的合理性，审核通过后，系统会通知客户进行付费。当客户点击付款时，系统会自动将运费打到司机银行卡中。提高结算效率的同时，也给客户和司机提供绝对的资金安全保障。

付款完毕后，客户可向平台申请开票。平台将该开票申请审核通过后，系统会将票据信息自动传递给税务系统进行发票的打印，实现了对账开票的自主自动化。

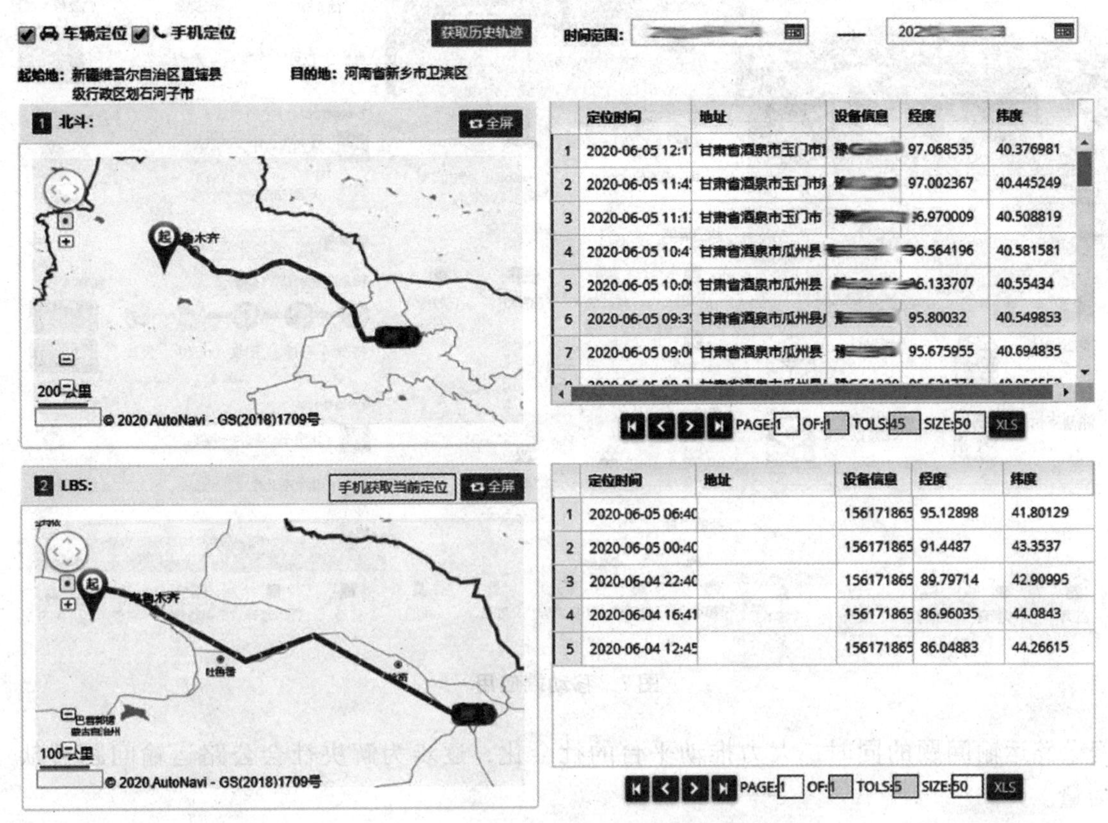

图6　运输轨迹

8. 资金管理

网络货运平台通过与招商银行进行深度合作，通过银企直连实现运费的在线支付。为客户的资金以及在线交易提供便捷服务，加快服务时效，减少资金流转环节，同时为客户的资金提供安全保障。

9. App 协调建立

移动互联网应用是当前业务系统的一种管理延伸，可以在特定使用场景中弥补 PC 端操作的诸多不便，提供更好的使用体验，平台规划建设配套 App（见图 7），在配套 App 中，实现业务数据的即时同步。

移动端主要分为客户、司机两个角色版本。通过关注“中国外运华北有限公司服务号”公众号，进入移动端界面，通过微信授权绑定账号，并授权不同角色。

客户端主要实现：运力管理、创建运单、油费分配、轨迹查询、账户信息等功能。

司机端主要实现：发货确认、收货确认、车辆认证、上传回单等功能。

四、系统应用分析

中国外运河北有限公司自 2016 年年底申报成为交通运输部第一批无车承运人试点企业以来，积极推动交通运输部及税务局的相关政策落地，同时逐步完善自身运营体系和税务体系，形成了一个合法合规、严谨务实、便捷高效的网络货运平台。在完美解决自

图7　移动端应用

身公路运输问题的同时，大力推动平台的社会化，逐步为解决社会公路运输问题贡献力量。

（1）客户与网络货运平台系统对接，缩减50%工作人员，减少耗时80%，同时减少运输成本5%以上。

（2）平台车辆平均等货时间由2～3天缩短至8～10小时，有效降低车辆返程空驶率3%～10%。

（3）平台操作全部线上执行，简化审核流程，提高工作效率，执行时间降低80%。

（4）通过系统控制使流程更为严谨，上下游环节紧密相连，减少人为控制权限，增强系统控制，避免差错。同时通过数据统计和分析，分析风险特征和多发环节，事前预判并增加防控手段。另外，操作信息更加准确，数据更加精确，降低了风险。

（5）操作流程优化，通过等级保护三级测评对平台大数据进行保护，防止数据泄露。

（6）平台系统移动端为客户提供了便捷的操作环境，流程简约，方便快捷。司机端界面简洁，系统通过算法优化线路、快速接单。

五、平台发展规划

1. 平台发展定位

平台以中国外运河北有限公司交通运输部无车承运人试点企业身份为依托，借助河北省及石家庄市的扶持政策，向全国快速发展。凭借自身业务基础及系统内业务，迅速占领市场。通过平台串联各业务公司，利用平台数据分析，搭建各地间的货运网络，控制成本、减少车货匹配时间、提高运输效率。

2. 核心竞争力

国家、地方政策引导支持网络货运平台的发展。国家层面的支持政策：国家税务总局公告 2017 年第 30、55、579 号文；交通运输部 2016 年第 115 号文，2017 年第 256、1688 号文；河北省层面的支持政策：河北省税务局 2018 年《网上税务局实名注册操作指引》等。

定位优势。2018 年，石家庄市提出重点发展的“4 +4”产业中，现代商贸物流也被列入加速做优做强的产业行列，并打造国家枢纽城市地位，对无车承运平台发展起促进作用。

地理优势。平台客户以大宗业务为主，河北省为钢铁大省，连续多年产量全国第一，相邻的山西、陕西、内蒙古煤炭产量占全国 65%。

控货能力。物流是货方市场，目前运力趋于饱和，控货方掌握话语权。中国外运旗下公司众多，合同物流、公路运输、货代、国际运输等业务可掌控的货物资源丰富；同时中国外运作为全国最大的综合物流整合商，有专业团队，经验丰富，可以将合同物流、货代、海运等业务中公路运输部分快速串联、整合到平台上。

技术保障与快速转换。平台由中国外运自有 IT 人才负责开发，可以根据使用情况，及时调整平台功能，立即修复平台出现的技术问题；技术团队骨干在中国外运工作多年，对各种物流业务场景及需求非常熟悉，可以快速完成业务到技术的转换，设计出贴合业务场景及需求的平台功能。

3. 平台愿景

借助招商局集团、中国外运体系众多分支机构，以平台完善的税务体系和有竞争力的成本为基础，通过网络货运平台实现快速串联，同时吸引大量的外部业务资源和车辆资源集中到平台上，迅速形成强大的网络布局。

以平台为依托，整合专线公司、物流中心、同城运力公司、集散货平台公司等多方资源，形成资源聚合效应。为货主或第三方物流公司提供整车及零担货的全程运输、干线运输解决方案，打造极具竞争力的物流综合体。

打造以平台为基础，以货主、司机、车辆为中心的三大物流生态圈，提高货主、司机与平台的黏合性。利用智能仓储、分拨配送、特色的物流干线资源相结合，降本增效提高竞争优势。

南京福佑在线电子商务有限公司：福佑卡车网络货运平台

一、企业简况

南京福佑在线电子商务有限公司是专注于整车运输的科技物流公司，所属行业为G5431交通运输业，普通货物道路运输。以大数据和AI驱动整车运输流程的智能化重构，提高车辆运行效率，为上游货主企业节约成本，让下游卡车司机群体提高收入。福佑卡车网络货运平台（以下简称“福佑卡卡”）于2015年3月上线，目前整车运输业务覆盖31个省、直辖市（除港澳台），累计合作司机数近70万人。

与信息撮合类的车货匹配平台不同，福佑卡车定位为履约平台，通过信息化、数字化方式提升自身履约能力及履约效率。2020年3月，福佑卡车获得网络货运道路运输经营许可证。

福佑卡车构建以数据与技术为核心的中台，对上游服务于电商、快递快运等货主企业，为货主提供实时精准的智能报价及靠谱省心的智能服务；对下游服务于个体司机及合同车司机，为卡车司机提供基于效率最大化的智能调度服务。简单来说，福佑卡车的中台就像一个智能大脑，帮助货主把整车货物的订单分配给平台上最适合的运力，分配的原则是效率最优，同时智能服务系统自动抓取车辆位置、主动监测异常情况，确保订单货物安全准时地送达目的地。

二、企业信息化应用

1. 智能报价，破解人工议价难题

在整车货运市场，运价往往需要靠人为谈判、沟通生成，报价员职业也就应运而生。报价员根据经验，结合车型、货物、天气等影响因素推算一个运单的价格，越优秀的报价员给出的价格越符合市场需求。机器报价是则根据人类的报价经验模拟人去报价，使用大量的交易数据训练机器学习模型，使算法更加准确进而预测价格。

福佑卡车自主研发的智能报价系统，基于“大数据+AI”实时计算全国范围内的普货类整车运价。目前，智能报价系统可以在0.58秒内，结合车型、车长、包装、装卸地点、路线、时间、货物类型、重量体积、天气等数因素计算价格，偏差率仅10%，与市场价的吻合度达到90%以上。通过算法评估与修正，这一精准度还将不断提高。

2. 智能调度，提高车辆运行效率

我国各地经济发展差异决定货运市场天然存在货量分布不均的特点，市场上天然存在大量零散的单边订单，同时，整车运输市场上80%以上的运力都是个体司机与中小型车队，运营能力低、掌握货源不足，存在大量等待配货及空驶时间，卡车运行效率低。

福佑卡车开发智能调度系统，收到来自上游的运单需求后，系统决定将其分发给平台上的个体司机或合同车司机。对于个体司机，平台基于司机画像及其常跑线路主动、定向推送运单，提高其成单效率；合同车司机的所有运单则全部由算法指派，在保障司机休息时间的前提下，系统以最小化空驶、最大化车辆运行效率为原则为司机派单。实际运行显示，在智能调度系统的干预下，一辆9.6米厢式车的月有效行驶里程可以从7000~9000公里提升至11000公里甚至更高，平均运行效率提升约24%。

3. 智能服务，保障运输服务质量

整车运输车辆在途时间平均超过3天，在途时间长意味着监控环节多、监控时间长、监控节点多，异常发生的可能性也会指数级增加，因此长期以来难以形成稳定的服务。

福佑卡车的智能服务系统以运力风控、智能预警及智能客服为中心，赋能卡车司机输出稳定的运输服务。服务系统每30秒自动抓取车辆位置，无须外接硬件设备即可跟踪运输状态；预警系统可以自动识别17个业务节点中的异常场景，一旦车辆运行状况触发异常，就主动发布预警；客服系统总结了常见的157种异常问题并将其模块化，异常发生后客服团队实时介入处理。若运输中发生异常，可做到15分钟内响应需求、6小时到达异常现场、24小时内异常处理完毕。

三、信息化进程

1. 线上化，实现交易透明

福佑卡车1.0阶段是推进线上化时期，主要挑战是积累有效数据，同时实现交易透明。福佑卡车独创经纪人竞价模式，将当时的信息部升级赋能为经纪人的角色，用经纪人管理司机，进行货源分配和运力招标，通过这个模式实现了线下订单线上化，提供透明化的服务，让货主拿到最优报价，从而到达降本增效的效果。

2. 标准化，获得货源分配权

福佑卡车2.0阶段是标准化时期，这一时期的主要挑战是通过建立标准化的服务，赢得市场，掌握货源分配权。福佑卡车通过线上化时期积累的海量订单数据，推行运价标准化、服务标准化、信用标准化，通过标准化的服务打动货主、赢得市场、获得订单分配权。福佑卡车直接对接货主和司机，对于货主来说，福佑卡车是承运人，对于实际承运的卡车司机来说，福佑卡车是托运人。

3. 智能化，实现效率跃迁

福佑卡车3.0阶段是推进智能化时期，这一时期的主要挑战是用数据做决策，实现效率跃迁。在标准化时期，福佑卡车获得了货源分配权，从交易撮合方转变为交易的参与方，在此基础上，团队通过AI技术对各个运输节点进行智能化重构，让技术深入落实在业务环节中，成为提升车辆效率的新动力。比如福佑卡车自主研发了全球首款城际整车智能调度系统，独创了用AI算法调度车辆的随机散跑模式，可以将车辆运行效率提升约24%。

四、信息化主要效益分析与评估

1. 效益指标对比

福佑卡车的信息化包含公司内部信息管理系统建设，对货主、司机、车队用户类 App 进行持续开发。随着这些信息系统不断完善，福佑卡车内部管理效率及客户收入都不断提升，成果提升较明显，这里使用客服信息化来举例说明。

智能客服系统打造分为两大进程，第一阶段主要是从无信息化系统到客服管理系统搭建，第二阶段主要是机器人客服系统推进。

在搭建客服系统前，呼入电话比较零散，用户每次呼入电话，不能知道用户是否已经呼叫过、之前沟通到哪个环节、用户在平台的角色、用户在平台活跃的情况、用户在平台的运单详情等。前期客服部门客服效果就是，客服人员效率低下，每天每人能处理的电话数为 30 通左右。

在接入完整客服系统后，所有客服座机全部归纳进系统进行管理，客服系统和业务系统打通，客服人员从日均处理电话数提高一倍，每人日均处理电话 60 通，用户的体验也大大提升。

智能客服系统于 2019 年下半年着手搭建，进过 3 轮大的迭代后，总体线上问题通过智能客服机器人的自助解决率达到 60%，直接降低了每天客服电话数 50%。客服系统反馈如图 1 所示。

多轮对话覆盖场景
自助解决率达到60%

无法提款/催打款	20.61%
催回单押金	11%
压车了怎么办	17.12%
照片无法上传	8.18%
扣款了要申诉	6.07%
软件操作错误	4.67%
异常报备问题	3.97%
App怎么下载安装	3.76%
欢迎语	19.28%
结束语	5.34%

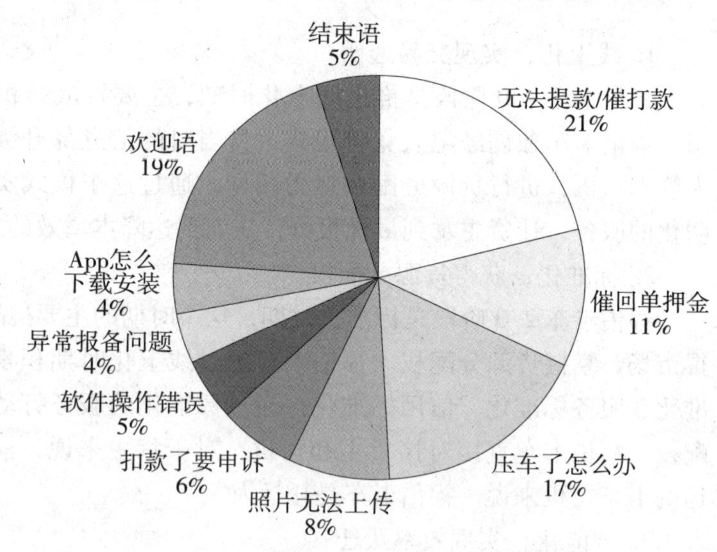

图 1　客服系统反馈

2. 创新模式影响

企业信息化实施过程中，智能调度主要是提升公司内部的管理效率及部分用户体验。智能调度的研发、落地推广、实践迭代是真正改变物流行业的业务流程及开创了新的运输模式。

物流中传统的运输模式为每辆车都跑自己的固定线路，从 A 地到 B 地，运输完成后，从 B 地寻找到货源再回到 A 地（见图 2）。

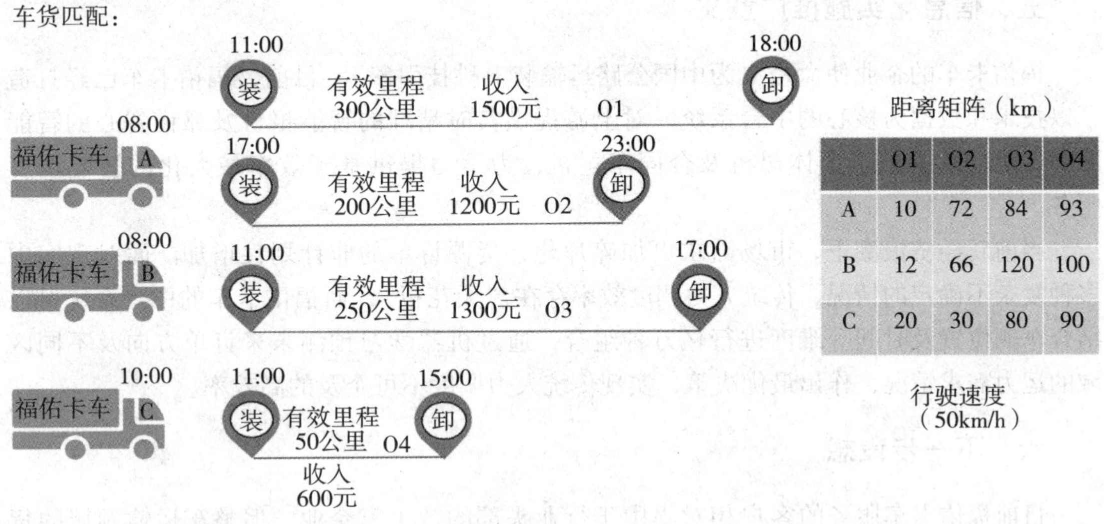

	O1	O2	O3	O4
A	10	72	84	93
B	12	66	120	100
C	20	30	80	90

图 2　传统运输模式

福佑卡车打破这个固有的思路，通过智能调度系统，在司机预计到达目的地 B 时，就为其规划好回程运单，货物可能是在 C 城市，装货后再由 C 城市回到 A 城市。司机从固定线路变成散跑线路，而且这个散跑并不是盲目地跑，而是由福佑卡车智能调度系统进行分配。大大缩短了司机原先寻找货源的时间，减少了司机的空驶公里数。如图 3 所示，司机根据智能调度系统接单和原先比较能提升 30% 的毛利润。

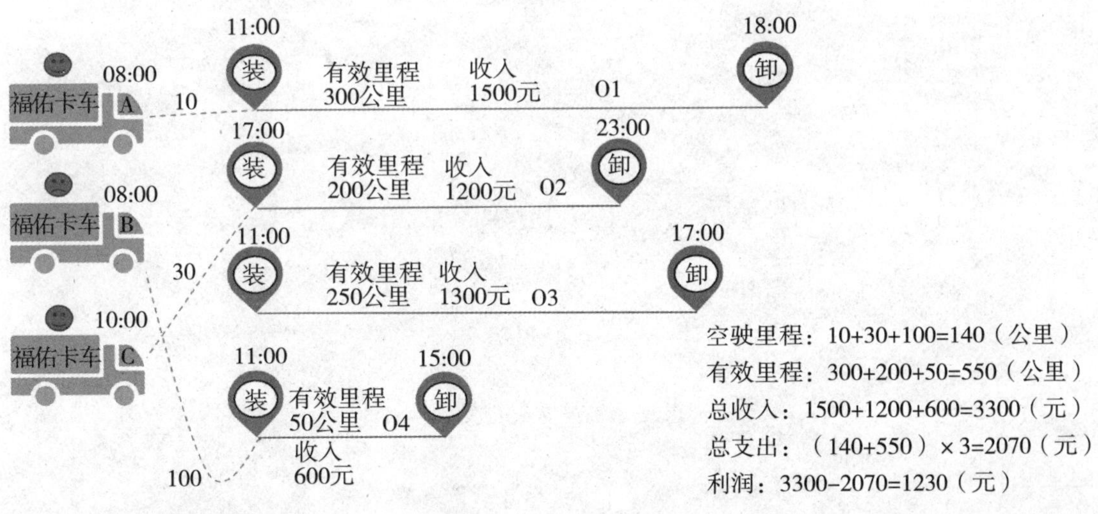

图 3　智能车货匹配

3. 信息化实施对提高企业竞争力的作用

企业在信息化过程中，上文举例的智能调度、智能客服还有智能报价等一系列后台管理系统，都在潜移默化地提升福佑卡车内部整体运转效率以及用户产品体验。这些各种各样的提升，都给福佑卡车带来更强的企业竞争力，福佑卡车的产品受到用户的广泛关注和认可，如代表性的三方物流企业顺丰速运、德邦快递、京东物流等。

五、信息化实施推广意义

福佑卡车的企业使命是“为中国公路运输装上科技引擎”。目前，福佑卡车已经打造了以技术和数据为核心的中台系统，对上游提供实时精准的智能报价及靠谱省心的智能服务；对下游服务于个体司机及合同车司机，为运力提供基于效率最大化的智能调度服务。

当前新经济浪潮下，市场需求更加碎片化，货源订单的非计划性增加。面对现实中多种复杂不确定的情况，传统人力调度效率存在“天花板”，而福佑卡车的中台系统可以结合车辆位置及时间等维度进行亿万种组合，通过机器学习预测未来订单方向及不同区域的运力需求情况，作出最优决策，实现传统人力调度不可企及的高效率。

六、下一步设想

目前福佑卡车服务的客户相对集中于行业头部的数十家企业，但整车运输领域的货主极其零散。未来，福佑卡车将持续打磨中台系统，将其开放给全社会的车辆及货主使用，让更多的中小客户、个体司机进入平台，在更大范围内提升货运效率、降低物流成本。

广西桂物智慧科技有限公司：广西物流公共信息服务平台

一、企业基本情况

广西桂物智慧科技有限公司（以下简称“桂物智慧公司”）成立于2017年，是广西物资集团有限责任公司（以下简称“广西物资集团”）下属企业，是数字广西集团有限公司参股企业。广西物资集团是广西壮族自治区政府直属的大型国有企业、大型综合商贸物流龙头企业、国家5A级物流企业，是广西物流与采购联合会会长单位和广西物资学校、东盟物流规划研究院主管单位。经营现代物流、机电、技术服务、贸易营销、资源及投资五大业务板块，拥有全资子公司、控股及参股公司50家，员工2000多人，核心资产和实体产业布局在区内主要中心城市及全国各地。具有完善的物流仓储、加工、配送一体化产业链和丰富的物流运营经验，拥有庞大的商贸物流业务资源、完善的配套体系和现成的物流网络布局。2018年全年实现营业收入194.38亿元，实现利润1.22亿元；2019年实现营业收入235.04亿元，同比增长20.92%，实现利润1.34亿元，同比增长9.84%；2019年资产总额177.82亿元，同比增长24.5%。2018年在广西企业100强排名第14位，广西服务业50强排名第6位，连续获得全国物流行业先进集体、广西诚信企业和广西优秀企业、自治区文明单位等称号。

二、“行·好运”网建设的必要性

经济发展，物流先行。现代物流业是一种复合型服务业，它融合了运输、仓储、货代、信息通信等相关产业。它是市场经济有效配置、高效运转的前提条件，是我国国民经济发展的基础性、战略性产业支撑。工业物流是工业企业生产经营活动的重要组成部分，是创造“第三利润”的源泉，对于提高工业企业的市场竞争力具有重要意义。目前，我国经济已转向高质量发展阶段，其中工业高质量发展是重中之重。工业高质量发展与现代物流关系愈加紧密，贸易强国的构建更需要注重物流产业的高质量发展。现代物流与供应链管理的优化可以降低物流成本，在推动经济结构化变迁中发挥杠杆效应，现代物流与供应链的协同将有效提升效率、降低成本、提高效益和优化结构。广西作为“新通道”上的重要节点，积极参与和服务“新通道”建设，促进了广西物流业的发展，但是，当前广西的工业企业和制造业仍面临物流成本居高不下、工作量大、任务紧、普遍缺乏信息化平台支撑等问题，难以实现物流运作和产业链协同的发展。物流行业资源要素分散、行业信息碎片化严重、通道衔接不顺畅、信息不对称、流通效率偏低，物流企业大多小而散，难以实现集约化、规模化。

三、“行·好运”网平台的操作流程和解决方案

平台能提供集、分、储、运、配、金融、增值服务等一站式综合物流供应链方案。依托八大功能板块，为客户提供综合物流解决方案。高效连接“货主、物流公司、承运商、收货人”等供应链上下游；通过多角色协同管理，帮助企业连接物流全要素，全业务场景覆盖，旨在打通供应链；建设具有订单管理、智能匹配、运输管理、物流运输全程跟踪、路径优化、供应链可视化、增值服务等功能的物流管理平台；可以让企业通过和“行·好运”网生态圈的互联互通实现物流管理升级；一单到底，降低信息沟通成本，提高物流运营效率，赋能生产制造企业降本增效，提高市场竞争力。

对上游生产企业、托运方、承运方、司机、收货方进行可视化跟踪，平台提供结算支付服务；各方共享运力撮合、钱包支付、汽车后市场、车联网、物流金融、在线发票等业务。同时，形成标准接口，随时可以与外部资源进行对接。“行·好运”网拥有自己的“运力池”“仓储池”等资源，货主可以把订单发布到“行·好运”网，承运商的司机就可以到“行·好运”网上竞价接单，这样就完成了运力撮合，共享了空闲运力，物流公司也能到“行·好运”网上收集信息，拓展资源。对于生产制造企业来说，“好运链”能够提供物流协同、仓配协同、对账协同，大大减少企业运作成本的开支。在提供一站式综合物流供应链方案过程中全程进行可视化追踪。提供运输过程中实时位置、温湿度、订单状态等信息，提供直观监控的视图，有效管理过程中的各个环节。全局的库存管理可视化，提供按货主、仓库、商品多维度库存查询，让库存数据一目了然，更有上下限库存满足度校验，使库存管理更高效。与国家交通运输部合作对接，快速接入系统，数据准确，实现全国大货车的定位、轨迹查询，便于实时监控与报警。订单全程跟踪，提供订单执行全过程实时跟踪，让货物实时位置、温湿度等一目了然，保证货物送达及时、准确、安全。使用方便快捷的微信应用工具，实现快速收货确认，同时实时通知相关人员，确保货物安全交接。对于物流企业来说，连接上下游多级协同，数据在线同步，智能终端应用，报警和异常实时处理等的实现，能拓展更多物流资源，提升综合物流业务水平，实现业务、车辆管理透明一体化。

平台管控承运商与司机，让业务数据化，人工下单和人工调度由原来大约5分钟到现在5秒钟即可完成，做一份运营报表仅需5分钟，客服数量大量减少，效率大大提高。平台有效地帮助客户解决企业的痛点难点问题，达到降本增效的目标。

四、“行·好运”网建设的意义

广西物流公共信息服务平台——“行·好运”网应用于工业企业、生产制造企业和商贸流通企业的物流云平台以及物流运输管理系统等。“行·好运”网自2017年6月28日上线运营以来，以服务企业为核心，连接“货主、承运商、司机、收货方”等供应链上下游，提供海量真实的货源、运力、智能高效的运输管控及优质便捷的增值服务。目前平台已入驻企业5.2万户，整合服务3000多家物流企业，累计成交货值达3200亿元。为使“行·好运”网服务的物流供应链更加透明化、专业化，提高服务水平，不断指导上下游企业开展项目投资，扩大上下游企业规模水平，桂物智慧公司在广西现代物流孵

化产业中心建设“行·好运”网平台大数据展示中心，实现线上线下数据的实时监控。2018 年，“行·好运”网防城港分平台上线，2019 年在桂林、柳州、贵港等地设立分平台，打造广西各地市智慧物流云平台，各地市间互联互通、联动发展，基本实现了北部湾经济区物流服务一体化。平台依托广西物资集团下属柳州物流园、桂林物流园、贵港物流园 3 家首批自治区示范物流园区，布局 5 个物流基地、4 家大型专业市场、6 条铁路专用线以及 2700 亩土地、60 多万平方米仓库、60 套吊装设备等资源。与全自治区 12 家示范性物流园开展合作，并在广西唯一一家国家级示范物流园——防城港东湾物流园设立平台的防城港分平台，整合区内外供应链资源，吸收各大园区优质企业入驻平台，利用平台为客户提供仓储、运力等全方位物流服务。

桂物智慧公司是广西工业互联网联盟成员单位，致力于建设工业企业资源服务配置、供应链协同服务、物流要素全程管理监控的平台，为工业企业、工业园区、物流服务方、物流园区提供物流信息、运输管理、车辆定位、供应链管理、在线结算、供应链金融保险、ETC 加油卡、财务管理等一体化的整体解决方案。有效连接上下游，上游对接企业自身的 ERP、WMS、EC、GPS、OMS、温控等系统，下游对接承运商系统、快递系统、供应商系统等，将“货主、承运商、司机、收货人”连接在一起，打通物流链条上各个角色之间的信息壁垒，有效提升物流管理效益，提升企业物流供应链管理能力，推动工业物流和供应链协同服务模式在工业企业的应用新模式。企业本地化的技术支撑和运营团队能为广西工业企业高效率提供技术支撑和服务。

1. 促进物流效率提升，降低成本

物流与供应链协同是现代物流体系重要的一环，完善的物流供应链体系具有较强的规模经济优势，并且可形成物流集聚化。广西在“新通道”建设背景下，物流业的发展所引起的物流聚集使物流人力资本培训、研发设计和技术应用等成本不断降低，工业企业所需要的物流服务也会相应减少，有利于工业企业生产成本的降低。通过物流供应链的协同，先进的物流信息管理体系使得工业企业能把握和控制生产经济过程中各类工业资源，减少各环节的费用损耗。物流系统和工业企业的联动和协同，能有效降低交易双方的信息复杂性与不对称性，从而降低成本。智慧化物流平台的应用能够促进广西工业企业生产经营信息高效匹配，提升企业效率和效益。

2. 促进物流结构优化和转型

“新通道”建设背景下，广西积极提升现代化物流水平，通过物流信息平台、智能网络、数据中心等技术的利用，建立高效的物流运输流通体系，加强对基础交通设施的综合利用，有效降低工业企业生产流通中的能源消耗，做到低碳排放。2018 年前三季度，广西高能耗制造业投资同比下降 0.7%，表明在“新通道”建设背景下，广西物流业发展确实有利于传统型高能耗工业的转型升级，促进能源利用率提升，降低能源消费。物流供应链平台能促进工业资源合理配置，延长工业发展价值链，并拓宽广西特色工业产品的销售市场。有色金属、制糖、蚕丝等处于价值链低端的工业行业也可充分利用物流管理优势，对原料产品进行深加工，促进产业链后延，提高特色资源的利用率，实现广西特色资源、优势工业产业转型升级。

3. 促进工业物流信息高效互联互通，实现接驳共享

逐步建设铝产业、钢材产业、机械产业的物流供应链协同服务云平台，将生产企业的物流供应链各环节打通、优化，使企业上下游通过协同服务平台互联互通、高效互联、深入合作，不断形成物流供应链条。平台具备升级、拓展、接驳功能，可接驳国家交通运输物流公共信息平台以及铁路、水运、航空、邮政等物流信息交换节点，拓展贵州、云南、北部湾及东盟的物流信息共享交换，打造升级版综合性智能物流信息平台。

4. 运用现代信息技术实现“互联网＋高效物流”

平台运用“大数据”“云计算”“物联网”、北斗卫星导航系统、GPS、移动 App 等现代信息网络技术，搭建高效的物流信息汇集、分析、交换平台，提高物流行业信息化水平，提升物流业服务水平和能力。一方面，聚合现有各类物流信息资源，形成平台化资源共享互通体系；另一方面，完善数据对接机制，促进跨领域信息互联互通。平台运用现代信息技术手段，为物流市场主体搭建“一站式”集成化、便捷、高效的物流信息与交易服务平台，满足物流从业人员、企业的经营需求，实现资源高效配置、整合，提高社会物流效率，降低物流成本。

五、广西物流公共信息服务平台

主要包括订单管理系统、运输管理系统、运输轨迹监控系统、运输路径优化系统、数据查询与统计系统、大数据可视化系统。

（1）订单管理系统。工业企业可提前或实时对生产和运输需求进行计划，实时下发货物运输订单，对下游承运商进行规范化和信息化管理，了解运输总量进度，实时调整企业运输任务量，形成透明化监控，平台实时记录汇总当月运输总量、运费总额、承运商运输量、运输线路、对账信息、货物流向等，精准的数据统计为管理和决策提供科学的依据。

（2）运输管理系统。具备运输全过程监控功能，可实时监控承运商货物运输状况，支持运输定位查询、进度查询、运输轨迹查询。根据企业订单，实时创建配载运输订单，线上智能派单系统通过 PC 端、App 端推送运单信息到司机，减少线下沟通成本，提高派单效率；通过北斗卫星导航系统，承运商实时监控司机运输过程，实时掌握货物运输节点和收货情况，保证货物运输安全，有效把控整个运输过程。

（3）运输轨迹监控系统。GPS 定位及货物追踪：目前，物流企业对于车辆、船舶进行监控调度，货主对于货物运输追踪的需求十分旺盛。因此，通过建立基于 GIS/GPS/AGPS 的车船定位和货物追踪系统平台，对监控平台进行统一的维护和完善，尤其是电子地图、电子航道图的更新和维护，可以避免企业重复投资建设，并减轻企业系统维护升级的负担，从而满足企业车船监控调度需求及货主运输追踪的需求。RFID 应用管理：RFID 作为一种非接触式的自动识别技术，以其可识别移动的物体、同时识别多个对象、非接触识别，以及不需干预等优点被广泛应用于工业自动化、商业自动化和物流信息自动化等众多领域。在物流行业中，以 RFID 为基础的软硬件技术构建的 RFID 信息系统，将使生产、仓储、采购、运输、销售及消费的全过程发生根本性的变化。目前，RFID 技术已经在物流的诸多环节中发挥着重要作用，节约作业时间，节省人力成本。多方式信

息查询：随着手机等移动通信技术的日益发达，将查询服务延伸到智能手机上，可以加快信息流通的速度，并且也能提高信息的即时性。

（4）运输路径优化系统。运输路径优化系统服务是一套以显著降低成本为目标，在分钟级时间内运算出满足各项需求的优化配送方案的高科技人工智能服务。能为企业带来以下几方面效益。一是节约成本。系统采用了国际先进的智能优化算法，运算速度快，支持配送约束条件多，能有效节省 5% ~20% 的物流配送成本。二是效率提升。批量导入，一键优化将传统人工 1 ~2 小时的配送计划编制时间缩减到 5 ~10 分钟，效率提升 12 倍。优化结果满足所有系统约束条件，能有效提升配送时效。三是可落地的约束条件。运输路径优化系统可以根据业务的实际情况综合考虑，满足业务的多维度约束要求。四是可靠的支持服务，共享网络社区提供的运算能力，实现网格运算。

（5）数据查询与统计系统。系统通过对使用企业业务运管系统的数据采集，建立数据汇集平台，创建一个对汇集数据的抽取、校验、清洗、转化、处理流程，形成数据仓库的初步模型。通过对数据的全面整合，自由获取数据，生成各项对内对外业务明细，大大减少了人工操作，确保数据的精确度，并按照各业务部门要求在统一平台上提供各类业务数据的综合分析功能，及时提供清晰、可靠、有效的业务报告，使业务人员和管理人员充分专注于业务分析与处理。此系统充分提效降本，也极大方便高层管理人员、业务部门管理人员快速、全面、准确、及时了解掌握业务经营发展情况，极大提高日常业务管理工作的效率，为各级机构管理人员的决策分析提供强有力的信息技术支持。

（6）大数据可视化系统。系统可对工业物流业务过程中的信息进行可视化展示，让信息得到充分有效利用，让企业管理更直观。系统可进行可视化调度，对物流业务过程进行监控和管理以及可视化分析。可视化信息内容包括运输路径、配送路径、车辆信息、物流流向及节点等，以及企业需要展示和监控的物流过程信息，为企业决策提供参考依据。

六、经济和社会效益

1. 经济效益

项目完成后，预计可整合社会车辆超过 40 万辆，为工业企业带来的价值超过 500 亿元。

2. 社会效益

一是有利于进一步整合工业企业物流资源，加速工业企业物流信息共享。在当今大数据时代，物流信息系统日益成为社会物流企业发展的核心要素，而广西工业企业还缺乏一个物流公共信息平台。由企业自行建立一个物流信息系统所耗费的资源较多，必要性不强，物流信息系统已经成为制约广西物流企业发展的瓶颈。通过本平台建设，整合行业已有资源，实现工业上下游之间、物流企业之间、企业与客户之间的物流信息和物流功能的共享，将最大限度地发挥物流行业的整体优势，从根本上改善工业物流行业运行和发展的基础条件。

二是提升广西工业物流运营效率。通过打通国家交通运输物流公共信息平台、兄弟省份物流公共信息平台的信息共享，以及各细分行业的物流供应链平台的数据，减少工业物流信息流转的中间环节，降低物流成本，加快供应链各环节响应速度，提高资源利用率，提升广西工业物流运营效率。

三是有效降低工业物流运行成本。通过现代网络技术手段，为客户提供集金融服务、保险服务、仓储管理、采购为一体的集约化物流服务，提供一站式解决方案，削减供应链的中间环节，大大提升了社会物流交易效率，有效降低了工业企业物流运行成本，促进了宏观经济的发展和产业布局优化、产业结构升级。

四是推动广西工业的发展。通过工业物流与供应链协同体系建设，提高区域内工业物流信息的流通速度和效率，提升广西工业企业的信息化水平，有效降低物流成本，提升工业企业的标准化水平，增强广西工业竞争力，助力工业企业高质量发展。

浙江众创鑫宇供应链管理有限公司：星卡互联助力企业货运降本增效、集约化发展

我国货运总量多年来一直位居世界第一，但是我国的物流成本在企业销售额中的占比较大，占总销售额的15%～17%，相较于发达国家的6%～8%还有较大差距。为推动物流降本增效，从2016年开始，国家相关部委开启了无车承运人试点工作，2019年发布的《交通运输部 国家税务总局关于印发〈网络平台道路货物运输经营管理暂行办法〉的通知》标志着无车承运人试点工作正式转向网络货运，通过近4年的试点与推行，网络货运平台在整合货源和运力、降低物流成本等方面取得了显著效益。

结合自身物流运作经验，基于对互联网、云计算、大数据、人工智能等信息技术的成熟运用，浙江众创鑫宇供应链管理有限公司（以下简称众创鑫宇）自主研发了星卡互联移动端、PC应用端构建网络物流平台，将货、车、场等物流要素互联网化、数字化，以移动端与PC端为载体，作为数字供应链体系中的第三方专业服务提供商，为广大司机、货主及企业提供供应链数字化、智能化服务，通过整合社会物流资源，从本质上提高车辆使用效率、降低货主经营成本、提升物流效率，迎合国家倡导物流业降本增效的布局要求。

一、公司简介

众创鑫宇成立于2018年4月，总部坐落于杭州，是一家集物流科技研发、供应链配套管理、区块链应用于一体的新兴物流科技公司。

二、产品服务

1. 星卡互联App司机版

星卡互联App司机版主要服务于物流行业内的司机群体，应用基于市场调节、资源定位、数据共享三大环节，使司机找活拉货全流程便捷化、数字化、智能化。

星卡互联注册与认证流程采取OCR识别与校验技术，可方便快捷地识别诸如身份证、驾驶证、行驶证、道路运输经营许可证等各类证件；系统拥有多维度查询功能，可帮助司机快速找货，承运过程中到场、发车、到站一键点击操作，智能便捷；系统支持电子签章、电子回单上传，大大节省时间，同时责任主体清晰明确，助力司机实现高效运输。

除了提供丰富的货源、便捷化运输外，系统还为司机提供优惠便捷的线上增值服务，如油服、车服、ETC、违章查询等，降低司机的运营成本，提升运输效率。

2. 星卡互联App货主版

星卡互联App货主版主要服务于物流行业内的货主群体，依托大数据、区块链技术，

以数字化赋能货主群体，促进其高质量发展。

货主完成注册与认证后，即可随时随地发布货源，还可以指定承运方，进行定向货源发布。基于云计算、大数据，系统可随时获取承运车辆位置，使运输轨迹透明可见，方便货主在线查看运输轨迹，随时掌控运输全部状态；货主版同样也支持 OCR 识别与校验、电子签章等便捷化操作。

除此之外，通过对区块链技术的应用，系统可助力企业将真实的业务数据转化成资金，缓解企业经营压力。同时，系统还可为货主提供保险等增值服务，多险种多额度可选择，助力货主发货无忧，实现高效运营。

3. 星卡互联 PC 端

星卡互联 PC 端主要服务于物流行业内的货主群体，用户可根据实际业务需求设置不同的角色与权限，呈现不同的功能。

系统主要由基础资料、系统设置、认证中心、线路管理、订单管理、运单管理、调度管理、成本管理、财务结算、报表中心十大模块构成，功能齐全，操作方便，可确保运输服务闭环完整、合规。

目前，平台已获得公安部颁布的信息安全三级等保认证，同时众创鑫宇取得了浙江省通信局颁发的增值电信业务经营许可证，可确保平台使用者所有信息资料的安全性；平台客户账户独立专属，与公安部的 OCR 人脸识别系统对接，运单运作过程中通过电子围栏进行实时轨迹预警核查，保障物流、资金流、信息流三流合一。

三、效益分析与评估

契合国家倡导物流业降本增效的布局要求，星卡互联系统应用于供应链配套服务，在提高车辆使用效率、降低货主经营成本、提升物流效率等诸多方面有着显著的效益。

1. 降本增效效益

目前，得力集团、三星油脂、九恒条码等行业头部客户已与众创鑫宇达成战略合作，在“网络货运+供应链”配套方案优化实行上得以较好落地执行，得到客户普遍认可。相较于传统物流公司服务响应周期长、运输成本高、无法实时获知货物状态等服务弊端，星卡互联通过整合个体车主、社会运力资源，可快速响应客户运输需求，缩减客户时间成本与经济成本；提高车主配载承运效率；大大降低空载频率。通过 App 或 PC 端，客户可实时查看货物状态、运单轨迹。据实际统计，使用星卡互联可使货主经营成本降低 3.6% ~4.3%，业务效率提升 16%。

2. 发展效益

星卡互联可实现人员、车辆、货物派单计划实时调整，全程线上运营数据可追溯，可助力企业实现更精准的销售预测、更科学的物流网络布局等，推动创新发展。

3. 社会效益

货运行业“散、乱、差”现象一直存在，近年来，互联网技术带动了整个行业的转型，让物流走向智能化，网络货运平台则带活了无数个物流企业，让企业走向正规化。作为网络货运平台，星卡互联在促进物流业降本增效的同时，强化了货运数字化服务和监管能力，目前，星卡互联已对接省级、部级网络货运监控平台，保证交易的绝对真实性以及税务合规化，在一定程度上防范伪造数据、虚开发票等现象的发生。

众创鑫宇始终坚持以“平台为载体、规范为前提、共享为基础、共赢为方向、降本为己任、增效为导向”的战略发展框架，以“客户 + 员工 + 企业”共同发展、共同受益为目标，引导货运行业向规范化、组织化、智能化、智慧化方向发展，形成“互联网 + 物流”相融合的物流生态圈。

目前，公司已取得星卡互联司机 App、星卡互联货主 App、星卡互联平台、星卡互联大数据平台四个软件的著作权，持有商标著作权 21 项。这些将助力公司进一步利用信息化技术推动物流与供应链高质量发展，促进行业转型升级。

未来，众创鑫宇将结合现有资源条件，依托物流场景应用，强化服务理念，以科技物流、绿色物流、智慧物流为方向，打造成为“网络货运 + 供应链”一体配套优质服务商。

吉林省宝奇智慧物流产业中心有限公司：宝奇智慧物流平台

一、案例基本情况

1. 企业简介

吉林省宝奇智慧物流产业中心有限公司（以下简称“宝奇”）是一家致力于发展物流产业互联网的现代物流园区。公司成立于2017年10月，坐落在美丽的江城桦甸市磐桦路99号，注册资本5000万元，占地面积12万平方米，总投资1.4亿元，是桦甸市重点招商项目，也是吉林省首家实现银企直联的物联网企业。

宝奇主要经营网络货运物联网物流，线上“宝奇智慧物流平台”运输业务覆盖全国，资源丰富；线下打造大车之家模式，提供检测线、汽车维护修理、餐饮住宿等配套服务项目。

基于桦甸市东三省几何重心位置和即将建设开通的延长高速公路便利的交通枢纽条件，宝奇定位于东三省物流中心与配货中心，高标准建立东三省物流中心基地“宝奇智慧物流园”，使之成为汽车之家、大车栖息集散地，并立志将“宝奇智慧物流平台”打造成为国内领先的互联网智慧物流企业信息共享物流平台。

2. 企业经营现状

宝奇的业务范围包括：道路普通货物运输、特种货物运输；仓储、配送服务；机械设备租赁；物流信息咨询；包装服务；洗浴、餐饮、住宿服务；停车场、汽车租赁服务；汽车维修服务；互联网信息服务；计算机软件研发；二手车买卖、评估服务；汽车及零部件销售；大件运输；普通货物集装箱运输等。

宝奇的网络货运业务量居吉林省首位，下属的机动车检测中心是桦甸市规模最大、设备最先进、检测项目最为齐全的检验检测机构，汽车维修养护中心具备二类维修资质，硬件设施一流，技术服务领先，是桦甸市唯一取得环保评估资质的维修养护企业。

二、案例背景

我国政府非常重视和支持物流发展，从《物流业调整和振兴规划》《物流业发展中长期规划（2014—2020年）》等，到各级政府制定的众多支持物流发展的政策文件，可以看出物流的重要性。

总体上看，目前我国物流业整体处于传统方式向数字化转型的市场化初期。多数企业只能提供传统的基础物流业务，竞争更多地体现在低端物流服务的价格上。长远来看，随着国家利好政策的连续出台、制造与商贸企业物流外包程度的不断扩大、物流企业技术水平和服务水平不断提升，中国物流行业将长期保持较快的增长速度，未来发展空间巨大。

同时，物流发展总体水平还不高，发展方式比较粗放，还处于发展初级阶段。一是物流成本高、效率低。二是条块分割严重，阻碍物流业发展的机制障碍仍未打破。企业自营物流比重高，物流企业规模小，先进技术难以推广，标准难以统一，空驶、不满载、停驶、迂回运输、资源浪费等问题突出。三是基础设施相对滞后，不能满足现代物流发展的要求。现代化仓储、多式联运等相关设施建设仍显不足，布局合理、功能完善的物流园区体系尚未建立，高效、顺畅、便捷的综合交通运输网络尚不健全，物流基础设施之间不衔接、不配套问题比较突出。四是政策法规体系还不够完善，市场秩序不够规范。已经出台的一些政策措施有待进一步落实，一些地方针对物流企业的乱收费、乱罚款问题突出。信用体系建设滞后，物流从业人员整体素质有待进一步提升。五是技术水平落后，特别是信息化程度较低，对物流服务效率、服务质量、成本造成了较大的不利影响。

三、宝奇的物流数字化实践方案

宝奇智慧物流平台融合AI、IoT、大数据、云计算、5G等先进技术，重构物流应用场景与业务运营模式，提升物流的资源利用效率、运作管理水平、决策智能化水平等，打造闭环的物流交易服务平台，重构物流服务的中间环节，优化物流服务的交易模式，帮助物流领域相关企业降低经营成本、优化运营效率、提升服务质量。

宝奇通过宝奇智慧物流平台和云企业服务平台联动，优化物流服务过程，带动物流服务企业转型升级，促进物流行业实现降本增效，从而实现物流服务优化的发展目标。

打造物流数字化智能交易平台，去除物流交易中间环节，提高物流交易信息传递效率，通过运力交易智能匹配技术，有效提升运力匹配效率，解决空驶、不满载、空停等货运效率低下的问题。同时起到节能减排、保护环境的作用。

为货运车辆进行智能网联化升级，全维度采集货车车辆的状态数据、驾驶数据、货物车辆数据等，并提高智能驾驶辅助功能，提供智能路线规划，躲避拥堵路段，降低运费成本；监测驾驶行为，保证行车安全。

构建物流数字化智能计算服务，促进物流运输线路智能规划、物流可视化货运跟踪、多要素车货实时匹配、物流金融数据智能分析、物流仓运配智能联动等智能化应用，提高效率，降低成本。

1. 宝奇智慧物流平台

当前，物流行业的交易模式比较落后，物流业务层层外包，一手货主包给大型3PL（第三方物流），3PL转包给小型第四方物流（4PL），小型第四方物流（4PL）通过信息部调车或者再转包给车队，这种层层外包的物流业务交易模式中间环节多、成本高、透明性差、及时性差，这些都是物流成本效率一直得不到改善的原因。

本项目基于数字化技术，构建物流产业数字化交易平台，对物流要素资源进行数字化规范定义，建立物流需求、物流资源数字模型，基于人工智能、大数据、区块链等技术，实现货运需求与运力资源的智能匹配、基于IoT全维度数据的运力智能调度、数字运力可追溯交易、交易数字化可信评价体系、数字回单系统管理等，全流程升级物流产业交易模式，提升交易规范化水平，提高交易效率，降低交易成本。

宝奇以互联网共享模式为核心理念，充分运用移动互联网、数据智能匹配、大数据等先进技术，构建宝奇智慧物流平台，直接连接发货方和货车运力服务者。通过平台的智能车货匹配技术，从地理位置、货物属性、运输距离、车辆尺寸、车辆负载等多维度精准匹配，基于高性能计算技术实时匹配最佳的车、货双方。平台基于共享的思路设计，任何发货方，都可以通过平台实时发布车辆交易请求，平台实时智能匹配符合发货方的车辆交易请求的运输服务者，并实时推送给运输服务者，收到交易信息的运输服务者都可以报价、抢单。这种模式将重构物流的交易模式，基于智能匹配推送技术将公路物流运输业务直接推送给运输服务者，降低了中间环节，大大提高了运输效率；物流交易由平台统一智能推送，杜绝了业务信息的不透明；运用移动互联网等技术，实现公路运输业务智能精准找服务者的全新的货运交易模式，改变过去人等业务、人找业务的被动交易模式。

2. 平台应用的先进技术

（1）基于数据关联分析的物流智能实时匹配技术。

宝奇智慧物流平台主要解决物流服务资源和需求方之间的信息匹配问题，在传统调度模式下，运营人员基于物流管理系统查询车辆信息和货物信息，并基于根据经验判断进行车货匹配，从而实施调度。本项目系统在平台内实现物流数据实时采集，自动识别物流业务的关键属性数据，如货物属性、车辆要求、路线规划等，并基于大数据实时分析技术，实现货物与车辆的精准智能的实时匹配，以智能的调度算法代替人工的经验判断，大大提高了物流的运营调度效率。

（2）跨平台物流运营数据实时采集技术。

本项目将为物流企业提供覆盖 PC、移动设备一站式的互联网物流信息服务，提供全网、全时在线的互联网信息服务模式。系统在提供物流互联网信息服务的同时，也构建起双向的数据交互，系统将在后台从各个连接设备上采集物流信息数据，如用户所在地、运输地点变化、路线运输状态等，通过这种跨平台式的数据采集模式，为系统采集全面的运营数据。

（3）基于数据可视化技术的物流智能调度管理技术。

数据可视化技术是近些年最流行的大数据分析技术，本项目将运用大数据可视化技术，构建可视化的物流数据分析模型，从海量的运营数据中，基于数据挖掘技术和数据分析技术精准抽取相关的运营数据，并以图形化的可视化模式直观展示，为管理人员提供高效的数据分析依据，帮助管理人员构建起数字化的调度管理模式。

（4）安全可靠的物流信息互动服务系统。

本项目将构建开放式的物流信息服务系统，面向全国物流从业人员和企业提供统一、开放的信息互动服务，信息互动和信息安全是系统需要解决的两个重点问题。项目运用网络传输安全技术、信息加密技术、用户安全认证技术等，构建安全可靠的物流网络信息服务系统，可以保证分布全国的运作人员使用安全和企业内部信息安全，使联盟内的企业进行安全的信息互动分享。

3. 困难、问题与创新解决措施

项目不仅通过线上的技术创新来实现更好的用户体验，还计划通过在全国各地设立地面推广服务网点，建立地面推广团队，解决在物流行业进行信息化推广过程中可能遇到的各种问题，同时可以上门辅导用户进行信息化改造，提高业务管理水平等。

（1）提升用户对平台信任度。

制定平台交易规则，通过具有线上协议公平地约束发货方和实际承运人，保障各方权益。

对违约方进行责任追偿，必要时平台先行赔付守约方。

根据实时的移动互联网轨迹跟踪技术，发货方可及时知晓车辆位置，同时动态提醒司机前方路况、天气等，保障运输安全。

在用户遇到问题时，地面推广团队及时上门服务保障，打消用户顾虑。

通过银行监管宝奇智慧物流平台交易账户，让用户放心线上交易。

对发货方和车辆都制定统一的标准规范，让服务标准透明化，让用户明白放心。

通过自媒体、微信等渠道让用户了解宝奇智慧物流平台，逐步增加信任度。

（2）用户信息安全保障。

通过云架构技术，每一个用户享有独立的云运用空间，这个空间对非用户本人的人员是封闭的。

通过账户安全技术，实现严密账号安全管理功能。

通过数据多点备份技术，让用户数据不丢失；应用数据加密存储技术，即使数据被盗取，也无法破解；

宝奇智慧物流平台和用户签订信息保密协议，设定了严格的权限管理，未经用户授权无权查看用户订单信息，按月给用户提供后台查看记录。

（3）为用户创造价值。

通过去中间环节，发货方的运单通过云数据分析后智能推送给匹配的司机形成竞价模式，有效降低物流成本。

通过平台的匹配对接，有效减少司机空驶、停车待货的情况，提高车辆运输效率。

接入简单高效、低成本的金融服务，为物流企业解决融资难的问题，降低企业资金成本。

通过平台集中采购，取得优惠的原油、保险价格，降低发货方和车主采购成本。

使用平台的智能物流环保货车可以有效降低运输过程中原油消耗。

四、案例创新点

1. 创新的物流互联网综合服务模式

本项目以互联网共享服务模式为建设思路，利用互联网、大数据、物联网、智能技术、车联网、云计算等先进技术手段，打造一个基于互联网的、共享的、智能的、公共的物流服务平台，为货主、物流企业及司机提供共享模式的物流智能交易服务、先进的互联网 SaaS 云服务、可视化智能货物运输跟踪服务、智能化的物流大数据公共服务、智能货车云共享服务、物流企业互联网众包服务、普惠金融服务等，通过技术、共享、资源整合，提高运输效率，有效降低运输成本。

2. 创新利用"互联网+"物流技术创新驱动物流优化变革

宝奇智慧物流平台旨在用"互联网+"的先进技术进行优化，实现透明化、智能化的物流运作管理模式，从而带动物流产业的升级变革。宝奇智慧物流平台通过独特的平台服务模式和全面的云企业增值服务，帮助了一批企业实现了优化升级。通过宝奇智慧物流平台的优化升级，帮助这些企业缩短了物流的流程环节，降低了服务成本，初步估算实现物流成本下降5%。

3. 积极利用人工智能技术构建智能物流服务体系

宝奇智慧物流平台积极探索大数据、人工智能在物流领域的深度应用，构建全程透明物流运输管理、货物在途全程可视化智能追踪、物流服务大数据信用评级体系、物流智能优化服务等。通过先进技术的应用，提升物流服务的效率。

五、案例应用效果

1. 经济效益

根据平台目前用户反馈，取得了上线用户的一致认可，反馈归纳如下所示。

（1）通过车货匹配系统，货主可以直接获取车辆运力资源，从而避免了中间环节的层层加价，节省了5%～20%运费成本，同时也解决了很多司机空车待货、空驶回程的问题。

（2）通过集中采购原油、保险等，有效为用户降低了运营成本，为用户节省了1%～3%的经营成本。

（3）通过线上的交易保障规则，在发生问题时，平台通过有效手段对责任方追责，必要时可以直接向守约方先行赔偿，让用户放心地在平台上进行交易。

（4）通过接入金融服务，解决了中小物流企业融资难的问题。

（5）解决了中小物流企业运输管理水平低的问题，通过宝奇智慧物流平台提供的云物流管理系统和交易管理系统，有效地提高了用户的业务管理水平。

因为以上的价值体现，促进了用户使用平台的积极性，提高了用户的竞争力，使得用户对平台的依赖性更强，有效地促进了物流行业各环节用户互联网化的进程。

2. 社会效益

宝奇智慧物流平台，以技术创新引领产业变革，通过平台的服务与理念，引领外部用户共同创新，培养了一批运用互联网模式经营物流业务的新物流企业，促进行业创新变革。帮助多家物流企业和多名司机，降低物流成本、提高效益，在实现物流供给侧结构性改革方面取得了很好的效果。

六、宝奇智慧物流平台案例的推广价值

1. 新技术新模式助力物流行业数字化升级

宝奇智慧物流平台旨在用技术与创新优化物流，从供应商招标到运力资源采购、到运力调度，充分运用新技术、新模式，全面变革物流模式，去除中间环节，提高效率。

2. 用真实的平台价值引导行业主动变革

宝奇智慧物流平台在运用新技术、新模式优化物流的同时，还为平台的企业用户提供一系列配套的增值服务，为平台用户带来“看得见、摸得着”的眼前利益，如免费好用的信息系统、规范合规的智能交易服务、物流金融支持等。宝奇智慧物流平台通过一系列高价值的服务吸引企业用户，从而推动这些企业物流过程的优化升级。通过宝奇智慧物流平台的优化升级，帮助这些企业缩短了物流的流程环节，降低了服务成本，初步估算实现物流成本下降 5%。

3. 构建物流供应链开放生态，促进行业协同升级

宝奇一直在探索用互联网的技术与模式来优化物流供应链生态体系，致力于通过平台的服务，为物流行业打造全新的物流数字平台，力争用五年的发展时间，实现平台年物流服务流量货值超过 10000 亿元，平台物流交易超过 1000 亿元的规模，平台生态年纳税超过 20 亿元；通过平台对物流资源进行智能调度，降低空驶率，提高里程利用率和吨位利用率，从而提高车辆实载率，降低运输成本，每年为社会节约 150 亿元物流成本；通过智能信息匹配，及时合理地组织物流服务资源，加快货物和资金周转，通过平台的物流服务，可以使货物周转周期节约 2 天以上，通过加快资金周转节约的成本将超过 55 亿元。

湖南天骄物流信息科技有限公司：网络货运管理系统平台

一、企业基本简况

1. 企业概况

湖南天骄物流信息科技有限公司（以下简称“天骄科技”）于2007年5月成立，注册资本2000万元，注册类型为有限责任公司，拥有办公面积约1000平方米。

天骄科技是一家横跨电子商务和现代物流两个领域，专注于物流行业公共信息服务系统建设及互联网增值业务开发的高科技企业。公司经营范围：第二类增值电信业务中呼叫中心服务和信息服务业务；软件开发；信息技术咨询服务；科技信息咨询服务；数据处理和存储服务；信息系统集成服务；数字内容服务；普通货物运输；道路货物运输代理；交通运输咨询服务；物流代理服务。

天骄科技自成立以来，一直致力于建设高效、实用、专业的信息化公共服务平台。天骄科技用信息化推动物流产业资源整合与优化，从而为全社会提供最优质的物流、信息、技术等服务。已成为全省物流信息服务平台的龙头企业，在电子商务领域中占有一席之地。

2. 企业目前拥有的主要产品

通过公司研发团队的共同努力和刻苦攻关，天骄科技“天骄快车”“牛运网物流信息平台（代理商版）”“牛运网物流信息平台（司机版）”“物流信息联盟综合平台（手机版）”“通贝支付平台”“牛运交易保障平台”“无车承运金融系统”“无车承运油票系统”“无车承运大数据公共服务平台”“物流查询系统”“诚信担保系统”等主要产品，市场占有率达到95%以上。其中，“天骄快车”每天的物流信息流量超过200万条，其年交易量超过500亿元，相关产品获得软件著作权20多项。

3. 企业荣誉

天骄科技经过几年的实践与成长，取得了显著的经济效益和社会效益，也获得了政府和行业的高度认可。天骄科技曾获得中国物流与采购联合会科技进步奖二等奖，被评为电子商务先进企业、国家工业和信息化部运行形势指数企业，是中国物流与采购联合会常务理事单位、湖南省物流与采购联合会常务理事单位、湖南现代物流职业教育集团副理事长单位、长沙市物流行业协会副会长单位，通过湖南省电子信息产业厅的“双软”认证，是国家创新基金和湖南省政府物流发展基金的扶持项目、湖南高新技术企业、高新技术项目。天骄科技与湖南交通职业技术学院和湖南现代物流职业技术学院联合办学，成为培训物流人才的教育实践基地。

天骄科技秉承“同享共赢、高效创新”的企业精神，深入研究行业发展趋势，深度理解行业发展需求，运用物联网、云计算等先进技术，打造全新的物流公共信息服务体系，为中国物流产业的迅猛发展提供巨大的推力，为全社会提供最低成本、最高品质的物流服务。

4. 企业管理模式

天骄科技采取现代化的企业管理模式，以制度化管理为基础，通过搭建系统的管理架构，导入“企业文化管理、业务流程管理、目标管理、成果管理、现代人力资源管理、客户关系管理、风险控制管理、市场预决策管理”等，构建起科学的、现代的、可执行的经营管理体系架构，促使企业内部形成自动扩张与成长机制。

5. 营销模式

（1）以国家开展无车承运人试点为契机，依托平台开展物流货运承运业务。

（2）平台运营按照“谁受益、谁付费”的原则，出台使用平台的相关服务费用标准，按照市场化运作，实现平台的良性发展。

（3）通过注册会员形式集聚用户资源，为用户提供多种信息服务，形成资源洼地。

（4）开展第三方增值业务服务。通过提供金融、保险、油卡等深度服务，提升平台核心竞争力。

（5）建立利益共享的“合伙人”运营模式。平台建立一套科学的利益分享机制，每个人都是平台的合伙人，他们既是资源的贡献者，又是利益的分享者。

（6）组建专业联盟。通过“建联盟、进联盟”提供统一的组织、统一的品牌、统一的保障。

（7）打造物流助手专业管理团队。物流助手是该模式推广的中坚力量。

（8）天骄科技采取了“诚信担保”的方式。一方在遭受经济损失时，先由公司提前进行赔付；然后通过诚信担保系统向造成损失的一方进行索赔，扣除预先缴纳的担保金；从而使平台健康、安全发展。

二、信息化平台之前的现状

1. 过度的低价竞争，导致行业利润越来越薄

适度的低价竞争对行业发展是有利的，它可以帮助挤掉行业的不合理利润和中间环节。但过度的低价竞争会挤掉行业的合理利润，导致服务品质大幅下降，最终伤及客户的根本利益，对行业是有害的。

不管是公路零担还是公路整车，这个行业一直在低价竞争的旋涡中没有出来。几十年的发展，依然是一个不被客户满意的行业。2013 年开始，各种不同类型的平台都涌进来试图拯救这个行业，不曾想把口子撕开后，所有人尤其是司机也进入上游参与价格竞争，原本微薄的利润变得更少，惨烈的低价竞争让整个行业到了全面亏损的边缘。而平台自身在市场博弈中，也是伤痕累累，不仅投资巨大，看不到盈利的希望，还成了客户利益的破坏者。

2. 行业整体服务水平不高

物流行业小、散、乱、脏、差等行业现象始终没有得到有效改善，物流行业诚信体

系不够健全，个体组织的经济基础、物流管理、危机处理等服务手段还比较薄弱，这就导致物流行业无法从根本上提高物流服务水平。

3. 物流需求在不断发生新的变化

物流行业发展到现阶段，随着市场竞争的日趋激烈，物流价格的竞争优势在逐渐被削弱，取而代之的是在物流运输过程中的其他因素的比例有所提升，比如时间成本、物流安全、专业服务、服务意识以及以满足个性化需求为目的物流解决方案等。

4. 车与货是一种跷跷板的关系

货运行业有个特点，车和货永远不平衡，永远在跷跷板的两端，有时车多货少，有时货多车少。这种不平衡是由不同区域的经济、文化、地理优势、人口、交通状况、市场规模或成熟度等发展因素的不平衡造成的。

三、网络货运管理系统平台可以解决的问题

1. 促进交通运输转型升级的需要

通过管理和组织模式的创新，集约整合和科学调度零散物流资源，能够有效提升运输组织效率，优化物流市场格局，规范市场主体经营行为，推动货运物流行业转型升级，促进物流行业降本增效。

2. 推动用户信用体系建设的需要

平台利用技术手段加强对违法违规行为的监测、识别和防范，主动与执法部门建立联防联控机制；在运输生产安全、服务质量、诚信考核、事故赔付能力等方面加强管理；利用物流信息平台和大数据技术整合相关信用信息，建立基于消费者交易评价和社会公众综合评价的市场化用户信用信息采集、共享与使用机制，向社会提供平台“人、车、户”等基本信息的查询服务，引导货运市场的规范化发展。

3. 创新道路货运运营管理模式的需要

平台通过业务相关操作规范，科学设计业务流程，形成物流资源组织调度、运输监管、单证交接等环节的规范化管理。平台的物流货运大数据以及在信息资源的互联互通、服务规范、作业流程等方面，加强与铁路、港口、民航等企业的业务衔接，开展公铁、公水和陆空联运，通过甩挂运输、共同配送等先进运输组织方式提升运输组织效率。

4. 推动国家“营改增”税制改革的需要

财政部、国家税务总局发布的《关于全面推开营业税改征增值税试点的通知》（财税〔2016〕36 号）明确规定无车承运业务按照“交通运输服务”缴纳增值税。但道路运输行业中的个体运输业户由于经营资质条件的限制，只能开具普通发票，或者不开具发票，从而造成税源流失。平台通过“合伙人”的模式把个体运输业户纳入平台业务体系中，由平台主体企业代开增值税专用发票，有效解决个体运输业户申请代开增值税专用发票问题，实现税收代开代征，统一征管，从而增加国家税收。

5. 规范道路货运行为的需要

项目从保障安全、维护权益、提高服务角度出发，对网络货运经营者有关承运车辆及驾驶员资质审核、货物装载及运输过程管控、信息记录保存及运单数据传输、税收缴纳、网络和信息安全，货车司机及货主权益保护、投诉举报，服务质量及评价管理等作

出系统规定，合理界定了平台责任，规范平台经营行为。平台充分利用信息化手段加强网络货运经营的运行监测和监管，建立交通运输、税务部门信息共享机制，营造公平公正的市场环境。

6. 帮助中小微道路货运从业者转型升级的需要

随着移动互联网的普及，商业模式创新以传统运营模式为主的中小微道路货运从业者越来越难以适应，其经营举步维艰，收益每况愈下，“谋出路、求生存”的诉求日趋强烈。

四、网络货运管理系统平台推进思路

1. 精准市场定位，扎实的根基基础

网络货运管理系统平台主要针对道路货运零担和整车市场中的物流企业、货运司机等，对其进行资源整合以及大数据经济价值的挖掘。天骄科技为中小微物流企业解决实际问题，在行业内树立了良好的口碑，积累了深厚的平台业务资源。这为全国推广网络货运管理系统平台，打下了良好基础。

2. 制定“一横一竖”的推广发展战略

目前，公司在湖南省物流货运市场中占据主导地位。公司制定了“一横（湖南、江西、福建、贵州、云南）一竖（湖南、湖北、河南、山西、内蒙古)”的推广发展战略。

3. 全方位、多层面的实施推广

天骄科技充分发挥产品的品牌效应，通过平面广告、移动广告等多种形式，有目的地在各物流园区、批发市场等货物集散地宣传与推广。

五、网络货运管理系统平台实施中的难点与解决措施

1. 实施中的难点

目前，在市场中存在大量的物流信息平台。但这些物流信息平台的发展良莠不齐。天骄科技的网络货运管理系统平台虽然在湖南省内具有优势，但依然面临着市场竞争压力。

2. 解决措施

(1）针对性进行营销。

该平台主要是针对物流行业，在营销过程中对物流行业的主体进行了甄别。平台主要把发货企业、物流公司、司机、第三方服务机构等共同汇集，实现物流信息互联互通、资源共享、相互协作、公平竞争。

(2）利益共享的“合伙人”机制。

在无车承运人平台运行体系中，每个人都是平台的合伙人，他们既是资源的贡献者，又是利益的分享者。平台建立一套科学的利益共享机制，每年会预留营业收入的15%作为分享基金，只要合伙人为平台作出贡献，就会有相应利益分配。

(3）提供第三方增值服务。

项目依托庞大的道路货运市场，通过资源整合与业务归集，为用户提供信息匹配、交易支付、运费结算、物流金融、保险、油品、ETC等一系列增值产品服务。

（4）严格的平台会员准入机制。

项目通过严格准入筛选标准、健全诚信考核档案、实施全过程风险管理、完善保险赔付机制等手段，逐步建立起涵盖全链条、各环节及各要素的管理体系，不仅有效规范了广大中小货运企业的运营行为，同时也提升了无车承运人自身的服务水平。

（5）先行赔付的保障运营机制。

平台采取了“诚信担保”的交易模式。一方在遭受经济损失时，先由平台提前进行赔付，然后通过诚信担保系统向造成损失的一方进行索赔，扣除预先缴纳的担保金。

六、网络货运管理系统平台下一步改进方向

平台自身容量要进行升级。平台采取的是后台 + 手机 App 形式。随着项目产品的推广，客户的需求会发生变化，用户量会逐渐增大。因此，为满足客户的需求和高通量访问，平台要易于扩展增加服务模块，具有比较大的并发量，后续要做好服务器的更新和维护，保证客户在最短的时间内获取所需要的信息。

平台交易保障要运行起来。网络货运管理系统平台的核心是把线下交易移到线上来，在一个公平的、透明的环境里进行交易。

平台要涉及纵深业务领域，通过平台集聚效应和资源洼地效应，进入物流金融、保险、消费、卡车后服务等领域，拓宽平台盈利点，形成一个闭环的生态产业链。

七、平台下一步推广设想

1. 加强平台集群化支撑

一方面，单一的平台业务将面临巨大的生存压力。目前，网络货运管理系统平台只能解决货运过程及其相关监管问题，对于企业的进一步需求还无法满足，因此需要衍生出供应链金融平台、企业公共服务平台等。另一方面，网络货运管理系统平台为了更好地发展，也需要将现有的部分业务进行剥离，从而形成新的支撑平台。

2. 增加业务纵深支撑

网络货运管理系统平台的业务范围目前只包括整车货运业务，还应该将业务范围扩展到零担货运业务。零担货运的管控难度更大，这是网络货运管理系统平台必将面临的一大挑战；另外，网络货运步骤多，分支多，参与角色多，这对用户体验的改善也提出了挑战。如何让用户操作流程简化、体验更好，是网络货运管理系统平台必须解决的问题。

3. 完善风控体系

网络货运管理系统平台结束业务模式的探索过程之后，必须进一步完善风控体系，要建立基于数据的风控模型来进一步保障平台业务。

4. 完善集成、测试、部署、发布自动化

网络货运管理系统平台目前实现了集成、部署、发布过程的自动化，在平台发展的初级阶段，自动化部署体系尚且够用，但是随着业务量不断增加，系统发布部署的频率不断提高，建立集成、测试、部署、发布等环节全自动化的过程势在必行。因此，微服务容器化、容器编排等技术是网络平台技术发展的重要方向。

5. 挖掘行业大数据解决方案

网络货运管理系统平台的数据积累是有限的，加快行业平台、公司合作势在必行，通过行业大数据解决方案，整合货运行业相关数据，进一步处理、挖掘数据，建立数据来源于行业，又服务于行业的良性循环，为行业发展、政府监管提供进一步支持。

陕西陆运帮网络科技有限公司：陆运帮网络货运平台

一、网络货运的背景

随着社会的快速进步，货运市场的需求不断扩大，在货运行业中，车辆空载率和空返率不断增高，司机找货难，货主找车难，司机与货主的需求不能得到有效满足，这些痛点一直困扰着物流从业人员；整个行业效率低，供应极度分散。

自2017年起，无车承运人的试点在解决货运行业存在的问题中取得了巨大的成就；2019年9月6日，交通运输部、国家税务总局联合发布《网络平台道路货物运输经营管理暂行办法》，自2020年1月1日起施行。

在网络货运新业态出现的时代，通过物流智能化等手段驱动行业发展，通过整合社会分散的资源，把车辆、货主以及司机的信息共享，并且进行合理匹配，从而提高物流行业运输效率。这改变了传统货运成本高、供需信息不对称等行业困境，有效地满足了用户更加多元化和个性化的货运新需求。

紧跟互联网的步伐，基于大数据产业平台的互联网物流服务不断优化升级，促进了智能车货匹配和资源智能分配。“互联网＋大数据”运营模式已成为物流业新的发展方向。

二、企业简况

陕西陆运帮网络科技有限公司（以下简称“陆运帮”）创始人高伟德和刘飞先生为原卡漠网络科技股份有限公司创始人，两人共同创建了国家级首批无车承运人试点单位卡漠科技，形成了科学的管理体系，年交易额突破50亿元，合作货主企业2000多家，2018年无车承运人试点综合检测评估全国排名第三。2017年6月，公司升级，再次创办无车承运人试点单位陆运帮，2020年1月再次升级为“网络货运”。公司创始团队成员分别来自京东、华为、用友等知名科技企业，多年服务于大宗商品供应链领域，对B2B交易、仓储、运输及供应链金融业务有着深度的实践经验，多年来公司经营团队及技术团队致力于通过科技创新重构物流行业运输模式，成功引领运输产业向全流通化、全数字化、全信息化、全智慧化方向发展。

作为全国领先的网络货运平台，陆运帮以车辆调度、票据结算为主营业务，以车后基础增值业务为核心服务，助力客户将供应链中的合同流、业务流、资金流、票据流“四流合一”，应用信息化管理降本增效。陆运帮经过5年努力，已有自主知识产权的软硬件产品7套，凭借多年的网络货运运营经验和自主化系统，协助传统物流企业转型升级搭建“网络货运平台”。陆运帮以西安为总部，下设西安港务区、云南昆明、云南丽江、榆林绥德 4 个结算中心，有 16 个办事处，业务覆盖陕西、山西、四川、贵州、重庆、新疆、宁夏、云南等区域。年交易量突破 40 亿元，平台注册司机 30 多万人，合作货主企业 2000 多家，涉及大宗商品、零担、渣土等行业的整车承运业务。

陆运帮计划三年内在全国建设 10 个网络货运平台，服务 1000 多家网络货运企业，合作 10000 多家车后企业，打造全国性物流行业数字经济生态产业。

三、陆运帮网络货运平台运作模式

陆运帮网络货运平台解决货主与第三方物流公司的问题，作为无车承运人（网络货运），资金往来账目流水的存在是必需的，那么资金流水是否匹配是无车承运人（网络货运）的核心所在。平台具有较强的信息数据交互及处理能力，能对货主、平台运营方、实际承运人、驾驶员各相关方的交易、运输、结算等环节进行全过程的透明动态管理；陆运帮的客户包括贸易公司、物流企业、车后服务商等，目前公司独立开发了 7 大拥有自主知识产权的软硬件产品。

（1）陆运帮网络货运平台是集司机管理、车辆管理、定位追溯、财务管理、统计分析、发票管理等功能于一体化的云智能、大数据平台。

（2）陆运帮货主端为货主提供货源发布、信息管理、运单管理、收发货统计、运费结算、查看司机实时位置等功能。

（3）陆运帮司机小程序为司机提供在线查询货源信息、一键抢单、实时管理货源，还能随时查看运费记录，在线进行油卡充值、提现 24 小时内到账等。

（4）陆运帮厂矿无人值守管理平台具有车辆的自动出入管理、自动称重、数据判断采集、数据共享、远程运输等功能，可基于磅房数据支付运费并开票。

（5）陆运帮一站式加油在线管理平台通过与壳牌、中石油、中石化系统打通，实现司机加油的线上管理和油票一致，一键获取 ETC 票。

（6）陆运帮车载智能硬件可实时掌握车辆位置，保证车辆安全，优化行驶路线，提高对车辆的调度管理，从而提升企业运营效率。

（7）陆运帮网络货运税务监管平台通过与网络货运平台省级检测系统连接，实现对企业的业务真实性核验和自助开票，有效防范企业虚开增值税专用发票。

陆运帮网络货运平台如图 1 所示。

在陆运帮网络货运平台上，可以对物流流向与流动热门路线、空车分布、会员车辆硬件消耗等因素进行分析，结合社会热点事件预测各条路线的下期运力需求，通知相关物流环节提前做好运力准备，最终推动对流运输、循环运输、拖挂运输等合理运输模式的实现。整体而言，陆运帮网络货运平台的发展将大量降低公路货运行业的碳排放量，减少城市配货站数量，降低配货站对土地资源和交通资源的占用。此外，平台采用互联网 App 定位功能，对平台车辆实时定位和互动，能快速集结大量社会车源，在国家需要应急物流时，能快速响应和调度，完成救灾、救援等紧急物流运输任务。

陆运帮网络货运平台加强资源优化配置，运力分散是推进网络货运发展的关键难题，信息分散造成众多闲置运力和资源浪费，公司将加强与运输企业的联合，整合这些企业的干线、网点资源，高效整合货源和优质运力资源，优化运输路线，培育车队，加强车

图1　陆运帮网络货运平台

源、司机的标准化管理，提升运力资源优化配置，从而精确地满足货主需求。

由于汽车运输行业准入门槛过低，长期以来存在着行业集中度低，组织化程度弱，运输效率低下，有效供给不足等状况，经营分散，难以形成规模效应。

同时货运物流业缺乏运输担保机制，许多以挂靠形成规模的实际承运人发生事故后无力承担赔偿责任，实际承运人跑路事件时有发生，故对货主而言可选择的有效运输供给不足，并严重扰乱了市场的正常经营秩序。近年来，“互联网＋”技术与货运物流行业深度融合，针对上述行业现状和存在的问题，货运物流市场涌现出了网络货运平台等新的经营模式，形成新的业态。

陆运帮网络货运平台依据其网络货运资质，从其角色和业务需求实际出发，依托移动互联网等技术搭建物流信息平台，通过管理和组织模式的创新，集约整合和科学调度车辆、场站、货源等零散物流资源，有效提升运输组织效率，优化物流市场格局，规范市场主体经营行为，推动货运物流行业转型升级。

陆运帮网络货运平台从许可准入、运营监管、诚信考核、税收征管、运营服务等方面，根据无车承运人角色定位组织建设运营，使其成为具备能够连接货运产业链上下游，具有货源组织、信息交互和大数据处理能力，能够对货主和实际承运人负责，具有相应风险责任抵御能力的无车承运人，在市场竞争中将脱颖而出。

四、物流解决方案

针对广大物流企业面临的难题，陆运帮从产品部署、增值服务、营销助力等几方面为物流企业形成一套完整的解决方案。

（1）货主企业解决方案：针对货物运输全程盲点多的问题，陆运帮打通了厂矿无人值守过磅、加油站、ETC、车载可视、保险理赔等货车运输途中参与主体的消费场景，构建完整的货运服务生态，实现货主企业对货运业务的全程数字化管理。

（2）大型三方解决方案：针对物流企业管理难度大、成本高问题，陆运帮磅房软件+财务+承运三平台联动定制化为企业提供实际解决方案。运输业务通过承运平台管理，对货物进行实时跟踪定位，承运业务运营团队提供完整的产品运营指导及解决方案；厂矿无人值守管理平台为企业降低人力成本，可实现线上一键开票；财务系统追溯网络货运核心——数据真实性，并对企业进行对账管理，成本可控。

（3）卡车司机解决方案：针对车主找货难、恶性竞争等问题，陆运帮为车主提供货运服务平台——司机小程序，为司机快速找货、快速接单、快速结运费。同时，陆运帮通过一站式加油在线管理平台，为车主提供三大油品优惠服务，让车主快速搜索到附近的加油站，并资助下单，提供便捷支付服务。

（4）中小型物流解决方案：针对中小型企业有增值需求的问题，一站式加油在线管理平台提供一体化的司机解决方案，实现司机加油的线上管理和票油一致；一键获取ETC票，高效助力企业优化物流运输成本结构，提高企业运营效率。

（5）定制流程：与客户沟通需求，根据需求定制化开发产品功能，按需采购财税、车后、金融等增值服务产品；平台在推广、运营、财税等方面提供免费指导服务。

五、信息化效益分析与评估

1. 信息化实施前后效益指标对比

传统的物流行业存在着很多经营或者管理上的问题，如价格上的差异，管理上的混乱，车辆分散，货运行业参与者极其分散，产业链条长、环节多、流程效率低、成本高等现状。这些都会导致物流企业的效益降低。网络货运平台的诞生，使物流行业有了飞速变化，不仅保证了货物运输的高效流通，减少时间浪费及车辆空返率，促进货运行业的发展，还解决了货主找车难、司机找货难的问题。有云计算、人工智能等技术支持，网络货运平台可以更好地规范物流企业的收发货流程，让所有的运输信息都一目了然，减少了管理的时间，加快了企业的效率，进而实现降本增效。

2. 信息化实施的影响

陆运帮网络货运平台可通过App进行操作，财务、回单、代收等均可在手机上查询，流程一目了然，从而方便操作员随时随地掌上工作，对物流管理相关信息实时跟踪。平台对车辆进行了严格审核，只有通过平台要求审核过后的车辆和司机才能成为平台的承运方；平台还会对用户进行星级信誉管理，司机与货主双方可进行真实有效评价。

3. 信息化实施对提高企业竞争力的作用

陆运帮网络货运平台不仅解决了以往运输途中货主的疑虑，实时了解货物在途情况，还能解决车货不匹配问题，更好地提高车辆的利用率。传统物流企业转型网络货运，将大幅提升信息化管理能力。同时，通过与交通、税务部门的对接、数据交换，打破信息孤岛，实现对业务流程的全过程动态管控，助推物流企业成长为线下货物运输组织能力与线上平台化数据运营能力相结合的复合型企业。陆运帮通过信息网络、大数据计算、智慧管理、车货规划、税务优化等技术功能来提升物流服务品质，满足其时效、成本、便捷性等需求，提供定制化的运输服务，实现货源的集中分配，实现运输能力的统一和协调分配，实现物流系统的效益最大化。

六、陆运帮网络货运平台的建设思路及经验

陆运帮自创办以来，拥有稳定的客户群体和大量的货源信息。在获得“无车承运人”资质后，开发业务、拓展市场、树立品牌。陆运帮通过对实体资源的有效整合，实现线上与线下、虚拟与实体网络的有效结合，定位为煤炭行业、矿业所需的散货、零担货源，提供综合运输服务，逐步实现物流的网络化和规范化运营，在扩大行业影响力的同时，提高物流运作的整体效率与效益。

在实际运输过程中，陆运帮网络货运平台具备实际承运车辆位置轨迹跟踪和查询、大数据的整合和分析功能，此外，平台采用定位功能，对平台车辆实时定位和互动，提高了工作效率。同时，陆运帮网络货运平台加强资源优化配置，高效整合货源和优质运力资源，优化运输路线，培育车队，加强车源、司机的标准化管理，从而规模化、标准化及精确化满足货主需求。

七、经验体会、推广意义

（一）信息化实施的经验体会

1. 竞争方式的改变

在激烈的市场竞争中，将传统的物流服务模式转化提升为“链式”物流服务已势在必行，陆运帮网络货运平台在这种形势下应运而生。公司通过陆运帮网络货运平台为客户提供优质的运输和信息服务，将服务链条不断延伸，最终形成全程的物流服务。

2. 信息技术服务及应用水平的创新

陆运帮的研发与运营团队在不断解决问题的过程中，提高了专业性与服务意识。陆运帮从行业趋势、互联网技术应用及网络货运相关政策导向方面，一直坚持针对新问题开展业务培训，整体服务水平得以不断提升。

（二）推广的意义

陆运帮网络货运平台的建成和运营实践成果，打破了一些传统物流领域的商业模式，激发群体效应，逐步解决物流多层次需求与能满足需求的可选资源匹配之间的矛盾。平台的创新、高效的运营模式，将吸引更多的货主及实际承运人加入平台，助力业务运行模式转型升级，为社会经济发展提供安全、高效、绿色的物流运输保障；在为政府决策、企业应用提供大数据支撑的同时，也为行业向现代化迈进作出贡献，助力网络货运平台转型。

八、陆运帮网络货运平台下一步的改进思路

通过不断摸索、实践和学习，陆运帮对信息化的要求不断提高，对陆运帮网络货运

平台进一步升级与改进，并在总结经验的前提下将业务拓展至陆运帮旗下各所属公司。

（1）与优秀的网络开发公司进行合作，借鉴同类领先的无车承运人平台先进经验，依托互联网和物联网技术，进一步加强对陆运帮网络货运平台的后续开发与技术提升，加强平台的安全性，更加重视整个运输过程中各个环节的安全性、时效性，从而有效保护了货主权益。

（2）在运输业务的整个过程中，随着国家各部委相关政策的不断出台和完善，公司也会不断调整工作思路，紧跟政策导向，进一步发挥网络货运平台的优势，整合各种社会资源，促进网络货运业务的持续稳定健康发展。

阿帕数字 NTOCC 网络货运平台：打造数字物流发展引擎

一、企业简介

阿帕数字技术有限公司作为供应链解决方案一站式服务商，是国家高新技术企业，是华为的战略合作伙伴。公司建有 1 个省级智慧物流研发中心、5 个市级研发平台，拥有来自美国、印度的国际化团队，目前已申请 1 项国际专利、7 项国家发明专利，授权 6 项实用新型专利和 46 项著作权。

公司联合华为共同打造的“华为 & 阿帕智慧物流云”覆盖了采购、运输、仓储、终端四大领域，包含 32 款 SaaS 产品和 16 款解决方案。其中，智能装车、路径优化、智能分拣等模块已达到国际领先水平，目前已服务 10000 余家会员企业。

近年来，公司先后获得国家骨干物流信息平台试点单位、国家中小企业公共服务示范平台、商务部智慧物流配送示范单位等国家级荣誉 30 余项，获得山东省重点服务业企业、山东省优质品牌、山东省“一企一技术”研发中心、山东省中小企业“专精特新”企业等省市级荣誉百余项，进一步推动了物流行业标准化、智能化、数字化的建设。

二、行业发展背景

国内物流行业规模庞大，社会物流交易总额逐步增长，2019 年社会物流交易总额突破 300 万亿元，全国共有物流相关法人单位 40 万家左右，从业人员超过 5000 万人，货运卡车超过 3000 万辆。与庞大发展规模相比，物流行业整体运行成本与国外发达国家相比仍处于高位，行业整体表现出为“小、散、乱”的特点，物流中小企业受限于盈利能力、经营成本、专业人才等问题，难以规模推广新技术、新模式，行业整体数字化、智能化水平较低。

以道路货运行业为例，多数物流中小企业仍采用落后的经营方式，信息沟通效率低、车货匹配难、交易过程监管难、不同物流环节衔接难、货物追溯难等问题困扰着企业经营者，并进一步增加物流成本。2020 年新冠肺炎疫情的暴发，使物流业发展问题更加突出，行业亟须提高数字化、智能化、协同化水平，不仅需要提高日常状态下的物流效率，更要提高在重大事件发生时的应急能力。

三、网络货运经营企业发展痛点

2020 年 1 月，随着网络货运经营许可的全面放开，国内网络货运行业进入一个全新的发展阶段，越来越多的物流企业、平台企业以及制造型企业开始布局网络货运。网络货运是新形势下推动物流降本增效、促进国民经济发展的重要手段，但由于网络货运是一种全新的物流业态，多数具有从事网络货运经营意愿的企业在数字化平台搭建、业务合规、税务缴纳、数据安全、信用体系建设等方面仍存在困难，阻碍行业健康、快速发展。

（一）平台搭建

从事网络货运经营的企业必须拥有互联网信息平台，根据交通运输部《网络平台道路货物运输经营管理暂行办法》《网络平台道路货物运输经营服务指南》等规范、办法的要求，平台必须具备信息发布、线上交易、全程监控、金融支付、咨询投诉、在线评价、查询统计、数据调取等功能。

据统计，具有网络货运经营意向的企业多为物流企业或货运代理企业，在平台开发建设方面存在困难。此外市场上存在大量功能不完善、操作不简便、性能不可靠的平台产品，网络货运经营企业无法获得合规、实用的网络平台。因此如何确保真正具有货物运输经验、货运代理经验的物流企业和货运代理企业能够搭建或获得实用、先进、合规的网络平台，是当前网络货运开展的一大困难。

（二）业务及税务合规

网络货运前身为无车承运人，在网络货运放开申请前，交通运输部及各省市已开展三年“无车承运人试点”，通过总结220余家试点企业经营经验和业务模式制定了网络货运相关的经营管理办法和财税政策等。但我国物流相关法人单位有40万家左右，多数企业对网络货运、无车承运人的认识处于“空白”状态，对业务如何经营、财税如何缴纳等不了解，无法真正开展网络货运业务，更无法确保网络货运业务合法、合规，进而无法真正做到企业的数字化转型升级。

（三）数据安全与信用体系建设

网络货运平台依托互联网整合货源和车源，为确保业务的真实性和责任可追溯，通过网络货运平台开展业务的托运人和承运人必须实名制，并上传真实的身份、资质证明信息。同时随着业务展开，平台会产生海量的运单、资金流水等业务数据，如何保证平台信息安全，保障用户隐私信息及交易信息安全是影响网络货运经营的重要问题。此外，托运人和承运人通过平台线上交易，如何在发生货差、货损等事件时，及时、准确完成相关信息、责任追溯，建立诚信、公平的信用体系，同样影响网络货运的可持续发展。

四、从平台和政策着手，突破网络货运发展瓶颈

阿帕数字技术有限公司作为供应链解决方案一站式服务商，自2016年交通运输部开展“无车承运人试点”，至2020年交通运输部放开网络货运申请，公司紧跟国家政策步伐，持续研发符合政策要求和企业运营实际需求的网络货运平台。目前，公司网络货运平台已完成数十个版本的迭代升级，形成完善、先进的NTOCC（无车承运人）网络货运平台解决方案。

NTOCC 网络货运平台解决方案包含 1 个 ROMA NTOCC 业务中台，整车运输、仓配一体、零担快运、多式联运 4 套系统，融入了金融云、服务云、营销云、管理云、电商云、数据云 6 个套件，打造数字化供应链管理平台。

（一）架构灵活、降低企业平台搭建成本

NTOCC 网络货运平台的 ROMA NTOCC 业务中台提供开放式接口、ROMA 平台对接，能够独立灵活部署，支持多硬件设备、多系统平台、多业务场景打通，具有云部署、本地部署、混合部署等多种部署方式，降低企业使用成本，解决网络货运经营企业平台搭建难题。

（二）覆盖面广，满足不同类型企业需求

整车运输、仓配一体、多式联运、零担快运四大系统面向不同行业、不同类型企业提供个性化解决方案，适用于多种应用场景，满足不同企业信息化经营发展需求，促进全链条的时效提升、成本降低。

（三）功能完善，全方位服务及监控

平台包含金融云、电商云、服务云、营销云、数据云、管理云 6 个套件，具有云仓质押、运费赊账、线上采购、财务管理、库存管理、云端 ETC、物流朋友圈、营销推广、数据分析、决策支撑、合同在线管理、承运商管理、物流设施管理、客户管理等几十项功能，覆盖物流全业务场景，可为企业提供全方位服务。

NTOCC 网络货运平台以网络货运为核心，平台功能和服务流程严格按照交通运输部网络货运相关政策、法规开发，涵盖物流企业开展物流业务涉及的运输、仓储、配送、终端等供应链环节，帮助企业将供应链经营管理转移到线上进行。通过数字化、智能化平台和系统的应用，以云服务底层赋能，对物流企业传统经营方式进行信息化改造，提高企业经营效率和竞争力。

五、体会及经验

（一）注重企业实际需求，优化网络货运平台建设

网络货运平台建设应着重考虑用户的实际需求，在功能及服务流程满足国家政策、法规的基础上，强调平台的实用性和稳定性。在网络货运平台的建设过程中应进行大量的用户调研，了解真实的物流运作场景，并采用合理的信息化解决方案，将线下运作转为线上管理，同时保证流程减少，效率提升，真正实现降本增效。

（二）强化行业信用管理，降低中小企业经营风险

网络货运行业信用体系建设是行业发展的难点、痛点，由于行业信用体系及监管机制不健全，企业面临不同程度经营风险。NTOCC 网络货运平台应用区块链技术，对平台注册用户进行实名认证、证件审核，建立供应链不同企业、不同个体间的互识、信任机

制，对同一笔业务多方核验其真实性，保证从业者可查、业务合法，打造完善信用监管与评价体系，降低企业业务经营风险，助力企业健康发展。

(三) 建立网络货运生态，推动行业整体提质增效

网络货运不仅指单纯的信息中介和撮合交易，而且涉及供应链多个环节、多个主体。只有达到整体协同，才能实现供应链效率提升。公司网络货运平台以整车运输为核心，在进行信息发布、交易撮合的同时，提供司机审核、车辆审核、轨迹查询、资金管理、油卡管理、路桥费用管理、车辆修理等产业链全链条服务，围绕供应链企业建立网络货运平台生态，实现供应链业务线上整合、协同，推动供应链整体数字化水平的提高，助推行业转型升级。

河北安霖网络科技有限公司：安霖云智运网络货运平台

一、安霖网络科技介绍

河北安霖网络科技有限公司（以下简称“安霖网络”）的主营业务是设计实施行业、产业供应链布局及方案解决，致力于集团物流网络科技系统平台建设与运营，同时注意平台与各业务端口的接入与实施，不断完善网络系统布局，为企业及客户量身定做物流解决方案，切实为客户降本增效。

二、安霖网络所在地区产业概况

安霖网络所在地区产业经济总量向好、向高质量发展的趋势明显，在产业“减排降耗增效”绿色环保物流成为主题的背景下，安霖云智运网络货运平台（以下简称“平台”）可以有效解决地区产业物流运输成本高、周转效率低下、资源配置不合理等问题。

三、平台经营的产业链区位优势

1. 平台环境优势

以武安市为中心，在半径200公里内，有包括钢铁、焦化、电力行业的企业在内的大型生产企业80余家，形成了以煤炭、焦炭、铁矿、钢材等大宗物资为主的年运输量达3亿吨、产值300多亿元的物流运输网络。

2. 运输车辆集中

河北省为我国的钢铁大省，同样也是大宗物资运输大省。以武安市为中心，形成了以山西省煤炭东出、港口铁矿西进、企业钢材外运为主的闭环物流运输网络，闲散运输车辆达到10万余辆。

3. 区位优势明显

武安市地处晋、冀、鲁、豫四省通衢之地，是多个国家级发展战略区域的重要节点；距离黄骅港、天津港、曹妃甸港、青岛港、日照港和烟台港较近，紧邻青兰高速、107国道太行山高速；经邯长铁路，可与邯黄铁路、京广铁路接轨。安霖网络地理位置优越，是企业、港口及运输车辆的中间纽带，处于供应链上下游的核心位置，货运资源整合能力较强。

4. 多式联运将成为特色

无车承运人模式的发展势在必行，全国已建设了多种模式的无车承运人平台。未来无车承运人的业务模式更加多样化，多式联运将成为无车承运人业务拓展和竞争力提升的努力方向。安霖智运目前有铁路专用线 2 条，正在筹建中的有 7 条，铁路专用线至各工厂的终端配送也成为公路运输的突破点。

重点建设以业财一体化管理和人力资源管理为支撑，以供应链管理和保税物流为基础的“天网”“地网”两大平台，实现资源共享、智慧数据的大数据管理。“天网”即跨境电商和大宗商品交易电商平台，“地网”即网络货运承运和绿色城配平台。

四、平台经营功能架构

基础数据模块：该模块将会提供人、车基本信息的全面管理与认证，为业务开展提供数据支撑，同时预制多个字段用于后续业务的扩展。丰富权限管理体系，从功能、数据两方面实现权限的多层配置。加大证照档案的管理力度，提高平台用户的准入要求，为车辆的安全运输打下牢固基础。开发数据管理模块，实现数据的上传管理和监控。

货源发布模块：该模块主要负责发布货源，货源发布是无车承运人模式进行订单匹配的基础，从货源发布到业务沟通，再到订单状态跟踪，最终到支付，平台提供全过程的货源管理。通过大数据沉淀，平台从货源地区、货源属性、运输要求、价格智能计算等角度进行汇总分析，更好地为货主用户服务提供数据依据。

运输管理模块：该模块主要负责对运输过程的管控，通过多张业务单据的相互传递与交互，打通整个物流运输过程，通过应用现代信息技术，对运输业务和实际承运人车辆运营情况进行全过程管理。

调度模块：该模块负责对运输订单的调度、改派、多地卸货等业务的处理，通过灵活的软件功能，提高对复杂多变业务的处理能力。

智能交易撮合：通过应用半径搜索算法和区域划分法，实现车源、货源的智能撮合。

安全监控：该模块将会通过先进的互联网技术，从订单状态、车辆位置、运输轨迹等多方面进行运输过程的监控，运输过程完全透明化，面向社会提供人、车、货等的基本信息查询服务。

在途跟踪：通过车载定位设备，实时记录订单在途状态、运输记录等，保障货物安全。

会员信用体系：采用信用评价指标体系结构，结合多层模糊综合评价模型作为客户信用评价模型。

电子运单模式：提供电子运单服务，提高结算沟通效率和降低对账成本。

大数据分析：包括订单分析、运价分析、货源分析、车辆分析、网点分析、运营分析、渠道分析、物流分析、营销分析等，充分运用大数据分析来优化业务流程。

五、平台经营战略目标

安霖网络以引领地区物流产业供应链发展为己任。通过平台，让客户端与终端高度互动，力求打造成大、中、小型运输车辆的订单处理中心，建立晋、冀、鲁、豫地区的钢铁原材料物流贸易枢纽。

平台以地区大宗物资运输为基础，连接上游企业运力托管结算平台，形成庞大的业务资源池；通过自建运力资源牵引平台，汇集下游社会运力资源上线运行，形成与业务资源池相配置的运力资源池。建立“物”与“流”汇集的网络货运平台，需要同时融合技术研发、平台运营、汽车贸易、汽车租赁、汽车托管、维修保养、油气供应、金融保险、ETC、电子支付等后市场金融服务于一体的平台经济。阶段打造成为以周边六大港口为支点，辐射整个中原地区的高度专业、开放共生的网络货运生态圈，并逐步做大做强，最终成为国内产业链布局完整、信息化技术水平先进、具有行业影响力的网络货运平台。

六、平台经营实施方案

平台通过大数据和云计算分析实现要素资源的精准配置、科学组织及合理调度，汇聚物流信息。打造网络货运全产业链一体化管理模式，引流汽车贸易经营消费转入平台资源注册挂靠，开发上游企业客户汽车租赁业务并配套实施车队、车辆托管，为汽车后市场布局，开创物流金融、金融保险、金融投资综合运维理念。

平台的四个业务板块分别为网络货运、汽车汽贸、运输业务、金融投资。网络货运板块主要营收来源为运输业务服务收入，依托平台统筹货物承运人，通过财税进销、政府财税返还等方式创收；汽车贸易板块主要营收来源为信息服务收入，通过汽车周边服务引导车辆所有者到平台注册登记并上线运输，吸引有条件的企业和个体司机全款或按揭采购车辆，建立用户与平台依存关系，增强用户黏度；运输业务板块主要营收来源于货运业务转化收入和汽车后市场收入，如加油加气站、维修场站等企业合作返利；金融投资板块通过供应链金融服务创收，如融资保理、车险服务等。

由于平台初期业务布局稳健，同时信息技术水平、企业人员配置限制，2020 年起以网络货运板块为主营业务。

七、平台经营状况

安霖网络以业务为导向，大力拓展订单资源池，以此拉动平台用户注册，投资建设的网络货运平台上线运行仅有一年多的时间，累计运单流量达 156000 单，平台注册用户在线车辆达 5000 辆。

八、平台运营成果

平台运营解决了地区钢铁企业和物流企业的管理难、成本高、找车难的问题，同时解决了社会车辆所有者普遍存在找货难、结算难的问题。安霖网络从一开始就按照无车承运人试点，参照成功的试点企业，结合《网络平台道路货物运输经营管理暂行办法》，严格按照要求的八大服务功能，执行网络货运平台运营。结合地区钢铁物流产业特点，致力于解决个体用户的后顾之忧，设法为上游企业客户降低物流成本的同时，提高运输效率。平台导入海量的订单，对上游企业而言，平台此时作为托运人规范运营担保交易，大大增强了司机对平台和客户订单的依赖，搭建了平台上下游高效的互动关系，创造了业务黏性。安霖网络从一开始就结合行业趋势及企业内部需求，打破原有的货物交付三方企业承运商的模式，逐步探索平台作为业务抓手承载社会化个体运营的潜力，大大提高了车辆周转量，增加了司机的收入。

九、平台运营成果内容

平台致力于服务社会运力，以降低物流成本为宗旨，探索新的发展模式，结合市场需求，由信用初建时的抢单模式，逐步转为平台车辆司机依存度高、信誉度高的固定合作模式，大大提高平台匹配和运营效率。通过多种相对稳定的平台合作关系和接单分配模式，在任务执行环节提供 GPS 定位、智能语音播报等提醒功能，为货主提供精准的运输轨迹可视化服务；在财务结算环节，提供便捷的操作模式，支持现金、油卡、ETC 等多种结算模式，支持线上对账、线上付款，杜绝线下不良交易。

安霖网络在平台发展的过程中，不断加强运营标准化、操作培训体系的建立，做到平台操作线上化、标准化操作，并通过线上及线下实地培训，提高业务操作人员的专业性。为确保平台的稳步运营，设立系统研发、网络安全、财务结算、客服、市场推广、运营等部门。

在人才保障方面，实行“引进来、走出去”的方案，“引进来”主要是引入外部的优秀平台经验人才，“走出去”主要是加强外部学习及培训，通过这个方案激发全员创新能力，储备人才梯队，提升人员专业能力。

十、实施效果

（1）平台实施一年多，综合降低企业物流运输成本 6%，运营成本降低 3%，解决近 4300 名个体司机“游击作战”“无依无靠”的问题，为货主节约 700 万元的物流成本。

（2）系统已实现货主端、平台后台管理系统、司机端 App 建设，货主端可支持货主在线创建运单、运单支付、异常处理功能。

（3）平台后台管理系统可支持运单审核、运单分配、轨迹监控、财务数据管理（应收账款、应付账款）、异常管理、账户管理、货主审核、司机审核、风控管理的功能。

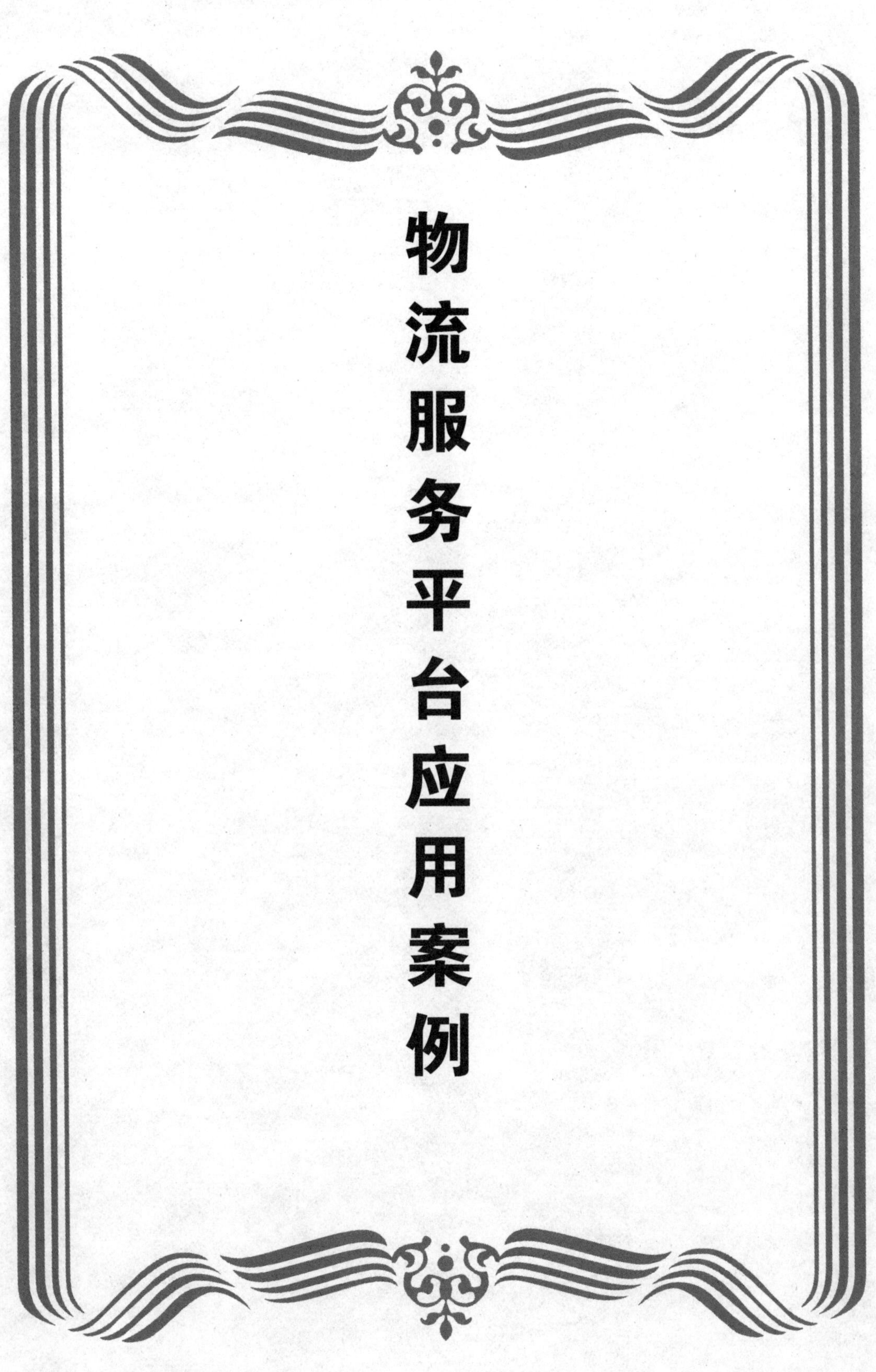

物流服务平台应用案例

上海文景信息科技有限公司：长江三峡枢纽港区多式联运创新服务平台

一、项目开发及应用单位简介

（一）项目开发单位简介

上海文景信息科技有限公司（以下简称“上海文景”）是一家高新技术企业，成立于2012年，专注于智慧物流领域信息化建设，为各类港口、场站、国家物流枢纽提供一站式智慧物流信息化解决方案。公司坚持走自主创新之路，全部产品均为自主研发，主要包括：多式联运、智慧港口、智慧物流等方面的软件产品系列。作为国内首批提供多式联运解决方案的IT服务商，上海文景的软件产品和解决方案在全国多个省市的数百家物流企业（包括多个世界级港口：上海港、宁波舟山港、深圳港、广州港、青岛港、天津港）得到成功运用。

上海文景与中国国家铁路集团、中国交通通信信息中心、华为、中国移动、腾讯、顺丰、中远海运等知名企业，以及中国科学院、上海交通大学、上海大学、上海海事大学等高校和科研院所建立起长期战略合作，先后完成上海市信息化发展专项、上海市科技创新行动计划等多项重点科研项目，荣获上海市科技进步奖等多项荣誉。

（二）项目应用单位简介

宜昌白洋港集装箱有限公司是宜昌市交通投资有限公司子公司，是一家主要负责宜昌白洋港作业区的投资、建设及运营管理工作的综合性运输企业，是三峡枢纽港的坝下第一港口集装箱运营商。作为宜昌白洋港的经营主体，其目标是将宜昌白洋港的港口营运模式由传统作业朝着“生态港、智慧港、绿色港”的高质量发展创新转型。

宜昌市交通投资有限公司是宜昌市委、宜昌市政府确立的三峡综合交通运输体系和三峡翻坝转运体系的投融资主体和建设运营主体。目前直接控制长江宜昌段232公里岸线资源，管理24个5000吨级泊位，开发13平方公里综合物流园区，构建了“港口物流、保税物流、航空物流、智慧物流、商贸物流、汽车物流”六位一体的综合立体大交通、对外开放大通关、跨区合作大平台的三峡现代物流产业发展新格局。

二、项目背景及意义

宜昌白洋港是长江经济带建设重点支持项目和三峡翻坝转运体系关键节点项目，属于长江三峡枢纽港区，位于三峡大坝下游，与上游的茅坪港共同形成“两坝、两翼、两港”为核心的三峡翻坝物流转运体系，上控巴蜀，下引荆襄，岸线规划2.5公里，远期建设24个泊位。宜昌白洋港主要为长江三峡水运通道和宜昌高新区白洋产业园服务，重点发展集装箱、商品汽车、散货、件杂货等综合功能，承担三峡翻坝转运体系坝下集散中心、宜昌港集装箱运输中转核心区、大型商品汽车仓储分拨中心等作用，具备临港产业、现代物流、高端商务、综合保税等多种业态。

宜昌港集装箱年均过坝运量约90万标准箱，虽然仅占过坝物流量的10%，但其价值可达到过坝货物价值总量的50%。然而，随着近几年长江航运的发展，三峡大坝的通航能力提前达到极限，快速增长的过闸需求与三峡船闸通过能力不足之间的矛盾日益凸显。

2018年4月，习近平总书记来宜昌考察时批示：要从综合交通运输体系全局出发，解决长江航运三峡船闸“肠梗阻”问题。为了解决这一问题，是建设第二船闸，还是通过陆/铁路转运，两种方案一直存在争议。修建第二船闸耗资巨大（成本预计400多亿元）、建设周期长（预计10年）；因此，通过公路转运和铁路转运形成高效的多式联运物流体系是目前解决这一瓶颈的最优途径。

在信息化建设方面，由于宜昌市的港口各作业单位信息化程度较弱，导致日常作业生产依靠人工协调管理，业务协同性较低；缺少在线受理、预约服务窗口，客户服务水平较低；缺少对港口业务的有效跟踪与管控，没有准确、有效的数据分析支撑管理决策。

本项目“长江三峡枢纽港区多式联运创新服务平台”正是在这样的背景下孕育而生，立足长江三峡核心枢纽港区，以宜昌白洋港为切入点，构建线上信息平台与线下运营平台于一体的一站式多式联运创新服务平台，通过大数据、云计算、移动互联网、物联网等现代化信息技术集成应用创新，打通港口物流供应链中各协作单位的信息互联通道，实现从发货人委托出运、到收货人确认收货全程物流的可视化跟踪，率先实现长江三峡核心港区多式联运高效协同与一站式信息服务共享，为高质量推进宜昌建设港口型国家物流枢纽、破解长江三峡物流“瓶颈”、释放东中西部经济发展潜能作出了重大贡献。

三、项目创新示范内容

（一）服务模式创新

1. 传统模式

传统模式下，运载着货物的集装箱船舶通过长江航道来到三峡大坝坝上水域后，需要停泊排队等待过闸。早在2011年，三峡船闸双向过闸量突破1亿吨，提前19年达到设计通过能力；2016年，三峡船闸在无计划性检修停航、无长时间持续大洪水影响的满负荷运行情况下，只能达到1.3亿吨的通过量峰值，而船舶过闸需求依然保持每年近10%的增长速度，2019年过闸通过量达1.46亿吨，通航能力缺口不断加大。

在原设计方案中，三峡船闸每年的正常通航天数在320天左右，而现在几乎维持在全年运行；如遇上船闸检修，检修期间船闸通过能力将缩减五成，大量船舶排队等待，通航工作面临严峻考验。而且在传统模式下，港口各单位信息化程度较弱且互不联通，低效的作业模式和信息传递模式导致船只过闸等待时间过长（平均5～8天、最长45天），成为制约长江黄金水道发展的“老大难”，亟待改进。

2. 创新模式

本项目因地制宜，基于对宜昌白洋港各单位物流作业与信息化状况的深入调研，有助于打造独具长江三峡核心港区特色的“水公水”多式联运服务新模式，助力长江三峡枢纽“大分流、小转运”多式联运示范工程进一步落地。

“大分流”主要针对水公（铁）联运而言，是指上行货物通过长江航道从下游上溯至宜昌白洋港上岸，而后通过公路（铁路）运往周边或西北和西南内陆；或者上游货物通过长江航道下行抵达茅坪港，而后通过公路（铁路）运往周边或华南、华中和华北。

“小转运”是在保障经济性和时效性的基础上，针对水水（过驳）运输和商品车滚装运输，滚装汽车或集装箱通过在坝上坝下进行大船换小船实现快速转运，或是滚装汽车到达坝上茅坪港后直接通过疏港公路驶入坝下宜昌白洋港再上船，减少中间环节和成本。

本项目通过大数据、云计算等多种现代化信息技术集成应用创新，实现了港口物流供应链上港口、水运、公路等多种运输资源的高效整合，助力解决长江航运三峡船闸“肠梗阻”（尤其是船只过坝等待时间过长）问题，更通过标准化、统一化的数据规范将信息资源要素进行组合，实现了“水公水”多式联运物流全程可视化跟踪。本项目还创新提出了公路自动化转运模式，通过平台智能派发指令给车队司机，司机接单后直接去指定地点提箱，实现了公路运输资源的自动转运调度……凡此种种，助力三峡枢纽集装箱“水公水”翻坝转运新模式成功落地，全面提升了三峡翻坝过程中多种运输方式间的高效协同和整体作业效率，填补了国内相关领域的空白，起到先行示范作用。

（二）技术集成应用创新

1. 基于大数据的平台架构

本项目拥有强大的大数据平台作为数据处理、集成、服务支撑，能够实现多维度精细化的统计分析，秒级数据处理速度以及实时采集建模，并支持私有化部署。通过预处理、存储管理、大数据分析挖掘、大数据安全和大数据可视化等技术手段，实现了多式联运业务中各环节参与单位间的作业动态共享和高效协同，构建起一个跨系统、多元异构、实时联动的大数据服务平台（见图1）。

2. 基于云应用的使能平台

本项目采用云应用的虚拟化技术，将硬件、平台和应用进行虚拟化，将可伸缩、弹性、共享的物理和虚拟资源池以按需自服务的方式供应和管理，并提供网络访问的模式，充分整合和高效利用计算和存储资源，实现优势互补，提高了部署的灵活性（见图2）。

3. 基于微服务的EDI/API数据交换中心

本项目利用互联网技术，联通宜昌白洋港各个码头，打造了港口网上营业厅，实现了各码头业务网上办理，同时支持与中远、民生等船公司系统对接、与外部车队的拖车系统对接及与海关系统的对接，使现有信息流动标准化、规范化和自动化，实现了多式联运平台内部之间以及与外部单位系统之间的数据互联互通（见图3）。

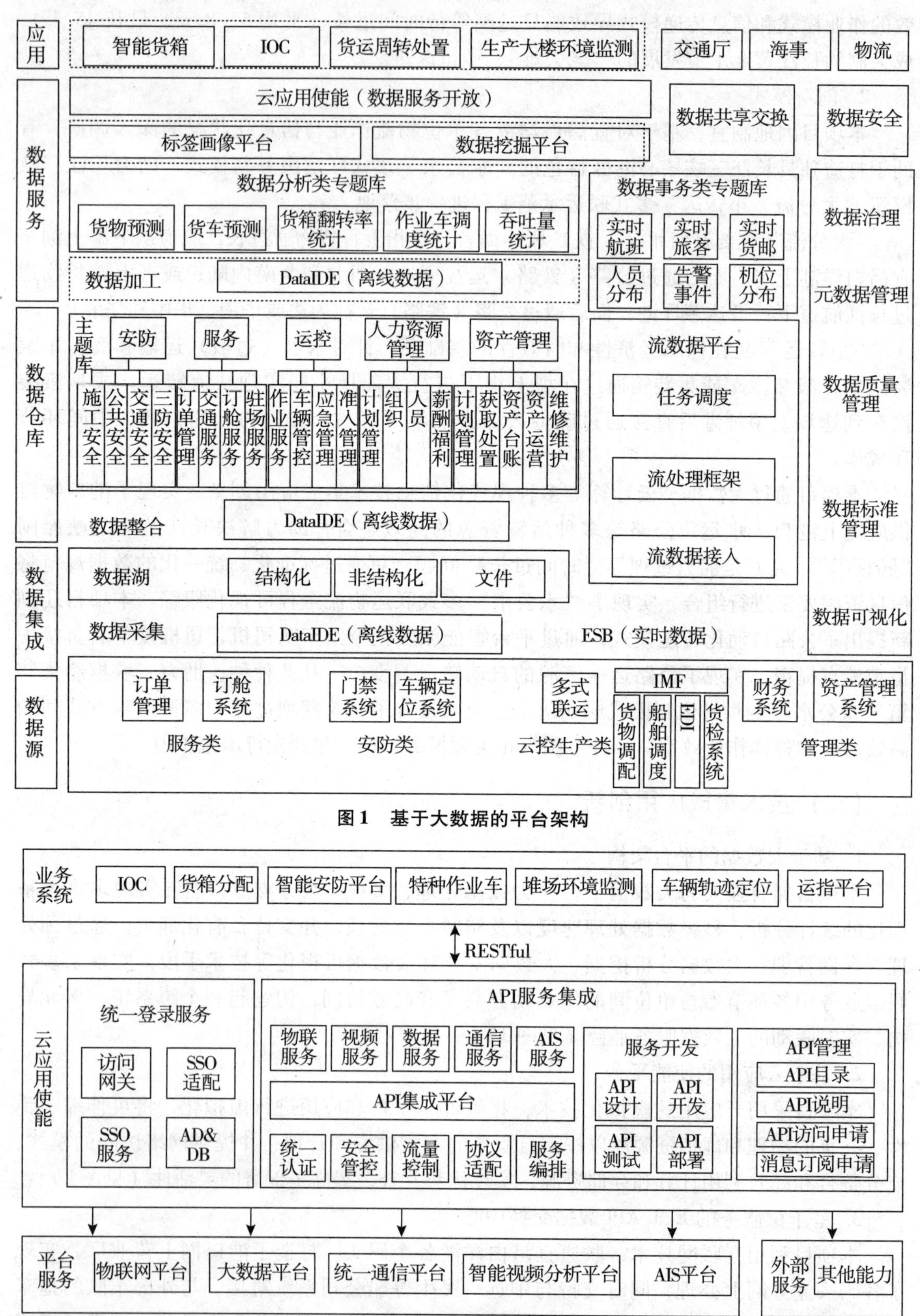

图1　基于大数据的平台架构

图2　基于云应用的使能平台

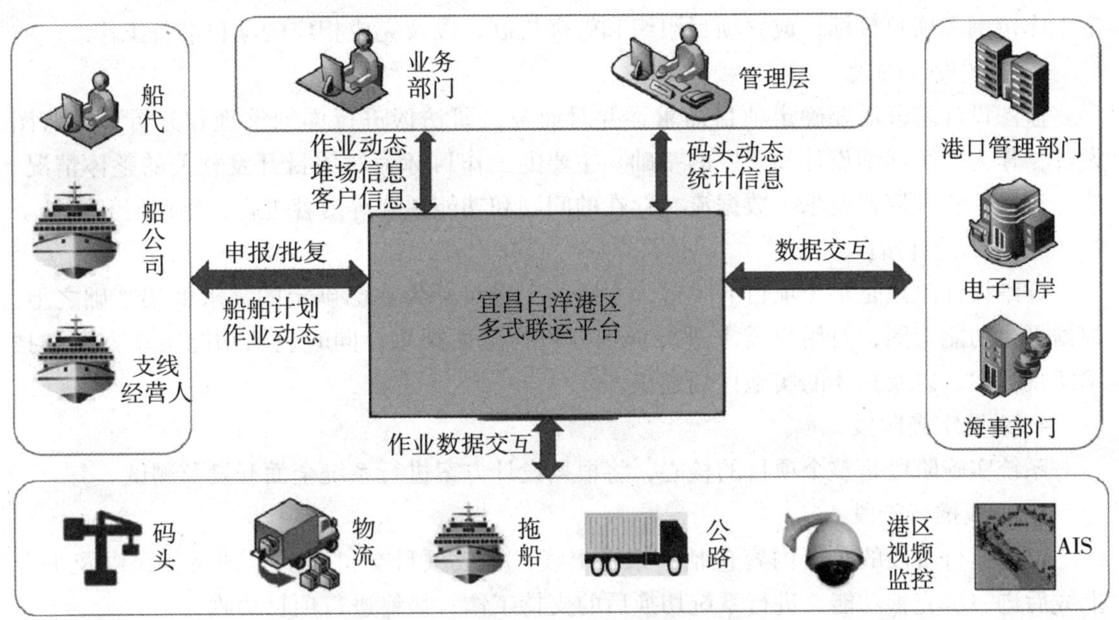

图 3　基于微服务的 EDI/API 数据交换中心

四、项目建设与实施

（一）建设阶段

宜昌白洋港区多式联运平台建设期主要集中在 2018 年，包括项目准备、蓝图设计、详细设计、系统实施、上线推行五个阶段（见图 4）。

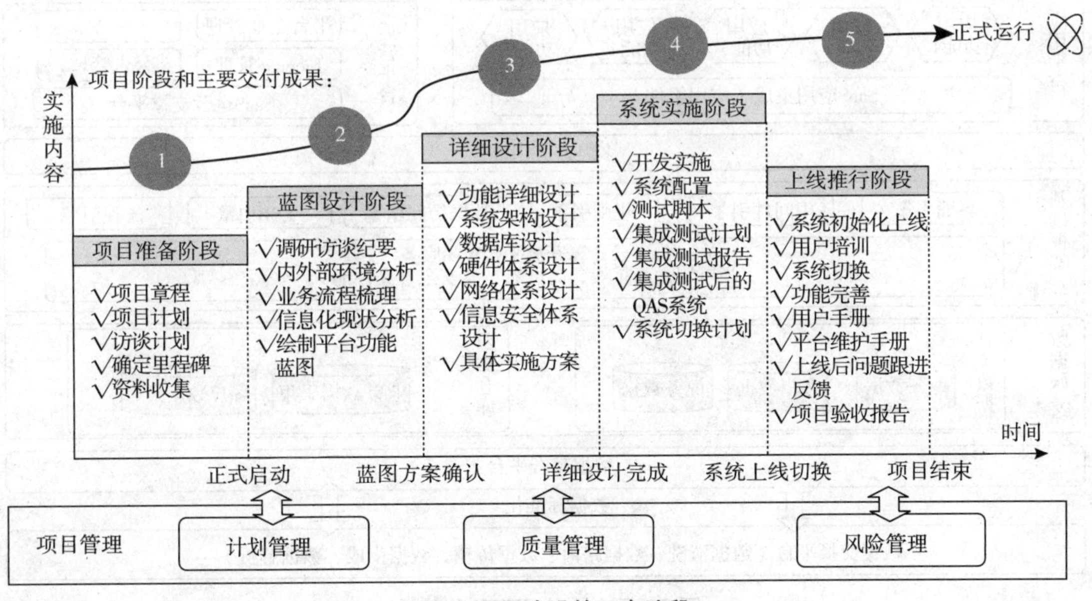

图 4　项目建设的五个阶段

1. 项目准备阶段

项目准备阶段是整个项目工作的开始，主要的工作目标为获取客户的需求信息，确定工作范围和项目目标，成立项目组织和管理机制，以及完成相应的项目准备工作。

2. 蓝图设计阶段

蓝图设计阶段需要确定项目需求，并对业务调研访谈进行详细整理和分析形成蓝图设计，作为系统详细设计和开发的基础。主要的工作目标为对项目开发相关的整体情况、业务流程、管理模式要求、数据流、存在的问题和功能预期等内容进行完整调研和确认。

3. 详细设计阶段

详细设计阶段是整个项目的关键，主要的工作目标为在已确定的需求框架基础之上，根据平台功能蓝图，对用户需求进行详细分析与全面规划，同时包括功能实现方案和技术实现方案，以及具体的实施计划建议。

4. 系统实施阶段

系统实施阶段是整个项目的核心，将根据设计方案进行系统全面开发及测试。

5. 上线推行阶段

上线推行阶段的主要内容包括：系统上线，完成项目交付前的全部工作，以及平台上线后进一步完善功能，进行系统切换后的支持工作，最终进行项目验收。

（二）技术框架

本项目平台采用 B/S 模式，界面友好、美观。使用 C#语言开发，整个平台采用 MVC 框架，前端 UI（用户界面）采用 EasyUI 框架，交互采用 HTTP 协议。微信移动端可使用混合模式开发，降低 Android 与 iOS 两种操作系统的开发复杂度。

平台主体框架总体架构如图 5 所示。

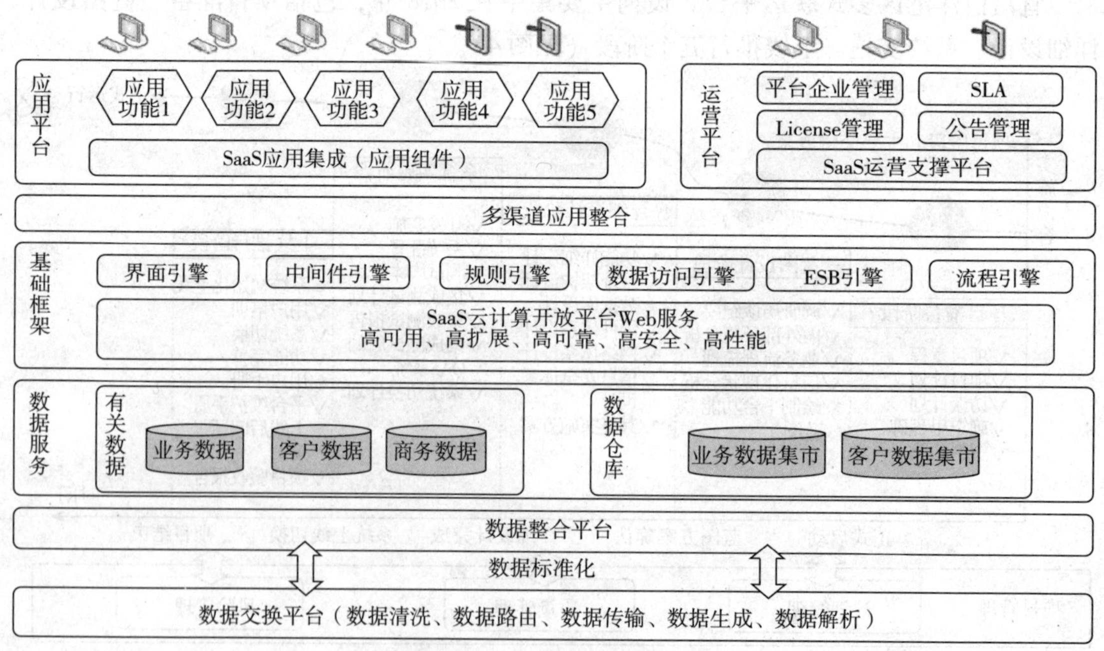

图 5　平台主体框架总体架构

本项目平台采用分层、组件化的设计理念进行架构设计，整体架构提供清晰的职责划分，不同的职责由不同的服务或组件实现，同时支持水平和垂直扩展，从而满足将来业务需求增长的需要。

（三）核心功能

本项目平台由客户一站式服务平台、多式联运业务协同平台、多式联运业务处理平台、大数据平台、多式联运智能支撑平台、基于微服务的EDI/API数据交换中心多个子系统组成（见图6）。

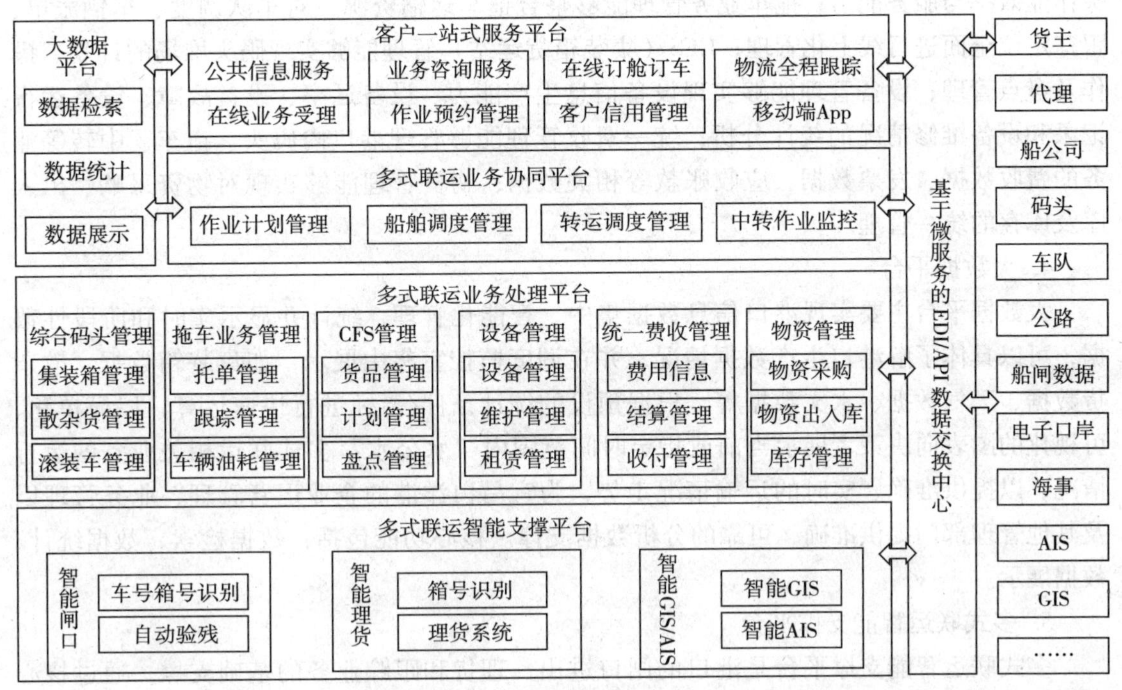

图6 平台的核心功能

1. 客户一站式服务平台

客户一站式服务平台可为物流客户提供公共信息服务，通过统一的一站式服务窗口，满足客户对物流业务的各种信息交流、跟踪、咨询及业务受理等需求，实现物流业务的在线咨询、受理与订单跟踪，提高客户服务能力与公司整体社会形象。核心功能包括：公共信息服务、业务咨询服务、在线订舱订车、物流全程跟踪、在线业务受理、作业预约管理、客户信用管理、移动端App等。

2. 多式联运业务协同平台

多式联运业务协同平台旨在为用户提供业务在线协调与“水公水”多式联运协同管理，整合了港口集装箱信息资源，使涉及驳船中转作业相关物流单位实现信息共享，解决通航之困；同时，在转运业务统一调度下发布完整、全面的集装箱中转作业信息，从根本上解决目前集装箱中转作业体系中存在信息不畅等问题。核心功能包括：作业计划管理、船舶调度管理、转运调度管理、中转作业监控。

3. 多式联运业务处理平台

多式联运业务处理平台是全面支撑多式联运业务处理、业务对接的重要子平台，核心功能围绕六条主线展开：综合码头管理、拖车业务管理、CFS 管理、设备管理、统一费收管理以及物资管理。

综合码头管理是业务处理平台的核心建设内容，能够对集装箱、散杂货、滚装车等多货态业务的进、出、装、卸、移等码头业务生产操作实行计划、调度与全程监控，在线对业务受理、计划调度、作业执行、资源分配、费收结算等多方面内容进行集中管理，实现码头泊位资源、堆场资源、工班资源以及机械资源等的统一调度分配，全面提升码头作业效率与服务能力；拖车业务管理能够整合拖车运输资源，对车队调度、车辆派单、跟踪定位全面进行线上化管理；CFS（集装箱货运站）管理能够实现码头堆场的计划、操作及盘点管理；设备管理能够实现设备信息生产能力、设备运率、设备故障、设备运行记录和设备维修情况的统计分析；统一费收管理能够管理港口内码头、拖车、中转等业务的费收数据、发票数据、应收账款等相关数据；物资管理能够实现对物资采购、出入库及库存的统一管理。

4. 大数据平台

大数据平台主要实现港口信息数据集中、智能化管理，统计并显示实时和阶段性数据，可以具体了解港口生产数据情况，并在调度监控室集中展示，如集装箱数据、散杂货数据、天气数据、水文数据等，根据预设的统计条件/指标进行快速运算，以简单化、可视化的图表向决策者展示当前或指定时间范围内“水公水”多式联运相关业务的运行情况，以提供准确、实时的运输情况走势，为宜昌白洋港的企业运营管理、业务管理以及其他管理部门提供准确、可靠的分析数据支撑。核心功能包括：数据检索、数据统计、数据展示。

5. 多式联运智能支撑平台

多式联运智能支撑平台是港口的闸口进出、理货和跟踪业务的基础支撑，通过核心控制系统控制关联设备的工作，自动识别车号和箱号，实现现场无人作业。智能闸口能够将 OCR（光学字符识别）、LED（发光二极管）、EDI（电子数据交换）和实时控制等先进技术予以有机结合，对识别出来的信息按监控及操作需求进行转换，从而实现与码头管理系统、海关信息平台等的实时交互；智能理货能够对识别的信息进行自动传输和记录，代替人工进行更为精确的理货作业，提升岸边理货工作的安全性；智能 GIS/AIS 融合智能跟踪定位技术，通过船名、呼号、船舶识别码等信息查询船舶的定位和历史轨迹信息。

6. 基于微服务的 EDI/API 数据交换中心

基于微服务的 EDI/API 数据交换中心通过统一的数据接口，能够处理宜昌白洋港区多式联运平台内部之间以及与外部单位系统之间的数据互联互通，尤其是能够打通港口上下游各相关码头信息交换渠道，支持平台与中远、民生等船公司系统，与外部车队的拖车系统，海关、海事、电子口岸等系统的高效、无缝对接。平台能够实现数据采集、数据汇总、数据分发、数据更新通知、数据转发、数据转换，支持实时、定时、按需的数据交换方式，支持多种数据源，提供身份验证、用户授权、传输加密、数据完整性、数据可信性、数据有效性，支持数据分段传输、数据压缩/解压缩、数据缓存等服务。

（四）项目难点及解决方案

在业务方面，本项目在推进过程中，由于宜昌白洋港地理位置特殊，造成了其特有的翻坝业务模式，与其他海港及河港的业务流程存在较大差异：不仅转运环节多，而且多式联运的运输组织和业务流程复杂，与常规标准化的系统功能模块差异较大。

本项目在进行系统规划前，针对宜昌白洋港的业务进行了深入、全面调研，总结三峡翻坝业务流程的特点、各相关作业单位的数据流向以及生产作业层、运营协调层、管理决策层等不同类型人员对于信息化管理的需求。在经过多次联合会议沟通确认后，提出了针对性的业务流程和蓝图规划方案并进行详细设计，根据“水公水”翻坝转运新模式，对系统模型进行大量调整，提出了针对长江三峡核心港区的多式联运业务平台蓝图，确保平台功能符合宜昌白洋港实际业务需求。

在技术方面，由于长江三峡“水公水”多式联运业务模式涉及众多业务操作单位，而各单位的业务数据均存储在不同信息系统中，数据格式和数据标准均不同，为平台的业务数据对接和共享带来难题。

本项目经过与相关单位进行大量沟通与调研后，为宜昌白洋港量身打造了基于微服务的EDI/API数据交换中心，通过统一标准化的数据接口规范（RFC、ID OC Adaptor、Web Service等）来实现港口与各业务单位系统间的数据传递，接口数据格式上兼容EDIFACT、XML、JSON等主流数据格式，确保全面获取所需数据。通过数据交换中心的建设，彻底打通数据交换渠道，实现了宜昌白洋港“水公水”多式联运业务数据的高效、实时互联互通。

五、项目效果

（一）技术驱动，解决业务痛点

通过本项目平台的建设，利用大数据、云计算、移动互联网等先进信息技术，提出并实现长江三峡核心港区“水公水”多式联运创新服务模式，带动流程再造、突破瓶颈和创新发展。

平台上线前：报表需手工输出，工作量大；指标取数没有实现自动化，依赖人工，往往不及时、不精准，容易导致业务场景管理漏洞和管理风险等。

平台上线后：实现了信息采集标准化、事项处理流程化、业务协同自动化、管理工具表单化、分析决策智能化，高效解决业务痛点，整体作业效率和管理效果大幅提升。

（二）流程再造，提升业务绩效

长江三峡“水公水”翻坝转运新模式启动后，极大缩短了运输时间。集装箱到达宜昌白洋港后，通过公路运输先后绕过葛洲坝、三峡大坝，再搭乘货轮回归水路，从茅坪港发往长江上游。通过宜昌白洋港区多式联运平台打通“水公水”多式联运信息共享渠道，实现了港口物流供应链上各环节业务高效协同，尤其是推动宜昌白洋港“水公水”翻坝转运新模式落地实行，大幅提升港口整体作业效率，集装箱由过闸改为翻坝后，从过去的3天以上压缩至24小时以内。2019年共有1239.3万吨货物选择了这种翻坝业务新模式，“水公水”成为长江三峡核心港区商品车、集装箱运输的新选择。

（三）服务提升，增强竞争实力

本项目通过构建一站式在线客户服务窗口，联通多式联运物流各环节单位的作业动态，平台用户无须登录其他平台即可实现多式联运信息一站式全程服务，物流数据准确、操作简单便捷，极大提升了港口的对外服务能力，为港口品牌打造、港口综合实力提升形成强大支撑。

以“水公水”多式联运平台为抓手，未来宜昌白洋港将更易于对接重庆果园港、武汉阳逻港、上海洋山港，积极融入西部陆海新通道建设，加快完善三峡枢纽多式联运体系，为货物快速翻坝提供更完善的方案，加快宜昌市的港口型国家物流枢纽建设，共建交通更顺畅的长江黄金经济带。

六、项目优化及推广

（一）项目经验总结

通过本项目的建设与运行，打通了港口业务经营与管理壁垒，在提高效率、规范管理、推进改革、增加效益等方面发挥了有力作用，同时项目组也充分体会到信息化与业务深度融合的重要性。

（1）业务需求理解是信息化建设的基础与前提。

（2）业务流程梳理重塑是打造工作标准化的核心。

（3）业务数据标准化与无缝衔接是业务高效协同的支撑。

在进行信息化实施前，必须对应用单位业务和信息化需求进行充分、深入了解，切忌生搬硬套。信息技术是工具和管理手段，工具本身不产生价值，但是信息技术与业务深度融合后，体现先进的管理思想才能够真正解决业务痛点，为企业创造价值。

（二）下一步优化方向

1. 进一步推进江海铁公多式联运物流信息化

目前平台初步实现了宜昌白洋港“水公水”多式联运信息化，尚未将铁路相关业务和业务信息进行接入，为了全面构建三峡枢纽白洋港集装箱多式联运物流体系，下一步计划梳理水铁联运业务流程，接入铁路数据，为江、海、铁、公多式联运物流信息化打下基础，全面打造以江南、江北翻坝高速，坝上茅坪港、坝下白洋港，以及茅坪、白洋疏港铁路为主要内容的三峡多式联运翻坝转运体系。

2. 推进港口物流从传统物流向智慧供应链物流蜕变

以宜昌白洋港区多式联运平台为基础，将物流信息服务延伸至仓储、贸易、供应链金融等领域，并将平台大量交易数据与银行、保险、保理等机构合作，通过大数据等信息技术构建风险控制模型，为用户提供安全可靠的供应链金融服务。此外，通过与综合物流园区业务进行对接，进一步扩大港口多式联运业务链条，推进港口物流从传统物流向智慧供应链物流蜕变。

（三）项目未来推广方向

在“水公水”翻坝转运新模式基础上，宜昌着力构建江海铁、江海公、水水（过驳）等其他联运模式，成功开辟了以宜昌为中心辐射全国的5条示范线路，计划打造氧化铝进疆、北粮南运西进、粮肥互换、商品车滚装翻坝、升船机翻坝等特色品牌，在探索第四方物流模式、全程物流+贸易、重进重出、同船转运和优化过闸模式等方面进行了尝试。

本项目平台成功上线运行后，通过业务模式与数据资源整合，下一步将在总结宜昌白洋港多式联运信息化建设成功经验和方法的基础上，进一步推广应用于茅坪港、七星台港等其他三峡地区物流枢纽的江海铁、江海公、水水（过驳）等各类多式联运业务，助力宜昌市成为国家资源配置中心，支撑我国东中西部、南北各区域板块联动、推动长江经济带高质量发展，更好地响应“一带一路”倡议、新一轮西部大开发、西部陆海新通道以及长三角一体化发展。

中远海运物流有限公司：港航通内贸港口数字化服务平台

一、应用企业简介

中远海运物流有限公司（以下简称“中远海运物流”）隶属于中国远洋海运集团有限公司，由中国远洋物流有限公司、中海集团物流有限公司和中海船务代理有限公司重组整合而成，于2016年12月21日正式挂牌运营。2017年9月18日，中国外轮理货总公司整合并入中远海运物流有限公司。

中远海运物流是居中国市场领先地位的国际化物流企业，在项目物流、工程物流、综合货运、仓储物流、船舶代理、供应链管理、理货检验等业务领域为国内外客户提供全程物流解决方案。

中远海运物流在中国境内30个省、市、自治区及海外17个国家和地区设立了分支机构，在全球范围内拥有500多个销售和服务网点，形成了遍及中国、辐射全球的服务网络系统。

二、主要问题

按照党中央、国务院关于全面深化改革和清理规范涉企收费、减轻企业负担的总体要求，交通运输部会同国家发展和改革委坚持标本兼治，促进港口物流降本增效。一是深化港口价格形成机制改革：交通运输部会同国家发展和改革委制修订《港口收费计费办法》，放开了竞争服务性收费，降低了收费标准，减少了收费项目，从45项大幅精简合并到17项，督促港口企业严格执行收费政策，规范收费行为。二是清理规范水上涉企收费：建立实施了港口收费目录清单制度和公示制度，清理规范水上涉企收费工作成效显著，取消了船舶港务费等8项水上涉企行政事业性收费，清理规范了港口经营服务性收费，督促班轮公司调减了涉及码头作业的海运附加费。

2016年5月9日，国务院召开全国推进放管服改革电视电话会议。中共中央政治局常委、国务院总理李克强发表重要讲话。李克强总理在《政府工作报告》中提出，持续推进简政放权、放管结合、优化服务，不断提高政府效能。2017年4月以来，国家发展改革委会同交通运输部加强了港口收费监管和反垄断执法调查，2017年11月，国家发展改革委发布港口反垄断调查情况，要求39个港口自查。反垄断部门要求相关港口立即进行全面整改。

基于以上背景，2018年10月，神华黄骅港务有限责任公司全面放开了黄骅港船舶服务市场。市场的开放，直接导致短期内涌入大量服务参与方，从而使港口服务、管控压力陡增。由于在原有相对封闭模式下运行多年的港区船舶服务、管控模式，其本身已亟待优化改进，再加上较大的新增压力，使得新旧矛盾更加突出，所以无论对于多年从事港口服务的中远海运物流，还是神华黄骅港务有限责任公司，都面临着更多亟待解决的问题，主要如下。

1. 业务繁杂导致的港口注意力分散

港口希望更多聚焦于内部操作升级，但由于其参与的服务、管理内容繁杂，头绪较多，难免造成注意力分散，无法集中对以上业务进行统一、标准化的应对及处理。市场准入的放开使问题进一步加剧。

2. 港口周边业务管控能力不足

港口希望管控周边服务，增加服务种类，提升服务质量及效率，加强服务管控，但是一方面专业性有待继续优化，另一方面人力资源有限，且配套设施有待建设完善。市场放开后，大量供应商的涌入，使得港口的服务及管控压力陡增，迫切需要通过有效途径予以解决。

3. 港口物流企业转型升级压力增大

物流行业急需运用新思维、新动能、新模式进行战略性的组织、业务、流程重构和再造，实现由点到链的转型升级。具体到中远海运物流下属黄骅港中远海运物流有限公司，随着国家船代业务的开放及河北省发展黄骅港的思路调整，其在港内矿石、煤炭等货物的代理业中所取得优势地位面临挑战，代理行业转型已经迫在眉睫。

4. 港口业务各方信息沟通不畅

对于船东、船方，其生产作业需对接港口，生活需求需对接供应商，在港业务需对接代理。各服务提供方只关注自已的业务，信息各自封闭，被服务方难以获得优质的服务信息，服务方与被服务方不易形成有效顺畅的沟通。

三、信息化进程

1. 项目概述

“港航通内贸港口数字化服务平台”以国家创造公平、公正、公开的市场环境的反垄断政策为指导，以中远海运物流运用新思维、新动能、新模式进行转型升级为要求，以港口服务创新模式为驱动，能提供报港全流程服务、在线支付及结算、客商服务及管控、门禁及车辆管理、评价体系、移动应用、消息推送、可视化、统计分析、个性化服务等核心功能，是集移动端和 PC 端功能为一体的一站式智能港口综合港航通内贸港口数字化服务平台。

平台的建设及应用，可实现港口及周边服务管理流程标准化、服务提供过程透明化、服务结算支付便捷化、服务执行过程可监控、服务提供结果可评价等核心目标。从而使港区管理秩序、对外服务质量、客商管控能力得以持续优化，进一步促进港口的可持续发展。

同时，本项目力求打造一个基于互联网的包括船东、船方、港口、代理、供应商、货主等内外部用户所共同参与的数字化共享服务平台，实现港口周边服务转型，并以此为依托逐步将物流行业全链条服务布局进行落地，实现由点到链、由链到网的转型升级，形成合作共赢的港口生态环境。

2. 项目目的

以构建港口数字生态体系为目标，坚持“网络加持，港口物联”的先进理念，统一操作平台，统一信息入口，统一数据标准，通过数字化手段实现“数据链集中共享、物流链高效协同、业务链便捷透明”，使港口相关业务可见、可查、可控、可管、可预见，形成一个完整的运转体系，实现货畅其流、人畅其行、物尽其用，安全高效。将分散、沉淀的数据变得集中和流动，为后续大数据分析与迭代服务升级夯实基础，主要包括如下目标。

（1）提升港口物流效能：聚焦港口服务转型，提升港航整体运转效率，加快物流速度，提高港口吞吐能力。

（2）减少船舶滞留时间：将在线报港、服务委办、港航调度、码头作业、企业排程联动，压缩船只滞港时间。

（3）实现各方精细管理：船东、代理、在港服务商、货主、港方实现数据互通，预知服务委办、生产作业细节，使时间更精准。

（4）提升港口监管能力：利用移动互联技术全方位跟踪定位供应商、代理、监装等的车辆在港行为。

（5）促进在港服务的公平竞争：通过建立指标评价体系、指标监控模型，即时处理服务评价与用户反馈，逐步淘汰不合格供应商，实现港口服务商素质的持续提升。

（6）提升综合服务能力：对外实时发布数据，公开透明。实现业务操作电子化，业务互动便捷化。

（7）实现各关键业务节点数据的留痕：针对港口服务全流程中涉及的报港、港使费、船舶动态、实时装船记录、结算、评价、服务委办、客商行为等关键业务数据，可实现全部记录留痕，并逐步实现按灵活的业务规则进行抽取与处理，为后续数据分析与决策打下基础。

（8）实现数据资产的积累：以平台作为枢纽，不断提升各类业务运行数据的集中度，实现业务运行数据的持续积累与沉淀，夯实大数据分析与迭代服务升级的基础。

3. 项目实施

“中远海运物流有限公司－港航通内贸港口数字化服务平台”的建设落地，将全面满足黄骅港内贸船代业务线上运作、港口门禁管控和供应商管理等需求，能够为港口、船东、船方、船代、货主、最终用户、监装、其他供应商等各类用户提供信息查询、作业操作、费用结算、可视化展示、监控预警、智能分析等全方位综合服务。

在管控应用层面：该平台将全面支撑内贸船代业务和商务结算的监控、管理、流程优化、数据统计分析。建设移动服务平台、决策分析平台。

在业务应用层面：该平台的建设内容将支撑黄骅港内贸船代报港业务及费用结算的信息化管理，其覆盖范围包括报港业务管理、商务结算、供应商管理、门禁管理、评价管理、统计分析、业务监控、接口交互等。

在技术层面：打造内贸船代服务信息平台的运行环境和网络体系，落实网络安全工作，并完成系统需求分析、系统设计、系统研发、系统测试、系统培训、试运行和实施上线。

项目实施分四个阶段进行，具体如下。

(1) 第一阶段：实现报港全流程操作主体功能及相关辅助功能，包括抵港前作业、在港作业、离港作业、费规发布、预收款缴纳确认管理、装船作业可视化等相关功能，对应数据接口，以及平台基础功能。

(2) 第二阶段：实现船方、船东、代理、供应商准入管理，对应车辆门禁申请管理、在线结算、部分统计分析、内容发布、对外门户、对应数据接口等相关功能。

(3) 第三阶段：实现移动端车辆导航与轨迹监控提醒、移动端在港车辆及地图展示、移动端港口咨询、移动端网站信息发布及展示、监装用户货主准入及门禁管理、指标评价体系、客商行为监控、移动端问卷及评价等功能，并进一步充实报表统计分析功能。

(4) 项目未来的发展阶段：目前，港航通内贸港口数字化服务平台首先仍立足于黄骅港需求进行建设及深化应用，但是基于构建内贸港口数字化服务生态圈的建设目标，应考虑到类似港口业务的相似性，以及平台本身对不同港口业务差异性的适应能力。后续，该平台将密切结合实际，按规划思路逐步向其他港口拓展，同时，向供应链的上下游延伸。最终，港航通内贸港口数字化服务平台将通过数字化手段，并以信息互联为基础，不断推进物流企业与港口的紧密合作，使内贸港口数字化服务生态圈的构想逐步落地。

4. 实施过程中的主要困难、问题及解决措施

(1) 如何形成可被各方认可的平台建设理念及运行模式：由于平台需融合船东、代理、在港服务商、货主、港方、物流企业等核心用户，其中既有纯服务提供方，也有兼具管理及服务职能的港方，同时还涉及货主、船方、船东、终端用户等被服务方，各方诉求各异，所以如何找到可被各方认可的平台建设理念以及运行模式是项目建设需要面对的根本性问题。对于该问题，一方面，需要结合国家政策、市场环境、前沿技术、行业理念，以创新性的思维进行前期设计规划；另一方面，需要在项目建设以及持续演进过程中，密切结合实际情况，有针对性地进行调整。尤其是对于具体的业务运行流程、管控方式等更需要进行持续改进。

(2) 如何满足多港口通用性及不同港口个性化要求：由于平台后续进行多港口推广的要求，在平台建设之初就应充分考虑多港口应用的通用业务需求及个性化需求实现间的矛盾平衡。针对此问题，需在权限划分、业务建模、通用功能与个性化开发、微服务切分等诸多方面实现平台的灵活性与可塑性。

(3) 如何与港口其他相关系统实现无缝对接：由于平台需与港口其他相关系统实现数据互通与共享，所以需要针对不同的系统进行接口对接。对于该问题，需针对不同的系统进行具体的设计及开发，尽量做到接口标准及数据规范的统一。但由于各系统的差异性，该问题目前更多的还是需要通过个性化开发方式解决。

(4) 如何保证平台后续演进发展的可持续性及可扩展性，并有效解决用户需求的变化性与不确定性：由于平台需实现多港口、多租户、多业态的业务应用支持，且需按照国家政策要求、行业要求、市场发展的变化进行不断演进，所以如何保证平台后续演进发展的可持续性及可扩展性是平台建设的关键性问题。针对该问题，在技术架构上采用微服务架构作为底层支撑，同时基于统一数据中台、业务中台模式进行构建。另外，在

业务功能层面，基于业务抽象设计思路，逐步纳入通过灵活配置进行应用构建的基础组件，不断提高平台的可塑性及灵活性。

（5）如何有效实现数据资产的积累并充分发掘其中的价值：为实现通过平台进行数据积累沉淀的目标，首先应在运行模式、服务理念、业务功能设计等方面，能够尽量适应港口服务业态的各种通用及个性化要求，不断提升用户体验，使平台从“能用”持续向“好用”“爱用”方向优化改进，以便吸引更多的用户使用平台。另外，更重要的一点，还需要在各物流服务链条的点与面上努力整合各港口、代理、服务商、船东、货主等各方面的资源，使之通过平台落地并相互融合，从而不断丰富完善平台的生态环境，并能够作为枢纽，持续提升各类业务运行数据的集中度。对于沉淀于平台的数据，既可采用传统的抽取分析手段，也需逐步纳入先进的AI技术，对数据进行清洗、分析、并实现有效预测，以便使其价值得到更为有效的体现。以上的难点一方面在于有效的资源整合，另一方面在于如何逐步在实践中找到可行的数据清洗、分析方法论与具体算法，这需要一个不断磨合的过程。

四、效益分析及评估

1. 部分可量化的效益分析说明

（1）节省船舶在泊时间。

①依据到车、场存、煤种数据，结合泊位数据，预计本航次的配货情况。

②依据不同泊位等级的泊位数据，结合到车、场存、煤种数据，预计本航次的配货情况。

③依据泊位装船机效率数据，可提前估算作业时间，有利于合理安排后续作业。

④不同船舶的排水路径设计不同，排水功率不同，排水效率不同，根据该类数据，动态调整，保持一定的吃水差，可以提高效率。

⑤根据进港动态、天气情况、数据，统筹安排提前排水，可以缩短在泊作业周期。

说明：以上业务场景若都能以较高的数据获取及预测能力实现，预计在泊时间将在现有平均20小时基础上，节省2～5小时。

（2）减少在港服务车辆。

港口现有生活物资采购类供应商将近150家，每家供应商至少有一辆不受限制的长期进港备案车辆。如再加上船东、船代、监装、危化品供应商备案车辆以及船方临时进港车辆，每天会有大量外部车辆在港区运行，极易造成安全隐患。平台上线后，船东、监装、生活物资供应商车辆、危化品供应商车辆、船方临时车辆必须由在港船舶的船方或委托监装方发起委办申请并由平台通过自动或人工方式确认后才能进港，对于车辆进港时间及行为都有详细的要求与监控，这种运行模式一般能减少50%以上的原有外部进港车辆。在较好满足被服务方需求的前提下，明显提升了港内行车及生产作业安全系数。

（3）提高报港工作效率。

平台上线后，代理可直接在港外通过互联网报港，不必再驱车到客服窗口进行报港，并且港口客服也可直接通过互联网远程审批。以上模式，一般可使报港时间缩短1～2小时。

(4) 人力节省，管理优化。

由于平台的使用，可使报港、港使费结算、日常报表统计、进港通知发布、车辆进港确认，以及日常审批等工作节省一到两名工作人员的日常工作投入。被节省出来的人力资源可被投入诸如客商日常评价、行为管控、流程优化等更具价值的工作中，从而达到管理水平提升的要求。

(5) 提高船方采购效率。

平台的应用极大地促进了在港服务市场内的信息透明与交互。船方或船东可快速定位优质的代理或供应商，并实现快速的在线服务委办及相应服务提供，一般可节省50%左右的寻源采购时间。尤其对于不熟悉港口情况的新到港船舶，其效率提升更加明显。

下面主要从安全管控及降本增效两个方面对各方带来的效益进行分析。

2. 对于港方的效益分析

(1) 安全管控方面。

①借助港区闸口智能化管理，提升港口安全保障水平。对外服务平台与港口内部门禁管理系统互联，实现人员车辆的智能管控。再辅助GPS等技术，可实现出入车辆电子围栏监控、路线监控、路线导航等功能，从而可提高港口车辆管控能力，提升安全保障水平。

②借助港区车辆调度智能化管理，提升港口安全保障水平。对外服务平台与港口内部门禁管理系统互联，结合生产业务要求及对外服务要求，合理制定车辆进出港时间策略，保证港区生产运行有序。后续可结合大数据及AI技术实现智能调度。

③通过加强代理、供应商管控能力，提升港口安全保障水平。通过平台供应商、代理管理模块，将事前规避、事中监控、事后评价等管理手段在平台中落地，实现代理及供应商的有效管理，缓解港口管控压力，保证港区生产安全及作业秩序正常。

④通过建立完善的评价考核体系，提升港口安全保障水平。闸口门禁管控、车辆管控、供应商代理行为管控等的评价管理，最终会通过平台指标评价体系及与之对应的平台功能进行落地，实现量化、高效的安全管控目标。

(2) 从降本增效角度分析。

①服务交易平台化。通过平台实现一站式的线上全流程服务交易，如生活物资采购、物料备件采购、加水加油、代理费支付、港使费缴纳等。有利于船方、船东、货主等获得更高效的业务处理手段，降低业务处理成本，有利于港口对外服务质量的提升。

②在线支付、结算全面化。通过平台办理在线结算及支付业务，并与内部财务管控系统集成，一方面有利于减少港方财务人员的工作压力，另一方面可节省代理、货主、船东的结算工作成本，其交易数据沉淀也是后续港方统计分析及智能预测的前提。

③客户、代理、供应商管控统一化。通过对外服务平台，实现外部客户、代理、供应商的统一管控，规范港区环境，降低港口管理成本、运营压力。

④内外信息一体化。对外服务平台与港口内网系统实现内外网打通，信息共享，实现信息发布、跟踪、分析等的一体化运行，如港方通过对外服务平台发布费规、限封航信息、船舶在港信息、服务评价信息供船东、船方、货主参考；代理、供应商发布服务产品信息；港使费、代理费、交易信息可供港方业务分析；内部装船作业信息可供船东

及船方货主参考；以上业务数据的获取、积累、梳理，是港方大数据及AI技术应用，实现智能化决策管理的重要前提。

⑤网上审批全程化。通过平台实现外部报港与内部管控及后续业务的全流程管理，有利于各相关方工作的提质增效。

⑥以内外信息一体化为前提，统筹安排，提升码头装卸效率。

到车、场存、煤种数据：依据到车、场存、煤种数据，结合泊位数据，预测本航次的配载配货情况。

泊位等级在泊数据：依据不同泊位等级的泊位数据，结合到车、场存、煤种数据，预计本航次的配载配货情况。

装船机效率数据：依据泊位装船机效率数据，可提前估算作业时间，有利于合理安排后续作业。

排水泵功率效率数据：不同船舶的排水路径设计不同，排水功率不同，排水效率不同，根据该类数据，动态调整，保持一定的吃水差，可以提高效率。

进港动态天气数据：根据进港动态天气情况数据，统筹安排提前排水，可以节省在泊作业周期。

⑦客户服务优质化。借助平台的运行，提供完善的在线服务手段，可不断提高港方服务质量，优化用户体验。如：为船东、船方、货主提供的消息订阅及信息推送、可视化、电子支付、进港导航、在线结算、服务采购成本分析等功能。

⑧业务办理综合化。打造一站式的综合对外服务平台，进一步提升港口服务水平及运行效率，扩展港方对外服务链条。

⑨船舶调度智能化。平台可根据积累的历史数据，实现船舶调度策略的辅助预测及制定。

⑩物流跟踪可视化，消息推送自动化。船东、供应商、货主等可通过船舶动态可视化以及装船作业可视化及时了解作业进度等信息。可借助消息推送功能，及时了解其他相关业务信息，从而提高整体业务运行效率。

3. 对于船东的效益分析

（1）安全管控方面。

严格的门禁管理、供应商在港行为管理、更加准确合理的进出港车辆调度管理，使每个船东的所属船舶都能得到统一、有效的安全管控。

（2）从降本增效角度分析。

①报港数据通过网络在线提交，可提高报港业务的操作灵活度，节省进港现场办理报港业务的时间，提高报港及时性，提高了工作效率。报港业务数据的积累，可为后续统计分析、智能化预测及运行提供基础。

②通过平台实现预收款、代理费在线缴纳、港使费在线结算，可节省线下办理业务的时间，提高工作效率。支付及结算数据的积累，可为后续统计分析、智能化预测及运行提供基础。

③通过对到车、场存、煤种数据，泊位等级、在泊数据、装船机效率数据、排水泵功率效率数据等的积累分析，可提前预测报港船舶的配载数据、预测作业时间、保持合

理的吃水差、统筹安排排水时间等，从而提高作业效率，缩短在泊作业时间，减少船东在港作业成本。

④通过可视化及消息推送功能，使得船东可以及时掌握装船作业动态、船舶动态，从而可以对后续工作提前做好准备，提高了整体工作效率。

⑤平台可为船东提供船方在港作业期间所发生的费用清单，从而使船东在该类业务中的精细化管理成为可能，有利于船东的降本增效。

4. 对于船方的效益分析

安全管控和降本增效方面的效益见“3. 对于船东的效益分析”。此外，通过平台的叫车、加水、清污、生活物资采购等在线服务，可为船方提供统一、便捷、高效的服务体验。

5. 对于货主的效益分析

（1）安全管控方面。

严格的门禁管理，代理、供应商在港行为管理，更加准确合理的进出港车辆调度管理，使承运货主货物的每艘在港船舶，都能得到统一、有效的安全管控。

（2）降本增效方面。

①报港数据通过网络在线提交，可提高报港业务的操作灵活度，从而提高了承运货主货物的每艘在港船舶的整体在港作业效率。

②后续可以考虑将货主对应费用在线缴纳、在线结算，可节省线下办理业务的时间，提高工作效率。支付及结算数据的积累，可为后续统计分析、智能化预测及运行提供基础。

③通过对到车、场存、煤种数据，泊位等级、在泊数据、装船机效率数据、排水泵功率效率数据等的积累分析，可提前预测报港船舶的配载数据、预测作业时间、保持合理的吃水差、统筹安排排水时间等，从而提高作业效率，缩短在泊作业时间，减少承运货主货物的每艘在港船舶的作业成本。

④通过可视化及消息推送功能，使得货主可以及时掌握装船作业动态、船舶动态，从而可以对后续工作提前做好准备，提高货主工作效率。

⑤通过提前将水尺报告等信息及时发送至下一港，可为货主检验货物品质、装船货量等信息提供更加便捷高效的手段。

6. 对于代理的效益分析

（1）安全管控方面。

严格的门禁管理，代理、供应商在港行为管理，更加准确合理的进出港车辆调度管理，可为代理车辆及人员进出港提供更好的安全保障。

（2）降本增效方面。

①报港数据通过网络在线提交，可提高报港业务的操作灵活度，节省进港现场办理报港业务的时间，提高代理报港及时性，提高了工作效率。

②代理通过平台实现预收款在线缴纳，港使费、代理费在线结算，可节省线下办理业务的时间，提高工作效率。

③通过对到车、场存、煤种数据，泊位等级、在泊数据、装船机效率数据、排水泵

功率效率数据等的积累分析，可提前预测报港船舶的配载数据、预测作业时间、保持合理的吃水差、统筹安排排水时间等，从而提高作业效率，缩短在泊作业时间，使代理为船东、船方提供更优质的服务成为可能。

④通过可视化及消息推送功能，使得代理可以及时掌握装船作业动态、船舶动态，从而可以对后续工作提前做好准备，为船东提供更好的服务体验。

⑤自动化的门禁管理服务、车辆调配服务，可提升代理进出港口的工作效率，节省成本。

⑥在船舶作业完成后，通过将相关信息提前发送至下一港代理，可为下一港代理提供有效的客户动态信息，并提前做好准备工作，从而为客户提供更优质的服务。

7. 对于供应商的效益分析

（1）安全管控方面。

严格的门禁管理、供应商在港行为管理、更加准确合理的进出港车辆调度管理，可为供应商车辆及人员进出港提供更好的安全保障。

（2）降本增效方面。

①供应商可在线发布服务产品信息并进行交易，为供应商提供了更加便捷的销售手段。

②供应商通过平台实现产品及服务费用的在线结算，可节省线下办理业务的时间，提高工作效率。

③自动化的门禁管理服务、车辆调配服务，可提升供应商进出港口的工作效率，节省成本。

④规范化的供应准入管理、评价体系，以及透明高效的在线交易管理，可持续净化市场环境，去伪存真，使真正优质的供应商能够为客户提供更好的服务体验。

说明：以上功能需充分考虑移动端应用的可能，不断提升用户体验及平台价值。

8. 有效应对疫情影响特别说明

在新冠肺炎疫情期间，通过平台的使用，成功实现了代理无接触报港，港方无接触审批，从而在较大程度上避免了疫情造成的人员接触风险。同时，便捷报港带来的效率提升也基本未受疫情影响。

五、信息化实施过程中的主要体会、经验教训、推广意义

1. 港航通内贸港口数字化服务平台建设过程中几点体会与经验教训

（1）顶层设计：由于平台涉及船东、代理、在港服务商、货主、港方等各类核心用户，各方诉求不尽相同。且平台的建设还需顺应国家政策、行业转型升级等诸多要求。所以首先需要以符合国家及市场发展趋势、适应各方需求，具有前瞻性、先进性的创新理念与模式作为平台的建设指导。

（2）密切结合实际，满足各方诉求，打造数据、服务生态：虽然港口服务业务大体类似，但具体到不同港口，对于各方企业性质、主营业务特点、人员素质、管控要求、市场环境，以及用户诉求的变化性及不确定性等诸多因素所造成的差异，在项目建设过程中都必须予以充分调研、分析并应对落地。以便努力打造一个既满足整体港口数据、

服务生态，又能较好平衡各方个性化要求的港航通内贸港口数字化服务平台。在这一点上，平台目前仍有不足之处，需要持续优化。

（3）需积极采用前沿技术应对平台发展：考虑到平台现实建设以及后续多港口应用的持续性与可扩展性要求，平台采用微服务架构，并基于统一的大数据中台、业务中台设计理念进行设计与建设。随着沉淀的数据变得集中和流动，在后续大数据分析应用中还需采用大数据及 AI 等技术进行具体功能的落地。

（4）采用敏捷方式实施开发：采用敏捷迭代的开发模式，以灵活的方式实现快速开发，通过多次迭代固化功能需求。

2. 港航通内贸港口数字化服务平台的推广意义

港航通内贸港口数字化服务上线运行一段时间以来，船东、货主等被服务方欣喜感受到了平台带来的便利：黄骅港港口业务处理愈发高效与细致，与港方、代理方、在港服务商的沟通更加便捷和透明，优质的靠港体验给他们带来的家的感觉。由于港航通内贸港口数字化服务平台是按照港口服务业态通用业务模式进行设计，同时兼具个性化需求的满足能力，所以其在黄骅港的成功落地同样也适用于其他相关港口。未来，港航通内贸港口数字化服务平台将以信息互联为基础，以开放共享为手段，以共建共赢为导向，努力实现多港口扩展，推动物流与港口的紧密合作，推动物流行业全链条服务布局，实现由点到链的转型升级，并助力港口服务在数字化时代的全面升级。

六、改进方案、设想及对物流信息化的建议

为实现港航通内贸港口数字化服务平台在黄骅港的深化应用，以及后续在相关港口推广的目标，建议平台从如下几个方面进行改进完善。

（1）进一步细化港航通内贸港口数字化服务平台在黄骅港应用的深度及广度，并持续提升用户体验，使之成为该平台应用的良好示范。

（2）基于港航通内贸港口数字化服务平台在黄骅港的实际应用，并结合后续多港口推广目标实现的具体要求，对平台底层组件进行新增与完善。具体包括基于微服务架构下的可配置化的灵活业务建模组件、多港口层级多租户组织架构支持、最小颗粒度细分的操作权限及数据权限支持、微服务化的工作流引擎支持、可灵活配置的计算组件支持（港使费、代理费、潮汐计算）、即时监控组件支持、配置化的问卷及满意度评价支持等。

（3）大数据及 AI 技术应用：尝试创新应用高级自动化技术，如图像识别、语音识别、自然语言处理和人工智能等技术，不断拓展升级平台应用场景。结合大数据和认知技术，逐步向全流程智能化扩展，作为底层管理技术之一辅助数字化运营，即时获取业务绩效表现和洞察建议，辅助管理决策。

安徽慧联运科技有限公司：慧联运智慧物流云平台

一、公司概况

安徽慧联运科技有限公司（以下简称“慧联运”）是秉持“智慧联结运输，数据驱动物流”理念的科技型物流平台公司，致力于推动大数据、云计算、物联网、移动互联等与现代物流相结合，构建智慧物流产业生态链，推动现代物流业高效、快速发展。

慧联运依托先进的管理理念和物流技术、整合优质的一流网络资源，搭建起开放的专业化、标准化、智能化的物流协同服务平台。公司始终坚持以用户最佳体验为标准，依托运力网、智能网、协作网三网融合的核心竞争力，为客户提供供应链一体化物流服务解决方案及供应链金融服务，可以为家电、家具、光伏、建筑、零担及互补行业客户及用户提供全品类、全渠道、全流程、一体化物流服务。

慧联运注册在合肥国家高新区软件园，是国家高新技术企业、国家首批无车承运人试点单位，公司运营着“慧联运智慧物流云平台”，平台货车覆盖全国29省（自治区、直辖市），物流合作伙伴覆盖全国主要城市，在物流信息化领域拥有深厚的研发实力和丰富的物流平台运营经验。母公司科大国创软件股份有限公司于2016年7月在深交所上市，是中国中西部地区最大的大数据和应用型人工智能服务提供商，是国家规划布局内重点软件企业、国家火炬计划承担单位、CMMI5认证企业、国家博士后科研工作站。

二、行业问题分析

1. 大中型企业物流及第三方物流实现信息化成本高、专业化要求高

有调查显示我国大中型企业物流及第三方物流企业信息化意识普遍提高，信息化进程正在加快。但企业信息化仍处于起步阶段，企业网站的功能以基础应用为主。信息平台的功能集中在内部资源整合，客户关系管理的应用正在迎头赶上。

针对目前大中型企业物流及第三方物流企业的市场需求，主要有两类产品提供方，一种是专门从事物流软件的信息化供应商，这类提供方的产品包括公共产品和定制产品，根据甲方需求按照项目方式展开，会对甲方进行调研、定制开发、部署实施。此类方案的优点是按需提供，较适合于甲方的实际情况，但由于市场富于变化的情况，往往需要持续的投入，响应慢投入大，导致成本不可控。

另一种是甲方自建的研发队伍，根据甲方企业情况可以随时调整需求，此种方案的优点是响应快，成本可控。缺点是信息技术变化快，迭代更新的周期越来越短，对于技术积累要求很高，在遇到技术难题时，需要外部力量的协助，对企业的专业化管理要求较高。

2. 中小型物流企业实现信息化难

据统计，目前我国1000多万家中小型企业中，实现信息化的比例还不到10%。中小型物流企业的信息化更是亟待起步。但不少中小型物流企业经营者表示，目前市场上的物流管理软件至少在10万~30万元，他们认为投入风险太大，真正适合的产品太少。另外，物流软件供应商过多关注高端客户群，忽略了中小型物流企业市场，这也是中小型物流企业信息化难以实现的重要原因。

三、解决措施

1. 提高物流信息化水平的切入点

（1）改善物流平台时效性。

确保时效性是物流平台的主要功能。物流信息化通过快速、准确地传递物流信息，使生产厂商和物流服务提供商能随时了解商品需求者的需求，生产厂商实行准时制生产，物流提供商实行准时制配送，将生产地和流通过程中的库存减到最少，供应商与生产厂商或消费者之间的距离被拉近，甚至达到“零库存”或“零距离”，由此降低物流费用。

（2）提高物流平台快速反应能力。

现代生产平台是以订单为依据，采用定制化生产方式，满足消费者的个性化需求。生产平台的快速反应必然要求物流平台与之快速匹配，只有物流信息化才能实现快速反应。

2. 信息化推进保障

（1）人员组织保障。

慧联运设有科技研发中心、ETC创新事业部、网络货运事业部、财务部、综合部，现有员工129人，其中研发团队31人，运营保障团队约77人，核心管理团队11人。公司员工52%以上拥有本科学历，核心管理团队分别来自科大国创、中国移动等国内一流科技公司。公司架构完全遵循互联网公司业务要求，保障物流业务的顺利进行。

（2）丰富运力保障。

慧联运以高速公路通行为切入点，通过和安徽省高速公路联网运营公司发行货车联名卡，为货车用户提供高速公路通行服务，满足货车“先通行后消费”的需求。在为货车提供服务的同时，获取货车的车辆档案等静态信息、运营位置等动态信息，构建了覆盖全国29个省（自治区、直辖市）的优质可信运力，目前平台有重卡近20万辆。公司依托这些运力可以为广大物流企业、大车队提供弹性运力池，借助本平台将运力信息推广给这些企业，以综合优势增强合作的黏性。

3. 平台建设

慧联运智慧物流云平台同时围绕降低物流供应链的融资成本进行定制产品设计，结合物流行业的实际业务特点，分别对货主、物流车队/企业/车主提供一站式服务，致力于实现供应链业务执行过程的全流程管理，缓解物流企业资金紧张的同时，物流企业或司机可通过使用慧联运智慧物流云平台，从合同、项目、运力、运输等角度实现多维度全方位物流信息的实时高效管理、异常及时提醒、数据可视化监控，通过智能调车、智能派单、货物轨迹自动跟踪、服务预警、在线回单、在线支付等手段提高物流运行效率，为物流参与方打造真实、安全、高效的物流交易环境，提高信息物流服务水平。

4. 实施目标

平台要实现“14 大业务用户需求和 4 个访问渠道”的总体目标。

14 大业务用户需求：平台实现合同管理、项目管理、承运商管理、运力管理、调度管理、运单管理、审核管理、异常管理、告警管理、在途跟踪、支付管理、发票管理、资金管理、交易查询 14 大业务目标，满足货主企业对货物的运输管理、过程跟踪、供应商管理和下游企业的支付、结算、发票管理要求。同时实现物流公司对运单的管理、司机/车辆管理和货主企业的资金结算管理。

4 个访问渠道：平台要满足货主企业、物流企业、车队和货车司机的使用要求，让用户可以通过 App、公众号、小程序、Web 门户 4 种方式应用慧联运数据智能供应链综合服务平台，从合同、项目、运力、运输等角度实现多维度全方位物流信息的实时高效管理、异常及时提醒、数据可视化监控。

5. 项目用户需求

（1）合同管理。

不同于多数物流企业的合同电子化管理多限于文本管理，平台实现了合同的标准化管理以及合同的关键指标管理，是后期运单管理入口和依据，标准化的合同管理为后期跟踪提供了基础，企业用户可对上下游合同进行平台管理。

（2）项目管理。

平台主要管理项目物流，项目物流具有阶段性和不确定等特点，在物流企业与货主签订货运合同后，根据承运货物的特点，会在平台中专门建立不同的项目记录或者修改货主的特殊要求和各种货物运输规则，以便于管理项目的各个部门均可以了解货主的要求与货物特点。

（3）承运商管理。

实际承运的物流企业需要建立归属于自己公司的货主信息，将关键信息进行标准化后，录入平台中，并可进行后续的标准化管理动作。企业用户根据运营需要，可对承运商进行平台管理。

（4）运力管理。

车辆是实际承运的终端，根据不同物流企业的业务情况，比如专线、甩挂等，货车需要和司机确定一对一、一对多、多对多等各种关系，以确保运单—车辆—司机的精确跟踪，满足管理考核、保险理赔等各种后续要求，车辆的智能管理是货运的基础。企业用户根据运营需要，可对车辆、司机进行平台管理，并可绑定生成运力。

（5）调度管理。

根据 ERP 接口自动导入或者手动新增调度单，对运输调度进行基于平台的管理。

（6）运单管理。

运单管理由货主—承运商—车辆之间的关系，根据预设规则自动匹配项目—运单—车辆之间的关系。下游订单承运商匹配确认后，平台会自动将承运车辆相应信息拣选进入平台，自动根据规则对运单进行分类管理。企业用户根据运营需要，可通过接口导入或手动新建运单，对运输过程进行平台管理。

(7) 在途跟踪。

项目利用了成熟 GIS 货物跟踪技术，通过移动式硬件设备整合移动互联网、北斗卫星导航系统，结合实际的物流运输单据，开发 7×24 小时可跟踪式运单设备，结合客户管理平台，将运单（货物）实际的运输轨迹完整真实地呈现。方便承运商调度人员、货主、收货人及时、真实地了解货物的位置信息。根据司机 App 或车载设备返回信息，对车辆进行运输状态和定位管理。平台提供查询操作。

在途跟踪具备以下特色，对于高值货或有特殊运输要求的尤其适合。

- 尤其适合多次中转转运，更换车辆和司机的运输过程。
- 初始运输一次操作（绑定设备和运单的关系），全程无感知。
- 电子围栏，设置抵达目的地的半径，进入围栏时自动提醒。
- 速度告警，车辆超速时自动提醒。
- 运输静止告警，停驻超过一定时间进行自动预警。

(8) 告警管理。

用户通过司机 App 或车载设备发出告警信息，对运输过程中的告警进行基于平台的管理。

(9) 支付管理。

对申请的订单根据预设规则和绑定的银行卡，进行运费支付，并自动对各种支付状态进行分类管理。根据企业用户属性，可对需要在线支付的企业用户进行在线运费支付管理。

(10) 发票管理。

对已支付的运单自动根据规则分类管理并进行开票，根据预设规则自动计算运单总开票金额。根据企业用户属性，可对需要开具发票的用户提供发票管理。

(11) 交易查询。

对需要在线支付的企业用户提供在线支付数据查询。

(12) 异常管理。

在平台中提供信息查询功能，方便运营人员实时查看货物的位置信息，以便与用户反馈，及时发现异常。

(13) 审核管理。

对平台注册用户进行审核，以核对信息正确性。同时对客户在平台申请的票据进行审核。

(14) 资金管理。

对平台的客户产生的各项交易数据进行管理。根据企业名称，可对已审核成功的账户进行充值。输入企业名称，平台会自动显示账户余额、运输差价等信息。在交易过程中，对客户产生的交易明细进行管理。平台提供查询交易流水功能。对需要在线支付的企业用户提供在线支付数据查询功能，用户可根据实际情况进行线上或线下支付。

6. 慧联运 App 项目用户需求

提供给司机用户使用，对物流运输流程进行平台化管理。

(1) 运单管理。

平台自动根据运单对应的司机，将货源信息发送到 App 端，司机对所承运的运单进行运输过程平台管理。平台提供查询、确认装载、确认签收功能。运单管理界面如图1所示。运单详情界面如图2所示。

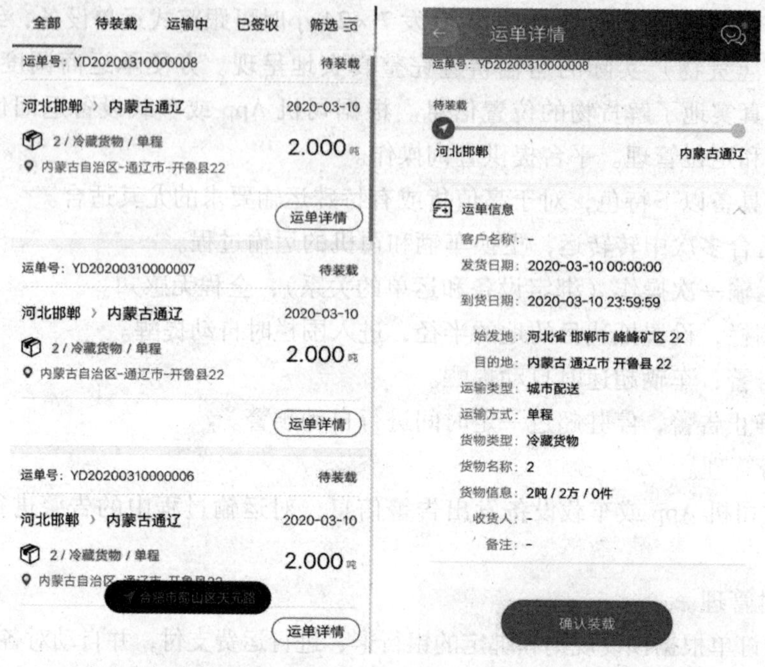

图1 运单管理界面　　图2 运单详情界面

运输中界面如图3所示。运输中运单详情界面如图4所示。

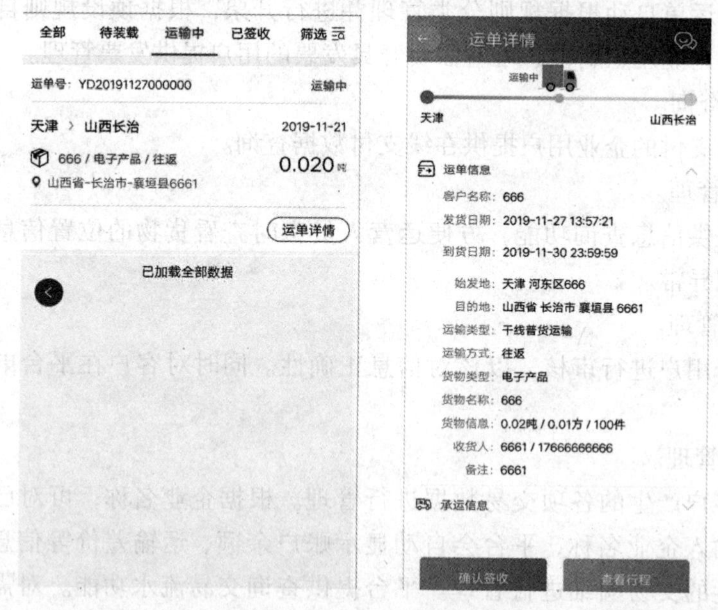

图3 运输中界面　　图4 运输中运单详情界面

货物运输完成之后司机可以将相应单据拍照并上传平台。

（2）消息管理。

平台自动根据运单对应的司机向App推送一条对应的消息，使司机可以立即查看到对应的运单，并进行承运（见图5）。

7. 研发重点

图5　消息管理界面

慧联运智慧物流云平台分为客户平台、承运商平台、货主平台、运营平台、接入平台、司机移动应用等众多子平台，平台的14大核心功能作为平台落地研发的重点事项，在充分应用“大数据+云计算+物联网+5G+企业智能”的基础上，实现了平台具备通用、灵活、稳定、接入成本低、部署响应快、功能全、实用性强、超前沿等先进特性。

在企业报表智能分析、供应链上下游协同方面预留了开放的标准化定制接口，满足平台在实际应用过程中可能遇到的各类信息化平台接入场景，推广性方面具备一定的通用性和灵活性。同时平台采用成熟的大数据应用框架和成熟的分布式技术开发框架，还采用了国家级火炬计划重点产品“应用集成平台”技术，解决供应链物流上下游的协同作业和管理问题，是一款集信息发布、线上交易、全程监控、在线支付、在线评价、查询统计、数据调取、咨询投诉于一体的供应链综合服务云平台。

8. 技术性能指标

主要技术指标如表1所示。

表1　　主要技术指标

功能	技术指标
终端支持	1000000级
数据存储能力	支持TB级以上结构化和非结构化混合型实验数据
并行处理能力	平台基于海量历史数据的分析处理时间小于3秒
数据分析误差	基于海量历史数据的分析验证，误差率控制在5%以内
缓存限制	不超过可用内存即可，不小于32G
数据安全	按行业数据访问权限相关标准设计，平台具有数据访问权限的控制

四、供应链信息化效益评估与分析

1. 实施前后效益分析

本平台的实施可以提升物流企业的信息化水平，提高产业链的协同效率，能够有效增强整体服务水平，逐步降低物流产业的资金成本。通过对传统物流行业运行方式进行优化，有效减少了各个环节的人力、物力、财力资源的浪费，能够有效减少企业发展的资金投入，在根源处提升企业的整体经济效益。

本平台的实施将确保各物流作业环节与业务处理能准确、快速进行，通过资源的节约使用、物流网络的合理规划可以降低物流运作的相关成本，且有利于发展和健全物流经营战略平台。信息的充分共享与运用，目的是降低物流成本和提升经济效益，而不是转嫁成本。

慧联运智慧物流云平台在客户公司进行了示范应用，结合客户公司的实际，运用行之有效的管理方法来向管理要效益，其中关键绩效指标 KPI 技术在巢湖皖维物流有限公司得到了广泛应用，并取得了良好的成效，从以下几个关键指标角度对实施该平台后的效益进行分析评价。

（1）核心指标及主要功能（见表2）。

表2　　核心指标及主要功能

序号	指标	意义	涉及的主要功能
1	及时到达率	提高公司口碑、增加业务规模	电子围栏、到达提醒
2	回单丢失率	提升管理规范，降低风险	回单拍照、上传
3	运输异常率	提升管理规范，降低风险	异常监控
4	运单结算平均时长	提升人员效率，减少支付差错	运单回单比对、线上支付
5	现场管理效率	规范装、运、卸操作流程	装卸规范拍照、运输过程监控
6	财务汇总报表	提升内部管理效率	财务汇总表格

（2）核心指标实施效果（见表3）。

表3　　核心指标实施效果

序号	KPI	实施前	实施后半年
1	及时到达率	90%	98%
2	回单丢失率	3%	0%
3	运输异常率	0.5%	0.05%
4	运单平均结算时间	线下支付10分钟	线上实时 <1 分钟
5	现场管理效率提升	—	10%
6	财务运单统计报表	7天	1天

2. 实施后对企业业务流程改造和创新模式的影响

盈利模式（见表4）。

表4　　盈利模式

用户	建设方案	盈利模式
货主企业	项目模式	作为项目一次性建设，一次性收费
	免费建设	免费使用本平台，通过科技承运收入弥补
物流企业	项目模式	作为项目一次性建设，一次性收费
	租用模式	SaaS 模式，按用户数收取租用费用，按月或年
	运单计件模式	平台免费使用，按运单数计件收取费用
用户既是货主企业又是物流企业	免费建设共同运营模式	此种模式适用于企业物流，采用免费建设平台，双方共同运营的方式，按租户或运单数收取费用

企业的服务对象是货主企业和物流公司，根据上述货主企业和物流企业的不同需求以及对行业供给侧方案的分析，结合公司的主营业务方向以及公司研发技术比较雄厚的特点，设

计了以下三种运营盈利模式，确保本平台可以满足不同用户的需求，顺利推向市场。

3. 实施后对企业竞争力的影响

在满足客户自身信息管理功能基础上，将行业标准、优化的流程和商业智能融入软件平台中，客户既可以选择成套的解决方案，又可以根据实际需要先上线一部分模块，不仅满足客户的需求，同时大大提高了慧联运的市场竞争力。

五、信息化实施的经验与推广意义

实施过程中的经验如下。

（1）风险。

①开发的风险。平台的开发风险主要是技术风险和产品质量风险。技术风险是指潜在的方案、构架、分析、设计、接口、实现、测试和维护等方面的问题，会导致平台的质量、技术的不确定性。产品质量风险是指因软件质量和稳定性等问题而造成的风险，涉及各种缺陷、错误，以及对其进行改正、维护而造成的风险。

②技术创新的风险。技术创新的风险有更大的不可控性。平台的技术创新风险主要体现在对云计算、大数据、移动互联、人工智能等技术的应用。由于技术复杂性较高，因而研究成果向新产品转化过程中成功的概率很难预测。

③市场与竞争的风险。平台研发的产品面向政府部门。目前企业的主要产品有较强的竞争优势，业务处于快速增长期，发展前景良好。

但未来随着竞争对手的加入，产品的议价空间将有所降低，导致公司的收益降低。

（2）措施。

针对平台所面临的主要风险，采取应对措施如表5所示。

表5　　风险控制措施

风险类型		关注度	风险控制措施
项目开发风险	产品需求风险	中等	（1）建立、完善规范的运作机制、健全的科学决策机制，优化业务流程；以先进的CMMI研发管理体系为基础的管理平台，实现流程清晰、量化合理、权责明确、控制有度、组织架构优化、管理一流的管理目标 （2）及时更新、完善项目的研发计划，确保项目的可实施和交付的及时性
技术创新风险	关键技术突破	高关注	采用控制风险策略；平台需要关注国际前沿技术动态，在加强引进高级技术人才的同时，开展与科研院所的技术合作与交流
市场与竞争风险	竞争风险	中等	（1）加强竞争对手研究，多方发展合作伙伴，改善市场产业生态环境 （2）以市场为导向，加大产品的研发力度，不断开发新技术，不断超越自我，保持公司产品在国内行业内技术领先地位 （3）产品设计模块化，满足客户不同阶段的差异化需求；提高产品的适应性，扩大客户的覆盖面，降低收入减少的风险 （4）提升产品的实用性，为客户创造价值

（3）推广的意义。

①企业物流信息化。广泛应用仓库管理系统（WMS）和运输管理系统（TMS）来提高运输与仓储效率。通过与供应商和客户的信息共享，实现供应链的透明化，运用 JIT、VMI 等供应链管理技术，实现供应链伙伴之间的业务协同，以便用信息替代库存，降低供应链的物流总成本，提高供应链的竞争力。

②物流企业信息化。物流信息服务包括预先发货通知、送达签收反馈、订单跟踪查询、库存状态查询、货物在途跟踪、运行绩效（KPI）监测、管理报告等，将成为第三方物流服务的基本内容。物流外包影响供应链管理的最大因素是数据管理，因为用企业及其供应链伙伴广泛接受的格式维护与提取数据以实现供应链的可视化是一个巨大的挑战，物流企业不仅需要在技术方面进行较大投入，而且需要具备持续改进、例外管理和流程再造能力。所以对技术、人才和信息基础设施的投入已成为物流企业区别竞争对手的重要手段。

随着客户一体化物流服务需求的提高和物流企业信息服务能力的增强，将出现基于物流信息平台通过整合和管理自身的以及其他服务提供商补充的资源、能力和技术，提供全面的供应链解决方案的第四方物流服务商。

六、平台下一步建设设想及对信息化的建议

1. 平台下一步建设设想

平台将会推出更多的物流供应链金融产品，2020 年年初受新冠肺炎疫情冲击，中小型物流企业资金周转困难。自 2 月以来，国家密集出台各类措施以支持复工复产，鼓励发展围绕核心企业的供应链金融。国有大型银行 2020 年主推普惠金融，银行融资成本相对较低。物流行业平台化趋势明显，中小型物流企业对有特色的物流平台依赖度日益提高，公司平台需有新产品推出，打造新的增长点并丰富平台服务内容。以此次行动为契机提升慧联运智慧物流云平台水平，实现运单、运力、合同数字化，为公司 ETC 产品、保险产品、物流管理系统等 SaaS 软件的推广积累平台物流用户量和数据源。

2. 物流信息化建议

大多数物流企业都是在自己传统优势业务的基础上开展信息化建设，缺乏规范的物流流程和信息化标准。物流信息系统标准较为混乱，不成体系，难以互联互通实现信息共享，这也就造成了物流企业信息技术投入的资源浪费情况严重，由此产生信息交换断层，从而制约了整个物流产业竞争力的提升。鉴于此，众多物流企业呼吁规范的物流流程和信息化标准，以降低企业开发软件的投入成本。

七、“慧联运智慧物流云平台”鉴定意见表

慧联运智慧物流云平台以高速公路交通货车专用卡为中心，前期借助慧易通货车联名卡，打造强黏性供应链金融产品和增值服务，形成覆盖全国的线下运力网，为智慧物流奠定基础；中期依托线下运力网与透明的运输管理，围绕货主企业，提供优质的供给侧物流承运服务，建立标准高效的智慧物流信息网，促进现代物流的转型升级；远期平台充分发挥技术优势，打造智慧物流数据中心，满足货主高质量快时效的定制需求，以

数据驱动实现智慧物流。平台一经使用，便取得了骄人的成绩：

（1）慧联运智慧物流云平台产品率先完成运营管理平台、账务管理平台、结算管理平台的开发工作，是大数据与交通卡 ETC、传统物流相结合的融合创新产品，在国内具有领先水平。

（2）慧联运智慧物流云平台产品结合了物流领域中物流公司和司机个人客户的特点，利用大数据、移动互联、云计算的技术，量身定制了适合货运车辆高速出行的产品，解决了货车对高速运行的资金需求，降低了货车的高速运行成本，物流公司和卡车司机足不出户即可通过 App、微信、电脑办理业务，极大改善了客户体验，符合国家对物流行业信息化的要求。

自 2016 年 5 月起，慧联运与合肥安运物流有限公司合作，使用安徽交通卡慧易通联名卡在高速通行，使其通行效率有了很大的提高，同时慧易通配有服务微信和 App，公司每辆车的消费记录可以通过手机或者电脑方便地查询到，消费明细、电子账单、车辆的同行轨迹可视，实现空中充值、代打发票，也提供了每月统计电子账单和消费发票，提高了运输车辆的管理效率。安徽高速的 85 折优惠，更是通过慧易通联名卡每个月节省 13 万 ~15 万元人民币的运输成本。合肥安运物流有限公司在使用平台的同时，也为我们运力管理、物流运营、科技研发团队完善平台信息与结构作出了突出贡献。

合肥安运物流有限公司是诸多应用公司中的一个案例，双方在合作上达到共赢，表明慧联运智慧物流云平台对构建智慧物流产业生态链，推动现代物流业高效快速发展有着里程碑式的意义。

上海南软信息科技有限公司：“物流源” 物流信息化平台

一、企业简况

上海南软信息科技有限公司（以下简称“上海南软科技”），成立于2005年，主要从事“物流源”物流信息化平台及“物流源”电子回单设备的研发及产品运营推广。

上海南软科技顺应物流信息化的潮流，立足市场，紧密结合公司在行业内的丰富实践和经验，为物流行业提供创新科技专业化服务，推动物流行业高速可持续健康发展；充分利用上海南软科技成熟的物流行业解决方案，引领物流行业无纸化进程，以推动中小物流企业信息化进步，推动物流行业信息化发展。公司的“物流源”物流信息化平台（以下简称“物流源”），创新了物流订单、回单的传输方式，打通了物流脉络，实现了发货方、承运方、收货方的信息无缝连接，由企业版、电子回单、大数据、开放接口、微信个体司机版五大板块组成（见图1）。

图1 “物流源”五大板块

二、物流行业信息化实施之前存在的问题

上海南软科技对物流行业展开深入调研，发现存在以下问题。

（1）物流信息化软件/平台开发费用过高。

（2）物流企业之间信息传输滞后，信息处理不及时。

（3）物流订单调度操作流程烦琐，单据管理困难。

（4）货物发货、运输以及签收的时效性问题难以监控，物流考核缺乏真实数据支持。

（5）货物在途管理困难，货物运输情况难以实时监控。货物签收安全难以保障，存在冒领、冒签等风险。

（6）物流回单效率低下，回单在途时间过长，从而导致订单结算周期过长，资金周转效率低下。

三、“物流源”平台解决方案

针对上文提到的上海南软科技调研所发现的若干行业问题，上海南软科技是如何有针对性地进行解决的？具体是如何帮助物流企业进行信息化建设的？下面本文将从“物流源”平台的企业版、微信个体司机版、电子回单、大数据、开放接口五个板块进行阐述。“物流源”应用流程如图 2 所示。

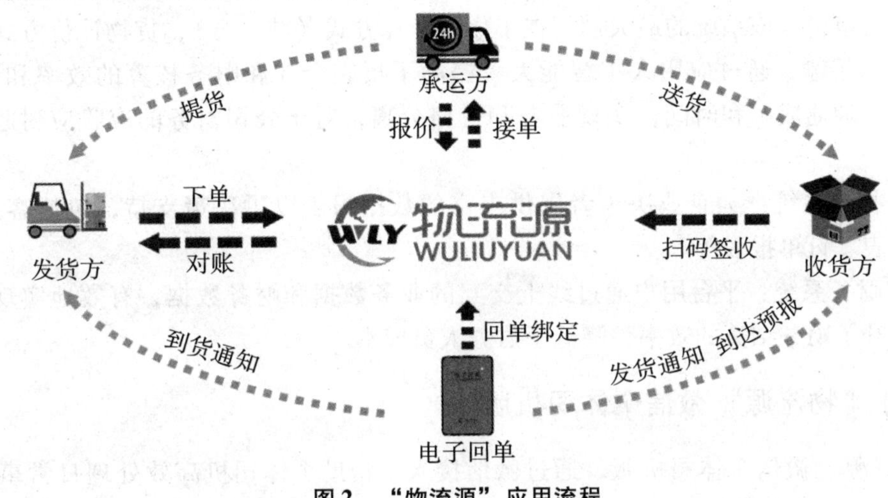

图 2 “物流源”应用流程

（一）“物流源”企业版（见图 3）

“物流源”企业版实现了物流软件平台化，“物流源”用户可在线完成签订电子合同、合约报价、下单接单、运输监控、电子签收、回单上传、对账结账等，创新优化物流无

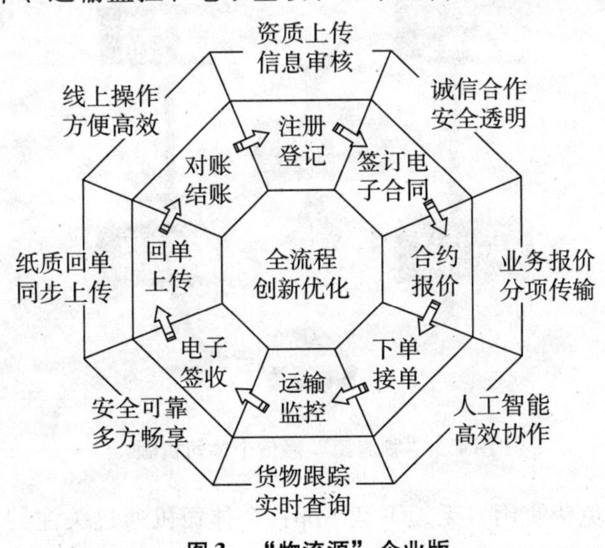

图 3 “物流源”企业版

纸化全流程。各物流企业互为对方的发货方或承运方，角色可灵活互换、相互下单，且“物流源”企业版可与各大常用的办公软件系统无缝对接、互联互通，提升物流公司信息化服务水平。

主要由如下四大系统构成。

（1）运输系统：发货方、承运方免费注册加入，平台对注册用户进行实名认证，同时建立电子合同约束机制，形成完善的诚信体系。运输系统可以实现订单创建、订单调度、订单签收及回单管理；并通过电子回单设备应用，提供从发货方到收货方的全程可视化、无纸化的智能协同高效服务。

（2）报价系统：实现了在线按单报价、合单报价、按单补充、合单补充、合约报价，并在线实时审价。该系统的最大创新在于货物计算方式（吨，方）、货物计价方式（报价单）的分项传输，通过应用人工智能大大提高了报表合并和财务核算的效率和准确率，有效节省了沟通成本和时间；实现业务和价格分离，对于公司财务的应收应付起到了保密效果。

（3）报表系统：为企业决策者提供丰富的数据报表以供决策支持，包括客户报表、承运方报表、订单报表等。

（4）财务系统：平台用户通过线上交互的业务数据和财务数据，有效地实现了在线对账，提升了财务结算的效率，降低了财务人员成本。

（二）“物流源”微信个体司机版

“物流源”微信个体司机版，通过微信接入，帮助个体司机高效处理日常事务（见图4）。司机可以使用手机一键接单、在线报价、快捷对账、上传回单，随时掌握运输和应收款项数据等，为用户提供更好的移动服务体验。该版本具有如下功能特点。

图4　“物流源”微信个体司机版

（1）微信接入，免费使用，无须下载 App：个体司机通过关注“物流源承运方”微信公众号即可注册免费使用，操作简单，省去下载 App 的烦琐和负担。

（2）高效智能操作：可帮助个体司机实现接单、报价、签收、回单、对账等物流全流程，方便又快捷。

（3）人工智能提醒功能：代办事项信息实时智能推送，方便个体司机有效及时处理各项任务，避免信息遗漏。

（三）“物流源”电子回单

“物流源”电子回单与企业版配套使用，首创定位科技与人工智能的紧密融合，在随货运输过程中实时同步货物在途信息，及时反馈物流运输状态，实现物流运输全程可视化管理，创新解决货物层层转包、难以跟踪的物流痛点，有效保障货物运输安全，提高物流服务水平（见图5）。

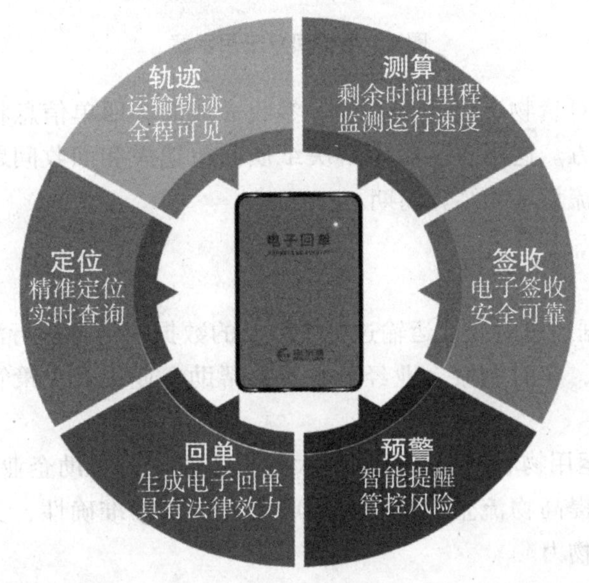

图5　电子回单功能

其主要功能特点有以下几个方面。

（1）小巧便携，无须安装。“物流源”电子回单的体积只有名片大小，与订单线上绑定后，方便司机携带，中途无须做任何安装和操作，对司机的干扰降低为零。

从个人隐私角度，只有在司机运输货物时，电子回单才给发货方、承运方、收货方提供位置信息，不会侵犯司机的个人隐私。

（2）查货及时准确，货物运输全程可视化。发货方、承运方、收货方可通过大数据应用、电脑、微信公众号、微信小程序等多种形式，实时监控货物动态。运输过程全程可追踪、更透明、更高效。彻底解决货物多层转包的追踪问题，实现业务全程可视化（见图6）。

（3）预警预报，风险管控。“物流源”电子回单的超长停留预警、超时预警等功能，驱动了物流信息的快速、准确、高效反馈，有效避免货物运输异常问题的出现，确保货物安全送达。

（4）电子签收，安全可靠。货物运送到收货方后，收货方可使用微信扫描电子回单

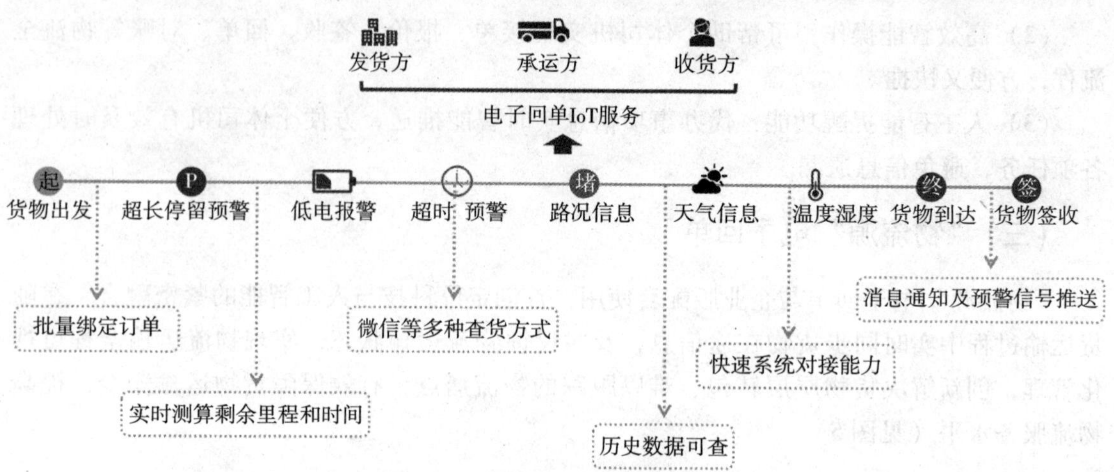

图6　电子回单应用示意

二维码，经过验证后对货物进行在线签收。签收完成时，回单信息将实时同步发送给发货方、承运方、收货方。这不仅从根本解决纸质回单遗失和回收问题，大大提升工作效率，还有利于缩短物流订单的结算周期。

（四）“物流源”大数据

“物流源”大数据通过对企业运输过程中涉及的数据、信息进行深度挖掘分析，助力企业构建大数据平台，实时洞察企业经营状况，帮助企业提升决策管理水平，最终实现利润最大化。

“物流源”充分运用物联网、互联网、大数据等技术，帮助企业实时获取运输数据，智能分析数据信息，提高物流企业运营数据收集和分析的准确性、及时性，大大节省了企业数据管理的人力物力。

通过“物流源”大数据的应用，企业管理者能够掌握物流实时动态数据，全面把控物流整体运营情况，及时发现物流管理中存在的问题，优化物流作业流程，监管物流合约落地执行，提高物流服务水平。比如，企业管理者可以随时通过“物流源”查看物流路线运营情况，结合路线体量、成本、利润及客户服务评价进行路线优化，决策调整。

（五）“物流源”开放接口

“物流源”提供了一套标准的API接口，各企业可以自主将内部系统的部分或全部数据通过API接口与“物流源”平台进行对接，对接完成后可实现物流订单数据的同步，运输数据的同步等（见图7）。

该产品功能亮点如下。

（1）标准API接口：企业内部系统的全部或部分物流数据通过API接口实现物流数据的互联互通。

（2）操作文档齐全：API相关文档齐全，包括API说明、如何接入、如何调用等。

（3）多终端接入支持：支持多个终端接入，包括Web网页形式、手机App形式、微信形式等。

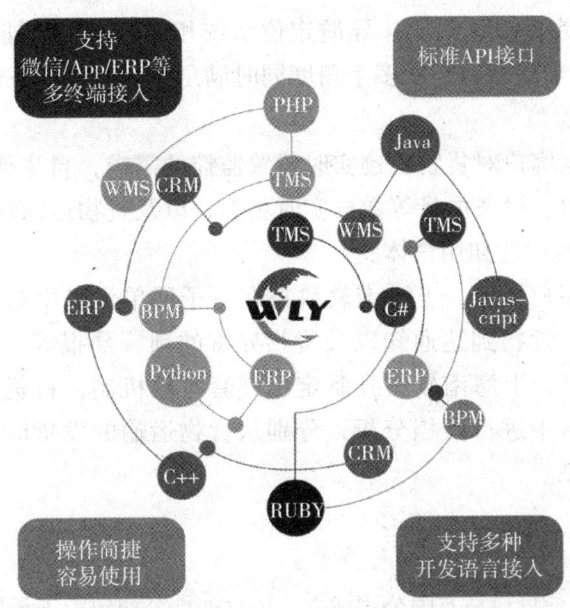

图7 “物流源”开放接口

(4) 与“物流源”无缝对接：通过调用 API 接口，与“物流源”系统实现无缝对接，保证数据完整性。

(5) 多语言接入支持：支持多种开发语言接入，如 C#、C++、Java、PHP、Javascript 等。

四、信息化平台的开发与实施

(一) 信息化平台的开发与实施中遇到的主要困难与解决措施

1. 要在确保货物位置准确透明的前提下，保护司机的个人隐私

传统货物位置跟踪的方式主要有：安装车载 GPS、手机基站定位、手机 App 定位等。通过车载 GPS 对车辆定位跟踪的方式，发货方、收货方难以实时查询和监控货物在途轨迹，且货物一旦经过转包，对货物的跟踪就存在很大的难题；手机基站定位，一样无法解决货物层层转包的跟踪难题，且对司机的隐私也构成侵犯；手机 App 定位，需每位司机安装 App，推行难度之大，更是难以实现。针对这一系列问题，在“物流源”从定位的根本目的出发，采取对货物的定位方式。将相关定位技术融合到电子回单设备中，通过订单绑定的方式，达到电子回单设备与每笔货物订单的绑定。在运输过程中，实现电子回单设备随同货物及纸质回单同步出发、流转，并在运输完成后终止轨迹定位。这不仅解决了货物的层层转包问题，还充分避免了侵犯司机的个人隐私。

2. 要解决货物定位偏差大，货物运输轨迹难以实现实时查询，用户体验不理想等问题

针对这些问题，上海南软科技从用户的角度出发，从以下三个方面进行了技术上的保障。

(1) 定位技术、定位精准度上的保障。

一般来说，定位技术主要有 GPS、北斗卫星导航系统、LBS 等。GPS 和北斗卫星导航系统的定位精准度较高，但定位速度较慢，耗电量较多；LBS 定位速度很快、耗电量较少，但定位精准度不高。为满足客户对定位精准度的要求，并充分保证定位设备的使用

时间，上海南软科技使用 GPS 和北斗导航定位系统相结合、LBS 辅助定位的方式，将定位的精准度控制在 10 米范围内，从多个角度同时满足客户对货物在途轨迹的监控要求。

（2）定位时效性保障。

上海南软科技根据客户对货物轨迹实时位置监控的需求，自主研发了 Track Servlet 技术，从而实现货物位置、设备电量等数据实时更新，以及货物运输轨迹的智能计算。

（3）轨迹数据的实用性和用户体验。

为了进一步提升用户体验，上海南软科技在电子回单设备中融合了通知与预警的功能，如货物出发通知、货物到达通知以及货物异常的预警预报等。此外，为了增强货物运输轨迹数据的实用性，上海南软科技制定出一套考核机制，将货物运输过程中所产生的数据最终汇总到平台中进行留档分析，分别从货物运输的发货时效、到达时效以及收货时效等方面进行保障。

（二）信息化实施步骤

2005 年，上海南软信息科技有限公司成立，成立初期公司致力于承接物流软件项目研发。

2007 年，实现物流软件（TMS、WMS）产品化上线。

2010 年，帮助实现单个企业的上下游交互，实现企业上下游分配账号以及手机基站定位等功能。

2013 年，开始着手物流软件向物流平台的转型规划分析。

2014 年 11 月，开始核心平台 NDT 研发。

2015 年 7 月，“物流源”上线，实现了发货方、承运方、收货方的信息互联互通，实现平台成功转型。

2015 年 11 月，“物流源”企业版上线运行。

2016 年 2 月，“物流源”微信个体司机版上线，投入运营。

2016 年 7 月，电子回单设备上线，投入使用。

2016 年 10 月，大数据应用的研发进入收尾阶段。

2016 年 12 月，“物流源”平台正式全面投入市场。

2017 年，“物流源”在原有成熟的系统上，根据客户提出的需求不断进行完善，比如更新 KPI 考核机制，升级定位技术等。

2018 年，上海南软科技斩获十余项行业大奖，实现“物流源”系列产品的更新迭代。

2018 年，上海南软科技完成科技进步奖的申报工作，并荣获科技进步一等奖。

2019 年，推出“物流源”电子回单 3.0 版本，荣获多项行业大奖。

2019 年，上海南软科技完成科技进步奖的申报工作，并荣获科技进步三等奖。

五、主要效益分析与评估

（一）效益分析

1. 降低物流企业的信息化成本

（1）开发以及使用成本：“物流源”企业版与微信个体司机版免费提供给物流企业和

个体司机使用，降低物流企业信息化平台的开发成本以及使用成本。

（2）管理成本：货物在途轨迹的自主查询方式，以及货物异常智能筛选方式，帮助物流企业降低了运输管理的人力成本。

（3）信息安全成本：业务与价格的分项传输，保障企业内部信息安全。

2. 提升企业运输管理效率

（1）货物在途轨迹全程可视化，提高货物在途数据跟踪管理效率。

（2）订单管理（报价、下单、调度、签收）规范化，提高订单管理效率。

（3）扫码签收生成的电子回单，签收后的数据将同步上传，大大提高了回单的传输效率。

（4）货物计算方式（吨、方）、货物计价方式（报价单）的分项传输，提高了报表合并和财务结算的效率和准确率。

3. 完善企业运输考核机制

将货物运输过程中所产生的数据最终汇总到平台中进行分析，并生成数据报表。这不仅能够给企业提供发货时效、到达时效、签收时效的考核数据支持，还能够给承运方提供货物实际到达时间与货车等待签收时间的数据支持。

4. 提高运输服务水平，提升客户满意度

运输管理的规范化是提高运输服务水平的有效途径。规范发货管理的时效、货物在途管理的时效，不仅有助于提高企业内部运作效率，更有利于提升客户的满意度。

（二）平台竞争优势和亮点

“物流源”平台创新了物流订单、回单的传输方式，由企业版、微信个体司机版、电子回单、大数据、开放接口等组成，打通了物流脉络，实现了发货方、承运方、收货方的信息无缝互联互通。其主要竞争优势如下所示。

1. 货物运输透明化管理，提升企业信息化能力

强大的管理系统应用，可以支撑发货方、收货方和承运方各角色的操作使用。打通上下游，实现业务信息化，资源共享。

2. 货物在途状态及时预警预报

保障货物运输的时效性和安全性，一旦出现发货延迟、运输超时、签收不及时等问题，及时反馈。

3. 提升物流回单效率，缩短物流订单结算周期

收货方可实现微信扫码在线签收，签收完成的收货信息会立即同步反馈给发货方、承运方，将订单回款的时间大大缩短。

4. 对账结算智能化

费用根据合约自动生成，提高费用计算的准确率、降低费用计算的时间成本和人力成本。

5. 业务与价格分项传输

保障了企业内部信息安全，降低了因运输路线价格透明化、企业内部员工离职带来的安全隐患。

6. 实现物流订单、回单的无纸化管理，推动物流行业无纸化进程

物流订单的线上传输、电子回单设备的在途监控以及微信扫码签收生成电子回单等

方式，不仅能够帮助企业解决传统纸质单据带来的管理难题、减少传统纸质单据带来的人力成本及时间成本，还有利于推动物流行业的无纸化进程，提高物流运输环节的整体工作效率。

六、信息化平台建设过程中的主要体会、经验、教训

近年来，物流行业发展迅速，物流信息化也逐渐深入整个行业，无论是大型生产型企业、运输型企业、贸易型企业还是小型第三方物流企业，都开始思考物流信息化能给它们带来怎样的便捷与提升，以及物流信息化建设的必要性问题。回顾上海南软科技十余年的行业经验，以及“物流源”的建设过程，在收获平台研发成果的同时，也收获了诸多经验及教训。

（一）平台定位要清晰

开发者在开发、建设物流平台前首先要考虑清楚两个平台定位方面的问题。

一是开发这款平台主要是解决物流行业哪个方面的，哪些具体的问题、痛点？要有一个明确定位，不能盲目跟风。

二是平台落实后的客户群体是哪类人群？在平台中不同的产品板块，对应的客户群体是不同的。比如“物流源”企业版，主要是提供给物流企业使用。而“物流源”微信个体司机版的使用者则是货运司机。针对不同的客户群体，不仅要考虑使用者的使用习惯问题、文化水平问题，更要着重注意应用场景的问题。

（二）尊重行业现状

信息化发展至今，很多企业内部使用 ERP、CRM、TMS 等系统多年。面对这一现状，上海南软科技的思路是开发端口与企业内部系统对接。因而我们在“物流源”建设过程中，为用户提供了一套标准的 API 接口，以满足应用需求。通过接口，企业可自主将内部系统的部分或全部数据与“物流源”系统对接，实现彼此数据的互联互通。同时，企业还可以设置平台内部数据的自动传输，以加快物流订单数据在平台内的传输速度，提升物流上下游之间的业务协作水平。

此外，也要充分考虑部分中小物流企业没有物流系统，完全依赖人工管理的状况。针对这类客户，不仅需要考虑它们的应用需求问题，还应考虑应用成本的问题。因而，“物流源”物流信息化平台上线后，上海南软科技免费开放了“物流源”企业版，以辅助中小物流企业完成物流信息化建设。

（三）痛点要找准，解决方案要可行，能被从业者接受

物流信息化平台的建设前提是找准行业痛点，针对这类行业痛点提供可行的解决方案。这种方案不仅具备理论上的可行性，也需要落实到客户的使用过程中，在平台建设过程中必须要有实际的运输应用数据的支持。研发人员根据企业在运输应用过程中发现的问题及提出的建议，进一步完成平台的系统研发，从而促进平台的升级优化，以进一步提高用户体验。

广西五运科技有限公司：五运通智选物流服务平台

一、企业基本情况介绍

广西五运科技有限公司（以下简称“五运科技”）成立于2018年，坐落于桂林国家高新区创意产业园，是一家集物联网、大数据、云计算、5G、AI等先进技术为一体的创新型科技企业。公司主要通过物流信息化平台的研发，打造标准化、集约化、可视化的数字物流平台，以及提供供应链管理咨询服务，为客户提供一站式物流解决方案及应用服务。作为智选物流倡导者，五运科技致力于以“物流+科技”的运作模式推动物流产业数字化转型，构建透明的物流生态体系，帮助客户更好地适应数字化时代的发展需求。

五运科技一直坚持“合作、创新、开放、共享”的宗旨，以物流平台为基础，围绕物流管理场景，提供订单管理、运输管理、费用管理、车货交易、数据运营、数据分析等多种数字物流服务，推动物流产业在数字化转型方面的快速发展。五运科技先后成立桂林一帆数据技术服务有限公司和广西四海寄递服务有限公司两大全资子公司，分别从事标准API对接、产品研发、数据服务和民用物流，为五运科技的发展提供强有力的技术支撑和资源保障。

五运科技自成立以来一直坚持以科技创新推动公司发展的战略，不断增强自主创新和发展的能力，通过技术攻关，成功转化科技成果15项，荣获物流行业相关协会的奖项10余项，助力公司的发展，促进公司经营管理水平的不断提升。

二、项目实施背景

近年来，随着我国经济的快速稳定发展，物流行业得到了迅速发展，而大数据时代的到来，促使物流行业逐渐从传统物流向现代物流转型。在云计算、物联网、5G等核心技术不断成熟的情况下，现代物流逐渐衍生出新的名词——数字物流。数字物流成为现代物流发展的必然趋势，如何提高企业核心竞争力，推动企业物流信息化、数字化发展成为物流产业发展进程中的重要议题。

目前大多数企业，尤其是综合型企业，仍采用传统物流管理模式进行企业的内部物流管理。综合型企业集生产和销售为一体，往往将更多的重心放到生产与销售等核心业务上，从而忽视了企业内部物流管理的重要性，因而，多数综合型企业的内部物流管理水平仍处于较为落后的水平；同时缺乏信息化的物流管理工具，导致企业物流管理问题得不到解决，进而阻碍了企业的整体发展。基于此背景，五运科技的“五运通智选物流服务平台”应运而生。

三、企业通过信息化技术要解决的突出问题

作为智选物流倡导者，五运科技的使命是推动物流数字化转型。基于综合型企业现阶段的物流管理现状，五运科技通过五运通智选物流服务平台的实施，主要解决了综合型企业存在的以下突出问题。

（一）物流管理信息化程度低，管理不规范

多数综合型企业缺少独立的物流管理部门，基本由内部部门交叉管理，专业化管理程度低，此外，多数企业物流信息化意识不强，缺乏物流信息化管理手段，导致物流管理水平较低，且内部物流管理制度不规范。

（二）涉及多种物流运输方式，运输渠道有限

多数综合型企业涉及的运输方式较多，如快递、快运、零担、整车等，因而企业在进行物流服务商运输方案甄选时难以进行判断和选择。此外，多数物流服务商能力有限，较难满足企业的多种运输需求，造成了企业运输渠道的匮乏。

（三）无统一议价权，外包物流成本高

由于缺少物流资源，且货量达不到要求，多数企业无统一议价的能力，只能任由物流公司抬高价格。加之物流生态圈不平衡，造成物流成本的不透明，企业承担了巨大的外包物流成本。

（四）多家物流服务商对账，表格核验烦琐

多数企业物流运输会涉及多种方式，企业财务需对接多家物流服务商进行对账，烦琐的表格核验、单个对接核算，大大降低了企业的对账效率。

（五）订单量大，客服跟单压力大

面对庞大的订单量，客服人员最头痛的问题无疑就是跟单。由于涉及多家物流服务商，客服跟单只能复制单个单号到不同网站上查询订单轨迹，操作烦琐，大大降低了工作效率，也易降低客户满意度。

（六）多个电商平台操作，耗人耗时

多数综合型企业会涉及电商销售，如天猫、淘宝、京东等，企业需要导出多个电商平台的订单，然后导入店铺管理软件，再由店铺管理软件推送至企业 ERP 系统，最终转化成运单，操作流程烦琐且需要耗费大量的人力和时间成本，增加了企业的运营成本。

（七）人工信息补录，工作效率低

针对电商发货，多数企业在发完货之后，需将快递运单、运费等信息补录至 ERP 系统中，方便月底财务对账。每次电商狂欢节过后均需花费大量的人力补录各种信息，人

工补录出错率高且效率低下。

四、项目实施方案及进程

为解决综合型企业存在的以上问题与困难，五运科技通过打造五运通智选物流服务平台，以信息化为主要手段，结合企业在物流管理发展中的各项需求，与各物流服务商达成合作，通过系统间的对接，将订单管理、物流运输、财务结算、增值服务等以线上的形式相结合，为企业构建数字化、智能化的新物流管理模式，分步实施五运通智选物流服务平台项目，并获得了成功应用。

五运通智选物流服务平台集物联网、大数据、云计算、5G、AI和安全技术等于一体，能有效地提高用户体验和工作效率。平台主要基于 Spring Boot 架构 + Spring Cloud 架构 + MySQL 数据库的方式，提供接口为各模块和子模块共享数据。项目采用前后端分离的开发部署模式，通过 Nginx + Tomcat 的方式有效地对前端和后端的开发进行解耦，为项目的分布式架构、弹性计算架构、微服务架构、多端化服务（PC 端、移动终端等）打下基础。该平台选用 Spring Cloud 开发基于微服务的分布式服务器，实现了服务的高可用和高容错，同时配合 Zuul + Ribbon 动态路由云端负载均衡技术构建分布式物流体系系统结构（见图 1）。

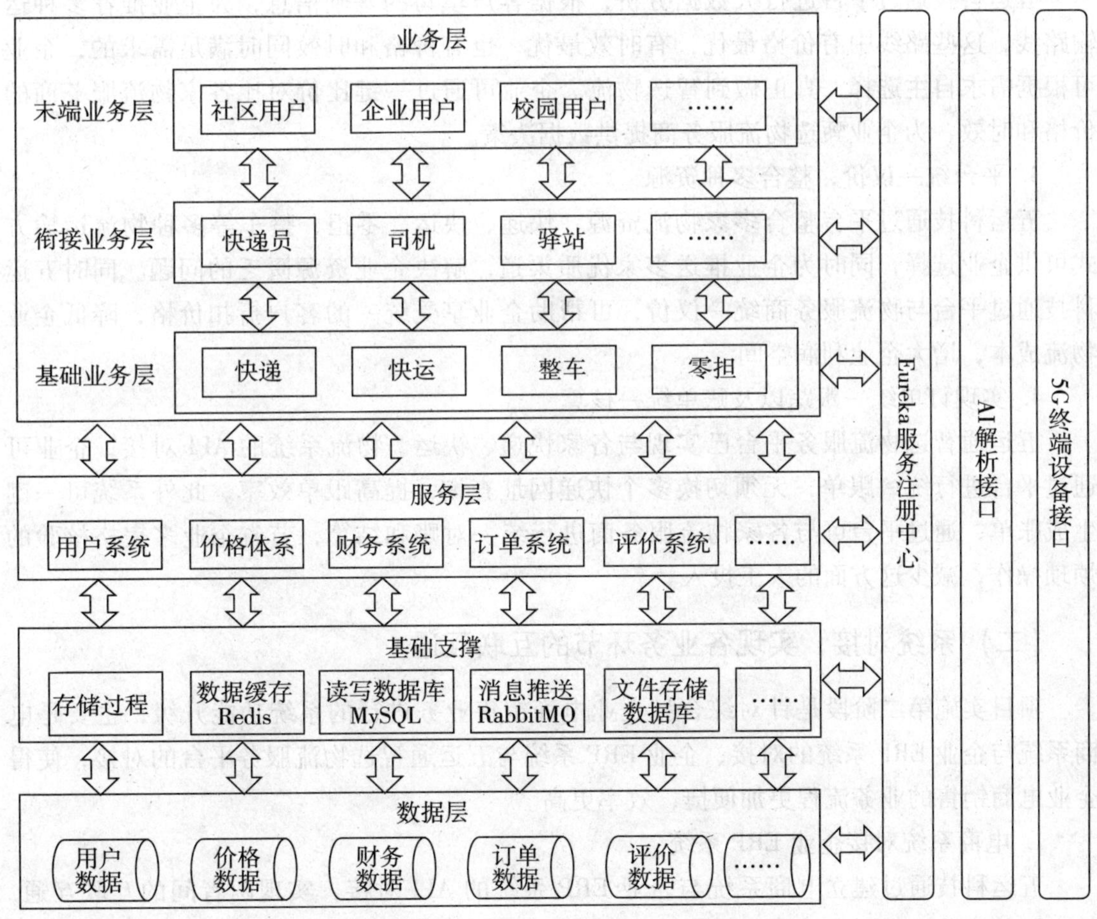

图 1　五运通智选物流服务平台信息化功能架构

五运通智选物流服务平台是一个集统一下单、统一跟单、统一对账、统一管理、数据采集、数据分析等多种功能为一体的综合物流服务平台。通过对物流资源的整合以及系统间的API（应用程序接口）对接，实现互联互通、信息共享，为客户提供多种物流解决方案。通过大数据分析，为企业进行物流指数可视化，同时建立物流评价体系，为企业相关决策提供数据支撑。

本项目实施方案主要分为两大阶段，具体如下所示。

（一）基础管理信息化

项目实施第一阶段是实现企业物流的基础管理信息化，主要包含企业统一下单、统一跟单、统一对账、物流服务商甄选、统一议价、价格对比等多方面的信息化建设。

1. 通过平台搭建，为企业提供信息化管理工具

五运科技通过搭建五运通智选物流服务平台，对企业物流进行统一管理，包括物流服务商管理、运价管理、订单管理、账单管理等，多种信息一键查询，实现统一下单、统一跟单、统一对账以及统一管理，方便高效，为企业提供信息化管理手段，提高企业整体工作效率，降低企业运营成本。

2. 通过大数据分析提供多种物流运输解决方案

五运科技通过平台进行大数据分析，根据客户填写的基础信息，为企业推荐多种运输路线，这些路线中有价格最优，有时效最优，也有价格和时效同时满足需求的，企业可根据需求自主选择，真正做到智选物流。企业可通过一键比价对比各家物流服务商的价格和时效，为企业甄选物流服务商提供数据决策。

3. 平台统一议价，整合多种资源

五运科技通过平台整合多家物流资源，快递、快运、零担、整车等多种物流运输方式可供企业选择，同时为企业推送多家优质渠道，解决企业资源匮乏的问题。同时五运科技通过平台与物流服务商统一议价，可帮助企业享受统一的客户折扣价格，降低企业物流成本，增大企业利润空间。

4. 实现订单统一跟踪以及账单统一核算

五运通智选物流服务平台已实现与各家快递、快运、物流系统的API对接，企业可通过平台进行统一跟单，无须切换多个快递网址查询，提高跟单效率。此外系统可一键生成账单，通过平台可与各家物流服务商进行统一对账和结算，节省企业多表格核验的烦琐操作，减少这方面的人工投入。

（二）系统对接，实现各业务环节的互联互通

项目实施第二阶段是针对综合型企业电商销售业务进行的系统功能升级，主要是电商系统与企业ERP系统的对接、企业ERP系统与五运通智选物流服务平台的对接，使得企业电商销售的业务流程更加便捷，效率更高。

1. 电商系统对接企业ERP系统

五运科技通过建立电商系统与企业ERP系统的API对接，实现两者间的互联互通，整个订单环节减少了店铺管理软件的操作，同时可实现订单的自动推送，省去人工导出、

导入订单的操作，大大提高了企业的工作效率，降低了人工成本。

2. 企业 ERP 系统对接五运通智选物流服务平台

五运科技可实现企业 ERP 系统与五运通智选物流服务平台系统的对接，ERP 系统的订单可实时推送至五运通智选物流服务平台系统，然后转化成快递运单，转化后的运单信息将同步回传至 ERP 系统，省去企业人工补录信息的操作。同时 ERP 系统可同步将运单信息回传至电商系统，客户可通过电商系统实时查询物流信息，提高订单信息化和自动化程度。

平台对接流程和平台信息回传流程如图 2、图 3 所示，为方便称呼，图中将五运通智选物流服务平台简称为“五运通平台”。

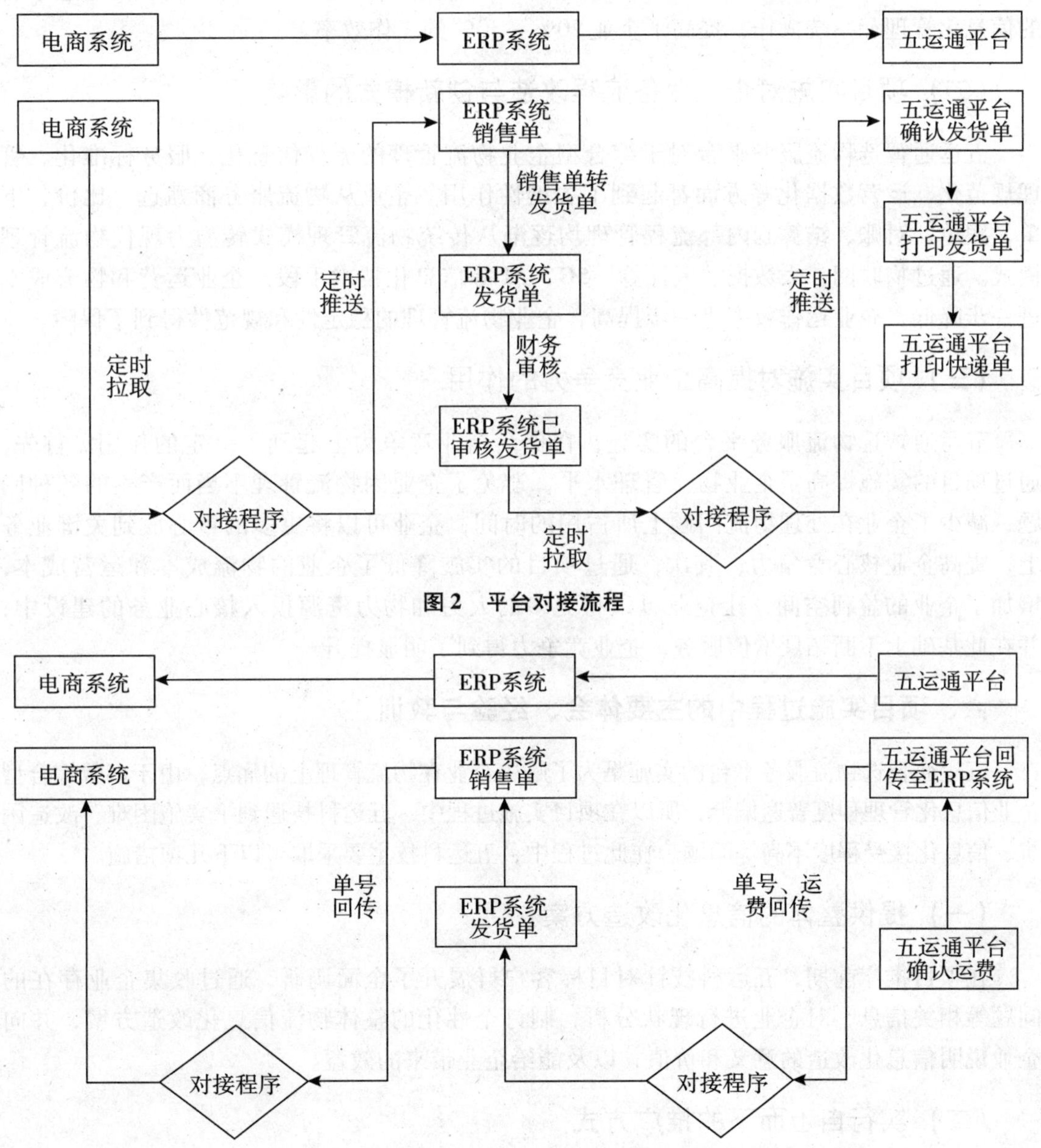

图 2　平台对接流程

图 3　平台信息回传流程

五、项目实施的主要效益分析

（一）项目实施前后的效益指标对比和分析

五运通智选物流服务平台的实施对综合型企业的物流管理信息化和规范化起到了重要作用，在一定程度上提高了综合型企业的整体运行效率，降低了企业的物流成本和人工成本，同时也为企业物流管理提供系统性操作指导。

通过对平台用户企业进行数据对比分析，可以看出，项目实施后，通过为企业匹配多家物流服务商，以及平台的统一议价和价格对比，减少了企业15%～25%的物流成本；通过系统间的互联互通，减少人工操作，减少了企业10%～20%的人工成本；通过平台的信息化管理和系统操作，提高了企业20%～30%的工作效率。

（二）项目实施对企业业务流程改造与创新模式的影响

五运通智选物流服务平台对于综合型企业物流管理的流程信息化、服务标准化、管理规范化、运营数据化等方面都起到了关键性作用。企业从物流服务商甄选、比价、下单、跟单、对账、结算到内部流程管理均逐渐从传统物流管理模式转型为现代物流管理模式。通过物联网、大数据、云计算、5G、AI等信息化技术手段，企业运营和物流成本进一步降低，企业运作效率进一步提高，企业物流管理的稳定性和规范性得到了保障。

（三）项目实施对提高企业竞争力的作用

五运通智选物流服务平台的实施，在提高企业竞争力上起到了一定的作用。首先，通过项目的实施提高了企业物流管理水平，避免了企业因物流管理不当而产生的各种问题，减少了企业在处理物流问题上所占用的时间，企业可以将更多的重心放到关键业务上，提高企业核心竞争力；其次，通过项目的实施降低了企业的物流成本和运营成本，增加了企业的盈利空间，让企业可以将更多的人力和物力资源投入核心业务的建设中，并在此基础上不断拓展增值服务，企业竞争力得到了明显提升。

六、项目实施过程中的主要体会、经验与教训

五运通智选物流服务平台的实施是为了解决企业在物流管理上的痛点，由于多数综合型企业信息化管理程度普遍偏低，所以在项目实施过程中，五运科技遇到了实施困难、改造困难、信息化接受程度不高等问题。在此过程中，五运科技主要采取了以下几项措施。

（一）提供整体的信息化改造方案

在项目推广前期，五运科技针对目标客户群展开了全面调研，通过收集企业存在的问题等相关信息，对企业进行现状分析，制订个性化的整体物流信息化改造方案，并向企业说明信息化改造的意义和价值，以及能给企业带来的效益。

（二）实行自上而下的推广方式

企业管理层往往是最能看清企业发展现状的，也最了解企业所需的管理方式和模式，

对新事物的接受程度也比基层员工要高，所以在进行项目推广时，五运科技向企业管理层进行推广，由企业管理层下达具体的信息化目标，并指定相应信息化模块的负责人，自上而下地进行信息化建设推广，对项目的成功实施起到了关键性作用。

（三）提供专业化技术支持和指导

在项目实施期间，五运科技定期对企业进行专业技术指导，包括平台操作手册、培训手册的输出、更新，并对相关人员进行系统性培训，落实项目。

七、本项目下一步的改进方案

现代物流向数字化转型是物流行业发展的必然趋势，因此，在项目不断实施的过程中，五运科技将加大物流数字化建设，不断改造和升级五运通智选物流服务平台的功能服务，最大限度满足物流数字化转型的需求。

（一）建立物流评价体系

物流前端提货和末端派送服务是客户关注的重点，如何提高前端和后端服务水平成为诸多企业关注的问题。五运通智选物流服务平台将基于此现状，增加物流评价，建立客户端的物流评价体系，客户可对物流流程各环节进行服务评价，包括对网点的评价、司机的评价、快递员的评价，建立起网点、司机、快递员的信誉和服务体系，为客户提供服务质量保障，同时也为物流服务商提高物流服务水平提供参考依据。

（二）建立企业物流指数体系

基于项目实施前期的基础数据采集，五运科技将建立起企业物流指数体系，为企业提供实时数据可视化和分析服务。企业物流指数体系可对企业整体物流状况进行分析，包括订单量、货物品类、客户群体、物流运费、主要销售地、主要物流服务商、业绩增长情况等方面，帮助企业实时监管企业经营和物流情况，为企业相关决策提供数据支撑。

中国移动通信集团河北有限公司：基于精益物流管理理念的信息化管控体系

一、企业简况

中国移动通信集团河北有限公司（以下简称“河北移动”）于1999年8月16日正式挂牌成立，2000年10月在香港和纽约同时上市，成为由中国移动通信集团公司控股的中国移动有限公司的全资子公司之一。

公司主要经营移动电话通信（包括话音、数据、多媒体等）、固定电话通信（包括语音、数据等）、数据通信业务、网元出租、呼叫中心、视讯、虚拟专网、IP电话及互联网接入服务等电信全业务运营，另外还具备基于所有电信业务的施工资质和施工能力。

河北移动手机客户总数超过5000万户，家庭客户超过700万户，政企用户超过14万户，移动电话客户市场份额始终保持省内第一，占比超过七成。河北移动始终占据着河北省移动通信市场主导运营商地位，是一个财务稳健、充满发展潜力的持续成长型公司。

河北移动的物流主要是满足用于通信工程、网络维护、市场营销物资的仓储、运输需求。所以，对于河北移动来说，物流产生于物资需求，结束于物资使用。

二、案例背景

（一）外部环境

1. “提速降费”持续推进

从宽带/流量资费全面下调，到流量不清零/无限流量套餐、取消手机国内长途和漫游费，再到取消流量漫游费。不到四年时间，移动用户资费下降83.5%，平均每年人均节省160多元，该项政策为大众网民以及社会产业释放大量红利的同时，也为通信行业的发展带来了新的变革。在利润急剧下降的形势下，如何在培育新兴业务、寻找新利润源的同时，降低运营成本、提升管理效率，也成为行业的热议话题和通信企业的未来发展重点。

2. 竞争趋同，利润压力增加

通信用户日益趋于饱和，三家运营商对4G和5G用户的争夺愈加激烈。全国漫游费取消、流量不限量套餐、提速降费、携号转网等政策的推出，基站交由铁塔公司统一运营，广电网络成为第四家运营商，5G建设成本高，均导致竞争趋同，企业竞争力减弱，利润空间减少。

3. 高质量发展成为主线

2019年《政府工作报告》中再次强调，坚持稳中求进工作总基调，坚持新发展理念，坚持推动高质量发展，坚持以供给侧结构性改革为主线。面对正在发生复杂、深刻结构性变化的发展环境，提高效率、避免浪费的高质量发展，成为了通信运营商发展的主线。

4. 供应链领域正在变革

国家积极推进供应链创新与应用试点工作，形成创新引领、协同发展、产融结合、供需匹配、优质高效、绿色低碳、全球布局等产业供应链，培育百强领先企业。中美经贸磋商一波三折，全球供应链面临解体与重构。深化改革开放、加强自主创新是发展的根本之道。供应链由“传统采购”向“价值服务”变革转型。

（二）内部环境

1. 公司“降本增效”运营发展

一方面，时代不断发展，先进理念不断更新，河北移动作为传统通信企业，应顺应时代发展，利用大数据、云计算等技术，不断提升自己的运作能力和管理水平，从而提升自己的核心竞争力。另一方面，作为通信行业的代表性企业，河北移动在竞争激烈的形势下，利润空间逐渐减少，降本增效实现高质量发展成为企业进步的必然趋势。

2. 供应链能力重塑提升

物联网、大数据、人工智能、区块链等先进技术不断成熟，对供应链的可视、动态、协同、智慧、可预测、可持续等多方面提出了更多挑战，端到端的价值链需建立，供应链模型已由原来的单链式向网状模式发展转变，供应链管理由传统的静态线性业务流向用户需求驱动的动态网络转化，以价值为导向，供应链能力需重塑提升。

3. 物流管理模式转型升级

河北移动物流的运营内容以仓储和运输为主，管理手段较传统，全省物流资源需进一步整合。河北移动应当运用科学的方法和管理手段将河北省物流运营模式进行转型升级，以达到在提高物流运作效率的同时，实现资源整合，从而降低物流成本。

三、案例解决方案要点概述

面对新形势，迎接新挑战。物流管理作为供应链管理中非常重要的一环，其管理模式的优化对整个供应链能力的塑造具有十分重要的作用。面对客户需求，如何在提供准时、准确、快速服务的同时，将成本降到最低，成了物流管理优化提升的重要内容。

（一）信息互通，准时响应

根据信息来源的不同，信息主体可分为内、外两种，即供应商、代维单位、施工单位、营销单位四个外部信息主体和需求部门、采购部门、物流部门和使用部门四个内部信息主体（需求部门也可能是使用部门）。集中管控的不同主体如图 1 所示。

物流作为一个贯穿始终的主线，涉及需求征集、采购下单、实物到货、验收入库、库存监控、实物出库、现场使用 7 个主要环节，河北移动基于数据分析和管理流程搭建全省可用的物流管理平台。①各主体、各环节信息高度一致；②物资全生命周期在线监控；③仓储资源随时查看；④运输状态实时监控；⑤分析表自动生成。各方信息得到整合，在管理流程标准化、信息化的同时，增强数据整合、数据分析能力，使整个物流运营工作更加井然有序，使物资在可控的范围内有节奏流动。物流管理平台管理界面如图2所示。

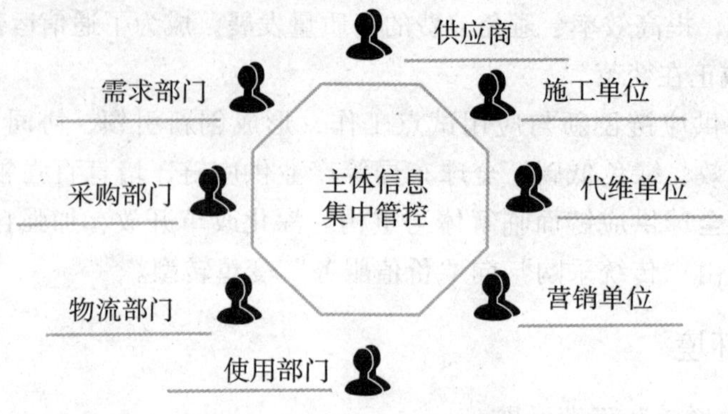

图1　集中管控的不同主体

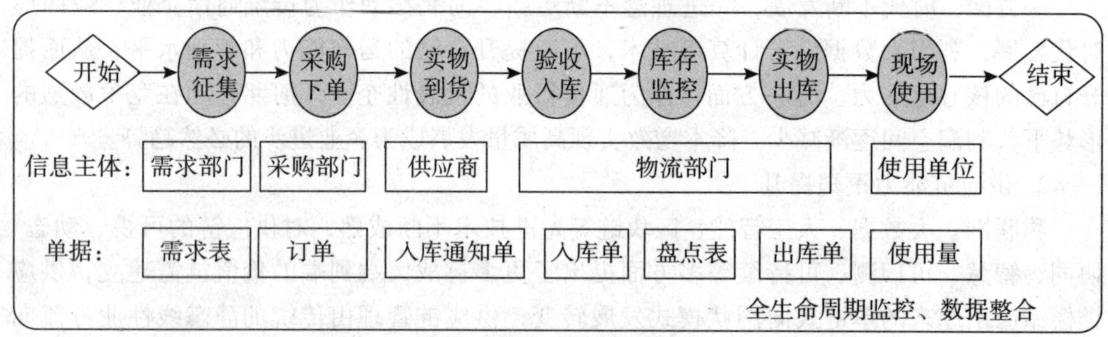

图2　物流管理平台管理界面

（二）需求、订单集中管控，提升需求响应

由专人负责定期向不同需求部门以“主动＋被动”结合的方式征集需求。①根据物资历史需求、库存、领用等数据主动预测需求，同时，根据需求部门提出的临时性需求被动下单。②根据物资类型将需求进行整合、分析，结合现有库存（含在途）的情况，以“以存供需”为原则，优先使用现有库存进行下单，以保障在及时满足需求的前提下，盘活库存，提升仓储利用率。需求与订单集中管控如图3所示。

（三）定制化管理模块，提升服务感知

河北移动通过物流管理平台，建立基础数据管理、需求管理、系统管理、仓储管理、配送管理、使用管理、报表统计等功能模块，做到了对物料编码的全流程贯通，共享物资库存信息，盘活了库存呆滞物资，固化标准支撑流程，建立账实相符保障体系，使物流管理更加规范和高效。

（1）库存物资共享：库内物资信息全省实时可视，全省的100多个相关部门（单位）均可发起物资使用申请，经物流负责人审批后，方可发起物资领用出库流程。

（2）账实相符保障体系：打通与采购平台、ERP平台等其他管理系统间的系统数据接口，在物资采购、入库、调拨、出库等环节上各系统间自动调整，为各系统间的数据一致提供了保障。

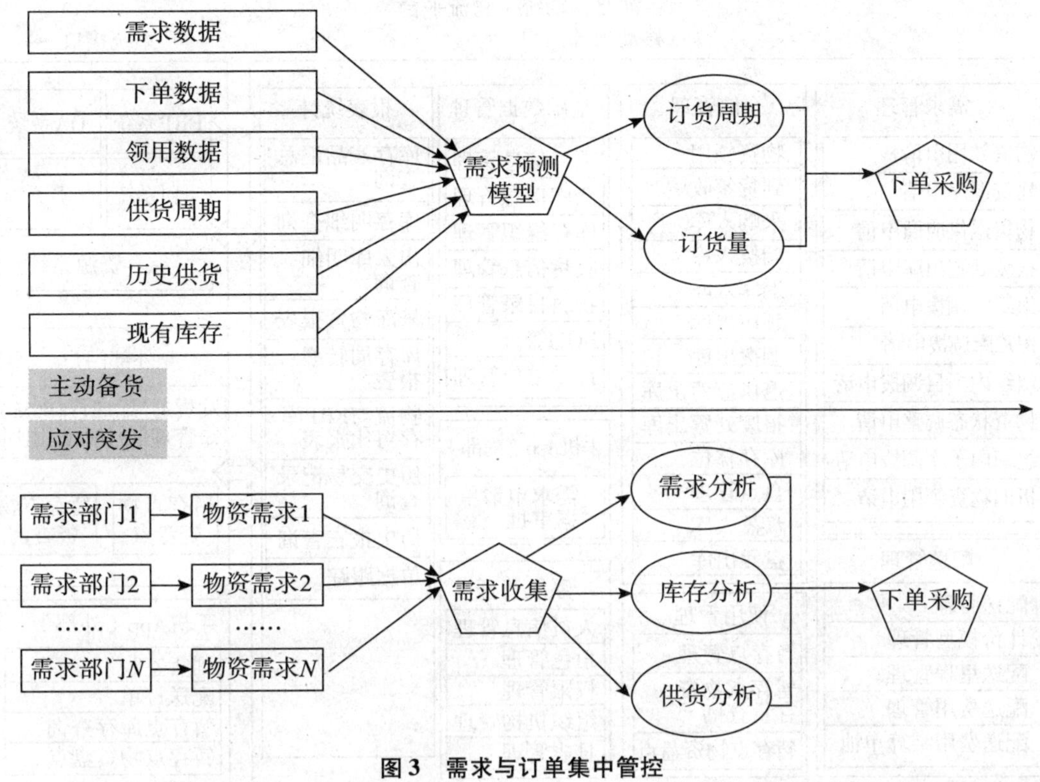

图3 需求与订单集中管控

（3）仓储物流体系标准化：基于河北移动现有采购系统，接入统一物流平台，构建采购、仓储、配送为一体的供应链平台。

（4）需求管理升级：建立物资与需求计划、需求计划与订单执行、订单执行与库存之间的联系，实时将需求计划、采购订单与库存情况进行比对。

（5）迈向移动化：新增手机 App 接入方式，便于用户通过移动端接入系统，提高使用效率。手机 App 管理功能包括但不限于：仓储管理、配送管理、使用管理。

物流管理平台的管理模块如图 4 所示。

（四）完善 IT 支撑体系

河北移动为做好全省物流支撑，提升运营效率，以科学、全面并与实际操作相结合的整体原则，建立健全全省物流保障体系。

管理层面：成立物流小组，专职负责河北全省物流运营工作，根据业务内容划分不同的岗位，并为每个 RDC 库设置专职的沟通协调人员。

流程层面：将流程标准化和可视化，共建立操作流程 30 个，使物流运作有据可依。

制度层面：根据物流运营和管理特点，制定专门的管理制度，内容涵盖仓储物流作业、产品化管理、仓库现场、第三方物流等诸多方面，以保障全省物流运作。

IT 支撑层面：各专业平台之间建立数据联系，实现大量专业信息的整合，为全省物流运作提供技术保障。

各环节 IT 支撑总览如图 5 所示。

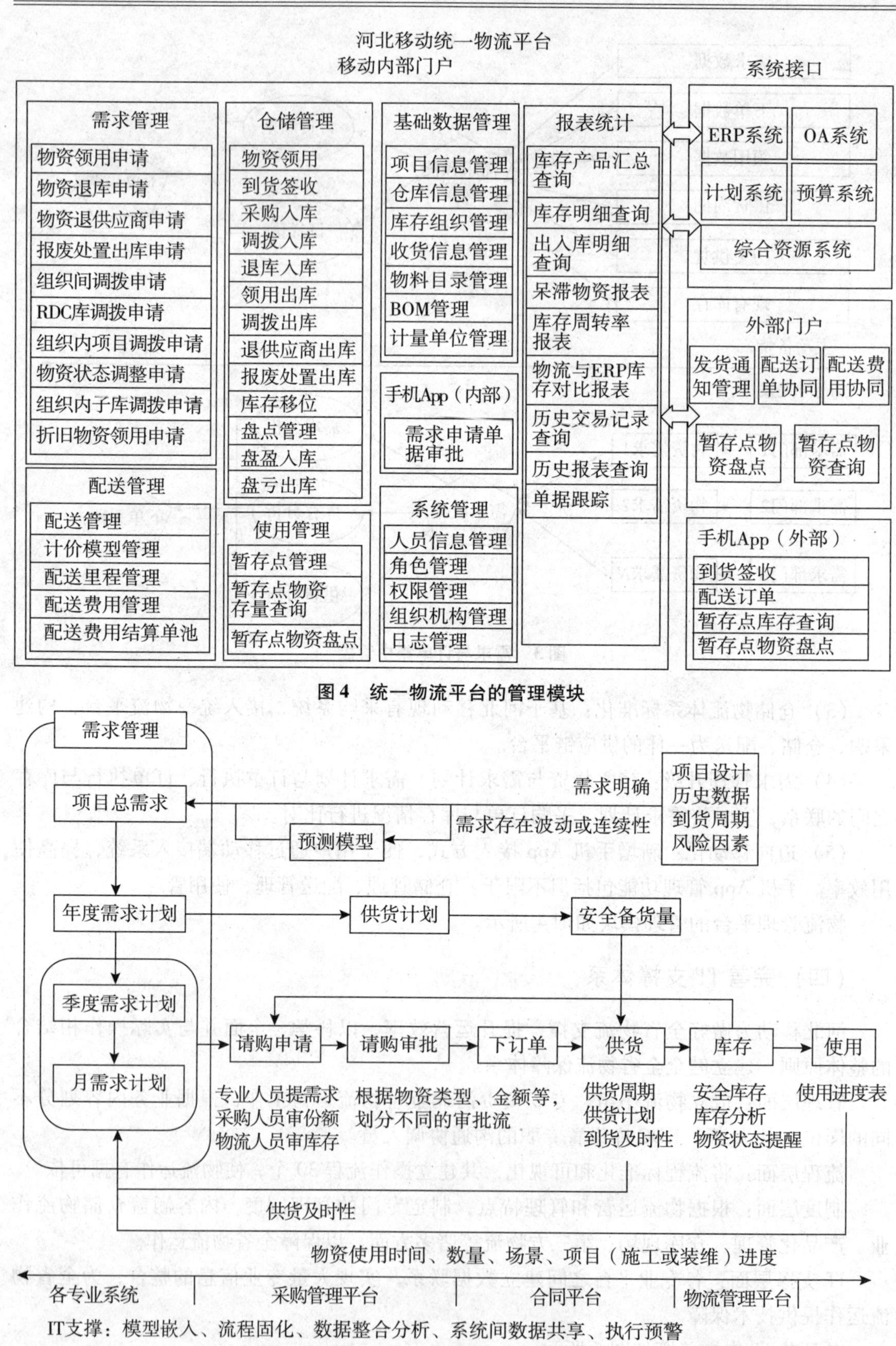

图4 统一物流平台的管理模块

图5 各环节IT支撑总览

四、应用效果

（一）搭建专业物流管理平台，提升管理水平

河北移动通过搭建专业物流管理平台，整合物流信息，实现管理流程标准化，提升管理水平，物流支撑能力大幅度提升，库存周转率提升30%，需求响应及时率提升40%，配送及时率提升50%。

（二）产品集中管控，提升支撑效率

河北移动应用物流管理平台后，可对通用性强的物资集中管控，避免了重复性操作，节省人力成本，提升支撑效率，最大限度提升“客户”感知，助力河北移动全省业务发展。

（三）提高竞争力

河北移动的物流运营模式得到优化的同时，也带来公司管理模式的优化，为提升公司的核心竞争力添加了浓墨重彩的一笔。

（四）降低成本

平均每年节省物流成本超过1000万元。

（五）其他

大数据、信息化平台的引入，为今后进一步完善物流运营模式打下了良好的基础，助力河北移动的物流运营模式向着科学化、信息化不断发展。

五、体会及经验

（一）企业要想不断发展，必须重视物流

物流贯通物资流动的整个主线，涉及公司运营的很多环节。整合物流资源会降低运营成本，因此，优化物流运营模式对企业的发展具有重要意义。

（二）信息化是物流长期发展趋势

物资的流转已演变成信息的流转，物资的管理也已成为物资信息的管理，信息化是物流发展的趋势，也是物流运作效率提升的核心。根据时代发展，信息化的水平应不断提升。

（三）大数据分析是科学化管理的前提

随着时代的不断发展，企业的物资、人、资金、流转等信息量日渐庞大，只有对历史数据进行科学分析，才能使企业更加顺应时代发展的要求。

（四）只有不断改变，接受新事物、新思想，才能不断提升核心竞争力

管理理念、科学方法不断发展，只有不断接受新事物、新思想，才能根据时代发展方向，不断提升自己的核心竞争力。

（五）外部发展和内部优化同等重要

对于通信行业来说，开发新业务、发展市场是头等重要的，但是不能只将发展目标放在利润增长上，内部运营应不断优化，才能保障核心竞争力不被动摇。

六、下一步改进计划

（一）引进大数据分析模型

将大数据分析模型引入更多环节，加强数据分析，促进物流管理的科学化。

（二）持续优化现有管理流程

继续梳理现有管理流程，补充管理盲点，提升管理标准化，增加全省物流运作效率。

（三）信息化水平迈入新阶段

通过平台系统功能不断优化，实现信息共享，提升物流管理的整体效能。

中国电信股份有限公司广东分公司、中捷通信有限公司：基于数据运营的智慧供应链运营平台

一、企业简况

中国电信股份有限公司广东分公司（以下简称“中国电信广东分公司”）是中国电信股份有限公司最大的省级分公司，公司扎根南粤大地，为上市公司、中小企业、家庭及个人客户提供优质通信及信息服务。在智能时代来临之际，中国电信广东分公司立足于人工智能、区块链、云计算、大数据、智慧家庭、边缘计算、物联网和5G等新兴领域，为亿万用户提供智能化信息服务。

中捷通信有限公司（以下简称“中捷公司”）是中国通信服务股份有限公司的供应链服务专业公司，承接了广东省电信器材公司的优质资产和优良业务，是立足于信息通信行业、面向现代大工业的“商贸—物流—技术—贸易—拍卖”综合供应链服务企业。

中国电信广东分公司与中捷公司在2009年达成战略合作，由中捷公司全面承接其供应链服务管理工作，服务对象覆盖广东省电信本部、各地市分公司、直属中心等分支机构；服务内容涵盖需求物资的综合信息处理、信息化建设、正向物流、逆向物流、仓储管理服务、交付验收管理、现场驻点服务等供应链全流程服务。双方合作历经十余年的摸索与提升，中国电信广东分公司供应链服务项目的运作模式已趋于成熟，智慧供应链建设也初见成效并在持续推进。

二、实施背景

1. 背景分析

近年来，国家持续强化信息通信行业管理，在深化改革、完善管理机制与市场环境等方面出台了系列政策，不断规范和促进信息通信行业健康发展，同时我国信息通信行业也已实现了跨越式发展，这都对三大运营商加快转型升级步伐，加速推进5G建设等工作提出了更高要求。为响应国家相关政策的支持与推动，三大运营商正相互配合，共同搭建5G网络。目前已实现5G网络初步的商用部署，并在2020年推进更大规模的部署和规划。可以料想，随着5G技术的广泛运用，电信行业所需物资的供应链服务管理体系会越来越复杂，对时间响应、管理精细化会有更高要求。

另外，国家在“十三五”规划中明确提出实施大数据战略，把大数据作为基础性战略资源，全面实施促进大数据发展行动，加快推动数据资源共享开放，助力产业转型升级和社会治理创新。中国电信战略转型3.0也明确提出了运营智慧化，要求在供应链管理中引入大数据应用、集约支撑服务等要素，建立以用户需求为导向的一体化智能供应链

体系。中国电信广东分公司作为网络建设的排头兵，积极响应国家和集团号召，与中捷公司共同搭建智慧供应链运营平台，通过大数据技术的支撑，强化数据综合处理、分析能力，借以促进供应链体系进一步集约化、高效能运作，实现智慧采购、智慧物流、智慧运营，助力网络强国建设。

中捷公司作为中国电信广东分公司的战略伙伴，需要持续整合不同的资源，通过多方协同，更快速地响应客户需求并高效服务于客户。在此背景下，中国电信广东分公司与中捷公司抓住中国物流大数据平台发展的大趋势，把握市场发展方向，以用户需求为导向，加大系统技术投入，推出适应行业发展需求、高效的智慧供应链运营平台，助力信息通信行业高速发展，使双方能够在未来通信市场整合中继续处于领先地位。

2. 问题分析

目前供应链服务项目的业务维度多、信息多、系统多，缺乏专业的数据收集、分析、挖掘和展示工具，未能有效整合并利用数据资源进行大数据分析、最大限度发挥数据价值，导致需求预测不准确、框架合同断档、缺货与爆仓现象并存、供货质量问题频发、供货配送不及时、库存呆滞严重等问题长期存在。

为实现更高效的供应链运营，中国电信广东分公司与中捷公司合作协同，利用大数据技术，共同研发智慧供应链运营平台，将目前相对孤立的数据有机联系起来。通过系统间的对接打通与数据整合，形成大数据仓库，利用设计模型算法对数据进行整理、分析、挖掘，提供业务全程跟踪以及物资全生命周期的信息展示。提供精准、快捷、多维度的数据分析结果和智能预警，引导用户准确评估业务现状，提前采用合理的管控措施，大大降低中国电信广东分公司集约化供应链运营的风险，实现供应链智慧化运营。

三、实施步骤及内容

2019 年，中国电信广东分公司与中捷公司一方面加大了对信息化投入力度，应用条码、电子标签、GPS、GIS 等技术实现物流运营的智能化，在广东省仓库实行储位条码化管理，并结合手持终端绑定物资储位信息，为后期实时监控各仓库物资的库存结构、账龄分析、库存周转率统计等智能化库存管控打下数据基础；另一方面建设智慧供应链运营平台，从各个业务系统抽取数据，清洗并汇聚到平台，实现多系统数据集成，为业务决策提供有效支撑。平台具有移动端、PC 端、大屏端，可满足不同业务部门对平台的应用需求，实现有效管理、高效协作。平台建设蓝图如图 1 所示。

（一）加大智能设备投入，提升数据获取能力

1. 实行条码化管理

采用“四号定位”法，即编号格式是：仓库编号—排号—列号—层号，均使用阿拉伯数字表示，将储位编码转成条码。使用 RF 手持终端进行物资出入库操作，为每件物资赋予唯一的条码信息，通过扫描该条码可绑定托盘、储位等容器，并直接将信息反馈、更新至物流系统。同时，仓管员也可通过 RF 手持终端及时获取系统分配的收发货等各类作业任务信息。在各类作业中，仓管员通过 RF 手持终端扫描托盘、储位等容器或货物上的条码，即可获取该编码对应的物资信息，提高作业的准确性和及时性（见图 2）。

全业务流程查询、监控、协同、分析

数据应用（大屏端/PC端/移动端）
（前端微信查询与订阅，后台运营数据监控，业务流程预警，运营分析报告推送）

数据资源池
（数据采集、数据存储、数据处理、数据展示）

数据接口
（接口对接、对接台账、数据交互）

MSS系统	供应商前端	中捷物流系统	EIAC系统	ISCM等其他系统
·需求、订单 ·物料、合同 ·……	·交货预期 ·交货信息 ·……	·库存、进出库 ·物流、收货 ·……	·审批流程信息	·账外物资 ·终端物资 ·……

图1 平台建设蓝图

图2 仓库储位条码和物资条码

2. 完成多系统对接

中国电信广东分公司供应链服务项目涉及业务环节较多，自需求发起、采购建单、到货跟踪、干线提货、物流仓储、末梢配送、列账结算等多个供应链环节，到建设智慧供应链运营平台之前，各个环节的数据分散沉淀在各个系统中或者未能通过系统进行监控，信息闭塞，供应链管控难度大。

因此，为了加强全链条管控，中国电信广东分公司与中捷公司合作搭建智慧供应链运营平台，综合 MSS 系统、SCV、供应商前端、中捷物流系统，集成显示需求、采购、生产、到货、仓储、配送、财务等各个业务系统的实时数据，从而减少多系统数据不同步、系统流程不贯通的问题，同时减少多系统部分数据的重复操作量。智慧供应链运营平台实现多系统单号串联，将需求单号、采购订单号、物流订单号、入库单号等几个主要的系统单号进行全生命周期关联，便于不同环节人员或部门根据各自单号进行全流程的跟踪及查询。

（二）打造智慧供应链运营平台，强化运营管控能力

1. 建立需求预测模型，提高采购精准度

以各需求部门的采购需求数据、采购供货数据、实际使用数据等供应链历史数据为基础，利用各类算法及数据分析模型，针对物资需求特性，在平台上建立多个需求预测模型，从而为各需求单位的采购需求优化提供数据支撑，确定备货品种及数量，动态调整备货水平，避免库存的积压或短缺，从源头助力供需平衡。

（1）针对工程物资特点，建立智能备货模型。

针对光缆等通用类物资，通过整合历史使用量、工程进度计划、供应商排产能力、物流配送能力、仓储库容等数据，计算周期性备货数量及库存警戒线，定期备货并实时监控补货，同时运用数据分析技术，匹配需求量、实际到货量、库存量、完工进度等数据，分析分公司需求紧急级别，制定供应数量及供应次序，不断完善、修正智能备货模型。

（2）针对工程物资特点，建立齐套供应模型。

针对类似4G建设等专项工程物资，通过工程建设计划、供应商计划产能、建设设计匹配度、基建配套进度、物流配送能力等因素的综合分析，动态调整供应策略，实现齐套供应，提高工程建设效率。

（3）针对市场类物资特点，建立智能滚动备货模型。

一方面，根据各地市的历史需求量、历史使用量、供应商合同份额、供应商排产能力、物流配送能力等因素，进行安全库存量的测算及地市配额的预分配，完善备货量和地市供应配额，从而满足市场放号的需求。另一方面，打通采购、物流、装维、营服、网运等各环节的信息端口，追踪终端类物资全生命周期，动态预警全生命流程关键环节，降低资产流失的风险。

需求预测模型如图3所示。

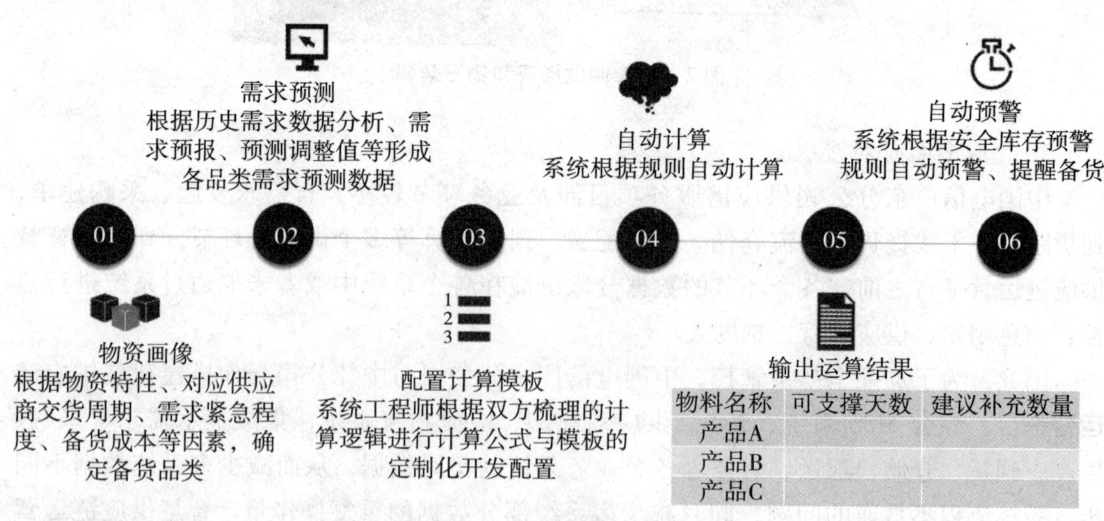

图3　需求预测模型

2. 开发全流程跟踪功能，实时掌握供应状态

建设开发全流程可视化平台系统，实现与中国电信广东分公司采购相关系统、供应

商系统、物流信息系统、检测平台系统、物资使用管理系统等供应链上下游相关系统的对接，通过汇集、抓取需求、采购、生产、到货、仓储、配送、账务等信息，促进信息资源充分共享，实现对物资的采购订单（或备货单）下达、供应排产、提货、检测、仓储、末端配送、使用（或销售）、回收、报废等全流程状态的跟踪，完成物资全生命周期监控，提高供应链全流程的集中、高效、便利管理水平。业务流程如图4所示。

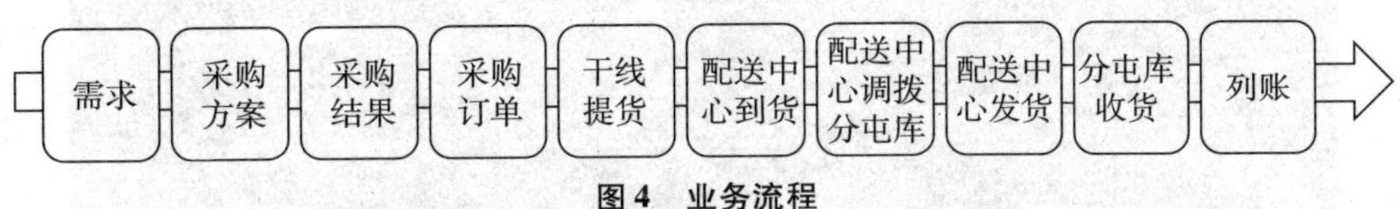

图4　业务流程

（1）全流程状态查询。

通过项目信息、需求单号、采购订单号和物流订单等多种方式，可实时、快速查询各节点数据，了解供应链全流程状态。

（2）异常预警推送。

针对各业务流程存在的问题，如需求建单不及时、订单到货不及时、物流提货不及时等，智慧供应链运营平台可将异常信息及时推送给相关环节责任人进行预警、提醒；同时也会将异常信息推送至采购物流管理人员，便于进行过程监控，及时采取应对措施。

3. 开发现场作业看板功能，动态监控作业实况

根据电信业务的不同应用场景设计、定制现场可视化作业看板，并通过数据大屏轮播展示，实现对仓库订单作业状态、仓储使用率、异常信息预警等实时作业数据进行分析，帮助现场操作人员实时查看当前业务状态，协同跟进作业处理。

同时，作业看板可集中展示中国电信广东分公司集约化物流项目的广东省核心运营数据。在异常环境下（如台风、暴雨），作业看板可作为广东省指挥中心，实现对各仓库运作可视化的“遥控”指挥，统一调度，平衡资源，提前预警，降低运营风险。

仓库作业看板如图5所示。

4. 开发库存管控功能，实现库存精细化管理

智慧供应链运营平台对库存数据按照地市、子库、库龄、物资种类、呆滞物资以及重点物资（如核心终端、5G到货）等维度进行分析和平台展示。广东省采购人员均可通过平台实时掌控各地市的库存以及相应风险情况，进而调整相应的管控策略。平台的应用推广，有效解决了地市人员数据获取慢、分析能力薄弱等问题。

同时，平台还通过邮件、微信等途径共享收货、发货、库存信息，定时将相关信息推送至需求部门，及时告知其到货及库存问题，避免造成内部盲目追货、盲目提需求以及急报急需等问题的发生。

（1）定时推送实物库存数据清单。

根据管控重点，每日在OA内定时推送中捷物流《实物库存明细表》。实物库存数据推送界面如图6所示。

（2）定时推送收发货信息。

通过微信将物资在仓库的收发情况发送给相关部门、相关需求人，实现对实时库存变化的信息共享。到货信息推送界面如图7所示。

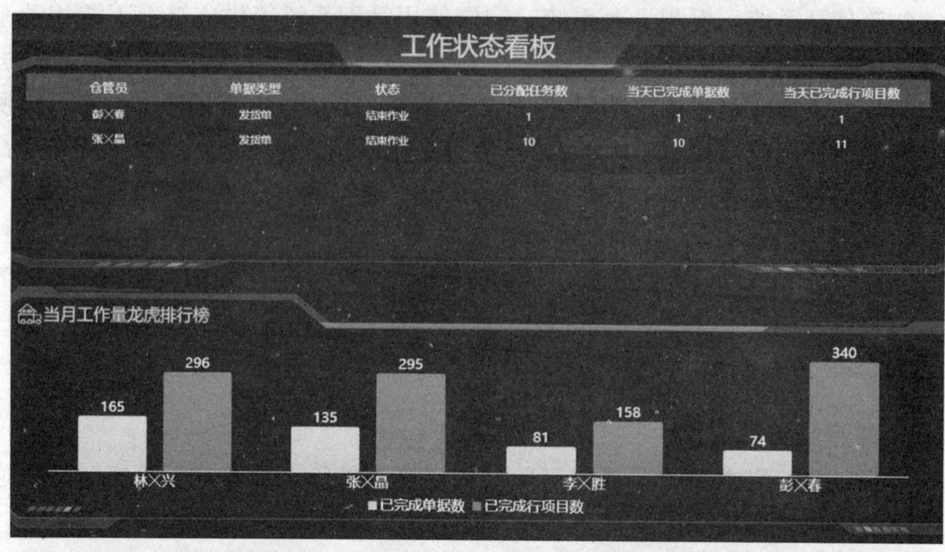

仓管员	单据类型	状态	已分配任务数	当天已完成单据数	当天已完成行项目数
彭×春	发货单	结束作业	1	1	1
张×晶	发货单	结束作业	10	10	11

序号	单据类型	物流订单号	制单人	数量	仓库信息	采购订单号	下单时间
1	入库单	WLDD20200415000277	区翠媚	5	江门分屯库礼乐仓库		2020-04-15
2	入库单	WLDD20200309000838	区翠媚	10	江门分屯库礼乐仓库	MSS余料待报废（K103）	2020-03-09
3	入库单	WLDD20200309000829	区翠媚	9	江门分屯库礼乐仓库	MSS余料待报废（K103）	2020-03-09
4	出库单	WLDD20190103000480	区翠媚	2	江门分屯库礼乐仓库	GDDD201812200183	2019-01-03

序号	单据类型	物流订单号	制单人	物资类别	数量	备货单号	采购订单号	下单时间
5	作业单	WLDD20200611000841	区翠媚	'未指定'	20		GDDD202005140109	2020-06-11
6	作业单	WLDD20200610000731	区翠媚	'未指定'	40		应急需求，后补订单	2020-06-10
7	作业单	WLDD20200612000715	区翠媚	泛智能终端	100		GDDD202004290134	2020-06-12
8	作业单	WLDD20200611000836	区翠媚	泛智能终端	10		GDDD202004290134	2020-06-11
9	作业单	WLDD20200612000680	区翠媚	泛智能终端	20		GDDD202004290134	2020-06-12

作业预警看板

紧急配送单据信息跟踪

配送地市	实时状态	发货单单号	要求送达时间

超时单据信息跟踪

类型	实时状态	单据号	物流订单号	单据日期	超期天数
入库	待入库	SH20181120000179	WLDD20181120000141	2018-11-20	571
入库	待入库	SH20200309000482	WLDD20200309000829	2020-03-09	95
入库	待入库	SH20200309000486	WLDD20200309000838	2020-03-09	95
入库	待入库	SH20200428000385	WLDD20200426000580	2020-04-28	46
入库	待入库	SH20200601000113	WLDD20200601000034	2020-06-01	12

图5 仓库作业看板

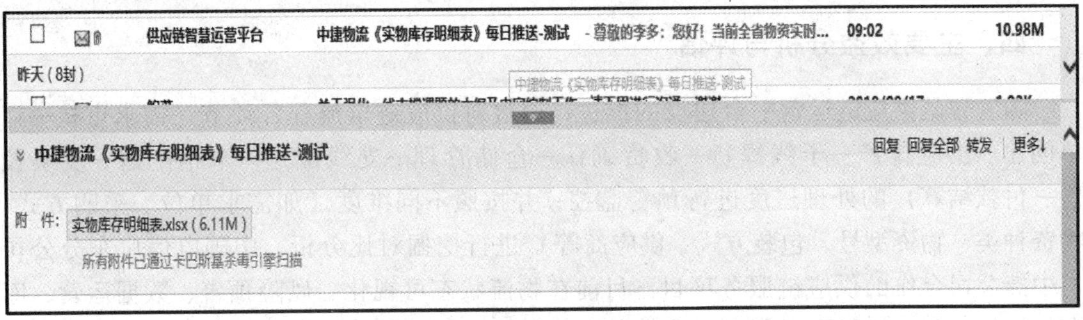

供应链智慧运营平台　中捷物流《实物库存明细表》每日推送-测试 - 尊敬的李多：您好！当前全省物资实时... 09:02 10.98M

昨天（8封）

中捷物流《实物库存明细表》每日推送-测试

回复 回复全部 转发 | 更多

附 件：实物库存明细表.xlsx（6.11M）

所有附件已通过卡巴斯基杀毒引擎扫描

图6　实物库存数据推送界面

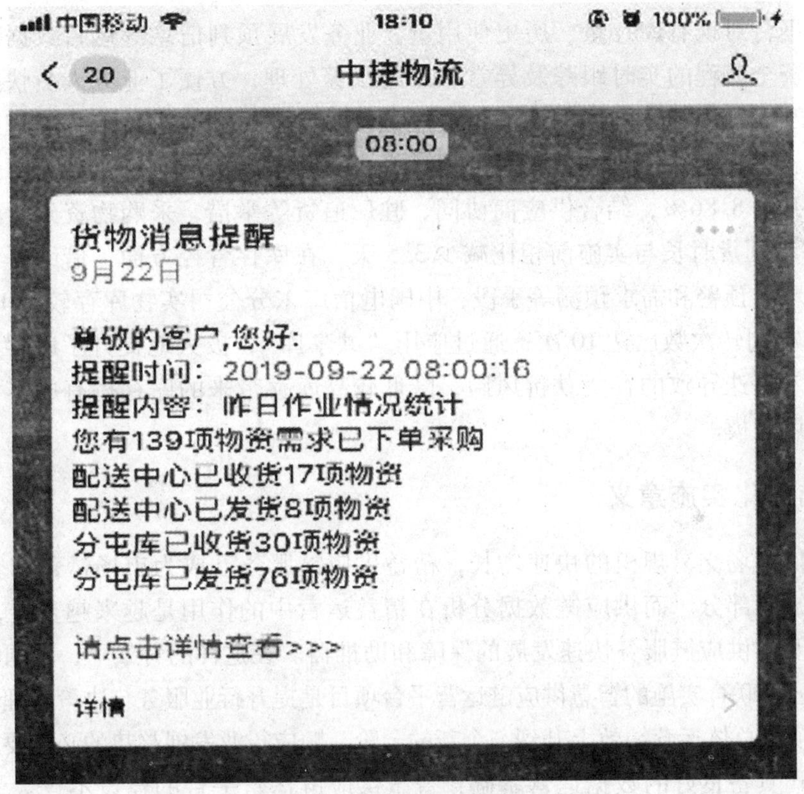

图7　到货信息推送界面

（3）库存信息共享，减少闲置库存。

在智慧供应链运营平台设置“共享库”，将广东省的闲置物资进行汇聚，全省各地市分公司可通过系统查看全省共享的库存，并根据自身需求，与共享方完成物资的共享盘活和调拨。

5. 开发运营分析及风险管控功能，提高风险管控能力

供应链绩效管理指标作为企业聚焦现代供应链运营与管理创新的手段，对助力提升企业运营的效益、效率和质量有重要意义，通过智慧供应链运营平台进行精准、快捷、多维度的运营数据分析和智能预警，实现业务信息的可视化管理。平台根据不同用户特点多维度展示关键指标，中国电信广东分公司下属单位可通过数据大屏准确评估当前业务数据情况，采用合理的管控措施，降低运营的风险。

四、主要效益分析与评估

随着智慧供应链运营平台建设的推进，通过对供应链全流程各环节（需求审核—订单创建—供应排产—干线提货—收货确认—仓储管理—支线配送—末梢配送—发票校验—付款结算）的处理进度进行预警监控，并按照不同维度（如需求单位、采购方式、物资种类、物资型号、包装方式、供应商等）进行挖掘对比分析，中国电信广东分公司与中捷公司合作的供应链服务项目，目前在物流状态可视化、风险预警、数据运营、库存管控等方面，已经取得了一定成效，有效提升了项目整体运营效率及客户满意度，双方对集约化物流运营风险的管控能力也有了质的飞跃。

其中，平台对现有库存量、历史使用量、业务发展预判信息等运营数据的深入挖掘分析和对物资全流程的实时跟踪及异常状态的预警处理，方便了业务人员快速锁定不同需求部门、不同物资、不同供应商的供应瓶颈，并有针对性地进行业务梳理优化，为实现精准采购、智慧运营提供有效工具。项目投入至今，中国电信广东分公司采购需求预估准确率提升了 8.86%，结合供应商协同、驻厂追货等举措，采购物资到货及时率已超过 96%，平均到货时长与实施前相比减少 3.5 天。在库存管控方面，借助平台多维度的库存分析展示、预警和需求预测等手段，中国电信广东分公司实物库存较 2019 年同期下降 46%，库存周转次数已达 10 次；通过应用“共享库”，极大地提升了库存周转率，避免因市场技术更迭导致的存货跌价风险，降低较高库存带来的库存持有成本，有效释放企业资金占用规模。

五、信息化实施意义

随着通信市场交易规模的快速增长，精益供应链服务已成为市场运营和企业供应链管理不可或缺的部分。而供应链数据分析在精益运营中的作用是越来越重要，并成为信息通信行业及其供应链服务快速发展的保障和助推器。在这样的背景下，中国电信广东分公司与中捷公司联合实施的智慧供应链运营平台项目是提升行业服务与决策管理能力的必要条件，是使项目总体运营绩效上升到一个新的台阶，顺应行业发展趋势的必然要求。

中捷公司具备良好的数据运营基础，智慧供应链运营平台的建设不仅大大提升内部运营效率，降低沟通成本，提高客户满意度；同时，也对其提升业内信息服务竞争力和品牌形象具有长远发展意义。

六、下一步建设计划

下一阶段中国电信广东分公司和中捷公司计划定制开发移动端 5G 项目监控看板，为中国电信广东分公司提供便捷翔实的数据查询。通过快速便捷地查询核心数据信息，实施管控广东省各地市的 5G 项目建设的规模进度以及主设备物资的到货和配送情况，为全省 5G 项目建设的统筹监控及运营决策奠定基础。另外，双方还计划开发终端物资专项管控平台，以推进终端物资的精准化、逐一化追踪和数据统计决策管理。希望通过信息化手段更进一步地助力中国电信广东分公司解决 5G 重点项目建设和重点终端物资的供应问题，为省内协同交流、信息联通提供可视化渠道。

山东途步信息科技有限公司：汇仓配·智能仓配一体化管理平台

一、企业简介

山东途步信息科技有限公司（以下简称“途步科技”）成立于2017年，秉承“让物流人快乐工作”的愿景，旨在打造一家满足更多物流人需求的“有温度、有深度的物流科技服务商”，致力于为夹缝中求生存的中小型物流企业提供专业化、标准化、高性价比的软件产品，协助中小型物流企业提高企业信息化管理水平，提升工作效率，降低作业成本，实现利润最大化。

途步科技拥有一支专注于物流行业管理系统产品开发的技术团队。旗下OMS、WMS、TMS、DMS等系列产品持续为快消、食品、服装、家电、直销、冷链、第三方物流等众多行业的300多家企业提供服务，以实际行动助力中国物流行业由传统物流向智能物流迈进。

二、产品背景简介

1. 仓配一体化的发展趋势

传统仓配业务基本都是分工作业的，客户不得不面对物流链上的多家企业，增加了客户的管理成本。客户服务升级会推动仓配向一体化趋势发展。

从服务流程上来看，仓储企业、配送企业之间的合作已日趋紧密。一方面从客户角度来说，客户希望通过一家物流企业实现统仓统配的整合，物流企业提供一站式服务，帮助客户实现价值增值。另一方面流程整合中有优化的空间，对服务商也具有一定的价值。但这并不意味着将来所有的企业都要实现仓配一体化，更不是唯一的趋势。未来无论是做仓配一体化的企业，还是只做仓储或配送的企业，都有很大的市场空间，只是直接面对客户的服务越来越多地要求实现资源整合。

2. 物流信息化的时代趋势

物流信息化作为“互联网＋流通”实现的基础，主要是通过利用现代信息技术，围绕物流全过程进行信息采集、分类、传递、汇总、共享、跟踪、查询等，实现供应链上各方的有效协调和无缝链接，构造高效率、高速度、低成本的物流供应链。当前中国物流信息化发展主要有以下几方面特点。

（1）物流信息化建设加快。

目前大部分物流企业有信息化方面的投资，其中超过1/3的物流企业信息化投资率超过10%。企业进行物流信息化投资的方向有两个，一方面是构建内部信息系统，支撑物流系统的高效运转；另一方面是越来越重视物联网、大数据、云计算等新技术。

（2）物流信息化新技术得到较快推广。

目前，条码、电子标签、电子单证等物流信息技术得到基本应用。监测报告显示：条码使用率达到65.71%，电子标签使用率达到42.34%，电子单证使用率达到51.37%，这三种使用率均实现同比增长；WMS、TMS、ERP、CRM、SCM、车辆追踪等物流软件得到普及应用，使用率为10%～20%。

值得关注的是，在新一轮科技革命孕育期，特别是在“互联网+”的时代背景下，物联网、云计算、大数据等新兴技术在物流领域得到推广应用，并发挥了积极作用。中国物流与采购联合会会长何黎明在谈到这些新技术的应用时表示，嵌入物联网技术的物流设施设备快速发展，车联网技术从传统的车辆定位向车队管理、车辆维修、智能调度、金融服务延伸；云计算服务为广大中小企业信息化建设带来利好；大数据分析帮助快递企业合理规划运力，缓解了“11·11”等高峰时期的“爆仓”问题。

（3）物流信息化应用效果显著。

近年来，货物跟踪定位、无线射频识别、电子数据交换、可视化技术、移动信息服务、智能交通和位置服务等先进信息技术在物流行业应用效果明显。监测报告显示，物流企业信息化应用KPI（关键绩效指标）表现突出，平均订单（运单）准时率达到93.48%，其中80%的物流企业订单准时率超过90%；88.86%的物流企业实现了对自有车辆的追踪，其中近80%的物流企业实现自有车辆的全部追踪监控；88.94%的物流企业实现了运输全过程透明可视化，其中46.27%的物流企业运输全过程透明可视能力达到100%。物流信息化的良好应用效果又为新技术的推广应用提供了重要支撑。

3. 物流行业运营痛点推进信息化发展趋势

（1）仓储企业仓库管理粗放、货损率高。

仓储企业库区库位管理粗放，入库上架、库内管理、出库分拣等作业环节人工干预程度较大，导致库内混乱，出现丢货串货、货损率高等问题。

（2）人工作业效率低。

大部分中小型仓储配送管理企业还采用传统管理模式，人工作业效率低下。

（3）信息可视化透明度低。

很多仓配企业存在因信息不透明导致的库位安排不合理、丢货串货、商品过期、运力不均、车辆配载不充分、路径规划不合理、车辆在途不可控等问题。

（4）上下游数据集成较差。

上下游企业之间信息传递有间隔，在时效性和准确性上都存在或多或少的问题，影响运作效率。

（5）管理流程不标准，客户满意度低。

各家企业在商品入库、商品调拨、商品分拣、商品配载、车辆调度、路线规划、配送跟踪等环节作业流程都不尽相同，个性化程度较高，这也导致仓配在对接过程中首先要克服企业间对接协同的问题，很难满足客户要求的服务质量和服务时效。

基于上述背景，途步科技研发团队倾力打造汇仓配·智能仓配一体化管理平台，致力于解决物流行业企业客户发展痛点，协助物流企业降低管理成本，提高管理效率，实现标准化、可视化、精益化、智能化管理。

三、产品解决方案详述

1. 汇仓配要解决的问题（见图1）

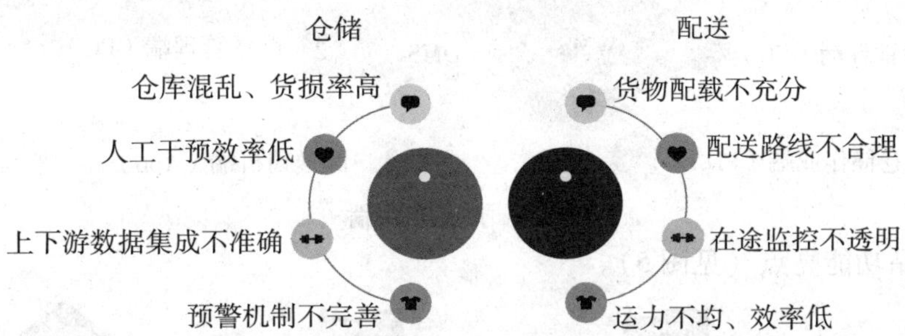

图1　汇仓配要解决的问题

2. 汇仓配解决方案

（1）汇仓配运营作业流程（见图2）。

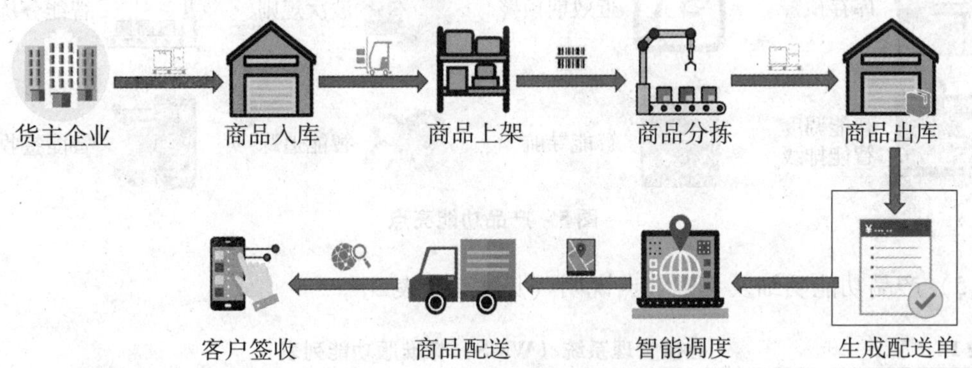

图2　汇仓配运营作业流程

（2）产品系统架构（见图3）。

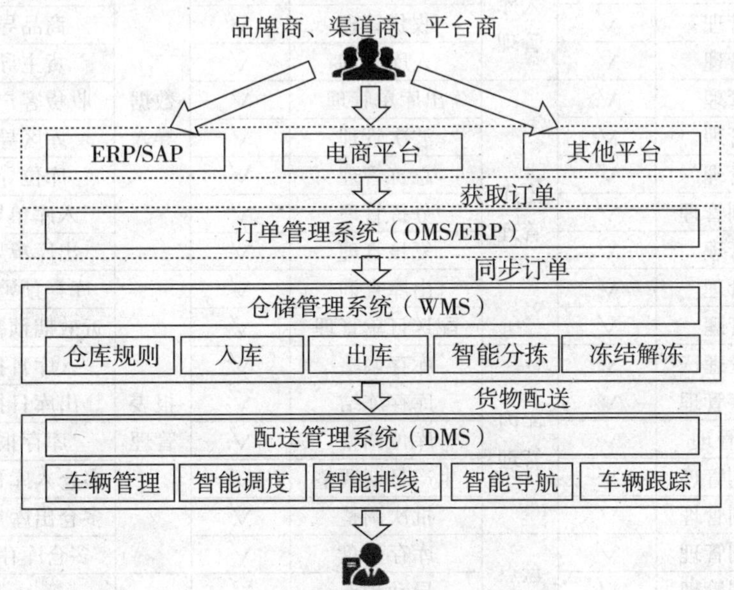

图3　产品系统架构

（3）产品用户端（见图4）。

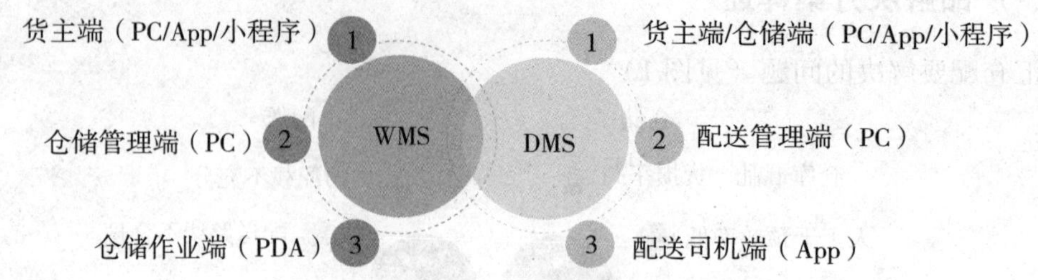

图4　产品用户端

（4）产品功能亮点（见图5）。

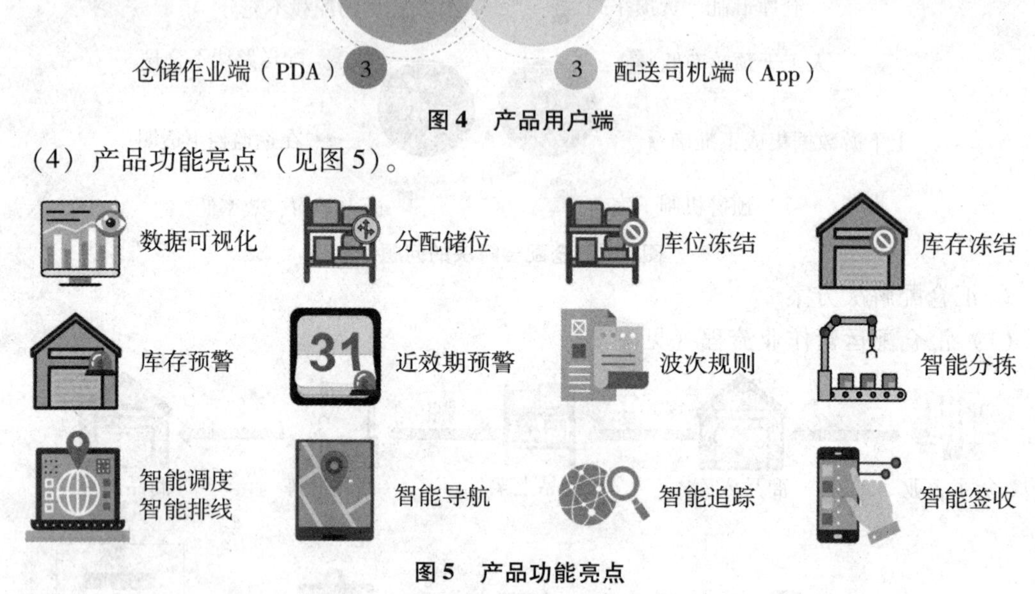

图5　产品功能亮点

（5）产品功能明细及关键节点说明（见表1、表2）。

表1　　仓储管理系统（WMS）标准版功能列表

基础管理		标准版	仓储管理		标准版	数据管理		标准版
系统管理	公司管理	√	入库管理	入库单管理	√	数据导入	商品品类导入	√
	仓库管理	√		收货管理	√		商品导入	√
	岗位管理	√		入库查询	√		货主导入	√
	角色管理	√	出库管理	出库单管理	√		收货客户导入	√
	用户管理	√		波次管理	√		库区导入	√
	日志管理	√		总拣管理	√		库位导入	√
基础信息管理	商品类别管理	√		分拣管理	√		入库单导入	√
	商品管理	√		复核管理	√		出库单导入	√
	客户管理	√		出库查询	√	报表管理	库存预警报表	√
	库区管理	√		配送订单管理	√		近效期预警报表	√
	库位管理	√	库内管理	库存调整	√		入库日报表	√
	安全库存管理	√		库存冻结	√		出库日报表	√
	近效期管理	√		库位调整	√		库存报表	√
规则管理	入库类别管理	√		生产日期调整	√		多仓入库日报表	√
	出库类别管理	√		批次调整	√		多仓出库日报表	√
	上架规则管理	√	盘点管理	库存全盘	√		多仓库存报表	√
	波次规则管理	√		异动盘点	√			
	分拣规则管理	√		盈亏调整	√			

表 2　　配送管理系统（DMS）标准版功能

基础管理		标准版	配送管理		标准版	数据管理		标准版
系统管理	公司管理	√	订单管理	配送单管理	√	数据导入	车辆导入	√
	岗位管理	√		智能调度	√		司机导入	√
	角色管理	√		路径规划	√		配送单导入	√
	用户管理	√		指派车辆	√	报表管理	订单查询	√
	日志管理	√		智能导航	√			
基础信息管理	车辆管理	√		在途跟踪	√			
	司机管理	√		节点查询	√			

入库单管理：系统支持入库单的单票录入、批量导入、接口抓取。

分配储位：系统可根据入库单自动为商品推荐最优储位，通过 PDA 端扫描库位直接将商品上架。

库区管理、库位管理：系统可对仓库库区库位进行精细化管理，库位使用情况可视，并可对指定库位进行冻结和解冻。

波次管理：可以针对少量、高频次出库商品进行分拨次分拣。

智能分拣：可根据客户需求配置分拣规则，采用 PDA 端进行分拣。可以进行商品总拣，也可以按订单等进行分拣，全程无纸化作业。

库存冻结：系统可以对指定商品进行库存冻结或库存解冻。

预警管理：系统可以自动发现近效期产品或库存不足的产品并进行预警，提醒换货/补货。

库内管理、盘点管理：均可通过 PDA 端进行操作，数据与 PC 端实施更新。

报表管理：包含货主报表和管理报表，可以根据客户需求出具报表类型。

配送单管理：系统支持配送单的单票录入、批量导入、系统获取、接口抓取。

智能调度：单量较大的情况下，可以针对某一区域的多个收货客户订单进行统一的车辆调度。

路径规划：针对一个车次下有多个收货客户订单的情况，可以对多个订单进行智能排线，选择最优配送路线。

智能导航：司机接单后，可根据智能排线直接进行智能导航。

在途跟踪：系统可实时查看所有在途配送车辆当前的位置。

节点查询：系统可实时查看商品配送节点，如已接单、已发运、已签收等，可通过司机 App 端进行电子智能签收。

（6）产品优势（见图 6）。

云部署：标准产品基于 SaaS 模式及私有云部署，客户可免服务器部署，免机房维护；PC 端、App 端、PDA 端可通过无线快速登录，数据实时同步；货主可随时查看库内管理及配送环节状况，便于管理。

图6　产品优势

无纸化：产品结构由PC端、PDA端和App端组成，仓配全流程可实现无纸化作业，既为企业节约管理成本，也为环保事业作出贡献。

稳定性：系统部署平台选用Linux Container开发环境，系统开发平台从数据、集成、质量等方面共同确保系统稳定。

可拓展：系统在接口、功能模块、系统管理规则等方面均具有可拓展性，可以根据市场需求进行延伸。

操作便捷：标准产品可迅速部署，无须现场安装；系统功能界面友好度高，符合广大用户互联网操作习惯，简单方便；通过智能终端如PDA端、App端即可进行智能识别操作，方便快捷；系统自动识别待作业任务与已作业任务，并进行指引式操作，避免遗漏。

售后好：在线客服+人工客服提供标准化服务、专业化服务、即时反馈、7×24小时持续服务等。

（7）应用场景（见图7）。

第三方物流公司

配送公司

电商企业

快消品企业

时尚品企业

家电企业

化妆品企业

新零售

图7　应用场景

四、客户效益评估

现有30余家客户通过该仓配产品系统的应用，解决了原有的运营痛点，提高了企业信息化水平，实现了不同程度的降本增效，主要体现在以下几个方面。

1. 实现了仓库精益化管理

通过仓配产品系统应用，实现了仓库内库区库位的精细化管理，商品入库、出库、盘点、转移等环节的精细化管理，商品库存不足、近效期等预警管理。

2. 提高了作业效率，降低了作业成本

通过仓配产品的系统应用，客户在 PC 端、PDA 端、App 端实现了全业务流程的智能化作业，节约了人工成本及纸质打单的成本等。

3. 提高了数据对接准确性、及时性

仓配产品系统可与上游企业的 ERP 系统或下游企业的 TMS 系统打通接口，直接进行数据获取，避免了因数据传递间隔产生的数据不准确或不及时等问题。

4. 优化了作业流程

仓配产品系统通过可视化管理、智能分拣、智能调度、智能排线、在途监控、智能签收等功能，对线下实际作业流程进行了优化提速，提升了物流企业的软实力。

5. 提高了客户满意度

出入库管理更规范，错发、漏发风险有所降低；运输过程全程记录，异常问题处理及时；终端配送全程可跟踪，确认签收可管控，给终端客户带来了极大便利，客户满意度得到极大提升。

五、推广价值

仓配一体化管理，是物流与供应链行业进行资源整合的趋势，汇仓配·智能仓配一体化管理平台的信息流、业务流环节均符合这一趋势。传统的定制开发信息系统，系统开发周期长、项目投入成本高、上线实施难度大，很多中小型物流企业望而却步。汇仓配·智能仓配一体化管理平台采用 SaaS 模式，部署在云端，租赁模式成本更低。对于仓储环节，仓储管理更加智能，数据分析更加丰富；对于配送环节，通过全程可视化管理，司机管理更有效。其具有的稳定性、可拓展性等特点，使汇仓配·智能仓配一体化管理平台具有无限的可衍生性；而无纸化作业等特点，在帮助企业实现降本增效的同时，还能协助物流企业为环保事业作出贡献。

汇链科技有限公司："危品汇"危化品物流可视平台实施案例

1. 应用企业简况

汇链科技有限公司（以下简称"汇链科技"）位于山东省东营市，是一家服务于危化品全行业的互联网企业，为山东海科化工集团全资子公司。山东海科化工集团凭借卓有成效的运营和创新发展，在2019年中国企业500强排名中排第290位，2019年中国制造业企业500强排名中排第129位。公司注册资本5000万元人民币，现有员工262人，其中IT研发人员97人，线下运营服务人员135人，业务覆盖区域以山东为中心，辐射北京、天津、河北、河南、山西、江苏、安徽、湖北、内蒙古、辽宁等全国27个省（自治区、直辖市）。

公司目前主要产品为危品汇供应链一体化服务平台（包括PC端和两个移动端以及微信小程序），通过海量一手货源、优质车源的汇聚，运用"云、大、物、智、移"等技术，有效地连接了油源端、生产端、承运端、司机端和油站端，并通过"IoT物联网+AI技术"赋能所有的平台参与者，并逐步延伸至整个危险化学品行业。

公司致力于构建"商流、物流、信息流、资金流"四流合一的强结构的危化品供应链体系，助力各类企业用户实现以数字化为基础的业务线上化、操作自动化、服务产品化、流程可视化、运营一体化、决策智能化，提升用户企业以客户需求为导向的创新、敏捷的商业模式，打造"共享共赢，联合互补"的供应链生态圈。危品汇平台运营模式如图1所示。

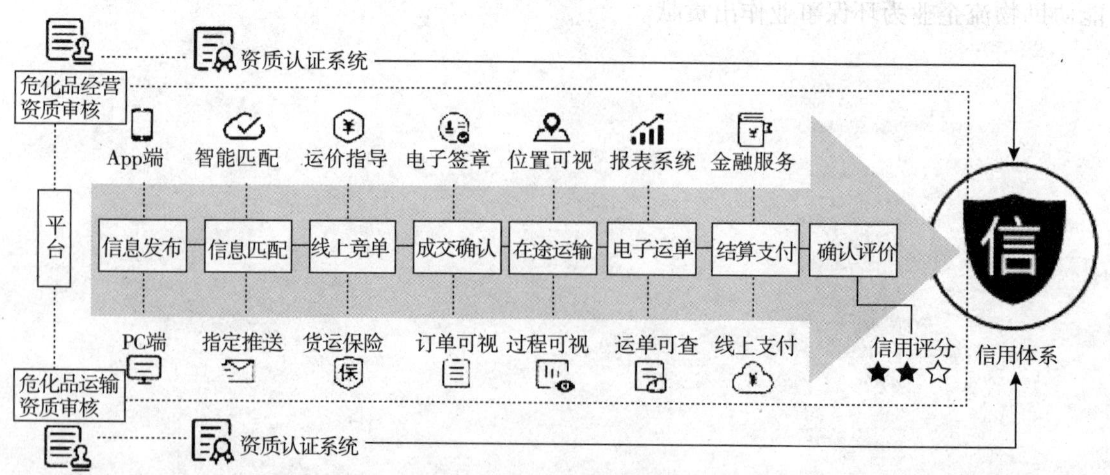

图1 危品汇平台运营模式

2. 企业通过信息化技术要解决的行业突出问题（见图2）

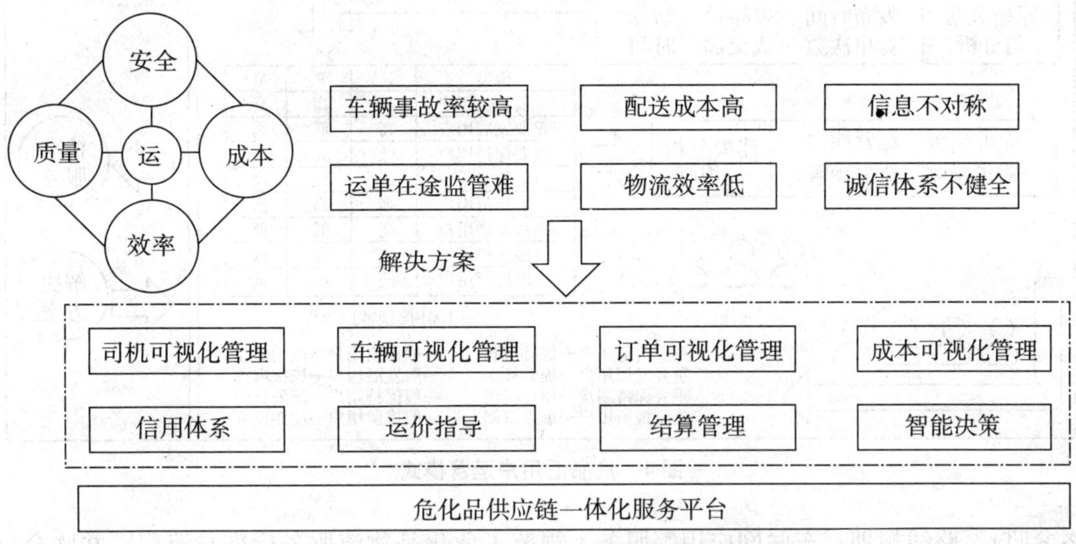

图2　危化品行业痛点及危品汇解决方案

近年来，我国危化品行业发展迅猛，每年道路运输危险货物在2亿吨左右，共3000多个品种，而在危险化学品生产、储存、运输、使用等环节引发的事故中，运输事故比例超过30%，并且有逐年增长的趋势。行业上游在危化品运输安全方面管理混乱，下游信息化程度低、效率低下。

为解决以上问题，汇链科技打造了危品汇供应链一体化平台，通过智能设备的引入及安装，结合物联网工具，真正实现对物流公司的司机管控，减少安全事故的发生，同时帮助信息化水平弱、安全管理手段缺乏的物流公司提升安全管理水平，实现所有危化品车辆的全程可视化运行，从而最终解决炼油炼化产业安全事故频发、监管难、信息不对称等问题。危品汇数据运营模式及危品汇用户运营模式如图3、图4所示。

危品汇平台从危化品物流电商、物流管控及供应链服务等维度出发，为货主托运人和物流承运人提供综合性一体化的物流服务，满足物流报价签约、物流招投标、订单管理、物流调度、车辆司机管理、结算管理、支付管理、在线金融、运价指数（大数据价

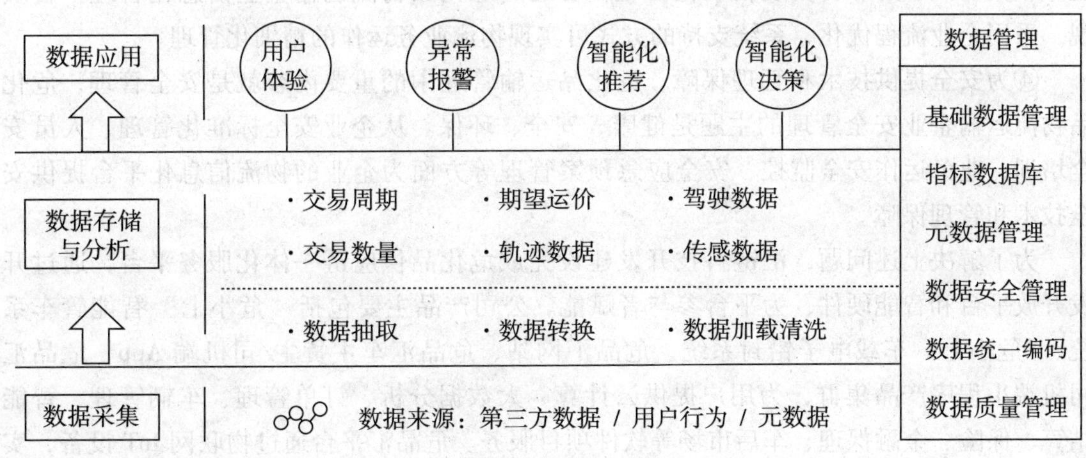

图3　危品汇数据运营模式

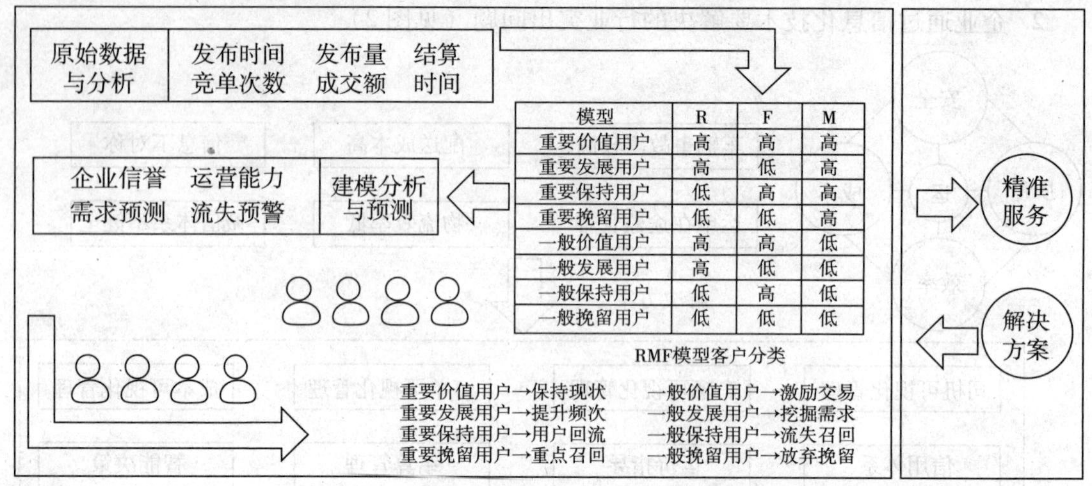

图4 危品汇用户运营模式

格参照）、路线规划、车联网应用等服务，规范了危化品物流服务标准与流程，并联合行业危化品物流企业构建危化品物流服务联盟，为行业提供集“智慧物流”“透明物流”“诚信物流”“安全物流”“多式联运”“金融服务”于一体的综合危化品物流解决方案。

3. 信息化实施中遇到的主要困难、问题与解决措施

我国危化品物流运输行业不断发展，在保证物流运输的基础上提高业务效率以及经济效益是危化品运输企业目前和以后面临的难题。通过调研发现，危化品物流企业的信息化的需求包括以下几个方面。

①将信息化平台应用于企业业务运作过程中。实施物流信息化系统，将客户订单、物流计划安排、过程管理、财务核算实现一体化管理，实现系统和企业原有业务平台结合，从而实现企业各层管理人员、业务操作人员集成的信息化平台。

②实现物流执行过程的可视化。企业物流运作对运输企业的运输安全、运输成本均有特殊的需求，实现物流运作过程的可视化，才可保证企业业务的高效透明运作。

③实现物流业务运作的精益化。信息化的重要作用是降低企业的运作成本，对企业业务相关的人、财、物实现精细化管理，可通过危化品物流运输企业信息化管理平台实现，采用企业流程优化、系统支持的方式可实现物流业务运作的精细化管理。

④为安全提供技术和管理保障。危化品运输管理中的重要内容就是安全管理，危化品物流运输企业安全管理的主题是健康、安全、环保。从企业安全标准化管理、人员安全培训、业务运作安全监控、安全应急预案管理等方面为企业的物流信息化平台提供安全技术和管理保障。

为了解决上述问题，汇链科技开发建设完成危化品供应链一体化服务平台，通过开发开放平台和智能硬件，为平台参与者赋能。公司产品主要包括“危小七”智能管车系统、“危小七”车载电子铅封系统、危品汇网站、危品汇车主货主/司机端 App、危品汇司机端小程序产品集群，为用户提供云计算、大数据分析、订单管理、车辆管理、智能结算、保险、金融保理、车后市场等软件项目服务。危品汇平台通过物联网 IoT 设备，实现运输服务过程及生产端与消费端整个交接过程的全程可视化。在易用性、可推广性方

面，危品汇平台现有产品相比同类产品更具优势。其物流调度系统、智能管车系统功能的实现需要在危化品车辆上安装 FMS 终端设备提供数据支持，其基础设备费用远低于其他服务商。危品汇软件产品如图 5 所示。

图 5 危品汇软件产品

危品汇平台通过整合制造端石化炼厂的生产运行模式与设备，供应链端人—车—货和消费端油气站、库、港口实时物联数据，形成 C2S2M 数据驱动的危化品产业高质安全、共享协同、精准匹配的转型升级新模式，改变现有的危化品供应链内运输安全方面管理混乱，下游信息化程度低、效率低下等问题，帮助企业实现以数字化为基础的业务线上化、操作自动化、服务产品化、流程可视化、运营一体化、决策智能化。

在经济性方面，危品汇技术方案设计充分考虑了市场经济原则，监控管理软件采用 B/S 架构，便于车辆运输监管及系统升级维护，智能电子铅封管理软件采用 C/S 架构，安全性好；硬件在性价比最好的情况下尽量做到最低成本，采用云计算架构、虚拟化技术，保证系统安全可靠运行。这样既有利于车辆的便捷安全管理，又有利于降低系统投资成本，特别是运营成本。

在易用性方面，“危小七”两项系统结合现有 GPS、4G、RFID 等较为成熟的技术，配合危品汇自主开发的电磁智能锁、电子铅封控制主机等设备以及软件平台，能够彻底解决油品运输过程中出现的“跑冒滴漏”、以次充好的问题。同时，公司为客户提供 24

小时线上客户服务，快速解决及反馈客户在产品使用过程中遇到的问题，响应用户需求，方便用户对产品的使用。

4. 信息化主要效益分析与评估

（1）信息化实施前后的效益指标对比、分析。

自2018年3月上线至2020年5月，危品汇平台会员数量达到2320家，合作车辆达到19188辆，平台合作企业达到670家。根据平台用户反馈的使用数据，货主端用户成本平均降低139万元/年，车主端效益平均提升6.37%，成本下降7.81%，安全系数上升19.6%。

预计未来3~5年，平台每年可实现车辆管理效率提升约17%、车辆运营成本下降约10%。

（2）信息化实施对企业业务流程改造与创新模式的影响。

汇链科技危品汇供应链一体化平台助力各类企业用户实现以数字化为基础的业务线上化、流程可视化，通过对司机、车辆、订单及成本的可视化管理，推动运营一体化、决策智能化。

业务线上化。危品汇App凭借大数据、云计算、人工智能技术，根据用户需求为用户推送精选的车源、货源，促成车辆、货物的智能匹配，让交易更加便捷高效。并根据货源派送的起始地及目的地，为用户推荐最佳线路、指导运价，降低货源运输的额外费用支出。业务经理通过危品汇App，在危品汇货源市场进行货源发布、订单成交，提升货源运输效率的同时，可通过危品汇账号后台查看承接车辆位置、承接车辆情况，货物运输全流程可追溯，方便了货主与物流承运商之间的信息沟通。

危品汇司机端App与物流调度系统深度对接，派车指令、司机反馈数据统一上传至云端服务器，实现了运输订单的智能派车。

危品汇WTMS物流调度系统，可帮助物流企业有效提升车辆调度管理效率，运输综合报表、车辆报表、司机报表、财务报表的快速导出，大幅降低了公司物流管理成本；WTMS可对承运商进行在线管理及绩效考核，智能运费结算系统方便了运输费用的快速结算，确保企业资金快速回笼。

流程可视化。“危小七”智能管车系统包含智能管车设备、主动安全监控系统、ADAS报警系统、EMS发动机管理系统，其TOS自动行程能够自动识别运输线路上的各个节点，可对车辆位置、司机驾驶行为、车辆发动机数据进行实时监控，通过驾驶行为数据的智能化分析处理，指导司机形成最安全、经济的驾驶习惯，如图6所示。

“危小七”车载电子铅封系统，通过电子技术，监控罐车的海底阀、AIP阀和人孔盖的开关信息，在成品油二次配送过程中不间断监测和记录，结合卫星定位系统（北斗和GPS）和4G数据联网，实现对配送车辆的实时跟踪和管理。车辆电子铅封数据统一上传至危品汇数据云平台，能够对铅封数据信息实行电子化管理和实际单据记录综合管理。公司运输车辆到加油站后，直接确认铅封状态是否正常即可卸油，避免了交接计量仪器误差而造成的油品数量损耗，从根本上解决装卸运输过程中的油品损耗隐患；通过数据管理平台，可以把数据实时传输到油品货主公司和运输公司的调度中心，实现车辆及货物的全程可视化。“危小七”车载电子铅封设备如图7所示。

图6　“危小七”智能管车设备——防疲劳设备

图7　“危小七”车载电子铅封设备

（3）信息化实施对提高企业竞争力的作用。

危化品物流企业通过智能设备的引入及安装，结合物联网工具，真正实现对运输全过程的管控，从而减少安全事故的发生，同时也有助于信息化水平弱、安全管理手段缺乏的物流公司提升安全管理水平，实现所有运行车辆的全程可视化运行，从而最终解决危化品行业安全事故频发、监管难、信息不对称等问题。

5. 信息化实施过程中的推广意义

目前，国内大部分的中小型危化品物流公司都没有完整的TMS系统或是在途运输管理系统、下单系统。

随着化工生产安全的政策要求，越来越多的化工生产企业，要求危化品承运服务商具备多品类、多区域安全可靠的运输配送服务能力。

这样一来，要求危化品物流公司必须要具备提供危化品物流承运管理一体化服务的能力。而要实现安全高效的供应链一体化服务，最优的方式仍是通过“物联网设备 + 系统信息化”，通过高效合理的信息化手段来升级多类别化工物流的运营管理能力，完成具有时效安全保障的各类型委托承运要求。

危品汇平台通过危化品物流全流程可视化的功能实现，为各类大中小型危化品生产和物流企业，展示出了完整的对“货、车、人”新的物联智能化联动管控的可升级空间。

汇链科技专注于危化品供应链高效解决方案的发展，并基于危化品行业独有的物联网技术平台，向大型危化品物流企业和危化品车队提供车队综合管理与服务解决方案，覆盖安全、结算、金融、智能化装备等危化品车队运营全流程。致力于建设更加开放的危化品物流解决方案服务平台，构建危化品产业互联的生态系统，通过“AI + 物联网 + 物流金融”战略，以“合作 + 输出”赋能全国范围内的危化品物流企业与车队客户，提升危化品物流行业的整体运行效率。

6. 系统下一步的改进方案

在业务规划方面，根据公司战略规划（见图8），公司运营中心、市场中心及大数据中心将服务于公司业务战略。市场中心将在江苏、河北、陕西等全国27个省（自治区、直辖市）推广平台专场模式，建设开放的危化品供应链流通解决方案服务平台，构建危化品产业互联的生态系统，以“合作 + 输出”赋能全国范围内的危化品物流企业与车队客户，提升危化品产业流通服务的整体运行效率，实现共谋共赢；运营中心将进行有效的行业资源匹配、整合，实现互联网机构、金融机构、科研机构等资源的跨界连接；大数据中心通过对平台积累数据的分析，实现过程管控、线路优化、运价指导，进而实现线路产品化。通过数据赋能，使传统的化工园区转变为数据产业园区，形成企业、园区、地区间的数据、资源的互联互通。

在物流信息化方面，根据公司的IT战略发展规划，公司研发中心将根据客户需求及市场反馈，对产品进行不断优化升级，建设平台风险控制体系及服务管理体系，确保用户信息安全，不断提升用户体验。

公司计划在2020年年底推出一套针对危化品行业的人—机—车—云的智能互联方案，研发服务于危化品运输场景的智能车机系统，搭配高性能硬件及5G通信技术，通过语音交互的方式，服务于危化品运输的应用场景，提供准确迅速的路况及天气信息、装卸车

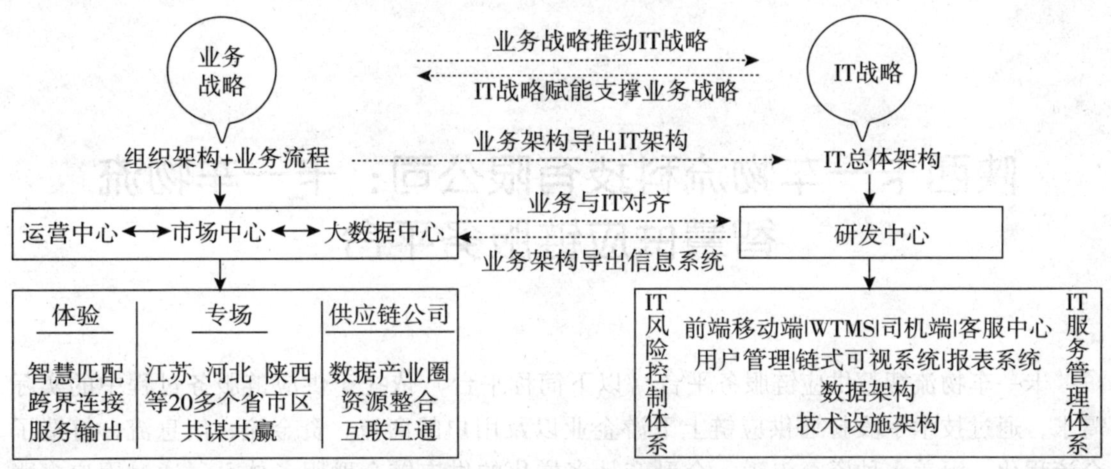

图8　汇链科技战略规划

信息反馈、调度指令反馈等功能，提高车辆运输效率、运输安全性。

7. 对物流信息化的建议

一是信息化要满足真实的市场需求。如今的危化品物流行业，市场对物流服务质量，尤其是危化品运输的安全性和过程管控要求不断提高，促使物流运输企业通过信息化、智能化方法提高自身服务水平。信息化的需求也会随着企业的发展、业务的变化而变化，在不同规模、不同类型的企业之间，需求也不尽相同。要想精准满足企业的信息化需求，需要前期进行大量的实地调研、需求分析和方案设计，深度理解企业物流供应链的痛点，清晰把握业务场景和业务细节，识别出各项风险点，才能提出切实可行的供应链管理提升解决方案和建议，才能使信息化真正降低运营成本，提升企业的运营效率。

二是要对信息化的阶段性有明确认识。任何信息化过程都是一个系统性的工程，物流信息化也是如此。任何企业的信息化都是一个阶段性的、逐步完善的过程，不存在一蹴而就、一次性解决全部问题的信息化系统，应以发展的眼光看待危化品行业的信息化进程，高度重视并积极参与到物流信息化的过程中来，做好阶段性建设的准备，让信息化成为企业竞争力的新引擎。

陕西卡一车物流科技有限公司：卡一车物流智慧供应链服务平台

卡一车物流智慧供应链服务平台（以下简称平台）依托于供应链服务过程中的实际需求，通过技术手段打通供应链上下游企业以及用户的商流、资金流、信息流，打造了全流程化、涵盖多种资金渠道、金融产品多样化的供应链金融服务体系。通过用户多账户体系、基于电子合约的清分清算机制、在线收款支付多通道融合等技术和数字化的信用保障体系，实现了供应链中的资金支付管控，大大降低了资金风险，同时提高了金融服务的成交率，目前已服务数千家企业。

一、企业简介

陕西卡一车物流科技有限公司（以下简称“卡一车”）成立于2015年，是一家以物流运输、装卸、仓储、加工、配送、贸易、金融以及信息化服务为一体的综合型物流企业。公司业务范围涉及煤炭、建材、化工、粮油、快消品以及电商物流等领域，目前拥有加盟车辆二十多万辆，服务企业上千家，基本形成以储运中心、公铁联运集运站车辆综合维修中心、大型仓储物流中心、车辆零配件销售点、加油加气服务点为布局，较为完善的综合物流供应链服务保障体系。

卡一车以供应链为基础，将大宗商品的销售、采购、运输、服务需求等多方面信息进行整合，打造一体化服务平台。

在深刻理解大宗商品供应链金融业务场景的前提下，依托于企业实际的交易过程，打造了全流程化的供应链金融服务系统。系统支持多种资金渠道、多样化资产生态对接，围绕核心企业，通过技术对接各方经营活动中所产生的商流、资金流、信息流的轨迹和外部数据源整合。通过建立用户多账户体系、基于电子合约的清分清算机制、在线收款支付多通道融合等，实现了供应链中的资金支付管控，大大降低企业的资金风险，提高了供应链服务环节的成交率，为平台客户建立了信用保障体系，依托保障体系提供供应链金融服务，降低金融风险。

二、案例内容

1. 背景介绍

当前，全球大宗商品的产值约占GDP的20%，已成为世界贸易活动的重要组成部分。其中，大宗商品流通服务行业创造的GDP占整个GDP的比重约为5%。我国作为世界性的贸易大国，大宗商品贸易量逐年上升，已连续多年成为全球大宗商品消费和进口的第一大国。我国为加快流通产业现代化的发展，相继发布了《国务院办公厅关于推进线上线下互动加快商贸流通创新发展转型升级的意见》《商务部办公厅关于印发"互联网＋流通"行动计划的通知》等系列政策，明确指出要以电子商务和现代物流为核心，推动大宗商品交易市场优化资源配置，提高流通效率。这为我国大宗商品流通带来了重大发展机遇。

我国大宗商品流通过程中呈现出上、下游之间明显衔接不畅、流通环节多、效率低；大宗商品流通企业盈利能力弱、生存困难；部分大宗商品流通企业存在违法、违规经营等情况，制约着我国大宗商品流通行业的健康发展。

针对大宗商品供应链服务平台普遍缺乏有效的物流调度机制、有效的信用体系、资金安全保障等问题，平台设计了基于区块链技术的信用管理技术，用于解决用户对买卖双方以及平台的信用认可，设计基于全过程封闭管理的资金结算技术，用于解决大宗商品供应链中金融的管控问题，大大降低企业的资金风险。

2. 产品介绍

（1）产品体系/业务模式。

依托资金结算全过程封闭技术、客户信用保障体系，为客户提供供应链金融服务，以金融服务为依托，为终端客户、加盟站点等提供一站式供应链服务。为信用良好的车主提供优质的金融服务，包括预付运费、白条消费、保险分期、ETC 账单还款等金融服务（见图 1）。

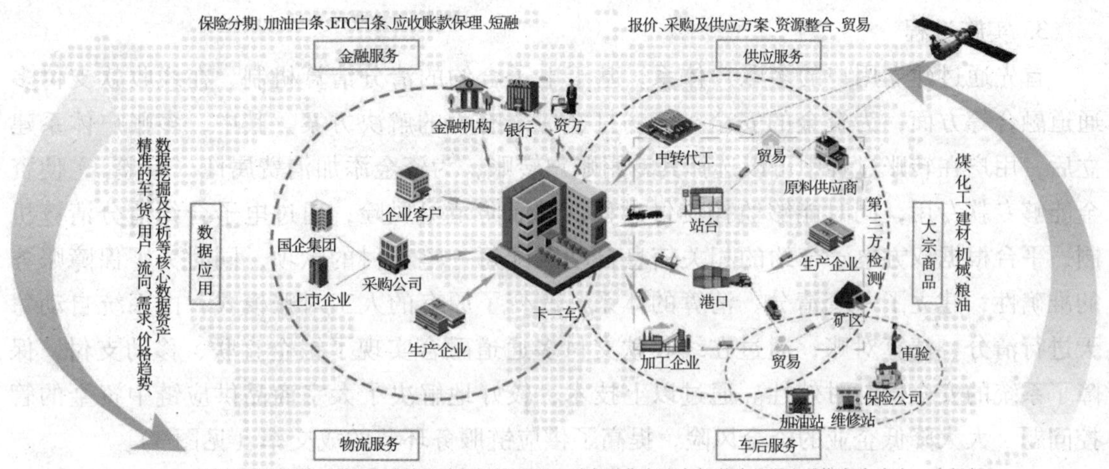

图 1 供应链服务业务场景

（2）优势特点。

通过建立用户的多账户体系，基于电子合约的清分清算机制以及在线收款支付多通道融合等，实现资金结算全过程封闭管理。通过大数据分析，实现精准派车、智能调度、在途可视化。对接供应链上下游，建立供应链全电子流程，实现全业务流程电子数字化，提供免接触式物流服务。

在理论和技术的研究支撑下，设计了大宗商品供应链管理与服务集成创新平台的体系架构，实现了供应、物流、车辆服务、金融等一体化，保证大宗商品供应链上的全服务支持，开发了供应商平台接口、银行及第三方支付接口、客户平台接口、服务商接口、政府及监管部门接口等，以保证多信息系统主体无缝接入。

基于区块链技术，通过分布式账本、非对称加密和授权技术、协同共识机制等方式，做到了供应链平台之间、供应链上下游企业之间的互相协作，低成本构建了一个大型诚信合作网络，使得各诚信平台建立的数据孤岛得以联通，为建立全国大宗商品供应链诚信体系奠定基础（见图 2）。

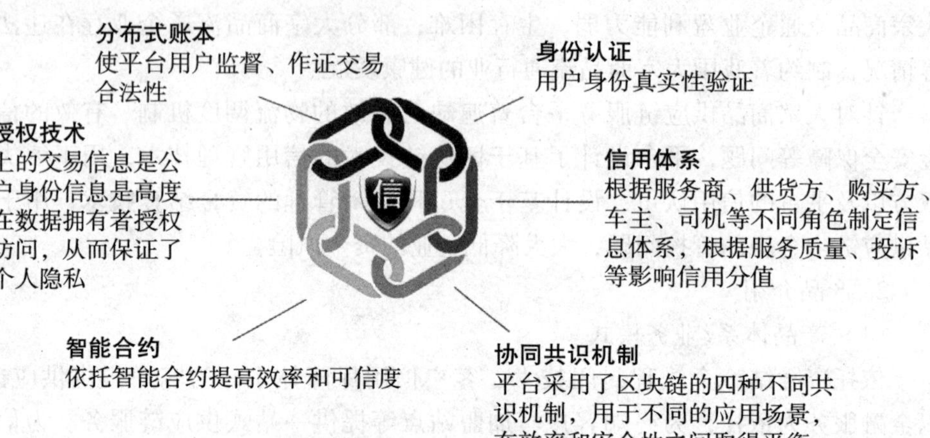

图 2　基于区块链的信用管理技术

3. 实施过程

首先通过建立用户的多账户体系，基于电子合约的清分清算机制、在线收款支付多通道融合等方面，为资金的安全、流畅打造一个有力的解决方案。其中，多账户体系建立后，用户在转账过程中可以选择其专用账户转账，为资金添加消费属性（标签），使资金能够专款专用，同时能够监控支付过程，进而防范了风险；通过电子合约清分清算机制，平台根据双方电子合约的相关信息自动匹配每一笔支付的款项，同时为了保障账务的准确性，建立了一套清分、清算的体系，改变了原有的人工对账模式，由系统自动每天进行清分、清算对账；通过在线收款支付多通道融合实现了银企直联、移动支付，保障了系统的安全性与时效性。通过以上技术，较好地解决了大宗商品供应链中资金的管控问题，大大降低企业的资金风险，提高了供应链服务环节的成交率（见图 3）。

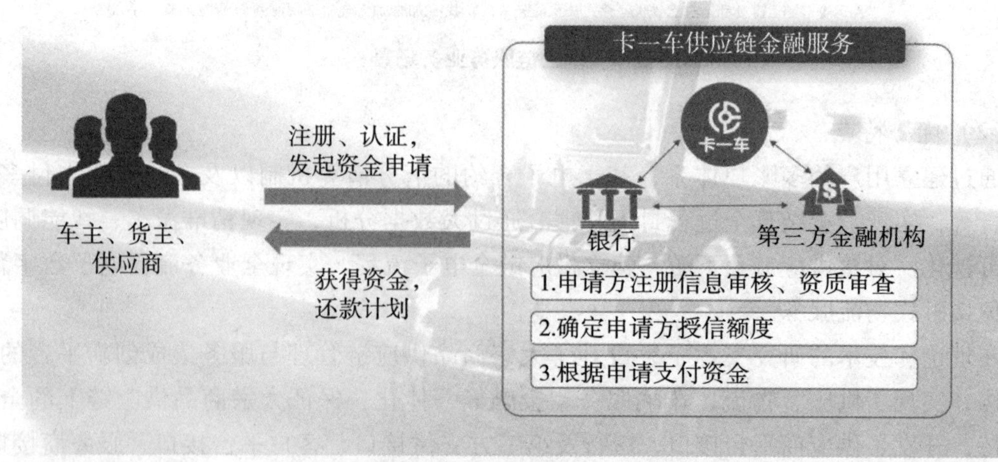

图 3　用户金融申请流程

建立了客户信用管理系统（CMS），CMS 通过以下五个方面共同保障与建立平台赖以运营的“信任”生态体系。其一，基于区块链的分布式账本，使平台用户监督、作证交易合法性。其二，非对称加密和授权技术，存储在区块链上的交易信息是公开的，但是账户身份信息是高度加密的，只有在数据拥有者授权的情况下才能访问，从而保证了数据安全和个人隐私。其三，平台有四种不同的区块链共识机制，可适应不同的应用场景，在效率和安全性之间取得平衡。其四，依托智能合约提高效率和可信度，如实现自动化放款业务。其五，构建询价体系，根据用户发布的运输路线信息和货物种类与现有业务数据进行匹配，依托历史数据分析、北斗定位辅助定价等方式获取价格等相关数据，分析结果并向用户精准推送运价信息。

CMS 引入互联网信贷产品工厂模式，灵活的信贷产品参数设置，提供快速产品定制发布，满足不同客户群体的借贷要求，通过智能风控引擎规则，多种征信数据源接入，对用户 360°全方位画像，将风险屏蔽于千里之外，加速产业链资金流通率，降低产业链整体融资成本。

依托 CMS，评估平台用户的征信值，建立客户欠费风险评估模型，分别给出整体风险值、行业风险值和客户风险值，并给出风险损失预估，建立风险预警机制。同时，依据平台用户的征信值提供不同程度的金融服务。平台为客户提供授信服务，征信值越高，可授信额度越高。无须预付运费，即可在平台上进行货物发运，缓解客户的资金压力，保障业务的平稳运行。平台提供金融服务，客户可以选择账单结算和结算到付功能，即到货后出具账单、见票付款和货到付款。车主支付运费时，可选择分期支付，即未运输时先支付部分运费，用于司机运输途中开销，等到货后支付剩余运费。平台为车主提供物流消费金融服务，可以为司机贷款买车，提供保险分期服务、ETC 月度账单等，平台每个月从司机运费中进行扣除，保障运输业务良性发展（见图 4）。

图 4　App 征信值查询

平台以资金结算全过程封闭技术、客户信用保障体系为核心，以金融为切入点，构建出了一个全新的“硬、软、云”一体化车联网生态圈，涉及产品、服务和金融三大板块，助力运输链、物流链和产业链深度融合，促进行业生态改善，提升运力，精准定义场景。

4. 绩效分析

通过几年的发展，平台为全国电力、建材、化工等行业的1000多家用户及30万名货车司机建立了诚信保障体系，解决了供应链上下游服务企业资金问题，累计进行了金融服务10万余笔，累计发放金额5亿元，促进了大宗商品的高效流通。平台通过流通服务的优势，使上游生产企业不再担心库存积压，下游生产企业采购优质商品，为上下游企业提供保障性的工作，促进生产经济的发展。

特别是在2020年新冠肺炎疫情期间，上下游企业信息不对称，销售、运输环节出现巨大的沟通协作问题，平台通过各种金融手段，对上下游企业的产运销进行协调，促使供应链服务平稳运行，保障了煤炭运输对于陕西省在疫情严防严控过程中稳供应、保民生、促经济发展的需要，对我国生产企业的复工复产发挥了巨大的作用。

三、未来展望

不断做大做实金融服务业务，通过平台整合第三方金融机构、融资机构，对供应链上的企业以及车辆提供便捷、可靠的金融服务，提升供应链的资金使用率。同时，卡一车将不断健全物流信用体系，力争营造优质的金融生态。

大宗商品供应链服务的方向，是技术与场景的促进与融合。卡一车将不断提升和优化平台系统中的智能信息收集分析、智慧运输、在线商务、智慧金融等功能，并高效连接企业上下游，打通交易数据、物流数据，整合需求信息，优化供应链解决方案，致力成为智慧型物流供应链服务企业，提升大宗商品的流通效率。

安徽港口物流有限公司：物流服务管理平台

一、企业简介

安徽港口物流有限公司（以下简称“公司”）是安徽省港口运营集团有限公司控股子公司。公司成立于1952年10月，前身隶属于铜陵有色金属集团控股有限公司。为贯彻落实“一带一路”倡议及长江经济带发展战略，整合安徽省港航资源，实现港口产业一体化和港航产业协同化发展，2018年12月，安徽省委、省政府决策将原铜冠有限物流公司股权从铜陵有色金属集团控股有限公司无偿划转至安徽省港航集团有限公司（以下简称“集团”）。2019年5月18日，铜陵有色金属集团铜冠物流有限公司更名为安徽港口物流有限公司。

安徽港口物流有限公司注册资本为2.1533亿元，资产总额6.6亿元，从业人员1200余人，专业技术人员130余人，有各类车辆设备600余套，现有码头3座，共10个泊位，自营运输船舶3艘。拥有长江岸线资源1.15公里，铁路运营专用线109公里。

公司主要从事铁路运输、公路运输、水路运输及多式联运、港口装卸、汽车贸易、国内国际旅游、大型制造企业协力服务、第三方物流、物流园区服务、“互联网+”物流平台服务等业务。公司通过了GB/T 19001—2000质量管理体系认证、环境管理体系认证和职业健康安全管理体系认证，先后荣获国家4A级物流企业、安徽省高新技术企业、第四届全国文明单位、第五届全国文明单位、国家4A级标准化良好行为企业、国家级服务业标准化合格单位、中国品牌价值百强物流企业、安徽省服务类名牌产品、中国物流与采购联合会3A级信用单位、安徽省A级纳税信用等级单位等荣誉称号。

二、物流服务管理平台建设背景

安徽港口物流有限公司是由公、铁、水三种运输方式的公司组建而成的，各原单位信息化的硬件投入、管理软件的使用、网络构架以及管理人员的信息化的意识均不同。为了更好地发展物流，公司要求必须统一思想，大力发展信息化。由于长期分行业、分系统生产经营，原有的管理体系、管理制度和考核机制等已难以满足公司的发展和构建现代物流企业的要求。公司运营后，统一了规范管理流程、技术标准、考核模式等，逐步优化公司管理水平，进一步加强对生产经营、安全管理等方面的管控。

建设物流服务管理平台之前，公司没有一个可以兼顾各个基层单位的系统。所有业务及资金管理，都是通过台账及电话沟通的方式进行管理，劳动强度大、工作效率低，随着业务量不断增加，公司对管理的需求越来越高，基层单位在实际业务中提出越来越多的要求，传统的管理方式已经不能够再满足需求。在此背景之下，物流服务管理平台应运而生。

三、物流服务管理平台建设进程

公司与铜冠信息公司在信息化建设方面达成战略合作，双方组建项目组，分别到浙江传化、上海博客信息咨询公司、淮矿物流、湖北大冶物流、共生物流、第一物流等众多企业进行参观考察；通过考察，结合公司的现状及业态，制订平台实施方案。

1. 一期建设（2018 年 11 月—2019 年 6 月）

一期实施重点是启动公司业务管控中心系统建设工作，构建实施水路运输和港口作业管理的信息化系统，将公路运输和铁路运输业务系统的评估与标准化整合或重构至公司统一的业务运营基础平台，实现公司业务运营和业务管控一体化整合，全面实现物流业务可视化监控。

（1）业务运营管控中心。

①客户供应商管理。

集成公司 ERP 系统的客户和供应商模块，实现客户及供应商信息自动共享，对于公司新增的客户和供应商信息，管理人员可根据结算需求导出并提交至集团 ERP 运维系统。构建公司统一入口的客户服务中心系统和客户服务管理模式，实现客户服务的规范化、流程化管理，初期可实现公司客户资源的集中监管，结合业务调度（数据交换）中心系统满足公司客户服务与业务执行的快速联动需求，构建独立运作的客户服务管理平台，全面提高公司客户满意度。

②合同管理。

建立公司统一的合同信息库，进一步规范合同审批流程，实施网络化流程审批，根据物流公司现有管理模式并兼顾公司未来的发展需求，建议公司及下属各子公司的合同均在此模块集中管理。同时，合同管理与结算中心管理、客户服务管理、物流资源管理等模块以及业务运营平台各子系统实施关联集成。

③基础数据管理。

该模块主要包含了组织机构、工作人员、客户供应商、地点、路线、区域、车辆等基础数据，达到平台内基础数据编码一致、格式统一，规范平台内其他子系统对基础数据的调用关系，以实现各类数据、资源的多维度综合展示分析。

④结算管理。

该模块以前端业务数据为基础，生成应收、应付结算单。基于财务监管的滞后性，即原业务系统与财务系统分属在不同系统中，财务系统要将业务系统的结果进行录入，这势必造成业务不能与财务同步。该模块的实施就是要将财务系统的控制点前移，与各业务系统对接，做到系统中的业务数据流向财务系统，保证公司利益的最大化。模块主要包括应付结算单管理、内部应付结算单管理、应开发票管理、应收结算单管理、内部应收结算单管理、应收发票管理。

（2）物流服务运营平台。

①建设水路运输及港口作业调度管理系统。

该系统是以金航物流分公司业务为基础的标准第三方内河航运的业务管理系统，实现了从业务受理到系统生成结算单的全过程系统化、标准化管理，实施内容主要包括业务受理、业务委托、运输过程管理、服务确认管理、结算管理等。

港口作业信息化管理以公司金园港埠业务管理为基础设计建设，实施成功后在金城码头及金德码头推广应用。

②集成各业务系统与结算中心对接。

公司原有铁路物流系统与公路运输管理系统，这两个系统本身不具备结算功能，无法实现财务业务一体化。公司通过对铁路物流系统与公路运输管理系统进行标准化改造，打破这两个系统与物流服务运营平台存在的数据交换障碍，实现结算中心直接从这两套系统中获取数据进行业务结算。

2. 二期建设（2019 年 7—10 月）

二期实施重点是进一步扩展、完善公司物流服务管理平台建设，进一步强化公司业务规模化扩张的能力；全面推广部署公司业务管控中心子系统，建设实施公司生产绩效分析子系统，动态监控公司生产绩效。

将物流服务管理平台推广至金城码头、金德码头，实现码头板块信息化系统全覆盖；平台根据历史数据，对公司物流服务提供订单级和设备级的成本等多指标绩效分析，并采用图表等多种形式展示，为公司的管理考核、优化提供信息支撑。

3. 三期建设（2019 年 11 月—2020 年 4 月）

三期实施重点是将物流服务管理平台业务系统与集团的金蝶财务系统进行对接，实现财务业务一体化。将原有的业务数据端口与金蝶财务系统进行对接，使财务系统与业务系统实现实时处理、实时分析。财务可以对业务进行同步监控，加强财务监管职能、提高财务监控效率。

四、物流服务管理平台功能运用

物流服务管理平台集成公司物流服务运营平台及物流服务运营管控中心，主要对于公司内部业务进行管理，实现公司内部财务业务一体化，规范公司业务链条，完善公司管理机制，为公司各管理层提供决策支持。

1. 客户与供应商管理

由一线基层单位及各部门根据合同实际情况，采集客户与供应商的基本信息，如企业法人、企业详细地址、开户行、银行账户及联系方式等信息，然后经过市场部严格审查，最终完成信息的录入审核。

2. 合同管理

合同根据业务分为销售合同和采购合同。物流服务管理平台对合同与业务进行匹配管理，依据“业务未签订合同不能受理”的原则，对公司客户及供应商的相关业务进行规范管理，需要签订安全协议的合同需经过主管部门同意后方可执行会签，以此管控平台内的系统职能。合同最后交由公司相关部门统一进行归档处理，由相关人员将电子合同信息与纸质合同信息再次比对确认，保证无误。业务及财务人员在结算过程中可直接调阅当前结算单所涉及的合同信息，确保结算依据合同所含规则执行，进一步实现财务业务一体化。

3. 业务管理

业务管理包含了公路运输、水路运输和码头装卸三种业务的管理，根据实际业务的不同，物流服务管理平台中也设立了不同的业务模板，供负责不同业务的基层单位使用。

业务管理中将业务流程分为委托管理、确认管理等多个管理环节，各个环节由专人负责业务，确保业务流程畅通。

（1）委托管理。

委托管理包含了公路运输、水路运输和码头装卸三种业务的委托管理。委托管理模块包括综合业务受理、综合运输委托申请和港口装卸业务受理、港口装卸委托申请。业务人员将起止地、起止时间、承运人、托运人、货物名称、货物重量、服务类型、服务费用、运输方式、运输类型等业务基本信息输入，完成业务的录入。业务受理与业务委托无缝对接，实现各板块业务联动功能。

（2）确认管理。

当实际业务完成后，由于最后确认量和计划量会有出入，故在完成收货后，需要对业务进行确认，确认货物的实际吨位和服务费用。保证业务资金流的真实可靠。对运输过程中的服务结果进行量化确认，并精确到每一辆运输车辆上，实现单车效益测算和单车经济效益分析。

4. 结算管理

该模块以前端业务数据为基础，生成应收、应付结算单。并将集团公司的金蝶财务系统与物流服务管理平台中各业务（公路、铁路、水路、码头）系统进行对接，使财务系统与业务系统同步，完成业务—财务的闭环，避免因为财务系统与业务系统不在一个系统内所产生的财务监管滞后性。财务可以直接对相关业务进行分析，判断风险，控制成本，实现财务业务一体化，并且提高财务监管职能效率，保证公司利益的最大化。

5. 基础数据管理

基础数据管理集运距、货种、货物、货场、价格、泊位、起止地、驾驶员、运输工具、期间管理为一体，达到平台内基础数据编码一致、格式统一，规范平台内其他子系统对基础数据的调用，以实现各类数据、资源的多维度综合展示分析。

6. 运输过程管理

以前端委托管理为基础，集成公司 GPS 系统及北斗卫星导航系统，对运输过程进行物流跟踪，对运输日志等进行管理，实现运输设备在途实时监控，同时结合大数据实时分析运输情况。

7. 业务可视化管理

主要在水路运输及码头装卸业务现场应用视频监控系统，加上地理信息数据，实现码头生产现场区域的模拟可视化，可以通过监控对现场实时管理，分析现场货物装卸、运输情况和货场使用情况，判断现场业务是否运行良好。同时，物流服务管理平台中的码头调度计划和码头班组作业统计功能可以更方便地提供业务的走向及业务统计数据，为决策层做出决策提供有力的数据支持。

8. 综合查询管理

集成各子系统业务数据及财务数据，对公司的各下设单位、各板块经营数据进行分析和展示，提供信息化支撑（见图1和图2）。

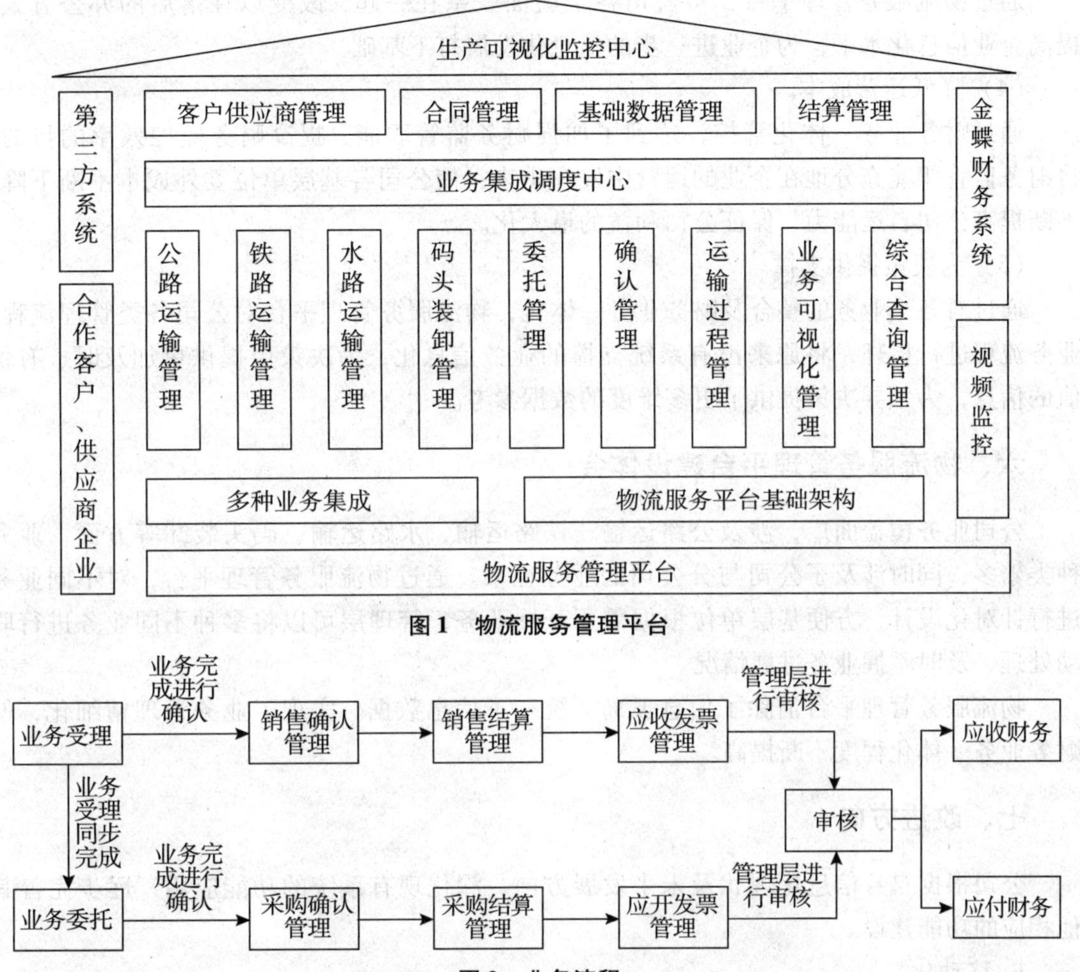

图1　物流服务管理平台

图2　业务流程

五、物流服务管理平台主要效益分析和评估

本项目从公司实际运营角度出发，实现对业务资源和信息资源的整合。各个层级之间实现了业务互相联动，可以充分发挥各自的能力，为决策层提供更具有价值的信息。

（1）业务集成化。

实现各个不同种类业务信息整合，信息准确录入，保证信息的真实性、准确性、及时性，同时将业务流和资金流进行集成，使业务和财务信息资源高效整合，实现效益最大化。

（2）提高工作效率。

通过系统促进运营操作标准化，使得以前需要线下人工报送的材料或者文件转为线上传输，节约时间；各基层单位上报的模板也完成统一，模板标准化使得业务人员批量处理文件的工作效率得以提高；提高运营优化及运营规划能力，提高员工的工作效率和规范水平。

（3）提高企业信息化水平。

通过物流服务管理平台，将公司各个层面联系在一起，改变以往落后的办公方式，提高企业信息化水平，为企业进一步的信息化发展打下基础。

（4）降低运营成本。

通过财务业务一体化管控，达到了加强财务监管职能、提高财务监控效率的目的，将财务监管职能充分地在企业的运营中发挥出来；使公司各基层单位委外成本不断下降，不断提高公司自运能力，保证公司利益的最大化。

（5）为决策提供支撑。

通过对各个业务的整合及财务业务一体化，物流服务管理平台对公司各类管理流程、业务流程进行梳理，将原来没有系统支撑的业务信息化，为决策层提供更加及时、有价值的信息，为领导决策提供了更多维度的数据参考。

六、物流服务管理平台建设体会

公司业务覆盖面广，涉及公路运输、铁路运输、水路运输、码头装卸等方面，业务种类繁多，同时涉及子公司与分公司的业务往来。通过物流服务管理平台，对不同业务进行针对化设计，方便基层单位根据需要开展业务，管理层可以将多种不同业务进行联动处理，及时掌握业务进展情况。

物流服务管理平台消除了信息孤岛，统一了信息数据。实现了业务管理精细化，使财务业务一体化程度不断提高。

七、改进方向

公司根据自身信息化现状及未来发展方向，深化现有系统的功能应用，逐步完善其他相应的功能建设。

1. 移动化

开发手机端App，将PC端业务逐步向移动端移植。解决因员工在一线生产或其他情况无法有效及时获取信息或是无法及时上传业务信息的问题。

2. 大数据化

将物流服务管理平台的信息与大数据信息进行更进一步处理，将大数据分析模型引入各个环节，加强数据分析，促进物流管理的科学化。

3. 产品化

物流服务管理平台经逐步完善，现在已完成了管理、业务、财务工作的系统建设，以后将根据不同的模块需要，建立不同的系统层面，满足不同的需求，将物流服务管理平台推向社会。

上海欣雅供应链管理有限公司：欣物盟供应链综合服务平台

一、应用企业概况

1. 关于上海欣雅供应链管理有限公司

上海欣雅供应链管理有限公司成立于2017年11月，公司专注于用信息技术全面提升供应链管理效率。公司旗下的欣物盟供应链综合服务平台（以下简称“平台”或“欣物盟”），集网络货运、信息服务、供应链管理、智能硬件、仓储管理等为一体，提供一站式供应链管理服务，打通供应链上下游业务环节，实现商流、资金流、信息流、物流“四流合一”，助力企业降本增效，促进行业发展。

2. 关于欣物盟

欣物盟通过整合危化行业供应链上的货主、物流商、车主司机等物流资源，为客户提供基于供应链全环节的智能物流服务，满足危险品领域企业客户的综合物流服务需求。

二、平台上线之前存在的问题

1. 与客户的协同水平比较低，沟通成本高且效率较差

平台上线前，企业客户以人工服务为主，信息的传输依靠微信和Excel表格以及电话，对客户需求的响应周期长，响应成本高且效率低下，严重依赖员工的素质和责任心，无法提升服务水平，影响企业效能。

2. 下游资源整合与协同水平低，无法发挥协同作战的效果

合同物流服务链条很长，下游资源普遍规模较小，信息化水平、标准化服务能力普遍比较弱，物流服务的标准化很难，成本高昂，同样的工作各方可能都要重复做一遍。由于信息的不透明，下游的协同很难展开，资源整合水平很低，大多都是临时性、浅层次的，效率不高，隐形浪费很大。

3. 系统对接效率低、成本高，维护困难

部分客户的对接基本上定制进行，成本很高，很多好的想法由于成本高，维护困难，很难落地实施，和下游承运商由于对接成本和收益无法匹配，基本无法对接。

4. 上下游信息被割裂，提升供应链协同水平完全无从谈起

由于在物流服务链条中，信息流被严重割裂，所有的决策和作业都根据自己掌握的部分信息进行，公司内部不同团队之间信息也不畅通。

三、平台的开发、实施过程与功能简介

1. 平台的开发、实施过程

2017 年 11 月，上海欣雅供应链管理有限公司结合客户的需求以及对行业发展趋势的分析，正式立项欣物盟项目。

2019 年 1 月，完成软件第一版开发，在公司测试环境试用。

2019 年 11 月，开始在辽宁欣阳实业集团有限公司营口基地实施使用。

2020 年 4 月，欣物盟 1.0 版开发完成，陆续在辽宁欣阳实业集团有限公司、营口特茂石油化工有限公司、营口乾元供应链管理有限公司等诸多项目上投入使用。

2. 平台实施中遇到的主要困难与解决措施

困难 1：物流链上下游利益诉求的差异，身份角色的差异。

提升协同水平、提升客户服务水平是上下游共同的愿望，但具体在哪些点上提升，如何提升，上下游的看法差异很大，部分看法直接互相矛盾。针对这个现象，优先重点开发利益比较一致、矛盾比较小、效果比较好的方面，对比较关键但利益有所分歧的方面，本着以服务客户为主，满足客户要求的原则来开发，同时协助下游承运商降低管理成本，提升管理水平。

比如从入驻、认证到接单环节等信息的真实性验证问题是上游最为关心的问题，如何确保平台中的数据真实有效是用户是否愿意接受平台的首要因素。平台提供了非常严格的入驻和认证条件，对车辆和司机本身要求进行线上、线下的双重审核，并针对司机承运进行二次的人脸和活体认证，进一步确保运输的安全性。车主、司机认证和接单流程如图 1 所示。

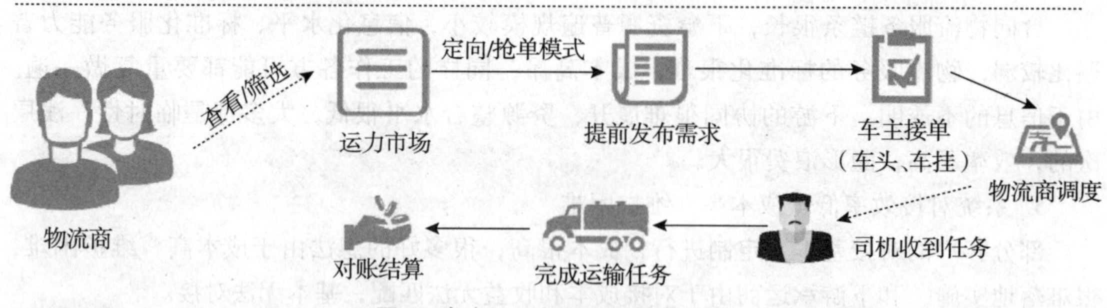

图 1　车主、司机认证和接单流程

困难 2：智能化应用及信息化水平的差异巨大，危险品物流升级阻碍。

危险品物流属于行业中较为传统的领域，其运营模式历史久远且固化，从业人员年

龄偏大，为了让一套系统贴合用户的操作习惯，以及优化信息结构，欣物盟对产品功能进行精细的设计，用C端的用户体验来满足B端的业务流程。

如因车辆受雇于委托方，与货主、工厂/仓库的信息沟通不顺畅，仓库提货、卸货信息不透明，导致驾驶员盲目前往，这就造成危险品车辆在工厂/库区附近拥堵，一旦发生爆炸事故将造成巨大的破坏。

为解决危险品车辆积压的问题，加强对移动危险源的监管，平台研发了"车辆预约排队系统"（见图2），旨在化解工厂、第三方库区以及园区因车辆拥堵所带来的安全管理风险，提升司机及其他生产作业人员的安全保障，提高装卸货现场作业效率的同时，也使企业及政府不再需要新建停车场，节约大量土地资源。这不仅解决了企业的问题，还创造了巨大的社会价值。

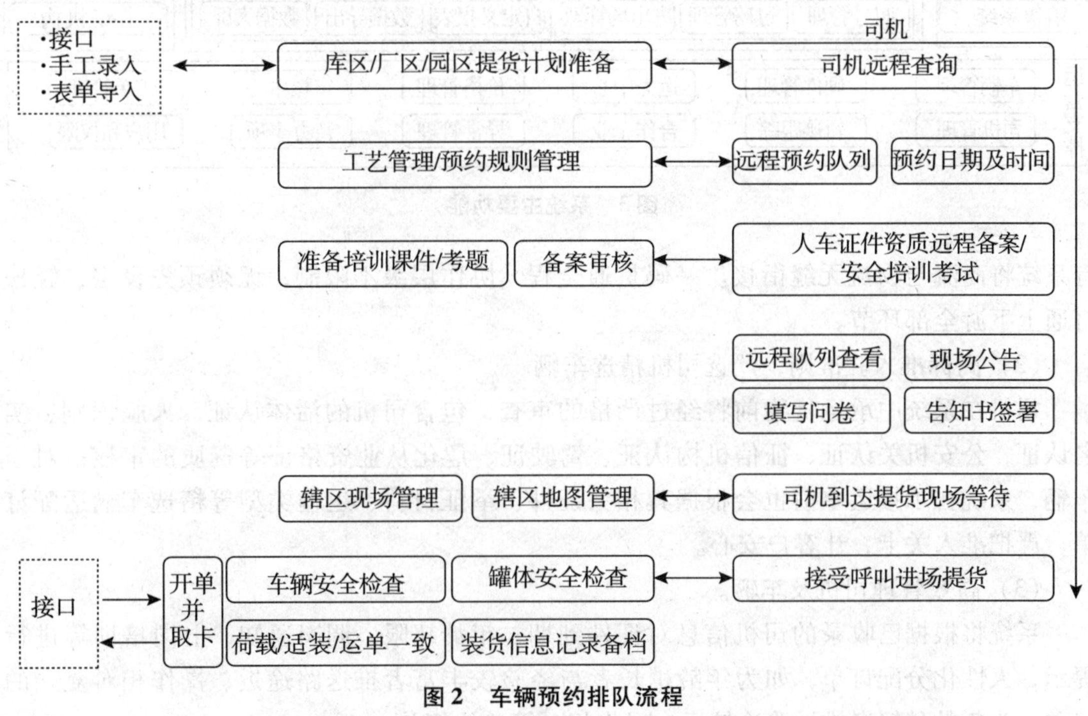

图2　车辆预约排队流程

3. 系统简介

平台总体架构主要包括Web端、微信端、移动端等组成部分，系统支持软件即服务（SaaS）使用与本地部署，系统主要功能如图3所示。

4. 系统优势

（1）提供数据分析及数据接口帮助企业进行计划管理。

系统汇总分析内部数据，以图、表等多种方式呈现，并将数据根据不同维度的算法进行建模，为系统后续的自动决策提供合理的安排依据，随着业务不断进行，系统将快速提高智能化匹配精准程度。

客户可在管理系统中查看历史数据分析，系统根据分析向客户提供下个月、下个季度、下一年度的计划，为客户的决策提供真实可信的依据。

向客户提供丰富的数据接口，可根据客户方的系统要求进行接口定制开发，使其原

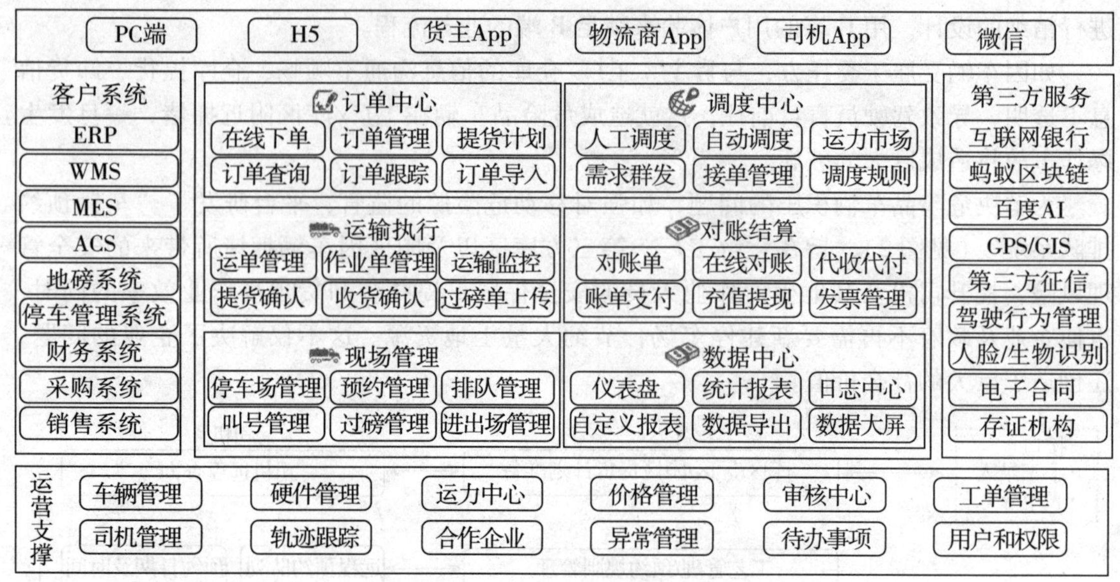

图 3　系统主要功能

有系统将商流与物流无缝衔接。一码贯通全程，协作层级不限制，无须预先设定，轻松打通上下游全部环节。

（2）高标准入驻准则，严选司机精选车辆。

司机在系统中承运货物前将经过严格的审查，包含司机的活体认证、人脸识别、实名认证，公安机关认证、征信机构认证、驾驶证、危化从业资格证等资质的审核；对于车辆，系统在承接运单前也会根据其相关证件、举证材料、运输类型等精选车辆适配订单，严把准入关卡，让客户安心。

（3）高效管理司机及车辆。

系统将根据已收录的司机信息对证件到期、年龄超限、调岗通知、上岗培训等进行提示，人性化分配订单，如为年龄稍长者与经验较丰富者推送路途近、操作相对复杂的订单，为年龄稍轻者推送路途较远、操作相对简单的订单。

在运输的过程中为司机和车辆提供油耗数据、行驶里程数据、车速分析、货车导航、司机排班、司机请假、司机费用报销等信息和服务。对车辆的详细信息和车况进行登记分析，为不同类型的车辆匹配最优路线订单，根据车况良好或不佳区分保养频率并及时提醒等。

（4）安全可追溯的区块链技术。

系统采用区块链技术，对数据进行加密和溯源，目前该数据已得到上百个银行和金融机构的权威认可和金融授信，高效进行企业或个人的财务公证，为贷款融资提供方便。

四、欣物盟主要效益分析与评估

平台数字化供应链模型如图 4 所示。

图 4　平台数字化供应链模型

平台打通订单—调度—运输执行—签收的物流全过程管理，实现了客户从无信息系统或局部信息化管理到端到端数字化物流管理的升级。平台利用区块链的安全优势将工厂、贸易商、物流商、车主和司机从传统的纯线下协同且协同有效层级小于 3 级的现状提升到多级在线实时协同，利用电子合同技术确保了运单的真实性，利用人脸识别和活体认证等技术确保司机的真实性，降低法律风险，提升运输过程安全性。

平台与主流卫星定位系统以及 ADAS（高级驾驶辅助系统）服务厂商实现数据对接，极大提升客户对车辆安全管理的效率和效果，新车接入时间从原来的平均 3 天下降为 1 天。平台提供的厂区现场管理解决方案实现了与现场的地磅、停车管理系统的对接，配合预约系统，使车辆的叫号与进出场管理更为有效，现场积压率降低了 60%，每日现场车辆吞吐率提升 20%。

1. 平台的实施对危险品物流公司的价值

（1）实时透明的物流运作监控。

（2）客户服务的自动化。

（3）在线电子对账，简化上下游对账，提升对账效率。

（4）运作质量的精细化监控与评价。

（5）高效的系统对接。

2. 平台的实施对货主的价值

（1）在线电子签收，货权转移的实时确认，极大地降低经营风险。

（2）现场管理效率与效果的提升。

（3）物流商的考核与评价。

（4）数据驱动的供应链管理能力。

五、欣物盟下一步发展设想

（1）平台未来将充分运用物联网和大数据技术，对物流各环节进行更深入的管理，实现供应链端到端的过程管理，并以此为基础，运用人工智能技术，为管理层、决策层提供基于大数据的计划和预测服务。

（2）在物流行业推广平台，让更多的货主及物流公司获得平台带来的安全以及效率方面的价值，提升物流行业的整体服务水平与经营效益。

西安货达网络科技有限公司：大宗商品供应链物流云平台

一、应用企业简况

西安货达网络科技有限公司（以下简称“西安货达”）成立于2015年2月15日，是获得主流投资机构（百度资本）注资的大宗商品“互联网+物流”企业、高新技术企业、国家AAAA级物流企业、交通运输部首批无车承运人试点企业、2019年度中国物流信息化十佳服务商、2019年度中国十佳成长型物流与供应链平台、中国物流与采购联合会信息平台分会副会长单位、陕西物流与采购联合会副会长单位。

西安货达以煤炭、焦炭、矿石、化工、建材、有色金属等大宗商品物流为切入点，为企业提供产运销一体化解决方案。上游供给市场业务已迅速扩张并覆盖至榆林市管辖的榆阳区、横山区、神木市、府谷县和鄂尔多斯、包头、忻州、吕梁及银川等周边重点区域；运输线路网覆盖全国多个省份，基本完成京津冀、山东半岛、中原城市群等主要经济区域全覆盖。

二、信息化技术或行业内存在的影响物流效率的突出问题

我国在供应链信息化管理上的进展是比较缓慢的，整个生产流通仍处于高成本、低效率状态。

供应链信息化管理当前正处于快速发展的时期，整个市场相对比较混乱，尤其物流标准化操作流程还未形成。比如目前长途车辆的轮候时间基本在3～5天，这其中包含了货物等待和配送的时间，严重限制了车辆的使用效率。

物流行业在发展过程中缺乏相应的市场集中化发展，同时中间环节也相对比较复杂，从货主到最后的承运司机，中间出现了多重的转包环节，从而形成行业中的通病——无法对司机进行有效管控。

行业中的运输群体及各环节配套群体没有进行基础的数据化，没有进行大数据的整合。运力组织的低效导致了整个供应链信息化的低效，削弱品牌竞争力以及对外形象。

三、信息化进程，实施中遇到的主要问题与解决措施

（一）主要问题

对于供应链项目来讲，有无承运能力、能否开展交易才是该模式落地的关键，极其考验着企业行业背景和综合实力。供应链项目这一创新模式为传统公路物流运输带来智

能化、高效率的发展，解决传统物流行业存在的“小、散、乱、差”问题，使货主有车可选，司机有货可运，解决长久存在的行业痛点，具有广阔的应用价值和市场价值。

随着“互联网+”的模式创新，供应链项目的出现促进了车辆与货源高效率的运行，并且大幅度降低返程车辆找货的时间成本和停车等各种支出，解决了传统公路货运物流的掣肘局面，为中国公路运输呈现“智慧大脑”，打造智慧物流新生态供应链。

（二）解决措施

针对上述情况，西安货达打造了大宗商品供应链物流云平台（以下简称“平台”），通过供应链信息化项目建设，提高大宗商品运销环节的效率，提升物流的集约化。

1. 供应链上下游数据共享

依靠大规模的云计算处理能力、标准的作业流程、灵活的业务覆盖、精确的环节控制、智能的决策支持及深入的信息共享来满足物流行业各环节所需要的信息化要求，为货主、承运商、专线公司、司机、仓储服务商以及收货人提供成本低、成熟度高的物流管理云平台。

为了满足系统功能可持续完整的诉求，增加用户使用覆盖面，助力供应链的发展且为后续系统功能扩充，该项目预留了多维度接口，帮助更多企业解决运营问题。

2. 智能技术、硬件融合

全面渗透智能技术与自主开发硬件融合，秉承云物流的概念，对大宗商品物流全闭环进行智慧解析，通过分析提高运输与配送效率、减少物流成本，更有效地满足客户服务要求。

3. 大数据统计分析

提高了发货方及客户的信息化程度，使进出的车辆装货速度快、等待时间短。在统计报表模块，提供了按车牌号统计、按客户名称统计、按发货单位统计、按产品名称统计等多种统计类型；提供称重数据的查询，包含称重数据查询、皮重注册查询、计划查询。

4. 全面自动化

通过与企业内部系统对接，实现数据无缝对接，包括对车辆自动化行驶、货物自动化收验、销售系统软件随着业务的需要进行配置，功能模块随时增减，系统扩展性强。

运输票据电子化，对于货物销售数据、库存数据、财务结算数据，将其整合并共享，根据销售情况及时调整发运量，所有数据及时流转，根据企业生产情况、库存情况以及销售情况及时调整发运量。

5. App 协作

通过 App 访问系统，实现车辆、客户等的完美协作，方便查看实时的销售数据。

（三）目前信息化进程

平台主要由运营端、企业端、司机端三大体系构成，平台架构如图 1 所示，平台三大体系如表 1 所示。

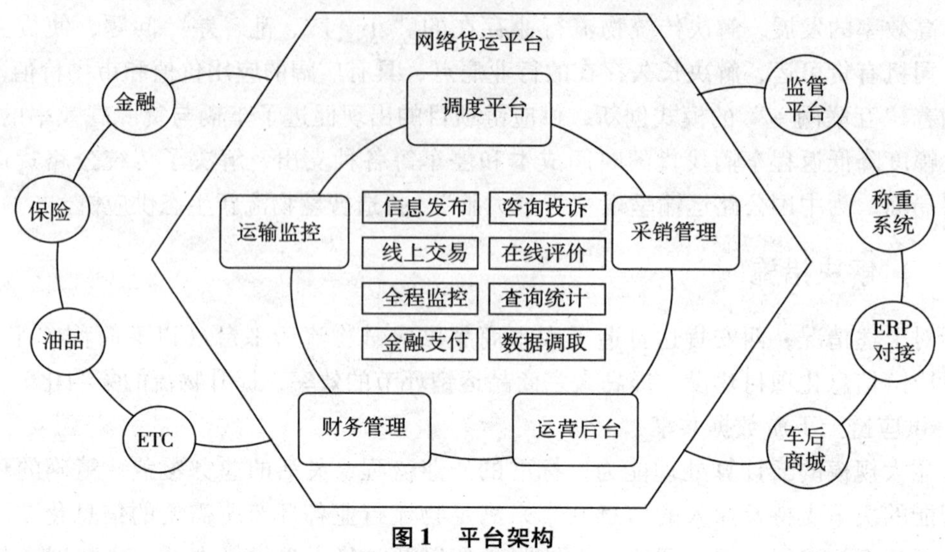

图1　平台架构

表1　平台三大体系

三大体系	简介
运营端	货源管理、企业管理、运力管理（车辆承运统计）、发票管理、财务管理、用户管理和角色管理、统计管理、系统管理等
企业端	用户注册和登录、货源发布、货源信息和货源管理、车源信息、行车轨迹、数据中心、订单调度、执行调度、订单管理、运单管理、咨询投诉、在线评价、保险管理、结算支付、发票管理、油券管理、系统管理、统计分析、客户通信录等
司机端	注册、实名认证和车辆认证、财务管理、货源大厅指派确认、运单管理等

平台对接金融、保险、油品、ETC、监管平台、称重系统、ERP 管理系统和车后商城，致力于打造一个从调车到采销，从运营到财务管理等环节的标准化“闭环管理”模式，实现信息发布、线上交易、全程监控、金融支付、咨询投诉、在线评价、查询统计和数据调取，使用电子票据代替传统的纸质票据，形成信息化、智能化、无人化的新型货运管理系统平台。

四、信息化主要效益分析与评估

（一）信息化实施前后的效益指标对比、分析

1. 提升企业工作效率

提货单、计量单电子化可减少大量人工填写的工作，使整个车辆入、出厂装货过程的时间明显缩短，提升设备利用率且不容易产生人工误差。

2. 降低劳动强度

通过自动化识别核验、采集、控制设备，运货车辆有序进行日常工作，减少人为参与，工作人员只需进行日常的巡检工作，降低了工作人员的劳动强度，避免了由于人为参与所造成的经济损失，实现车辆、客户、收货方的完美协作，降低管理风险，提高管

理质量，提高客户满意度。

3. 减少人为参与，实现数据采集不落地

目前大宗商品销售所有环节人为操作较多，导致存在众多弊端；通过建立平台以及厂区自动化程度的提升，将原来需要大量人工干预的环节由智能化的软件系统来代替，实现车辆自动识别进出厂、过磅、装车等，采集相关数据并直接传输至平台，规范了工作流程，杜绝了由于人为参与所导致的诸多弊端，既节约人工成本又提高了整个流程的运行效率、减小出现误差的概率。

（二）信息化实施对企业业务流程改造与创新模式的影响

平台致力于成为互联网基础设施的建设者以及大宗商品数字供应链的推动者，助力中国大宗物品供应链的智慧转型升级。

1. 吸纳社会运力，整合零散资源

通过平台实现了运力、货源的有效聚集，拉运货车的载重行驶里程得到大幅增加。同时，单车装卸等待时间从原来的平均2～3天缩短至现在的8～12小时，进一步加快了货物运输周转速度，减少了物流运输过程中仓储费用及其他人员开销、车辆油耗费用，同时降低车辆空驶率，最大化推进物流业降本增效。

2. 规范纳税行为，增加财政收入

在力争为地方政府财税正常缴纳、保障物流税收收入不外流等方面取得了显著成果。

（三）信息化实施对提高企业竞争力的作用

平台在地区或行业信息技术应用具有先进性和示范价值，值得推广，促进社会效益提升；集物流协同、供需对接、能效管理等为一体，通过物流企业经营网络化智能管理，调配社会物流资源，搭建起业务及管理信息的共享、互动平台，以消除因信息不对称带来的运营效率低下、管理质量不高的难题，增强核心竞争力，成为实现可持续长远发展的坚实基础，为高效、快捷、及时的决策提供最有力的支持，为构建创新型物流企业作出贡献。

从量化的企业经济效益和社会效益来看，平台全面推广后可为当地经济发展起到较大的推动作用。极大程度上解决大宗商品运输税收流向异地的问题。同时可解决数名司机找货源、无货可拉的问题，带动大宗商品运输等相关产业链就业人员50000名以上。

五、信息化实施过程中的经验与教训及推广意义

（一）信息化实施过程中的经验与教训

首先，企业在实现物流管理信息化的过程中，由于对所需财力、技术的认识不足或企业经营环境改变，不能保证对信息化工作的投入，往往会导致半途而废或草草收兵。

其次，在实现物流管理信息化的初期仍处于摸索阶段，信息化实施过程中所触及的各个环节需要不断地完善重建，这样一个烦琐的过程对技术研发人员的专业水准有一定的要求。

最后，计算机技术飞速发展，往往会导致前期开发的系统和后期开发的系统所使用的平台不一致。如何使已经开发成功的部分和不同平台的新部分集成，是企业在发展、扩大物流管理信息化范围过程中存在的一个问题。

（二）信息化推广意义

近年来，互联网、大数据技术与货物运输行业深度融合，市场涌现出了新的经营模式，即通过整合产、运、销的实际业务流。平台能有效规范市场主体经营行为，推动大宗商品供应链行业转型升级，朝着“智能化、服务化、协同化”方向发展。

该平台的建设，符合国家信息化发展政策和陕西物流大数据发展主流观念，在陕西省物流行业中具有推广、示范和带动效应。

六、系统的改进方案及对供应链信息化的建议

（一）改进方案

未来，将针对地方铁路集运站研发智慧物流管理云平台，通过为地方铁路集运站研发智慧物流管理云平台以及接入国家交通运输物流公共信息平台接口数据，实现公路、铁路、集装箱数据的互通、共享，实现全程数据、信息管控，包括集装箱管理、铁运计划、在途监管，装（卸）火车管理，铁路信息查询，同时提供结算功能，以多式联运经营人的身份承担全程运输任务，与货主一键结算全程运输费用，与承担铁路运输业务的铁路公司结算铁路运输费用。

同时作为独立的第三方物流平台服务商，西安货达与行业上游供货端有较强的合作黏度，力争整合区域内所有从业企业，探索适用全行业的联运标准化流程及体系，未来可集中衔接所有铁路运输公司，不受限于具体的企业效益，从货主及企业切入，为大宗物流公铁联运规范流程及高效运转提供技术和服务支持。

（二）供应链信息化的建议

1. 建立企业物流信息系统和决策支持系统

建立企业物流信息系统是企业物流科学管理的基础。物流管理信息系统是企业信息系统的一个组成部分，在处理物流信息的同时，应该注意营造综合数据环境。在此状态下，物流过程的所有技术数据和事务数据，对所有参与单位都具有高度可视性和可存取性。

建立相应的物流决策支持系统及数据仓库，是物流管理信息化的另一个重要内容。在物流管理信息系统的基础之上，根据库存模型、预测模型等管理决策模型，采用运筹学、人工智能等学科理论和技术，解决半结构化和非结构化问题，建立物流决策支持系统，采集、利用好宏观信息、流通及价格信息等，提高企业的市场快速反应能力，提高企业决策的科学性和准确性。

2. 加强物流信息的网络化

随着我国计算机的普及，信息科学的发展和信息化建设工作的展开，加快企业物流

信息化步伐已经成为物流领域刻不容缓的工作。如何利用物流信息化促进物流管理的发展和物流水平的提高，实现资源优化配置，增强企业的竞争实力，应该是物流部门需要认真思考的问题和努力的方向。

3. 完善风险控制体系

为了规避风险，保证运输安全，开展无车承运业务的企业急需在风险管理领域加大投入。大宗商品供应链物流云平台设立了三道监控体系，分别是事前监控、在途监控和事后监控，从而构建平台的风险控制体系。

4. 强化互联网技术

互联网、大数据、人工智能技术的应用正在为我国网络货运的快速崛起提供强大的技术支撑。融入互联网基因和技术后，网络货运在组织车源、货源、强化风险控制等方面的能力将更加强大。

5. 物流平台的标准化建设

物流信息实现标准化是物流信息平台建设的基础问题。平台现有的标准化和规范化不够，且存在部分已有标准不符合物流业务实际的情况，标准体系尚未形成、兼容性较差、缺乏维护，难以为实际信息交换和系统开发建设提供有效指导。如果物流信息平台在建设的过程中参照统一标准，那么各个平台对接就会更加快速、高效、便捷。

6. 建立健全诚信体系

目前，还未建立起完善的物流企业信用档案。缺乏区域性、全国性的可体现物流行业特点和专业需求的信用管理平台和评价体系，物流信用信息社会开放性较低，难以形成有力的约束体制。政府部门之间、企业之间存在信息孤岛。生产、制造、流通、金融等各个环节之间的信息流没有完全打通。完善企业信用管理平台和评价体系，减少因涉及行业多、流通环节多、管理部门多、查询渠道少而导致的物流行业诚信成本的增高。

湖北物资流通技术研究所：物流园区模块化信息平台

一、单位概况

湖北物资流通技术研究所（以下简称“物流所”）成立于1974年，先后隶属于原物资部、原国内贸易部，是目前国家批准的综合性物流技术和服务的公益性研究机构，设有武汉、襄阳两个工作与研发基地。

依托物流所，先后建立了物流师认证培训中心、湖北省物流工程技术研究中心、全国物流标准化技术委员会仓储技术与管理分技术委员会秘书处。物流所自建所以来一直把“创新物流科技、服务现代产业”作为宗旨，面向全国开展技术研究和公益服务。先后承担国家和省部项目200多项、地方项目97项，获得国家和省部级等奖项48项，承担20多项国家与行业标准的研究与制定工作，组织全国相关单位制定国家与行业标准17项，培训物流人才15000多名。

二、项目背景及创新方案

1. 项目背景

物流园区作为运输车辆和运输企业的聚集地，空载率、运输成本高，效率低，经济效益不乐观。虽然物流园区效率不高，但是物流园区的数量迅速增长，规模也在不断扩大。据中国物流与采购联合会、中国物流学会发布的《第五次全国物流园区（基地）调查报告（2018）》统计，全国符合基本条件的各类物流园区共计1638家，比2015年第四次调查的1210家增长35.37%。2015—2018年，我国物流园区数年均增长10.7%。总体上，我国物流园区建设呈急剧扩张的态势。由于物流园区在经济开发、促进多种运输方式的整合、改善城市环境等方面的明显作用，我国政府及企业在近几年中不约而同地将其作为推动区域和城市物流发展的重点工程，给予大力的支持。

由于我国物流业还处于产业地位的提升期和现代物流服务体系的形成期，造成了物流园区相应地也存在一些非常突出的问题：物流园区空置率高，服务水平不高；缺少合作机制及网络性；缺乏现代服务体系的支撑。因此，如何降低物流成本、寻找盈利增长点、提高物流园区效益是目前物流园区极其关注和急需解决的难题。

我国物流园区建设缺乏有力的信息服务共享机制和有效的互惠共利的商业生态模式，我们有必要以物流集成管理为出发点，建立物流园区底层开放平台，以点连线、以线成面，最后将底层服务能力汇聚在信息平台之上，实现信息互联互通，降低物流园区乃至整个供应链的物流成本，提高效率，打开企业共同盈利发展的新局面。

2. 创新方案

物流园区模块化信息平台把所有货物流通的相关数据打通，形成一个巨大的即时信息平台，并将与物流园区相关的供应链上各节点企业有效地整合进来，实现节点企业之间的资源共享和业务协同，有效地降低企业的运营成本，提高企业综合管理水平和经济效益。

对于整个供应链来说，物流园区模块化信息平台向所有的制造商、电商、快递物流公司、第三方物流企业、政府部门等开放，将改变传统的以某一企业利润为主运营模式，并转向供应链上各节点企业共同发展的模式，加快企业对市场的反应速度，促进企业合作和生产模式的转变，最终促成新商业文明生态圈的建立。

三、物流园区模块化信息平台的设计

(一) 平台研发遇到的难点

(1) 如何实现车货匹配。

(2) 如何进行运输路线优化。

(3) 如何进行货物的跟踪监控。

(4) 如何进行数据分析，完成智能决策。

(二) 解决措施

1. 车货匹配设计

首先建立一个车货匹配模型，在数据库中找到满足货主需要的车辆并汇总反馈，货主再从中挑选出最适合自己的车辆。

设已知第 i 辆车的信息有：车辆位置 CZ_i，车辆是否空载 CE_i，期望流向 CL_i，拖挂轮轴 CT_i，货箱结构 CS_i，车辆类型 CX_i，箱体容积 CR_i，载重吨位 CD_i，车主联系方式 CP_i 等。

第 j 批货物的信息有：货物需要车辆类型 HX_i，发货城市 HZ_i，到货城市 HL_i，货物重量 HD_i，货物体积 HR_i，货主联系方式 HP_i 等。

对于第 j 批货物，选择车辆 i 的条件为 $CE_i = 1$，即车辆 i 为空车，并同时满足下面条件：

$$HX_i = CX_i,\ HZ_i = CZ_i,\ HL_i = CL_i,\ HD_i \leqslant CD_i,\ HR_i \leqslant CR_i$$

即车辆类型必须和货物要求的车辆类型一致，车货的运输方向必须保持一致，货物的重量和大小不得大于车辆的最大载重和最大容积。

车货信息匹配完成后，根据匹配信息里的车主、货主联系方式，双方可以进行联系，利于寻找适合的合作对象。

2. 运输路线优化设计

通过整合交通信息资源，包括电子地图、交通信息平台实时的交通信息，在此基础上通过相应算法为物流企业解决车辆行驶过程中的路线优化问题。

算法具体实现步骤如下。

①提取道路数据。从道路属性表中提取道路 ID、道路名称、道路长度、限制信息等数据；从道路转向表中提取起始路段、终止路段、转向关系等数据；从道路行驶时间表中提取预测的行驶时间数据。

②将提取的数据保存到数组中。数组中的数据要根据道路交通状况的实时变化进行实时更新。

③设置算法的起始路段 ID、目标路段 ID、车辆出发时间、最优目标等参数。

④把起始路段设为当前搜索点，循环选取相邻路段并分别判断当前路段的道路通畅情况和行驶时间，计算综合权值比较估计函数值，并选取函数值最小的路段存到结果中，然后将该路段作为新的起始路段。

⑤循环第四步，直到到达终点，得到最优路线。

3. 货物跟踪设计

货物跟踪流程如图 1 所示。

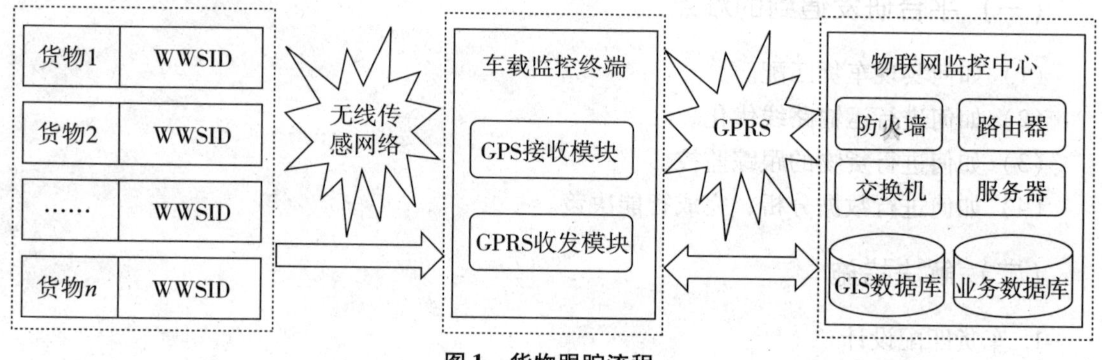

图 1　货物跟踪流程

智慧标签（WWSID）：贴有 WWSID 的货物具有自己的身份和各种相关数据，具有定时唤醒、实时定位、查询和分析等智慧特性，具有全天候无线传感网络传递信息的功能。正常情况下，WWSID 处在休眠和定时通信状态，非正常情况下才被唤醒，如货物发生包装异常形变、异常受压或震荡、过度相对位移、温湿度超范围变化、盗窃丢失或其他可能对货物有影响的环境变化时唤醒智慧标签，智慧标签唤醒后会主动检查自身情况和查询周围情况，并向车载监控中心报警，传递相关信息。

车载监控终端：车载监控终端采用触摸屏，平台主要由 GPS 接收模块、GPRS 收发模块组成。车载监控终端通过无线传感网络采集车辆的位置、货物状态、环境及报警等综合信息，并通过 GPRS 将信息传送到监控中心。车载监控终端与监控中心为双向信息传输，也可以把监控中心的控制命令下达到 WWSID，实现对在运货物监控的目的。

物联网监控中心：物联网监控中心由监控平台、主服务器、通信服务器、RADIUS 认证服务器组成，其核心任务是对所有在运货物实时定位监控，具有操作、维护、处理、统计、分析和监控在运货物信息的功能，并与外部网络进行互联。物联网监控中心有数据库和服务器，主要负责在运货物监控信息的分析和处理、地理信息系统的维护和更新、GPS 定位信息的处理等。

4. 智能决策设计

决策分析子平台功能如图 2 所示。

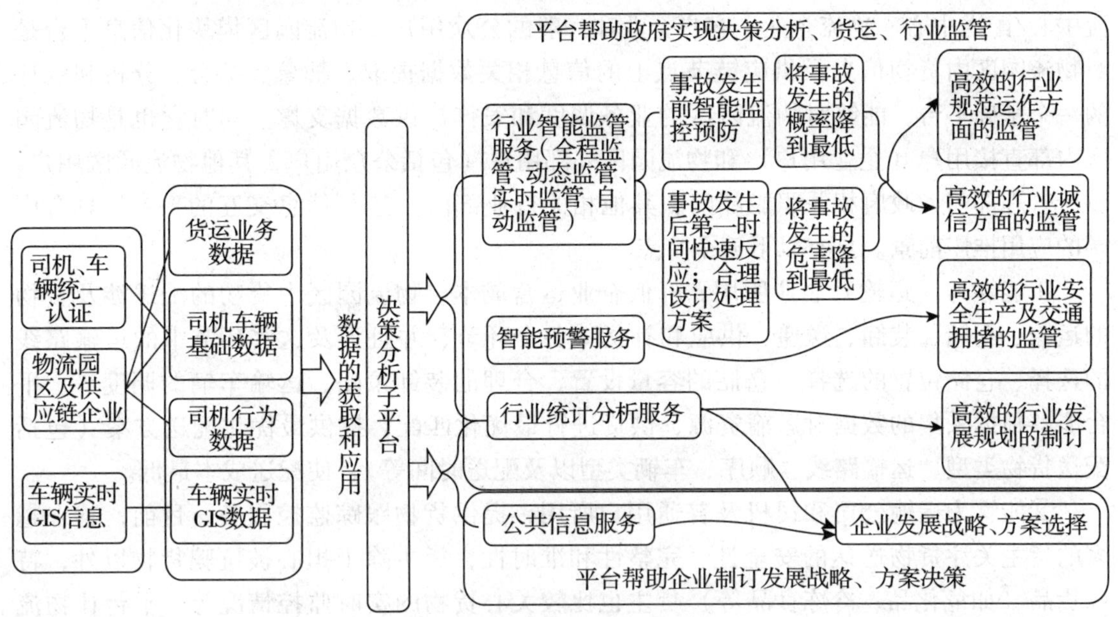

图2 决策分析子平台功能

平台首先收集货运业务数据、司机车辆基础数据、司机行为数据和车辆实时 GIS 数据，通过对数据的统计分析，提供全程监管、动态监管、实时监管和自动监管等行业智能监管服务、智能预警服务及行业统计分析服务，帮助政府进行行业规范、运作、安全生产及交通拥堵等方面的监管，制订合理的行业发展规划，帮助政府制定地方标准、行政许可标准和行政事业性收费标准，缓解由运输造成的交通拥堵问题。平台为企业提供公共信息服务，使企业不用构建自己的 IT 系统，可以通过决策分析报告、行业发展报告、诚信司机的信息、车辆司机的统一认证信息等制订本企业正确的发展战略、选择最优化的解决方案。

四、项目效益分析

平台能够将物流园区及各供应链节点的资源封装成智能配送、货物跟踪、仓储管理、车辆管理、决策分析、金融增值服务和其他增值服务等服务功能模块进行开放，物流企业或用户可以通过该平台优化自己的网络、降低成本、提升效率、调整商业模式，共同建立一个物联网时代的新的商业生态模式。同时，政府规划、交通运输等部门也可以根据平台提供的基础数据编制行业发展报告、规划，进行行业监管等。

平台自 2017 年 10 月 30 日上线运营开始，注册的企业或个人用户已达 2640 家（人），服务物流园区企业 5 个，为企业减少成本近 1000 万元。平台的运行满足了物流园区降低企业运营成本、增加盈利模式的共性需求，增强园区的核心竞争力，提高园区的盈利能力。随着平台的推广和应用，当服务园区达到 20 家，预计将实现年收入 2000 万元，年利润 500 万元。

五、项目推广意义

物流园区涉及的用户包括政府的行政管理部门、政府相关职能部门、物流园区、物流中心/配送中心、物流企业、客户企业和一般的公众用户。物流园区模块化信息平台是对物流园区内货物信息及供应链节点上的信息相关数据提取、抽象、综合、分析和统计的一个基础平台，能够对物流园区的业务调度和安排提供数据支撑。同时它也是物流园区内部直接用户（企业用户）和物流园区外部用户（包括公众用户、其他物流园区用户、政府管理部门、政府相关职能部门和其他相关行业部门）进行信息交互的平台，具有广阔的应用推广前景。具有以下五个特点。

①能够为（运输）企业所用，降低企业运营成本。物流园区中货物的配送涉及货物的运输、仓储、装卸、送递、供应和补货等各个环节，并且涉及这些环节中的运输路线的选择、仓储位置的选择、仓储的容量设置、合理的装卸策略、运输车辆的调度等。平台能够根据采集的数据对运输资源、供货进行最优化匹配，提供最优化配送方案（包括配送货物类型、运输路线、顺序、车辆类型以及配送时间等），使配送成本最低。

②能够为运输公司和司机及普通用户所用，提供货物跟踪监控服务。目前，越来越多的货主关注货物送达的安全性、完整性和准时性，货主除了担心被坑骗货物以外，特殊货品（如危化品、冷冻食品等）货主也比较关心货物的实时监控情况等。平台让物流公司、司机等用户都可以通过接口直接接入，方便货主对货物进行跟踪，对车辆进行监控。

③能够为入驻物流园区的大型制造企业所用，提供仓储管理服务。一般大型制造企业在各地的各个物流园区都拥有自己的仓库，这些仓库都必须要有仓储管理系统对仓库进行管理，物流园区内的运输企业也急需一种简单实用的方式管理车辆来降低运输成本。制造商、运输企业等只需要通过注册成为平台用户就可以实现仓库、运输车辆等的管理。

④能够为整个供应链企业所用，提供整个供应链效益。平台能够将物流园区货物涉及的信息收集起来，利用物流业务数据模型，从人力、物力、财力、客户、市场、信息等方面分析数据信息，为企业、市场进行预测分析，提供准确的信息分析资料，帮助物流园区管理者、政府部门进行规划和决策。

⑤能够为政府部门所用，提供行业监管和决策服务。政府的规划、交通和监管等部门能够根据平台提供的车辆基础数据、货运业务数据、车辆实时 GIS 数据和司机行为数据等基础数据编制行业发展报告，加强安全生产、行业规范运作、行业诚信的监管力度，使政府在行业监管上发挥更大的作用。

六、项目改进及展望

目前与平台对接的银行、保险、汽车维修、燃料、金融服务等方面的企业不多，后期需要加大与这些企业的合作，提供货运贷款、保险等业务，丰富平台的服务功能、增加平台的收益点。

近几年区块链技术的发展，为供应链金融与平台的合作发展提供了技术支持和信誉保证。后期物流所将通过区块链与电子签名技术，实施优化流程；通过区块链技术与物联网技术结合，保证跟踪数据的真实可靠；通过区块链上可信的交易数据构建物流参与方的信用评级；同时结合链上的应收账款、资产等规避金融风险，解决中小型企业融资难的问题。

中铁铁龙集装箱物流股份有限公司：智铁运联物流平台

中共十八大后，《国家发展改革委关于印发〈“互联网+”高效物流实施意见〉的通知》中指出，推进“互联网+”高效物流与大众创业、万众创新紧密结合，创新物流资源配置方式，大力发展商业新模式、经营新业态，提升物流业信息化、标准化、组织化、智能化水平，实现物流业转型升级，为国民经济提质增效提供有力支撑。伴随互联网、物联网、大数据、云计算、移动互联等技术不断发展，中铁铁龙集装箱物流股份有限公司响应国家号召，发挥国家铁路基础设施优势，发掘自身物流行业积淀，创新集装箱物流服务模式，联合国内优势企业共同打造物流科技平台——智铁运联。

一、企业简介

中铁铁龙集装箱物流股份有限公司（以下简称“铁龙物流”）成立于1993年2月，1998年5月在上交所上市，是中国国家铁路集团有限公司（原国家铁道部）第一家A股上市公司。公司主营业务为铁路特种集装箱资产运营及物流业务，拥有符合国际和行业标准的特种集装箱共五大类别，二十一种箱型，共计近十万只，目前公司的特种集装箱种类和保有量在国内领先，其中罐式集装箱保有量在全球运营商中排名亚洲第一位、世界第五位，是中国铁路特种集装箱标准的制定者和引领者。

铁龙物流线下物流网络遍及全国，与各铁路局集团公司均有集装箱物流业务往来，服务过的大中型企业超过千家，公路短驳企业合作伙伴超过千家，在北京、郑州、成都、济南、大连、西安、上海、深圳、乌鲁木齐、南宁、武汉、德国汉堡均设有区域机构。

二、行业现状与机遇

1. 集装箱多式联运发展现状

目前，集装箱多式联运在国内物流运输中仅占2%左右，远远低于发达国家，尤其是铁路集装箱运输规模过小。2019年，我国铁路集装箱运量为1766.7万TEU，仅占铁路货运总量的12%左右，低于发达国家的30%~40%。

我国多式联运的发展也存在“两低、一瓶颈和五薄弱”等问题，且多式联运占比远低于发达国家。

两低：运输市场集装箱化率低，尤其是液体化工、危化品、冷藏集装箱化率更低，多式联运业务占比低。

一瓶颈：多式联运信息互联互通进程缓慢。

五薄弱：集装箱多式联运型枢纽场站衔接和转运能力弱，多式联运经营人主体缺少并且服务能力弱，多式联运信息系统建设近乎空白，缺少多式联运统一单证，多式联运装备应用水平和标准化程度低。

在我国的集装箱多式联运市场，存在着铁路、公路、水路等多个不同运输主体，多种运输主体之间急需一个信息平台协调。

2. 集装箱多式联运千亿元市场机遇

铁路集装箱行业有千亿元的市场空间。调整运输结构是中共中央、国务院部署推动的重大决策。通过多式联运，将长距公路运输转移到廉价的铁路运输和水路运输，不仅符合运输结构调整的政策思路，还能够大幅降低物流成本。

2016 年以来，政府密集发文鼓励多式联运发展。2018 年 9 月，国务院办公厅发布了《国务院办公厅关于印发推进运输结构调整三年行动计划（2018—2020 年）的通知》，包括铁路运能提升、水运系统升级、公路货运治理、多式联运提速、城市绿色配送和信息资源整合六大行动，核心目标是“到 2020 年，全国货物运输结构明显优化，铁路、水路承担的大宗货物运输量显著提高，港口铁路集疏运量和集装箱多式联运量大幅增长”。

根据中央和铁总规划：2018—2020 年，全国多式联运货运量年均增长 20%，铁路集装箱多式联运年均增长 30% 以上。以此推算，到 2020 年社会物流总费用约下降 3. 9 个百分点，节约成本 4350 亿元左右。这意味着 2020 年全国铁路集装箱运量达到 2500 万 TEU，按照 5000 元/箱计算运费，市场空间将达 1250 亿元；以行业平均净利率为 8% 计算，利润空间达到 100 亿元。中国铁路网运能释放后，公铁联运市场足以容纳一家市场估值 300 亿元的行业巨头。

三、项目介绍

智铁运联物流平台（以下简称“平台”）以深化供给侧改革为主线，紧紧围绕“提质增效、节支降耗、开放创新”的目标导向，紧密依托互联网与物流网络融合这一核心资源，为货主提供“一站式”托运，一票到底的“一单制”服务模式。平台发挥铁路集装箱多式联运优势，以建设无缝衔接、高效顺畅的联动调配的多式联运网络平台为核心，专注于我国多式联运生态圈建设，集交易、结算、监督、评价全链条服务为一体，打造共创、共生、共享的中国铁路集装箱多式联运生态圈。在未来，铁龙物流将根据铁路物流行业的发展需要，加强与上下游企业的协同，着力完善供应链体系，构建跨界融合的产业供应链生态。为客户提供最具竞争力的一体化智慧物流解决方案，助力物流产业降本增效、绿色发展。

1. 解决方案

平台依托云计算、大数据、物联网、人工智能等技术，打造“互联网 + 物流”一站式服务平台，为用户提供集装箱多式联运物流解决方案、物流链条信息互联互通解决方案及共享集装箱一站式解决方案，实现涉铁集装箱运输全流程信息化、智能化、可视化，创新服务模式、提升物流效能。

（1）提供运输信息互联互通解决方案。

①位置信息查询：在多式联运场景中，协同作业的各业务承接主体通过平台实时掌握货物位置信息，提前安排制订作业计划，提高作业效率。

②多式联运运价查询：通过对数据进行预测，采用在线招标的形式，为用户提供多式联运中各业务协同主体明细报价。

（2）提供共享集装箱一站式解决方案。

平台运营方通过整合箱东、箱修厂等集装箱服务提供方以及物流商资源，同时通过对接铁路货票系统、集装箱跟踪系统、海运集装箱管理系统，为平台服务需求方提供租箱、修箱、退箱及过程中物流运输服务和集装箱状态跟踪查询服务。需求方在平台下订单租箱，平台对订单解析，根据租箱方案把订单分解成租箱子订单、排调子订单、投箱子订单，并根据投箱地点考虑是否生成拖车子订单。平台将不同子订单委托给相应执行方，并监督执行进度。平台通过以堆场为点构建的服务网络，结合铁路运输、公路运输、海洋运输等运输网络提供的物流动态信息，向用户开放集装箱动态信息和物流动态信息查询服务。用户在平台采购服务后，平台根据订单的执行进度为供需双方提供订单执行进度查询与推送服务，以及不同服务提供方间业务协同的信息共享。

（3）提供多式联运物流解决方案。

平台运营方通过整合箱东、物流企业、增值服务提供方以及堆场资源，同时通过对接铁路货票系统、集装箱跟踪系统、海运集装箱管理系统、公路拖车监控系统、供应作业系统等，为平台服务需求方提供多式联运物流服务及过程中物流动态和集装箱动态跟踪查询服务。根据多式联运订单具体需求，通过优化引擎（以集装箱可用性、状态为约束条件，以成本优先或时效优先为优化目标）匹配可用集装箱、最优箱东。根据多式联运服务订单具体需求，通过优化引擎（以可达发货地和收货地、堆场等为约束条件，以成本优先或时效优先为优化目标）匹配最优运输方式、物流商并规划最优运输路线。根据多式联运服务订单具体需求通过优化引擎（以增值服务项目、提空箱堆场、卸货地点为约束条件，以成本优先或服务最佳优先为优化目标）匹配最优增值服务商。

2. 服务体系

平台整体规划三大服务体系，三大服务体系分别为：交易服务体系、全程透明服务体系以及数据运营服务体系。

（1）交易服务体系。

平台的交易服务体系根据用户提出物流需求，自动匹配办理站、服务商等物流资源，为用户提供多种运输方案及相应的价格展示，让用户“询准价”；平台记录全流程订单，并提供 7×24 小时的对账服务。针对已完结的业务，平台交易双方可对账单进行一键确认，让用户“对准账”。

（2）全程透明服务体系。

平台聚焦物流作业全程动态。在货物运输过程中，智能应用全国铁路车站、集装箱追踪设备、车辆 IoT 设备、移动互联网、电子围栏等为货物追踪提供数据基础，从而实现运输全程透明、可监测以及历史轨迹可追溯，让用户“查准箱”。同时，平台提供全程物流关键节点的预/报警服务，实时向用户反馈运输时效及异常情况，帮助用户提前发现问题，定位问题。

（3）数据运营服务体系。

平台数据覆盖现有业务体系及业务实景，根据业务数据生成画像，量化指标等。通过对数据的采集、清理、计算、分析等方式，深入挖掘大数据潜在价值，促使物流全链条提质增效。

3. 基础能力

（1）全国性的集装箱服务网络：平台覆盖全国各铁路局集团公司集装箱办理站，平台注册的公路物流服务企业千余家，有短驳集卡车辆万余辆。

（2）多年的多式联运专业优势：公司多年根植铁路、深耕货运，与各铁路局集团公司密切合作，在全国各地设立了多家分公司，能够有效对接铁路货运部门。

（3）实时的货物跟踪服务优势：平台实现了集装箱的信息化配置，利用GPS、GIS、RFID和互联网等技术，实现集装箱的远程智能监控。跟踪数据可以让物流企业管理层和客户实时掌握货物在运输途中的位置和状态信息。

（4）完善的信誉认证体系优势：平台的信誉认证又分为两个方面，一方面就是资质的认证，对于加入平台的企业都有严格的资质审核；另一方面就是服务质量的认证，对于提供物流服务的企业进行考评打分，最终每个物流企业都有一套自己的信用体系。

（5）健全的网络安全防护优势：平台通过了国家信息安全等级保护三级认证，平台具备保护企业用户隐私及资金安全的能力，可给企业用户带来更规范的信息安全保护。

（6）资深的专业团队优势：平台会聚了物流运输、产品研究、IT开发、大数据分析、系统运维等方面的资深专业人才，拥有由国内顶级的行业专家组成的高端智库。平台根据用户需求和行业发展动态，持续迭代升级产品，为用户提供全天候的支持，不断提升服务能力和用户体验。

四、平台价值

（1）用户价值：通过连接多方资源，打造集装箱多式联运供应链生态体系，利用物联网、大数据分析等科技手段，为用户提供高效、透明、节约的最优物流解决方案。

（2）行业价值：利用新兴技术，挖掘物流行业的运力货源数据，在原有业务基础上拓展适合物流新业态的数据应用产品和发展模式，将数据、科技、业务三者深度融合，创造更大的行业价值。

（3）社会价值：通过平台把产业链条中的供需双方从线下搬到线上，以集装箱的多式联运为依托，提高铁路运营效率，降低全社会物流成本。

（4）战略价值：为践行“交通强国、铁路先行”与“一带一路”倡议需要，平台的开展将有效贯彻国家节能减排、绿色发展的战略意图，有助于打造国际铁路通道和物流枢纽。

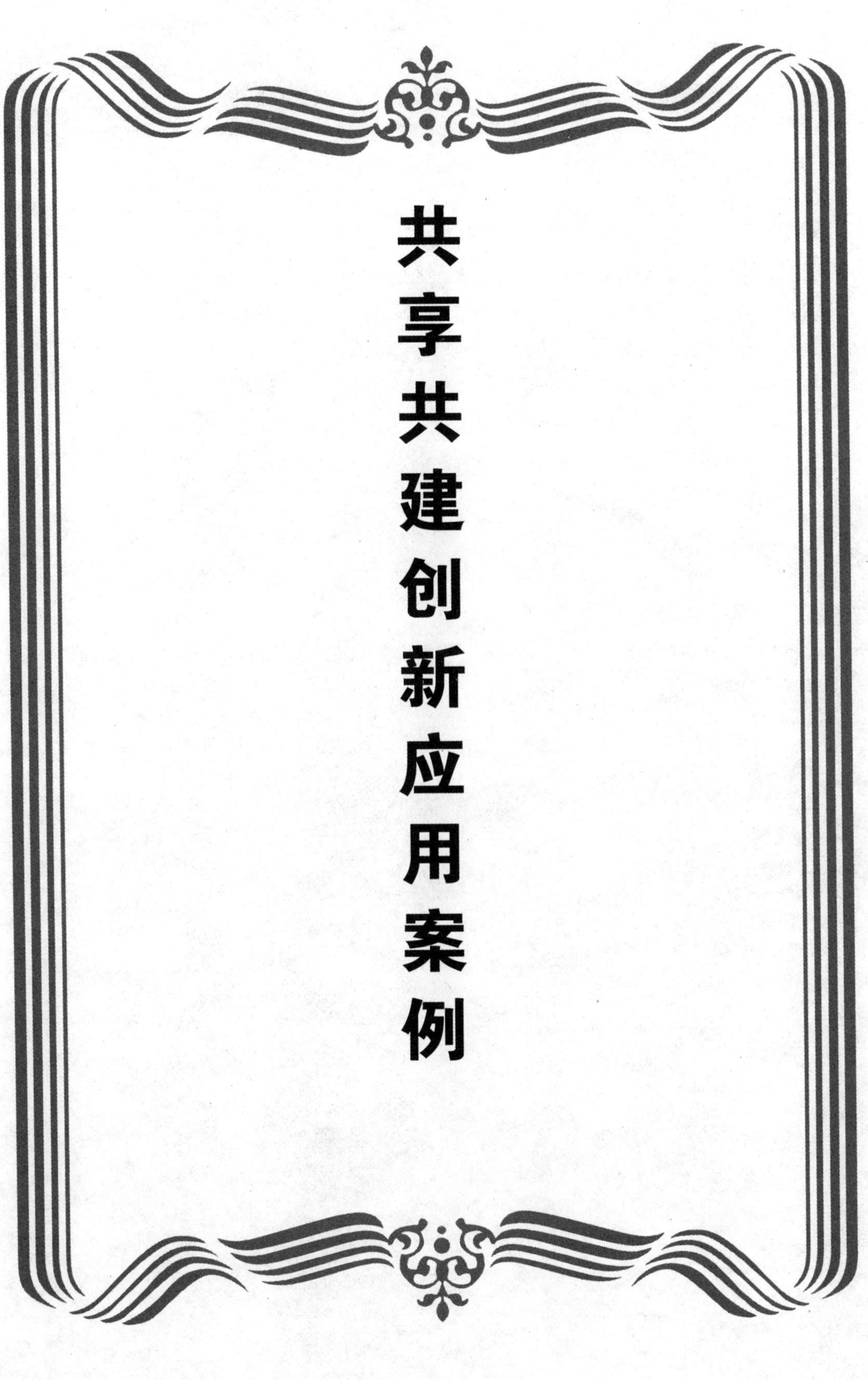

共享共建创新应用案例

国网上海市电力公司：电工装备智慧物联平台线缆品类管理中心

一、应用企业简况

1. 企业规模

国网上海市电力公司隶属于国家电网有限公司，负责上海地区电力输、配、售、服务业，统一调度上海电网，参与制定、实施上海电力、电网发展规划和农村电气化等工作，并对全市的安全用电、节约用电进行监督和指导。公司管辖的上海电网位于长江三角洲的东南前缘，北靠长江，东临东海，与江苏、浙江两省接壤，供电营业区覆盖整个上海市行政区。

截至 2018 年年底，公司直接管辖各类电网企业、发电企业，施工、科研、能源服务、培训中心等单位 27 家，共有职工 13366 人，代管单位 1 家。服务客户 1057.92 万户。共有 35 千伏及以上变电站 1146 座，变电容量 17049 万千伏安，输电线路 2.74 万公里，全市发电装机容量为 2524.82 万千瓦，最大市外来电 1676.2 万千瓦，最高用电负荷 3268.2 万千瓦，年售电量 1325.83 亿千瓦时。

2. 供应链模式

供应链管理体系是围绕企业战略目标而展开建设，具有系统、严谨、高效的特点，且符合供应链实际发展运行规律的管理体系。2018 年以来，特别是“三型两网，世界一流”新战略目标提出以后，国家电网有限公司以“质量第一、效益优先、智慧决策、行业引领”为目标，大力推进管理创新和手段创新，充分应用“大、云、物、移、智、链”新技术，建设现代智慧供应链，实现采购精益规范、供应精准高效、质量稳定可靠、全链条数据融通、内外部高效协同，深入推进业务数据化、数据业务化数据智能应用，并与之相配套，建设打造与公司战略目标相适应，国内领先、国际一流的供应链管理体系。

国家电网有限公司现代智慧供应链管理体系由组织运作体系、核心业务体系、风险防控体系和支撑保障体系四个部分构成。组织运作体系包括权责明晰的组织架构、集约协同的运作模式、灵活高效的运行机制；核心业务体系涵盖智能采购、数字物流、全景质控三大业务链，各业务相互衔接、内外高效协同，改善供应链运营效率和效益，实现有序运作、智慧运营；风险防控体系贯穿供应链运营全过程，从风险的分析、识别、评估和控制各环节入手，确保供应链运营风险“可控、能控、在控”；支撑保障体系以质量检测中心、供应商服务中心等设施建设为基础，以法规制度、标准化建设、专家人才培养为管理支撑，保障供应链管理不断深化。四个体系互为依托、相互支撑、协调推进，有力支撑现代智慧供应链健康高效有序发展。

3. 营销模式

为了充分贯彻落实国家各个历史时期的能源政策，特别是电力行业的相关政策，确保电力能源的科学合理及可持续应用，国家电网营销业务主要有以下几个特点。

（1）承担社会责任。

随着经济的不断发展，科学技术手段的快速提升，电力能源已渗透到社会的各个方面。国家电力网络的营销是确保社会能够广泛使用电力的重要方式，能够保障消费者享受到相关的电力资源服务。因此，国家电网有限公司营销的过程中，国家要从各个方面、各个角度、各个时期同步开展电力能源供应，确保各项工作有序推进。

（2）面临发展变革。

社会经济在不断地快速发展，社会市场环境也在同步发生着变化，对电力能源的需求程度也随着市场环境的变化而发生着相应的改变。因此，国家电网有限公司（以下简称“国网公司”）的营销策略也应积极迎合变化，反映出人民群众不断变化的电力需求和社会环境，对生活和生产所需要的电力及电量进行合理科学的引导和控制。

（3）提供社会服务。

电网营销部门按照既定政策向社会用电用户提供电能，这一服务是面向公共的，具有高度的政治性质、社会性质以及服务性质。国家电网营销的过程，一定要与社会的营销过程进行有机的结合及探索，为家庭电网提供良好服务，并且满足社会用电需求。

为适应营销发展新形势，以客户和市场为中心，坚持集约化、扁平化、专业化方向，进一步创新管理模式，变革组织架构，优化业务流程，形成“客户导向型、业务集约化、管理专业化、机构扁平化、管控实时化、服务协同化”的“一型五化”大营销体系，建立24小时面向客户的统一供电服务平台，形成业务在线监控、服务实时响应的高效运作机制，持续提升供电服务能力、市场拓展能力和业务管控能力，提高营销经营业绩和客户服务水平。

二、信息化建设背景及意义

1. 建设背景

一是由国网公司内部物资业务向全供应链端到端的业务转变，涉及的业务种类、数据量和紧密度大幅增加。

二是由面向国网公司内部人员及直接供应商向面向全供应链伙伴、社会公众转变，涉及的与国网公司内部横纵向部门单位以及公司外部单位协同面更广。

三是由ECP、ERP为主的物力集约化管理信息系统，向数字到实物物资资产的供应链管理平台转变，涉及多系统间业务对接、数据交互。

四是由供需双方人机交互互联，向实现接入供应商CPS（信息物理系统）转变，涉及从生产到报废全生命周期各环节人、机、物的广泛互联。

2. 建设意义

根据国网公司总体工作部署，电工装备智慧物联平台线缆品类管理中心（以下简称“线缆品类管理中心”）由国网上海市电力公司牵头负责，目前系统已完成技术验证并进入试运行状态。

作为电工装备智慧物联平台先行先试的重要组成部分，线缆品类管理中心构建供需双方开放互信的物联平台，利用物联技术打通了供需方的数据壁垒，构筑了供应链供需协同、数据共生共享的新生态，消除了线缆类物资生命周期管理的生产制造阶段盲区：一是线缆类物资生产制造过程的相关质量信息无法获取，通过传统的抽检、监造等质量监督方式无法实现对生产制造全过程质量管控的全覆盖。二是线缆类物资订单生产进度可视化及供需实时协同缺乏相关信息系统的支撑，以线下为主的业务模式无法满足供应链高效发展的需求。三是大量生产数据价值无法得到充分挖掘，需继续建立完善的生产制造大数据归集、分析及应用体系。

三、信息化进程

随着我国经济持续增长、城市电网迅猛发展以及现代城市对供电可靠性、环境美化的要求，电力电缆的覆盖率正迅速增长。随着上海市的城市电缆化需求日趋提高，国网上海市电力公司作为上海地区电网建设的承担方，电力电缆的采购量在公司物资总体采购量中的占比一直位居前列，电力电缆的质量与电网安全运行有着紧密的联系。为了进一步加大质量管控力度，实现电力电缆生产制造全过程可视，国网上海市电力公司于2015 年开展了电力电缆在线监测系统的研发工作，这也成为线缆品类管理中心最初的原型。2016 年在科技项目成果的基础上，开展了信息化落地工作，对原型系统进行优化完善的同时也增加接入的试点供应商并扩大接入的范围。在后续两年内，系统进行了若干次的升级迭代。2019 年 4 月国网公司正式启动电工装备智慧物联平台建设工作，国网上海市电力公司作为线缆类物资牵头实施单位，以电力电缆在线监测系统为原型，结合电工装备智慧物联平台建设方案，对系统进行了大规模的升级改造，为后续平台建设及投入运行积累实践经验，最终于 2019 年 6 月初步建成线缆品类管理中心。

1. 遇到的主要困难和问题

（1）生产制造数据采集问题。

（2）采购订单信息与生产制造数据匹配问题。

（3）企业间的信息协同问题。

（4）不同供应商间的技术条件差异性。

2. 所对应的解决措施

（1）对于不同的生产、试验设备，其数据采集方式各不相同。包括各类工序所需生产流水线、试验检测设备及视频监控摄像头。项目组运用数模转换、自动化采集、API 接口及物联网等技术，针对接入供应商的工厂情况，通过传感器采集、PCS 数据采集、NVR 调取及图像识别等途径方式相结合，制订了工厂侧生产制造数据采集综合解决方案。

（2）按照生产制造行业的经营模式，采购订单由客户下达后，涉及 ERP、MES 等多个系统间的流转和交互，需要制订相应的系统集成及数据处理方案。项目组针对采购订单在生产制造企业端经过销售订单、生产订单、工单的分解，最终形成了生产制造任务的全过程，将订单信息与生产制造数据进行匹配，实现生产制造数据的业务标签化。

（3）由于供需双方对于生产制造信息协同方面，缺乏相应的技术方案支撑，需要综合考虑数据传输的高效性、安全性及可靠性。项目组针对系统功能需求，采用了云存储与边缘处理相结合系统架构，通过研发并在工厂侧部署智慧物联网关设备，全面对接工厂数据中心，实现工厂侧生产制造数据的归集、存储及转发，最终实现在云端品类管理中心汇聚应用。

（4）随着接入供应商数量的不断增加，由于不同供应商在生产制造设备、信息系统、管理体系等方面的差异，导致系统接入的规模和范围产生差异，没有形成统一标准化的接入方法和接入效果。项目组针对供应商接入建立了完善的接入标准体系。主要包括通用标准、数据标准及技术标准等内容，确保供应商接入按照统一的标准实施，为后续对供应商接入情况进行评价奠定基础。

四、信息化主要效益分析与评估

1. 信息化实施前后的效益指标对比、分析

以质量监督业务为例，通过对线缆类物资在生产制造环节相关数据的实时采集，丰富了质量管控手段，为实现远程质量监督、打造电网物资质量管控新模式奠定基础。

一是将远程质监模式与传统质监模式进行比对：被监造厂家数量为10家；时间按10年计算；人工监造需要人员5人；监造人员每人固定成本为20万元/年；驻厂监造需要的差旅成本为300元/天；每个监造人员需要出差的天数为150天/年；国网上海市电力公司电力科学研究院每年电缆产品抽检费用100余万元；远程监测系统前期投入每家工厂假设为40万元；上海数据中心投入400万元；系统软硬件和网络维护25万元/年；监造人员可减少到2人，人员支出20万元/人。通过简单的计算比较可以得出结论为监造厂家越多，传统监造的监造成本越高，监造时间越长，传统监造的监造成本也越高，而采用远程监测手段则只是前期投入较大，后期的维护成本较低。

二是打造出厂试验的全过程可追溯，可以节省大笔的抽检费用，以国网上海市电力公司电力科学研究院的计算方式，每年可以节省100多万元电缆产品常规抽检费用。在便利性、客观性和经济性上，远程监测手段都较传统监造手段明显占优势。

三是生产制造信息实时反馈，能够有效防止问题产品交付使用，避免完成安装调试后，发现抽检不合格问题导致产生大量的整改工作。以近年某工程220kV电力电缆为例，由于部分问题电缆再敷设后发现质量问题，导致批次换货，重新生产电缆金额达1600多万元，同时由此产生的相关重复施工、场地占用等损失费用近300万元，给供需双方带来了巨大的损失。

2. 信息化实施对企业业务流程改造与创新模式的影响

基于供应链管理业务现状及新的形势，线缆品类管理中心主要从技术和业务两大方面进行创新探索。

一是技术创新方面，运用物联代理技术自主研发智慧物联网关，实现线缆类物资供应商生产数据、试验数据、视频数据采集；将人工智能卡内嵌在智慧物联网关中，对部分生产工序的监控视频进行图像识别和智能分析；利用边缘计算技术，实现供应商生产数据的预处理工作，分散品类管理中心的计算压力；基于区块链技术，用节点把网络中的每一台设备工作分割细化，实现网关身份安全与合法性校验，保障网关配置在外网环境下不被篡改。

二是业务创新方面，通过在线呈现供应商关键生产工艺，实现供应商生产能力可视

化，逐步简化供应商资质能力核实和年度复核工作，实现资质能力核实机制创新；由传统人工现场监造方式向远程在线监造的转变，监造信息和数据防篡改可追溯，缩减质监成本。基于产品制造质量的全程跟踪和自动评价结果，根据评价结果优劣实行免检或加大抽检比例处理，减少产品运行故障，缩短故障检修时长；推进招标采购评审内容、评审规则的不断优化，使采购寻源更加科学、透明和公正，推进招标采购策略优化；结合5G、视频识别、智能客服等技术，提高响应效率和远程诊断水平，并降低供应商售后运维成本，促进售前、售后服务手段和效率的改善。

3. 信息化实施对提高企业竞争力的作用

线缆品类管理中心的建设与应用，为实现国网公司供应链创新积累了宝贵的经验，同时也为严把电网物资质量管控、保障电网安全运行提供了支撑，对于提升国网公司企业竞争力有着重要的意义。

一是提升供应链可视化程度。实现与供应商关键信息协同共享、状态可视，提升供应链可视化程度和协同化水平，从源头推动质量数据融会贯通：通过采集终端、视频摄像获取供应商生产装备实时信息；通过供应商ERP（订单、库存）、MES（生产任务、产能）等信息系统获取订单、原材料库存、排产计划、成品库存、半成品库存等信息；通过数字物流模块获取供应计划及其变更信息、发运实时信息、交接验收信息。

二是大数据分析深入挖掘价值。全面构建远程在线的实时质量监督方式，实施电网设备数字化质控，通过大数据分析实施精准化策略提升，将质量评价结果纳入评价体系，从源头引导供应商提升质量：运用大数据分析，修订一批线缆技术标准，更助于分级分类；监测信息大数据分析全面支撑供应商评价，为供应商分级分类标准的建立奠定基础；原材料差异与工艺控制值相关性分析，为技术标准的优化提供支撑；动态分析供应商群体产能饱和度，为产能协调、履约优化提供依据。

三是建立共享服务平台，实现供需双方共赢。建立更加紧密的共享服务平台，实现从采购到物流各环节的订单信息、生产过程信息、质量信息和供需信息贯通，汇聚形成供需匹配“资源池”：为产能、运能、协议匹配等资源统筹调配提供保障，为供应商资源优化配置提供支撑，实现资源高效利用、提升价值创造空间，使供需双方共赢；供应商可以从系统中获取需要的信息进行数据信息二次开发，获得增值服务；形成一系列行业级的技术标准（在接入方面），抢占标准制定制高点；物联模块化终端的研发，形成公司产业单位、外部社会单位产业化制造。

四是促进行业产业升级，优化调整社会资源。促进电工制造产业转型升级，促进供应商改进生产管理系统、自动化和信息化生产线，提升设备质量，实现数字物流；供应商会获得与其他供应商比较的结果，了解自身短板，促进改进装备和工艺；通过有序竞争，淘汰落后产能，促进社会资源优化调整。

五、信息化实施过程中的主要体会

供应链信息化的实施需要长远规划。任何信息化建设工作都不是一蹴而就的，而是随着相关业务的发展，以及管理需求的提升而不断循序渐进的。供应链信息化工作需要根据企业内部自身的发展目标，结合外部行业的发展趋势而进行长远规划，持续地更新迭代，这样的信息化成果的价值才能不断提升，信息系统的生命力才能持久不衰。

供应链信息化需要上下游共同协作。随着竞争环境的变化，企业在全球范围内组织生产和流通活动，分工细化，协作增强，市场竞争不再局限在单个企业之间，而是企业群与企业群之间、产业链与产业链之间的竞争，例如，虚拟企业、动态企业联盟等。实质是在最终用户需求的牵引下，由供应链中的多个企业联合形成一种合作组织形式，通过信息技术把这些企业连成一个协作网络，把各个节点的资源有效整合，更有效地向市场提供商品和服务以完成单个企业所不能承担的市场功能。

供应链核心企业需要起到带头作用。一流的企业做标准，超一流的企业应利用其具有的集聚效应，引领行业发展。以国网公司为例，其经营区域覆盖国土面积超过88%，供电人口超过11亿，是全球最大的公用事业企业及最大的电工装备采购者，国网公司作为核心企业，正在努力牵头打造电工装备供应链生态圈，实现圈内的各方携手共赢。

六、本系统下一步的改进方案、设想

1. 推广意义

线缆品类管理中心作为国网公司建设电工装备智慧物联平台的先行先试部分，其建设过程中积累的实践经验以及目前取得的建设成果，对于其他物资品类管理中心的建设有着许多值得借鉴之处，具有重要的指导意义，同时对于整个平台的总体建设及推广应用也起到了重要的支撑作用。因此线缆品类管理中心在国网公司营业范围内非常具有推广意义。同时这样的电工装备供应链生态圈运行模式，对于其他行业也非常具有参考价值。

2. 后续计划

在现有基础上深化品类管理中心建设，从运营保障机制、平台数据治理及监测评判标准等方面入手，促进平台落地应用，并持续推动供应商接入实施工作。

一是深化品类管理中心建设。针对线缆类物资，发挥平台支撑能力，计划实现完善的业务流程、可靠的质量管控功能，包括网点业务数据实时采集、告警中心（运维报警、质量告警）、同业对标、资质能力核实等。

二是全面开展供应商接入实施。根据供应商报名的情况，不断扩大接入供应商范围。

三是完善平台运营保障机制，助力平台全面推广应用。建立智能监造、质量评价、行业对标等运维运营及管理机制。完善供应商接入标准，在供应商的申请、接入、评估、验收、运维等环节，配合属地省公司、物资公司工作开展，方便供应商快速、合规完成平台接入。

四是重点开展平台数据治理，提升数据质量及标准化。开展平台数据治理工作，通过与供应商智慧物联网关对接其工厂数据中心，确保业务数据真实性。

五是建立完善监测评判标准，实现质量数据智能判断。针对线缆类物资，联合系统内外专家、机构，基于在线生产试验数据，建立公平、公正的评判标准，为线缆类物资在线质量评价提供标准和理论依据。

珠海采筑电子商务有限公司：采筑招标机器人 BumbleBee

一、应用企业简况

珠海采筑电子商务有限公司（以下简称“采筑公司”）下属的采筑电商平台是第三方B2B 建材采购交易平台。珠海采筑电子商务有限公司由万科、中城投资、中天集团等共同发起成立。

采筑电商平台专注地产供应链领域，通过组织联合采购，为房地产开发商、施工总承包、装修总承包、互联网装修公司、企业自建厂房、政府工程等客户提供从产品标准建立、供应商考察认证、招投标管理、订单管理、质量监控、供应商评估、供应链金融、增值税发票协同管理等一整套透明化的供应链管理解决方案。采筑公司帮助客户从源头把控质量、优化成本。在建材采购领域内，采筑公司的客户规模和成交总金额都处于领先地位。

二、企业通过信息化技术要解决的问题和解决方案

采筑公司分别于 2019 年、2020 年在华侨城锅炉设备招标、采筑净水设备招标中运用采筑招标机器人 BumbleBee 完成建材集中采购招标。

（1）在 2019 年华侨城锅炉设备招标中，需要招标人根据不同条件，将合格企业资料按照审计规范要求整理汇总。此类机械处理大量信息的工作，由人工完成极易出错，导致风险产生。以本次试点的锅炉招标为例，报名单位有 17 家，资料文件储存在电脑上有1G，如果打印成书面文件则有近 3000 页，约 100 万字。若采用传统招标方式，其工作量不容小觑。

但是采筑招标机器人 BumbleBee 的出现可以大大改善这一现象。在锅炉设备的联合招标过程中，投标方只需按照模板投标，采筑招标机器人 BumbleBee 便可运用人工智能技术自动提取供应商的报名相关信息，与招标要求进行智能核对，自动完成筛查和报告输出，节约了人力、物力。

（2）由于信息处理量大、内容复杂等种种原因，评定标结果易受人的主观因素影响。在锅炉评定标过程中，采筑招标机器人 BumbleBee 使用 AI 算法评定标，招标的规则由招标采购方先行确定，此后通过智能评标系统以“人价分离”的方式输出采购决策，实现客观战胜主观，招标决策机制的核心由人转变为算法，所有操作均能够实现全记录且不可更改，完成招标的公开、公平、公正。

（3）锅炉项目的评定标过程计算复杂，各家合格企业提供的产品规格型号、价格清

单不一。如果采用传统招标方式，在这一环节耗费的时间、精力也不小，而且过程无记录，不方便后期核查与校验。

锅炉项目评定标过程中使用采筑招标机器人 BumbleBee，则可以做到全程记录，数据可视化，并且直观准确地获取结果。在此环节中，外部用户可以进入采筑商城（www. vvupup. com），点击菜单栏“招标信息”，在线上通过对应节点下载文件，实时了解品类招标进度。

节点文件随时可下载，使相关单位对招标过程的跟进与把控更及时，得以享受招标透明化带来的便利。目前，所有联采单位及供应商伙伴已开始通过联合招标节点获取最新招标信息。

在整体信息化实施进程中，主要困难在于技术需要深度介入招标流程，与招标方案、品类行业特征紧密结合。招标业务中各项筛选条件的制定与实现都需要业务相关部门等的实时跟进、调整需求。

对此，采筑公司技术部与产品部、市场部跨部门通力合作，利用在建材集中采购方面多年积累的经验，梳理出锅炉招标的核心方案和关键性指标，通过多方求证、交叉比对，得出最优筛选条件，广泛征求采购方意见。最终，技术部从实际业务需求出发，量身打造最终产品。

三、主要效益分析与评估

（1）信息化实施前后的效益指标对比、分析。

以本次试点的锅炉招标为例，报名单位有 17 家，资料文件储存在电脑上有 1G，如果打印成书面文件则有近 3000 页，约 100 万字。信息化实施前，需要招标人员用 1 周左右的时间处理信息，后期还需要 2 ~3 个月进行多方比对、筛选、考察投标单位信息资料才能得出最终结果。使用采筑招标机器人 BumbleBee 之后，在材料信息处理和筛选阶段，仅需 3 天的时间就可以完成资料筛查和信息处理，大大缩短时间、提高效率。

（2）信息化实施对企业业务流程改造与创新模式的影响。

采筑招标机器人 BumbleBee 可以极大提高招标采购方在处理投标供应方信息的效率、缩短筛选合格供应商所需时间，提高信息筛选的准确性，减少人为因素的影响，有效控制风险；令更多招标人员能够减少花费在机械化分辨处理基础信息的时间和精力，拓展对招标品类的行业研究的深度和广度，实现招标智能化。

（3）信息化实施对提高企业竞争力的作用。

采筑招标机器人 BumbleBee 属于业内首例自主研发并投入招标实践项目的智能应用软件，对于采筑公司、与采筑公司合作的建筑材料采购方在集中采购方面降本提效、节省人力和物力方面发挥了重要的作用；同时，最大限度地降低人为因素产生的风险，助力地产等建设单位打造高质量的好产品。

四、信息化实施过程中的主要体会、经验与教训

在应用采筑招标机器人 BumbleBee 的过程中，最大的体会是需要从集中采购的需求出发，结合锅炉、净水设备等建材设备的产品特点、招标单位的要求条件来设置筛选要求。

采筑招标机器人 BumbleBee 除了可以应用于锅炉、净水设备的招标，还可推广到其他品类的招标中，助力更多项目的集中采购降本增效。

五、本系统下一步的改进方案、设想

采筑招标机器人 BumbleBee 将继续应用到安装类、施工类、供货类等不同的品类招标中，分别是中高端入户门、中央空调、保温材料、塑钢门窗、瓷砖、照明、净水、浴霸 8 个品类，更深度结合集中采购的招标实践。

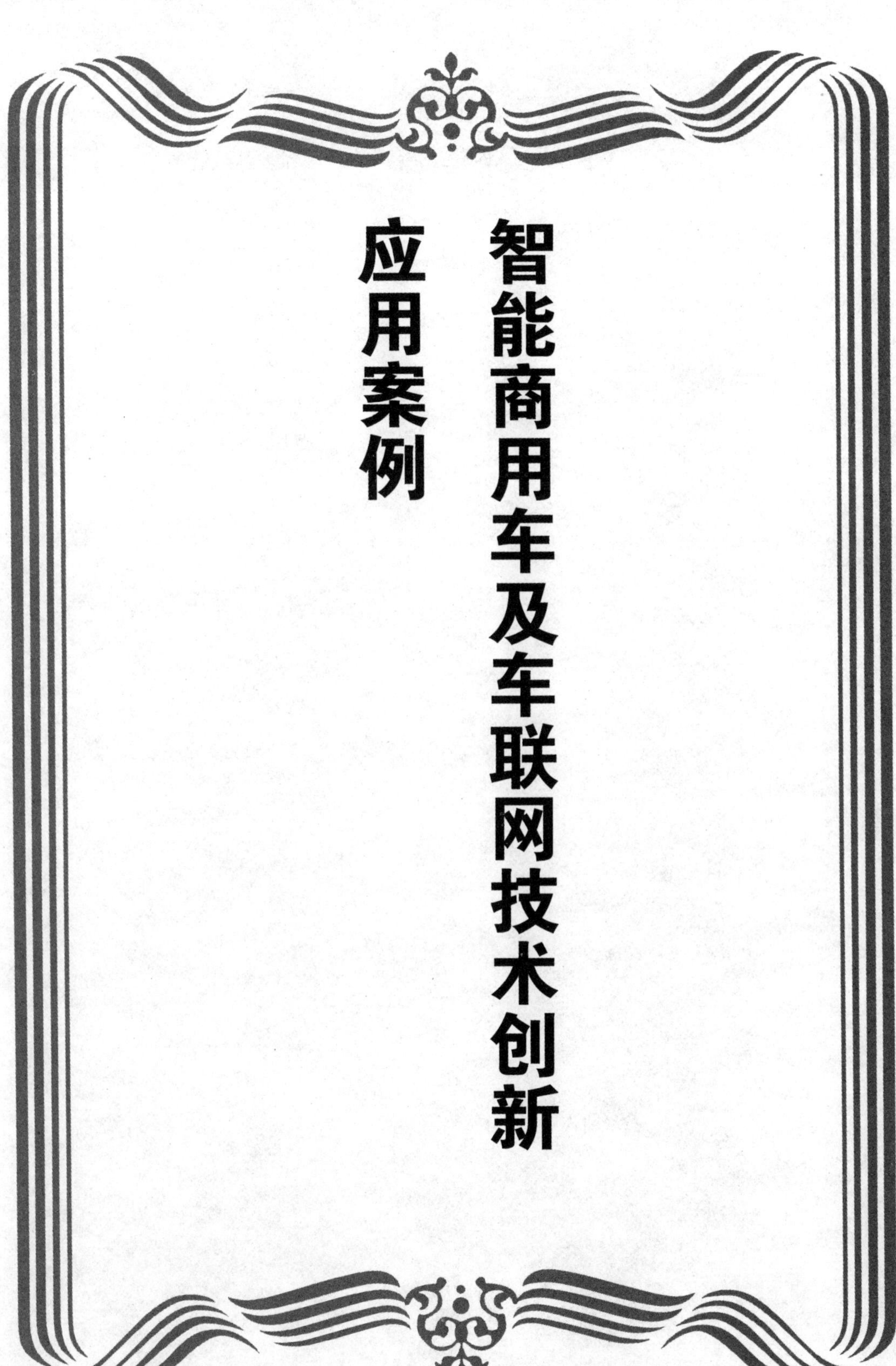

智能商用车及车联网技术创新应用案例

东风日产乘用车公司：车联网数据在整车物流管理提升方面的系统应用研究

一、应用企业简介

东风日产乘用车公司现有花都（一、二厂）和襄阳、郑州、大连五个工厂，还有发动机分公司和研发中心，整车年生产能力155万辆，整车年销量130余万辆，员工近19000人。在建的武汉、常州工厂分别计划于2020年、2021年竣工，建成后整车年生产能力将达到200万辆。东风日产乘用车公司承担日产、启辰、英菲尼迪等多品牌生产，现拥有600多家供应商和1300多家一级经销商，其中东风日产品牌900多家，启辰品牌322家，郑州日产品牌95家。

东风日产乘用车公司商品车运输模式为公路直送到店和水铁中转至配送库加末端公路配送到店两种，全国范围内现有配送库23个，配送库针对仓库功能是否涵盖自由库存车辆分配又区分为配送中心和中转站。

二、整车物流管理概述

商品车从工厂生产下线至专营店终端销售，涉及环节包括工厂生产、工厂同中心库交接、整车仓储、整车运输、到店交接等。其中整车物流管理的范畴为中心库仓储（工厂附近）、配送库仓储、公铁水运输管理。商品车从工厂至专营店各环节说明如图1所示。

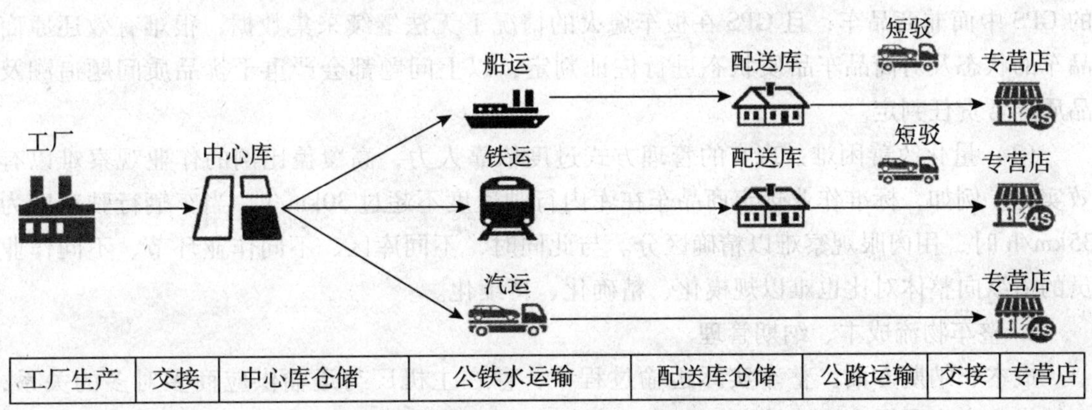

图1　商品车从工厂至专营店各环节说明

整车物流管理大体可以分为品质管理、成本管理、纳期管理三类。其中品质包括仓储品质和运输品质；成本则主要指仓储成本、运输成本；纳期则指商品车从中心库运输到专营店的平均周期。随着管理手段的逐步丰富及各环节精细化管理的逐步导入，整车物流管理水平近年来有了较大提升，但就品质、成本、纳期三大管理内容而言，仍存在较大的提升空间。

1. 整车物流品质管理

仓储品质：汽车销售市场瞬息万变，各主机厂（即工厂）既要能对终端市场作出快速响应，又要轻装上阵，故而在仓储管理环节催生了仓储管理外化、车辆前置至配送库的情况。同时在工厂期望月度生产均衡，而销售月度销量差异大这一永恒的冲突主题下，为保障年度销量目标达成，出现了许多临时外租仓储用地应对短期高库存的情况。故而仓储管理外化、车辆前置至配送库、临时外租仓储用地成为主要的管理模式。

（1）仓储管理外化：仓库作业标准虽通过诸如标准作业书等各种方式传达到实际管理方，但由于管理水平参差不齐，必然会导致作业标准执行不一，同时由于缺乏实时监控管理，仓储品质难以达到理想状态。

（2）车辆前置至配送库：车辆前置至配送库的方式同公路直送相比，涉及的物流作业环节增多，存在管理盲区。

（3）临时外租仓储用地：因为是临时用地，土地所有方和租用方均难以对土地进行大规模投资，条件相对较差，还存在出入库作业违规的情况。

运输品质：无论运输采取总包模式还是分包模式，最终承担实际运输的车辆均是社会上总运力中的一部分，且经营区域性相对较为明显。这种情况下运输品质问题也很突出。

仓储品质、运输品质还共同存在以下几个问题。

（1）异常预警困难：现在管理重点更多侧重于问题发生后的及时处理，对车辆品质的异常预警关注较少，无法做到在品质尚未出现较大异常的情况下通过异常预警进行干预管控。

（2）品质问题追溯困难：仓储阶段的监控视频、运输阶段中的位置信息等是品质问题追溯及品质异常责任判定的主要依据。但仓储品质管理存在监控视频拍摄角度不当、长时间追溯存在监控覆盖风险等；而对运输品质管理而言，因为位置信息是存在于板车的 GPS 中而非商品车，且 GPS 在板车熄火的情况下无法继续采集数据，很难有效还原商品车的状态及对商品车品质状态进行佐证判定，以上问题都会严重干扰品质问题追溯及品质异常责任判定。

（3）量化改善困难：现有的管理方式过度依靠人力，高覆盖比例的作业观察难以有效实施。例如，标准作业规定商品车在库内行驶速度不超过 30km/h，当车辆行驶速度为 35km/h 时，用肉眼观察难以精确区分。与此同时，不同库区、不同作业环节、不同作业员的横纵向整体对比也难以规模化、精确化、持续化。

2. 整车物流成本、纳期管理

成本、纳期方面：整车实际运输过程中，存在主机厂与运输供应商多对多的关系，运输供应商为了提高运输效率，多会发生以下违规操作。

（1）出门等待：为逃避主机厂出门管控的考核，同时更好地利用资源，运输供应商会选择将商品车倒运出门后在停车场等待，这极大地影响商品车运输纳期。现有管理手段难以发现并严加管控。

（2）私自变更要求：为降低运输成本，运输过程中存在私自变更要求的情况。例如，铁路卸车点离配送库较近时，虽然招标中需要板车运输，但实际是通过商品车来完成车辆移动；又如擅自变更招标中要求的运输模式来节约成本。

（3）提前验收：为了逃避整体纳期的考核，对转库运输车辆、到店运输车辆进行提前验收，这种系统与车辆实际状态不符的情况，干扰纳期管理的同时，也极大地提升了品质管理的风险。

东风日产乘用车公司供应链管理部针对车联网数据在整车物流管理提升方面的系统应用研究分两个大的阶段展开，即品质提升应用研究、成本纳期管理改善应用研究。

三、车联网数据在整车物流品质提升应用方面的研究概述

1. 车联网概述

车联网是指车辆上的车载设备通过无线通信技术，对信息网络平台中的所有车辆动态信息进行有效利用，在车辆运行中提供不同的功能服务。

车联网信号包括车辆行驶状态、报警、位置等。车联网信号分类说明如表1所示。

表1　车联网信号分类说明

车联网信号分类	举例说明
车辆行驶状态	发动机状态、总里程、续航里程
故障	ABS（防抱死制动系统）故障、发动机故障
报警	胎压报警、机油油压报警
位置	GPS
其他状态	挡位、手刹、车门、后备厢盖

2. 整车物流品质管理环节及作业项目概述

（1）整车物流仓储品质作业环节有：车辆生产入库、转库入库、入库停泊、整备移动、整备后停泊、移库移动、移库后停泊、出库移动。

（2）整车物流仓储品质重点管控的作业项目有：总里程、转速、速度、后备厢状态、在库异常的启动等。

（3）整车物流运输品质作业环节有：装载作业、汽运在途、水铁运在途、到店。

（4）整车物流运输品质重点管控的作业项目有：提前出库、提前出门、倒板、地跑等。

品质监控作业环节说明如图2所示。

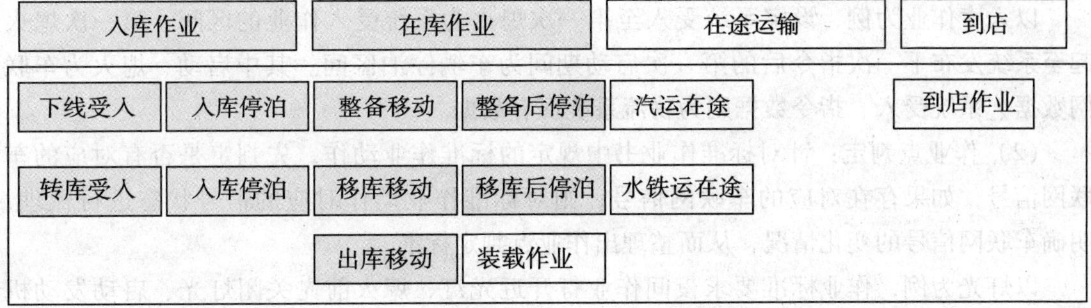

图2　品质监控作业环节说明

车联网信号在物流管理环节中的应用举例如表 2 所示（整备移动、移库移动、整备后停泊、移库后停泊未显示在表 2 中）。

表 2　车联网信号在物流管理环节中的应用举例

下线受入/转库受入	入库停泊	出库移动	装载作业	在途运输	到店
总里程	总里程	总里程	总里程	总里程	总里程
有速度时 后备厢保持关闭	停泊状态 无异常开启	有速度时 后备厢保持关闭	有速度时 后备厢保持关闭	有速度时 后备厢保持关闭	有速度时 后备厢保持关闭
速度、转速		速度、转速	速度、转速	速度、转速	速度、转速
		提前出库	提前出门	地跑、倒板	
	异常启动				提前验收

3. 车联网数据在整车物流品质提升应用中的框架构建

判断一台车的作业是否符合作业标准，需要先对车辆所处的作业环节进行明确，然后结合车联网数据对作业项目是否按标准操作进行判定。车联网数据在整车物流品质提升应用研究方面的两大难题包括：①实车环节与系统状态的匹配；②作业标准同车联网数据相关性构建。解决了上述两大难题，才能进一步考虑实现各环节标准作业率统计及对比、异常点实时报警、大数据收集统计分析、轨迹查询等功能。

以商品车累计行驶里程为例，下线受入环节标准为小于 30 公里，到店标准为小于 50 公里。单纯的车联网里程数据是无法判定是否存在违规作业的，只有在先行明确商品车所处的物流环节后，累计行驶里程才有明确的判定标准，也才能够进一步明确是否存在违规作业。

东风日产乘用车公司供应链管理部在对车联网数据和现有物流系统数据全面分析后，利用两个系统数据共同进行环节划分、作业点判定。

（1）环节划分：综合分析实车所处各环节时车辆发动机状态等数据，明确各环节状态特有的车联网数据，整理现有物流系统中的入库、整备、移库、出库等数据，判定哪些物流系统数据是可以沿用的，且不存在实车和系统状态错位，通过两个系统数据的结合实现商品车的实车和系统状态的高度统一，进行环节划分。

以入库作业为例，设定系统受入至第一次熄火为系统受入作业的区间。第一次熄火起至系统发布下一次指令后的第一次启动期间为车辆停泊区间。其中启动、熄火为车联网数据，系统受入、指令数据则为物流系统现有数据。

（2）作业点判定：针对标准作业书中规定的标准作业动作，先判定是否有对应的车联网信号，如果存在对应的车联网信号，则对标准作业动作对应的信号状态进行梳理，明确车联网信号的变化情况，从而整理出作业点判定标准。

以灯光为例，作业标准要求夜间作业打开近光灯、熄火前先关闭灯光、启动发动机前需保持灯光是关闭状态。将车联网数据同作业标准进行判定逻辑对应，具体体现为对夜间作业车辆的灯光使用情况进行监测，有行驶速度但灯光未开启则判定违规；作业结束后熄火时如监测到灯光未关会判定作业违规；启动车辆的同时对灯光进行监测，如监测到有灯光开启也会判定作业违规。

车联网数据在整车物流品质提升应用中的框架如图3所示。

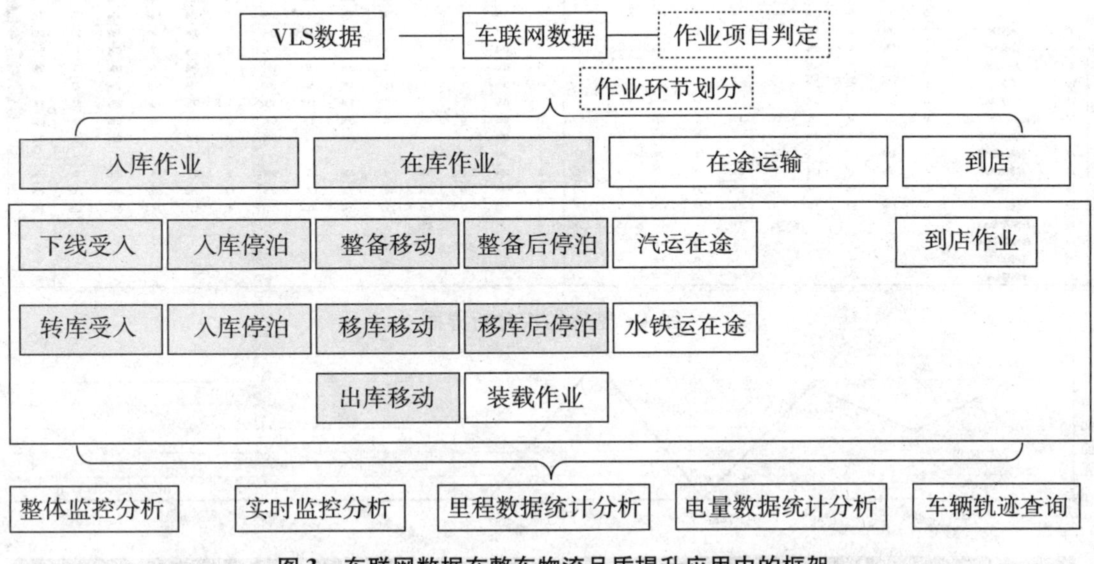

图3 车联网数据在整车物流品质提升应用中的框架

在此基础上，车联网数据在整车物流品质提升方面的应用进一步拓展到以下几方面。

（1）整体监控分析：对下线受入、入库停泊等在内的12个物流环节进行作业监控，监控的作业项目包括速度、转速、累计行驶里程等31项。实现了对仓储品质全环节的整体监控、不同仓库同一作业环节对比监控。

对于具体某一仓库管理而言，整体监控分析的数据可以用来对不同班组的作业质量进行对比，明确不同班组作业质量差异及问题所在；分析作业异常点分布情况，例如，是否存在夜班作业质量与白班作业质量相比较差等典型异常点；甚至可以对单个作业员的作业质量进行抽查跟踪。

（2）实时监控分析：针对品质影响较为严重的作业项目，如ABS故障、胎压不足等10个作业项目进行实时监控，一旦出现异常立即进行系统报警，严防异常流出。

（3）里程、电量数据统计分析：通过对累计行驶里程、电动车电量消耗等各环节数据的实时统计分析，实现了全环节变化分析。以里程数据统计分析为例，可以明确车辆在不同仓库、不同作业环节的行驶里程变化；各环节车辆里程异常情况统计；为后续下线车辆加油量、电动车充电量标准的设定提供了较为翔实的统计数据。同时也为后续运输供应商仓库作业式样的核定提供了技术支持（见图4～图6）。

（4）车辆轨迹查询：针对在库异常启动（如无指令情况下的启动）以及在途的倒板、地跑等异常情况，实现异常车辆轨迹查询，可视化车辆异常移动的轨迹信息，为异常品质的改善提供了有力支撑。

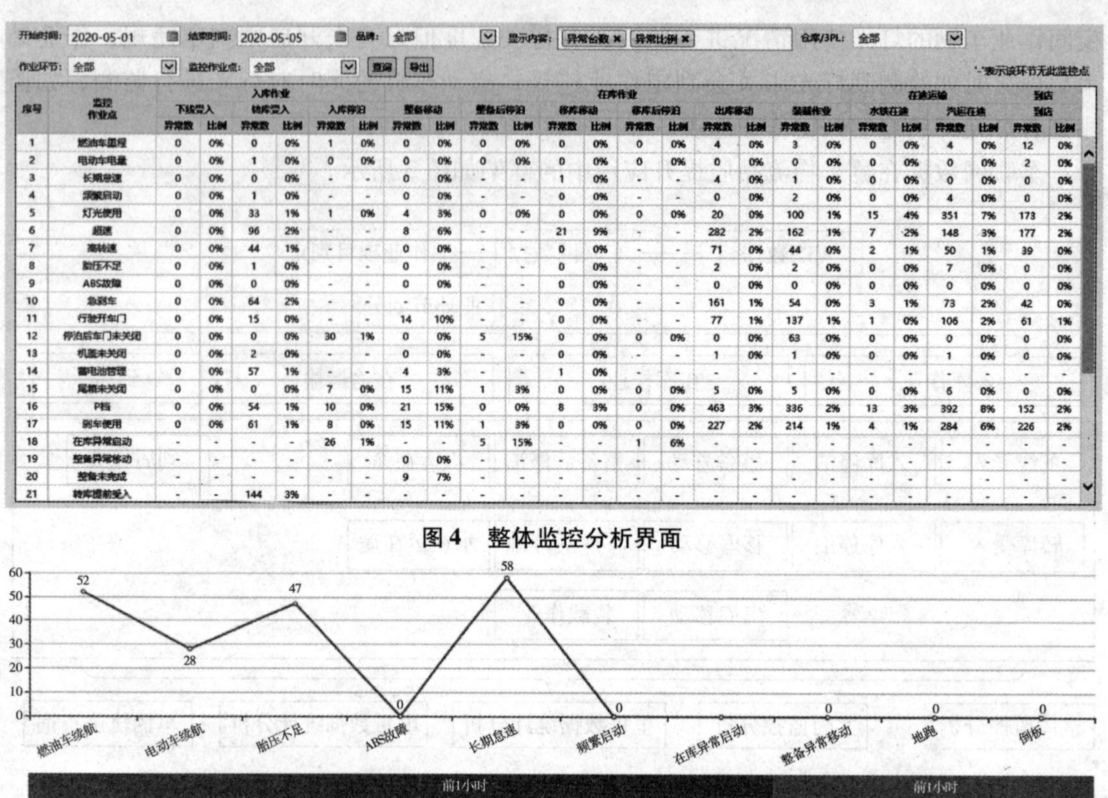

开始时间：2020-05-01　结束时间：2020-05-05　品牌：全部　显示内容：异常台数 异常比例　仓库/3PL：全部

作业环节：全部　监控作业点：全部　查询　导出　'-'表示该环节无此监控点

序号	监控作业点	入库作业						在库作业												在途运输				到店	
		下线受入		转库受入		入库停泊		整备移动		整备后停泊		移库移动		移库后停泊		出库移动		装载作业		水铁在途		汽运在途		到店	
		异常数	比例	异常数	比例	异常数	比例	异常数	比例	异常数	比例	异常数	比例	异常数	比例	异常数	比例	异常数	比例	异常数	比例	异常数	比例	异常数	比例
1	燃油车里程	0	0%	0	0%	1	0%	0	0%	0	0%	0	0%	0	0%	4	0%	3	0%	0	0%	4	0%	12	0%
2	电动车电量	0	0%	1	0%	0	0%	0	0%	0	0%	0	0%	0	0%	0	0%	0	0%	0	0%	0	0%	2	0%
3	长期怠速	0	0%	0	0%	-	-	0	0%	-	-	1	0%	-	-	4	0%	1	0%	0	0%	0	0%	0	0%
4	频繁启动	0	0%	1	0%	-	-	0	0%	-	-	0	0%	-	-	0	0%	2	0%	0	0%	4	0%	0	0%
5	灯光使用	0	0%	33	1%	1	0%	4	3%	0	0%	0	0%	0	0%	20	0%	100	1%	15	4%	351	7%	173	2%
6	超速	0	0%	96	2%	-	-	8	6%	-	-	21	9%	-	-	282	2%	162	1%	7	2%	148	3%	177	2%
7	高转速	0	0%	44	1%	-	-	0	0%	-	-	0	0%	-	-	71	0%	44	0%	2	1%	50	1%	39	0%
8	胎压不足	0	0%	1	0%	-	-	0	0%	-	-	0	0%	-	-	2	0%	2	0%	0	0%	7	0%	0	0%
9	ABS故障	0	0%	0	0%	-	-	0	0%	-	-	0	0%	-	-	0	0%	0	0%	0	0%	0	0%	0	0%
10	急刹车	0	0%	64	2%	-	-	-	-	-	-	0	0%	-	-	161	1%	54	0%	3	1%	73	2%	42	0%
11	行驶开车门	0	0%	15	0%	-	-	14	10%	-	-	0	0%	-	-	77	1%	137	1%	1	0%	106	2%	61	1%
12	停泊后车门未关闭	0	0%	0	0%	30	1%	0	0%	5	15%	0	0%	0	0%	0	0%	63	0%	0	0%	0	0%	0	0%
13	机盖未关闭	0	0%	2	0%	-	-	0	0%	-	-	0	0%	-	-	1	0%	1	0%	0	0%	1	0%	0	0%
14	蓄电池管理	0	0%	57	1%	-	-	4	3%	-	-	1	0%	-	-	-	-	-	-	-	-	-	-	-	-
15	尾箱未关闭	0	0%	0	0%	7	0%	15	11%	1	3%	0	0%	0	0%	5	0%	5	0%	0	0%	6	0%	0	0%
16	P档	0	0%	54	1%	10	0%	21	15%	0	0%	8	3%	0	0%	463	3%	336	2%	13	3%	392	8%	152	2%
17	刹车使用	0	0%	61	1%	8	0%	15	11%	1	3%	0	0%	0	0%	227	2%	214	1%	4	1%	284	6%	226	2%
18	在库异常启动	-	-	-	-	26	1%	-	-	5	15%	-	-	1	6%	-	-	-	-	-	-	-	-	-	-
19	整备异常移动	-	-	-	-	-	-	0	0%	-	-	-	-	-	-	-	-	-	-	-	-	-	-	-	-
20	整备未完成	-	-	-	-	-	-	9	7%	-	-	-	-	-	-	-	-	-	-	-	-	-	-	-	-
21	转库提前受入	-	-	144	3%	-	-	-	-	-	-	-	-	-	-	-	-	-	-	-	-	-	-	-	-

图4　整体监控分析界面

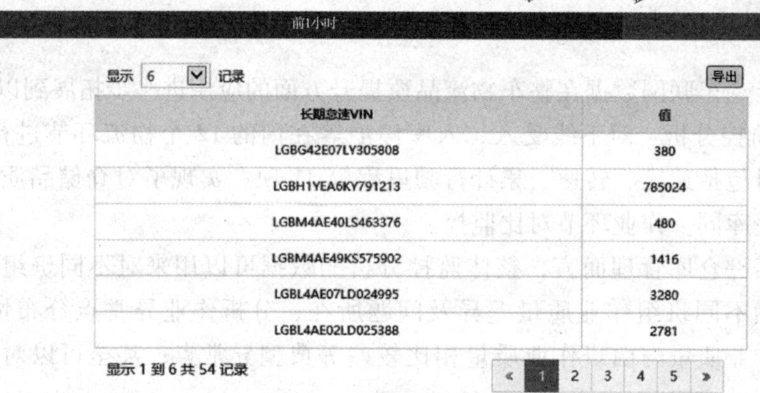

显示 6 记录　导出

长期怠速VIN	值
LGBG42E07LY305808	380
LGBH1YEA6KY791213	785024
LGBM4AE40LS463376	480
LGBM4AE49KS575902	1416
LGBL4AE07LD024995	3280
LGBL4AE02LD025388	2781

显示 1 到 6 共 54 记录　« 1 2 3 4 5 »

图5　实时监控分析界面

图6　里程、电量数据统计分析界面

四、项目效益分析

东风日产乘用车公司供应链管理部通过将车联网数据引入整车物流品质管理过程，在管理指标方面实现标准作业执行率、仓储保管不良率、重大事故率、运输出险率的大幅降低，极大地改善物流品质；在成本方面借助新技术，除了可以实现作业效率提升（作业观察、品质确认）、降低人工费用外，还通过品质提升推动保险费用降低。

项目创造性地把车联网数据引入整车物流品质管理过程中，颠覆了之前整车物流品质管理过程中以人工管理为主的现状。项目实施对企业业务流程改造与创新模式的影响如下所示。

（1）管理范围的扩大：以人工管理为主的方式受限于人力作业工时，可以直接作业观察的商品车数量占比较低（一般低于5%），可以直接参与作业观察的物流环节及参与频次相对较低（水铁运的站点、在途运输无法直接管控），借助车联网数据，可以实现车联网覆盖车辆的全物流环节监控，打破了以人工管理为主的理念。

（2）管理精度的提升：新技术的引入实现了作业监控精度的大幅提升，以物流作业过程中商品车行驶速度为例，标准作业规定商品车的库内行驶速度不超过30km/h，通过人工作业观察难以精确判定作业员是否存在违规驾驶，但是借助车联网数据，可以准确获取车辆行驶速度并进行精确判定。对频繁启动、暴力驾驶（如高转速、急加速等）的管理监控也变得更为直接。

（3）异常预警的实现：通过引入车联网数据，车辆状态异常预警得以实现。如胎压、车辆续航里程（燃油车/电动车）等，真正意义上做到了防止异常流出。

（4）在途管理精确化：现有在途管理主要有两种方式，即依赖板车GPS确认商品车位置或借助司机手机定位确认商品车位置。不同运输供应商的GPS可能存在数据接口、传输等诸多问题，而且司机位置的上传是阶段性的，无法实现实时性管理。车联网数据的应用导入不仅从根本上改变了以往管理方式中依据辅助物（板车/司机）位置实现商品车在途管理的硬伤，还做到了更大范围的可视化（除了位置，还有车辆状态）。

（5）数据应用分析：之前以人工管理为主的方式因为更多依赖人力，所以基础数据的收集往往借助人力与办公软件的配合，存在基础数据获取及应用不足的现象。车联网数据的应用突破了这一界限，除了更好地实现作业质量比对外，还可以对效果改善进行持续验证。同时，车联网数据的应用可以对里程、电量等数据各环节的变化情况进行精确记录，如对商品车出库时油量要求、电量要求等的合理设定提供依据，提升专营店及终端客户满意度的同时，寻找成本改善的机会。最后，对各环节出险车辆的驾驶行为等进行数据分析，实现出险前异常点分析总结，为后续品质改善提升提供依据。

（6）品质问题追溯：现有的管理方式对于到店的车辆品质问题的追溯主要借助于板车GPS等辅助数据，通过车联网数据的应用导入，可利用商品车的状态信息完成品质问题追溯。以较为敏感的车辆私修为例，现有管理方式在判定私修是发生在到店后还是到店前、具体哪一个环节等方面较为困难，且判定后争议较大，车联网数据应用导入后，结合物流状态信息进行综合判断，对问题环节的锁定变得更为容易与清晰。

五、项目总结

本项目解决问题的核心思路是借助新技术引入，突破传统管理的模式，用新思路解决老问题。此项目的成功导入，为后续管理过程中的痛点解决提供了良好借鉴，也为后续类似项目推广提供了一定的经验。

（1）品质管理、成本管理、纳期管理的精细化推进过程中，需要多关注新技术的出现及运用，如车联网技术可以解决品质管理的难点，自主移动机器人可以用于商品车入库固定路线的搬运，无人机可以用于仓库实车盘点等。

（2）解决问题之前要充分评估当前技术可以解决问题的程度。技术的更新是逐步的，问题的解决也不是一蹴而就的，导入前需要仔细研讨新技术对问题解决的程度，避免过度导入后发现新技术同既有业务的不匹配性，从而产生不必要的成本、时间浪费。

车联网数据在整车物流品质提升方面的应用，极大限度地推动了管理可视化、精细化，为全环节的物流品质管理人员提供翔实的管理依据，让主机厂管理更为规范的同时，推动运输及仓储供应商提供更为专业的服务，真正意义上实现共同成长，彻底改善行业痛点。

六、下一步实施设想

作为系统升级改善的下一阶段重点，本项目将重点解决以下问题。

1. 主动唤醒功能导入

车联网数据的采集主要依赖车辆启动，在车辆未通电情况下无法采集和传输车联网数据，为了更多地采集车联网数据，实现在各种物流状态下的车辆管理，后续将考虑采用物流运输环节中的车联网信息采集模块的主动唤醒功能。通过主动唤醒实现车辆在途位置等信息的定期采集，充分利用定期采集的数据进行物流管理。例如，利用位置信息实现对车辆运输轨迹的跟踪，比对实际运输路线同原定路线，从而进一步挖掘降低运输成本、完善纳期管理的机会。

2. 车联网数据的更大范围应用探究

现阶段车联网数据的应用主要集中在车辆速度、转速、车门状态等方面，后续随着车联网采集数据类型的扩大，将考虑对采集的数据进行加工转换使用、应用场景扩大使用，如将方向盘角度、横纵向加速度数据同出险关联分析使用，整理分析出险前典型的作业异常，从而为后续出险改善提供精确指导。又如将主动唤醒时的位置信息运用到车辆盘点场景，实现更为精确、更为高效的整车资产盘点。

3. 终端异常报警功能探究

虽然现在实现了部分管控项目的实时预警，能够及时发现品质异常并防止异常流出，但是作业员无法直接收到实时报警提示，立刻停止违规作业。后续将考虑展开作业员作业异常的实时车辆报警研究，如作业员发生违规作业，系统除了统计异常比例，还能进行商品车终端报警，真正实现品质异常零流出。

（东风日产乘用车公司　付　磊　冯　星　吴芬芬　焦　凡）

中寰卫星导航通信有限公司：中寰卫星前装商用车车联网平台

一、企业介绍

中寰卫星导航通信有限公司（以下简称“中寰卫星”）成立于2004年，是北京四维图新科技股份有限公司（SZ. 002405）旗下商用车智能网联技术服务高科技企业，总部位于北京，设有16个分支机构，业务覆盖全国2/3省份。

中寰卫星凭借人车路协同大数据采集分析处理、网联智能传感器开发设计、AI（人工智能）算法、自动驾驶等核心技术能力，致力于打造物流产业的“智能运力大脑”（见图1），用科技赋能主机厂、物流公司、后市场服务提供商、金融保险、网络货运平台等物流产业上下游企业，推动物流产业集约化、智能化、数字化升级。公司用科技助力10家主流商用车厂推出了各具特色的商业化智能网联服务方案。截至目前，由公司智能网联技术产品服务运营支持的商用车已超过140万辆。

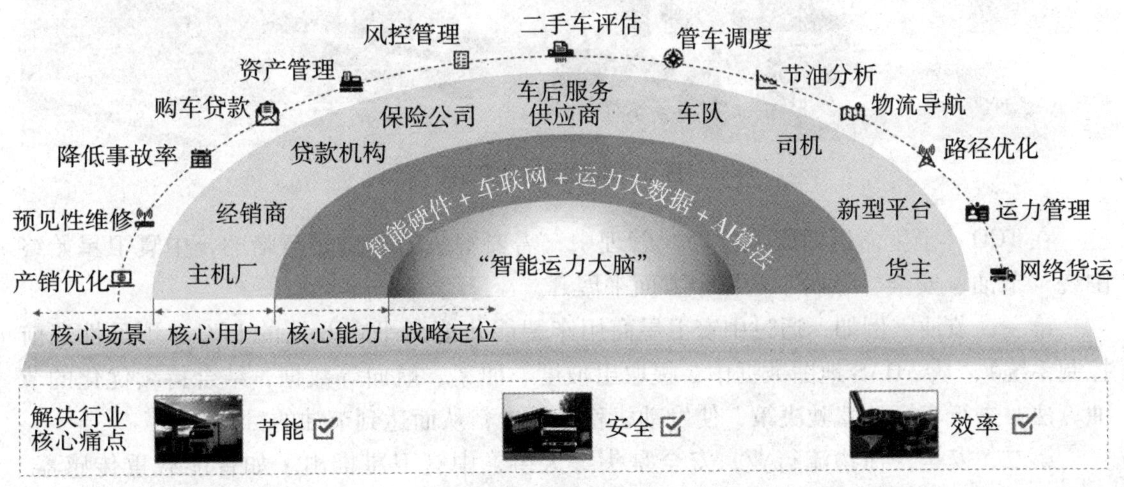

图1　智能运力大脑

二、项目背景

物流是国民经济的支柱产业，我国物流费用占GDP（国内生产总值）的比例是发达国家的近两倍。公路货运量占我国整体货运总量的73%，作为运输工具的商用车智能化发展，是我国物流业降本增效的关键。2020年2月，我国11部委联合出台《智能汽车创新发展战略》，其总体要求中明确提出智能汽车强国的发展目标纲领。该战略明确提出，以“创新驱动，平台支撑”为原则，建立开源开放、资源共享合作机制，充分利用现有设施和数据资源，统筹建设智能汽车大数据云控基础平台。智能汽车强国、智能商用车保障物流业降本增效的战略任务落地需要智能汽车大数据云控基础平台和产业生态基础设施建设来支撑。而北斗卫星导航系统组网的收官，也为建设商用车智能网联，提供了稳定可靠的基础及新的机遇。

三、中寰卫星商用车车联网

商用车车联网以用户为中心，打破各端信息孤岛，连通车辆生产、销售、使用、经营、服务的全生命周期。通过中寰卫星覆盖卡车全生命周期的 App 和平台产品体系，帮助主机厂实现内部数字化转型，形成主机厂、经销商、车队、司机之间的连接交互通道。车联网智能硬件如图 2 所示。

图 2　车联网智能硬件

在 TCO（全生命周期成本分析）管理中，需要解决的痛点是清晰的，中寰卫星始终围绕“节油、安全、降损”这三个方面来展开。

第一，节油，例如，通过中寰卫星商用车智能化能力平台开发的 PCC（预见性巡航控制系统），从 ADAS 地图数据中，提取出坡度、曲率、航向等数据，结合持续优化的节油算法，进行车辆的驾驶决策，使发动机稳态输出，从而达到节油的目的。

第二，安全，在物流行业，安全是头等大事，中寰卫星推出了如智能载重传感器、智能分段限速路网地图、智能副驾等一系列产品，为商用车车联网提供安全服务。

第三，降损，商用车有一个概念叫作完好率，中寰卫星围绕降损，通过车辆故障有效识别算法、AI 算法等，进行有效车辆画像，并且让车辆自动适应使用场景的动力总成匹配参数调优，打通全产业链的预见性维修服务等，使车辆尽可能不出故障。

从 2014 年开始中寰卫星进入商用车前装领域，目前中寰卫星数据形成了一定规模。基于前装优势，数据从精度、维度、质量持续性等方面都达到了高标准。

有了这些数据以后，面向车厂用户，智慧物流商用车全生命周期从它的研发、生产、销售、服务这几个环节，都对应推出了大数据类的产品。

第一个环节是研发。

按照传统来讲，一辆车的迭代可能需要一年或者更长的时间。目前基于中寰卫星的车联网数据，每一辆出厂的车都是车厂的实验车。这些车反馈回来大量的数据，反哺车厂的研发，为研发提供了非常真实的数据基础。最近向车厂反馈的一个关于车辆水箱水温的设计案例，以往这是靠单辆车的实验来决定，一般设置在70℃～80℃，这种情况下很难有数据参照。但是自从有了车联网数据以后，数据分析显示，在用户通常的工况下，水温一般为50℃～60℃。从成本等各方面角度考虑，能得到快速优化。

另一家车厂客户，进入这个行业稍晚，对本厂车型的数据缺乏沉淀。该车厂基于中寰卫星前装车联网数据，对上市的车型技术快速迭代。

第二个环节是生产。

随着智能化制造，工业4.0等新兴战略的落地，车厂对提升车辆定制化能力的需求也在增大。在这方面，中寰卫星通过车联网打通了从用户选车环节到车厂的生产排产，再到交付的整个链条。

基于中寰卫星给车厂打造的用户端App，可在线进行车型的定制化选择。例如车型配置、涂装等。这些信息通过车联网传递到车厂端，从采购、计划、排产，到生产、交付的各个环节，同时也解决了车厂原先内部信息孤岛的问题，大大提升了车厂信息的连通性，也确保了交付订单的准确性。商用车车联网数据为“中国制造2025”等一批新兴战略提供了技术支撑，推动了智能制造行业的发展。

第三个环节是销售。

目前，国内车厂主要的盈利点还是在于车辆的销售环节，激烈的竞争使每家车厂都希望能更进一步地了解自己的用户。

中寰卫星首先通过车联网平台建立了车厂与终端司机的联系。其次通过大量的用户使用行为的积累，基于车联网的数据、路网融合的车辆行为分析、中寰卫星特有算法，通过对用户的驾驶行为、载重情况等分析，对用户进行画像。同时通过大数据把用户进行精准分类，可以知道用户的货物类型、行驶区域、驾驶行为、使用习惯等。通过这些精准的画像，把它反馈给车厂，车厂可结合这种用户联系通道、用户精准画像，对客户进行定制化服务。

2019年上半年，中寰卫星和车厂有过这方面的尝试。最早通过路网匹配，选择了某一客户从鄂尔多斯到石家庄的一条运煤专线，该线路有1万多辆运输车。车联网数据对该线路进行了深入用户分析，然后围绕煤炭运输行业使用习惯及需求，推出定制产品，通过平台精准推送促销信息。在短短的一两周的时间就促成了14辆车的销售。这对整个产业销售方式的变革都有很大的参考意义。

第四个环节是服务。

对国内商用车市场的服务，行业都非常关注。车厂较早提出的课题之一，就是如何能够最合理布局销售服务网点。

中寰卫星很早就开始研究，基于车联网数据和地理信息相融合，可以精准地刻画车辆的热力分布，对车厂原有的销售服务体系的布局进行优化，使车厂能够以最小的成本、最大的范围、最高的频率服务自己的车主和司机用户。优化以后，对整个用户服务能力的提升非常显著。

还有就是涉及具体的维修环节，车厂维修环节还有很多痛点，比如用户的等待周期长。有时候是因为车厂要维修的配件缺货，通过大数据分析可以使配件的布局更合理，使库存的周转效率更高，既降低成本，又提高效率。

另外，中寰卫星还在和车厂进一步开发包括预见性维修等智能网联服务。结合车联网数据，结合专家的经验，通过中寰卫星的大数据分析能力和AI算法，使原来个体专家的能力，变成一种行业平台的能力，为更广大的用户提供更高水平服务。

四、效益评估

当下，车联网能帮助主机厂深入TCO管理中，更好地服务物流整个产业链。中寰卫星一直致力于与主机厂形成紧密配合，深度感知用户场景，精细化地深入各个细分行业中去，做到真正帮助物流企业和司机提升效率，降低成本。

商用车车联网的深入应用，已经给行业带来了明显可见的好处。从车辆方面来说提升了主机厂的研发、生产效率，使产品更能够适应市场的变化和需求。从销售环节来说，营销更精准及时，通过数字化的管理手段能够让销售效率提升。车联网数据分析可以让司机买到更适合自己线路的车，车队可以对货物和司机车辆进行有效管理。政府部门通过车联网对危化品车辆、重点营运车辆安全进行有效监控。对整个行业来说产生了十分显著的效果。

商用车车联网数据，还可根据车联网运营情况进行大数据分析，为区域经济分析和指导提供相应依据。

在响应国家节能减排号召方面，商用车车联网还可提供一些实际可行的方案。目前由中寰卫星商用车车联网技术支撑和运营的车联网节油大赛已连续举办3年。以2019年为例，一汽解放青汽车联网节油大赛最终吸引了52985人参赛，历经65天的比拼，大赛总里程高达5.33亿公里；百公里平均油耗下降2.4升，省油12795467升，减排量相当于9337230棵绿树1年所吸收的二氧化碳。区别于传统的节油大赛，此次车联网节油大赛，通过中寰卫星创新性的车联网一体化解决方案，让参赛司机丰富了日常生活，同时还能体验到科技带来的降本增效福利，真正响应了国家节能减排的号召。

商用车车联网对社会、经济、生活、行业产生了方方面面的影响。中寰卫星商用车车联网平台一直致力于推动物流产业集约化、智能化、数字化升级。

五、下一步计划及项目推广意义

未来商用车产业将通过网联化、数字化、智能化，较乘用车优先实现产业升级。中寰卫星将顺应产业升级，构建终端网联、数据服务、智能基础，致力于打造智能运力大脑。

鉴于商用车车联网对整个行业的意义，中寰卫星将继续深挖商用车车联网价值，与主机厂和物流产业生态的合作伙伴携手推动产业升级。

广东省嗒上车物联科技有限公司：基于物联网 +5G 技术的物流车辆数字化综合服务平台

一、应用企业简况

广东省嗒上车物联科技有限公司是国家高新技术企业。公司产品涵盖：叉车全生命周期数字化综合服务、物流车辆数字化综合服务、叉车 AGV 升级改造、智能仓储、智慧物流解决方案等。公司坚持以技术驱动服务创新的理念，持续为客户提供高效、优质的服务。公司研发了基于物联网 +5G 技术的物流车辆数字化综合服务平台。

准时达是一家从事国际供应链管理、物流管理平台服务的公司，积累了近 20 年的精益供应链管理经验，专注制造业上游从原材料到成品，以及下游从成品到终端消费者的全程端到端供应链整合，通过与客户在供应链领域的深度融合，让供应链真正成为企业的核心竞争力。

二、数字化平台

基于物联网 +5G 技术的物流车辆数字化综合服务平台（以下简称“物流车辆数字化综合服务平台”）主要有三大组成部分，负责前端实时数据采集和车辆现场控制的“数字化智能终端”，负责物流车辆相关的数据存储、管理、挖掘、分析的“云端大数据平台”，负责为平台各类用户直接展示平台管理功能的“移动端 App”。平台通过“云端大数据平台 + 数字化智能终端 + 移动端 App”实现物流车辆的物联网化、供应链全链条的数字化和物流车辆应用全场景展示的智能化，从而打造物流车辆数字化服务生态体系，助推物流车辆相关企业进行数字化转型。平台通过授权关联、授权开车、人车时效统计、智能调度等业务实现数字化、智能化、可追溯功能，解决现有管理方法很难作出精准决策的物流车辆安全性、使用效率、维护成本、存量分布及司机配比是否合理、如何优化等问题，帮助物流车辆相关企业降低使用风险、提高使用效率、降低运维成本、提升竞争力。同时平台也为各级政府市场监管部门特种设备管理的车辆现场检测、资料整理、证照核发等工作实现强有力的精准数据保障，确保车辆监管到位。

三、信息化进程中的问题

在“物流车辆数字化综合服务平台”的应用过程中，遇到的主要困难是车辆适配难度大，物流车辆品牌多、型号多，并且不同年份的同品牌、同型号车辆，其电控系统也不尽相同，这些情况使得数字化智能终端在物流车辆上的部署变得更为复杂，数字化智能终端对各种物流车辆实时运行信息的获取难度加大。针对以上问题，公司积极采集各类车辆的电控系统信息，进行集中分析，归纳车辆通信接口、通信协议，根据采集的技术资料精准分析，设计出满足各类车辆共用的兼容性高的通用数字化智能终端，能够满足同一现场的不同品牌、型号、年份车辆的数字化升级改造。同时为了满足未来对物流车辆数字化功能拓展升级的需要，数字化智能终端实现了软件的远程在线自动安全升级。

“物流车辆数字化综合服务平台”应用推进过程一般分以下几个阶段。

（1）向物流车辆相关企业推介“物流车辆数字化综合服务平台”，演示平台主要功能，引发客户关注。

（2）跟有意向的应用企业沟通，尽量引导客户使用平台标准功能，定制开发有特殊意义的新功能。

（3）在有意向的应用企业安装一两台样机进行独立试用，等待客户测试结果。

（4）根据客户试用和测试结果，以及客户提出的与业务系统融合的部分要求，最终确定客户功能需求。

（5）签订小批量合同及产品准备。

（6）产品检测后发往客户，客户安装使用。

（7）客户进一步提出跟业务系统完全融合的产品需求并签订批量合同。

（8）产品再次检测后发往客户，客户安装使用。

（9）技术培训、售后技术服务、产品使用效果评估。

四、信息化主要效益分析与评估

准时达针对叉车资产管理要实现线上管理的需求，启动“物流车辆数字化综合服务平台”应用项目。准时达在对多家公司的车辆数字化产品进行详细比对后，最终选择了“物流车辆数字化综合服务平台”。

1. 信息化实施前后的效益指标对比、分析

某客户在全国有50个场地，通过车辆数字化升级改造后，效益指标对比如表1所示。

表1　　效益指标对比

项目	车辆数（台）	司机数量（人）	维护成本（万元）	叉货处理量（托/小时）	投入成本（元/台·年）
实施前	52	122	26	22	0
实施后	41	84	20	31	650

（1）车辆数量进行了优化，节省车辆11台，每台车平均价格5万元，车辆5年折旧，车辆费用减少11万元/年。

（2）司机数量进行了优化，节省人员38人，人均投入为6.8万/年，人工平均减少258.4万/年。

（3）维护成本减少6万元/年。

（4）叉车平均每天工作12小时，每台车平均每天增加叉货处理量108托。

（5）41台车的数字化综合服务平台投入成本2.7万元/年。

2. 信息化实施对企业业务流程改造与创新模式的影响

（1）企业对车辆管理产生了根本性变化，从实施前的现场管理转变为目前的线上管理、远程管理、集群式管理和调度，极大地提高了管理效率。

（2）企业考核方式发生了颠覆性变化，从实施前的人工计时考核，转变为通过数字化科学量化考核，考核数据来源清晰、公正，人员优胜劣汰，能者多得，极大地激发了物流车辆现场作业人员积极性，提高了生产效率。

3. 信息化实施对提高企业竞争力的作用

应用企业通过“物流车辆数字化综合服务平台”对司机、车辆多维度的运行信息进行采集、上传、计算，形成可视化的数据分析，为管理者提供精准的决策依据，对企业的传统管理方式、业务流程实现大幅度优化。

五、信息化实施过程中的经验与教训

通过“物流车辆数字化综合服务平台”的应用，得到的体会、经验与教训主要有以下几点。

（1）要制订科学、合理的“物流车辆数字化综合服务平台”应用项目实施计划，包括需求、资源、成本、进度，并严格执行。

（2）要深入、全面地利用“物流车辆数字化综合服务平台”的各种标准功能，发挥其最大效能。

（3）尽量不要对“物流车辆数字化综合服务平台”进行定制功能开发，充分利用已有功能。

（4）要有应用企业物流车辆应用部门人员的积极配合。

（5）要有应用企业业务流程信息管理部门人员的积极配合。

（6）要充分考虑应用企业物流车辆的使用环境，确保数字化智能终端设备和相关通信信号的正常使用。

（7）要确保数字化智能终端设备能够进行远程在线软件升级。

（8）要充分考虑数字化智能终端设备和相关传感器的安装位置，尽量减少因为车辆使用不当而造成的设备损坏。

六、推广意义

“物流车辆数字化综合服务平台”的应用，可以有效地降低应用企业的物流车辆安全风险、提高物流车辆使用效率、降低物流车辆运维成本、规范司机驾驶行为、减少安全事故隐患、避免造成人身伤害和财产损失、增强应用企业产品的市场竞争力，为应用企业业务优化、科学管理、高效决策提供实时、准确的数据支撑。

“物流车辆数字化综合服务平台”应用推广的基本意义，具体体现在以下几个方面。

（1）“物流车辆数字化综合服务平台”的应用实施，充分利用现代物联网、通信技术，通过高新技术手段，实现物流车辆联网化、智能化。

（2）车辆、司机工作状态实时掌控，车辆使用效率、司机工作效率精准数据化分析，能够有效地提升人车利用率。

（3）异地及跨场地间的车辆调拨让资源得到更加合理分配和利用，减少波峰期的物流车辆临时租赁数量，使得物流车辆使用成本能够得到有效控制。

（4）司机身份认证授权驾驶对应车辆，操作过程可精准追溯，有效降低无关人员随意操作车辆导致的安全风险。

（5）重视故障检测，及时发现车辆潜在故障，及时检修，避免造成重大维修投入，影响车辆利用率。

（6）各级政府市场监管部门的特种设备管理单位针对辖区内企业现有特种车辆的数量进行登记管理，就目前各市区管理单位的人员配置与管理流程来说，车辆的现场检测、资料的整理、证照的核发等，工作周期为1～2个月；加上因辖区内部分企业采用租赁模式，对于高频流动的租赁车辆很难监管到位，导致信息与实际登记状态不符，存在管理风险。“物流车辆数字化综合服务平台”的应用实施，将实现政府对特种车辆的有效监管。

七、本系统下一步的改进方案

“物流车辆数字化综合服务平台”的下一步设想是从横向和纵向两个方面深入发展。

随着5G网络的普及，工业互联网和物联网的应用将得到快速发展，接入“物流车辆数字化综合服务平台”的物流车辆也将会越来越多，平台将汇聚海量物流车辆相关数据，更加深入地利用大数据技术和人工智能方法，实现叉车、物流车辆、货物、场地系统等之间的互联互通，并建议物流企业利用平台将叉车、物流车辆的管理与调度纳入整个物流业务流程，最终实现物流企业生产全流程可追溯化。

同时公司还将在平台上不断丰富物流车辆各个环节的相关数据，实现物流车辆全生命周期的数字化，建立物流车辆全生命周期数字化综合服务平台，为企业和社会创造更大价值。

智能物流技术与装备创新应用案例

深圳逗号互联科技有限公司："物联网+运筹优化"助力航空维修仓配管理智慧化升级

一、案例企业简介

1. 逗号科技

深圳逗号互联科技有限公司（以下简称"逗号科技"），专注于"智能决策助力物流企业数字化转型"，成立于2015年12月，2018年通过国家高新技术企业认证。逗号科技曾获得平安系、联想创投、盈峰资本、中集集团、投控东海等知名机构投资。

逗号科技创始团队来自香港大学，由黄国全教授作为首席科学家，以及5名工业工程专业博士组成。该团队在物联网技术、供应链优化等领域有着深厚的学术积淀，曾获香港创新科技署数千万元的科研资助，研究成果在国际学术界获得高度认可。在拥有强大的技术团队基础上，逗号科技引入了多位在物流领域具有20年以上经验的行业专家组成市场团队，形成了技术驱动型"产学研"创新团队。

经过几年的积累，逗号科技形成了独特的"硬件+软件+算法"一体化的技术架构，并推出了面向第三方物流企业全业务流程管控需求的核心产品："三方物流智慧数字化运营系统"（C－Link）。

2. 港机集团（HAECO）

港机集团（以下简称HAECO）于1950年在香港成立，是全球领先的独立飞机工程集团，也是规模较大的飞机维修、修理及大修服务供应商。港机集团通过遍布世界各地的16个营运公司，为航空公司客户提供全面的飞机工程服务。港机集团的服务范围包括机身服务、外勤服务、部件服务、发动机服务、航材技术管理、机队技术管理、客舱设计整装方案、私人飞机设计整装方案、客改货、零部件制造及技术培训。

HAECO旨在为航空公司客户提供全方位服务支援，确保客户的机队能够保持一贯的安全度、高品质、可靠度及可用性。此外，HAECO也致力成为航空公司客户在飞机维修、修理及大修服务上的首选服务供应商，随着新时代机型的面世、航空业的转变和客户不断改变的需求，港机集团不断加强其技术能力及扩展服务范畴。港机集团跨地域的营运规模有助于加强成本效益，从而为客户带来物超所值的优质服务。HAECO大型客机维修现场如图1所示。

二、航空维修仓配管理行业特点

飞机维修行业因其小众的客户群体较少进入公众视野。飞机维修行业的零部件仓储及配送管理，因其高度的复杂性和动态性，严苛的安全性和时效性要求，被认为是仓配

图 1　HAECO 大型客机维修现场

精益化管理的“塔尖工程”。

1. 多品种小批量 SKU

飞机零部件管理具有极高的复杂性，一架波音 747 飞机的零部件数量高达 600 万个。根据独立飞机维修服务的运作特点，各航空公司会根据飞机维修计划，将维修所需航材零部件在飞机到达香港机场前发送给维修商。由于飞机零部件复杂性的特点，HAECO 的航材库存形成了多品种、小批量的特征，常年管理的 SKU 约为 16 万个，仓储配送管理难度极大。

2. 航空零部件形态差异巨大

根据不同的飞机维修工程类型，其零部件的形态差异巨大。从几毫米的螺栓，到数吨重的发动机整机，都可能成为飞机维修仓储配送管理的对象。形态的差异化对仓储的储位空间、装卸搬运设备、人员操作技能等方面都提出了挑战。

3. 超高的时效性要求

航空维修行业对于仓储、配送的实效性有着高度精确的要求。因此，在航空维修行业中制定了一套复杂的优先级体系以及精确到分钟的时效管控要求。最高优先级任务 AOG（Aircraft on Ground）要求在 15 分钟内完成仓储的拣货、质量检验、出库以及配送到停机坪维修现场。

4. 严苛的安全追溯流程

航空维修对于航材的安全溯源管理有着极高的要求，每一个零部件在入库前都需要有专业资质的检验人员进行质量检查并签署合格证书，每一件航材都要求有独立标识。为确保航空安全，拆卸替换的旧航材也将受到严格管控，会根据航空公司要求进行回收或就地销毁，销毁残骸也需要进行独立标识和拍照记录。

三、项目核心理念

HAECO经过长期的行业经验积累，形成了一套独具特色的管理体系，在行业中处于领先地位。但其现有的信息管理系统已使用近20年，在前线业务操作、中层流程协调和上层管理控制等方面均遇到瓶颈，难以适应智能化时代的全新要求。

2018年HAECO正式启动飞机零部件仓配管理智慧化升级项目招标，旨在发现优秀的企业信息化技术服务供应商，打造智能航空物料管理最佳实践方案。逗号科技经过多轮激烈的竞标，最终在层层筛选后成功获得此次项目的合作机会。逗号科技团队发挥其在工业工程领域的专业优势，在业务流程整体改造前，先期启动了一轮“微咨询”，针对HAECO的现有业务流程进行了全方位诊断，并确定了全新的项目建设理念。

1. 项目名称

MM Mobility敏捷型航空物料管理及零部件仓储系统化方案。

2. 建设目标

通过移动终端、智能可穿戴设备、室内定位标签等相关硬件技术，结合分布式移动化软件系统，设计一套满足现场执行和上层管理全方位需求的敏捷型航空物料管理及零部件仓储系统化方案。

3. 核心理念

前端作业移动化，便捷化；后端数据实时化，精准化；任务流程协同化，智慧化（见图2）。

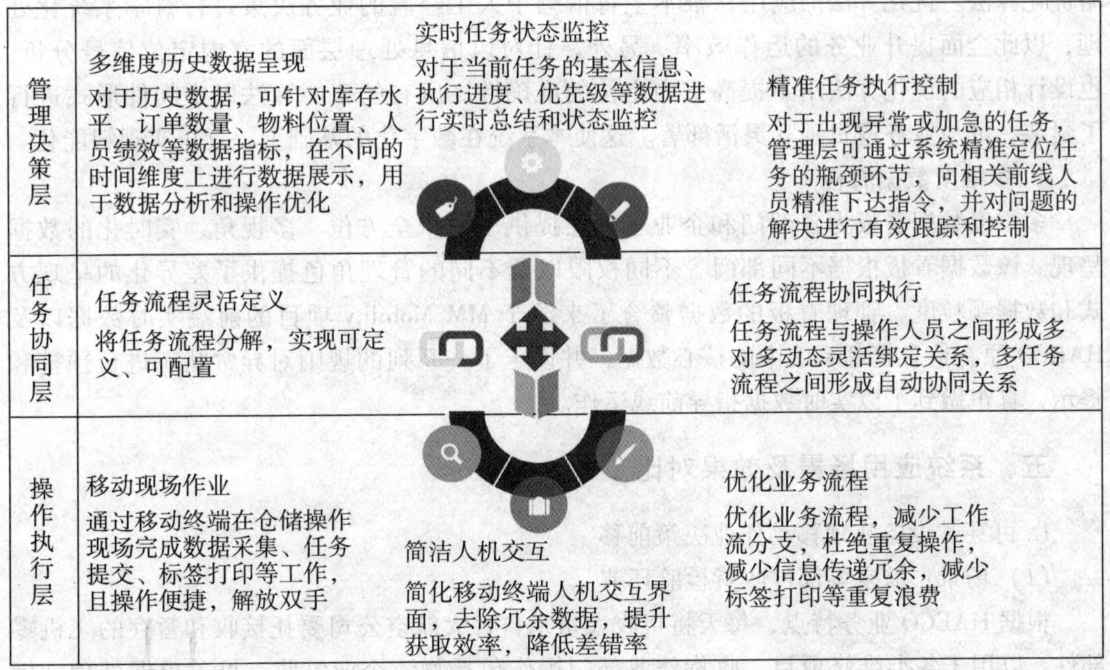

图2 系统设计核心理念

四、系统技术架构

在 HAECO MM Mobility 项目中，逗号科技采用“前端可穿戴硬件应用”＋“模块化流程组件技术”＋“智能算法中间件”＋“多维度数据看板”四层架构搭建了技术框架。

1. 前端可穿戴硬件应用

在前端数据采集层，根据 HAECO 作业现场操作复杂、产品管理对象差异大、移动化作业需求要求高等特点，整合应用了一系列可穿戴设备。包括智能扫码指环、智能手套、智能手表、可穿戴打印机、叉车作业移动端、超远距离扫码枪等硬件设备。可穿戴设备的选型全方位考虑到不同工种、不同岗位的作业需求，对其操作模式进行了精准匹配，全面提升了现场作业效率。同时 BLE（蓝牙低能耗）室内定位技术也应用于项目的全场景，对业务环境中移动的人员及其运送的物料可进行实时定位。

2. 模块化流程组件技术

在 HAECO 的仓配运作场景中，存在多条业务流程，且业务流程的分支复杂。根据零部件的属性、优先级、状态等差异，同一个零部件存在多种不同的业务流转可能性。为解决此问题，项目采用了模块化流程组件技术，将每一个操作场景抽象为一个“微流程”，每个“微流程”对应一个标准化移动端界面，可在智能手表、PDA、平板等多种移动终端上跨平台呈现，多个“微流程”可根据业务逻辑进行灵活定义和编辑，动态适应场景的变化。

3. 智能算法中间件

在该项目的业务流程中，涉及业务层面的仓储拣选策略优化算法、配送路径规划策略优化算法。优化算法的应用从根本上将依赖于人工经验的业务决策进行科学系统化处理，以此全面提升业务的运作效率。另外，针对以信息处理层面的室内定位信号分析，也设计相应的优化算法用于提高室内定位的准确性。所有的智能算法以中间件形式进行了封装，可与业务逻辑独立灵活部署。这使本系统在数字化的基础上，真正实现智能化。

4. 多维度数据看板

多维度数据看板为各部门和企业管理层提供了一个全方位、多视角、实时化的数据呈现。该数据看板根据不同部门、不同权限以及不同的管理角色提供了差异化的呈现方式和数据颗粒度。管理看板的数据整合了来源于 MM Mobility 项目的前端实时数据以及 HAECO 原有信息管理系统中的核心数据，并设定了一系列的规则对异常状态进行预警和提示，真正做到了以实时数据指导前线运作。

五、系统应用场景及效果对比

1. 可穿戴设备实现移动作业决策前移

（1）场景：航空零部件收货检验环节。

根据 HAECO 业务特点，每天将接收大量来自各大航空公司委托接收和暂存的飞机零部件，以用于各类维修项目。收货作业部门操作包括物流企业签收、报关单据处理、拆箱清点、质量检验、出具合格证书、入库上架等环节。由于业务特殊要求，每个环节都面对大量的非标准文件，有大量的信息录入、文档扫描数据传输工作。来自不同物流公司、不同航空公司的纸质文件格式和作业流程均不同。

（2）系统上线前。

代收的航空零部件数量庞大，体积差异巨大，在收货区无法进行多次搬运，且所有单据均附在物流包装箱上。因此，收货操作人员必须将装箱单、运单、客户订单等相关单据逐一从包装箱上拆出并编号，再从收货区回到办公室在PC端逐一进行数据录入、单据扫描，录入完成后，再回到收货区，将对应单据逐一放回原物流包装箱，进入下一流程。在开箱检验环节，还需要用数码相机对产品进行全方位拍照，并在每天工作结束后，回到办公室处理照片分类存档。此过程极其耗时且容易出现错误（见图3）。

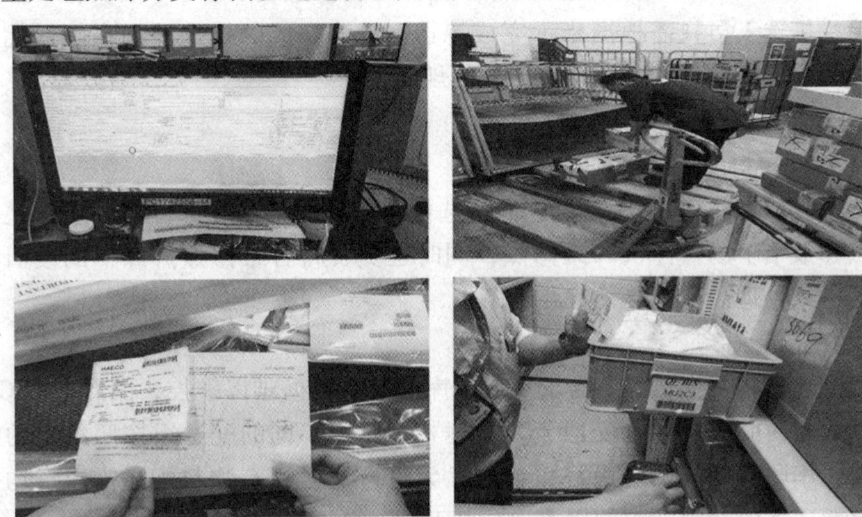

图3　系统上线前PC端数据录入模式

（3）系统上线后。

收货操作人员通过利用可穿戴设备，可在收货区现场对到达的航空零部件逐一完成所有的数据采集和录入工作，包括运单扫码，订单信息确认，数量确认，初步外观质量验收等。可穿戴设备和HAECO原有的收货管理后台连通，所有处理结果会实时同步后台，收货操作人员无须再离开现场，就可完成所有数据操作。同时，收货操作人员可利用可穿戴设备的高清拍照功能，对需要扫描存档的单据进行拍照、对货品外观进行拍照，所有影像资料直接和订单关联，大幅减少文件扫描和图片整理工作。

2. 智能优化算法实现仓储拣选策略优化

（1）场景：仓储拣选备货环节。

HAECO的仓库分为大件仓、小件仓、客户托管仓、危险品仓、工具仓等多种类，共有10余个仓库。仓储拣选任务由维修前线的工作进度实时驱动。根据不同的维修任务优先级，拣货任务对应的优先级从15分钟到24小时不等。货品拣选完成后，将根据不同的优先级和目的地进行打包，等待配送到相应的维修点。

（2）系统上线前。

当维修前线产生物料需求时，各仓库管理员将通过原有系统的相关信息打印出拣货标签。仓库管理员将凭个人经验对拣货标签进行分类和排序，并根据预估时间，将拣货标签分发给相应的员工入库进行拣货。原有的PDA系统仅仅用于货品ID确认，无任何业务逻辑。在执行过程中，各仓库的作业效率严重依赖于仓库管理员的个人经验，优先级错误、目的地分组错误等问题时有发生。

（3）系统上线后。

项目组分析了 HAECO 前三年的历史数据，设计了全新的智能化仓储拣选派单算法。前线维修需求产生后，将首先进入 MM Mobility 系统的拣选订单池，智能优化算法将会对拣选订单池中的所有订单进行动态排序和分组，该算法同时考虑到了订单优先级、货架位置、目的地、物料大小、当前人员空闲情况等多种因素，形成最优化的拣选方案。算法完成拣选方案优化后，会将拣选任务推送到库内拣选人员的可穿戴设备，无须再预先打印拣选单。拣选人员只需根据指示完成拣选，算法生成的拣选计划在确保优先级能够满足要求的前提下，实现了最短拣选路径的规划。

3. 室内外定位实现配送任务动态推送

（1）场景：物料配送环节。

HAECO 的物料配送队负责将各仓储拣选任务完成的维修零部件按要求送往 3 个大型机库维修点和数十个场外停机坪维修点，同时也负责将各维修点拆卸下的废旧零部件带回回收部门进行处理。配送路径有几十条。

（2）系统上线前。

因物料需求动态多变，且各需求点和仓库的实时数据难以掌控，因此 HAECO 设计了固定路径和固定时间表的“公交巴士”配送模式。由不同的配送组按照给定的时间表循环固定路线，串联起相应的仓库和维修点，无论仓库是否有物料配送需求，均按固定班次运作，该模式下的运力资源利用率十分低下。

（3）系统上线后。

MM Mobility 通过 BLE 室内定位技术和 GPS 技术的结合，可实现对物料配送人员的全程实时位置信息获取。同时，各仓库的拣选、备料进度也可通过仓储可穿戴设备实时获取，因此，对于将固定路径和固定时间表的配送模式改为动态任务分配模式提供了技术可行性。定位系统将实时获取仓库和维修点的物料运输信息，同时将该运输任务动态推送给距离最近的一名配送人员，该模式将大幅提高运力资源利用率。

4. 实时透明数据实现多部门联动协同

（1）场景：仓储配送部门与维修作业部门协同。

在飞机维修过程中，维修作业部门和仓储配送部门需要紧密协同，方可实现对维修项目的进度进行精准把控。物料在送达 HAECO 后，需要经过收货、报关、拆箱、检验、入库上架、拣货下架、打包、配送签收等多个环节。物料的物流处理过程占据了整体维修时长的主要部分。维修作业部门需要实时了解物料在物流环节中处理的进度，以便动态调整现场作业的次序，特别是对一些紧急任务，物料的物流状态是现场决策的重要依据。

（2）系统上线前。

维修作业部门可通过原有信息系统对物料的准备状态进行查询，但是由于缺乏有效的实时数据支持，可查询的只有“在途”和“到达”两个状态，无法满足维修现场对实时数据的要求。在物料收货后，就进入黑箱状态。针对一些紧急任务，维修作业部门需要不断通过电话，甚至亲自到仓储配送部门查询某一零部件的物流状态，实时数据的缺失，导致了部门协同的严重脱节。

(3) 系统上线后。

通过 MM Mobility 系统的应用，航空零部件从进入 HAECO 的第一个环节，即进入了实时的透明化状态监控，每一个操作流程以及对应的地理位置和经手人员都会通过移动端应用进行实时记录并向相关的数据需求方呈现。当物料进入配送阶段，维修作业部门还可以通过定位系统，获取配送员的实时位置，可精确地估算收到零部件的时间。另外，针对加急零部件需求，维修作业部门还可将相关信息通过 MM Mobility 系统反馈给物流作业部门，针对该零部件打通“绿色通道”，在检验完成后通过“越库”模式跳过入库环节直接配送至维修现场。

5. 多维度数据整合实现全面 KPI 绩效管理

(1) 场景：各级管理人员对于现场作业及绩效的管理。

作为 HAECO 的部门主管和上层管理人员，需要在不同维度获取前端信息来执行各层面的管理工作。仓储管理人员重点关注拣货时效性保障以及重点物料的库存情况；配送管理人员重点关注配送时效的达成以及配送人员的排班；上层管理人员重点关注各部分整体运营绩效。

(2) 系统上线前。

在仓储和配送方面，不同优先级的拣货及配送时效控制，是由仓储和配送管理人员通过各种线下报表进行管理，数据收集极为耗时，且针对超时任务，无法及时发出预警。针对危化品的管理，各仓库有库存上限的严格限制，但具体的库存水平，是由仓库管理员通过线下数据控制，存在安全隐患。上层管理方面，对于各部门的绩效分析，数据均来自各部门提供的纸质报表，准确性低且数据颗粒度过粗，难以达到管理要求。

(3) 系统上线后。

针对不同优先级的仓储拣选和配送任务，MM Mobility 将根据系统设定的截止时间，自动生成实时动态的任务倒计时，对于超时和异常的任务，将在管理员看板进行呈现并预警；对于各仓库的危化品库存水平，也将形成动态预警机制并通过系统自动提醒调拨。对于上层管理的数据分析需求，MM Mobility 提供了 100 余项 KPI 指标，并可自动生成报表，全面提升了 HAECO 整体管理水平。

六、项目总结

HAECO 将 MM Mobility 作为近 20 年来重大的智能化提升项目之一，投入了大量的资源。项目的成功落地离不开 HAECO 管理层的高度重视和精细的工作部署。在项目试运行准备期，HAECO 进行了连续宣传预热工作，包括设计 MM Mobility 项目 Logo，员工制服、宣传海报等。项目落地后，从前线员工到管理层都给予了对该项目多方面的认可。

逗号科技作为项目执行方，在 HAECO 项目中又一次成功实践了“物联网结合运筹优化”，“硬件 + 软件 + 算法”一体化的技术理念，在航空维修领域树立了行业标杆。未来将进一步完善相关解决方案，在相关行业内进行深入推广。

青岛日日顺物流有限公司：行业首个“黑灯”大件智能无人仓

一、公司简介

青岛日日顺物流有限公司（以下简称“日日顺物流”），成立于山东青岛，是国家5A级物流企业和3A级信用企业，企业发展先后历经了企业物流—物流企业—生态企业三个阶段，依托先进的管理理念和物流技术，整合全球一流网络资源，搭建起开放的科技化、数字化、场景化物联网场景物流生态平台。日日顺物流定位于颠覆传统物流服务模式，成为行业引领的物联网场景物流生态品牌。目前日日顺物流通过“科技化”基础物流能力、“数字化”SCM（供应链管理）定制方案、“场景化”社群服务平台三大差异化竞争力，成为居家大件物流领域的引领者。

日日顺物流依托先进的管理理念和物流技术，整合全球一流网络资源，以居家大件物流网络及供应链全链路数字化管理为核心，夯实全流程、全渠道、全网定制SCM方案能力，为家电、健身、出行、家居、快消品等行业以及国际运输提供定制化解决方案。

日日顺物流从用户最佳体验出发，针对行业内存在的问题，从物流全流程仓、干、配、装、揽、鉴、修、访，创新性地定制全品类、全渠道、全流程、一体化的居家大件物流解决方案，实现用户的最佳服务体验。

公司以遍布城乡的20万个触点为核心竞争力，打造国内独有、国际领先的场景生态共创服务平台，将传统的“送达”由服务的终点转变为服务的起点，以用户体验增值为目标，将用户、企业、生态方全部汇聚到一起，基于健身、出行等不同场景共创定制化解决方案，在满足用户需求的同时，实现了增值分享。目前，已吸引3000多家企业，如宜家、林氏木业、亿健、雅迪等。

日日顺物流标准化运输车辆如图1所示。

二、模式创新

1. 发展创新：由内部部门到社会化的生态平台

日日顺物流自2013年由海尔集团内部的物流部门开放转型为社会化的生态平台以来，凭借差异化的商业模式及良好的用户口碑，分别吸引阿里巴巴、高盛、中投等十余家机构的战略投资，投资后日日顺物流估值达到110多亿元，已成为“独角兽”企业。转型后，日日顺物流以居家大件物流的全流程解决方案为核心，向前端做深供应链一体化解决方案，向后端延伸做大生态圈增值，2018年实现营业收入超过百亿元。

图1 日日顺物流标准化运输车辆

2. 平台创新：由传统物流公司到智能化仓配装平台

（1）智能产业模式创新。

创建能够引领物流与产业融合发展的物流生态链智慧组织与管理模式，形成供应链全流程智能仓解决方案（无人仓、无人车、无人机）。从点、线、面切入，实现智能升级、管理、流程升级、模式升级。对目前的三级分布网络升级，实现从产业到用户的全流程、全场景的智能化管理，满足对内降本增效、对外增值服务的需求。通过三级分布式云仓管理，可以实现全国的库存共享。

（2）智能设备应用创新。

研制具有中国自主知识产权和国际核心竞争力的智慧物流服务共性关键技术体系和智能装备，包括大件定制化AGV、大件无人搬运车、大件盘点无人机等。

（3）产业链流程创新。

构建日日顺智慧物流生态圈，输出技术标准，实现社会价值；整合内外部生态资源，形成了日日顺智能产业核心竞争力。

在可视化干线区配网络方面，实现智能化管车、可视化管货、集配提效、与客户共赢增值，通过八大系统平台，实现配送全流程可视化管理；在领先100m的送装、交互触点网络方面，通过20多万个有温度的车小微触点、城市驿站触点、农村水站触点，实时感知用户的需求，通过共创共享的生态圈，快速满足用户的需求，实现用户体验的迭代。

3. 技术创新：数字化支持供应链可视化管理

日日顺物流在信息化方面采用云计算、大数据、移动互联、RFID、GPS、北斗卫星导航系统等信息技术实现供应链的数字化，打造全流程可视、可控、可追溯的共创共享物流生态圈，建立集WMS、TMS、OMS、BMS等系统模块的智慧物流信息化平台。

4. 人才创新：日日顺物流创客训练营

日日顺物流创客训练营是日日顺物流与中国物流学会联合创办，在国内高校联合组织的物流领域大学生创业活动。日日顺物流创客训练营为行业发展搭建人才蓄水池，助力高校学子抓住时代机遇，放飞青春梦想。截至 2020 年，日日顺物流创客训练营覆盖全国高校 500 余所，校企合作 30 多家，累计输出创业课题 175 个，孵化创业项目 83 个，申请国家专利 22 项，孵化落地创业项目 9 个，吸引 1 批物流大学生转化为创客。

5. 生态创新：开放的社群服务创业平台

打造“车小微”司机创业生态品牌，吸引十多万名司机上平台创业，司机从原来的打工者成为创业者。车小微的日日顺快线平台一端连接货，另一端连接车，每一辆车都是自负盈亏的小微公司和经营用户的触点生态圈。通过零摩擦的机制吸引司机来平台创业，开放日日顺物流的服务平台和订单资源，小微公司和个体司机可以在平台上抢到海尔的订单，也可以抢到社会上其他企业的订单，获取稳定收入。同时建立创客赋能和分类升级机制推动司机向知识型创客转型升级，成为交互用户并感知用户需求的触点网络，不断获取用户价值创造的价值链分享。

三、行业首个智能无人仓储项目

1. 项目背景

当前，我国物流业正处于转型升级的关键时期，行业逐步向降本增效方向转变。我国供给侧结构性改革进入全面深化阶段，围绕提振经济和制造业转型升级的激活力、补短板、强实体是目前热议的话题，政府正致力于加快将发展生产性服务业作为振兴实体经济的战略举措，加快物流等供应链体系建设，进一步激发企业和制造业的活力，增强实体经济的竞争力和内生动力。

目前企业“小而全”、协同弱、库存高、成本高、效率低的情况还比较普遍，影响了实体经济整体的竞争力；企业与市场之间的供求关系失衡，产业供应链体系的缺失，进一步加剧了经济结构性失衡、循环不畅等问题。就物流行业而言，行业内对大件、大家电物流的行业标准模式为平面仓、高架仓配合信息化系统（传统 WMS），操作办法为人工 + 机械（夹抱车、叉车），库内策略管理为人工分析、系统配置形式，无人工智能要素，无法实现自主迭代、自主升级、产品预测。传统的仓库占比高，仓库自动化水平低，作业效率不高致使库存周转率低；货物装卸搬运方面的人力成本逐年增加，人力搬运造成的货损率较高。

为此日日顺物流发挥技术引领优势、强化物联网模式优势，完成数字化全球供应链产业布局，以思想、方法、技术、装备以及系统集成的全链创新，促进物流科技发展，在助力增强物流服务业新旧动能转化的同时，也对服务经济高质量发展起着重要推动作用。

2. 智能无人仓基本介绍

日日顺物流依托先进的管理理念和物流技术，以数字化为驱动力，在大件物流智能化上先行先试，获得众多荣誉：如曾入选十大“国家智能化仓储物流示范基地”；牵头承担科技部国家重点研发计划“智慧物流管理与智能服务关键技术”项目等。目前，日日顺物流在全国拥有 15 个发运基地、136 个智慧物流仓、6000 多个网点、3300 条干线班车线路、10000 余条区域配送路线。目前，日日顺物流已先后在青岛、杭州、佛山、胶州等地建立了众多不同类型的智能仓，此次大件智能无人仓的启用，再次凸显出日日顺物流在行业中的影响力。

位于即墨物流园的大件智能无人仓，定位于连接产业端到用户端的全流程、全场景区域配送中心，是日日顺物流基于新基建背景在科技化、数字化、场景化方面深度探索的成果，通过5G、人工智能技术以及智能装备的集中应用，打通前端用户和后端工厂的全流程、全场景，为用户提供定制化的场景物流服务解决方案。所处理的SKU数量超过1万，覆盖海尔、海信、小米、格力等大部分家电品牌，实现全品类大家电的存储、拣选、发货无人化。

大件智能无人仓主要分为四大作业区域，分别为入库扫描区、自动化立体存储区、拆零拣选区、备货（发货暂存）区。

其中，自动化立体存储区位于整个建筑的左后侧，采用堆垛机实现智能存储，仓库面积10000平方米，货架高22米，配备16台高速堆垛机，总存储货位（托盘位）13800个，可以存放超过14万台大家电产品。

入库扫描区和拆零拣选区位于自动化立体存储区外侧，即整个建筑的左前侧。入库扫描区位于一楼，共有5条入库输送线，其中4条伸缩皮带机用于普通大家电产品的入库作业，1条为智能电视机产品专用入库线。配备有全景智能扫描站（DWS）、码垛关节机器人等智能装备。

拆零拣选区位于二楼，进一步划分为夹抱分拣区、吸盘分拣区、电视机分拣区三大作业区域。其中，夹抱分拣区配备两组夹抱龙门拣选机器人，针对冰箱等大型或较重的家电产品（100kg以内）；吸盘分拣区配备两组吸盘龙门拣选机器人，针对中小型家电产品（80kg以内）；电视机分拣区采用定制化解决方案，配备专用的吸盘龙门拣选机器人以及专用托盘。与龙门拣选机器人配合的还有载重量为1吨的重型AGV。

备货区位于建筑的右侧，地面设有500个托盘位，可以满足40辆车的发货需求。目前备货区上部空间将根据业务发展所需进行扩展，备货区主要作业设备为AGV（见表1）。

表1　项目主要设备及规格

项目	相关参数
总存储货位	1.3万个
总存储量	14万台
堆垛机	16台
AGV	80台
龙门拣选机器人	6台
关节机器人	5台（可混合码垛）
全景智能扫描站	2套
智能提升梯	5套
出库效率	2.4万件/天

3. 主要作业流程

大件智能无人仓主要服务于C端消费者，主要作业分为入库上架、拆零拣选、备货出库。

（1）入库上架：精准高效的全景扫描+机器人码垛。

通常来说，商家根据销售情况预测完成备货计划，提前送货入库。当货车到达月台后，商品被人工卸至可以延伸到货车车厢的入库伸缩皮带机上（电视机产品卸至专用入库通道），随即经过全景智能扫描站（两条伸缩皮带机共用一套DWS系统），系统快速、准确地获取商品的重量、长、宽、高等信息，并根据这些信息将货物分配到相应的关节机器人工作站，关节机器人根据该信息进行垛型计算并码垛。

关节机器人具备混合码垛功能，但为了进一步提高效率，系统目前主要将同类型商品送至码垛站，当出现不同类型商品时，系统会安排其在环形输送线上进行缓存等待，当商品在系统内匹配完成后，再送至关节机器人处进行码垛。码垛完毕后自动贴标并扫描，随后整托盘经输送线进入自动化立体存储区。堆垛机利用激光导航和条码导航完成托盘上下架作业，精准选择货物装卸；并可通过大数据对订单和库存进行预测，根据预测结果对库区进行冷热区的精细化调整，实现密集存储的同时，最大限度地挖掘空间存储能力。

（2）拆零拣选：龙门拣选机器人首次应用。

当消费者下单后，前端销售系统会将订单信息发送至无人仓WMS系统，无人仓根据订单信息和用户预约的时间进行拣选出库及配送。当WMS系统下达出库任务后，堆垛机从指定存储货位将托盘下架，托盘经输送线被输送至二楼拣选区的不同分拣区域（如冰箱等大型家电产品将送至夹抱分拣区；空调等中小型家电产品则送至吸盘分拣区；电视机产品送至专门的分拣区域），由扫描系统进行扫描复核，确认所需拣选商品正确后，龙门拣选机器人自动将带有收货地址等用户信息的条码粘贴在商品上，并将货物移至托盘。

拆零拣选历来是仓库的重点作业环节，此次龙门拣选机器人的引入成为无人仓的亮点之一。龙门拣选机器人根据物流订单，运用机器视觉可以快速找到目标货物并通过夹抱或者吸取的方式精准投放到对应的托盘，作业时间不超过20秒，距离误差不超过5毫米。

（3）备货出库：AGV全程助力。

当龙门拣选机器人拣选完毕，信息反馈至系统，系统调度AGV前来搬运。二楼分拣区AGV将托盘货物送至智能提升梯，由其将货物运至一楼备货区。此时二楼分拣区的AGV任务完成，开始等待新的系统指令。托盘货物自智能提升梯运出后，经扫描确认后信息传回系统，系统调度一楼备货区的AGV将托盘货物送至指定暂存货位。AGV采用激光导引技术，通过空间建模进行场地内空间定位，并在所有路线中快速选择最优路径作业，以及自动避障和路径优化更改。

当货车到达后，系统调度AGV按照“先卸后装”的原则，将托盘货物运至出库月台，最后装车发运。

4. 重点设备

大件家电由于自身体积较大、较重，且容易损坏、附加值高等特点，仓储作业难以实现全流程自动化、无人化。日日顺物流一直在大件仓储智能化上不断探索，在佛山、杭州等地实施了不同程度的智能化仓库，此次大件智能无人仓建设实现了技术再次升级，呈现出诸多亮点。

此项目在行业内率先将全景智能扫描站、关节机器人、龙门拣选机器人等多项智能设备集中应用，并通过视觉识别、智能控制算法等人工智能技术充分展示出了日日顺物流大件仓储的能力。

全景智能扫描站采用线性工业相机配备高灵敏度CMOS（互补金属氧化物半导体）图像传感器，通过五面全景扫描提供超高清晰度的图像，保证货物信息采集匹配准确率的同时提高信息采集效率，并且为运营分析提供数据，顺利实现数据智能化。该设备可以1秒完成自动识别货物尺寸和重量并匹配货物条码信息，货物信息采集匹配准确率为100%（见图2）。

图2　全景智能扫描站

大件物流出入库装卸搬运劳动强度大、人工效率低、操作不规范。针对行业痛点，大件智能无人仓应用的关节机器人可以配合3D（三维）与2D（二维）视觉实现场景实时定位，辅助货物辨识定位，可自主控制路线优化，路线变更，自主壁障，可实现内部碰撞检测/轨迹规划/逻辑检查等多种算法控制，无须担心场景多变、碰撞、奇异点等情况出现，达成效率最优、运行安全。关节机器人替代人工，提升入库码垛效率，可自动码垛，垛形可控、误差为零，同时，机械手可以长时间作业，效率稳定，单台机器人最大可以处理450kg重的货物。

传统出库作业无法进行非标大件的自动混码，只能由人工凭经验码盘；人工分拣容易出错，存在货物丢失问题；人工分拣费时费力，易出现货物损伤等问题。

龙门拣选机械手自动控制系统+3D机器视觉识别+定制治具实现行业首例非标大件货物的混码场景。智能拣选（运用3D相机，提取托盘货物位置，输送坐标给龙门拣选机械手实现自动拣选）、智能贴标（配套贴标机，由WCS系统控制，实现自动贴标）、智能混码（根据不同货物SKU信息，由系统自动生成相应空间位置信息，自动实现非标大件混码场景下的托盘最大空间利用）。龙门拣选机械手的应用使货损率降为零，拣货效率为100%、拣货准确率为100%（见图3、图4）。

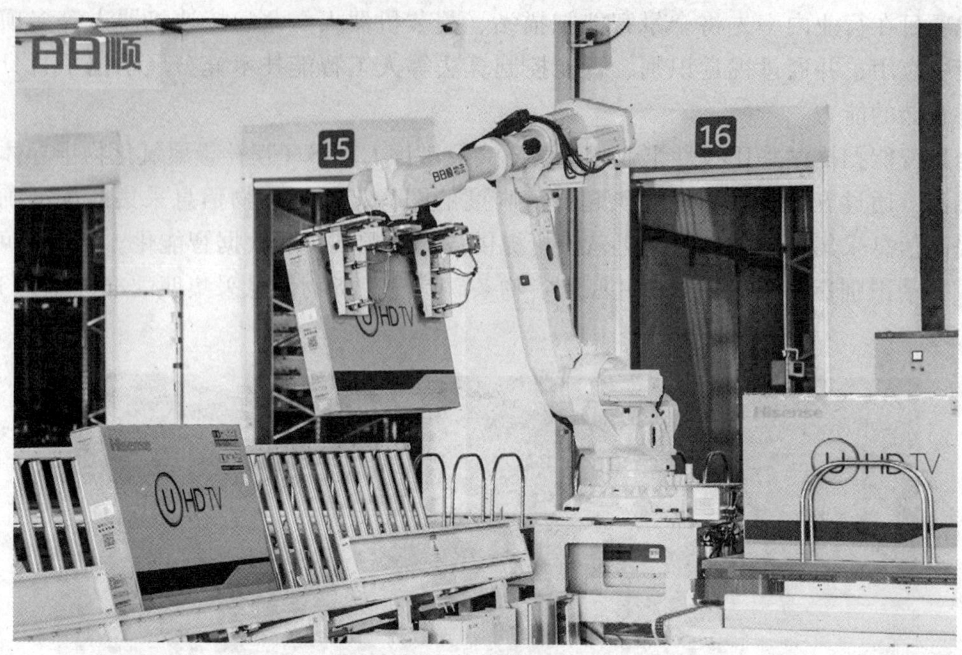

图 3 关节机械手

图 4 龙门拣选机械手

除了上述智能设备的首次引入，80 台承重 1 吨的 AGV，16 台全自动上下架堆垛机也是无人仓的主力设备。AGV 地面控制系统接收指令后可以对 AGV 进行自由调度和任务分配，接收到指令的 AGV 再通过算法控制和监控平台计算任务最优路径，实现路径的实时优化、变更以及躲避障碍，保证运输效率与安全。值得一提的是，考虑到无人仓内偶尔会有设备维护人员进入，AGV 识别到障碍时还会温馨地进行语音提示，避免事故发生（见图 5）。

图5 AGV 激光导引车

大件智能无人仓运用自动立体库堆垛机（见图6），通过激光导航和条码导航完成托盘自动上下架，同时，通过大数据分析对订单和库存进行预测，并根据预测结果对库区进行冷热区调整。此外，该设备在实现无人化、节省人力、上下架速度较机械作业提升4～5倍的同时，可操作20～30m立库，存储利用率可提升4～5倍，订单预测驱动冷热区管理，也使库内作业效率因冷热区库存调整提升50%；大件智能无人仓能够在黑灯环境下实现24小时不间断作业，除了依靠上述智能设备外，还拥有一颗“智慧大脑”——中央控制系统。

图6 自动立体库堆垛机

该系统掌握着无人仓内所有的数据，设备运行的参数和电机运转等都被抽取到上位系统建模，实现数字孪生，打破了原来的信息孤岛，通过该系统就可以管理整个仓库。即所有智能装备以三维数字孪生进行管理，系统获取所有运营实时数据，集监控、决策、控制于一体对全仓进行调配安排，充分发挥设备的集群效应，保障运行效率最优，实现所有环节智慧运行、匹配。除了仓内货物和独立设备的实施运行状态，该系统还运用可视化数据全程监控着日日顺物流位于全国的所有智慧仓库、网点、干线班车路线、区域配送路线等环节的作业数据，全面覆盖货物的配送过程，通过对资源的协调优化，更好地服务客户。

基于领先的设备和“智慧大脑”，无人仓作业效率和准确率均得到大幅提升，出货量达到2.4万件/天。与传统仓库相比较，节省大量作业人员，目前库存利用率提高4倍；同时，通过智能堆垛、智能存储、智能分拣等全自动化作业，避免了人工作业引起的差错，保证物流作业精准高效进行；此外，智能设备可以更好地保护商品，实现产品质量零损失。

5. 示范特色

（1）经济效益。

从平台能力上看，日日顺物流供应链一体化解决方案平台聚集了10万辆车，仓储面积为600万平方米，平台上每年的货物吞吐量为1.3亿立方米。

日日顺物流在全国共有136个TC仓库，大件智能无人仓为136个TC仓库提供了差异化的解决方案。

基于大件智能无人仓建设的自主更新迭代的信息化系统，将服务于日日顺物流的所有仓库，并实现所有仓库的订单预测，从而压缩供应链成本，提升企业效益。大件智能无人仓输出行业建设标准，为各产业客户（家电、健康、出行）等提供智能化解决方案，为客户提供集成及智能化服务。

（2）社会效益。

从社会层面看，该项目打造基于人工智能的大件智能无人仓示范工程，促进智慧物流发展的新旧动能转换和引擎升级，以带动我国人工智能与物流产业融合发展的生态升级为目标，将在思想、方法、技术、装备、系统等方面取得一系列成果，预期综合效益明显。

项目研究基于人工智能技术、传感技术、通信技术等打造了复杂环境下的物流全流程全方位透明监管系统，通过发展无人化技术与装备，在降低人力成本的同时，对于保障物流应急状态安全、主动防御潜在风险、降低成本损失等方面效益显著（见图7）。

6. 存在的主要风险

（1）技术风险。

技术风险是指项目采用技术的先进性、可靠性、适用性和可行性与预测方案存在重大差异时，导致生产能力利用率降低，生产成本增加，产品质量达不到预期要求。本项目采用人工智能等先进可靠的技术优势，并有相应的研发支持，技术风险小。

日日顺物流从国际上引进了多名专家，用于物流战略规划、对客户的服务流程优化以及信息化系统建设；截至2020年，日日顺物流共拥有国际化专家26名，专职为日日顺

图 7　日日顺物流智能仓

物流服务。同时，日日顺物流引进高级人才，向专家学习。另外，本项目拥有相关专利及软件著作权共 40 余项。

（2）市场风险。

市场风险是项目遇到的重要风险之一。它的损失主要表现在市场销路不畅，以及相应的上游市场供应不足，以至销售收入达不到预期目标。本项目的市场风险主要来源于三个方面：一是市场供需实际情况与预测值发生偏离；二是项目市场竞争力发生重大变化；三是项目上游市场的实际价格与预测价格发生较大偏离。

（3）经营风险。

经营风险是由于投资、经营不善，管理水平低下等，导致实际投资经营结果低于预期结果的可能性。企业的经营管理对企业效益具有十分重要的作用，高效的经营管理能够降低经营成本，提高产品价格竞争力。

目前，日日顺物流有完善的组织机构，对运输、保管（仓储）、配送、装卸、包装、流通加工、物流信息等环节有严格的规范要求，抵御常规经营风险的能力较强，但为了化解非常规经营风险，公司还要继续抓好质量管理，节约成本。

7. 规划及展望

大件智能无人仓自动化项目试点后，将在上海、济南、长沙等地的中心逐步进行全流程解决方案输出、模式复制，其他中心也将输出部分技术，带动日日顺物流的整体自动化水平，提高业务能力，满足客户的潜在需求。

大件智能无人仓项目，是日日顺物流基于新基建背景在科技化、数字化、场景化方面深度探索的成果。未来日日顺物流依托先进的管理理念和物流技术、整合全球一流网络资源，将不断加强“科技化”基础物流能力、“数字化”SCM 定制方案、“场景化”社群服务平台三大差异化竞争力，进一步引领居家大件物流领域的发展。

机科发展科技股份有限公司：中医药产品智能工厂智能制造解决方案及集成应用

一、应用企业简况

机科发展科技股份有限公司（以下简称“机科股份”），是国务院国有资产监督管理委员会直接监管的中央大型科技企业集团机械科学研究总院集团有限公司（原机械科学研究总院）的控股公司。机科股份于2002年5月由机械科学研究总院发起设立，是国家级高新技术企业，拥有以有机固废生物处理处置为目标的机械工业有机固废生物处理与资源化利用工程技术研究中心（OWTR），2019年4月机科股份获批“北京市企业技术中心”。

机科股份全面通过ISO 9001、ISO 14001、OHSAS 18001认证，拥有工程咨询乙级资质、机电设备安装和施工等资质。拥有1项国家重点新产品、1项北京市重点新产品，获得省部级以上各类科技成果30项。拥有有效专利90项，其中发明专利28项，实用新型专利62项；拥有软件著作权42项。公司主持或参与的国家智能制造项目共27项，主持或参与的国家和行业标准共20余项。

机科股份财务状况良好，经济效益稳步增长。2018年，公司实现营业收入28442.91万元，同比增长7.96%；2019年，公司实现营业收入30038.89万元，同比增长5.61%。

机科股份拥有优秀的人力资源和深厚的技术底蕴，在近十年的科研探索与产品生产实践过程中，已培养并形成了以中高级企业经营管理人员、高级技术研究与开发人员、高级复合型专业技术人员和高技能人员为代表的优秀人才队伍。有国家级有突出贡献中青年专家2人，享受政府特殊津贴专家12人，“百千万人才工程”国家级人选2人；正高级工程师27人，高级工程师36人，工程师50人，助理工程师60人；博士5人，硕士76人。

机科股份已成为全国领先的智能高端制造装备和整体解决方案供应商。2018年6月被工业和信息化部评为第一批符合《工业机器人行业规范条件》的15家企业之一；2017年11月被评为符合《智能制造系统解决方案供应商规范条件》的单位；2018年10月被北京市评为第一批智能制造系统解决方案供应商、北京市智能制造核心技术装备供应商；2019年入围工业和信息化部新一代人工智能产业创新重点任务入围揭榜单位。

机科股份主要从事智能高端制造装备及系统集成，环保设备与工程的设计、研发和销售两大类业务。业务领域涉及铁路运输、水路运输、航空航天和其他运输设备制造业、通用设备制造业、专用设备制造业、汽车制造业等国民经济命脉的重要行业和关键领域，在智能制造装备方面的典型产品和技术有移动机器人技术、自动检测与分选技术和机器人应用技术等，均已达到国际先进、国内领先水平。

近年来机科股份在医药领域持续研究与创新，承担国家攻关任务，满足行业转型升级需求，为企业实现数字化制造提供了智能化、自动化车间成套物流技术装备和系统解决方案，服务的客户有北京同仁堂健康药业股份有限公司、北京同仁堂科技发展股份有限公司、江中制药、丽珠医药、西安杨森等制药企业，实现了中医药产品制造过程中车间成套物流技术装备的集成化应用，起到了良好的示范作用，获得了行业的充分认可。

二、案例基本情况

本案例是基于2016年获批工业和信息化部智能制造综合标准化与新模式应用项目建设基础，机科股份作为系统集成商和核心物流技术装备供应商，案例紧密围绕《中国制造2025》中生物医药重点领域，同时面向我国传统药品制造企业转型升级需求，开展中医药产品的智能工厂集成创新与智能制造新模式的探索与示范。通过本项目的实施，建成能够生产口服液、粉剂、胶囊等多种不同包装形式的产品，年生产能力达80万箱的中医药产品智能化工厂，为我国高端智能成套装备及先进的智能制造模式在中医药行业更为广泛地推广应用树立典范。

基于本案例在中医药产品智能工厂的新模式探索与推广应用，实现中医药产品的设计、工艺、制造、检测、物流等全生命周期的智能化提升，大大提高我国中医药行业的智能制造水平，推动中医药制造业产业结构升级。

本案例建设内容包括中医药产品原辅料快速准备、环境净化装备、制剂生产、自动化包装、智能化物流及仓储系统、制造过程现场数据采集与可视化系统、数字化集中监控系统、企业资源计划（ERP）系统等。

三、案例实施方案

本案例重点攻关高参数自动化立体仓库、车间物流成套装备（移动搬运机器人）、六关节搬运机器人、高速堆垛机、智能分拣机、高速托盘输送机等核心智能制造装备，建立中医药产品智能制造工厂互联互通的网络架构与信息模型、中医药产品数据管理系统，实现中医药产品制造过程现场数据采集与可视化，建立面向信息集成的中医药产品制造大数据平台，形成MES、PLM和ERP协同的中医药产品智能工厂管控系统，促进自动化物流信息系统的集成；实现中医药产品从原辅料准备、前处理到后续多剂型制剂、包装、物流仓储、分拣配送等全过程自动化生产，实现全过程的实时质量监控与可追溯。项目技术路线如图1所示。

1. 项目技术方案

中医药产品制造过程主要包含药品前期生产、内包装前关键工艺、内包装、二次包装（外包装）、装箱等。通过基于二维码、RFID标签的产品追踪系统，加上检测温度、湿度、气压等的传感器，在线测量设备等自动化信息采集装置获取中医药产品制造过程、物料仓储、车间环境等生产系统状态；通过CPS平台的通信、计算及控制能力实现生产对象信息物理融合和交互操作，支撑生产和物流系统的智能化；通过大数据平台知识挖掘和专家系统实现中医药产品生产工艺的持续优化和创新，实现生产管理决策的智能化。项目技术方案如图2所示。

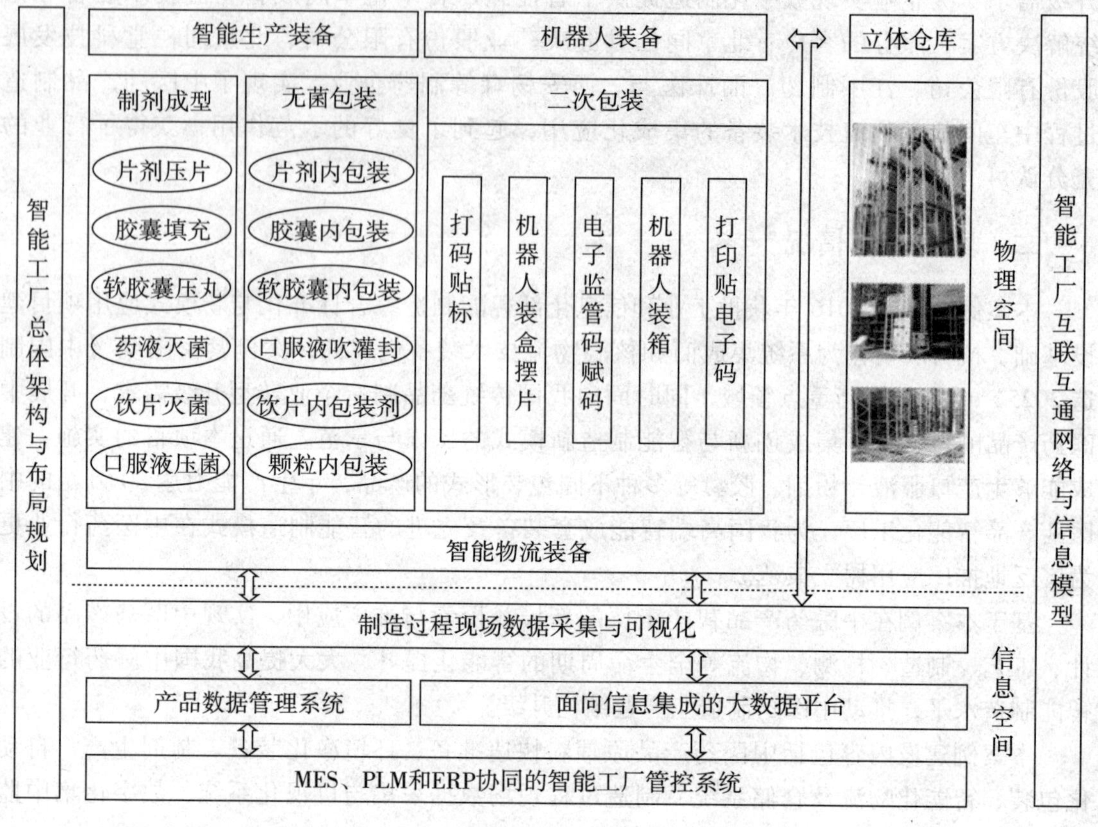

图1 项目技术路线

2. 中医药产品智能生产装备

智能成型分装制药设备：如压片机，压力参数根据具体品种设置，压片过程中可自动采集压力进行反馈并调整，或报警；如多列粉剂颗粒包装机，分装过程中可自动称量进行反馈并调整，或报警；如口服液灌装机，灌封过程中可自动检测装量和密封性进行反馈并调整，或剔除。

智能包装生产线：对包装不合格的产品进行检测剔除，对标签条码进行检测剔除，使用装箱机器人和码垛机器人，实现柔性化生产。

智能净化厂房：使用各类传感器采集温湿度、尘埃粒子等参数，并与设定值对比，自动调整相关控制器以达到标准，或进行报警。

智能生产装备车间布局如图3所示。

3. 高参数自动化立体仓库

高参数自动化立体仓库主要有包材库、成品库、中间产品库、中药材原辅料库、阴凉原辅料库、中药饮片药材库、贵细品库、成品在检库、经销产品库，各仓库由单元式货架构成，采用高速堆垛机实现物品的自动出入库操作。各个仓库之间通过高速托盘输送机实现各种物品的出入库输送，不同种类和规格的物品通过自动信息识别后，在库端经高速托盘输送机分配至对应的自动化立体仓库，然后由轻型高速堆垛机放入指定货位。自动化立体仓库包含双伸位堆垛机及单伸位堆垛机（见图4）。

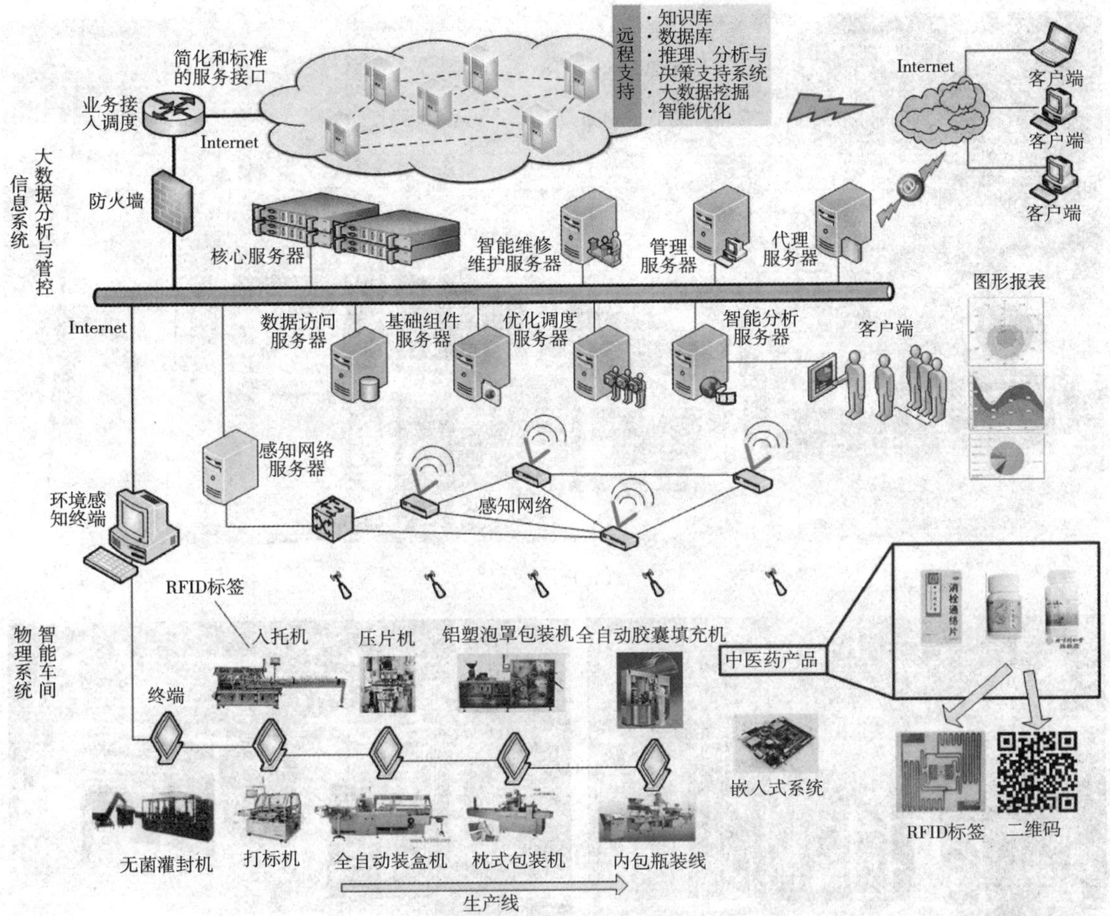

远程支持
· 知识库
· 数据库
· 推理、分析与决策支持系统
· 大数据挖掘
· 智能优化
简化和标准的服务接口
业务接入调度
Internet
大数据分析与管控信息系统
防火墙
核心服务器
智能维修维护服务器
管理服务器
代理服务器
Internet
客户端
客户端
客户端
图形报表
Internet
数据访问服务器
基础组件服务器
优化调度服务器
智能分析服务器
客户端
感知网络服务器
感知网络
环境感知终端
RFID标签
智能车间物理系统
入托机
压片机
铝塑泡罩包装机
全自动胶囊填充机
中医药产品
终端
嵌入式系统
无菌灌封机
打标机
全自动装盒机
枕式包装机
内包瓶装线
生产线
RFID标签
二维码

图 2　项目技术方案

原料成品仓库
口服液生产线
软胶囊生产线
胶囊生产线
收发中心
空中连廊
包装材料仓库

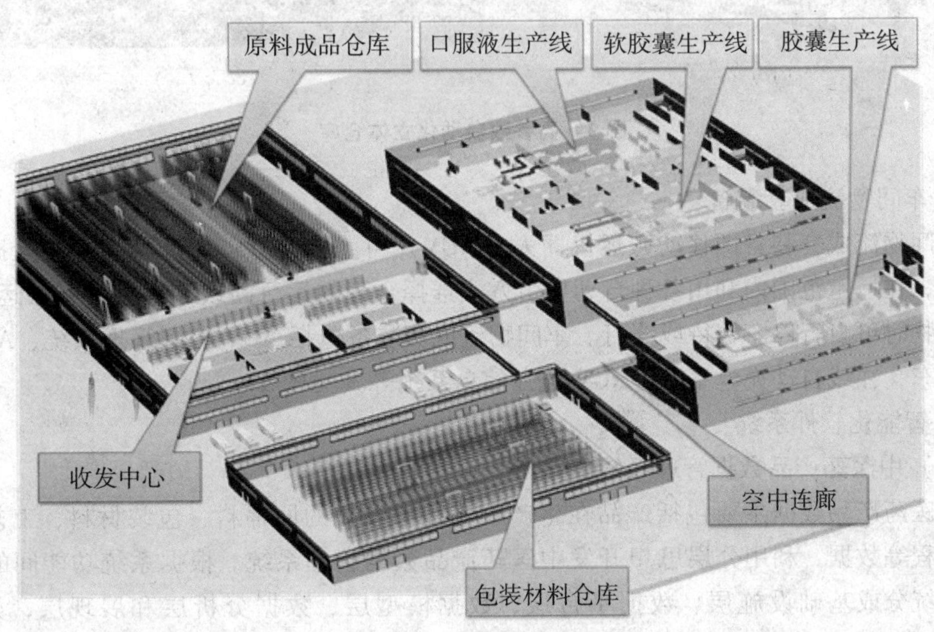

图 3　智能生产装备车间布局

（a）

（b）

（c）

图4　高参数自动化立体仓库

4. 车间物流成套装备

车间物流成套装备即移动搬运机器人（AGV）可直接与立体仓库衔接，接受搬运作业命令，在一定范围内利用各种自动导引方式选择合理的运行路线和速度进行搬运作业，遇障碍物时可自行停车等待或绕行。车间物流成套装备包括 AGV 控制管理系统，AGV 自动导引车，在线自动充电系统，AGV 监控信息系统等（见图5）。

5. 智能化软件系统

（1）中医药产品数据管理系统。

中医药产品数据主要包括产品在生产全流程中涉及的原辅料、包装材料、工艺、资源、过程等数据，利用分层思想开发中医药产品数据管理系统。根据系统功能间的内聚性，系统分成基础设施层、数据平台层、数据模型层、数据分析层和展现层，如图6所示。

（a）

（b）

图 5　车间物流成套装备

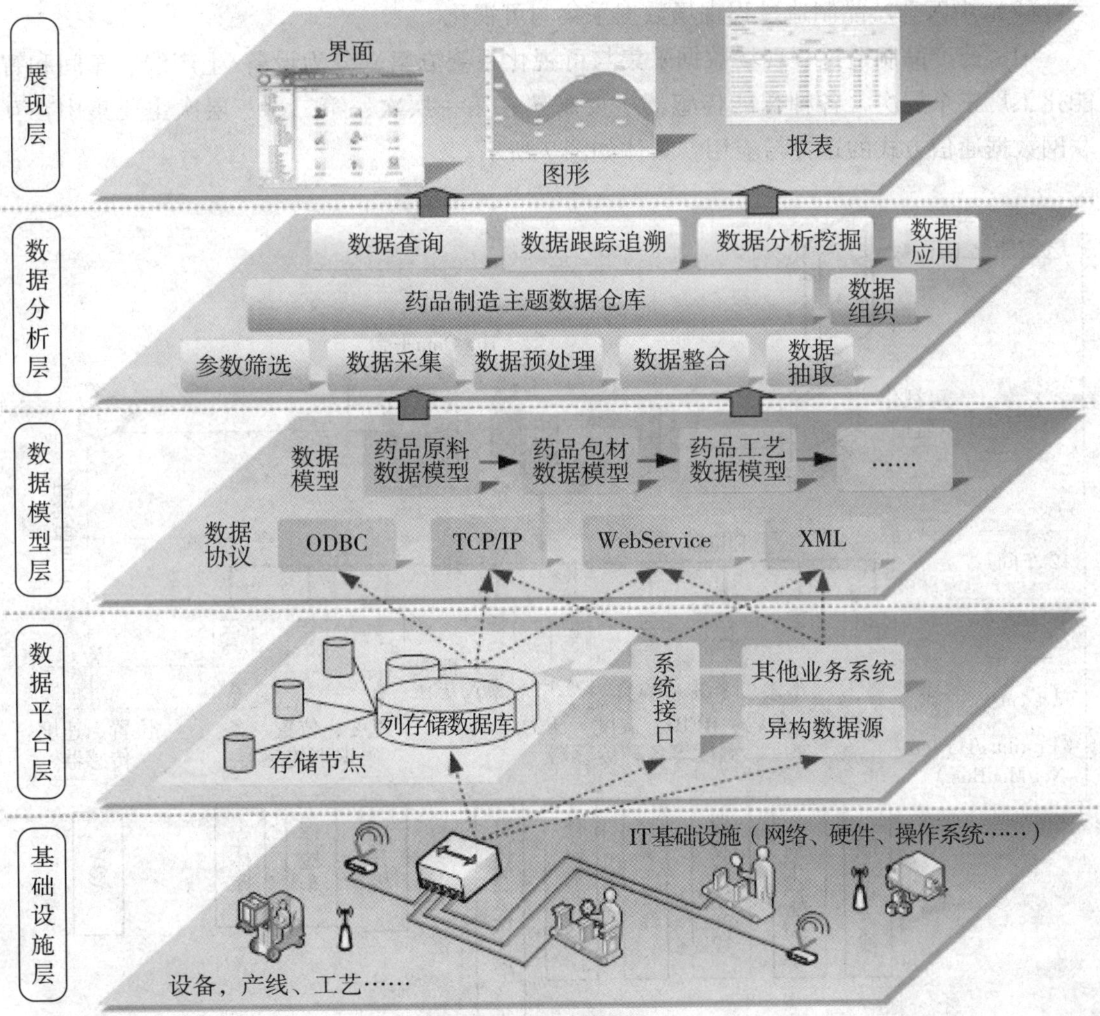

展现层
界面
图形
报表

数据分析层
数据查询
数据跟踪追溯
数据分析挖掘
数据应用
药品制造主题数据仓库
数据组织
参数筛选
数据采集
数据预处理
数据整合
数据抽取

数据模型层
数据模型
药品原料数据模型
药品包材数据模型
药品工艺数据模型
……
数据协议
ODBC
TCP/IP
WebService
XML

数据平台层
存储节点
列存储数据库
系统接口
其他业务系统
异构数据源

基础设施层
IT基础设施（网络、硬件、操作系统……）
设备，产线、工艺……

图 6　中医药产品数据管理系统框架

基础设施层是中医药产品智能制造车间的映像，为本系统提供原始数据（Raw Data）。

数据平台层存储从数据源中获得的大量产品数据，包括生产数据、质量数据等。着眼于产品数据追溯需求，需要对大量的生产过程、统计分析、管理数据进行有效存储、使用和管理。

数据模型层对中医药产品智能制造工厂内数据进行统一描述。针对存储的药品原辅料、包装材料、工艺数据进行抽象组织，提供统一描述接口和模式，实现对中医药产品数据的统一建模，实现各车间信息互联互通。

数据分析层通过对系统分析处理服务的包装，为上层以及外部系统提供数据支撑。建立零部件结构、部门科室、生产制造、质量检验等不同主题的数据仓库，提供数据查询、跟踪追溯等核心功能，同时提供相关数据挖掘算法，对中医药产品制造数据进行分析。

展现层为终端客户提供个性化的调用接口以及用户的身份认证，是用户可见的系统操作入口，同时本层也提供相关的数据可视化界面，直观呈现数据挖掘与分析结果。

（2）中医药产品制造过程现场数据采集与可视化。

中医药产品制造过程现场数据采集与可视化系统方案，分为设备/生产线、车间和智能化工厂三个层次，各种智能传感器主要配置在第一层次，第二、三层次主要集中在互联网数据通信方式的选择与应用，具体如图 7 所示。

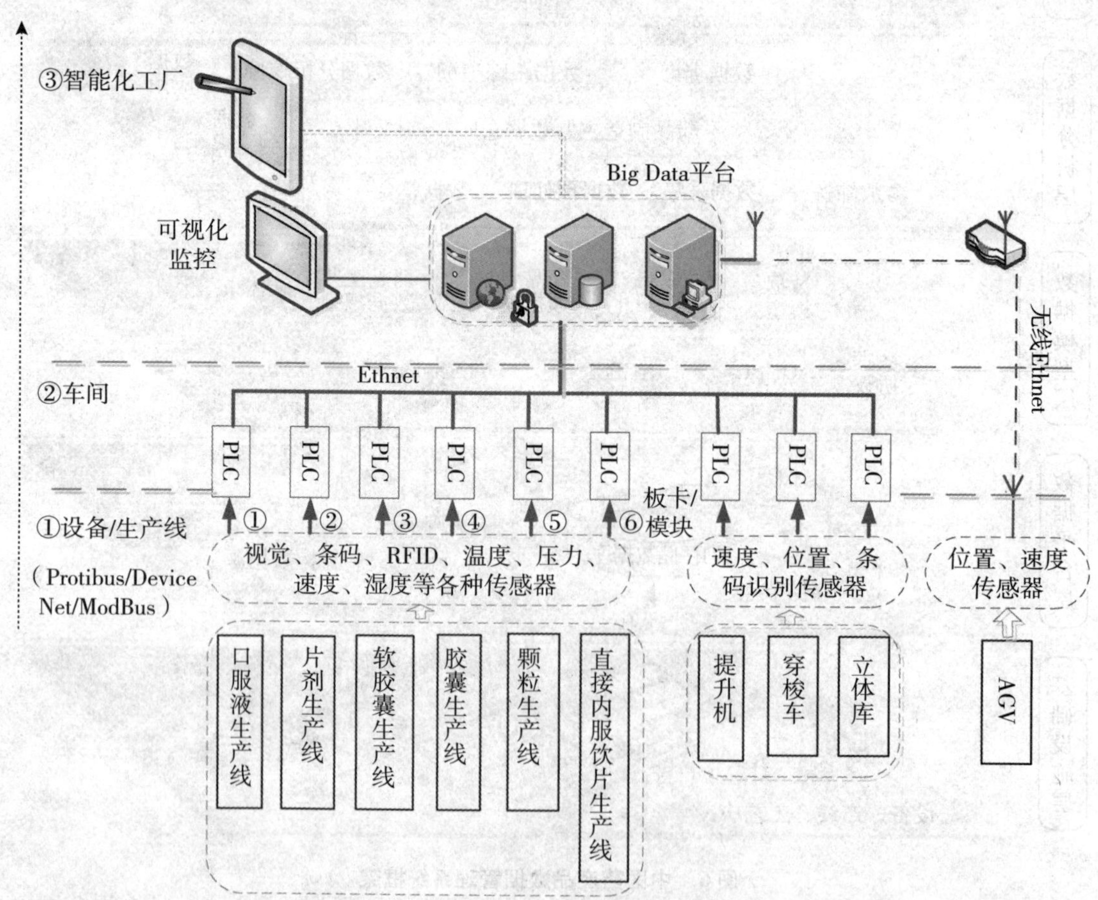

图 7　中医药产品制造过程现场数据采集与可视化系统方案

（3）面向信息集成的中医药产品制造大数据平台。

针对中医药产品生产现场数据的多源异构特点，基于 Apache Hadoop HDFS 建立分布式文件系统，形成大数据存储集群。整个平台由通用预处理层、数据仓库层和专用算法层三层组成，通过多源数据整合方法，将生产现场不同来源的数据与 MES、ERP、PLM 等融合。对于结构化数据，通过将其放入 HBase 中，按列存储的方式，每一列单独存放；对于非结构化的数据，将其放置在 HDFS 当中。通过筛选和生产线上机台数据的预处理，剔除冗余数据；从而为后续分析、高层应用和用户界面提供标准化、可靠、可复用的数据资源，具体如图 8 所示。

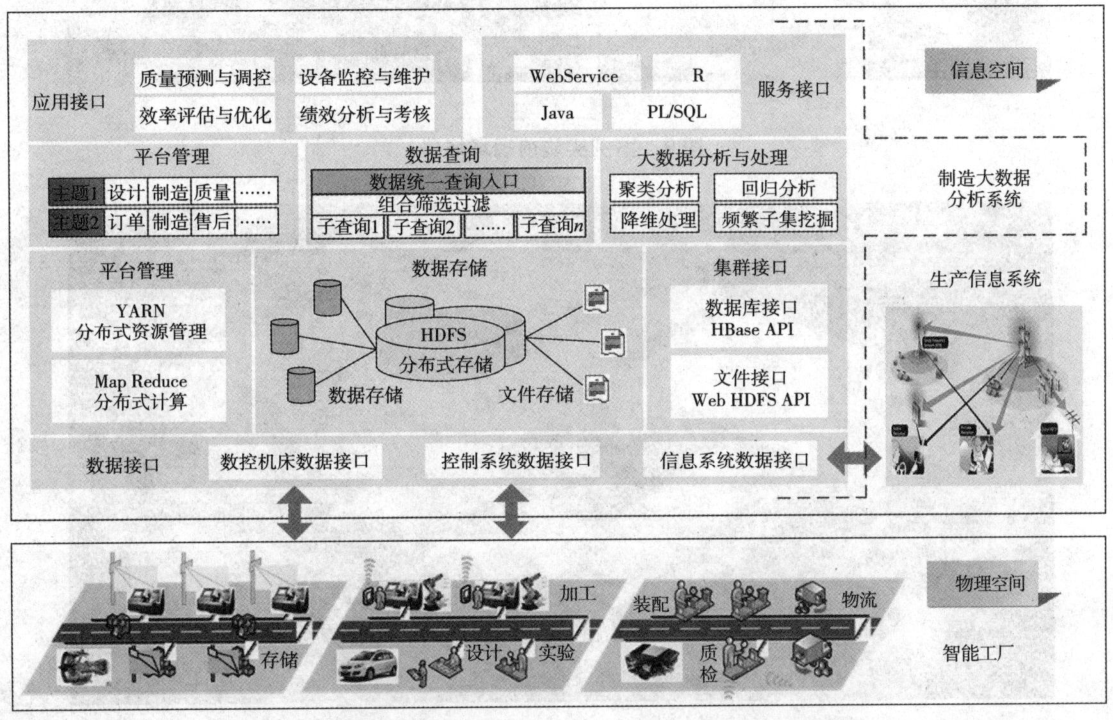

图 8　面向信息集成的中医药产品制造大数据平台系统方案

四、案例实施效果

本案例从规划到投入运营，历经 4 年时间，实施效果主要体现在以下三个方面。

①通过数字化、网络化、智能化技术的充分运用，生产效率大幅提升，产品质量进一步提高。

②通过集成应用高参数立体仓库、车间成套物流装备、自动化分拣系统等，智能物流应用水平大幅度提高。

③通过应用生产管控系统、产品数据管理平台、制造大数据平台、仓库管理系统 WMS（含 WCS），实现了生产过程的数字化、透明化管理，实现了产品数据的管理和追踪。

案例实施前现场场景如图 9 所示，案例实施后现场场景如图 10 所示。

（a）　　　　　　　　　　（b）

图9　案例实施前现场场景

（a）

（b）　　　　　　　　　　（c）

图10　案例实施后现场场景

通过应用案例，最终实现了生产效率提升 25%，运营成本降低 21.3%，产品不良率降低 25%，单位产值能耗降低 30.2%，产品升级周期缩短 31.5%（见图 11）。

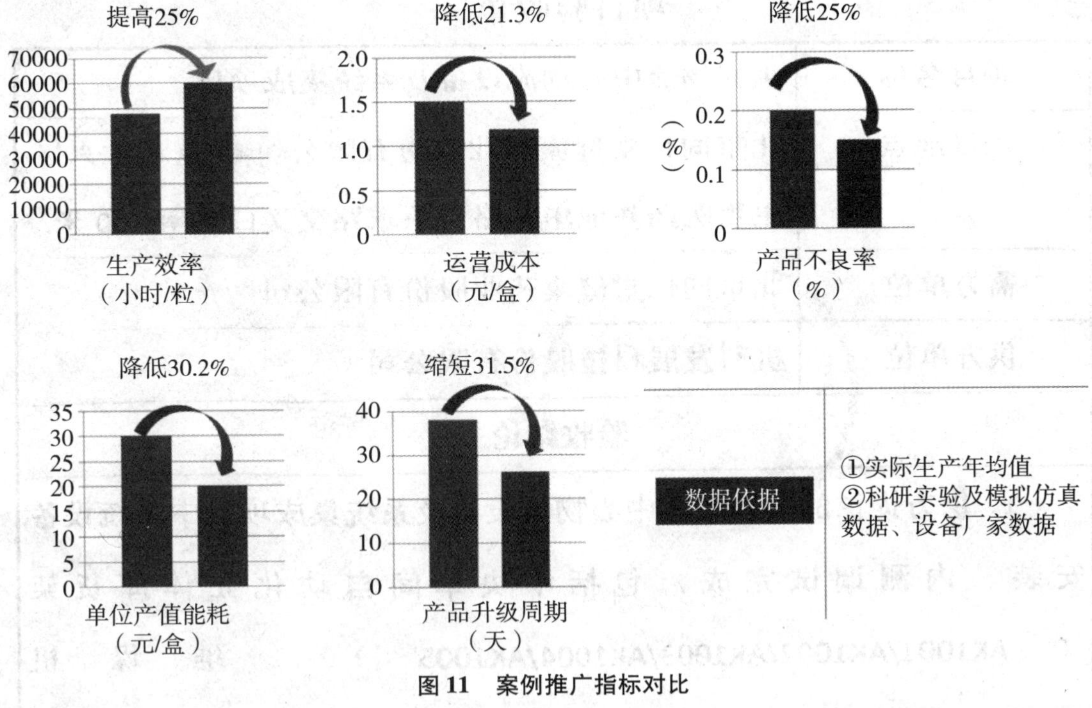

图 11　案例推广指标对比

五、案例推广

在医药行业，机科股份近年来先后为西安杨森、丽珠医药、江中制药、华东药业、辉瑞制药、上海君实等典型医药企业提供了整体解决方案及车间成套物流系统，获得了行业的充分认可（见图 12）。

图 12　案例推广场景

六、应用单位的鉴定意见

项目验收单

项目名称	大兴物流中心物流设备及系统集成项目
项目地点	北京同仁堂健康药业股份有限公司-北京市大兴区生物医药基地华佗路与芦求路交叉口西南 100 米
需方单位	北京同仁堂健康药业股份有限公司
供方单位	机科发展科技股份有限公司

验收结论

1. 供方提供的大兴物流中心物流设备及系统集成项目中系统设备安装、内测调试完成，包括中央车间自动化立体库货架（AK1001/AK1002/AK1003/AK1004/AK1005）、堆垛机（AS1001/AD1001/AD1002/AD1003/AD1004）、输送设备（A1001-A1041）。电子标签系统（CU2001-CU2007/CG2001-CG2027）、AGV 充电位（CC2001/CC2002/CC2003）、AGV 系统（AGV-1/2/3/4）；经需方检查和测试，整个系统满足技术协议的要求，双方同意验收；

2. 供方提供的大兴物流中心物流设备及系统集成项目中设备清单、产品合格证资料完整清晰，双方同意验收；

3. 项目验收时间为2018年9月18日，物流中心物流设备系统质保期从验收之日算起。

双方签字确认

需方代表签字	
供方代表签字	

德邦物流股份有限公司：德邦快递三级智能指挥调度系统

一、企业简况

德邦物流股份有限公司（以下简称“德邦快递”）自1996年成立，作为直营式物流民营企业，现已成长为一家以大件快递为主力，联动快递、物流、跨境、仓储与供应链的综合性物流供应商，并于2018年在上海证券交易所挂牌上市。德邦快递以标准化的服务引领行业，通过统一的车体形象、店面形象、员工形象和操作标准，全方位提供始终如一的专业服务。德邦快递根据客户的不同需求，通过定制化的创新为各行业客户提供代收货款、签单返回、保价运输、安全包装等增值服务。“物畅其流、人尽其才”是德邦快递的使命，“以客户为中心、以进取者为本、以团队创高效、坚持自我反思”是德邦快递的核心理念。

二、信息化进程及面临的问题

信息化是现代物流发展的必由之路，也是德邦快递精细化管理的重点。目前，德邦快递旗下的德邦科技拥有138个IT（信息技术）系统、57个IT项目、5个开发平台。每年投入资金超过5亿元，未来将继续加大IT资源投入。

随着快递行业的迅猛发展，德邦快递面临主营业务量的逐渐增长，高效处理大数据、高效联通内部业务部门成为现代化物流行业面临的首要问题。

2012年，德邦快递开始全面系统地实施线上化、数字化。2016年开始，德邦快递对大数据进行融合，展开综合分析与管理。2018年，德邦快递已经实现数字化管控，将主营业务的各个环节模拟至数字孪生中心，达到“两个实现”：通过大数据分析，预测识别业务风险，实现总部—区域—业务现场三级扁平化管理；通过数字化过程解决人管人效率低下的问题，实现结果数据管理向过程实时数据管理覆盖。

经过第一年尝试、第二年完善，第三年扩大应用，形成了包括指挥中心大屏、PC端、移动端多屏互动立体化指挥体系，打造两套系统。一是风眼系统，覆盖了德邦快递所有业务场景，通过实时数据分析预警、可视化监测、自动化干预，可以有力支撑管理层高效与智能决策。二是魔镜大数据系统，汇集了德邦快递126个核心业务系统数据，通过OGG/Data Flume技术进行数据采集，运用Hadoop、HBase的实时运算技术，目前可支持海量数据的秒级运算，通过搭建底层数据模型，对各环节承载数据进行预测、预警。

如此，通过企业内部数字系统与业务系统，已实现三级智能指挥调度。提供场景数字化，常规场景异常数据告知业务系统，触发业务系统自动阻断机制，干预进行中的业务；重大异常场景告警责任人，由责任人决策是否执行阻断机制。实现风险事前规避、事中及时处理、事后跟踪复盘归档流程化。减少从发现问题到上报异常、异常知晓到决策下发、决策执行的风险解决时间；减少风险监控人力投入，释放管理层基础管理职能与精力，向精益化管理提升。

三、技术创新点

三级智能指挥调度系统具体的创新点在于以下几个方面。

（1）基于全链路数据融合与业务系统，打造德邦快递自有智慧大脑。

将收入、时效、品质、人员、体验等各个垂直数据体系融合，并通过过程数据在线分析，异常预测、实时告警与在线解决机制，实现提前识别、事前干预，打造德邦快递自有智慧大脑，灵活地处理业务环节各类信息不通畅问题。

（2）全链路过程数据下沉，提升决策效率。

数据颗粒度下沉，支持到各业务线最小颗粒度数据管理需求，让每个业务环节点都能够实现数据可视化，实现大数据支撑德邦快递精细化管理理念。

（3）集成系统和服务，以提升资源运用的效率。

从前端到末端的大数据整合与提取，可以及时发现业务环节具体问题，收件与派送作为接触客户的重要端口，信息可视化的数据可以实现有效客户维护、增加客户黏性、保证客户前端与末端体验。

（4）数据挖掘与智能设备引入，实现“防患于未然”。

通过全国180个外场及所有门店的5万个高清摄像头覆盖，实现视频数据分析，对暴力分拣、货物夹带等不符合行业规范的场景实现自动告警，定位跟踪，从而提高运营过程中的转运装卸品质，减少货物损坏，保障客户货物安全，提升客户运输质量体验。

总体而言，三级智能指挥调度系统通过大数据整合，实现收入、时效、品质、人员、体验等各个垂直数据体系可视化，在高效联通内部业务部门方面发挥着整体统筹的作用。

四、应用效果与推广情况

1. 应用效果

（1）出发率、及时率、妥投率明显提升，客户投诉量减少。

（2）理赔时效缩短至10天。

（3）零担万呼由154.2降至130，快递万呼由31.1降至26.8。

（4）数据可视化占比：开发风险大屏，截至结项时，数据可视化占比达到90%。

（5）自动划责占比：实现客服系统自动化、智能化，自动划责占比达到65%。

2. 推广情况

（1）建立1个一级指挥中心，14个二级指挥中心，87个三级指挥中心。

（2）孵化经营与运营两套日常管理诊断系统，从管理视角整合数据，应用于公司所有管理层。

五、经济效益和社会效益

1. 经济效益

三级智能指挥调度系统项目的总投资为3000万元，回收期为3年。2018年实现新增利润500万元，2019年实现新增利润6500万元，累计实现7000万元利润。经济效益的提升主要体现在三个方面。一是人力成本。智能化线上处理，减少了人力成本的浪费，业务处理效率也更加高效。二是风险规避。智能化管控可以实现事前预测、事中处理与事后及时监控的全流程管理，在风险规避方面降低了事故发生率。三是品质改善。运营过程的可视化监控在员工内部起到了一定的防控作用，提升了对货物安全性的保障。因而，信息化运用在企业经济效益方面起着不可替代的作用。

2. 社会效益

信息化技术的应用与推广不仅对企业本身的效能提升有益处，还可以降低安全问题的发生概率。物流信息化技术的提升，可以在运输效率、货物安全方面起着关键性作用，这点对于客户而言无疑是最重要的。德邦快递本着以客户为中心的核心理念，提升物流信息化技术便是源于这个逻辑起点，更是适应市场需求的重要战略举措。

六、不足之处

德邦快递的物流信息化技术应用还处于起步阶段，公共物流信息平台建设进程比较滞后。公共物流信息平台是向各类用户提供信息交换与共享服务的开放式网络信息系统，是推进物流信息化建设、提升物流信息化水平的重要载体。

七、下一步计划

在我国，现代物流企业信息技术的应用比较落后，现代化的物流企业应该在各个环节实现自动化、智能化、高效化。近几年，在大数据、云计算、IoT（物联网）等新兴技术的催促下，传统供应链已无法满足企业发展需求，企业变革、创新升级势在必行。智慧化、数字化、可视化已成为行业发展主赛道。据MHI（物资搬运协会）和德勤共同发布的报告显示，80%的企业认为，数字化在未来5年将占据统治地位，16%的企业认为数字化已经占据统治地位。在物流行业，公路物流是物流的短板，公路物流需要智能化、信息化技术的支撑。

2019年是智慧物流突飞猛进发展的一年，德邦快递在信息涌动的大环境下，接下来会在无人机、无人车、智能仓储、区块链等技术的不断创新下再发展，进入全面创新、智慧智能、快速便捷、高质高效的新发展时代。通过系统优化，建立系统的集成平台，提高系统的风险识别能力，实现全局自动预警；全环节负载均衡，实现资源合理、快速调配。信息技术在物流行业中的运用，会提高运行效率，所以信息化应用是德邦快递乃至物流行业重大战略发展方向。

大连俱进汽贸运输有限公司：射频周转器具管理系统创新应用

一、企业简介

大连俱进汽贸运输有限公司（以下简称“俱进公司”）是大连创新零部件制造公司的全资子公司，公司坐落于大连市甘井子区华北路441号，于2002年成立，前身为大连柴油机厂运输处。占地面积2万平方米，仓储面积2.8万平方米，公司注册资本2907万元，有车辆200余台、员工近300人。2012年，俱进公司出资成立了大连俱进客运服务有限公司，是以企事业单位通勤班车、活动包车、办公用车为一体的综合性客运服务企业。同年，俱进公司与日本特兰科姆合资成立特兰格睿物流（大连）有限公司，在国内率先开展“无车承运”业务。俱进公司品牌为辽宁省著名商标，是国家3A级物流企业，已通过质量、环境、职业健康安全管理体系认证。2008—2020年俱进公司自主研发的ERP系统取得国家版权局软件著作权，同时结合“互联网+”、云计算、大数据、GPS系统实现全过程可监控，目前正逐步进行移动端及云平台升级改造工作。2019年，俱进公司申请成为“高新技术企业”。

二、主要解决的问题

众所周知，在汽车零部件制造行业，由于产品具有长周期批量供应、客户包装标准化等特点，所以在设计产品包装时，大多选择可周转循环使用的器具来满足供货要求。周转器具在实际使用中也表现出规格标准、方便转运、平均成本低和环保等优点。但是周转器具在实际使用过程中的资材管理，一直是让各厂家头疼的管理点。主要难点有以下几方面。

（1）周转器具在使用过程中，周转频率较高，采用传统的人工记出入账方式工作量大且容易出错。

（2）周转器具流转路线往往经过多道环节，很难对每个出现丢失或损坏的周转器具进行责任方追溯。

（3）周转器具在主机厂客户处的使用情况无法掌握，导致无法判断主机厂的实际周转器具数量需求。

（4）周转器具使用效率缺乏准确的数据统计做支撑，不利于优化周转器具资源的使用。

归结原因，主要是在于对周转器具的精细化管理缺乏有效的技术手段，使得周转器具管理成本和管理效果一直不理想。

为了解决这个问题，俱进公司经过研讨，一致认为应该使用一种更高效、更快捷、易操作的信号传递手段代替原有的人工点数记录的方式作为新的器具数量记录和传递方式，并将这些信息在全新的管理系统中进行存储处理，最终实现高效的精细管理。

三、信息化的实施

首先，需要选择一种能将周转器具实物流信息转化为信号并传递到计算机中的快捷、有效的方式。这种方式就要求当周转器具到货入库或发货出库时，不再靠人为识别，而是通过智能识别的方式，直接计算出周转器具出入种类及数量。经过市场调研，俱进公司发现最有效、经济的方式就是在周转器具上安装器具身份识别标识（类似于零件号标签），通过识别器识别，达到记录周转器具出入的效果。目前通用的识别标识分为条码、二维码、射频条码等，经过对比分析，条码和二维码需要人员对准每个器具识别码操作，虽然可以确保计数准确度，避免人为点数的出错率，但是工作效率较低。因此，俱进公司决定引入射频条码作为识别码，来实现实物流信息转化为信号的媒介。

其次，需要根据周转器具管理业务需求来设计一个射频周转器具管理系统（以下简称“器具管理系统”）。这个系统需要由移动端和PC端两部分组成。

（1）移动端作为实物操作中的操作终端用于识别器具并上传相关信息（见图1）。

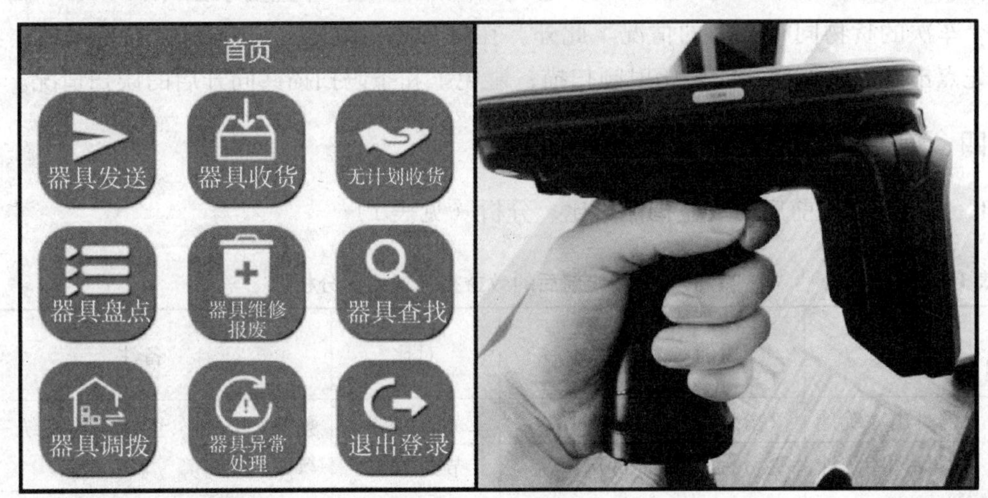

图1　移动端

（2）PC端作为信息汇总的终端进行信息的进一步统计分析处理。

确定了思路方向，最后，俱进公司开始具体的项目实施，通过软件信息公司获得了信息系统开发的技术支持，并得到了射频的两个重要硬件，射频条码和射频信号发射枪（即射频枪）的厂家资源。经过客户、软件商、器具商、射频供应商与俱进公司的共同研讨，制订如图2所示的项目实施方案。

在项目实施中，方案设计及评审、硬件资源配置、软件资源配置均顺利完成，但在实际测试中，发现了关键问题，射频枪在发货扫描时，存在将卸货口其他器具误扫进运单中的情况，导致数据录入不准确。此外，用射频枪条码功能识别运单号条码时，由于和扫描是同一个按钮，导致对不需要的器具的误扫和多扫。针对以上问题，俱进公司将

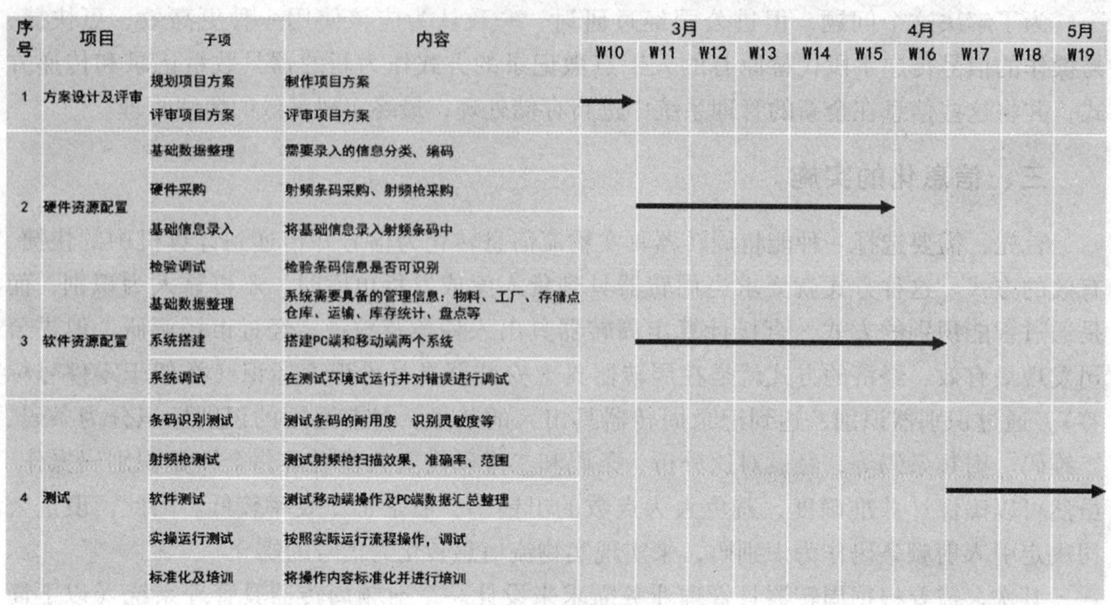

序号	项目	子项	内容	3月 W10	W11	W12	W13	4月 W14	W15	W16	W17	W18	5月 W19
1	方案设计及评审	规划项目方案	制作项目方案										
		评审项目方案	评审项目方案										
2	硬件资源配置	基础数据整理	需要录入的信息分类、编码										
		硬件采购	射频条码采购、射频枪采购										
		基础信息录入	将基础信息录入射频条码中										
		检验调试	检验条码信息是否可识别										
3	软件资源配置	基础数据整理	系统需要具备的管理信息：物料、工厂、存储点仓库、运输、库存统计、盘点等										
		系统搭建	搭建PC端和移动端两个系统										
		系统调试	在测试环境试运行并对错误进行调试										
4	测试	条码识别测试	测试条码的耐用度　识别灵敏度等										
		射频枪测试	测试射频枪扫描效果、准确率、范围										
		软件测试	测试移动端操作及PC端数据汇总整理										
		实操运行测试	按照实际运行流程操作，调试										
		标准化及培训	将操作内容标准化并进行培训										

图2　项目实施方案

库房重新布局，一个口入，一个口出，避免出入库混流，并且要求出库口一车一扫，避免多个车次的货物同时被扫的情况。此外，在射频枪上增加了扫描开始准备按钮，在扫描前先点击开启该按钮才能开始射频扫描，避免了和条码扫描共同开启的误扫情况。

四、信息化主要效益分析与评估

1. 信息化实施前后的效益指标对比、分析（见表1）

表1　　信息化实施前后的效益指标对比、分析

指标类别	分项	使用前	使用后	对比	备注
作业效率	器具出库统计	2 分钟/次	30 秒/次	节约 75%	射频扫描后，直接上传系统完成统计
	器具入库统计	2 分钟/次	30 秒/次	节约 75%	
	周转器具盘点	8 小时/次	1 小时/次	节约 87.5%	省去周转器具整理，直接扫描库存即可识别，数据直接上传
	每日台账制作	0.5 小时/天	无	减少 1 项作业	系统直接将上传的入出库数据生成台账报表
人员	周转器具管理员	6 人	1 人	减少 5 人，节约人工成本约 40 万元	该项目涉及的周转器具中转点有 3 个库房和 2 个工厂，此前每个库房需要 1 名周转器具管理员，2 个工厂需要 3 名周转器具管理员来完成器具管理。使用系统后，只需要 1 名统筹协调人员即可

使用器具管理系统后，除了统计精度提高，工作效率也得到了提升，平均作业效率提升75%以上。直接节约人工5人，每年节约人工成本约40万元。

2. 信息化实施对企业业务流程改造与创新模式的影响

通过应用器具管理系统，企业的周转器具管理有以下方面改善。

（1）作业高效，操作人员使用手持射频枪完成出入库扫描比以往手工录入台账快60%以上。

（2）操作简单，操作人员只需要在周转器具出入库时用手持射频枪对器具勾按开关2次，就完成扫描出入库的操作，且周转器具信息直接输入系统中。

（3）周转器具跟踪，通过PC端系统可以查询每个周转器具所在的位置、状态和停滞时间等，随时掌握周转器具流转信息，可以根据这些信息判断周转器具的使用情况，对长期滞留的情况及时进行处理，避免损失。

（4）异常处置，利用每个周转器具有一个RFID编号的模式，可以对异常周转器具做到精准管理，避免异常周转器具漏处理或重复处理的情况。

（5）方便盘点，周转器具盘点只需要用手持射频枪从库区过道走一圈即可完成对每个周转器具的盘点，高效且精确。

（6）数据分析，系统中的统计分析模块可以随时根据统计需求生产报表，方便分析和管理。

五、信息化实施过程中的主要体会、经验与教训

器具管理系统的实施，让俱进公司切身体会到科技发展的重要性。要跟随国家技术创新，科技强国的浪潮，把握住机会，为企业谋发展。但是在信息化推进的过程中，要格外注意理论与实际的相互结合，新技术的运用往往需要经过大量的实践检验，这是不能缺少的环节。实施业务信息化有助于减少操作人员的劳动负荷，提高工作效率，同时为企业降低成本，创造经济效益，值得长期推广应用。

六、本系统下一步的改进方案

除周转器具管理之外，该系统还可以进一步拓展产品追溯功能，可在贵重稀有或追溯要求比较高的零件上张贴射频条码，进行管理；也可以每次对盛放零件的周转器具进行重新编辑，将追溯信息录入射频条码中，实现反复使用，降低成本。未来，该系统将在其他领域发挥出更大的实用功能。

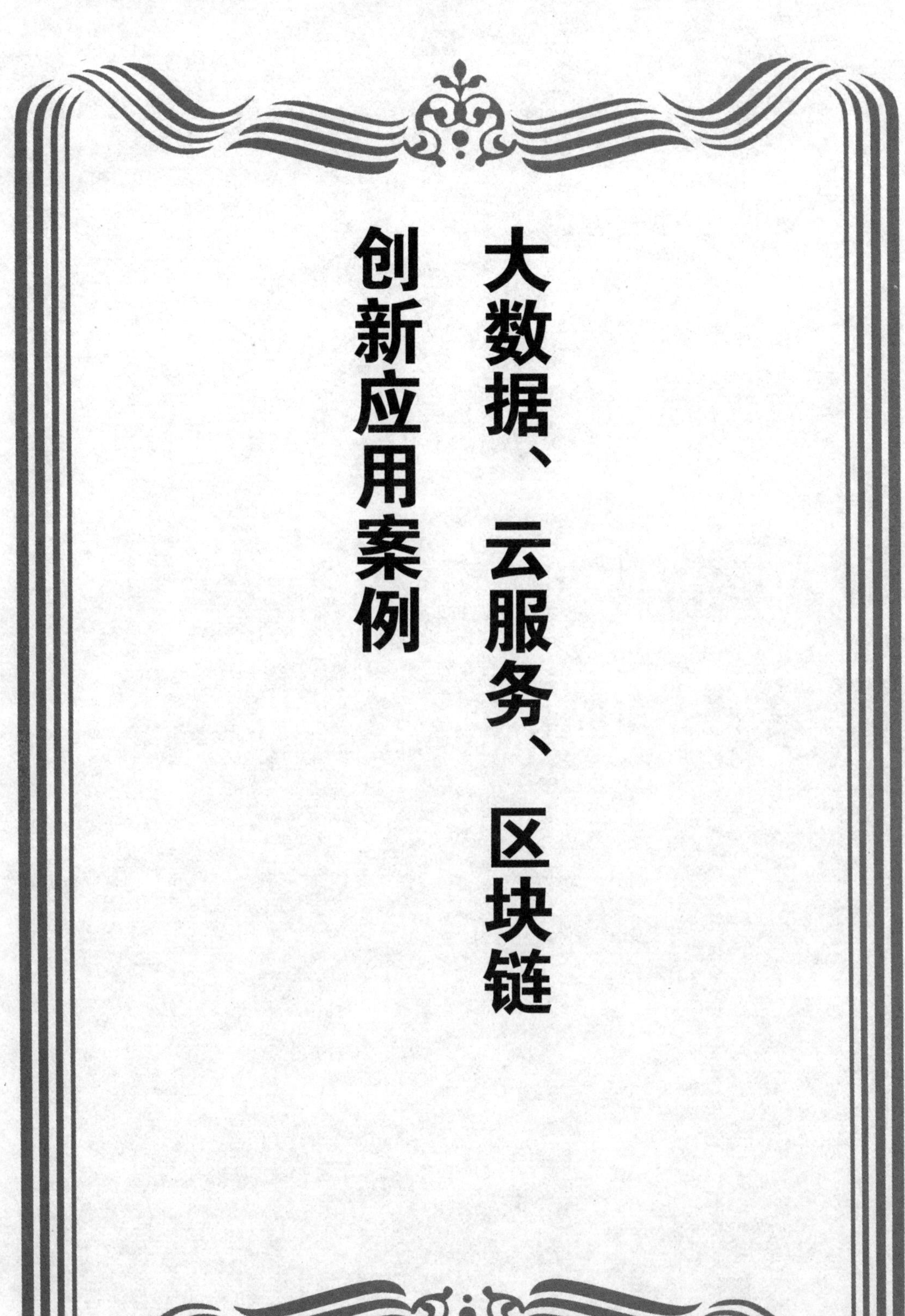

大数据、云服务、区块链创新应用案例

中储京科供应链管理有限公司：货兑宝大宗商品服务平台

一、应用企业介绍

中储京科供应链管理有限公司（以下简称中储京科）成立于2019年10月17日，股东为中储发展股份有限公司（以下简称中储股份）、京东数字科技控股有限公司（以下简称京东数科）、北京中储创新供应链管理有限公司（中国物资储运协会全资子公司）。

基于股东的专业化能力，中储京科的定位是以科技能力、业务模式创新为基础，做最专业的大宗商品供应链服务公司。中储京科最终要实现的目标是降低大宗商品行业的成本，提升全行业的效率，最终做到整个市场的模式升级。而中储京科要打造的核心能力是数字科技在大宗商品行业的应用能力、生态资源整合能力、一体化解决方案设计和线上运营能力。

二、货兑宝平台介绍

货兑宝大宗商品服务平台（以下简称“货兑宝平台”）由中储京科投资研发构建，集成中储股份在供应链管理上的丰富经验与京东数科在金融科技上的领先技术能力，以大宗商品的交易、交付安全为切入点，独创“天网” + “地网”的产品模式，集成高科技手段（人工智能、区块链、云计算、物联网、互联网、大数据），打造大宗商品领域仓储智能管理体系并提供如下服务。

（1）在线仓储服务：通过货兑宝平台把客户和仓库打通，实现了客户在线办理出、入库，在线查询库存，在线查看仓储物资库存状态，在线仓储物资过户等，完全实现仓储业务的线上化办理。把单据通过区块链进行存证，实现仓库的信息化改造和升级，有效地提高了仓储服务水平和服务效率。

（2）在线交易交付服务：货兑宝平台基于仓库的现货物资，满足客户的在线交易交付，实现了从在线看货到在线签合同、在线收付款、在线货物交付的全过程，并把交易的单据通过区块链进行存证。挂牌交易功能可应用于多种交易场景，满足不同交易模式；“保兑货”功能，可以实现“一手钱一手货”交易，有效解决了交易中的不信任问题。

（3）金融服务：货兑宝平台基于JD BaaS平台，搭建大宗商品现货电子仓单系统，实现电子仓单的全生命周期管理。通过区块链技术，将用户的关键操作信息和关键单据上链，与广州互联网法院和北京互联网法院直连，可保障电子仓单的安全性、唯一性、开放性、防篡改、可追溯，确保电子仓单唯一和权威，进而与银行系统对接，使电子仓单融资成为可能。

三、行业现状及问题分析

1. 行业现状概述

全球每年大宗商品的产出值大致在 10 万亿～20 万亿美元的规模，占到世界 GDP 的比例接近 20%，大宗商品市场对上下游的产业链影响巨大，并且通过资本市场、汇率市场、船运市场等充分传导。中国拥有 14 多亿人口，达到了世界人口的 20%，并且已经逐步进入后工业化的时代，各类大宗商品的消费达到全球 10%～50% 不等。

大宗商品货物流转的供应链管理能力将是实体经济转型升级的重要体现，中国正在面临经济结构的转型，重工化的巅峰或许已经过去，市场的惯性依然存在，增量正在衰减，总量仍在上升，大宗商品行业的调整早已经展开。这种情况下，提升大宗商品流通领域的整体运营效率、降低行业融资成本的解决方案势在必行（见图 1）。

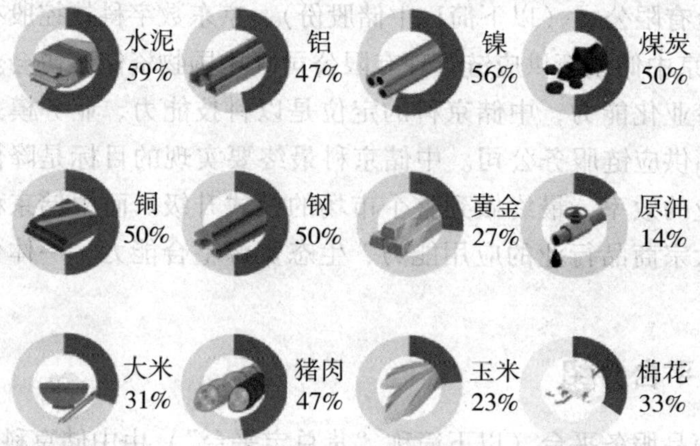

图 1　中国大宗商品的需求占全球的比率

在多元化的大宗商品服务领域中，传统“控货能力”是源于庞大的自有仓储设施，凭借多年的经验形成管控制度和流程。而资源成本的大幅度提升，再想通过购置资源进行扩张来形成竞争力已经非常困难。那么如何通过信息化手段解决行业痛点，加速供应链运转，成为供应链管理平台未来的发展方向。

在大宗商品的仓储环节，物流服务商分散、管理水平参差不齐、单据管理不规范、信息化程度偏弱、作业盲点多等问题导致在交易交付环节，存在货不对板、一货多卖、付款和交货存在时间差风险，买卖双方互信难；在金融环节，上海钢贸案、青岛港“德正系”骗贷案等事件暴露出的信用风险问题仍然困扰着行业，仓储环节控货缺乏监管，且难以防范重复融资，导致流通商有强烈的融资需求却面临融资难的困境。

2. 问题分析

（1）传统的仓储企业需要信息化改造。

近年来，随着中国经济驱动力从投资和资源，转向消费和科技创新领域，大宗商品产业也逐步从增量市场转向存量市场。靠规模换利润的粗放模式难以为继，企业纷纷进入“精耕细作”的转型期，数字化、智能化成为关键词。目前国内的大宗商品仓储物流服务商大多各自经营，有各自的标准，面对分散的仓库、不同的仓库服务标准、合同和收发货指令不统一等，工作量和管理难度非常大。大宗商品仓储企业在传统的业务框架下，对于物资的管理以及仓单的管理都面临巨大挑战，急需信息化改造和升级。

（2）传统纸质仓单有硬伤。

在仓单签署方面，仓单的签发方虽具备仓储资质及条件，但并非货物的实际保管方；保管方虽实际保管货物，但不具备仓储资质及条件，不具有签发仓单的资格，保管方不等同于仓储机构。上述情况开具的仓单，会对持单人的利益造成损害，持单人的权益无法保障。特别是在出现纠纷时，因为保管关系不成立、货位不明、仓储物不具备特定性、商业关系冲突等，持单人在举证和确定所有权、实际交付数量规格等方面出现各种困难。保管方签发的仓单要想得到市场的认可，其自身需要具备较高的物流信息化技术水平和较好的仓单综合服务能力、商业和金融信用等，目前只有少数大中型仓储企业签发的仓单被特定范围的客户接受。

（3）交易交付全流程数据信息难追溯。

在整个贸易链条上，大宗商品协作主体多、数据流转分散，导致无法通过单一索引内容进行全链条的数据查找，如果没有人工介入，很难做到一笔贸易项下的单据、货物、主体、资金一一对应，使得出现很多弱项环节和作业盲点区域出现，如何知晓待采货物的真实性，如何保证付款后实物的交付，如何进行违约维权等问题成为亟待解决的难题。

（4）银行现有融资模式不能满足中小型企业融资需求。

对比欧美市场，中国的大宗商品贸易商的结构更为复杂，链条也更长，主要以中小贸易商、次终端服务商为主。而中国的市场环境和金融体系都与欧美市场有本质上的不同，欧美的金融体系在底层，且主要以大型机构为主，而中国的金融系统在顶层。中国这种结构的问题是金融如何从顶层走向底层，底层分布着的中小型企业又数量较多，这些成为中小企业融资难的主要内因。“影子银行”本质上就是这种不合理结构催生的。中小型企业融资难、渠道窄、成本高的问题有待解决，行业急需有更透明、更安全、更灵活的融通平台为行业服务。

四、解决方案

中储京科提出“五朵云”组合服务理念（见图2），通过线上资源整合协同、线下实物作业监控方式对供应链流程进行全方位管理。打通作业初期的主体认证、筛查、征信；中期的交易、交付、结算；后期合同、发票存证等全流程数据链，解决数据不透明难题，从应用层、网络层、系统层综合考虑产品数据结构，实现数据安全、可靠并可追溯。

1. 智库云：安全管控、智慧仓储、解决货物的“看查管”

货兑宝平台通过高科技手段，对仓储企业进行物联网智能化的升级改造，将仓库的物联网数据与基于区块链技术的仓库管理系统结合形成人机结合的新型仓储管控标准，建立“行业可信库”标准品牌，并延伸标准可用范围，最终实现货物的实时管理、实时监控和自动核查，助力提高货主或者金融机构对于在库货物的管控能力，降低业务参与方的货物风险（见图3）。

通过AI视觉算法结合仓库货物图片及视频素材数据进行模型匹配，结合仓库货物的特征构建深度神经网络模型进行训练，获得货物轮廓改变的检测数据，对货物移动轨迹和形状变化进行智能识别判断。

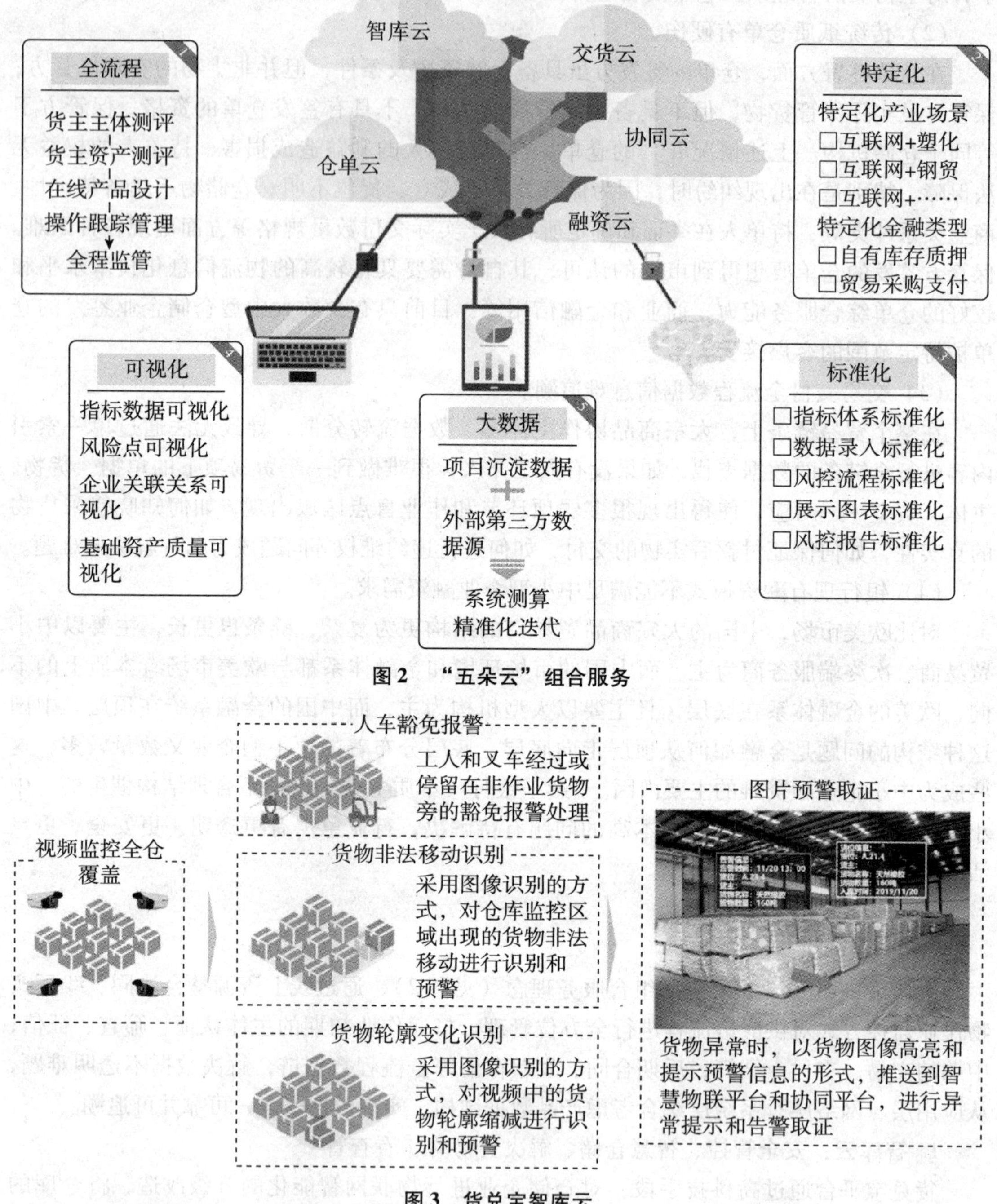

图2 “五朵云”组合服务

图3 货兑宝智库云

2. 交货云：解决资金和提货权转移时间差问题

应用OCR识别+电子签章+银企直连+区块链存证技术，对贸易支付信息、订单履约信息、电子存货信息和全生命周期关键节点进行重要单据数字上链，与相关机构和部门直连，赋予电子数据公信力（见图4）。

通过资金方和仓储方的协同作业，在支付环节实现“一手钱一手货”，订单收款与过户执行同步完成，数据信息同步“网通法链”和“天平链”，实现在多家权威机构存证、多方背书，数据可信。诉讼发生时，只需填写存证编号，电子证据系统一键调证，实现快速出证，省时省力；将存证标准与规则前置，存证数据可信，免去公证及鉴定，高效维权（见图4）。

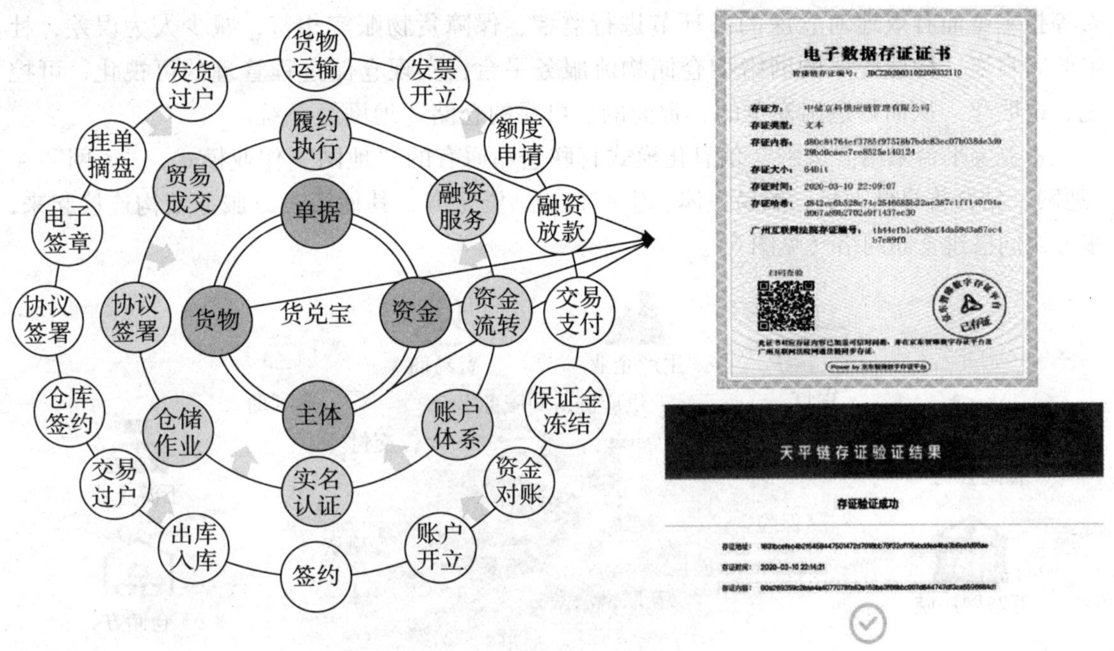

图4　货兑宝交货云

3. 融资云：为企业解决融资需求

货兑宝平台通过自身的仓储优势，为企业提供供应链金融服务，并辅助资金方进行贷后检测。通过IoT设备+作业平台+外部数据引用等多方信息整合，构建金融产品数据流闭环，通过PC端或移动端操控设备读取货物唯一标识，标识引入货物留存在货兑宝平台上所有关联数据信息，实现真正的数据化透明。此外，货兑宝平台开放对接银行产品资源，为企业提供“金融产品超市”，实现多金融机构产品“一键查询”，清晰掌握不同金融结构的产品模式（见图5）。

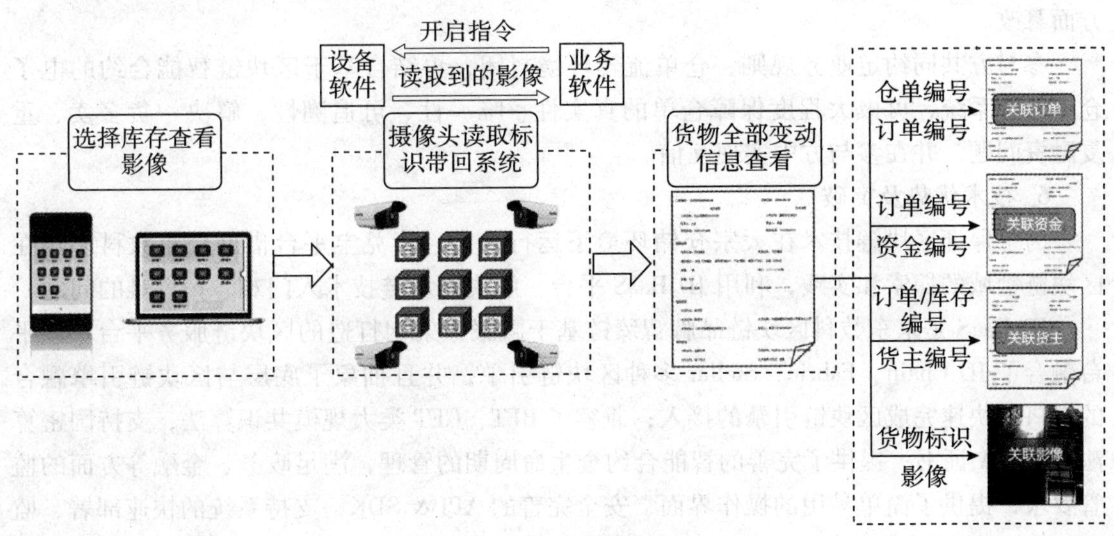

图5　货兑宝融资云

4. 协同云：自助服务、互联体验、高效方便，解决信息不对称的风险

接口直联仓储平台，依托 UWB（超宽带）、智能视频监控、3D 增量建模、巡检机器人等技术全面有效地对仓库的各环节进行监控，保障货物账实相符，减少人为误差，杜绝监守自盗。构建统一的网络型仓储物流服务平台，实现仓储过程管理的可视化、可控化、透明化，从而打造出安全的、智能的、可靠的仓储“地网”系统。

货兑宝平台采用“天网”信息化模式直联仓库原有的“地网”作业模式，“天网”+“地网”结合将仓储人员、贸易主体、生产企业、资金方、其他第三方服务结构连接起来，多方协同搭建仓储网络（见图6）。

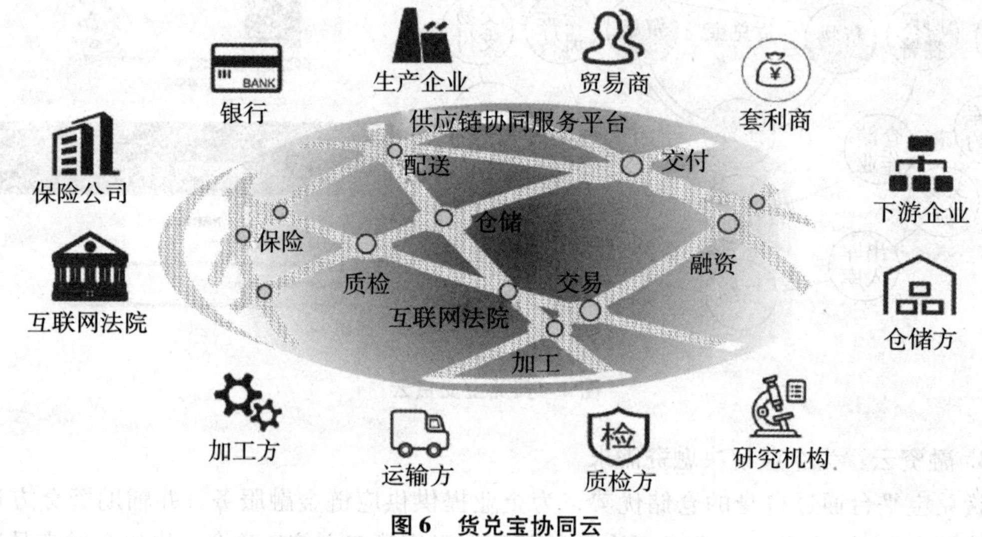

图 6　货兑宝协同云

5. 仓单云：建立可查、可验、可溯、防篡改电子仓单体系

通过在仓储企业、平台企业、行业协会、资金方等主体建立网络节点，对于电子仓单的生成、拆分、注销、融资等操作在节点间达成共识，且将出入库、过户、交易、融资等信息存储在区块链网络中并在各节点中同步，保障仓单相应操作的真实性，无法单方面篡改。

参与方共同约定业务规则、仓单流转环境封闭，再结合基于区块链智能合约的电子仓单管理系统，可极大程度保障仓单的真实性、唯一性、可追溯性，解决一货多卖、重复融资问题，并在参与方中实现互信。

6. 技术优势及突破

为了保证区块链技术在大宗仓储环境下运行稳定，货兑宝平台借助京东数科多年在区块链领域的探索和实践，利用 JD BaaS 平台，解决区块链技术入门难、拓展难的问题。

JD BaaS 是京东数科区块链品牌智臻链基于微服务架构打造的区块链服务平台。该平台融合了 JD Chain、Fabric、Stellar 多种区块链引擎，并且抽象了底层与区块链引擎融合的接口，快速完成区块链引擎的接入；兼容了 BFT、CFT 类大规模共识算法，支持国密算法与 CFCA 证书；提供了完善的智能合约全生命周期的管理，满足政务、金融等方面的监管要求，提供了简单易用的操作界面、安全完善的 API & SDK，支持系统的快速部署、监控运维及与现有应用系统的快速对接（见图 7）。

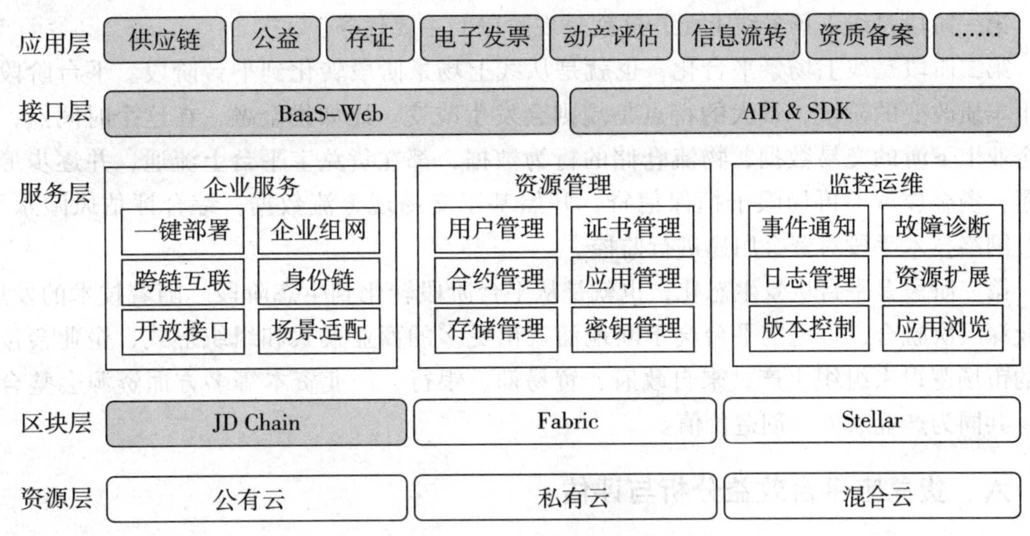

图 7　JD BaaS 平台结构

基于上述特性，在云计算、大数据技术的助力下，JD BaaS 向企业级用户提供安全、易用、可伸缩的区块链系统管理能力，不限定云资源的快速部署，拥有快捷的联盟组网能力以及强大的数据分析预测能力，能够帮助企业降本增效。

JD BaaS 在优秀的部署能力之外，还提供了符合企业应用的通用性技术。如运维监控能力，可帮助用户快速了解当前集群的运行状况，在出现问题时可以快速定位问题并解决；权限区分功能，能够帮助企业员工更好地划分在区块链层面的操作权限；合规功能，使得企业用户在事前能够管控敏感信息，做到敏感信息不上链。

五、货兑宝平台的建设及实现路径

1. 货兑宝平台的建设进程

2019 年 1 月 16 日，货兑宝平台由中储股份和京东数科联合推出，基于双方对于新蓝海的共识，双方签署战略合作协议，确立了集双方优势共同打造大宗商品产业链数字化协同平台。从两家公司的顶层进行设计，以合资公司的形式推动平台的发展。

2019 年 1 月正式启动调研，1—3 月分别组织在天津、山东、上海、杭州等地进行调研，围绕仓储企业、生产企业、贸易企业、银行累计调研样本 31 个。

2019 年 2 月启动货兑宝平台建设。

2019 年 10 月 17 日，中储京科正式成立。

2020 年 3 月 31 日，货兑宝平台在橡胶行业正式上线，实现了橡胶品种的线上化仓储服务，线上化交易服务。

2020 年 4 月 17 日货兑宝平台正式上线金融模块，4 月 21 日与中国建设银行就区块链电子仓单进行融资试单工作。

2020 年 6 月 30 日，货兑宝平台应用于塑料行业，实现橡胶、塑料的线上化仓储服务和线上化交易服务。

2. 货兑宝平台实现目标的路径

货兑宝平台实现目标的路径，分成三个阶段。

第一阶段是线下场景线上化，这就是现阶段的主要任务。

第二阶段是线上场景平台化，也就是从线上场景阶段转化到平台阶段。平台阶段是发生本质改变的阶段，最大的特点是规则会发生改变。比如说金融，在这个时间点，核心企业上下游的交易数据、物流仓储的行为数据，都在货兑宝平台上流通，并逐步形成积累，资金放款不再局限于担保信贷，开始基于交易现金流数据，综合评估风险水平，通过网络技术手段对资金用途进行监控。

第三阶段是平台场景生态化，也就是从平台阶段转化到生态阶段。随着技术的发展，产业深层次融合，货兑宝平台会不断地涌现出更多的商业模式和组织形式，企业会按着新的市场逻辑来组织生产，来自政府、贸易商、银行、产业资本等多方面资源会整合起来，共同为产业赋能，创造价值。

六、货兑宝平台效益分析与评估

对于货主来说，包括生产商、贸易商、套利商、下游企业，第一，货兑宝平台可以提升货主的风控能力，减少工作难度，将重心专注在业务上。第二，货兑宝平台可以提升货主的资源获取能力，降低货主的获客成本。第三，货兑宝平台可以让货主有更多的融资产品选择，通过比较不同的融资产品，降低融资成本，最终实现提升交易效率，降低交易成本的效果。

对于资金方来说，第一，货兑宝平台可以增加银行金融风控的手段和工具，提升银行的风控运营能力。第二，货兑宝平台可以重塑供应链金融模式，从银行单一对核心企业集中授信向去中心化发展，回归真正的供应链金融模式。第三，货兑宝平台可以帮助资金方通过数字化资产，不断地创新融资产品。

对于仓储企业来说，第一，货兑宝平台可以帮助仓储企业降低仓库的经营管理难度，提升仓库的使用率、响应速度和服务质量，降低操作难度和运营风险。第二，货兑宝平台的在线管理功能会带来全新的客户体验，提升客户的黏性，同时在线化运营可以衍生出更多的功能场景，解决仓库收费渠道单一的问题，增加收入，降低经营压力。第三，货兑宝平台可以提升仓储节点在整个产业链中的价值，从单一的仓库视角，向仓库作为产业链中的关键功能节点进行转化，让仓库的货类更专业化，货源更稳定。

对于行业协会和研究机构来说，第一，货兑宝平台会让行业协会和研究机构的理论有了实践的基础，让标准更能有效落地。第二，货兑宝平台通过实践形成的标准，可以更有效地改变行业各自为政、一团散沙的现状，赋能小散参与者，提升它们参与市场竞争的能力。第三，货兑宝平台积累的行业数据对于行业协会和研究机构有很大的价值，可以用于分析研究。

对于政府来说，第一，货兑宝平台可以成为政府的公共基础设施，成为地方政府集中化管理的抓手。第二，货兑宝平台形成的公共大数据，可以帮助政府识别出优质的民营企业，进行精准政策补助。第三，货兑宝平台可以帮助政府实现区域仓储资源集约化管理，减少不必要的浪费，降低成本。

对于其他参与方来说，第一，货兑宝平台可以加强多方协同能力，提升协同效率，降低协同成本，实现供应链的成本最优。第二，货兑宝平台会孵化出一批基于新技术、新工具成长起来的新型货主、银行和仓储等企业，这些新的参与者会与传统的参与者进行竞争，形成新的动态平衡。第三，新的生态结构会带来很多新的需求和新的商业机会，诞生更多的创新服务商。

区块链技术的加持赋能给行业带来了新的机遇，其技术本身安全不可篡改且全程可追溯，可以解决目前大宗商品仓储业务中交易风控方面的问题。同时结合线下智慧仓储提货权管控能力，对于仓储管理、提放货、货物交付、企业征信等多个维度下的风险问题进行了提前预防和控制，极大提升了大宗商品交易的安全性。

货兑宝平台搭建数字化供应链的基础设施，推动精益化、智能化大宗商品供应链与产业供应链的融合，提升产业供应链水平和效率，发挥整合带动作用，促进产业升级，助力新旧动能转换，探索产业互联网的新路径，对大宗商品流通领域的科技创新、模式创新乃至思维创新都具有重要意义。货兑宝平台的仓单融资模块正式投入使用，标志着平台构建的物流、贸易、金融、信息四方面有机结合的一揽子供应链服务生态体系已初具雏形。

七、未来设想及展望

中储京科的企业愿景，是以深耕大宗商品流通领域为基础，以不断发展的前沿科技为动力，着力于大宗行业与科技的融合，成为大宗商品流通领域专业的供应链综合服务商。

货兑宝平台依托中储京科在仓储物流领域的优势地位和京东数科的技术能力，将大宗商品的仓储与流通和数字科技相结合，为大宗商品智能供应链服务树立了新标准。货兑宝平台将携手推进大宗商品行业建设，完善供应链解决方案，以数字化仓库为基础，为大宗物流注入科技的力量，夯实内涵，加快落地速度，迈快步、迈大步发展，积极拥抱 5G，逐渐形成核心竞争力，占领行业制高点。

北京科捷智云技术服务有限公司：科捷金库供应链大数据应用平台

一、企业简况

北京科捷智云技术服务有限公司（以下简称“科捷”）致力于通过“智慧供应链+大数据+AIoT（人工智能物联网）”，为客户提供端到端的一站式供应链服务，实现基于供应链的产业链整合。目前在全国有231个仓储中心，运营的仓储面积超过100万平方米，在IT、通信、汽车配件、电商领域处于国内领先地位。科捷通过在大数据、人工智能和物联网设备领域多年的深耕，不断赋能仓储物流业务，为其成为供应链大数据价值创造者，提供坚实的技术保障。

二、信息化成果

企业通过信息化技术要解决的业务流程、经营管理等方面的突出问题或者行业内存在的影响物流效率的突出问题有以下几方面。

科捷金库系列之一KingKooData，是科捷自主研发的供应链大数据应用平台，依托科捷十余年服务于诸多行业的管理经验，并结合大数据与智能算法的应用，基于神州金库云信息系统，搭建了一套完整的金库数据中心，并通过对数据的整合、分析及挖掘，实现了用户画像分析、商品管理分析、仓储管理分析、运输管理分析、财务管理分析、大促作业监控、自定义报表及公众号预警信息推送等，极大提升了供应链管理能力。

KingKooData定位于供应链与物流行业的可视化业务辅助决策平台，旨在应用大数据和云计算技术，对物流各应用场景进行数据分析及挖掘。相比于传统的物流管理，采用KingKooData具有极大的优势。

优势一：KingKooData能够进行全链条数据分析，对订单的接单、仓储、运输、核算等各环节进行全链条监控，实时掌握货物的具体流向，并在产生问题时能够快速追溯问题节点，大大提升客户满意度。

优势二：KingKooData具有丰富的物流报表库，涵盖供应链各节点下不同维度的业务分析报表，合计100多个，满足业务各类报表需求，大大提升报表制作效率。

优势三：KingKooData能够对重点数据模拟预测，运用人工智能算法模拟预测重点业务产品销量，指导分仓、选址及库存分布，使仓库分布更加合理，提升配送效率，间接降低物流成本，提高企业经济效益。

优势四：KingKooData包含数据微信助手，能够通过微信端实时互动查询关键数据信息、异常信息，提供预警推送，辅助决策，人们即使出门在外也能够轻松查询重要信息。

三、信息化进程

信息化实施过程中遇到的主要困难、问题与解决措施是什么？企业信息化是如何推进实施的？

1. 总体思路

此产品是科捷自主研发的供应链大数据应用平台。依托科捷十余年服务于诸多行业的管理经验搭建了一套完整的金库数据中心，实现业务系统与数据中心的对接，促进数据融通共享。通过对数据的整合、分析及挖掘，为客户提供精准实时的商业洞察信息，有利于优化供应链各环节的作业流程以提高作业效率，提供专业的仓储、运输、采购建议，持续解决供应链管理问题。

2. 产品定位

科捷在此产品研发领域具备技术储备和市场资源，为迎合挑战，需要研发大数据产品集，为重点行业客户提供专业的数据采集、数据管理、数据洞察等服务，形成优势产品。在开发平台的基础上，科捷完成针对行业应用的产品研发工作，引入平台级统一规划、建设的模式，将科捷行业经验和技术亮点融入产品设计中，保证产品的应用亮点和技术先进性，行成针对行业应用的优势产品。

主要体现在以下三个方面。

平台化数据应用：实现数据应用平台化，全力打造共享型供应链价值网络。

全方位智能决策：实现智能定价模拟、智能采购建议、智能仓储布局、智能仓位规划、智能运配调度、智能在途监控、智能供应商管理、智能承运商考核等。

助理型人机对话：随时随地进行终端人机对话，关键信息主动推送，为用户提供供应链管理决策支持。

四、信息化主要效益分析与评估

科捷金库供应链大数据应用平台在采购、销售、仓储、运输、劳务用工、财务等各方面提出了有效的报表分析及智能化解决方案，且在实际生产中得到了广泛的应用。智能大屏解决方案在“3·8”大促、“6·18”大促、“双十一”大促、“双十二”大促、年货节等各种促销活动中，对现场劳务用工、劳务排班、生产指挥等方面都发挥了巨大的指挥作用，为企业节约近140万元成本。

此应用平台的运输智能大屏解决方案为联通华盛直接部署，收入10万元。应用平台的各解决方案都可对客户单独部署，未来可深挖客户，为实现企业更多的收入。

五、信息化经验总结

信息化实施过程中的主要体会，以及平台推广意义有以下方面。

科捷金库供应链大数据应用平台利用可视化、大数据、物联网等技术，为物流企业在智能管理、智能决策方面提供了一整套的解决方案，促进物流产业向智能化方向升级迈进，各方案都处于行业领先水平。本平台作为科捷在物流行业的应用平台，对提高公司运营生产效率、提高经营管理水平和降低企业成本方面发挥了重要推动作用。此平台可推广到其他物流企业，若能成功普及，可提升整个物流行业的生产效率及管理水平，节约成本，实现物流业绿色环保可持续发展。

合肥维天运通信息科技股份有限公司：路歌“区块链＋供应链金融”平台项目

一、应用企业简介

合肥维天运通信息科技股份有限公司（以下简称“公司”）成立于2002年，致力于服务国内“互联网＋物流”行业。现已拥有3个技术研发基地、60多个分支机构，服务网络遍布全国。

公司建设运营的路歌“互联网＋物流”平台，是国内颇具规模的网络货运业务支撑平台，目前已有7万余个企业用户、400万余个个体重卡会员，交易额突破20亿元/月；同时，由公司运营的“卡友地带”移动社区是国内规模、活跃度排名均靠前的，在全国建有297个线下服务网点，是综合了交易、救援等多种业务的卡车服务O2O社区。

创业至今，公司一直秉承“求真、爱人、创新”的价值观，以“创造行业价值，实现企业发展”为宗旨，以匠心打造良性物流生态圈为目标，力求引领、推动中国物流行业的转型升级。

二、案例背景及应用单位所遇到的问题

我国有三十多万家物流企业，其中90%以上都是像合肥拓佳物流有限公司这样的中小物流企业，它们承托起我国物流的主要业务，但因为其自身限制，给外部的印象是“小、散、乱、差”，故而金融信用状况极差，主要表现为以下几点。

（1）缺少有形资产：物流企业有形资产欠缺，多是租的地，调的车，难以得到金融机构的认可。

（2）业务信用难以数字化：运营及真实的业务场景难以数字化，同时与金融机构相匹配的产品和体系均缺乏。

（3）资金管理能力缺乏：部分企业管理者缺少资金管理意识，甚至盲目扩张，最终不可回头。

传统金融提供方的银行和第三方融资机构与物流行业接触少，物流企业的业务专业性又较强、业务逻辑很复杂，中小物流企业信息化水平有限，业务数据不具备公信力。所以，虽然物流金融市场需求巨大，但传统金融机构受限于风控压力，不愿意为广大的中小物流企业提供金融服务，主要的原因就在于行业隔阂、信用机制不健全和数字化手段不足。

合肥拓佳物流有限公司主要为格力、美的、海尔等制造商以及安得物流有限公司等大型第三方物流企业提供物流服务，全国共设合肥、芜湖、南京、上海、广州、南宁等

10 余个物流基地，合计员工 800 人，分设国内物流事业部、国际物流事业部，各平台下设国际物流部、财务部、国内物流部，其中国内物流部又分为联运部、仓配部、车辆运营部、劳务外包部等；涉及除干线运输外的仓储、装卸、包装、配送等其他物流业务，在日常物流运营中，存在资金周转不足、流动资金需求量大等困难，经过了解，该试点对象存在的资金问题如下。

（1）上游客户的账期平均为三个月以上，且账期不固定。

（2）每日发车需要付给司机包括油卡、现金在内的运营资金；资金经常性地有缺口。

（3）需要支付仓储租赁、装卸工人工资等费用，且每年春节前后有固定、集中、大量的资金支付需求。

（4）节假日、周末物流业务仍正常运作，但银行、平台企业对资金申请和使用不提供服务。

（5）每年对上游制造企业、第三方物流公司的物流线路投标费用（占标的的 5% 左右）要占用数十万元的资金，加大物流资金流转难度。

（6）抵扣项不足，主要靠集中采购油卡和少量路桥费，若仍然不足，需要依靠网络货运平台按国家政策来提供一定的进项补充。

三、具体实施过程

基于以上分析，公司发现，合肥拓佳物流有限公司是处于成长期的，积极有为的一家中型物流企业，业务发展蒸蒸日上，日常运营资金需求量大且持续，若要拓展新的业务需要增加投入，所以资金缺口长期存在且需求大。但受限于本身规模较小，实体固定资产有限，所以按照传统模式，想从银行获得贷款，其个体身份及轻资产模式的资质又不符合要求。那么，如何借助现代信息技术手段让合肥拓佳物流有限公司这样的优秀中小物流企业得到金融支持呢？通过路歌物流平台的资源和技术优势，借助区块链技术赋能的供应链金融可以帮助这些中小物流企业。

1. 物流数据链上化管理，赋能合肥拓佳物流有限公司信用提升

路歌物流平台基于区块链技术，和蚂蚁区块链平台、网商银行合作，打造一套物流业务数据链，实现真实业务流程可信化的流程；通过路歌物流平台和区块链技术，连接起银行、金融、保险和合肥拓佳物流有限公司、卡车司机，将线下业务数据化、业务场景线上化、网络货运线上化，实现一种信用的共识，从而让这种金融解决方案是可信的、高效的、可持续的。平台功能架构如图 1 所示。

2. 利用区块链技术，实现基于信用凭证的支付结算

通过长期合作，路歌物流平台帮助合肥拓佳物流有限公司积累自己的业务数据，然后把业务数据上传至区块链。现在路歌已经和蚂蚁金服进行相关合作，把这种积累变成信用积累，再把信用积累转化成金融积累，也就是说信用可以变现，变成客户在业务中需要的金融资源，然后这种资源又可以用于在路歌物流平台上为客户提供风险管理，例如账期风险管理、支付风险管理和运营风险管理。最终这些都会沉淀成为管理资源，如输出资金管理和输出业务管理等。

平台支付结算流程如图 2 所示。

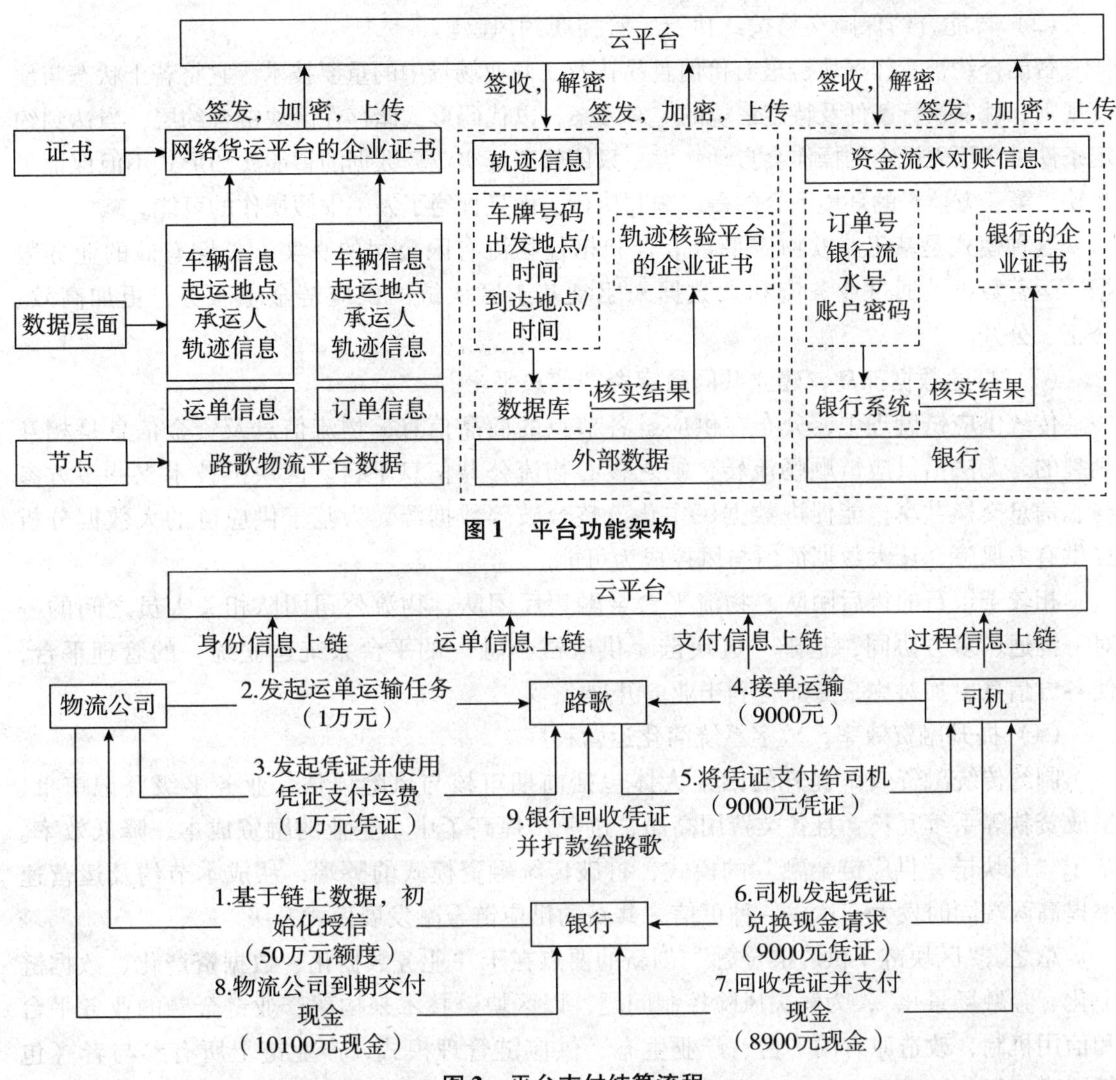

图1 平台功能架构

图2 平台支付结算流程

四、应用“区块链＋供应链金融”技术前后对比分析

1. 应用“区块链＋供应链金融”技术前后效益指标对比分析

区块链的核心是分布式记账数据库，给予参与方信息方面同等的权利，体现在任一方均有权查看所有信息且无法修改或删除。去中心化、透明可视化、不可篡改、可溯源等特征使区块链成为促进供应链金融变革升级的有效技术手段。

具体来看，本案例“区块链＋供应链金融”技术使用前后效益指标的改变有以下几点。

（1）区块链的共识算法确保数据不可篡改，保障供应链金融环节的信息可靠。

区块链的共识算法通过各节点是否达成共识来认定记录的有效性，也是防止篡改的手段。利用区块链共识算法可实时更新记录数据最新进展，将完整的物流流程呈现给各参与方，保证信息真实可靠。记录时给每笔数据附上时间戳，不仅有利于定位信息，且篡改某个节点的数据会留下痕迹，有效防止信息被删改。相较于传统金融售后监管的人工模式更加可信和高效率。

（2）智能合约保障交易按约执行，管控履约风险。

智能合约被看作区块链最有价值且易普及于商业场景中的重要技术。它将若干状态与预设规则、触发执行条件及特定情境的应对方案，以代码形式储存在区块链合约层，当达到约定条件时，预先设定的操作会自动触发。只依赖于真实业务数据的智能履约形式不但保证了在缺乏第三方监督的环境下合约得以顺利执行，而且杜绝了人工虚假操作的可能。

这种模式是基于路歌物流平台上合肥拓佳物流有限公司的真实、长期有效的业务数据、运营数据，通过业务流和大数据来驱动基于区块链的供应链金融服务，更加高效、公正、公开。

（3）打通数据孤岛，建立共同数字资产信息平台。

传统供应链管理中，分布在供应链各节点的商品信息、物流信息及资金信息是相互割裂的，无法沿供应链顺畅流转，缺乏核心物流公共信息平台。区块链技术支持多方参与、信息交换共享，能促进数据民主化，整合破碎数据源，为基于供应链的大数据分析提供有力保障，让大数据征信与风控成为可能。

相较于银行的售后团队、物流平台金融售后团队、物流公司团队相关人员之间的一对一沟通、多方协同，基于“区块链＋供应链金融”的平台系统建立统一的管理平台，使各方信息更加对称，更加有利于业务开展。

（4）提升融资效率，数字系统简化运营程序。

制约传统融资效率提升的因素大体包括前期审核与风险评估、业务多级登记审批、发放贷款等手续冗长，且各类费用高昂，进一步提高了中小企业的融资成本、降低效率。基于“区块链＋供应链金融”的模式，打破传统融资模式的弊端，从成本节约及运营速率提高两端同时发力，达成一种可信、共赢的供应链金融发展模式升级。

总之，“区块链＋供应链金融”创新的要点在于“业务数据化、数据资产化、数据链上化、金融场景化”，为解决风险控制问题，以区块链技术来构建产业链金融的业务平台和信用机制，改造原有的平台、产业生态、供应链管理模式，产业链上所有参与者（包括网商银行、路歌物流平台、多级物流企业等）都以分布式记账模式来参与交易，使得平台的交易过程、单据、物流信息、支付信息等高度透明，确保产业链上的所有行为、合同、票据都可以追溯。这一模式可以应用于目前大多数的物流服务行业，为产业转型升级实践提供了一种新的方法和思路。

2. 对应用企业自身业务发展的影响

本案例应用区块链技术的去中心化、不可篡改、高安全性和智能等技术特征，保证信息的完整与可靠性，能够有效解决供应链金融实施过程中的信任和安全问题；对合肥拓佳物流有限公司以及后续试点企业业务发展带来的影响有以下几点。

（1）金融机构在区块链上对上链业务数据的真实有效性进行核对与确认，区块链不可篡改的特点保证业务数据本身不能造假，证明物流资金流转的真实有效性，实现应用路歌物流平台的企业的信用传递，从而解决链上物流企业融资难的问题。

（2）链上数据均可追溯根源，节省了金融机构大量的线下调整、验证交易信息真实性的人力物力成本，是对网商银行风控系统的补充。合肥拓佳物流有限公司依托路歌物流平台的信用传递，能享受更快捷高效的融资服务，有效解决融资难、融资贵的问题。

（3）路歌物流平台的信用可以转化为线上数字权证，通过智能合约防范履约风险，使信用可沿供应链有效传导，降低合作成本，提高履约效率。更为重要的是，当数字权证能够在链上被锚定后，通过智能合约还可以实现对上下游企业资金的拆分和流转，极大地提高了资金的流转速度，实现自动清算。

3. 对提高应用企业竞争力的作用

我国目前属于“银行主导型”金融体系，符合我国劳动密集型的成熟制造业的特点，但当我国经济发展转换为创新型驱动时，这一金融体系会明显阻碍产业结构的转型与升级。目前，实体经济融资存在结构缺陷问题，表现为信贷资源在大企业与创新型中小企业间的错配；信贷资源流向产能过剩行业甚至“僵尸企业”，不利于新兴产业融资，不能满足产业结构升级的需要。

本案例的“区块链+供应链金融”解决方案，对提高应用企业竞争力发挥以下促进作用。

（1）降低中小物流企业融资成本。

由于与平台上的中小物流企业有长期的业务往来关系，路歌物流平台不仅对这些中小物流企业的经营状况、信用状况、管理水平等方面有较为全面的了解，而且还通过订单和结算渠道紧密联系着中小物流企业。网商银行通过核心企业路歌物流平台的担保将对中小物流企业的授信转化为对路歌物流平台的授信，基于区块链技术的分布式记账、不可篡改、可追溯特性，破解信息不对称问题，最大限度地盘活资金，让中小物流企业能够以相对较低的成本获得融资。

（2）降低中小物流企业融资门槛。

在供应链金融模式下，为了应对中小物流企业资信普遍偏低的特点，网商银行可以只关注一定时期内在路歌物流平台上每笔具体的物流业务交易，适当淡化对企业的财务分析和贷款准入控制。在融资过程中，网商银行重点考察申贷企业单笔物流业务真实背景及企业历史信誉情况，通过资金的封闭式运作，利用账款自偿性来控制贷款风险，从而使一些因财务指标不达标而导致贷款被拒的中小物流企业，可以凭借单笔物流业务的背景真实性来获取贷款融资。

（3）降低中小物流企业融资风险。

通过核心企业路歌物流平台大数据资源，可对中小物流企业进行物流单据的控制和融资款项的封闭运作，网商银行可以对资金流和物流进行控制，使风险监控直接渗透到企业的物流和管理的过程中，有利于对风险的动态管控。

同时，供应链金融在一定程度上实现了银行授信与融资主体风险的隔离。银行更注重企业交易背景的真实性和连续性，通过对企业的全面审查，确定企业销售收入能作为其融资的还款来源，同时限定融资期限与物流周期相匹配，使资金不能被动用，银行发放贷款的风险相对较小。风险的降低鼓励银行拓宽开展中小企业融资业务的范围，一定程度上缓解了拒贷的问题。

五、主要体会、经验教训及推广意义

通过总结合肥拓佳物流有限公司项目实践，现将一些做法和经验总结如下。

1. 首先要依托平台真实业务数据，实现数据上链

目前可实现的数据上链包括：14个业务节点上链，内部运单、运力、回单、支付数据。外部数据增信，包括轨迹数据，手机、GPS、北斗卫星导航系统以及银行数据等。

为保证数据与实际业务流程一致，路歌物流平台连接合肥拓佳物流有限公司和网商银行，把数据上链，实现真实业务资金流程，将区块链过程底层化。

通过数据上链建立一种物流信用模型（见图3）。

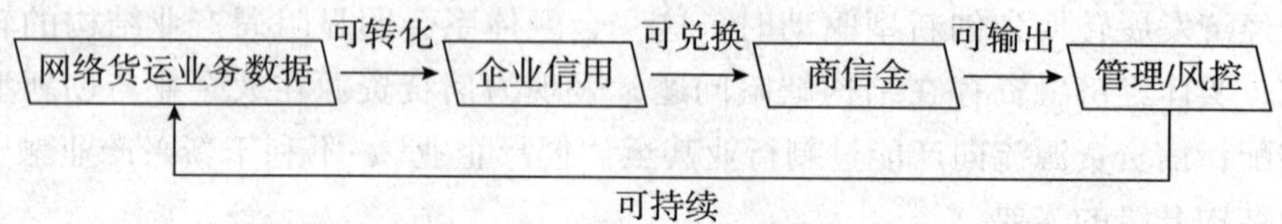

图3　物流信用模型

2. 联合蚂蚁区块链，建立路歌信用分制度，构建物流信用体系

根据合肥拓佳物流有限公司的业务数据、履约能力、行为、历史等多个维度，建立路歌信用分制度。路歌信用分构成：从路歌物流平台沉淀的企业数据中，提炼有效的信用数据，结合社会信用数据库及企业黏性行为来进行综合评分；路歌信用分可用来兑换路歌信用赋能服务；依据信用分不等，授信信用额度不等（后续信用分依据企业级数据维度进行定期变动，额度也会定期变动）；信用随时储备，资金随即储备，业务淡季时储备信用，旺季时随时补充资金。

商信金信用额度的使用管理如下。

（1）授信方式灵活。

①线上开启企业支付宝。

②线上完成征信授权（企业和法人征信）。

③基于业务数据线上授信，方便快捷，无须烦琐手续。

（2）实现信用与用款结合：用款期限最长60天（有15天、30天、45天、60天四档）；企业根据需要选择账期；成本低，年化利率10.8%（月息9厘）；用款方式为账期内可以提前5天还款（及时还款累加信用，信用越高成本越低）。

（3）输出科学的使用方法：资金的合理使用；资金成本最优化；资金使用持续化。传统金融与商信金对比如表1所示。

表1　传统金融与商信金对比

传统金融	商信金
成本高、周期固定	成本低、周期灵活
银行授信类：按周期算，固定周期，固定利率 一旦授信，用或不用，成本都在 按天计息，随借随还，成本略高 一般年化利率12%～14%	成本低，低至0.3‰/天，年化利率10.8% 可根据信用的高低享有优惠 账期灵活，可以根据企业实际需求选择合适账期 以实际使用的资金计息

（4）商信金信用额度的风控。

①项目风控：信用额度授信前进行企业项目风控，控制准入和提额。

②运营风控：基于运单及结算情况进行企业运单级风控，保障运单的合规性。

③数据风控：关注企业在平台的数据表现是否呈现良性。

（5）商信金解决方案的价值。

①解决因业务资金压力大、资金成本高，影响业务拓展的难题。

②解决因企业资金周转压力导致的无法结算运费或结算不及时的难题。

③帮助物流企业和司机建立良性的信用合作关系，丰富路歌信用体系场景化应用。

（6）路歌信用赋能的意义。

①缓解企业资金压力：旺季结算资金压力大，对企业资金要求高。

②增加运力黏度：及时支付，提高与运力的信任度，沉淀成熟运力。

③助力企业扩张：避免对新项目有心无力，企业扩张出现资金瓶颈。

④帮助企业做好风险管控：避免盲目烧钱扩张，带来企业不可逆的失控。

⑤数据积累信用：改变金融体系仅认可企业资产，对业务数据无视的现状。

⑥增加企业金融渠道：传统银行手续复杂，等待周期长；商信金开通方式便捷简单，随支随用。

“区块链＋供应链金融”被寄予解决我国中小微物流企业融资难题的厚望，但由于技术组合复杂、商业模式搭建的难度大，一直难以有效落地。此项目在安徽省的成功落地具有极强的示范效应，在全国处于绝对的领先地位。路歌物流平台凭借其强大的商业网络资源，可以迅速将这一模式推广到全国，目前已有近100家物流企业加入试点。

六、改进方案、设想及行业建议

关于“区块链＋供应链金融”的发展方向，还有以下设想和建议。

1. 促进物联网技术和区块链的融合，赋能物流和供应链领域，提升我国新基建建设能力和成果

通过将区块链技术结合到包括物流和供应链领域的GPS、RFID、5G应用各类物联网设备设施中，共同支撑起各类“物联网＋区块链”的应用，其中也包括各种数字化供应链，特别是供应链金融领域的商业应用落地场景实验；这个市场大有潜力。

2. 拓展供应链金融应用范围，向物流上游和下游相关企业及产业链发展

供应链金融是一种集物流运作、商业运作和金融管理为一体的管理行为和过程，它将贸易中的买方、卖方、第三方物流以及金融机构紧密地联系在一起，实现了用供应链物流盘活资金，同时用资金拉动供应链物流的作用。在这个过程中，目前主要围绕路歌物流平台的相关物流企业开展供应链金融服务，金融机构如何更有效地嵌入供应链网络，与供应链企业经营相结合，实现有效的供应链资金运行，同时又能合理地控制风险，成为后续发展供应链金融的关键问题。

3. 演化发展更多“区块链＋供应链金融”交易形态

传统的供应链金融的交易形态有应收账款融资和额度授信，后续要探索开展库存融资、预付款融资等更多供应链金融交易形态；同时，也发展除银行等传统金融以外更多

的资金提供方和新技术商业模式。

4. 利用区块链技术、大数据优势，发展供应链金融 ABS（企业资产证券化）融资模式

资产证券化是非标准化资产转标的主要合规手段，而在供应链金融中，较为常用的方式则是供应链金融 ABS。具体来说，供应链金融 ABS 是一种由券商、保理服务商、供应链中核心企业和中小企业共同参与的一种供应链金融模式，其本质是将资产（主要是债权作为底层资产）发行 ABS 进行融资。这种模式也是未来可以尝试的新的“区块链 + 供应链金融”发展模式。

雪松金服科技（广州）有限公司：雪松“区块链+大宗商品供应链金融平台”项目

一、项目简介

雪松大宗商品供应链集团（以下简称雪松）在大宗商品领域深耕多年，从交易服务、价格管理、物流服务、质量控制、资金融通等多个方面推进业务品种的多元化、业务模式的多样化，努力打造智能供应链。近期，公司针对中小微企业的融资难、融资贵问题，用专业实力构建雪松“区块链+大宗商品供应链金融平台”，服务中小微企业，服务雪松大宗产业链上下游客户。

二、项目背景

当前，国际经济形势风云变幻，我国中小微企业也面临着产业链重构的影响，同时融资难、融资贵问题依然突出，创新能力不强等问题有待于进一步加强。传统服务模式和技术条件下，中小微企业缺信用、缺信息、缺抵押的根本症结没有得到解决，依然面临成本高、风险大、效率低、供需不匹配等问题。另外，由于信用无法覆盖多级上下游企业，致使处于供应链长尾端的七成中小微企业仍存在融资难题。

由于信息不全面，中小微企业只能依赖抵押和质押。目前，市场上的信贷产品比较单一，大多要求企业提供土地、房产这些资产进行抵押和质押，而且经常要求企业家提供个人的无限连带责任担保，这些资金成本和时间成本都转到中小微企业的融资成本上，加大了中小微企业管理者的个人负担。

而近年来，尤其自去年以来，随着物联网、区块链和金融科技手段的推广应用，专业的大宗商品供应链金融平台，能更好地展现贸易链条“四流合一”，为金融机构塑造了一个真实可信、不可篡改的线上风控环境，促进了以应收账款融资、订单融资等方式为代表的供应链金融融资模式落地，为中小微企业更好地解决了融资难、融资贵的问题。

三、雪松“区块链+大宗商品供应链金融平台”应用介绍

1. “区块链+大宗商品供应链金融平台”业务场景

区块链技术是一种分布式账本，也是一种加密底层技术，是去中心化和去信任化地通过全体成员共同维护建立一个可靠的数据库的技术解决方案，具有不可篡改、去中心化、匿名、公开透明、自治性的特点，能有效解决大宗商品贸易行业虚假贸易、内幕交易、商业欺诈、设立平台对赌、提单仓单重复质押、篡改数据等不规范的交易行为。区块链技术应用前后对比如图1所示。

上链前—集中单中心数据互通

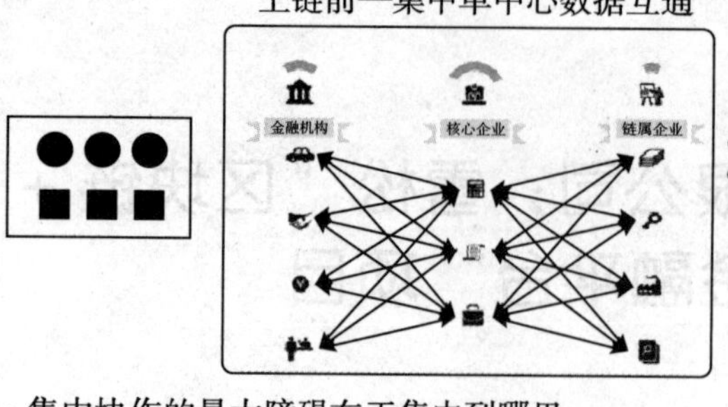

上链后—联合多中心安全数据共享

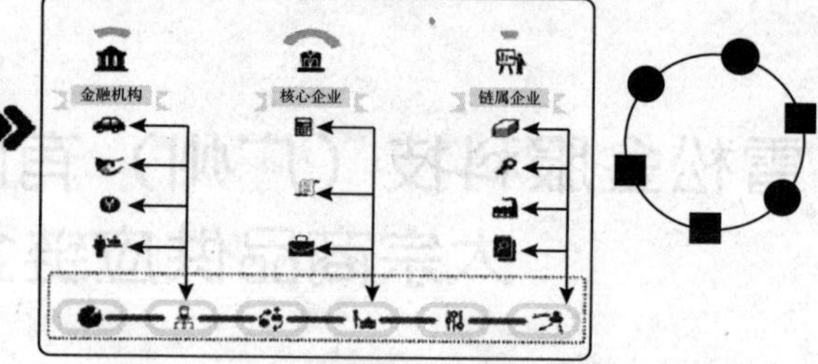

· 集中协作的最大障碍在于集中到哪里
· 现状是“两两对接”的局部结构
· 单个企业的不可控风险

· 分布式协作最大的优势在于不伤害任何一方的主体地位，形成“多对多”的网状结构
· 供应链企业整体的可控风险

图1　区块链技术应用前后对比

通过搭建“区块链＋大宗商品供应链金融平台”，充分利用区块链技术特性，针对性地解决传统业务痛点并优化现有业务流程，实现全业务流程及周边供应链金融、物流、仓储的线上化支持。主要包含商品的生产出厂、货物在途运输、货物存放入库、货物贸易关系创建、货物提取出库、第三方机构监管、融资申请等相关核心环节的业务数据将随业务扩展逐步实现全量上链，在实现业务全方位支持的基础上，逐步实现与外部合作方、监管方、服务方业务系统的跨区域、跨机构、跨系统的高效便捷对接。

其价值将包括但不限于以下几点。

（1）业务数据透明化。区块链上的所有信息对全网成员实时公开，包括各级监管机构，从根本上解决交易数据不透明的问题。

（2）数据交互实时化。仓储货物的数量和种类须实时与区块链上的汇总信息相符，监管者可以随时核对检查，而无须事先从交易所或第三方登记机构汇总仓单信息。这有助于实现对交易的实时监管，提高监管效率及灵活度。

（3）流程执行自动化。利用区块链建立智能合约，可以通过条件触发自动执行传统合约的条款，执行过程人为不能干扰。

（4）业务结算封闭化。此条适用于清算结算体系，由于区块链的高度安全特性和数据永久保存特性，它非常适合用来做登记确权；如果交易也在区块链上发生，那么交易和清算就是同步完成，实现实时清算，尤其是在多层级贸易场景中，能够彻底消除由于延时清算造成的交易多方风险。

2. 有效解决了中小微企业的痛点

雪松打造的“区块链＋大宗商品供应链金融平台”，有效地解决了目前大宗商品贸易领域各参与主体的痛点和难点，尤其是中小微企业和金融机构。中小微企业痛点及解决方案如表1所示。

3. 这次疫情实践中的应用（以建材行业为例）

以建材行业工程配送项目为例，目前全国成千上万个工程项目，上游的建材供应商有70%左右是中小贸易商。这些中小贸易商面对下游的工程单位，一般都是以赊销模式开展建材的配送，从采购到下游回款的周期在3～4个月。如果一个贸易商自身的资金只有1000万元，那么一年能有3000万～4000万元的收入，毛利水平在15%左右。

表1　　中小微企业痛点及解决方案

参与主体	痛点	平台解决方案
上下游中小微企业	融资困难、融资成本高； 难以成为核心企业的战略供应商； 供应链融资需要通过线下模式操作，流程极为烦琐，并且占用时间	通过平台服务，帮助中小微企业对接低成本、多渠道的资金方，利用雪松技术和运营的优势，帮助解决融资难、融资贵的问题； 与核心企业形成战略合作，保障长期的供销关系，业务持续稳定； 线上审批和放款，提升效率
资金方（银行及其他金融机构）	难以有效服务核心企业； 政府普惠金融的要求； 核心客户的贷款收益率低； 难以确认中小微企业应收账款确权的真实性和法律效力，融资风险大； 不熟悉产业链流程和商业模式	通过平台获得客户； 融资主体是中小微企业，可以帮助资金方完成普惠金融任务； 相对核心企业的收益高； 通过O2O的方式，凭借先进技术优势，保障底层资产的真实性和法律效力； 通过严格的风控管理控制风险； 自身参与贸易链条，熟悉商业模式

（1）中小微企业遇到的问题和雪松的解决方案。

这些中小贸易商都是轻资产运营，在这次疫情中，工地开工大规模延迟，有的工地即使开工了，由于大环境问题，给中小贸易商的回款也普遍滞后，使得中小贸易商资金压力大，业务开拓难。而就在这个时候，雪松“区块链+大宗商品供应链金融平台”的上线为中小微企业提供了很好的解决方案（见图2）。

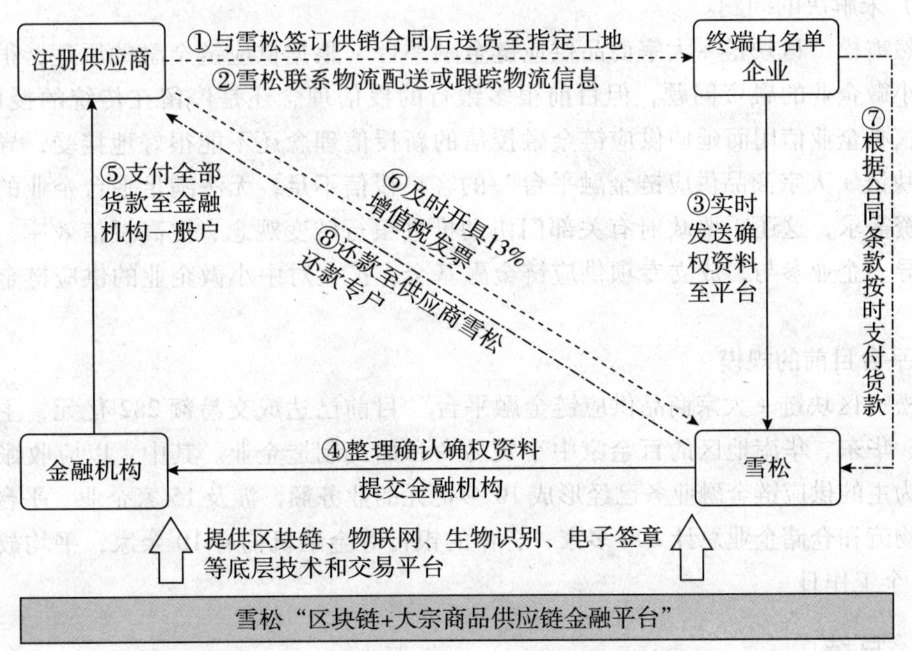

图2　雪松“区块链＋大宗商品供应链金融平台”

在雪松打造的“区块链＋大宗商品供应链金融平台”上，供应商只需要提供一些基本资料，并与雪松指定的贸易商签订购销合同，同时由雪松指定的贸易商与下游工程单位签订购销合同。在平台供应链风控管理下，保障物资真实、安全地配送至工地。在下游客户收货确权之后，即可以通过平台合作的金融机构向上游供应商发放贷款。

（2）解决的问题及取得的成效。

首先，解决了中小微企业融资难的问题。中小贸易商不需要通过不动产抵押或信用担保的方式获取资金。而是通过平台的四流合一、先进的技术集成和O2O的风控管理，获取了银行等资金方的充分信任后，按照优质的应收账款等底层资产来融资。所有的融资环节实现在线处理，提升了融资效率，在下游物资确权后1～2个工作日即可放款。相比于之前3.5～4次/年的周转率，可以大幅提升其资金周转，扩大市场规模。

其次，解决了中小微企业融资贵的问题。雪松通过对接国内各大国有银行和商业银行，通过自身的金融优势，成功地为平台客户对接上了一些低成本的资金方。按照目前的平均水平，能为中小微企业提供8%左右的资金成本，使得贸易商的利润翻了一倍多。

最后，不断帮助提升中小微企业的盈利能力。一方面，雪松“区块链＋大宗商品供应链金融平台”为中小微企业成功地提供了便捷、低成本资金，使得平台上的中小贸易商能最大化地利用自身优势开拓市场和客户资源，大幅提升收入和盈利水平。比如，上述案例中的中小贸易商，如果有能力和资源获取5倍的订单，在自有资金1000万元的基础之上，通过平台再获得4000万元的融资，则全年可以实现1.5亿～2亿元的收入，利润相比之前增长了两倍多。另一方面，雪松通过线上和线下的贸易合作，也帮助中小贸易商优化了供应链管理，譬如通过综合物流服务或集采服务，帮助中小微企业获取更低成本的车辆运输和材料采购，进一步提升盈利水平。

（3）未解决的问题。

虽然雪松“区块链＋大宗商品供应链金融平台”根据供应链金融的原理，很好地解决了中小微企业的融资问题，但目前很多银行的授信理念还是停留在传统的授信理念，对依托核心企业信用而延伸供应链金融授信的新授信理念还不能很好地接受，导致对雪松“区块链＋大宗商品供应链金融平台”的客户授信不足，无法满足平台企业的业务需求和融资需求，这还需要政府有关部门协助推进银行转变观念、提高授信效率，或者由政府主导、企业参与，成立专项供应链金融基金，扩大对中小微企业的供应链金融融资支持。

4. 平台目前的规模

雪松“区块链＋大宗商品供应链金融平台”目前已达成交易额282亿元，主要服务于华北、华东、华南地区的百余家中小贸易商和加工制造企业。其中，以应收账款和订单融资为主的供应链金融业务已经形成10多亿元的业务额，涉及15家企业。平台目前已合作的物流和仓储企业总计100多家，合作的银行等金融机构有10余家，平均放款周期为3～7个工作日。

四、总结

雪松通过“区块链＋大宗商品供应链金融平台”在供应链金融领域的创新业务模式

探索，加速了供应链金融发展的步伐。通过新业务模式的推广实践，帮助中小微企业摆脱融资难、融资贵的难题。此外，本次项目的顺利建设，帮助区块链技术与传统供应链金融服务业快速融合，为中小微企业提供全流程多场景的服务，为中小微企业有针对性地开发融资产品，帮助金融机构完善对中小微企业的融资产品和服务的不断创新。

但是，由于多数银行对于供应链金融的理念和做法还没有与时俱进，恳请政府有关部门能够重视，扩大银行和金融机构的资金支持力度；或者快速组织专项基金，在风险可控的前提下，支持中小微企业开展业务，解决其融资难和融资贵的问题，为我国经济的快速复工复产助一臂之力。

e 签宝：物流行业电子签名解决方案

一、e 签宝介绍

e 签宝成立于 2002 年 12 月，是中国互联网电子签名行业领跑者，致力于为客户提供具有法律效力的电子合同全生命周期服务。2019 年 10 月，e 签宝完成 6.5 亿元 C 轮融资，由蚂蚁金服领投，戈壁创投及老股东靖亚资本跟投，刷新国内电子签名领域最大融资记录。

合作伙伴包括阿里巴巴、索尼、华夏银行、海康威视、吉利、百威、顶新集团等顶级企业。并与浙江省人民政府、成都社保中心等政府单位合作，是浙江省“最多跑一次”指定电子签名供应商。应用行业涵盖金融科技、医疗卫生、B2B 电商、大型制造业、“互联网 +”政务、在线旅游、eHR 等。

截至 2019 年 12 月，e 签宝已经拥有 52 项著作权、16 项发明专利，承担两项国家级课题项目。服务超过 437 万家企业用户，个人用户突破 2.5 亿，累计签章量超过 105 亿个，日均签署量超 2000 万个，在行业内遥遥领先。

二、传统物流纸质单据所面临的问题

物流供应链中，企业与企业之间，个人与企业之间的信用签收凭证大部分还在纸质单据与手写签名的阶段，这些纸质单据不仅作为运营凭证使用，还作为结算凭证使用，纸质的单据会严重限制智慧物流的发展，以快运承运业务为例，目前纸质单据导致的业务痛点包括以下几方面。

1. 效率低

物流发货、提货、运输过程通过传统的线下纸质方式进行，效率低下，耗时周期长。

2. 成本高

参与物流各环节人员、角色众多，采用纸质单据对物流业务关键节点进行记录与流转，单据所产生的成本很大。

3. 归档困难

要实现按照类型、金额、部门、风险级别等条件归档需要花费大量的精力。

4. 权责难分

现代物流运输方式复杂，链条长，缺少存证，权责划分难。每年因货损产生的纠纷数量繁多，给多方造成了巨大的经济损失。

三、e 签宝电子签名的产品服务

1. 实名认证

e 签宝打通公安部、银联、运营商等各个通道的数据库，有效验证个人/企业身份信息的真实性。

2. 意愿认证

签署前进行短信验证码、指纹或刷脸认证，保证签署人本人的真实意愿。

3. 电子签名

为客户提供从CA数字证书申请、模板/手绘印章创建、合同模板等多样化签署服务，全程不接触合同原文，不接触印模。

4. 存证出证服务

签署过程通过场景式存证进行固化，用户可对整个签署场景进行出证。

四、方案优势

1. 提升物流企业竞争力

以信息流带动物流环节中的物流、资金流加速流转，提高企业竞争力。

2. 降低物流企业运营成本

大量的物流单据、仓储单据都可以采用无纸化管理，大大降低企业成本。

3. 提升物流场景用户体验

仓储员可以采用电子签名实现物流流程无纸化，进行物资确认、发货、收货等。

4. 物流企业管理提升

e签宝电子签名的闭环服务，保障物流信息安全及提供司法风控保障手段。

五、解决方案

无车承运场景的电子单据签署如图1所示。

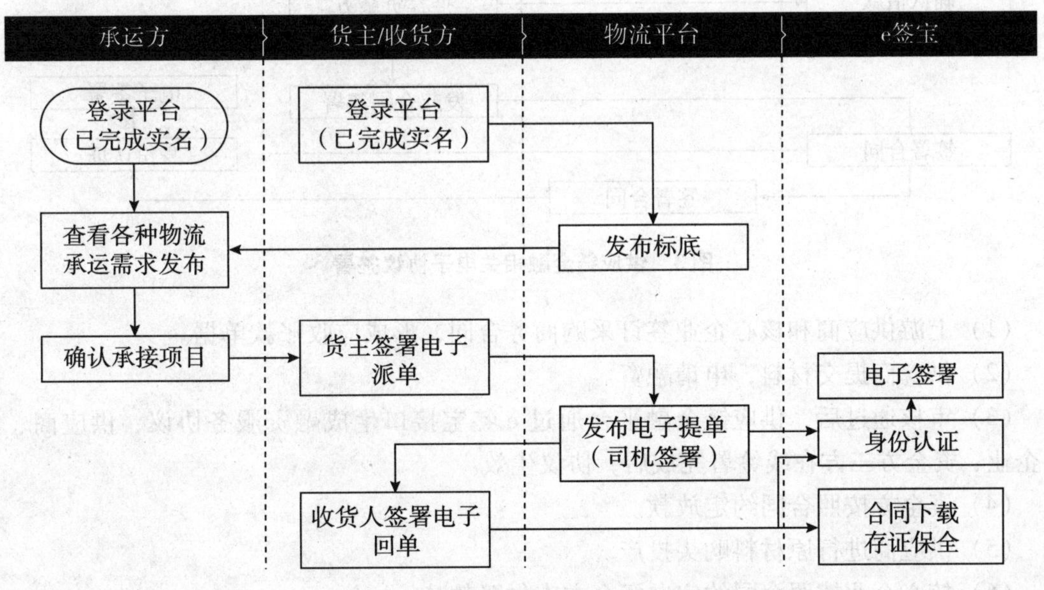

图1　无车承运场景的电子单据签署

货主通过物流平台发布货运信息，生成电子派单与电子提单，承运司机通过手机接收电子派单，并用手机完成承运合同的签署。当承运司机完成货运投递后，收货人通过手机扫码签收承运司机手机中的电子回单，完成整个无车承运场景的电子单据签署。

物流服务平台电子服务协议签署如图 2 所示。

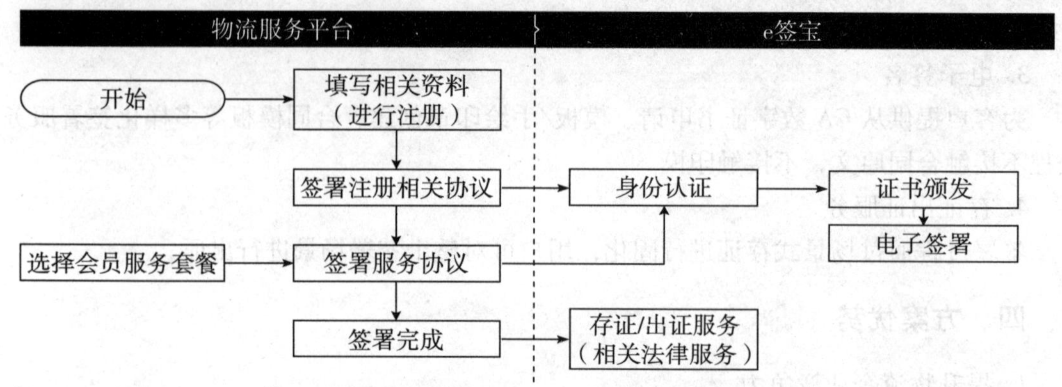

图 2　物流服务平台电子服务协议签署

物流服务平台采用电子签名服务进行用户（司机、发货方等）实名认证，在物流服务平台中实现注册、隐私等相关协议的电子签署。用户（如司机）在物流服务平台完成注册后，可在线购买物流服务平台会员服务产品，并签署服务合作协议。

供应链金融相关电子协议签署如图 3 所示。

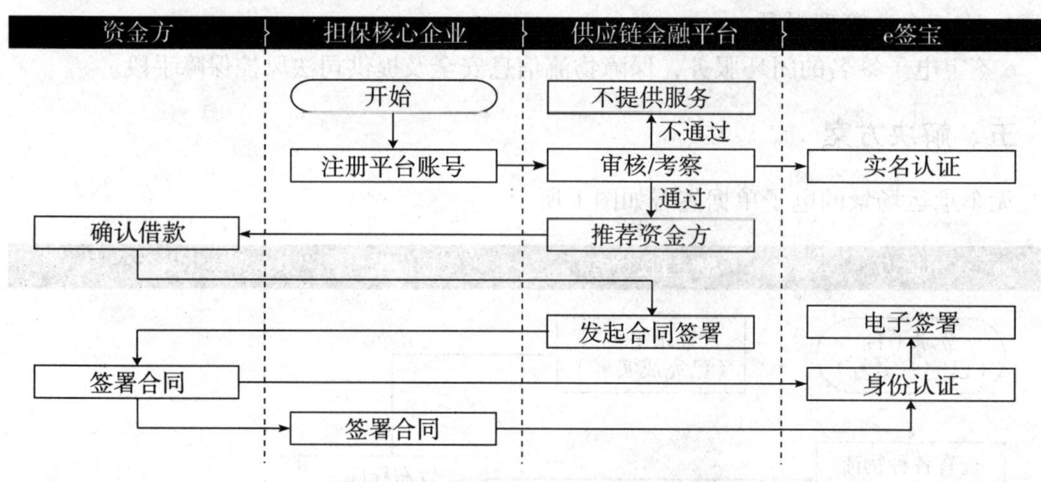

图 3　供应链金融相关电子协议签署

（1）上游供应商和核心企业签订采购商务合同，形成应收账款单据。

（2）供应商提交材料，申请融资。

（3）审核通过后，供应链金融平台通过 e 签宝接口生成融资服务协议，供应商、核心企业、资金方三方在线签署完成后，协议生效。

（4）资金方按照合同约定放款。

（5）供应商进行原材料购买投产。

（6）核心企业按照合同约定向资金方支付账款。

六、典型案例

百世物流科技（中国）有限公司（以下简称“百世物流”）成立于 2007 年，是由信息技术和供应链资深专家联合组建的创新型综合物流服务提供商，致力于打造一站式的物流和供应链服务平台，成为值得信赖和尊重的物流行业领导者。

引入e签宝电子签名，打通内部多个系统，实现供应链金融服务协议、合作协议、内部文件线上一键签署，每笔业务平均可节约5天，签署效率提升500%以上。电子合同易查找、易管理，同时可减少企业在合同签署过程中丢单的概率，提高企业生产力。百世物流电子签名流程如图4所示。

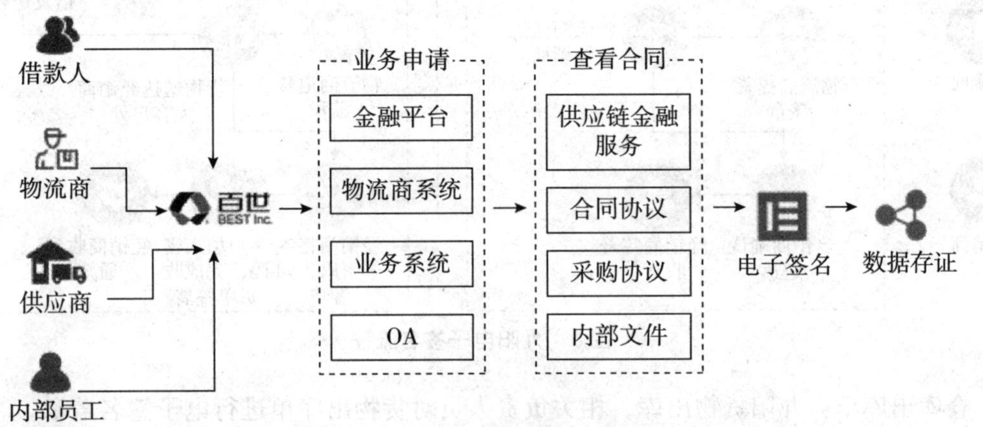

图4　百世物流电子签名流程

浙江吉利控股集团有限公司（以下简称“吉利汽车”）承运科负责整车物流，物流商、经销商、承运科实名认证均由e签宝提供认证服务。为确保合同签署主体的真实性，电子签名全过程由e签宝提供服务，包括合同模板填充、合同查看、签署完成。这不仅提升签署效率、减少人力成本、减少纸张成本，同时解决了纸质单据易丢失、不易保管、事后可追溯性差等问题。

通过标准接口服务，e签宝与吉利汽车业务平台对接，实现业务无缝融合，打通SAP、DMS、TMS三方业务系统，快速达成合作。吉利汽车电子签名流程如图5所示。

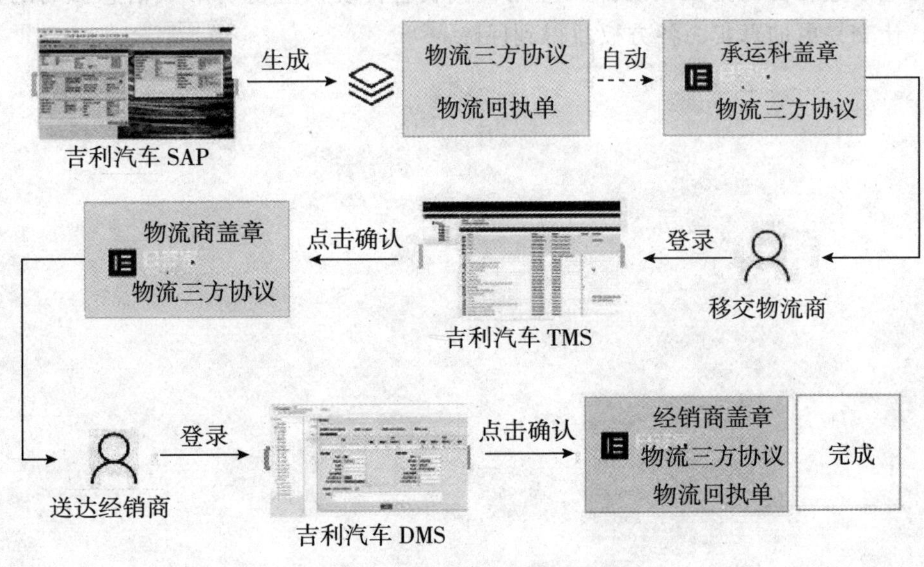

图5　吉利汽车电子签名流程

九阳股份有限公司（以下简称“九阳”）电子签名流程如图6所示。

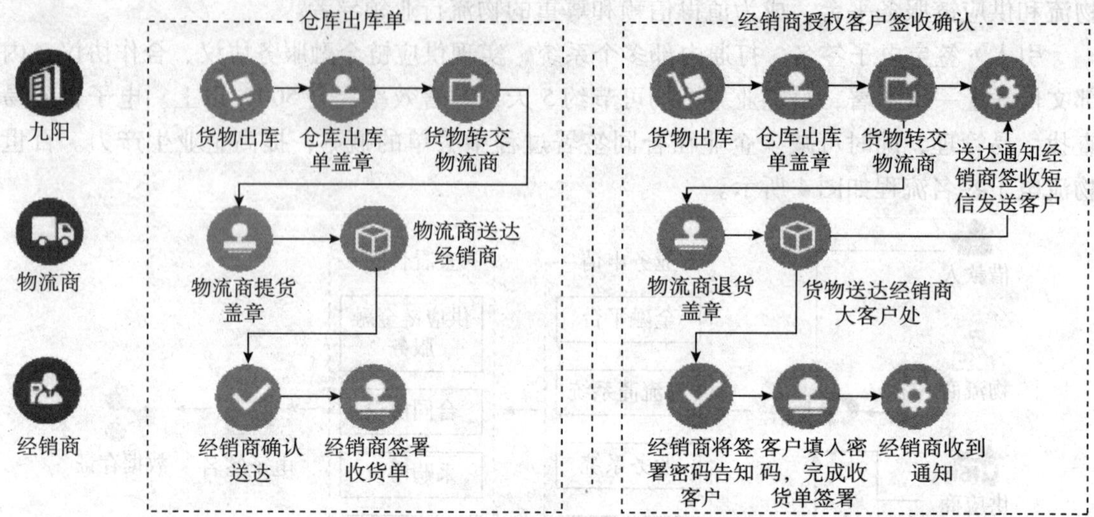

图6　九阳电子签名流程

仓库出库单：九阳货物出库，相关负责人员对货物出库单进行电子签名盖章。

物流商提货单：将货物转交给物流商，物流商对提货确认单进行电子签名盖章。

经销商收货单：物流商将货物送达经销商指定地点，经销商确认货物已送达，签署收货确认单。

通过打造集工具与服务为一体的电子证据闭环，e签宝在物流行业受到百世物流、德邦物流、传化物流、中铁物流等众多客户的信赖，为大型企业供应链、交易平台供应链、物流平台供应链、供应链金融等场景提供全方位的电子签名与电子数据保全方案，解决了司机与承运商之间、快递员与收件人移动终端签名、物流签收入库单、商家入驻平台等线上签署问题。

随着电子签名在物流领域的深入应用，代表着传统供应链易形成信息孤岛的模式将被打破，让交易更加真实，各方权益得到保障。

创新奇智科技有限公司：基于 AI 数据分析的全场景智慧供应链解决方案

一、行业背景

互联网引发的科技、文化、消费及产业革命，正在改变经济运行的方式、重组供应链结构。从需求侧的新物种、新业态涌现到供给侧的结构化变革，需求侧拉动供给侧迭代升级，以往分散在各个公司、各个部门的供应链节点逐渐被集中，按照统一的战略和策略，端到端地进行管理和管控。对大型零售商而言，人、货、场与产业全链条多端融合，从传统的供应链运作参考模型（Supply - Chain Operations Reference Model）到如今的数字化供应网络，意识形态趋于融合，生产关系逐步打通理顺。在多端融合的大背景下，AI（人工智能）正在进行碎片化赋能与结构化推动，当供给侧升级后，结构化的 AI 供应链融合将会是下一个主题。

成立于 2018 年的创新奇智科技有限公司（以下简称“创新奇智”），致力于用最前沿的 AI 技术为企业提供 AI 相关产品及商业解决方案，通过 AI 赋能助力客户及合作伙伴提升商业效率和价值，实现数字化转型。公司聚焦“制造、零售、金融”行业的 AI 赋能，智慧供应链是公司的核心产品之一。

自 2018 年起，创新奇智为某全球顶级快消品企业提供 AI 驱动的智慧供应链解决方案。该企业的供应链网络庞大复杂，而中国的零售形态快速更迭，促使该厂商不断进行数据下沉、需求驱动的柔性供应体系建设。总体来说，该企业在供应链上主要面临如下几大问题。

1. 供应链上游商品企划

①需求规划无法做到全渠道、长周期、细粒度的高精度滚动预测。

②当前基于规则系统，人工出数需 1 周时间，无法实时灵活调整预测。

③不能清楚展示预测数值各维度、各层级的隐形关联影响，无法挖掘业务特征。

2. 供应链上游产能规划

①多工厂—多产线的共享产能无法最大化利用。

②原材料与成品的不同工序问题无法做到全局最优。

③现有规则模型无法基于精准的需求预测进行生产。

④目标仓库的库存结构指标无法满足预期。

3. 供应链经销商补货

①每年经销商都会存在大量退货的情况，年底滞销库存多，该部分成本需企业承担。

②传统的采用 Excel 处理的效率极其低下，且无法对各区域经销商的进销存数据进行

统一有效的分析和使用。

③销售人员凭借经验与简单的统计学模型预测经销商下游需求，然后进行补货下单，存在压货现象。

4. 海外供应配货

①完全依赖手动配货，耗时久，效率极其低下。

②人工基于规则经验进行工厂货量与国家港口的需求匹配，无法考虑产能出量，不能做到全局优化，且当前集装箱利用率、订单满足率相对较低。

5. 供应链商品追踪

无法对物流中的商品做到实时精确定位、商品溯源，以及在途库存的及时同步。

6. 市场末端线上供应收益分析

无法有效跟踪和评估线上商城的营销费用与销售数据的投资回报比，比如投放多少广告、档期内卖什么产品、产品怎么做促销定价。

二、AI 驱动的智慧供应链解决方案

创新奇智采用以 Orion 自动化机器学习平台为核心的决策智能解决方案，为该企业提供了一套覆盖全场景的智慧供应链系统，包含需求感知、产能规划、智能补货、智能配货、智能商品追踪、智慧收益管理六大功能模块。

1. 需求感知：提供需求感知模块，包括进销存可视化分析及 AI 智能规划

①滚动预测生成长周期、细粒度、高精度的 SKU 需求。

②清楚展示各维度、各层级关联影响与指标现状。

③基于业务约束的 AI 智能化操作，实现灵活调整，实时反馈。

2. 产能规划：多工厂—多产线的产能共享、原材料与成品不同工序先后顺序的智能分配，基于需求预测生成 AI 排产计划

①基于需求预测的全局最优产能输出。

②目标库存结构最优的产能共享、工序调配优化方案。

③基于业务约束的 AI 智能化操作，实现灵活调整，实时反馈。

3. 智能补货：为各级经销商提供智能补货功能模块

①结合内外部数据，精准预测经销商下游需求。

②结合业务约束，为销售人员提供人工可控的智能补货工具。

③预估模拟实时补货业务指标，如非正品仓的库存持有成本、缺货率等。

4. 智能配货：为海外港口提供自动配货功能模块

①统筹考虑产能、需求、船期、集装箱等的限制，做到全局最优。

②自动化配货流程，缩短用户决策周期。

③基于业务约束的 AI 智能化操作，实现灵活调整，实时反馈。

5. 智能商品追踪：提供基于视觉技术的无感扫码机器，货到仓内时即可无感瞬时扫码，后台实时同步 ERP 系统

6. 智慧收益管理：以资金分配 & 策略产出为核心的投资回报率计算业务单元，提供智能收益管理解决方案

包含智能促销、定价等模块，实现过程可量化，原因可追溯，投入产出比最优，建立 AI 智能库。

三、主要效益分析与评估

创新奇智助力该企业打造了基于需求驱动与数据洞察的柔性全价值链，将商品企划、采购生产、仓网配送、渠道销售、终端运营各环节数据特征打通，建立了一套多个场景适用的 AI 特征库与 AI 数据中台，深度植入业务，并在逐渐影响甚至升级业务结构，为企业带来极大的直接业务收益，具体有以下几点。

①高精度 SKU 级别的全渠道长周期需求规划，使得下游业务线（市场、销售、生产）能够做到有数可依，向下传导的供应价值升级；还可以挖掘出影响生意规模的渠道特征因素，改善供应结构。

②智慧产能规划建立了动态供应网络，使得各工厂的各产线产能得到最大化利用，库存健康度得到明显提升。

③每年节省千万级别的退货成本。

④智能配货下海外港口的需求订单满足率极高，集装箱利用率大幅改善。

⑤智能商品追踪使得在途库存的时效问题得到解决，实时更新库存，且比 RFID 成本低廉、操作更简便；同时，能够做到商品的实时追踪与溯源。

⑥智能收益管理为企业建立了一套基于商品与消费者的关系特征库，利用 AI 模型能够很好地挖掘潜在影响消费的特征之间的关联，提升企业整体收益。

⑦建立了统一的、有效的、实时的可视化报表分析系统，精准捕捉问题，实时风险预警。

四、经验及体会

在 AI 时代，零售行业人、货、场各个场景的解决方案体系并非割裂的，而是以“零售全价值链”理念贯穿其中。创新奇智是零售价值链管理的倡导者。全价值链理念是指将人、货、场三要素的数据打通之后，帮助 AI 进行多维度、跨领域的学习，实现 1 + 1 + 1 >3 的应用价值，这样输出的结果要比局限于某一个场景更好。在创新奇智看来，全价值链的思维是基于数据端的全价值链去打造基于算法的全价值链，从消费端到制造端的全链条数据采集和打通，产业链条的多端融合，是其中的关键。

制造驱动消费，消费反哺制造，从制造、流通到消费，形成一个自反馈的数据闭环，再基于数据用 AI 赋能整个产业链。基于零售全价值链管理，零售商可以全方位观察供应链：从原材料采购到生产，再到“最后一公里”的交货。在这个智能和数据驱动的过程，零售商不仅可以预测库存，及时响应消费者期望，还可以和供应链上所有成员之间进行信息同步共享。

重庆长安民生物流股份有限公司：基于物联大数据的汽车物流“快递式”在途可视化应用

一、应用企业简况

重庆长安民生物流股份有限公司（以下简称“长安民生”）成立于2001年8月，是一家极富专业精神的第三方汽车供应链物流综合服务商，2006年2月在香港联交所创业板上市，并于2013年7月成功由创业板转主板交易，主要股东为中国长安汽车集团股份有限公司、民生实业（集团）有限公司、新加坡美集物流有限公司。2017年，长安民生在中国物流与采购联合会公布的中国物流企业50强名单中排名第29位。

长安民生已同长安汽车、长安福特、长安马自达、长安铃木、北奔重汽、德尔福、伟世通、西门子威迪欧、伟巴斯特、台湾六和、宝钢集团、正新轮胎、杜邦、本特勒、富士康等国内外近千家汽车制造商、零部件供应商及原材料供应商建立了长期合作关系，为客户提供国内外零部件集并运输、散杂货运输、大型设备运输、供应商仓储管理、生产配送、模块化分装、商品车仓储管理及发运、售后件仓储及发运、KD件包装、保税仓储、物流方案设计、物流咨询与培训等全程一体化物流服务。

二、要解决的突出问题

1. 应用背景

受快递物流运输过程透明化影响和第三方物流自身快速发展的需要，客户对物流服务过程的体验越来越看重，特别是在对货物真实位置查询方面提出较高的要求。而第三方物流不只有公路运输一种运输方式，不同运输方式的组合，如铁路运输与公路运输、水路运输与公路运输、铁路运输/海上运输与公路运输等的组合，使得在途透明化的呈现难度增加。

2018年10月，与大数据云平台相融合的长安民生“鹰眼慧运地图平台”正式上线，构建起专业的物流地图服务平台，为长安民生前端的物流运输可视化奠定了基础。

2019年3月，长安民生鹰眼慧运地图平台先后与船讯网、铁路网实现信息交互，实现了水路运输（含海运）、铁路运输方式在途信息的获取。同年5月，长安民生整车App上线，在弥补公路GPS设备因故障无法准确提供位置信息定位问题的同时，实现对人工驾驶商品车的定位跟踪与监控。自此，鹰眼慧运地图平台具备了实现运输全程可视化的条件。

2. 需求痛点

物流在途可视化第一阶段只能通过运输车GPS设备来获取位置信息，实现的可视化范围较窄，水路、铁路、人工地跑的在途可视化还无法实现。而水路运输、铁路运输的在途周期普遍较长，客户无法自主查询信息，双向沟通成本较高，且容易因信息的不对称引起客户不满。

三、解决措施

1. 解决措施

（1）数据呈现方式。

长安民生面对的客户主要是主机厂客户，在运输过程可视化项目实施前，客户对货物运输过程的查询都是以报表形式批量进行的，信息主要依靠智慧物流运输管理系统（以下简称 i－TMS 系统）提供。因此，如何在不改变客户现有查询习惯的情况下，为客户提供更优的体验，是本项目的重点之一。

可视化系统架构如图 1 所示，整体系统架构由数据层、中间层、展示层构成。底层的数据层用于各类信息源数据、业务数据的存储；中间的平台用于位置数据与业务数据的融合汇总、计算分析；展示层通过定制的 App 和 PC 端满足不同用户的数据查询需求。

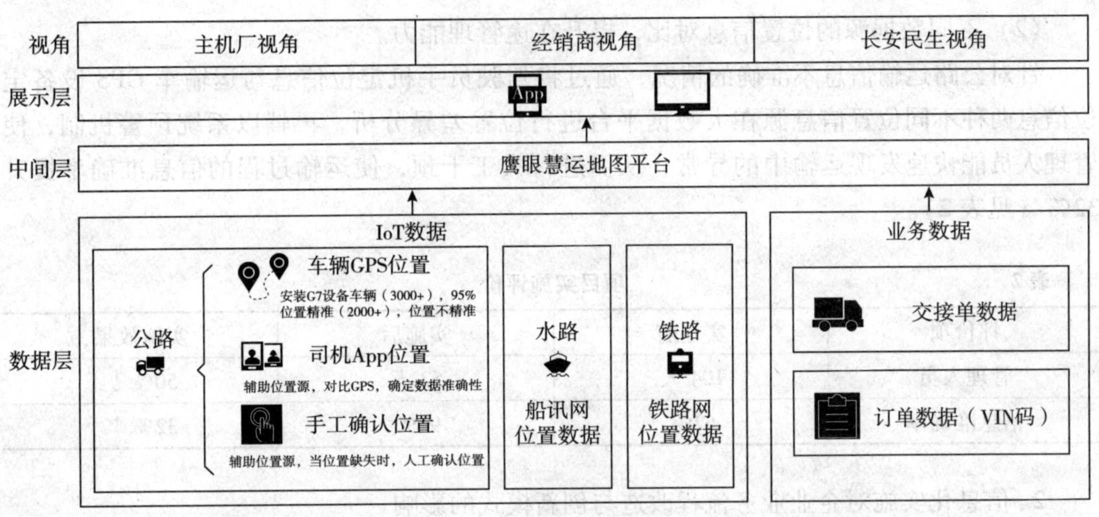

图 1　可视化系统架构

定制 App 和客户查询系统在原数据报表基础上，增加运输车的可视化链接，通过链接方式实现在途轨迹的可视化展示。

（2）在途异常管理。

可视化项目的建设必将呈现在途的各种异常情况，特别是公路运输信息的准确性、真实性也是运输业务管理的重点，如何在客户关注之前发现异常，也是可视化项目建设的难点之一。

通过驾驶员手机定位与运输车 IoT 设备的返点信息，借助于大数据平台对不同数据源信息的位置分析，将预警信息传输到运输管理系统和鹰眼慧运地图平台，形成报表式和图形化的预警数据，供管理者查看，并通过人工干预的方式，纠正信息的误差。

同时，鹰眼慧运地图平台根据业务分析逻辑，图形化展示不同 IoT 设备的质量情况。

2. 信息化推进安排（见表1）

表1　　信息化推进安排

项目名称	项目计划启动时间	项目计划上线时间
基于IoT设备质量的管理指标项目	2020－06－01	2020－11－30
鹰眼慧运地图平台可视化推广之供应链备件项目	2020－07－01	2020－12－31
鹰眼慧运地图平台可视化推广之国际货运项目	2021－10－16	2021－03－31
基于AI算法的鹰眼慧运地图平台数据应用项目	2021－02－01	2021－08－31

四、信息化实施的主要效益分析与评估

1. 信息化实施前后的效益指标对比、分析

（1）实现不同运输方式、多式联运的可视化展示。

通过本项目实施，打破传统公路运输方式展示单一的现状，实现多式联运全段轨迹展示，为客户提供全程透明化的专业物流地图服务。

（2）不同数据源的位置信息对比，提升在途管理能力。

针对公路运输信息不准确的情况，通过将驾驶员手机定位信息与运输车GPS设备定位信息两种不同位置信息源在大数据平台进行位置差异分析，再辅以系统预警机制，使管理人员能快速发现运输中的异常，从而进行人工干预，使运输过程的信息准确率提升32%（见表2）。

表2　　项目实施评价

评价项	实施前	实施后	实施效果
管理人员	104人	52人	50%↓
信息准确率	62%	94%	32%↑

2. 信息化实施对企业业务流程改造与创新模式的影响

可视化项目的建设不仅是服务于客户，也是企业对运输在途管理的手段之一。通过项目实施，对企业业务流程改造与创新模式的影响主要有以下四点。

（1）业务管理方式改变。

在途运输管理改变了以往“电话＋Excel报表”的随机抽检方式，通过“系统预警＋App提示＋人员干预”的方式，不仅覆盖全部在途运输的车辆，更使管理员集中于异常的处理，在人员减少的同时，工作效率提升30%。

（2）客户满意度提升。

客户对在途信息的查询由原来的部分可视、准确性差，转变为如今的全程可视、可自主查询，客户满意度大幅提升，对销售的指导更有帮助。

（3）轨迹回溯，减少纠纷。

在货物发生质损争议时，通过对运输过程轨迹的回溯，能帮助管理者回顾运输过程，为承运人提供有力证据，减少不必要的经济损失。

(4) 加强管理，提高运输安全性。

运输过程的透明化管理，为运输路径优化、成本分析、驾驶员行为分析等提供数据基础，为在途时效提升、承运人管理提供数据支撑。同时，运输过程的透明化管理也为货物安全提供保障。

3. 信息化实施对提高企业竞争力的作用

通过为客户提供直观、全程可视的发运过程信息，提升客户的满意度与客户的黏性。通过内部系统间数据的高效整合，消除数据孤岛，构建企业数据库，持续为管理者提供数据统计与分析，对客户关系维护、资源配置等方面都将起到积极作用。不仅可以实现信息共享、协同运作和资源配置优化，使物流运作和管理变得更加透明便捷和优质高效，也使物流决策更加准确，助力公司快速高效地将数据资产转变为商业价值，打造公司行业标杆形象，提升公司对外业务的竞争力，推进物流行业的共同进步。

五、项目推广意义

物流运输过程可视化是物流运输业务的图形化展示，反映的是业务操作过程，可视化数据的异常必然是业务执行情况的异常，因此业务操作过程的规范化、标准化，是数据有效展示的首要条件之一。

同时，数据标准化也是项目在不同业务板块推广的阻力之一，在规划构建业务系统时，数据的标准化应该提前考虑与制定。

可视化项目的推广，在真实反映业务操作过程的同时，也对数据治理提出更高要求，因此通过数据发现问题，通过数据赋能业务，是项目推广的重要意义之一。为客户提供物流运输过程的可视化服务，为物流行业提供示范和借鉴作用，也是项目推广的意义之一。

六、下一步改进方案、设想和建议

1. 下一步改进方案和设想

(1) 运输异常管理进一步减少人为操作。

通过对实际运输路径多维分析，实现对运输路线的整体规划与建议，细化每日运输计划节点，定时对不达标的运输车辆进行预警，达到管理提前干预、保证总体时效的目的。

(2) 优化 IoT 设备质量看板。

重新定义 IoT 设备质量指标，通过月度返点异常占比真实反映 IoT 设备运行情况，为承运商准入及日常管理考核提供数据依据。

(3) 从对“人”“车”定位转向对“物”定位。

物流运输过程不可避免地会发生运输异常的情况，往往会涉及运输车的途中转运，信息更新的及时性会影响运输可视化轨迹的展示。因此对“物”的定位才是最为精准和可靠的。

2. 对物流信息化的建议

(1) 从数据使用角度审核物流信息化的规划。

物流信息化的最终目的是数据的使用，因此数据标准化、规范化是信息化的基础，在信息规划前，数据规则必须建立和推广执行。

（2）业务操作能否流程化、规范化、标准化是信息化实施的前提。

信息化的目的是实现操作效率的提升，单一的、重复性的操作行为应被信息系统所替代，因此信息化可以理解为对人、财、物的高效协同和数据共享，而业务操作能否流程化、规范化、标准化则是实施信息化的前提。

北京景天中禾科技有限公司旗下聚麟科技：基于供应链逻辑的物流融资解决方案

随着国家产业信息化发展步伐的加快，物流行业也在积极推进转型。2019 年以来，金融科技公司作为新型金融服务排头兵，正悄然成为物流信息化、数字化的变速杆，发挥着加速器的重要作用。聚麟科技较早在物流行业创新尝试金融科技服务，助力物流公司启动互联网发展快捷键。

一、企业简介

聚麟科技是北京景天中禾科技有限公司的服务品牌，成立于2013 年，总部位于北京。聚麟科技的定位是“产业金融路由器”，自成立以来秉承“更好地联通产业与金融，助力实体经济发展”的经营理念，致力于为企业及金融机构提供基于现代互联网技术的金融基础设施及整体解决方案，帮助企业实现一站式金融产品设计、信息数字化、数据整理及核验、系统开发及建设等托管式服务，最终实现企业与金融机构的线上无缝联通，为企业发展引入金融“活水”，助力企业可持续发展。

聚麟科技的核心团队来自国有五大行及全国性股份制银行，有涵盖业务、风控、科技及运营多个领域的专家，在金融产品设计及系统建设方面有着丰富的实操经验。不同于传统的金融科技公司，聚麟科技可为企业提供更多定制化、符合金融机构业务定位及制度要求的金融产品解决方案，作为企业与金融机构之间的“翻译官”和“催化剂”，进而提升产品实施的可行性，提高各方的联通效率。

此外，聚麟科技已拥有一套完整的供应链金融系统及多种金融产品模式，已帮助多家企业与金融机构实现系统对接，为物流领域客户提供金融机构信贷资金近百亿元。

二、应用场景

1. 物流行业融资困境

物流行业联系着千家万户，维系着国计民生，在国民经济中占据重要地位。融资难一直是物流行业发展瓶颈，尤其是中小型物流企业及个体形态的物流从业者。

据统计，在物流领域中，仅运费垫资场景，每年市场需求就有万亿元之多，但物流企业能从银行获贷的不足一成。

对于物流行业整体融资难的困境，究其原因，主要有以下几方面问题。

①物流行业属于传统行业，信息化程度普遍较低。

②物流行业市场虽大，但群体相对分散，管理难度大。

③中小型物流企业抗风险能力相对较差，且经营行为不够规范。

④中小型物流企业缺乏满足金融机构要求的抵押、质押资产。

⑤传统金融机构采用的线下融资模式并不经济，导致融资意愿降低。

⑥很多物流从业者金融意识较弱，融资渠道不通畅。

2. 信息化融资之路

面对物流企业庞大的融资需求及不足一成的获贷率，聚麟科技开始思考如何借助互联网、信息化技术，将物流行业的融资变得更加高效、便捷，便于挖掘数据中的金融价值。在尽可能保障金融机构资金安全的情况下，让金融机构能做、敢做、愿做是聚麟科技持续探索、努力的方向。

为此，聚麟科技不断进行行业调研、企业走访、从业人员访谈、内部研讨，并与多家金融机构频繁交流，逐一解决了数据不标准、信息传输实时性差、客户身份核实难、资金流转慢等多方面问题，并不断对既定方案进行调整及优化，最终形成一套基于供应链业务逻辑、面向运费垫资场景的线上融资解决方案。

3. 实际应用——以物流“运费融”为例

聚麟科技在行业调研、企业走访的过程中，选定了一家规模大、信息化程度相对较高的物流核心企业作为切入点，进一步探寻物流行业信息化融资的方向与可行性。

（1）业务现状。

在与核心企业接触过程中，聚麟科技了解到，该企业在研究信息化方面的已历时两年，投入成本规模上亿元，在物流行业中信息化程度名列前茅。即使如此，其在向车队、司机提供运费垫资的融资服务时，仍然有大量的线下人工介入。客户通过线上途径（App、微信小程序等）简单填写信息后，核心企业的业务人员需逐笔核对交易真实性，每日批量向财务人员提交申请；财务人员确认后，再定期向资金方反馈，资金方确认后放款。

从客户提出融资申请到资金到账，一般需要3～7个工作日，因此企业大多选择累积一定的应收运单后，统一进行融资申请，这对融资人本身造成了一定资金压力。同时，该流程需核心企业大量人工参与，不仅耗时长，操作风险也很大。

（2）方案优化。

聚麟科技看到了该流程存在的弊端及优化的可能性，希望基于供应链业务逻辑，依托核心企业自有供应链金融系统，将网络货运平台运管系统、金融机构业务系统无缝对接，保证信息数据的真实性、准确性以及融资服务的及时性，面向遍布全国的中小型物流企业提供一站式全线上的融资产品。

为了实现上述目标，聚麟科技与核心企业打通系统间的联系，同时为减轻核心企业开发工作量、减少客户填写内容，聚麟科技对资金方所需的资料进行梳理整合，针对行业、企业等内容先行配置，引入外部数据源，最终将相关接口中核心企业必须提供的字段缩减为原计划的1/4，尽力帮助核心企业减轻开发压力。

在该模式下，客户简单填写信息后，信息通过接口传输至聚麟科技，聚麟科技进行初步验证后，与资金方所需的其他信息整合，一并提交至资金方审批、放款，无须业务人员或财务人员参与，实现从融资申请、资料获取、额度审批、资金发放到贷后监控全周期的线上化。整个流程便捷、顺畅，融资人从发起申请到资金到账不超过3分钟。如遇问题，系统也会实时向核心企业反馈原因，方便及时处理。

（3）方案优势。

针对核心企业，该解决方案将核心企业的垫资压力转移至金融机构，满足核心企业向客户提供多元化服务的同时，有效缓解了核心企业的资金压力。

针对融资人，该解决方案依托核心企业实力与真实交易背景，降低了中小型物流企业及个体从业者的融资门槛与融资成本，无时间、空间限制，从客户角度出发考虑问题，实现每笔运单快速融资，不额外耗费时间，帮助小而分散的实体快速实现资金回流。据统计，业务上线后，已累计服务全国27个省份的近150个市的客户，客户主体数量超过万户，笔均融资金额3万元，客户重复融资率高达75%，最高复贷笔数可达33笔，呈现分布广、小额、高频的特点，切实服务普惠金融。

针对金融机构，该解决方案在过程合规、风险可控的前提下，为金融机构提供了大量优质资产；在国家政策越来越偏向普惠金融、小微型企业的情况下，帮助金融机构更好、更快地服务小微型企业，助力实体经济。

“运费融”业务解决方案依托信息化技术及供应链业务基本逻辑，实现多方共赢，得到了核心企业、客户、金融机构的高度评价及普遍认可。

三、发展规划

以物流“运费融”业务的实操经验为切入点，聚麟科技对物流领域也有了更进一步的了解，挖掘到行业内其他市场需求，协助金融机构逐步推出了“货主融”“购车融”“租车融”等多款物流领域的金融产品。

在业务种类及规模不断扩张的过程中，聚麟科技紧跟信息前沿，认识到物联网、区块链、人工智能等技术的优势、可行性及必要性，已着手进行相关的产品设计、设备采购、技术开发等工作，力求进一步降低金融机构对中小型企业、个体从业者的准入门槛及融资成本，更加彻底地发挥供应链及核心企业的关键性作用，构建良性生态圈，助力实体经济可持续发展。